웨인 그루뎀의 성경과 정치(상)

오늘날의 정치 현안을 성경으로 조명하는 종합 지침서

Politics: According to the Bible, Volume 1

© 2010 by Wayne A. Grudem

Originally published in English in one volume.
This Korean translation edition © 2024 by Covenant Books, Goyang-si, Gyeonggi-do, Republic of Korea

Published by arrangement with HarperCollins Christian Publishing, Inc. Nashville, TN, U.S.A. through rMaeng2, Seoul, Republic of Korea.
All rights reserved.

이 한국어판의 저작권은 알맹2를 통하여 HCCP와 독점 계약한 도서출판 언약에 있습니다.
저작권법에 의하여 한국 내에서 보호받는 저작물이므로 무단 전재와 무단 복제를 금합니다.
원서는 1권으로 출간되었는데, 이 한국어판은 2권으로 나누어 출판합니다.

웨인 그루뎀의 성경과 정치 (상)

오늘날의 정치 현안을 성경으로 조명하는 종합 지침서

초판 1쇄 발행 2024년 1월 15일
초판 2쇄 발행 2024년 3월 15일

지은이 ㅣ 웨인 그루뎀
옮긴이 ㅣ 조평세
발행인 ㅣ 김선권

발행처 ㅣ 도서출판 언약
편집 및 교정 ㅣ 김균필
등 록 ㅣ 제 2021-000022호

주 소 ㅣ 경기도 고양시 덕양구 동세로 138 1층(원흥동)
전 화 ㅣ 010-2553-7512
이메일 ㅣ covenantbookss@naver.com

ISBN 979-11-973992-9-9 (03230)

디자인 ㅣ 참디자인

웨인 그루뎀의
성경과 정치(상)

오늘날의 정치 현안을 성경으로 조명하는 종합 지침서

웨인 그루뎀 지음 | 조평세 옮김

POLITICS

ACCORDING TO THE BIBLE

언약
THE PURITAN HERITAGE

이 책이 나오기까지
번역비로 섬겨주신
임영식집사님, 변혜정 집사님,
황정혜 집사님, 안광덕 성도님께
감사의 마음을 전합니다.

·CAPITOLIO·

추천의 글

상당수 사람들은 교회에서 정치를 논하는 것이 결코 바람직하지 않은 것이라고 생각한다. 특히 강단에서 설교자가 정치와 관련된 어떤 의견을 표현하는 것은 지극히 비성경적이라고 생각한다. 강단은 오로지 성경만 강론해야 한다고 한다. 강단은 오로지 성경만 강론해야 한다는 주장은 정말 맞는 말이다. 그러나 이런 주장에는 심각한 모순이 내포되어 있다. 왜냐하면 성경은 정치에 대해서도 말하고 있기 때문이다. 칼빈의 말처럼 설교자는 성경이 말하는 것을 가감 없이 말해야 한다. 그렇다면 성경이 정치를 가르친다면 성경적인 정치관을 말하는 것이 타당하다. 그리고 신자들은 자신의 정치관이 성경과 충돌을 일으키더라도 순응해야 마땅하다. 성경은 종교적인 영역만 가르치는 책이 아니다. 우리 삶의 모든 영역에 대해서 가르친다. 그 영역 가운데 정치도 예외는 아니다. 그리스도인들은 야당 편에 설 것인지 여당 편에 설 것인지를 결정하는 사람이 아니다. 우리는 오로지 하나님의 편에서 생각하고 판단해야 한다. 그러기 위해서 그리스도인들은 성경적 정치관으로 무장돼야 한다. 그렇지 않으면 교회는 세속적 정치관에 의해 분열될 수밖에 없다. 오늘날 교회 안에서 정치관 문제로 분열이 일어나는 이유는 정치에 대해 말하는 것 때문이 아니라, 성경적 정치관으로 하나 되지 않았기 때문이다.

그러면 성경적 정치관으로 어떻게 하나가 될 수 있다는 것인가? 그 기준은 무엇인가? 이런 고민을 해결해줄 보석과 같은 책이 드디어 한국어로 번역되었다. 이 책은 제가 가장 존경하는 조직신학자 가운데 한 분이신 웨인 그루뎀 박사의 저서로서 탁월한 성경적 통찰력이 번득이는 흔치 않은 책이다. 그의 탁월한 신학적 통찰력은 이미 조직신학에서 입증되었다. 이 놀라운 책이 한국어로 번역되어 나온 것은 말할 수 없는 기쁨이며, 한국교회에는 엄청난 축복이 아닐 수 없다. 이 책은 작금의 정치적 혼돈으로 심각하게 고민하는 그리스도인들에게 성경적 통찰력을 제공하는데 조금도 부족함이 없을 것이다. 그리고 더 나아가 이 책은 대한민국 정치 미래에 큰 기여를 할 것이라 믿는다.

김민호 _ 회복의교회 담임목사

이 책이 한국어로 출간되길 간절히 기다렸다. 오늘날 한국 기독교계의 서글픈 아이러니는 예수님을 사랑한다 고백하면서도 (몇몇 또는 대다수의) 크리스천들이 정작 성경적 세계관이 아닌, 특정 지역색과 운동권 세계관으로 시세를 읽고 성경의 절대성을 훼손하려는 인본주의 흐름에 자신의 마음과 정성과 뜻을 쏟아붓는다는 것이다. 이런 상황에서 웨인 그루뎀의 책은 무엇이 옳은지, 왜 옳은지, 그럼 어떻게 살아가야 하는지를 매우 구체적이고 설득력 있게 제시한다. 왜곡과 편향, 무지와 교만으로 구부러진 생각의 길을 바로 펴준다.

이 책은 하나님께서 이승만 건국대통령을 통해 세우신 자유 대한민국의 '본래 의도와 목적'을 깨닫게 해주는 책이다. 이 책을 읽는 것은 자유 대한민국의 모퉁이돌을 발견하는 것과 같다. 그러므로 한국 독자분들은 이 책을 정독과 숙독에서 그치는 것이 아니라 반드시 회독하라. 훌륭한 책은 읽는 그 자체가 영혼의 회복이자 나라의 부흥이기 때문이다. 한국 크리스천 독자들에게 이 책을 읽게 하신 하나님을 마음 다해 찬양합니다.

책읽는사자 _ 사자그라운드 대표

이 책이 한국에 출간된다는 소식을 들었을 때, 드디어 '성경적인 정치관은 무엇이며, 그 근거는 무엇인가?'라는 질문에 대한 포괄적인 답이 한국에도 도착했다는 확신이 들었다. 이 책은 종교와 언론의 자유, 안보, 낙태, 그리고 정부의 역할 등 한국 사회에서 첨예한 대립이 일어나고 있는 개념들을 그의 탄탄한 신학 기초위에 유려하게 풀어낸 역작이다. 기독교인으로서 정치 영역을 어떻게 바라보아야 하느냐는 고민을 품어온 독자들에게는 큰 선물과도 같은 책이 될 것이다. 각 주제들을 처음 접하는 사람들을 배려한 친절한 해설은 덤이다.

갈수록 혼란이 가중되는 이 시대에, 이 책은 우리의 관점이 성경에 뿌리내린 채로 정치를 바라보고, 더 나아가 모든 영역에 대한 하나님의 주권적 손길과 속성을 경험하게 하는 길잡이다. 적극 추천한다.

김성원 _ 그라운드C 대표

반(反)기독교적 정치사상과 이념이 마치 진리인 양 전 세계로 유행처럼 퍼져가는 지금, 우리가 다시 돌아가야 할 곳은 다름 아닌 바로 성경이다. 지금은 죄된 것을 죄가 아니라고 말하는 사단의 교묘한 전략이 우리 사회 각 영역에 스며들어, 수많은 젊은 세대가 하나님 말씀을 등지고 세상의 쾌락을 향해 나아가고 있는 시대이다. 이 책은 크리스천의 관점에서 어떻게 이 세상의 각 이슈들을 바라보아야 하는지 알려주며, 어둠과 혼란이 가득한 이때 복음 안에서 진정한 자유를 찾을 수 있도록 도와주는, 우리가 꼭 읽어야 할 필수 가이드북이다.

김민아 _ 엠킴 TV 대표

예수님께서는 하나님의 뜻이 하늘에서 이루어진 것 같이 땅에서도 이루어지기를 위해 기도하라고 가르치셨다. 땅은 우리의 삶을 둘러싸고 있는 모든 현장을 의미할 것이다. 거기에는 교회뿐만 아니라 정치, 경제, 사회, 문화, 건강, 가정 등도 포함된다. 기독교인 중에는 영적인 문제에 치중하고 사회 문제를 외면하려는 자들이 있다. 기독교인은 복음을 들고 사회 깊숙이 들어가야 한다. 특히 사회 전반에 절대적 영향을 끼치면서도 각종 이념과 비리와 이권으로 얼룩지기 쉬운 정치 분야는 더욱 그러하다. 이 책은 기독교인이 정치를 대하는 원리를 복음적인 관점에서 자세하게 제시하고 있다. 이 시대에 매우 필요한 책인 것으로 판단되어 적극 추천한다.

박일민 _ 전 칼빈대학교 교의학 교수/학장

친애하는 조평세 박사의 수고를 통하여 웨인 그루뎀의 정치윤리서인 이 책이 번역되어 한국의 성도들도 읽을 수 있는 기회가 주어진 것과 복음주의적, 개혁주의적, 보수적인 중요한 문헌 하나가 보강된 것을 기쁘게 생각한다. 독자는 이 책을 통하여 정치의 성경적인 기본원리, 정치에 대한 해석과 이해, 그리고 정치 현실에서 제기되는 다양한 문제들에 대한 성경적이며 또한 기독교 세계관적인 통찰을 얻을 수 있을 것이라 기대한다. 특히 급박하게 대두되는 정치적인 현안에 대하여 기독교 정치 윤리적인 충분한 성찰이 없이 긴급하게 정치적인 대응에 나서고 있는 현실 속에서 이 책은 대응의 바른 방향을 정리하는 데 일조할 것으로 판단된다. 기독교 세계관과 정치에 대한 깊은 이해를 가진 조평세 박사는 이 책을 번역하기에 적합한 학문적 배경을 가지고 있다. 독자들에게 일독을 권한다.

이상원 _ 전 총신대학교 교수

몇 가지 점에서 의견을 달리하지만, 그루뎀은 좋은 복음주의 신학자이다. 그가 웨스트민스터에서 신학의 기본적 훈련을 받고, 트리니티 신학교에서 20년 이상 가르친 것과 그의 영향력 있는 복음주의 교과서인

『조직신학』의 반향, 그리고 미국 복음주의 신학회 회장을 한 것들이 이를 잘 말해 준다. 그루뎀이 이 책을 처음 냈을 때 우리들은 그 분량과 놀라운 의도성에 크게 놀랐다. 기독교 사회윤리 또는 요즈음 유행하는 '공적 신학'이라는 제목으로 책을 출간해도 되는 것을 의도적으로 'Politics'라고 내었기 때문이다. 이 용어는 일반적으로 '정치학'을 지칭하는 용어다. 그래서 신학교수가 정치학 교과서를 내었는가? 신약학자가 조직신학 책을 내더니 이제는 정치학 책까지 내었는가라는 생각을 하게 했다. 사람들의 이목을 집중시켜서 읽어 보도록 하는 성공적 전략이었다.

이 책은 복음주의 기독교인들이 반드시 생각해야 하고, 거의 같은 결론을 내려야 하는 결과적으로 매우 구체적인 길을 제시하고 있는 책이다. 그러나 먼저 이 책이 사회와 정치 문제에 대한 복음주의적 원칙을 제시하는 책이라는 것을 분명히 해야 한다. 따라서 기독교인이 피하여야 하는 잘못된 5가지 접근을 제시한 1장이 매우 중요하다. 자신의 정치적 입장에 따라서 이 5가지에 속하는 모든 사람들은 참으로 회개하면서(정말 회개해야 한다!), 2장이 말하고 있는 정치와 기독교인의 바른 관계를 형성하고 드러내야 한다. 그루뎀은 정치와 기독교인의 바른 관계를 '정치에 큰 영향을 미치는 기독교인'이라고 표현하였다. 사회와 정치의 모든 문제에 대한 기독교적 기본 원칙이 있고, 교회는 마땅히 그것을 가르쳐야 한다는 것이다. 그것이 이 책이 말하려는 핵심이다. 이 원칙에 따라서 사회 여러 문제들에 대한 구체적 적용이 이 책의 나머지 부분을 형성한다.

혹시 오해하지 않도록 내가 늘 강조하는 말을 덧붙이는 것이 좋을 것이다. "기독교인들은 기본적으로 정치를 위해 화동하는 것은 아니지만, 진정한 교회와 기독교인이 되면 정치에 대해서도 큰 영향력을 미치게 된다"(『광장의 신학』 [합신대학원출판부, 2010]의 정치 발전에 대한 논의 참고). 이것을 명심해야 한다. 그루뎀이 강조하듯이 사회와 정치 문제에 대한 기독교적 원칙을 가지고 있고, 그것을 가르치는 기독교인들과 교회는 결과적으로 이 사회와 정치 영역에 큰 영향을 미친다. 우리는 이 세상의 정치적 변화를 위해 사는 것은 아니지만, 신실한 기독교인으로 성경에 충실하다 보면 결과적으로 이 세상 정치에도 큰 영향을 미치는 것이다.

문제는 다양한 사회적 정치적 문제에 대한 기독교적 원리를 가지고 있지 않은 데서 발생한다. 아무 생각이 없으니 결국 세상이 말하는 대로 생각하고, 세상은 그냥 흘러가 버리고 마는 것이다. 그렇게 되지 않도록 그루뎀이 1장을 쓴 것이고, 기독교인들의 생각을 자극하기 위해 이 책을 쓴 것이다. 이를 잘 번역하여 한국 기독교인들의 사고를 자극해 주시는 조평세 박사께 감사하면서 이 책을 많은 독자들에게 추천하는 바이다.

이승구 _ 합동신학대학원대학교 조직신학 교수

웨인 그루뎀(Wayne Grudem)의 이 책은 지난 수년간 심각한 정치적 위기를 겪은 한국의 기독교인들이 오랫동안 기다렸던 책이다. 교회는, 그리고 기독교인은, 세속 사회의 정치, 경제, 문화에 대해 어떤 태도를 가져야 하고, 어떤 행동을 해야 하는지에 대해 그루뎀은 자신의 개인적 견해가 아니라 성경이 무엇이라고 대답하고 있는지 우리에게 설명해준다. 물론 미국의 상황과 미국 교회를 염두에 두고 쓴 책이긴 하지만, 대한민국이 처한 상황과 미국의 상황이 크게 다르지 않기 때문에 한국교회에 큰 참고사항이 될 수 있다. 답을 찾지 못해 답답한 성도들이 이 책에서 속 시원한 해답을 찾게 될 줄 믿는다.

김철홍 _ 장로회신학대학교 교수

웨인 그루뎀은 미국 침례교 출신의 복음주의 신학자로서 이미 번역된 대표 저서 『조직신학』(2009)과 최신작 『기독교 윤리학』(2020)을 통하여 우리들에게 잘 알려져 있다. 이번에 웨인 그루뎀의 『성경과 정치』(상권)가 조평세 박사(월드뷰 부편집장)에 의하여 번역, 출판되게 되었다. 원서가 나온지 10년 이상 지나서 시의성은 약간 떨어지지만, '기독교세계관에 입각한 정치관'은 아주 잘 정리되어 있어, 성경으로 오늘날의 정치 현안을 조명하는 종합 지침서의 역할을 해주고 있다.

이 저서에서 그루뎀은 기독교인의 정치에 대한 5가지 오류(강요, 배제, 악마화, 전도화, 정치화)를 지적하며 기독교인은 정부에 대한 도덕적 나침반의 역할을 해야 한다고 제안한다. '정부는 악을 벌하고 선을 장려하며, 국민을 섬기고 국민의 이익을 추구해야 하며, 인간 자유를 보장해야 한다.' '국가는 권력을 분리해야 하며 자신에게도 법치를 적용해야 한다.' '국가가 인간을 구원하거나 마음을 바꿀 수 없다. 이것은 교회의 역할이다.' 이처럼 그루뎀은 국가가 자신의 한계를 알아야 함을 제시하고 있다. 기독교인들은 악한 통치를 제외하곤 국법을 따라야 한다. 따라서 성경은 전체주의가 아니라 민주주의를 지지한다고 말한다.

그루뎀은 진보 정치인들이 운동권 판사들을 지지하나 나라가 제대로 서기 위해서는 "원본주의" 판사들을 임명하여 사법부의 권력을 제한해야 한다고 주장한다. 원본주의적 헌법 해석에 근거하는 원본주의 판사들이 나라의 법치를 이끌고 나가야 한다. 이 저서에서 그루뎀은 단지 정치에 대한 기독교 원리를 제시하는 것 너머로 구체적인 사례(세금, 투표하기, 동성애, 낙태, 사형제, 안락사, 총기 소유, 포르노, 자녀교육과 체벌, 사회보장제도)에 대하여 그의 견해를 제시하고 있다.

이러한 그루뎀의 입장은 성경에 근거하고 있으며, 기독교 전통 신앙의 입장에서 기독교인의 윤리적 행동에 관하여 방향을 제시하는 것으로 읽는 독자들에게 유익을 준다. 그리고 번역도 적절한 용어를 선택하여 독자들의 이해를 용이하도록 하고 있다. 학생 및 청년들, 그리고 목회자들에게 필독을 권하고 싶다.

김영한 _ 기독교학술원장, 숭실대 기독교학대학원 설립원장

역자 서문

이 책은 모든 한국교회 목회자와 신학생 그리고 크리스천 정치
인이 반드시 읽어야 하는 기독교 정치학 교과서입니다. 교회와 성
도의 삶에 나라의 정치와 법이 미치는 영향이 점점 치밀해지고 집
요해지는 지금 이 시대에 더욱 그렇습니다. 정치에서 성경의 가르
침과 원칙을 배제하기에는 정치가 우리 삶에 미치는 영향이 너무
큽니다. 하나님께서는 분명 정치를 포함한 세상 모든 영역에 성경
에 따른 빛과 소금의 역할을 감당할 것을 명령하셨습니다. 그리스
도인이 선한 영향력을 마땅히 행사하지 않고 내버려두어야 할 세
상의 영역은 "단 한 뼘도" 없습니다.

우리는 너무 오랫동안 정치 영역을 간과했습니다. '교회에서 정
치 이야기하는 거 아니야', '교회는 중립을 지켜야 해', '누구 목
사님은 너무 정치적이야'라는 식으로 세상이 우리를 가스라이팅
(gaslighting)한 결과입니다. 그러한 거짓말로 인해 정치 영역에서도
마땅히 크게 들려야 할 그리스도인들의 목소리가 위축되고 쫓겨났

습니다.

하지만 다른 모든 영역과 마찬가지로 정치의 근본은 애초부터 교회와 그리스도인들이 세워야 할 몫이었습니다. 특히 현대 자유민주주의와 공화정치가 그렇습니다. 자유민주주의의 종주국인 미국 건국의 배경에는 다름 아닌 성경적 원칙에 따라 '자치(self-government)'를 구상하고 실험했던 그리스도인들이 있었습니다. 미국의 역사를 들춰보면 이 사실을 의심할 여지가 없습니다. 미국의 초대 부통령이자 2대 대통령이었던 존 애덤스(John Adams)는 "미국의 헌법이 도덕적이고 신앙심이 깊은 사람들만을 위한 것"이라고 말한 바 있습니다. 자유민주주의는 교회와 그리스도인이 손을 놔버리면 오래 버티지 못하도록 설계되었다는 것입니다. 훗날 미국의 자유민주주의가 성공할 수 있었던 이유를 연구한 프랑스 정치가 알렉시스 드 토크빌(Alexis de Tocqueville)도 같은 결론을 내렸습니다. "자유는 도덕 없이 세워질 수 없고, 도덕은 신앙 없이 세워질 수 없다."

놀랍게도 120년 전 바다 건너 조선의 한성감옥에서 한 사형수가 이 통찰력을 얻었습니다. 그는 이렇게 탄복했습니다. "[예수교를 믿어야만] 모든 사람이 두려운 마음으로 죄를 짓지 못하며, 감사한 마음으로 착한 일을 하지 않을 수 없다 … 이 어찌 교회가 정치의 근본이 아니리오!" 훗날 대한민국을 세운 자랑스러운 우리의 초대 대통령 이승만 박사입니다.

구원의 단위는 분명 기뻐하심을 입은 각 성도 '개인'이지만, 구속사의 단위는 나라와 민족입니다. 하나님께서는 나라와 민족을 통해 일하고 계시기 때문입니다(창 12, 신 32:8, 시 22:27~28, 마 24:18 등). 그리스도인은 나라의 정치와 법과 제도를 도외시하는 '고상한 어리석음'을 버려야 합니다. 그리고 각 부르심에 따라 나라와 정치를 통해 일하시는 하나님의 구속사적 섭리에 기꺼이 동참해야 합니다.

저자 웨인 그루뎀 교수는 현재 살아있는 최고의 복음주의 신학자입니다. 그의 『조직신학』과 『기독교윤리학』 등을 통해 국내에서도 그 진가는 이미 잘 알려져 있습니다. 그루뎀 교수의 큰 장점은 글의 표현이 매우 진솔하다는 것입니다. 많은 다른 저자들과 달리 진의가 무엇인지 따로 애써 고민하지 않아도 됩니다. 그래서 독자들이 비교적 쉽게 읽을 수 있습니다. 그리고 이 책에서는 특히 논란의 여지가 많은 정치를 다루는 만큼, 자신의 입장과 다르거나 충돌하는 다양한 관점을 거의 빠짐없이 망라하여 설명하고 있습니다. 이 책의 내용을 가지고 그루뎀 교수가 오랫동안 신학교와 교회 성경공부반에서 가르치고 토론한 결과일 것입니다.

저자는 1부에서 정교분리 등에 대한 일반 여론의 많은 잘못된 견해를 푸는 것으로 시작해, 정치에 대한 성경적 관점과 원리를 분명하게 정립합니다. 특히 그리스도인과 정치에 대한 잘못된 관점을 깨뜨리는 1장과 성경적 정치의 원칙을 정리한 3장, 그리고 성경적 세계관을 요약한 4장은 따로 떼어내서 휴대하며 참고하고 싶을 정도로 탁월합니다. 실제로 미국의 몇몇 기독교 시민단체에서는 출판사의 허락을 받고 이 부분을 따로 발췌해 소책자로 제작·배포하기도 했습니다. 미국 대법원 문제를 다루는 5장의 경우 원서가 출판된 13년 전과 대법원 구성이 많이 바뀌었기 때문에 충분한 역주를 통해 내용을 업데이트했습니다.

이후 2부에서 1부에서 정립한 성경적 세계관을 기초로 생명, 결혼, 가정, 경제, 환경, 국방, 외교, 종교와 표현의 자유 등 실질적이고 구체적인 정책 이슈들을 하나하나 풀어냅니다. 특히 기독교 생명윤리와 결혼관 및 가정관을 다루는 첫 세 장(6, 7, 8장)은 정부 정치뿐 아니라 각 교회와 가정에서도 지침으로 삼아야 할 내용입니다. 이후 3부에서는 현대 언론 및 사회 인식의 문제점과 정당 정치에의 함의, 그리고 그리스도인과 교회의 역할 및 전망까지 다룹니다. 원제 그대로 "성경에 따른 정치(*Politics according to the Bible*)"를 총망라한 대작입니다.

이 책이 유익할 수밖에 없는 몇 가지 구체적인 예를 들자면, 한글 번역본만으로는 전혀 알 수 없는 성경의 깊이를 담고 있습니다(창 9:5). 그루뎀 교수가 번역 감독위원으로 참여한 『ESV영어성경』과 총괄 감수를 맡은 『ESV스터디바이블』을 함께 참고하면 매우 유익할 것입니다. 또한 대부분의 한국 번역본이 오역하고 있는 미국 독립선언문도 3장 마지막에 실려 있습니다. (주한미국대사관 웹사이트에 올려져있는 번역본도 주요 내용을 잘못 번역하고 있습니다.) 이 문헌은 미국의 건국문서일 뿐 아니라 모든 자유민주공화국의 원칙과 기독교 정치학의 정수를 담고 있습니다. 사실 이 책 전체에서 번역에 가장 오랜 시간 심혈을 기울인 내용이 이 독립선언문이기도 합니다.

짧은 기한에도 불구하고 추천사를 써주신 많은 교수님들께 감사드립니다. 그리고 특별히 책읽는사자, 그라운드씨, 엠킴에게 고마움을 전하고 싶습니다. 사실 가장 먼저 이 젊은 기독청년 인플루언서들에게 추천사를 부탁했습니다. 책의 두께와 무게가 주는 느낌과 달리, 이 책은 신학교 참고문헌 정도로 여겨져선 안 되기 때문입니다. 이 책은 당장 오늘과 내일의 정치사를 써나갈 한국교회 청년들이 읽어야 합니다.

초벌 번역을 언제나 꼼꼼히 교정해주시고 조언해주시는 부모님께 감사드립니다. 책의 출판을 결정하고 부족한 저에게 번역의 기회를 주신 도서출판 언약의 정대운 목사님과 편집해주신 김균필 목사님께도 깊은 감사의 말씀을 올립니다. 번역 상 모든 오류와 뉘앙스의 왜곡은 전적으로 저의 책임입니다.

마음을 열고 이 책을 접하는 모든 독자들에게 하나님의 은혜와 성령님의 감동하심이 풍성하기를 간절히 기도합니다. 톨레 레게!

조평세 1776 연구소 대표

꧁꧂

내가 이 책을 쓰게 된 데 가장 큰 영향을 미쳤고,

이 책에서 이야기하는 원칙들을 직접 삶으로 실천하고 있는

다음 세 명에게 이 책을 바친다.

꧁꧂

먼저 이 책의 아이디어를 처음 제안한

자유수호연맹(ADF)의 알란 시어스(Alan Sears) 회장과

벤 불(Ben Bull) 부회장, 그리고 이 책의 내용을 다양한 청중에게

효과적으로 발표할 기회와 현명한 제안을 제공해 준

애리조나 정책센터의 캐씨 헤로드(Cathi Herrod) 회장이다.

목차

2부 주제별 이슈들

· CAPITOLIO ·

서문

이 책은 변호사나 기자 혹은 정치인의 관점에서 쓴 것이 아니라, 신약학 박사 학위를 가지고 지난 28년 동안 석, 박사 학생들에게 성경을 가르친 교수의 관점에서 쓴 것이다. 나는 성경이 정치를 포함한 삶의 모든 영역에 지침을 제공하도록 하나님께서 의도하셨다고 확신하기 때문에 이 책을 썼다.

이 책에서는 "리버럴(liberal)"[1]보다는 "보수(conservative)"로 분류될 수 있는 정치적 입장을 지지한다. 성경이 가르치는 정부의 역할(3장)과 성경적 세계관(4장)에 대해 내린 결론이 그렇기 때문이다. 독자들은 이 입장이 성경의 가르침에서 비롯된 것임을 이해하는 것이 중요하다. 이 입장은 성경의 가르침 이전에, 또는 그 가르침과 무관하게 가지고 있던 개인적 견해가 아니다. 또한 공화당 정책에

---

1 역주: 'liberal'을 직역하자면 '자유주의적'이지만, 미국 영어에서 정치적 입장을 이야기할 때 사용하는 'liberal'은 '진보적(progressive)'이라는 뜻이 더 강하고, 실제 자유주의(liberalism) 정치사상과는 엄연히 구분되기 때문에, 본서에서는 '리버럴'로 음역하거나 문맥에 따라 '진보'로 의역하였다. 단, 신학적 자유주의를 의미하는 'liberal'은 그대로 '자유주의'로 번역하였다.

서 내가 동의하지 않는 부분에 대해 비판하는 것을 주저하지 않는다. (가령 나는 공화당 대통령 집권 시에도 예외 없이 계속되는 정부 지출의 확대와 연방 정부의 확장을 비판한다.) 이 책의 주된 목적은 진보적 입장이나 보수적 입장, 또는 민주당이나 공화당을 옹호하는 것이 아니다. 단지 정치와 법, 그리고 정부에 대한 성경적 세계관과 성경적 관점을 설명하고자 하는 것이다.

이 책을 집필하는 시점에 미국 대통령인 버락 오바마에 대해 한 가지 언급하고자 한다. 정치적으로 보수적인 이 책의 결론 때문에, 여러 지점에서 나는 오바마 대통령과 현재 미국 의회에서 우위를 점한 민주당 지도부의 많은 정책을 비판하고 있다. 그러나 비록 대통령의 여러 정책에 동의하지 않지만, 그를 유창하고 침착하며 고도로 지적인 사람으로 평가한다. 그리고 놀라울 정도로 효과적인 웅변가라고 생각한다. 또한 미국 대통령으로 아프리카계 미국인이 선출된 것은 미국에 있어서 대단히 긍정적인 일이다. 나는 우리나라가 최초의 흑인 대통령을 배출할 정도로 과거 인종차별의 역사를 상당한 부분 극복하였다는 사실이 기쁘다. 이것은 미국 역사의 중요한 이정표였으며, 그를 뽑지 않은 미국인들도 감사할 수 있고 또 감사해야 할 사건이다.

하지만 또한 모든 흑인 미국인이 버락 오바마 대통령의 진보적인 정치적 견해를 가지고 있는 것은 아니라는 점을 지적하고 싶다.

현재 고위 정부 직책에 오른 정치적으로 보수적인 흑인 지도자 중에는 연방대법관 클라렌스 토마스(Clarence Thomas), 전 국무장관 콘돌리자 라이스(Condoleezza Rice)와 공화당원이지만 버락 오바마를 지지한 콜린 파월(Colin Powell), 전 교육부 장관 로드릭 페이지(Roderick Paige), 전 메릴랜드 주 부지사이기도 했던 공화당 전국위원회 위원장 마이클 스틸(Michael Steele), 전 오하이오 주무장관 켄 블랙웰(Ken Blackwell), 워싱턴 DC 항소법원 판사 재니스 로저스 브라운(Janice Rogers Brown), 전 하원 의원이자 하원 공화당 원내대표 J. C. 와츠 주니어(J. C. Watts Jr.) 등이 있다. 그리고 미국에서 현재 가장 영향력 있는 보수 경제학자 중 한 명은 아프리카계 미국인 토마스 소웰(Thomas Sowell)이다. 이들을 포함한 다른 여러 흑인 지도자들은 아프리카계 미국인들이 정치적으로 진보적 입장뿐만 아니라 보수적 입장도 강력하게 옹호하고 있다는 사실을 보여준다. 이 책을 통한 희망 중 하나는 성경을 하나님의 말씀으로 받아들이고 2008년 버락 오바마를 지지했던 많은 아프리카계 기독교인들도 열린 마음으로 성경에 근거한 보수적 주장들을 숙고해보는 것이다. 그리고 결국에는 설득되길 바란다.

이 책을 만드는 데 도움을 준 많은 친구에게 감사하고 싶다. 특히 자유수호연맹(Alliance Defense Fund, ADF)[2]의 연구 부사장인 크레이

---

2   역주: Alliance Defense Fund는 1994년 빌 브라이트, 제임스 돕슨 등의 미국 기독 지도자들

그 오스텐(Craig Osten)에게 고맙다. 그의 놀라운 팩트체크와 문서기록 실력은 내가 매번 필요로 하는 정보를 정확하게 제공해 주었다. 그는 이 책의 거의 모든 챕터에 영향을 미쳤으며, 그의 훌륭한 도움 없이는 아마도 이 책을 쓸 수 없었을 것이다. 미국 상무부 소속 경제학자인 데이빗 페인(David Payne)은 경제 정책에 관한 9장에서 귀중한 정보와 유익한 수정 사항을 제공해 주었다. 창조 세계 청지기 콘월 연맹(Cornwall Alliance for the Stewardship of Creation)의 전국 대변인이자 아마도 환경에 대한 세계 최고의 기독교 관점 전문가인 칼 베이스너(Cal Beisner)는 환경에 관한 10장과 관련하여 귀중한 정보와 수정 사항을 제공했다. 그리고 나의 요청으로 지구 온난화 부분의 초안을 작성하기도 했다. 나는 그 초안을 수정하여 이 원고에 포함했다. 사우스이스턴 침례신학교(Southeastern Baptist Theological Seminary)의 윤리학 교수이자 전 해군 인력 부차관보인 다니엘 하임바흐(Daniel Heimbach)는 11장 국가 안보와 정당한 전쟁(just war)에 관한 자료를 위해 귀중한 의견을 제공했다. (하임바흐 박사는 이 주제와 관련한 실전 경험을 가지고 있다. 백악관 직원으로 일할 당시 그는 조지 H. W. 부시 대통령이 1991년 걸프전쟁에서 연합군을 이끌며 활용한 '정당한 전쟁' 프레임워크를 작성했다.)

자유수호연맹의 조 인프랑코(Joe Infranco), 조던 로렌스(Jordan

에 의해 세워진 보수 법률단체로, 2012년 단체명을 현재의 Alliance Defending Freedom(자유수호연맹)으로 변경했다.

Lorence), 제프 벤트렐라(Jeff Ventrella)는 이 책의 특정 주제에 관한 유익한 조언을 해주었다. 제프는 특별히 자유수호연맹의 세미나에서 이 책 일부를 발표하도록 초대해주기도 했다. 매디슨 트라멜(Madison Trammel)도 원고에 대해 여러 유용한 제안을 하였다. 그렉 포스터(Greg Forster)는 원고를 읽고, 정부 이론과 사상사 분야에 대한 깊이 있는 전문 지식을 바탕으로 몇 가지 통찰력 있는 조언을 주었다. 존 헤이워드(John Hayward)는 이 책의 주제를 다룬 몇 가지 영국 책을 소개해 주었다. 나의 친구 배리 애스무스(Barry Asmus)는 경제 부분에서 유익한 조언을 해주었고, 크레이그 슐츠(Craig Shultz)는 불법행위법 개혁운동에 관한 부분에서 또 다른 관점을 이해하도록 도움을 주었다. 또한, 수개월 동안 이 책의 자료를 가지고 강의했던 스캇츠데일 성경교회(Scottsdale Bible Church)의 성경 공부반은 나에게 큰 격려가 되었고, 몇 가지 실수를 바로잡는 기회를 주었다. 피닉스 신학교의 '법, 정치, 정부의 성경적 신학' 수업 학생들도 유익한 피드백을 제공했다.

샤론 호시와라(Sharon Hoshiwara)는 종종 임박한 원고 마감 기한에 맞춰 책의 대부분을 빠르고 정확하게 타이핑해주었다. 이후 앤 보이드(Anne Boyd)가 마지막 부분을 정성껏 타이핑했다. 댄 줄리안(Dan Julian)은 컴퓨터 설정과 각종 문제해결 및 추가 연구를 도왔고, 조슈아 D. 브룩스(Joshua D. Brooks)도 연구를 도왔다. 사라 맥컬리(Sarah

McCurley)는 상세 목차를 작성했고 그 외에도 각종 비서 역할을 했다. 션 레이놀즈(Sean Reynolds)와 조슈아 D. 브룩스는 책의 색인을 작업했다. 조슈아와 알리사 브룩스(Alyssa Brooks)는 교정 작업을 도왔다.

나는 피닉스 신학교의 대릴 델후세이(Darryl DelHousaye) 총장과 이사회에도 감사드린다. 그들이 강의 시간을 절반으로 줄일 수 있도록 배려해주어서 이 책을 비교적 빠르게 완성할 수 있었다. 피닉스 소재 투자회사인 마켓플레이스 원(Marketplace One) 소속 임원들도 다양한 방법으로 집필 여건을 향상시켜 주었다.

나는 그들의 도움에 깊이 감사하며, 그들 모두 이 책을 완성하는 데 중요한 역할을 했다는 것을 본인들이 알기를 바란다.

하나님의 섭리 속에서, 이 책을 쓰는 데 가장 큰 역할을 한 세 사람에게 이 책을 바친다. 자유수호연맹의 앨런 시어스(Alan Sears) 회장과 벤 불(Ben Bull) 부회장은 수년 전에 이 책에 대한 아이디어를 처음 제안했다. 비록 책의 범위는 그들의 초기 제안을 훨씬 넘어서게 되었지만, 그들은 연구와 편집 작업 일부에 대한 자금을 제공했다. 그리고 애리조나 정책센터의 캐씨 헤로드(Cathi Herrod) 회장은 책 집필 초기부터 이 일을 격려해 주었고, 현명한 조언을 주었으며, 다양한 청중에게 이 책의 내용을 발표하고 홍보할 기회도 제공했다. 나는 이 세 친구가 여기에 적힌 모든 내용에 동의할지조차 알지 못하지만, 이 프로젝트에 대해 그들이 해준 격려를 매우 감사하게 생각한다.

무엇보다, 지난 40년 동안 내 곁에 있는 훌륭한 아내인 마가렛에게 감사한다. 그녀는 내가 글을 쓰는 동안 나를 매일 격려해 주었고, 서재로 조용히 식사를 가져다주었으며, 정기적으로 나를 위해 기도해 주었다. 그리고 내가 다른 의무들을 추가적으로 너무 많이 지지 않도록 지켜주었다. 또한 뛰어난 유머 감각으로 나를 수없이 웃게 해주었고, 매번 어김없이 마음에 기쁨을 가져다주었다. 그녀는 책의 진행 과정은 물론 여타 모든 삶의 여정 속에서 대화를 통해 항상 현명하고 사랑스러운 조언자 역할을 해주었다.

성경을 삶의 지침으로 삼는 기독교인이라면 이 책의 논의들을 통해 격려받기를 바란다. 나는 하나님의 정치관이, 다른 모든 삶의 영역에서도 그렇듯이, 우리에게 기쁜 "좋은 소식"이라고 믿는다. 나는 정치에 대한 성경의 가르침이 실천되는 모든 나라에서 사람들에게 희망과 유익한 변화를 가져올 것이라고 믿는다. 이 가르침이 한 나라에서 실천될 때, 그것은 그 나라의 억압받는 사람들과 정의와 평화를 갈망하는 사람들, 젊은이와 노인, 약자와 강자, 부자와 가난한 사람 모두에게 좋은 소식이 될 것이다. 성경이 가르치고 있는 자유와 바른 정치의 길을 따르는 모든 사람에게 좋은 소식이 될 것이다. 이사야 선지자는 하나님으로부터 좋은 소식을 전달하는 메신저의 발걸음을 노래했다.

> 좋은 소식을 전하며 평화를 공포하며 복된 좋은 소식을 가져오며 구원
> 을 공포하며 시온을 향하여 이르기를 네 하나님이 통치하신다 하는 자
> 의 산을 넘는 발이 어찌 그리 아름다운가 (사 52:7)

사람들과 나라들이 이 정치의 원칙들을 따르기 시작할 때, 최근
수십 년 동안 우리 사회에서 지속적으로 후퇴한 화평과 예절, 자유
와 시민적 선함이 회복되는 것을 비로소 목격할 수 있을 것이다.
그래서 보다 더 선하고 즐겁고 생산적이며, 안전하고 자유롭고 행
복한 시민 사회로 성숙해 나가길 기대한다.

나는 성경이 미국만의 책이 아니라는 것을 잘 알고 있다. 성경
은 미국이 존재하기 거의 1,700년 전에 완성되었다! 성경의 원칙
과 가르침에는 모든 나라와 정부에 유익한 지혜가 담겨 있다. 따라
서 나는 다른 나라의 사람들도 이 책을 읽고 각자의 나라에서 직면
하는 정치적 문제에 대해 스스로의 입장을 정리하는 데 유용하게
사용할 것을 염두에 두면서 집필했다. 그러나 이 책의 많은 예시와
정치적 이슈 선택은 주로 미국에 초점을 맞추고 있다. 미국이 내가
가장 잘 알고 있는 나라이고, 내가 시민으로서 자랑스러워하며 깊
이 사랑하는 나라이기 때문이다.

성경이 하나님으로부터 온 것이 아니라고 생각하거나, 성경에 대해 딱히 어떤 확신이 없는 독자들도 여전히 이 책의 논거를 그 자체로 숙고하고, 각자의 의견을 형성하는 데 유용하고 설득력 있게 활용하기를 바란다. 이 책이 주장하는 정치적 원칙은, 이 책에서 주장하는 바에 동의하지 않을 권리도 마땅히 중요하게 여기는 것이다. 나는 모든 나라에서 종교의 자유가 강력하게 보호되어야 한다고 믿으며(1장 참고), 각 개인이 정부의 어떤 강요 없이 자신의 종교적 신념을 결정하고 유지할 수 있는 자유를 보장받기를 바란다. 나는 다른 사람들이 나와 의견을 달리하고, 또 그 의견을 공개적으로 표현할 수 있는 권리를 옹호한다.

마지막으로, 이 책의 각 장들을 자유롭게 건너뛰며 독자들 각자가 가장 흥미로울 수 있는 주제로 이동할 것을 권장한다. 대부분의 장은 독립적으로 구성되어 있으므로 책을 처음부터 끝까지 읽을 필요가 없다. 단, 이 책의 기초적인 내용을 다루고 있는 1장부터 4장까지는 먼저 읽는 것이 유익할 것이다.

2010년 2월

웨인 그루뎀, Ph.D.

서론

교회는 정치에 어떠한 영향을 미쳐야 할까?

목사들은 정치적 이슈에 관해 설교해도 될까?

정치적 이슈에 대한 "기독교적" 입장은 하나뿐일까?

성경은 사람들이 어떻게 투표해야 하는지도 알려주고 있을까?

나는 이 질문들에 대한 답이 분명히 있다고 생각한다. 하지만 이미 수십 개의 다른 책과 기사들이 이 질문에 대해 각각의 답을 제시하고 있음을 우선 인정해야 한다. 그 답은 성경이 명백히 진보적인 민주당의 입장을 지지한다는 주장부터, 성경이 보수적인 공화당의 입장을 지지한다고 주장하는 것까지 매우 다양하다.[1] 일부 책들은 기독교인들이 정치 활동에 너무 깊이 관여하게 되었다고 주

---

1 민주당의 입장을 대체로 지지하는 책으로는 Jim Wallis, *God's Politics: Why the Right Gets It Wrong and the Left Doesn't Get It* (New York: HarperSanFrancisco, 2005)이 있다. 공화당의 입장을 대체로 지지하는 책으로는 D. James Kennedy and Jerry Newcombe, *How Would Jesus Vote? A Christian Perspective on the Issues* (Colorado Springs: Waterbrook, 2008)가 있다.

장하는 반면, 또 다른 중요한 책은 기독교인이 정치에 참여해야 할 성경적 명령을 받았다고 주장한다.[2] 널리 읽히고 있는 어떤 책은 법과 정부에 대한 기독교의 놀라운 영향력에 대해 많은 실제 사례를 제시한다.[3] 한편 영국에서 널리 알려진 어떤 책은 개인적 관계를 우선시하는 성경의 관점으로 주요 정치 문제를 재고할 것을 제안하기도 한다.[4] 최근 몇 년 동안에는 정치에 대한 기독교적 관점을 보다 이론적으로 다루는 신학자 및 성경학자들의 시도가 몇 권의 책으로 출판되기도 했다.[5]

이 책에서는 기독교인과 정치에 대하여 다음 다섯 가지 명백히 잘못된(그리고 해로운) 관점을 설명하는 것으로 이야기를 시작한다.

---

2 기독교인의 정치적 참여를 주의하고 자제하는 책으로는 대표적으로 John MacArthur, *Why Government Can't Save You: An Alternative to Political Activism* (Nashville: Word, 2000)과 Cal Thomas and Ed Dobson, *Blinded by Might: Why the Religious Right Can't Save America* (Grand Rapids: Zondervan, 1999)가 있다(특히 후자는 교회의 정치적 참여를 부정적으로 다룬다). 다른 한편 Tom Minnery, *Why You Can't Stay Silent* (Wheaton, IL: Tyndale House, 2001)는 오늘날 정치적 현안에 대한 기독교인들의 더욱 큰 참여를 촉구한다.

3 Charles W. Colson, *God and Government: An Insider's View on the Boundaries between Faith and Politics* (Grand Rapids: Zondervan, 2007; previously published as Kingdoms in Conflict) 를 참고하라.

4 Michael Schluter and John Ashcroft, eds., *Jubilee Manifesto* (Leicester: Inter-Varsity Press, 2005)를 참고하라.

5 다음 책들은 훨씬 더 깊은 학술적 내용으로 법과 정부에 대한 이론적 고찰을 다루고 있다. 특히 D. A. Carson, *Christ and Culture Revisited* (Grand Rapids: Eerdmans, 2008)를 참고하라. 또한 Richard Bauckham, *The Bible in Politics: How to Read the Bible Politically* (London: SPCK, 1989); Chris Green, ed., *A Higher Throne: Evangelicals and Public Policy* (Nottingham: Apollos, 2008); Gordon McConville, *God and Earthly Power: An Old Testament Political Theology* (London: T. & T. Clark, 2006); Oliver O'Donovan, *The Desire of the Nations: Rediscovering the Roots of Political Theology* (Cambridge: Cambridge University Press, 1996); Nick Spencer and Jonathan Chaplin, eds., *God and Government* (London: SPCK, 2009)를 참고하라. 비교적 오래된 책 중에는 Robert Culver, *Toward a Biblical View of Civil Government* (Chicago: Moody Press, 1974)가 있다.

바로, ⑴ "정부는 종교를 강요해야 한다", ⑵ "정부는 종교를 배제해야 한다", ⑶ "모든 정부는 악한 마귀의 역사다", ⑷ "정치하지 말고 전도를 하라", ⑸ "전도하지 말고 정치를 하라"가 그것이다. 이 잘못된 관점들의 옳은 대안으로 나는, ⑹ "정부에 대한 기독교인의 중대한 영향력"이 있다고 주장한다.

성경은 실제로 시민 정부에 대해 정확히 무엇이라고 말하고 있을까? 3장에서 성경이 말하는 정부의 목적과 성경이 말하는 좋은 정부와 나쁜 정부의 특징들을 살펴본다.

이후 구체적인 정치적 이슈들을 주제별로 살펴보기 전에, 4장에서는 기독교 세계관의 주요 기초 전제들을 설명한다. '성경은 창조주 하나님에 대해, 그가 창조한 세상에 대해, 그의 형상으로 창조된 우리 인간에 대해, 죄에 대해, 애초부터 인간을 세상에 두신 하나님의 목적에 대해 무엇이라고 말하고 있는가?' 이 폭넓고 기초적인 전제를 미리 깔아두는 것은 성경 구절을 문맥 밖으로 끄집어내 오늘날 각자의 정치적 입장을 지지하는 근거로 삼는 흔한 오류를 방지하기 위함이다.

이 기독교 세계관의 기초는 "전체의 문맥 속에서 부분을 보는" 데 유용하며, 성경의 주요 가르침의 전체 틀 안에서 개별 구절을 올바르게 이해하는 데 필수적이다. 이 내용을 책의 앞부분에 둔 이유도 기본적인 세계관의 차이가 정부 정책에 대한 해석에 중대한 영향을 미치기 때문이다. 사실 세계관의 차이만으로 오늘날 정치적 "진보"와 "보수" 간 대부분의 입장 차이를 설명할 수 있다.

책의 나머지 부분에서는 구체적으로 약 60가지의 현안을 살펴본다. 각 이슈를 시민 정부에 대한 성경적 이해와 성경적 세계관으로 분석하며, 또한 각 주제와 관련된 성경의 구체적인 가르침을 참고하기도 한다.

성경의 가르침을 따르려는 모든 사람이 이 사안들에 대해서 내가 이해하는 것에 모두 동의하리라고 생각하지 않는다. 60개의 정치적 주제를 다루는 이 책의 독자들은 아마도 대부분 어떤 부분에서는 동의하고 다른 부분에서는 동의하지 않을 것이다. 성경의 권위를 인정하는 어떤 기독교인들은 성경의 전체 가르침에 비추어 더 잘 뒷받침되는 대안적 입장을 주장할 수도 있을 것이다. 그것은 얼마든지 괜찮다. 왜냐하면 우리는 서로 토론과 (정중한) 논쟁을 통해 이해를 넓히고 성숙할 수 있기 때문이다.

지략이 없으면 백성이 망하여도 지략이 많으면 평안을 누리느니라 (잠 11:14)

그리고 이 책에서 주장하는 다양한 입장을 내가 모두 동일한 확신으로 지지하는 것이 아니라는 점도 밝힌다. 성경의 전체적인 가르침은 일부 문제에 대해 명확하고, 직접적이며, 결정적이다. 예를 들어, 시민 정부가 하나님이 악을 벌하고 선을 보상하기 위해 세워졌다는 가르침(3장)이나, 각 나라의 법은 아직 태어나지 않은 태중의 아이를 포함한 그 사람들의 생명을 보호해야 한다(6장)는 입장이 그렇다.

반면, 보다 넓은 원칙에 근거한 주장들이 있다. 한 예로, 나는 어떤 형태든 일종의 민주주의가 가장 선호되는 정부 형태라고 생각한다(3장). 그러나 이 관점은 이에 대한 직접적이고 구체적인 성경적 가르침에서 비롯된 것이 아니다. 단지 보다 넓은 성경적 원칙(가령 모든 사람이 하나님의 형상대로 지음 받았기 때문에 평등하다는 것과 정부 권력 제한의 중요성)에서 추론할 수 있는 것이다. 보다 넓은 원칙에 근거한 이러한 논증은 그 원칙을 현대 상황에 적절하게 적용해야 하는 현명한 판단을 해야 한다. 그렇기 때문에 실수의 가능성이나 다른 원칙들과의 불균형을 초래할 가능성이 더욱 크다.

또 다른 한편으로 나는 세 번째 유형의 논증을 사용한다. 즉, 세상의 현실과 사실(팩트)에 호소하는 것이다. 책의 일부분(예를 들어 경제에 관한 9장)에서는 특정 정책의 실제 결과에 대한 평가에 따라 많은 논증이 달라진다. (가령, 더 낮은 세금은 더 큰 경제 성장으로 이어질까, 아니면 반대일까?) 이러한 논증은 직접적인 성경적 가르침에 근거한 논증과 다르며, 보다 넓은 성경적 원칙에 근거한 논증과도 다르다.

왜냐하면 이러한 논증은 성경에 근거하기보다 오늘날 세상 현실에서의 관련 사실에 대한 평가에 근거하기 때문이다.

예를 들어, 환경이나 세상의 자원에 대한 논쟁은 대체로 실제 현실과 사실관계에 기초한다. 구체적으로, 오늘날 지구 온난화 논쟁은 대부분 기후에 대한 사실을 다루는 논쟁이다. 정치 문제에 대한 많은 논의는 세상의 다양한 사실관계를 참고하지 않고는 불가능하다.

그럼에도 사실관계에 대한 다른 평가는 특정 정책에 대해 다른 결론을 내리게 할 수 있다. 나는 성경이 내가 인용하는 모든 현실 세계의 사실을 지지한다고 주장하는 것이 아니다. 독자들은 각 사실에 대한 증거를 찾고 평가할 수 있다. 그러나 각 장에서 내가 말하는 것은, 만약 각 사실에 대해 내가 이해한 것이 옳다면 해당 이슈에 대한 성경의 가르침도 같은 결론을 도출하리라는 것이다.

앞으로의 이야기에서 이 세 가지 유형의 논증을 구분하지 않는다. 성경의 직접적인 가르침에 근거한 나의 주장과 더 넓은 성경 원칙에 근거한 주장, 오늘날 현실 세계의 사실과 그에 대한 평가에 의존한 주장, 그리고 이 세 가지 유형의 조합에 근거한 주장을 명시하지 않는다는 것이다. 그러나 독자들이 내가 제시하는 주장을 평가하면서 스스로 그 차이를 구분할 수 있기를 바란다. 결과적으로는 대부분의 독자들이 이 책의 주장에 설득되기를 바란다.

1부

기본 원칙

1장. 기독교인과 정부에 대한 5가지 잘못된 관점

기독교인의 올바른 정치적 역할에 대한 나의 관점을 설명하기 전에, 먼저 이 질문에 대한 5가지 잘못된 관점을 살펴볼 필요가 있다. 안타깝게도 역사 속에서 많은 저자들이 이 잘못된 관점을 견지하고 전파해왔다. 다음 장에서는 이보다 더 낫고 더 균형 잡힌 대안적 관점을 제시할 것이다.

A. 정부는 종교를 강요해야 한다

첫 번째 잘못된 관점은 시민 정부가 특정 종교를 국민들이 따르도록 강요해야 한다는 발상이다.

안타깝게도, 이 "종교 강요" 관점은 이전 세기 많은 기독교인들이 공통적으로 가진 입장이었다. 이 관점은 특히 독일에서 개신교와 가톨릭 간 영토 분쟁으로 시작된 30년 전쟁(1618~1648)에 크게 기여했다. 16세기와 17세기 유럽에서도 가톨릭교도들과 개신교인들 사이에 많은 "종교 전쟁"이 있었다. 또한 16세기에는 개혁파와 루터파가 스위스와 독일의 재세례파 교도들을 박해하고 수천 명을 죽였다. 재세례파 교도들은 "믿는 자"만을 위한 교회를 세우고 개인적인 신앙 고백을 한 사람들에게 침례를 베푸는 것을 시도했던 신앙인들이었다.

시간이 지나면서 많은 기독교인들은 이 "종교 강요" 관점이 예수님의 가르침과 신앙의 본질에 어긋난다는 것을 깨달았다. 나는 오늘날 정부가 국민에게 기독교 신앙을 따르도록 강요해야 한다는 관점을 여전히 고수하는 주요 기독교회를 알지 못한다.[1]

다른 많은 종교에서는 여전히 정부의 종교 강요를 옹호하고 있다. 사우디아라비아와 같은 나라는 국민들에게 이슬람을 따를 것을 법으로 강제하고, 이에 순응하지 않는 사람들은 종교경찰에 의해 극심한 처벌을 받아야 한다. 그들의 법은 이슬람을 제외한 그 어떤 종교의 공적 행위도 허용하지 않으며 타종교로의 개종도 철저히 금지한다. 이슬람 옹호자 빌랄 클리랜드(Bilal Cleland)는 '이슬람 투데이'라는 친이슬람 웹사이트에 이렇게 쓰고 있다. "코란에 명시

---

[1] 오늘날에도 구약의 율법대로 국가가 통치할 것을 주장하는 소규모의 일탈 운동인 '기독교 재건운동(Christian Reconstruction)'이 존재하지만, 대부분의 미국 복음주의 운동 지도자들은 그러한 입장과 분명한 거리를 두고 있다.

된 법이 곧 국가의 기본법이다."[2]

"종교 강요" 관점은 또한 오늘날 전 세계 폭력 집단의 기독교 박해를 정당화하는 데 사용되기도 한다. 2009년 8월 초 파키스탄의 한 기독교인 마을 전체를 무슬림들이 불태워 6명의 기독교인이 사망한 사건이나,[3] 나이지리아, 수단, 기타 서부 사하라 아프리카 국가에서 이슬람 무장단체가 기독교에 대한 살육을 벌이는 사건 등이 있다. "종교 강요" 관점은 인도의 일부 힌두교 집단에 의한 기독교인 박해로도 이어졌다. 1999년에는 서부 구자라트 주에서 51개의 기독교 교회와 예배당이 불에 탔다고 보도되었다. 인도 동부 해안의 오리사 주에서는 호주 선교사 그레이함 스타인즈(Graham Staines)와 그의 어린 두 아들이 힌두교 폭도들에 의해 차에 갇힌 채로 화형 당했다.[4] AP통신은 2007년에도 인도에서 힌두교 극단주의자들이 12개 교회에 불을 지른 것으로 보도했다.[5]

물론 다른 많은 무슬림과 힌두교도들은 민주주의를 비롯한 다양한 수준의 종교 자유를 선호한다는 것을 언급할 필요가 있다.

---

2 Bilal Cleland, "Islamic Government," *Islam for Today*. www.islamfortoday.com/cleland04.htm.

3 Ben Quinn, "Six Christians Burned Alive in Pakistan Riots," *guardian.co.uk* (Aug. 2, 2009). www.guardian.co.uk/world/2009/aug/02/christians-burned-alive-pakistan.

4 Ramola Talwar Badam, "Christians, Hindus Clash in India," *Associated Press* (Oct. 30, 1999). www.washingtonpost.com/wp-srv/aponline/19991030/aponline111427_000.htm.

5 Gabin Rabinowitz, "Hindus, Christians Clash in India," *Associated Press* (Dec. 27, 2007). www.foxnews.com/printer_friendly_wires/2007Dec27/0,4675,IndiaChurchesAttacked,00.html.

미국은 초기 식민지 시절부터 다양한 종교적 배경을 가진 사람들(가령, 개혁교회, 성공회, 장로교, 퀘이커, 침례교, 가톨릭, 유대교)로 단일 국가를 형성해야 했고, 또 많은 식민지 정착민 본인들이 본국에서 종교 박해를 피해 망명한 사람들이었기 때문에, 애초부터 종교의 자유에 대한 지지가 컸다. 예를 들어, 뉴잉글랜드 청교도들은 영국 성공회 예배에 참석하지 않고 자신들의 교회 예배를 고수한 것에 대해 벌금과 투옥을 당했기 때문에 영국을 떠나 미국으로 왔다.

토마스 제퍼슨은 독립선언서를 발표한 지 3년 후인 1779년에 더욱 확대된 종교의 자유 지지를 잘 드러내는 다음의 버지니아 종교 자유령을 작성했다.

그러므로 의회는 다음과 같이 제정한다. 누구라도 그 어떤 종교적 예배, 장소, 또는 종교 지도자를 방문하거나 지지할 것을 강요받지 아니할 것이며, 그의 신체나 재산에 대해 구속, 방해, 괴롭힘, 또는 부담을 받지 아니할 것이며, 그의 종교적 신념이나 신앙으로 인하여 고통을 받지 아니할 것이다. 모든 사람은 종교 문제에 관하여 자신의 의견을 공언할 수 있고, 논증을 통해 이를 유지할 수 있으며, 이는 그들이 지닌 시민으로서의 역량을 어떠한 방식으로도 감소, 또는 확대하거나, 어떤 영향도 미치지 아니할 것이다.[6]

---

6   "The Virginia Act for Establishing Religious Freedom," 1779년 토마스 제퍼슨이 초안을 작성

성경의 많은 가르침도 정부의 "종교 강요" 주장이 잘못된 것이며 성경의 가르침과 대치되는 것임을 증거하고 있다.

1. 예수님은 하나님과 가이사의 영역을 구별하셨다

"종교 강요" 관점과 대치되는 첫 번째 성경적 논증은 마태복음 22장 예수님의 가르침에서 나온다. 예수님을 적대하는 유대인들은 "가이사에게 세금을 바치는 것이 옳으니이까 옳지 아니하니이까" 라는 질문으로 그를 함정에 빠뜨리려고 했다(마 22:18). 로마 징세를 긍정하면 유대인들에게 미움 받던 로마 정부를 지지하는 것처럼 보일 위험이 있었다. 반면 로마 징세를 부정하면 예수님은 로마 권력에 대항하는 위험한 혁명가처럼 보일 것이었다. 예수님은 반대자들에게 "세금 낼 돈을 내게 보이라"고 말씀하셨고, 그들은 그에게 데나리온 하나를 가져왔다. 그러자 예수님의 가르침이 다음과 같이 이어진다.

> 예수께서 말씀하시되 이 형상과 이 글이 누구의 것이냐 이르되 가이사의 것이니이다 이에 이르시되 그런즉 가이사의 것은 가이사에게, 하나님의 것은 하나님께 바치라 하시니 (마 22:20~21)

했고 버지니아 의회에서 1786년에 통과되었다.

예수님의 이 말씀은 하나님의 백성들에게 두 개의 다른 삶의 영역, 즉 정부 및 정치의 영역과 신앙생활의 영역이 있음을 이야기하는 놀라운 대목이다. 가령, 징세와 같은 일은 시민 정부에 속하며("가이사의 것"), 교회가 이를 통제하려고 해서는 안 된다. 반면, 어떤 일은 사람들의 신앙생활에 속하며("하나님의 것"), 시민 정부가 이를 통제하려고 해서는 안 된다.

예수님은 각 범주에 속하는 사항을 구체적으로 명시하지 않으셨지만, 이 두 범주를 구분하는 것만으로도 세계 역사에 중대한 영향력을 미쳤다. 이는 구약의 이스라엘을 위한 율법과는 다른 정치적 체제를 승인하는 것이었다. 구약의 이스라엘은 하나님이 친히 백성의 통치자셨고, 법은 (사람들이나 인간 왕의 결정이 아닌) 하나님이 직접 주신 것이었기 때문에, "신정" 체제였다. 그리고 전체 이스라엘 민족은 "하나님의 백성"으로 간주되었다. 따라서 이스라엘의 모든 백성은 어김없이 하나님을 섬겨야 했고, 이스라엘의 율법은 살인이나 도둑질과 같이 오늘날 우리가 "세속적 문제"로 간주하는 것뿐만 아니라, 다른 신들을 숭배하는 것에 대한 형벌이나 동물 제사 등의 "종교적 문제"도 포함했다(레 21~23; 신 13:6~11 참고).

하나님과 가이사에 대한 예수님의 말씀은 "하나님께 속한 것들"이 시민 정부("가이사")의 통제하에 있지 않도록 하는 새로운 질서의 윤곽을 확립한 것이다. 이러한 체제는 이스라엘 백성에게 주어진 구약의 신정체제와는 매우 다르다. 예수님의 이 새로운 가르침은 오늘날 모든 시민 정부가 사람들에게 그들이 따르거나 따르지 않을 종교적 신앙과 그들의 종교적 교리 및 하나님을 섬기는 방법에 대해서 완전한 자유를 주어야 함을 의미한다. 그것들은 "하나님께 속한 것"이므로 "가이사"는 그러한 것을 통제해서는 안 되는 것이다.

2. 예수님은 사람들이 자신을 믿도록 강요하는 것을 거절하셨다

예수님께서 "종교 강요" 관점에 반대하셨음을 보여주는 또 다른 사건이 있다. 예수님은 그를 거부한 사람들에게 즉각적인 처벌이 가해지기를 원했던 제자들을 꾸짖으셨다.

> 사자들을 앞서 보내시매 그들이 가서 예수를 위하여 준비하려고 사마리아인의 한 마을에 들어갔더니 예수께서 예루살렘을 향하여 가시기 때문에 그들이 받아들이지 아니 하는지라 제자 야고보와 요한이 이를 보고 이르되 주여 우리가 불을 명하여 하늘로부터 내려 저들을 멸하라 하기를 원하시나이까 (눅 9:52~54)

제자들은 아마도 다음 방문할 마을에서 예수님의 말씀을 듣기 위해 사람들이 모이도록 광고할 기막힌 방법이 있다고 생각했던 것 같다. 만약 하늘에서 불이 내려와 예수님을 거부한 사마리아

마을을 쓸어버리면, 이내 소문이 퍼져서 다음 마을에서는 주민들 100%가 예수님과 제자들의 말을 귀담아 경청할 것이었다. "종교를 강요"하기 위한 이보다 좋은 방법이 없었다!

하지만 예수님은 이러한 발상을 단칼에 거절하시고 꾸짖으셨다. 바로 다음 구절이다. "예수께서 돌아보시며 꾸짖으시고"(눅 9:55). 예수님은 사람들이 자신을 믿거나 따르도록 강요하는 어떤 노력도 바로 거절하셨다.

3. 참된 믿음은 강요될 수 없다

하늘에서 불을 내려 사람들을 따르게 하라는 요청을 단호히 거절하신 예수님의 입장은 참된 믿음의 본질을 보여준다. 즉, 진정한 믿음은 반드시 자발적이어야 한다는 것이다. 믿음이 진실 되려면 결코 무력으로 강요될 수 없다. 이는 사람들이 특정 종교를 따르도록 정부가 강요해서는 안 되는 또 다른 이유를 제공한다.

사람들의 개인적 의지와 자발적 결정에 대한 존중은 예수님과 사도들의 사역 전반에 걸쳐 분명히 목격된다. 그들은 언제나 사람들을 가르치며 논리적으로 대화했고, 예수님을 참된 메시아로 따르는 개인적인 결정을 내릴 수 있도록 설득했다(마 11:28~30; 행 28:23; 롬 10:9~10; 계 22:17 참고).

참된 종교적 믿음은 하늘에서 내려오는 불이나 시민 정부의 무력으로 강요될 수 없다. 기독교인은 정부의 권력을 이용해 사람들을 기독교나 여타 종교를 따르고 지지하도록 강요하는 그 어떤 시도도 거절해야 한다.

그렇다면 구약에서, 특히 출애굽기, 레위기, 민수기, 신명기에서 이스라엘에게 하나님이 주신 율법은 어떻게 보아야 할까? 이 율법들은 백성들이 제사장과 성막을 위한 십일조를 내도록 했고 매년 특정한 희생 제사를 드리도록 했다(레 23 참고). 또한 다른 종교를 가르치려는 사람에게 가혹한 처벌을 명령했다(신 13:6~11 참고). 하지만 이 율법들은 그 당시의 이스라엘 민족만을 위한 것이었다. 그것은 결코 다른 주변 민족에게 강요되지 않았다. 그것은 예수님께서 신약 시대 하나님의 백성에게 확립하신 "새로운 언약"을 통해 막을 내린 구약 체제의 일부였다. 그 체제는 예수님이 "가이사의 것"과 "하나님의 것"을 구분하시면서 막을 내렸다. 종교를 강요하는 구약의 율법은 예수님이 "새로운 언약"을 세우신 후로는 누구에게도 적용되지 않는다.

4. 세상 왕국이 아니다

또 다른 성경의 중요한 가르침은 예수님께서 생애 마지막에 로마 병사들에게 잡히셨을 때 로마 총독 본디오 빌라도에게 하신 말씀이다.

예수께서 대답하시되 내 나라는 이 세상에 속한 것이 아니니라 만일 내 나라가 이 세상에 속한 것이었더라면 내 종들이 싸워 나로 유대인들에게 넘겨지지 않게 하였으리라 이제 내 나라는 여기에 속한 것이 아니니라 (요 18:36)

예수님은 제자들에게 칼과 군사력으로 싸우지 못하게 하셨다. 왜냐하면 그는 로마 제국이나 세계 역사의 여러 다른 나라와 같은 지상 왕국을 세우려고 한 것이 아니기 때문이다. 지상 왕국은 군대와 군사력으로 세워지지만, 예수님의 왕국은 사람들의 마음을 변화시켜 사람들이 그를 신뢰하고 순종하게 하는 복음의 능력으로 세워질 것이었다.

이것은 예수님의 왕국이 세상에 아무런 영향을 미치지 않는다는 뜻이 아니다. 실제로 예수님의 왕국은 세상을 변화시키고 이긴다 (요일 3:8; 5:4~5). 하지만 그것은 군사력에 의해서가 아니라 사람들의 마음과 그들의 깊은 신념을 변화시킴으로써 이루어지는 것이다. 정부의 권력은 결코 특정 종교적 신념이나 특정 종교에 대한 준수를 강요하기 위해 사용되어서는 안 된다.

결론적으로, "종교 강요" 관점은 성경의 가르침과 전혀 반대되는 잘못된 것이다.

5. "종교 강요" 관점을 거부하는 실질적 함의

"종교 강요" 관점을 거부한다는 것의 실질적인 함의는 무엇일까? 한 가지는 바로 정부가 특정 종교를 따르거나 믿도록 강요해서는 안 되며, 그 국가 내 모든 종교를 따르는 사람들에게 종교의 자유를 보장해야 한다는 것이다.

또 다른 함의는 모든 나라의 기독교인들이 종교의 자유를 지지하고 정부가 특정 종교를 강요하려는 모든 시도를 반대해야 한다는 것이다. 사실, 완전한 종교 자유의 원칙은 정부에 영향을 미치고자 하는 기독교인들이 옹호하고 방어해야 할 첫 번째 원칙이 되어야 한다.

때로 비기독교인들은 기독교인들이 정부에서 너무 많은 권력을 가지면 모든 사람에게 기독교를 강요하려 할 것이라는 두려움을 표현한다. 이는 정교분리를 위한 미국인연합(Americans United for Separation of Church and State), 미국진보센터(Center for American Progress), 종교자유재단(Freedom from Religion Foundation)과 같은 단체들이 흔히 하는 주장이다. 어떤 비평가들은 심지어 우익 기독교인들이 미국에서 점진적인 방법으로 신정 체제를 수립하려 한다고 주장하기도 한다. 미셸 골드버그(Michelle Goldberg)는 이렇게 썼다. "기독교 국가는 종교적 우파세력의 궁극적 목표이자 근본이념이며, 정교분리의 원칙을 전복하려는 시도를 정당화하는 것이다. 요즘 … 신정 체제를 위한 열풍이 절정을 이루고 있다."[7] 이런 거짓 비난에 대응하기 위해서라도, 기독교인들은 미국(그리고 모든 다른 나라)에서의 완전한 종교의 자유를 재천명하는 것이 중요하다.

"종교 강요"를 거부하는 것의 세 번째 함의는, 정부가 특정 종교를 "국교"로 세워 직접적인 재정 지원을 하는 것과 관련이 있다. 이러한 정부 지원은 "종교 강요" 관점의 보다 온건한 형태이지만, 여전히 옳지 않다고 생각한다. 이 지원은 정부가 세금으로 거둔 자금과 특권을 사용하여 특정 종교 또는 교파를 "국교"로 지원하는 일부 국가에서 발생한다. 미국에서는 이러한 일이 수정헌법 제1조로 금지되었다. "정부는 종교의 설립을 존중하는 법을 제정하지 못한다." 여기서 "종교의 설립"이란 정부가 특정 교회를 "국교"로 지원하는 것을 의미한다.

국교는 일부 국가에 여전히 존재한다. 예를 들어, 현재 영국 성공회는 여전히 국교이고,[8] 노르웨이와 스웨덴과 같은 스칸디나비아 국가에서는 루터교회가 국교이다.[9] 그리고 스페인처럼 가톨릭 인구가 많은 나라에서는 로마 가톨릭 교회가 정부의 공식적인 지

---

7   Michelle Goldberg, *Kingdom Coming: The Rise of Christian Nationalism* (New York: Norton, 2007), 27~28. Kevin Phillips, *American Theocracy* (New York: Viking Adult, 2006)도 참고하라.

8   John L. Allen Jr., "In Europe, 'Church Taxes' Are Not Unusual," *National Catholic Reporter* (Jan. 29, 2009). www.natcath.com/NCR_Online/archives/012999/012999f.htm.

9   Ibid.

지를 받는다. 독일에서는 가톨릭, 개신교, 유대교인 근로자에게 교회세가 부과되며, 이는 총소득의 8~9%에 달한다. 정부는 이 자금을 각 종교 시설로 배분하여 사회 복지에 활용한다.[10]

일부 기독교인들은 이러한 국교 체제의 이익이 부정적 효과보다 크다고 주장한다. 하지만 나는 신약성경에서 그러한 체제를 정당화할 수 있는 충분한 근거를 찾지 못했다. 나는 기독교인 개개인의 기부금이 아닌 정부의 세금으로 교회의 종교 활동을 지원해야 한다는 근거를 찾을 수 없었다. 또한, 역사적으로 볼 때도 정부의 직접적인 지원은 교회를 오히려 약화시켰지 강화시키지 못했다. (독일이나 스웨덴 국가가 지원하는 루터교회의 출석률이 현저히 낮은 것을 보라.)

6. 교회에 대한 세금 혜택을 어떻게 볼 것인가?

그렇다면 정부가 종교 단체에 주는 세금 혜택은 또 다른 "종교 강요"의 일환이라고 볼 수 있을까? 가령, 미국에서는 교회가 소유한 토지와 건물에 재산세를 매기지 않는다. 또한 개인도 교회나 기타 자선 단체에 기부한 소득 일부에 대해서는 소득세를 내지 않는다.

나는 이러한 정책에 반대하지 않는다. 왜냐하면 이것은 실제적인 의미에서 종교를 강요하는 것이 아니기 때문이다. 이것은 특정 교파나 종교에 '특혜'가 주어지는 것이 아니다. 침례교회도 이러한

---

10 Ibid.

혜택을 받지만 불교 사원, 유대교 회당, 로마 가톨릭 성당, 이슬람 모스크도 마찬가지로 이러한 혜택을 누린다. 교회와 기타 자선 단체에 대한 이러한 세금 우대의 이유는 교회와 같은 자선 단체가 일반적으로 사회 전체를 위해 많은 선한 일을 한다고 우리 사회가 합의를 이루었기 때문이다. 미국 헌법 서문을 인용하자면, 그들은 "일반 복지를 증진(promote the General Welfare)"한다. 따라서 사회가 모든 종교에 동등하게 제공되는 일부 세금 혜택을 교회에 주기로 결정하는 것은 전적으로 합리적이다. 이것은 특정 종교에 대한 지지를 강요하는 것이 아니며, 어떠한 종교 단체에도 정부 자금을 직접 제공하는 것이 아니다. 무엇보다 수정헌법 제1조의 본래 의미와 의도에 반하는 것이 아니다. 결론적으로 이러한 세금 혜택을 주는 것은 종교를 강요하는 것이 아니다.

7. "종교 강요" 관점의 영적 배경

"종교 강요"의 관점 배후에는 숨겨진 목표를 가진 보이지 않는 영적 힘이 있으며, 이는 그 결과로 나타난다. 종교적 신념을 강요하는 것은, 두 가지 방식으로 참된 기독교 신앙을 파괴하는 경향이 있는데, 만약 그것이 사람들로 하여금 기독교가 아닌 종교를 따르도록 강요한다면(예를 들어, 인도의 힌두교나 많은 다른 나라의 이슬람교) 그것은 종종 기독교인을 폭력적으로 박해하고 그 나라에서 기독교를 몰아내려는 목적으로 이어진다. 반면, "종교 강요"가 사람들로 하여금 기독교인이 되도록 강요하는 것이라면, 그것 또한 참된 기독교를 몰아낸다. 왜냐하면 사람들이 자유롭게 기독교인이 될 수 있는 기회를 제거하기 때문이다. 이 경우 소수의 사람들은 참된 믿음을 견지할 것이지만 대부분은 그렇지 못할 것이다. 그 결과 전체 사회는 명목상으로만 "기독교"가 된다. 또한, 그러한 교회는 진실한 신앙이 없기 때문에, 실제로는 기독교인들이 아닌 "명목상 기독교인들"에 의해 지도된다. 그리고 비기독교인이 이끄는 교회는 영적으로 금세 죽어서 무력한 교회가 될 것이다.

따라서 성경의 가르침을 믿는 기독교인이라면 이 "종교 강요" 관점 배후에 있는 진정한 영적 영향력을 분별하는 것이 어렵지 않아야 한다. 그것은 성경의 가르침과 진정한 기독교 신앙에 완전히 반대되는 영향력이다. 그것은 참된 기독교를 파괴하려는 영향력이다.

B. 정부는 종교를 배제해야 한다

"종교 강요" 관점과 반대되는 또 다른 오류는 종교를 정부와 정치에서 완전히 배제해야 한다는 관점이다. 이 관점에 따르면, 종교적 신념은 정부 행사나 정부 관할의 장소에서 언급되어서는 안 되며, 정치나 정부의 의사 결정 과정에서 그 어떤 역할도 해서는 안 된다.

이 두 번째 잘못된 관점은 오늘날 미국시민자유연맹(American Civil Liberties Union, ACLU), 정교분리를 위한 미국인연합 등 대부분의 세속주의적인 사회단체에서 적극적으로 밀고 있는 관점이다. 이 관점에 따르면, 종교적 신념은 개인과 가정에 한정되어야 하고 조용하게 유지되어야 한다. 정치 과정에는 종교 단체의 그 어떤 영향도 없어야 한다.

이 관점은 시의회나 입법 위원회 회의를 시작하기 전에 개회 기도하는 것을 반대하는 것 등으로 표출된다.[11] 다른 예로는 공공장소에서 십계명이 적힌 조형물을 철거하라고 요구한다거나, 정부 관인(seal) 혹은 참전용사 기념비에서 십자가를 제거하라고 요구하는 경우도 있다.[12] 또는 공립학교에서 학생들의 성경공부나 스포츠 행사 전 기도행위,[13] 졸업식에서의 대표기도나[14] 졸업식 연설자가

---

11 *ACLU of Kentucky v. Mercer County*, Kentucky, U.S. Court of Appeals for the 6th Circuit, No. 03 - 5142. Argued: April 27, 2004. Decided and Filed: Dec. 20, 2005 등 그 외 많은 판례를 참고하라.

12 John Antczak, "ACLU Demands Removal of Cross from Los Angeles County Seal," *Associated Press* (May 25, 2004); Peter J. Smith, "City of 'Las Cruces' Sued to Remove 3 Crosses from Emblem," *LifeSite.com* (Aug. 8, 2006), David Asman, "Battle to Tear Down a Tribute," *Fox News* (June 2, 2005).

13 Adam Nossiter, "ACLU Asks Jail for Tangipahoa School Officials," *Associated Press* (May 18, 2005), "High School's Pre-Game Prayer Called 'Un-American and Immoral,'" *WKYC.com* (April 6, 2005).

14 "West VA School District Ends Graduation Prayer Policy; Student's Lawsuit 'Educated' Officials," ACLU Press Release (Aug. 14, 2002).

자신의 신앙에 대해 언급하는 것을[15] 금지해야 한다고 주장하기도 한다.

실제로 미국시민자유연맹의 소송 협박으로 인해 LA 카운티 문장(seal)에서는 십자가 모양이 제거되었고,[16] 네바다 주 라스베가스의 어느 고등학교 졸업식 연설자는 사전에 준비한 연설문에서 예수님에 대한 모든 언급을 삭제하도록 명령받았다. 이 연설자는 이에 순응하지 않고 준비한 연설을 강행했는데, 해당 학교의 교장은 그녀의 연설 도중 마이크를 꺼 버렸다.[17]

"정부의 종교 배제" 관점은 콜로라도의 어느 살인 재판에서 내려진 사형 선고가 무효처리 되었던 사건에서도 볼 수 있다. 해당 재판에서 일부 배심원이 평의 중에 성경 구절을 인용했다는 이유로 선고가 무효화되었다. 성경 인용을 배심원의 '부정행위'로 간주한 것이다.[18]

이러한 관점의 가장 심각한 예는 1996년 로머 대 에반스(Romer v. Evans) 사건에 대한 대법원의 판결이다. 이 사건에서는 콜로라도 주

---

15 Nisha N. Mohammed, "Victory: Federal Court Again Rules That High School Valedictorian Silenced for Referencing Christ Should Have Day in Court" (June 22, 2007). www. rutherford.org/articles_db/press_release.asp?article_id=671; Nathan Burchfiel, "Valedictorian Silenced over Her Christian Faith Will Go to Court," *CNSNews.com* (Dec. 19, 2006).

16 Antczak, "ACLU Demands Removal of Cross from Los Angeles County Seal."

17 Burchfiel, "Valedictorian Silenced over Her Christian Faith Will Go to Court."

18 2005년 로버트 할런(Robert Harlan)에 대한 사형 선고는 콜로라도 대법원의 판결에 따라 결국 종신형으로 바뀌었다. "Colorado's Death Row," Coloradans Against the Death Penalty. www.coadp.org/thedeathrow/RobertHarlan.html.

민들이 통과시킨 주 헌법 수정안을 다루었다. 이 수정안은 동성애자들에게 특별한 법적 권리를 부여하는 것을 금지하였고, 단지 동성애자라는 이유로 어떤 특별한 권리를 갖거나 보호를 받지 않으며, 결국 동성애자들이 사회의 다른 모든 사람과 동등하게 대우받아야 한다는 내용이었다. 그러나 대법원은 이 수정안을 기각했다. 대법관 다수가 이 수정안이 "주의 합법적인 이익과 합리적인 관계성이 없다"라고 판결했고, 콜로라도 시민들이 해당 수정안에 찬성을 표결할 때 "동성애자에 대한 적대감"을 나타냈다고 판단했기 때문이다.[19]

이 "종교 배제" 관점은 최근 법원을 설득하여 동성 간 "결혼"을 합법화하려는 운동에도 강한 영향을 미쳤다. 아이오와 주에서 대법원이 동성 간 "결혼"을 허용하기로 결정하였을 때(2009년 4월 3일 Varnum v. Brien 사건), 그들은 아이오와 주민 중 단 28.1%만이 이를 지지한다는 사실에 주목했다.[20] 그러나 대법원은 "사회구성원 대다수가 진실하고 깊이 새겨진 근본적인 종교적 신념 때문에 동성결혼을 반대"한다고 말하면서 그러한 반대 의견을 심리에 고려해선 안된다고 판단했다. 왜냐하면 아이오와 주 헌법이 "의회는 종교의 설립(establishment)을 존중하는 법을 입법할 수 없다"라고 명시하고 있

19 *Romer v. Evans*, No. 94-1039, Decided by the United States Supreme Court, May 20, 1996. www.law.cornell.edu/supct/html/94-1039.ZO.html.
20 *Varnum v. Brien*, 763 N.W.2d 862 (Iowa Supreme Court, 2009), 64, n. 29.

기 때문이었다.[21] 다시 말해, 법원은 결혼을 한 남자와 한 여자의 결합으로 제한하는 것이 특정 종교의 '설립'이라고 해석한 것이다.

캘리포니아에서도 같은 식으로 논리가 전개되었다. 캘리포니아 법령 제8호(결혼을 한 남자와 한 여자로 제한하는 캘리포니아 헌법수정안)에 소송을 제기한 데이빗 보이스(David Boies)는 사람들이 결혼을 한 남자와 한 여자의 결합이라고 보는 "진실한 종교적 신념"이 있더라도, 그것은 "수정헌법 제1조의 '종교 설립 불가 조항(Establishment Clause)'에 따라, 다수가 그러한 종교적 신념을 소수에게 강요할 수 없다"라고 주장했다.[22] 다시 말해 캘리포니아 주민 52%가 결혼을 한 남자와 한 여자의 결합이라고 정의하더라도 그것은 종교를 잘못 '설립'하는 것이라는 말이다.

이러한 "종교 배제" 관점이 잘못된 이유로는 다음 여러 가지가 있다.

1. 법의 이유와 법의 내용을 구분하지 못한다

위와 같은 "종교 배제" 주장은 성립되지 못한다. 왜냐하면 결혼은 종교가 아니기 때문이다! 유권자들이 결혼을 정의할 때 그들은

---

21 Ibid., 64~65.
22 "Prop. 8 Defenders Say Plaintiffs Attacked 'Orthodox Religious Beliefs,'" *Wall Street Journal* (online blog, Feb. 10, 2010). http://blogs.wsj.com/law/2010/02/10/prop-8-defenders-accuse-plaintiffs-of-attacking-orthodox-religious-beliefs/tab/print/.

어떤 특정 종교를 설립하는 것이 아니다. 수정헌법 1조에서 "의회는 종교의 설립을 존중하는 법이나 그 자유로운 행사를 금지하는 법을 만들지 않는다"라고 했을 때, 여기서 "종교"는 사람들이 출석하며 지지하는 교회를 의미한다. "종교"란 침례교, 가톨릭, 장로교, 유대교 등을 의미한다는 것이다. 그것은 결혼 여부와 상관이 없다. 위와 같은 주장들은 헌법의 "종교"라는 단어를 그 본래 의도한 의미와는 전혀 다른 뜻으로 만드는 것이다.

또한, 이러한 주장은 법의 이유와 법의 내용을 구분하지 못하는 논리적 오류를 범하고 있다. 많은 법에는 종교적 이유가 있지만, 그렇다고 그 법들이 종교를 "설립"하는 것이 아니다. 모든 주요 종교에는 도둑질에 대한 가르침이 있다. 하지만 도둑질에 대한 법이 해당 종교를 "설립"하지 않는다. 모든 종교에는 살인에 대한 법이 있지만, 살인에 대한 법은 "종교를 설립"하지 않는다. 미국과 영국의 노예제 폐지 운동은 많은 기독교인들이 그들의 종교적 신념에 따라 주도한 것이지만, 노예 제도를 폐지하는 법이 기독교 종교를 "설립"하지 않았다. 인종차별과 분리 종식을 위한 미국의 민권 운동은 침례교 목사인 마틴 루터 킹 주니어에 의해 주도되었고, 그는 성경의 가르침에 기대어 인종 간 불의에 반대했다. 그러나 인종 간 차별과 분리를 금지하는 법이 종교를 "설립"하는 것은 아니다.

만약 이러한 "종교 배제" 주장이 법원에서 받아들여진다면, 복음주의자들과 가톨릭 신자들이 그들의 "종교적" 신념에 따라 낙태에 반대하는 것에도 적용될 수 있다. 태아를 보호하기 위한 다수결 투표에서 "모든 찬성표는 종교를 설립하는 것이다"라고 주장함으로써 무효화시킬 수 있는 것이다. 그리고 이러한 추론에 따르면, 거의 모든 문제에 대한 종교인들의 투표는 법원 판결에 의해 그 자체로 무효표가 되어버릴 수 있다. 이것은 미국의 국부들이 세운 이 나라의 건국이념에 완전히 반하는 것이고, 수정헌법 제1조에서 "종교 설립" 바로 다음에 명시한 "종교의 자유로운 행사(free exercise)"에도 완전히 위반하는 논리인 것이다.

2. 국민의 뜻에 반한다

앞서 언급한 콜로라도 주 헌법 개정의 지지자들은 성경의 가르침과 전통적인 유대-기독교 도덕 가치에 영향을 받은 수천 명의 기독교인으로 구성되었다. 그러나 법원은 그러한 종교적 바탕의 관점이 "합법적인 주의 이익과 합리적인 관계성이 있다고 할 수 없다"라고 말했다.[23] 다시 말해, 콜로라도 주민들이 마음 깊이 가지고 있던 종교적 또는 도덕적 이유는 "합리적인" 이유가 아니라는 것이다. 그들은 종교적 신념을 근거로 투표했기 때문에 그들의 투표는 무효처리가 되었다. 그래서 52%를 차지했던 그들의 찬성표는 대

---

23 *Varnum v. Brien.*

법원에 의해 뒤집혔다.[24] 이러한 방식의 결정은 주 헌법을 개정하려는 국민들의 진솔한 뜻과 의지를 완전히 무시하는 것이며, 이는 "정부에서 종교를 배제하라"는 관점의 자연스러운 결과이다(위에서 언급한 아이오와와 캘리포니아의 경우도 마찬가지다).

3. 종교의 자유를 '종교로부터의 자유'로 바꾸는 것이다

미국 역사에 비추어 보았을 때 "종교 배제" 관점이 잘못된 또 다른 이유는 그것이 "종교의 자유"라는 선한 이상을 "모든 종교적 영향으로부터의 자유"를 의미하는 것으로 왜곡한다는 것이다. 이 또한 미국 독립선언서의 서명자들이나 헌법의 제정자들이 의도했던 바와 완전히 다른 것이다.

사실 "정치로부터의 종교 배제"는 미국 건국의 기초인 독립선언서의 바탕이 되는 논리를 정면으로 무효화시킨다. 독립선언서의 첫 두 문장은 하나님을 두 번 언급하고 있다. 먼저 1776년 영국으로부터의 미국 독립을 "하나님의 법"이 승인하셨다는 것이고, 또한 정부가 보호해야 할 인간의 권리들은 하나님("창조주")이 인간에게 부여하신 것이라고 말한다.

인간사의 여정에서, 어느 한 사람들이 그들과 연계된 다른 사람들과의

---

24 Ibid.

정치적 고리를 파기하고 세계 여러 열강들 사이에서 자연의 법과 자연의 하나님의 법이 부여한 독립적이고 동등한 위상을 확립할 필요가 발생하였을 때에는, 인류의 의견에 대한 도리에 따라 그 분리의 불가피한 이유를 만방에 천명해야 한다.

우리는 다음의 진리들을 자명한 것으로 여긴다. 곧 모든 사람은 평등하게 창조되었고, 그들은 창조주로부터 일정의 불가침의 권리를 부여받았는데, 그 권리 중에는 생명과 자유와 행복의 추구가 있다. 이러한 권리들을 담보하기 위하여 인간 중에는 정부가 수립되었으며, …

다시 말하면, 이 독립선언서에 서명한 55명의 국부들은 자연과 하나님의 법이 미국 독립의 권리를 주셨다고 선언했다. 그들은 미합중국의 존재를 하나님이 승인하셨다고 선포한 것이다!

더 나아가 이 서명자들은 정부의 전적인 목적이 바로 하나님이 부여한 권리들을 보호하기 위함이라고 말한다. 두 번째 문단에서 "모든 사람이 평등하게 창조되었고, 창조주로부터 특정의 권리를 부여받았는데 그 권리 중에는 생명과 자유와 행복의 추구가 있다"라고 말한 후, 바로 그 권리들을 "보장(secure)"하기 위하여 "인간 중에 정부가 수립"되었다는 것이다. 다시 말해 이 나라를 세운 독립선언서에 따르면, 가장 기본적인 인권은 하나님이 주신 것("창조주로부터 부여")이며, 정부의 목적은 이 천부인권을 보호하기 위함이라는 것이다. "정부에서 종교를 배제해야 한다"라는 입장은 미국이라는 국가의 존재를 뒷받침하는 이러한 문장들조차 비합법적이라고 주장하는 처사이다. 그것은 엄연히 틀린 주장이다. 세속의 법을 지지하기 위해 종교적 근거를 활용한다고 해서 그것이 특정 종교를 설립하는 것은 아니다.

그리고 수정헌법 1조는 이렇게 선언하고 있다. "의회는 종교의 설립을 존중하거나, 그 자유로운 행사를 금하는 법을 만들 수 없고, 언론의 자유를 저해하는 법을 만들 수 없다." 여기서 "종교의 설립"이란 정부가 지원하거나 승인하는 특정 교파나 종교, 즉 '국교'의 설립을 의미한다. 따라서 수정헌법 1조는 미국이 영국의 성공회와 같은 국교를 만드는 것을 금하는 것이다. 국교는 미국 정착민들이 애초에 종교의 자유를 찾아 영국을 떠나 온 원인이기도 했다.

사실, 토마스 제퍼슨이 1802년에 코네티컷 댄버리 침례교인들에게 쓴 유명한 "정교분리" 편지도 이 문제를 다룬 것이다. 댄버리 침례교인들은 새로 부임한 대통령에게 편지를 보내 코네티컷 주 정부가 공식적인 주 교회(state church, 국교)로 회중교회를 지정하는 것에 대한 우려를 표명했다. 이에 대한 답신에서 제퍼슨은 수정헌법 제1조의 의미가, 교회의 일에 정부가 관여하지 않는 것이지, 교회가 정부의 일에 관여하지 않도록 하는 것이 아니라고 지적했다. 제퍼슨은 정부가 교회를 내버려 두고 공식적인 국교를 강요하지 않을 때 진정한 종교의 자유가 번영할 수 있다고 주장했다.[25]

수정헌법 제1조는 종교나 종교적 영향으로부터 정부가 자유로워야 함을 보장하기 위한 것이 결코 아니었다. 그것이 의도했던 유일한 "종교의 자유"는 특정 종교나 교파를 정부가 특별히 우대하지 않을 의무였다. 정치의 '종교로부터의 자유'가 아니라, 교회의 '정부 간섭으로부터의 자유'였던 것이다.

4. 종교의 자유와 표현의 자유를 침해한다

수정헌법 제1조는 또한 종교의 "자유로운 행사를 금하는" 어떤 법도 의회의 입법 영향에서 배제시킨다. 따라서 수정헌법 1조는 "정부에서 종교를 배제해야 한다"라는 관점을 정면으로 반대하는 것이다. 왜냐하면 "종교 배제" 입장은, 기독교나 유대교 등 기타 모든 종교적 배경의 사람들이 콜로라도 주 헌법 개정을 주장하거나 배심원 판결을 주장할 때, 또는 공공 행사에서 연설이나 기도를 할 때 종교의 자유로운 행사를 금지하려는 것이기 때문이다. "종교 배제" 입장은 국민들로부터 종교의 자유를 빼앗는다.

---

25 Thomas Jefferson, letter to Danbury Baptists (Jan. 1, 1802), www.loc.gov/loc/lcih/9806/danpre.html; Daniel Dreisbach, Thomas Jefferson and the Myth of Separation (New York: New York University Press, 2002), 29; Joseph Loconte, "The Wall Jefferson Almost Built" (Dec. 27, 2001), www.heritage.org/Press/Commentary.ed122701c.cfm.

또한 그러한 입장은 개인의 표현의 자유도 침해하게 된다. 고등학교 졸업식 연설자가 자신의 졸업식에서 자신의 관점을 표현하는 것이 왜 제한되어야 하는가? 왜 기독교 시민들은 자신의 도덕적 신념에 따라, 그 신념이 종교적 신앙에서 비롯되었다는 이유로 특정 정책에 찬성하거나 반대할 자유를 행사하면 안 된다는 것인가? 공공장소에서 종교적 의견을 말하는 것은 다른 사람들에게 그 관점을 '강요'하는 것이 아니다.

자유로운 사회의 본질은 그 사람들이 자신의 정치적 신념을 어떤 논리적 과정이나 그 어떤 선호하는 권위에라도 근거할 수 있어야 하는 것이다. 또한 타인에게 그들의 논리를 설득하려는 노력을 자유롭게 펼칠 수 있어야 한다. 우리는 사람들이 자신의 도덕적, 정치적 신념을 위해 플라톤의 대화, 공자의 가르침, 성경, 유대교 탈무드, 심지어 그들이 설득력 있다고 생각한다면 밥 딜런의 노래라도 근거로 삼을 수 있는 자유를 보호해야 한다. 그리고 만약 유권자들이 플라톤이나 공자나 성경을 (또는 밥 딜런을!) 따르는 사람들의 논리를 받아들인다면, 대법원은 그것을 "비합리적" 이유라고 치부할 수 없다. 대법원은 어떤 사람들의 투표가 합법적이고 어떤 사람들의 투표가 비합법적인지 결정할 수 없다.

5. 미국 국민이 한 번도 승인한 적이 없다

"종교 배제" 관점은 그 어떤 민주적 절차를 통해서라도 미국 국민에 의해 채택된 적이 없다. 그것은 단지 법원, 특히 대법원이 행사한 "날것의 거친 사법 권력(raw judicial power)"에 의해 우리 사회에 강요되고 있는 것이다. 이 사법권 남용은 미국에서 지난 수십 년간 계속 심각해지고 있는 현상이다.

대법원의 레몬 대 커츠먼(Lemon v. Kurtzman) 사건 판결(1971)[26]이 특별히 심각했다. 이 사건에서 법원은 정부의 행동이 "종교를 증진하거나 저해하는 1차적 효과가 없어야 한다"라고 말했다.[27] "어느 특정 종교를 증진하거나 저해하는 효과"가 아니라 단순히 "종교" 전반의 증진이나 저해를 명시한 것이다.

사실, 종교에 대한 혜택을 가져다주는 정부의 행동을 배제하는 법원의 경향은 1947년 에버슨 대 교육위원회(Everson v. Board of Education) 판결에서 처음으로 언급되었는데, 이 판결에서 다수 의견은 아예 명시적으로 "모든 종교"에 대한 정부 지원에 반대했다.

수정헌법 제1조의 "종교의 설립" 조항은 적어도 다음을 의미한다. 주나

---

26 역주: 수정헌법 제1조의 '종교 설립 금지' 조항과 관련한 미국 연방대법원의 유명한 판례로, 종교단체 산하 초등학교에 재정적 지원을 제공하는 펜실베니아 주 정책에 대한 위헌 심판이다. 유명한 '레몬' 심사기준(레몬 테스트)이 이 판결에서 비롯되었다.

27 *Lemon v. Kurtzman*, 403 U.S. 602 (1971). Majority opinion written by Chief Justice Warren Earl Burger.

연방 정부는 교회를 설립할 수 없다. 주 정부나 연방 정부나 한 종교를 지원하거나 모든 종교를 지원하거나, 한 종교를 다른 종교보다 선호하는 법을 제정할 수 없다. … 수정헌법 제1조는 교회와 국가 사이에 벽을 세웠다. 그 벽은 높고 견고하게 유지되어야 한다. 이에 대한 약간의 침해도 허용할 수 없다. 뉴저지 주는 여기서 이 벽을 침해하지 않았다.[28]

비록 다행히 이후 대법원의 후속 판결들이 레몬테스트를 엄격하게 적용하지는 않았지만, 이러한 이해를 광범위하게 적용하면 '모든' 종교적 표현을 공공장소에서 배제하는 결과를 낳는다. 그것은 미국 국민이 결코 채택하거나 승인하지 않았던, 그러나 단지 대법원이 스스로 가지고 있지 않은 권력을 이용해 일방적으로 선언한 "종교 배제" 관점의 극단적인 예이다.

6. 선과 악에 대한 하나님의 가르침을 정부로부터 제거한다

성경은 정부 관료를 "하나님의 사역자가 되어 네게 선을 베푸는 자"(롬 13:4)라고 말한다. 그런데 아무도 그들에게 하나님이 무엇을 기대하시는지 말해줄 수 없다면 어떻게 그들이 효과적으로 하나님의 사역을 감당할 수 있겠는가? 또한, 성경은 정부 관료들이 "악행하는 자를 징벌하고 선행하는 자를 포상하기 위하여"(벧전 2:14) 보내

---

28   *Everson v. Board of Education*, 330 U.S. 1 (1947)

졌다고 말한다. 그러나 세상의 어떤 종교인도 "선"과 "악"이 무엇인지 그들에게 조언해 줄 수 없다면 그들이 어떻게 그 일을 할 수 있겠는가?

"종교 배제" 관점은 '하나님이 없다'라고 전제하는 것이다. 또는 하나님이 계시더라도 그분의 도덕적 기준을 우리가 알 수 없다고 전제한다.

7. 하나님의 사람들이 통치자들에게 조언을 제공하는 성경의 예시들

성경은 정부 관리들에게 어떻게 통치해야 하는지 분명한 증언을 한 신실한 믿음의 사람들의 이야기를 많이 담고 있다. 선지자 다니엘은 BC 600년경 세상에서 가장 강력한 통치자였던 바빌론 느부갓네살 왕에게 이렇게 말했다.

왕이여 내가 아뢰는 것을 받으시고 공의를 행함으로 죄를 사하고 가난
한 자를 긍휼히 여김으로 죄악을 사하소서 그리하시면 왕의 평안함이
혹시 장구하리이다 (단 4:27)

신약에서 세례 요한은 분봉왕 헤롯을 꾸짖기도 한다. "그의 동생의 아내 헤로디아의 일과 또 자기가 행한 모든 악한 일로 말미암아 요한에게 책망을 받고"(눅 3:19). 요한이 지적한 헤롯의 "모든 악한

일" 중에는 그가 통치자로서 한 많은 악행을 포함할 것이다.

훗날 사도 바울은 로마 총독 벨릭스에게 "의와 절제와 장차 오는 심판"(행 24:25)에 대해 강론했다. 바울은 아마도 벨릭스의 로마 제국 산하 정부 관리로서의 행위에 대해 그를 추궁하고 있었을 것이다. 벨릭스는 크게 놀라고 바울을 돌려보냈다(25절). 마찬가지로 많은 구약의 선지자들은 이방 나라들에게 그들의 죄에 대해 말했다. 이러한 선지자적 책망은 이사야 13~23장, 예레미야 46~51장, 에스겔 25~32장, 아모스 1~2장, 오바댜(에돔에게), 요나(니느웨에게), 나훔 (니느웨에게), 하박국 2장, 스바냐 2장에서 찾을 수 있다.

따라서 성경은 "정부에서 종교를 배제해야 한다"라는 관점을 지지하지 않는다.

8. "종교 배제" 관점의 영적 배경

기독교인이라면 이 "종교 배제" 관점에 깔린 깊은 영적 배경을 분별하는 것이 어렵지 않아야 한다. 왜냐하면 "종교 배제"의 최종 목적은 정치를 세속화시켜서, 결과적으로는 사회 전체를 완전히 세속화시키려는 것이기 때문이다. 이 관점은 정치로부터 하나님에 대한 그 어떤 책무도 제거한다. 정치는 모든 사람의 삶에 지대한 영향력을 행사하기 때문에 결과적으로 그 국가 전체로부터 하나님에 대한 의무감을 모두 제거하게 된다. 특히 모든 종교적 관점이 아이들의 공교육 교육과정에서 제거된다면 더욱 그렇다.

더 나아가 모든 절대적 도덕 기준은 어느 정도 종교적 신념과 하나님에 대한 도덕적 책임감에 기반을 두고 있기 때문에, 이러한 관점은 국가 전체에서 무엇이 옳고 그른지에 대한 명확한 절대적 도덕 기준과 감각을 제거하는 결과를 낳는다. 그렇다면 이러한 관점의 궁극적인 목표는 하나님에 대한 믿음을 모두 파괴하는 것일 뿐만 아니라, 사회의 완전한 도덕적 붕괴이기도 하다. 그렇다면 성경을 믿는 기독교인들은 이 관점의 배후에서 작용하는 궁극적인 영적 실체를 분별하는 것이 어렵지 않아야 한다.

C. 모든 정부는 악한 마귀의 역사다

이 세 번째 관점에 의하면 모든 정부 권력은 뿌리 깊이 악하고 마귀의 권세에 의해 타락했다. 정부 권력의 범위는 사탄과 그 세력에 의해 통제되며, 따라서 모든 정부의 권력 행사는 "세상적"이기 때문에 예수님이 가르치신 삶의 방식이 아니라는 것이다.

이 관점을 가진 많은 사람들은 대체로 비폭력 평화주의를 선호한다. 그들은 예수님께서 "다른 뺨을 대라"(마 5:39)고 말씀하셨기 때문에, 심지어 국가 간에라도 갈등 해결을 위한 최선의 방법은 절대 군사력을 사용하지 않고 언제나 사랑으로 협상과 친화 정책을 통해 예수님처럼 행동하는 것이라고 말한다.

1. 누가복음 4장 6절의 근거

이 관점은 미네소타 그렉 보이드(Greg Boyd) 목사가 그의 저서 『기독교 국가라는 신화(The Myth of a Christian Nation)』(Grand Rapids: Zondervan, 2005)에서 강력하게 주장하였다. 보이드의 책은 미국, 특히 젊은 복음주의 유권자들에게 매우 큰 영향력을 미쳤다.[29]

보이드는 모든 시민 정부가 "악마적"이라고 말한다(21쪽). 보이드 주장의 주요 근거는 누가복음 4장에서 사탄이 예수님께 한 말이다.

마귀가 또 예수를 이끌고 올라가서 순식간에 천하 만국을 보이며 이르되 이 모든 권위와 그 영광을 내가 네게 주리라 이것은 내게 넘겨 준 것이므로 내가 원하는 자에게 주노라 그러므로 네가 만일 내게 절하면 다 네 것이 되리라 (눅 4:5~7)

보이드는 세상 모든 왕국의 권위가 "내게 넘겨준 것"이라는 사탄의 주장에 주목한다. 그리고 예수님이 "마귀의 그러한 주장에 반박하지 않으셨기 때문에, 세상 모든 왕국의 권위는 명백히 사탄에게

---

29   보이드의 글의 반향은 여러 곳에서 볼 수 있다. 예를 들어 Shane Claiborne and Chris Haw, *Jesus for President* (Grand Rapids: Zondervan, 2008)가 있다.

주어졌다"라고 말한다.[30]

더 나아가 보이드는 "기능적으로 사탄은 모든 세상 정부의 대리 통치자다"라고까지 주장한다.[31] 매우 과격한 주장이 아닐 수 없다.

2. 누가복음 4장 6절을 근거로 삼는 주장의 오류

그러나 그렉 보이드는 확실히 틀렸다. 왜냐하면 사탄의 주장에는 "진리가 없다"라고 예수님께서 말씀하시면서 분별을 요구하셨기 때문이다.

··· 진리가 그 속에 없으므로 진리에 서지 못하고 거짓을 말할 때마다 제 것으로 말하나니 이는 그가 거짓말쟁이요 거짓의 아비가 되었음이라 (요 8:44)

예수님은 사탄의 모든 거짓말에 일일이 응대하실 필요가 없었다. 왜냐하면 여기서 예수님의 목적은 단지 유혹을 단호히 거절하는 것에 있었기 때문이다. 예수님은 다음의 말씀으로 유혹을 거절하신다. "기록된 바 주 너의 하나님께 경배하고 다만 그를 섬기라"(눅 4:8).

---

30 Greg Boyd, *The Myth of a Christian Nation* (Grand Rapids: Zondervan, 2005), 21.
31 Ibid., 22.

"세상 모든 왕국의 권위가 사탄에게 주어졌다"라는 보이드의 주장을 평가할 때, 우리는 두 개의 선택지가 있다. 모든 세상 왕국의 권위가 자기에게 있다는 사탄의 말을 믿을 것인가? 아니면 사탄이 거짓말쟁이요 거짓의 아비라고 하신 예수님의 말씀을 믿을 것인가? 이에 대한 답은 쉽다. 사탄은 자신이 세상 정부의 통치자라는 거짓말을 예수님께 던진 것이고, 지금 그 거짓말을 우리에게도 던지고 있는 것이다.[32]

반면에, 성경에는 우리가 시민 정부를 어떻게 생각해야 하는지 알려주는 매우 구체적인 구절들이 있다. 이 구절들은 누가복음 4장 6절의 사탄의 주장이나, 보이드가 모든 세상 정부가 사탄의 권위 아래 있다고 주장한 것과 전혀 일치하지 않는다. 오히려 (사탄이 아닌) 하나님이 말씀하시는 이 구절들은 시민 정부를 하나님의 선물로 묘사한다. 그것은 (사탄이 아닌) 하나님의 통치 아래 있고 그분의 목적을 위해 사용된다는 것이다. 다음은 그 구절들 중 일부다.

> 지극히 높으신 이가 사람의 나라를 다스리시며 자기의 뜻대로 그것을 누구에게든지 주시며 또 지극히 천한 자를 그 위에 세우시는 줄을 사람들이 알게 하려 함이라 (단 4:17)

---

32 보이드는 또한 *Myth of a Christian Nation*(21~22)의 다른 구절을 인용하지만, 그중 어느 것도 시민 정부를 구체적으로 언급하지 않으므로 그의 주장을 입증하지 못한다.

각 사람은 위에 있는 권세들에게 복종하라 권세는 하나님으로부터 나지 않음이 없나니 모든 권세는 다 하나님께서 정하신 바라 그러므로 권세를 거스르는 자는 하나님의 명을 거스름이니 거스르는 자들은 심판을 자취하리라 다스리는 자들은 선한 일에 대하여 두려움이 되지 않고 악한 일에 대하여 되나니 네가 권세를 두려워하지 아니하려느냐 선을 행하라 그리하면 그에게 칭찬을 받으리라 그는 하나님의 사역자가 되어 네게 선을 베푸는 자니라 그러나 네가 악을 행하거든 두려워하라 그가 공연히 칼을 가지지 아니하였으니 곧 하나님의 사역자가 되어 악을 행하는 자에게 진노하심을 따라 보응하는 자니라 그러므로 복종하지 아니할 수 없으니 진노 때문에 할 것이 아니라 양심을 따라 할 것이라 너희가 조세를 바치는 것도 이로 말미암음이라 그들이 하나님의 일꾼이 되어 바로 이 일에 항상 힘쓰느니라 (롬 13:1~6)

인간의 모든 제도를 주를 위하여 순종하되 혹은 위에 있는 왕이나 혹은 그가 악행하는 자를 징벌하고 선행하는 자를 포상하기 위하여 보낸 총독에게 하라 (벧전 2:13~14)

흥미롭게도 바울과 베드로 모두 시민 정부가 사탄이 하는 일의 '정반대'를 하는 것이라고 말하고 있다. 시민 정부는 "악행하는 자를 징벌하기 위해" 하나님께서 세우셨는데, 사탄은 악행을 독려한다. 시민 정부는 "선행하는 자를 포상하기 위하여" 하나님께서 세우셨는데, 사탄은 선행하는 자를 단념시키고 공격한다. 위 구절에서 베드로가 "사탄이 통치자로 있는 인간의 모든 제도를 주를 위하여 순종하라"라고 말했다고 과연 상상조차 할 수 있을까? 말도 안 되는 소리다. 기독교 시민들이 사탄의 통제와 이끌림 속에 거하는 것을 베드로는 원하지 않았다.

여기서 요점은, 사탄은 모든 시민 정부가 자신의 통제 아래 있다고 믿게 하고 싶어 하지만, 성경은 어디에서도 그렇게 가르치고 있지 않다는 것이다. (사탄은 물론 정부의 일부 구성원들에게 영향을 미칠 수 있다. 하지만 정부 전체에 대한 통제권은 없다.) 성경 전체에서 사탄이 모든 정부에 대한 권위를 가지고 있다고 말하는 유일한 구절은 거짓의 아비가 말한 것이며, 우리는 그것을 믿지 말아야 한다. "모든 정부는 악마적이다"라고 말하는 보이드의 주장은 명백히 틀린 것이다.

3. 하지만 예수님이 무력을 사용하라고 가르치셨는가?

자신의 주장을 뒷받침하기 위해 보이드는 성경 전체의 가르침보다 예수님의 직접적인 가르침만을 맥락에서 빼내어 활용하고 있다. 예를 들어 이런 식이다. "예수님은 세상의 많은 사회정치적 곤경을 해결하러 오신 것이 아니다."[33] "정의 전쟁론은 예수님이 결코

---

33 Ibid., 59.

가르치거나 암시하신 내용이 아니다."[34]

하지만 이 논증은 하나님께서 성경 전체를 우리에게 주셨다는 것을 망각하는 것이다. 우리는 사복음서에 있는 예수님의 가르침으로만 우리의 관점을 제한할 권리가 없다. 만약 시민 정부에 대한 성경의 주요 가르침이 창세기 9장 5절에서 6절, 그리고 출애굽기, 신명기, 사사기와 역대하에 이르는 역사적 서사와 율법, 또한 로마서 13장과 베드로전서 2장 13절과 14절에서 찾을 수 있다면, 기독교인들이 그 구절들을 무시하도록 유도하는 것은 시민 정부에 대해 성경이 말하는 것을 그들로 하여금 오해하게 만드는 일이다. 보이드는 정확히 그런 일을 하고 있다. 그는 "예수님이 어디서 그렇게 행동하거나 말씀하셨는가?"라고 묻는다.[35] 성경 전체는 하나님의 권위와 예수 그리스도의 권위를 모두 가지고 있다. 우리는 정부에 대한 입장을 성경 전체의 가르침에 근거해서 보아야 한다. (또한 누가복음 22장 36에서 38절을 보면, 예수님도 자기방어와 보호를 위해 도둑에 대한 칼의 사용을 허락하신 것으로 보인다. 아래 6장 D섹션의 논의를 참고하라.)

4. 호머의 일리아스와 오딧세이에서 찾은 근거

보이드의 또 다른 주장은 그리스 작가 호머의 저작 일리아스와

---

34 Ibid., 168.
35 Ibid., 91.

오딧세이에 근거한다. 보이드는 이렇게 말한다.

호머의 저작에서 "신들"은 항상 인간의 일에 관여한다. 호머에게 있어
전쟁의 불가피함은 단순히 충돌하는 열정의 결과가 아니라 초자연적인
차원을 가지고 있다. 그리고 그 모든 과정에서 제우스는 올림푸스 산에
앉아 그 모든 스포츠에 즐거워한다.[36]

보이드는 이 "신들"을 악마적 세력들로 보고 이렇게 말한다.

호머는 신들을 올바로 이해했다. … 우리의 부족적, 영토적, 이념적 열
정은 악마적 차원을 가지고 있다. … 영적 관점에서 이 타락한 신들은
국가 간 일어나는 모든 분쟁의 배후에서 관여하고 있다. 그리고 그 모든
과정에서 이 시대 궁극적인 힘을 장악한 신, 사탄은 우리의 피 흘림을
악마답게 즐거워하고 있다.[37]

5. 이 관점은 선한 정부와 악한 정부 간 도덕적 차별을 제거한다

여기서 우선 보이드의 분석에는 두 가지 문제가 있다.

(1) 호머의 저작물은 성경이 아니다. 더구나 호머는 (BC 8세기에)

---

36   Ibid., 23.
37   Ibid., 24.

성경적 세계관을 바탕으로 작품을 쓰지 않았다. 그리고 우리는 특히 성경이 아닌 고대 그리스 신화에서 비롯되는 세속 세계관에 대해 경계심을 가져야 한다.

(2) 보이드가 이해한 바로는, 호머의 저작에서 전쟁을 치르는 양측 정부의 동기가 모두 다 악마적이다. 이러한 이해는 다양한 국가 간의 갈등 속에서 각국이 "동등한 도덕 수준"을 가지고 있다는 관점을 가지게 한다. 즉, 양측 모두 사탄을 따르고 있다는 것이다. (보이드가 명시적으로 말하지는 않지만, 이 관점은 가령 아돌프 히틀러가 사탄을 따랐고, 히틀러를 물리치기 위해 군대를 파견한 영국과 미국도 똑같이 사탄을 따르고 있었다는 것을 의미한다!)

보이드는 현대 미국 군인들과 이라크의 테러리스트들 사이에도 똑같은 도덕성을 간주한다. 구체적으로는 테러리스트들이 미국인 니콜라스 버그(Nicholas Berg)를 참수한 사건에 이 관점을 적용한다. 미국인 독자들에게 보이드는 이렇게 말한다.

정의에 대한 여러분의 갈망은 당연히 자연스러운 것이다. 하지만 바로 그런 분노가 테러리스트들이 니콜라스 버그의 목을 자르는 원인이 된 것이다. 여러분은 아마도 우리 편의 주장이 옳고 그들의 주장이 악하다고 강하게 믿고 있을 것이다. 하지만 테러리스트들도 마찬가지로 그들의 주장이 옳고 우리의 주장은 악하다고 열정적으로 믿고 있다. 여러분

의 미국식 정의에 대한 열정은 그들의 이슬람식 정의에 대한 열정을 그 대로 보여주고 있다.[38]

보이드는 어떻게 무고한 민간인에 대한 이슬람의 참수를 테러 공격으로부터 자신을 방어하려는 미국의 입장과 도덕적으로 동일 하다고 볼 수 있을까? 어떻게 무고한 민간인을 의도적으로 표적 삼 지 않는 국가를 무고한 민간인을 고의적으로 표적하여 고문하고 살해하는 것을 정책으로 삼는 테러리즘과 도덕적으로 똑같다고 믿 을 수 있는 것일까?

보이드가 이런 결론에 도달할 수 있었던 것은 그가 "모든 정부는 악하다"라는 잘못된 관점을 따라갔기 때문이다. 보이드는 끔찍한 테러를 저지르는 것과 테러리스트에 맞서 싸우는 것을 도덕적으로 같은 것으로 본다. 왜냐하면 그는 누가복음 4장 6절에서 세상 왕국 의 모든 권세가 자신에게 주어졌다는 사탄의 거짓말과 호머가 쓴 그리스 신화에서 (그가 악마로 보는) "신들"이 인간 분쟁의 양측 모두를 추동한다고 믿기 때문이다. 보이드는 정부가 "하나님의 사역자가 되어 악을 행하는 자에게 진노하심을 따라 보응"(롬 13:4)한다고 말 하는 성령을 믿기보다, 사탄과 호머의 거짓을 믿은 것이다.

따라서 보이드의 "모든 정부는 악마적이다"라는 관점은 그로 하

---

38 Ibid., 25.

여금 진실, 즉 (9.11테러 당시와 같이) 무고한 민간인을 공격하는 테러리스트는 악하다는 사실과 미군이 무고한 민간인을 공격하는 테러리스트를 추적하여 제거하는 것은 곧 "하나님의 사역자가 되어 네게 선을 베푸는 자"와 "하나님의 사역자가 되어 악을 행하는 자에게 진노하심을 따라 보응하는 자"로서 기능한다는 명백한 사실을 볼 수 없게 만든다. 보이드는 무고한 민간인을 테러리스트가 살해하는 것은 악하고, 그러한 테러리스트로부터 국가를 방어하는 것은 선하다는 사실을 전혀 깨닫지 못한다. 그러한 그의 입장은 "모든 정부는 악마적이다"라는 관점의 논리적 귀결이다.

6. 모든 정부의 "권력"을 "세속적인" 것으로 간주하는 보이드

"모든 정부는 악마적이다"라는 보이드의 관점 뒤에는 더 깊은 이유가 있다. 바로 타인에 대한 정부의 지배적인 권력 행사 자체를 세속적인 것으로 간주하며 하나님 왕국의 일부가 아닌 것으로 섣불리 판단하는 것이다. 보이드는 이렇게 말한다.

개인이나 집단이 다른 사람에 대해 권력으로 군림하는 곳에는 언제나 세상 왕국이 있다. 그것은 여러 형태로 나타나기는 하지만, 세상 왕국은 본질적으로 "권력으로 군림하는" 왕국이다. … 세상 왕국에는 민주주의, 사회주의, 공산주의, 파시스트, 전체주의 등의 형태가 있는데, 모두

사람들에 대해 "권력으로 군림"한다는 특성을 가지고 있다.[39]

보이드는 타인에게 권력을 행사하는 이 힘이 때로는 "칼의 권세"로 불린다고 말한다. 그는 "칼의 권세"란 위협을 통해 어떤 행동을 강요하는 힘이라면서, "필요할 때는 그러한 위협을 통해 선을 이루기도 한다. 법을 어길 때 처벌을 받는 것처럼 말이다"라고 이야기한다.[40] 또 보이드는 로마서 13장의 말씀처럼 하나님은 "세상에서 법과 질서를 보존하기 위해"[41] 이러한 정부의 힘을 사용하시기 때문에 이 "권력의 행사"가 "완전히 나쁜 것은 아니다"[42]라고 인정한다. 하지만 곧바로 그는 세상 모든 왕국에 대한 사탄의 권위를 다시 강조하며[43] "가장 좋은 정치적 이념도 하나님과 반대되는 목적을 가진 우주 통치자(사탄)의 영향력 아래 놓여 있다"라고 성급히 결론짓는다.[44]

이와는 대조적으로 보이드는 사람들이 "권력으로 군림(power over)"하는 세상 왕국과, "아래로부터 영향력을 미치는(power under)" 하나님의 왕국을 구분해야 한다고 말한다. 그는 전자가 "사자의 권

---

39 Ibid., 18.
40 Ibid.
41 Ibid., 19
42 Ibid., 18
43 Ibid., 21.
44 Ibid., 21.

세"이며 후자는 "어린 양의 권세"라고 말한다.[45] 그는 "하나님의 왕국은 자기 자신을 희생시켜 스스로를 타인 아래 두고 섬기는, 사랑이 풍성한 사람들에 의해 이루어진다"라고 말한다.[46]

보이드는 "타인 아래 스스로를 두는 것은 법과 총탄과 폭탄으로는 결코 할 수 없는 일, 즉 적의 마음을 변화시키는 일을 하는 힘이 있다"라고 덧붙인다.[47]

마음과 동기가 변화되면 결국 행동도 변화된다. "권력 군림"의 위협은 필요 없다. 마찬가지로, 하나님의 통치가 확립되는 곳에는 법과 질서가 확립되지만, "권력 군림"을 위한 무력은 필요 없다. … 당신은 "군림하는 권력"을 신뢰하는가? 아니면 "아래로부터 미치는 영향력"을 더 신뢰하는가? 당신은 칼의 권세, 즉 외적 무력의 힘을 믿는가? 아니면 갈보리의 사랑과 같이, 영향력이 크지만 강제력이 없는 힘을 믿는가?[48]

7. 보이드는 아내와 자녀들과 자국을 보호하기 위해서라도 싸우면 안 된다고 말한다

사람들에 대한 정부의 모든 권력 행사를 거부함으로써 보이드는

---

45 Ibid., 31.
46 Ibid.
47 Ibid.
48 Ibid., 32~33.

결국 다음과 같이 말하고 있다. 예수 그리스도의 형상을 완전히 따르는 사람은 "당신이나 당신의 아내 또는 당신의 자녀를 죽이겠다고 위협하는 공격자"로부터 방어하기 위해서라 할지라도 그 어떤 물리적 폭력을 사용해서는 안 된다고 말이다.[49] 더 나아가 "권력으로 군림"하는 세상 왕국을 거부하는 기독교인은 결코 군인으로서 전투 현장에 참여해서는 안 된다고 말한다.

> 나는 원수를 사랑하고 결코 악을 악으로 갚지 말라는 예수님의 가르침
> (그리고 신약성경 전체의 가르침)을 누군가를 죽여야 할 수도 있는 군대에
> 서 복무하는 (또는 징집에 저항하지 않는) 선택과 조화시키는 것이 불가능
> 하다고 생각한다.[50]

또 이렇게 말한다. "솔직히 나는 그 어떤 나라를 위해서나 또는 그 어떤 이유로라도 기독교인이 누군가를 죽이는 것을 용인할 수 없다."[51]

따라서 보이드가 주장하는 핵심은 결국, 심지어 자신의 아내와 자녀를 공격하는 사악한 범죄라 할지라도, 그러한 악을 제지하기 위해 우월한 힘을 사용하는 것은 근본적으로 반대한다는 것이다.

---

49   Ibid., 162, 166.
50   Ibid., 166~67.
51   Ibid., 173.

결과적으로 보이드의 "모든 정부는 악마적이다"라는 관점은 그리스도를 따르기를 원하는 사람들에게 절대적이고 완전한 '평화주의'를 피력한다.

8. 하나님은 악에 대적하기 위해 전도와 정부의 힘, 둘 다 세우셨다

여기서 보이드의 관점이 드러내고 있는 문제는, 그가 전도의 역할과 시민 정부의 역할을 구분하지 못하고 있다는 것이다. 하나님께서는 당연히 우리에게 "칼의 권세"나 정부의 권력을 이용하여 그리스도의 복음을 전파하라고 말씀하지 않으셨다. 우리는 하나님의 말씀을 선포함으로써 복음을 전파한다(롬 10:17 참고). 그러나 하나님은 분명히 우리가 칼의 권세와 정부의 권세를 활용해 악을 저지해야 한다고 말씀하셨다(위에 인용된 롬 13:1~6 참고).

만약 다른 사람에게 큰 피해가 가해지는 긴급 상황에서 정부의 힘(경찰 등 공권력)이 없다면, 더 이상 피해가 발생하지 않도록 가능한 대로 물리적인 힘을 사용해야 한다. 피해자에 대한 사랑과 긍휼이 그렇게 이끌기 때문이다. 어떤 범죄자가 내 아내나 자녀들을 공격한다면, 나는 그 사람이 그리스도를 구주로 믿도록 설득하기 위해서가 아니라, 즉시 내 아내와 아이들이 해를 입는 것을 막기 위해 그 사람을 향해 나의 모든 육체적 힘과 물리적 힘을 사용할 것이다. 나는 이스라엘 백성에게 "지극히 크시고 두려우신 주를 기억하고 너희 형제와 자녀와 아내와 집을 위하여 싸우라"(느 4:14)라고 말한 느헤미야의 명령을 따를 것이다. (아브라함이 침략군에게 포로로 잡혀간 친척 롯을 구출하는 창세기 14장 14~16절도 참고하라.)

보이드는 하나님께서 이 세상에서 악을 대적하는 하나의 방법(그리스도의 복음을 통해 마음을 변화시키는 것)만 취하고, 오직 그것만이 악을 대적하는 하나님의 유일한 방법이라고 섣불리 결정지었다. 그 결과 시민 정부의 귀중한 역할을 무시하게 되었다. 그러나 악을 대적하기 위한 '복음'과 '시민 정부'는 모두 하나님으로부터 온 것이다. 둘 다 선하며, 기독교인은 둘 다 사용해야 한다.

여기서 우리는 "누구든지 네 오른편 뺨을 치거든 왼편도 돌려 대며"(마 5:39)라는 예수님의 말씀을 보이드가 잘못 이해했음을 알 수 있다. 이 구절을 올바르게 이해한다면(3장 A섹션 마지막 부분 참고), 우리는 예수님께서 개인적인 모욕이나 뺨을 때린 것에 대해 개개인이 직접 보복하지 말라고 말씀하셨다는 것을 알 수 있다.[52] 그러나 개인의 용서에 대한 이 명령은 "칼을 차고" "행악자에게 두려움을 주고" "행악자에게 하나님의 진노를" 집행해야 하는 정부에 대한 성경의 가르침이 아니다(롬 13:3~4). 이 구절들은 문맥에 맞게 올바르게 이해되어야 한다. 하나는 개인의 행위와 개인의 복수에 대해 이야기하고 있고, 다른 하나는 정부의 책임에 관해 이야기하고 있

---

52 이 구절에 대한 *ESV Study Bible*의 주석을 참고하라. p. 1830; pp. 2554~55.

다. 우리는 두 본문을 혼동해서는 안 된다.

9. 평화주의가 더 만연했다면 노예제나 히틀러를 멈출 수 있었을까?

그의 책 말미에서 보이드는 미국의 노예제나 히틀러의 세계 패권전쟁의 경우, 이를 막기 위한 전쟁(각각 남북전쟁과 2차 세계대전)이 필요하지 않았느냐는 반문에 대답한다. 그런 경우에는 전쟁이 결과적으로 선한 영향력을 끼친 것이 아닐까?

이에 대해 보이드는 기독교인들이 단지 더 나은 평화주의자들이었다면, 역사가 달랐을 것이라고 말한다. "신실한 기독교인들이 애초에 조금이라도 예수님을 닮았더라면, 그래서 기독교인들이 원수를 사랑하고 다른 뺨을 돌려대었더라면 애초부터 노예제나 전쟁이 없었을 것이다."[53] 미국의 남북전쟁에 대해서도 보이드는 이렇게 말한다. "하나님 왕국의 사람이라면 '전쟁 없이 노예제가 없어질 수 있었을까'가 아니라, '오히려 더 많은 사람들이 하나님 왕국의 부르심대로 살았더라면 어땠을까'라고 궁금해야 한다."[54]

하지만 이런 미사여구는 다음과 같은 말을 좀 더 세련되게 한 것일 뿐이다. "역사가 다르게 흘렀다면 내 주장이 옳았을 거야." "사실이 달랐다면 내 주장이 옳았을 거야." 이것은 타당한 주장이 아

---

53 Boyd, *Myth of a Christian Nation*, 174.
54 Ibid., 177.

니다. 역사의 사실보다는 그저 '만약'이라는 희망사항에 호소하는 것이다. 보이드는 단지 '세상이 달랐다면, 세상이 달라졌을거야'라고 말하는 것과 다를 바가 없다. 그것은 아무것도 증명하지 않는다. 역사는 있었던 그대로의 사실이다. 그리고 그 역사는 곧 미국 노예제라는 악과 히틀러라는 악을 그보다 더 우월한 군사력이 막아냈다는 사실을 보여주고 있다. 그것이 하나님이 "공연히 칼을 가지"(롬 13:4)도록 하시면서 정부에게 주신 본연의 임무다.

10. "모든 정부는 악마적"이라는 관점이 가진 불길한 함의

보이드의 입장은 단순히 전도의 역할과 정부의 역할을 구분하지 못하는 정도의 무해한 실수가 아니기 때문에 더욱 우려된다. 그의 관점에는 훨씬 더 심각한 문제가 있다. 바로 그 관점은 기독교인들로 하여금 모든 정부 권력에 반대하도록 설득하는 경향이 있기 때문이다. 이 책에서 계속 다루게 되겠지만, 성경에는 하나님께서 행악자에 대한 정부 권력의 사용을 승인하신 여러 번의 기록이 있다. 예를 들어, 창세기 9장 5~6절, 구약의 모세 및 많은 의로운 사사들과 왕들에 대한 서사들, 로마서 13장 1~6절, 그리고 베드로전서 2장 13~14절이 있다. 하나님은 시민 정부를 세우시고, 그 권력을 사용하여 "악행하는 자를 징벌하고 선행하는 자를 포상"(벧전 2:14)하도록 허락하심으로써 악을 저지하신다.

그러나 보이드의 의견대로 점점 더 많은 기독교인들이 정부가 행악자들에게 "권력을 행사"하는 것을 사탄숭배로 여기고 정부 일에 아무런 참여를 하지 않으면 어떻게 될까?

그것은 세계무대에서 강력한 군대에 대한 지원은 점점 줄이고 미국과 동맹국을 공격하는 적국과는 끊임없이 대화만 더욱 고집하는 것을 의미한다. 이는 1938년 영국의 네빌 챔벌린 총리가 히틀러의 (공허한) 평화 약속에 넘어가 뮌헨 협정에 서명함으로써 영국의 아무런 반대 없이 체코슬로바키아의 넓은 부분을 히틀러에게 갖다 바친 것과 같은 종류의 유화정책을 의미한다. 이러한 관점은 오늘날 세계 어디에서나 사악한 침략자들에 맞서기 위해 군사력을 사용하는 것을 반대하고 오히려 그들과 타협하게 하는 결과를 가져올 것이다. 이는 결국 이슬람 테러리스트뿐만 아니라 러시아, 북한, 이란, 베네수엘라, 쿠바 등에 그들의 어떤 도발에도 미군이 딱히 대응하지 않을 것이라는 신호를 주어 더 빈번한 그들의 공격을 유도할 것이다.

국내적으로는 어떨까? 악행에 대한 정부의 "권력 행사"를 거부한다는 것은 경찰의 우월한 무력 사용을 점점 더 반대한다는 것을 의미한다. 왜냐하면 모든 행악자들에게 대항하는 보이드의 이상적인 방법은 "자기 자신을 희생시켜 스스로를 타인 아래 두고 섬기는 사랑"이기 때문이다.[55] 보이드의 접근 방식은 악을 저지하기 위해 하나님께서 지정하신 정부 권력 사용을 도외시하기 때문에, 그 결과 국내 모든 지역에서 범죄가 무제한으로 증가할 것이다.

이쯤 되면 분별력 있는 기독교인들은 보이드의 관점 중심에 있는 더욱 불길한 영적 함의를 볼 수 있어야 한다. 기독교인들에게 악에 대한 정부의 모든 권력 행사는 잘못된 것이고 악마적이라고 설득하는 것은 궁극적으로 누구를 유익하게 하는 것인가? 예수 그리스도를 따르는 사람들이 악에 대항해 가능한 모든 권세를 사용하는 것을 궁극적으로 제거하고 싶은 자는 누굴까? 그는 자신의 악행을 저지하는 선한 힘을 없애려고 하는 사탄 그 자신이다.

그렇다면 시민 정부와 관련하여 보이드가 가진 관점의 핵심은, 실제 하나님의 역할과 사탄의 역할을 정반대로 해석한다는 것이다. 보이드는 정부가 악에 대해 권력을 행사하는 것 자체가 악하고 악마적이라고 말한다. 그러나 성경은 그 반대로 악을 저지하고 징벌하는 권세를 행사하는 지도자가 곧 "선을 베푸는 자"요 "하나님의 사역자"라고 말한다(롬 13:4).

그렇다면 "모든 정부는 악마적이고 악하다"라는 관점은 잘못된 관점이다.

---

55   Ibid., 31.

D. 정치하지 말고 전도를 하라

기독교인과 정치에 대한 네 번째 잘못된 관점은 "우리는 단지 복음을 전파해야 하며 그것이 사람들의 마음을 바꾸고 우리 사회를 변화시킬 수 있는 유일한 방법이다"라고 말하는 복음주의자들의 주장이다. 나는 이것을 여기서 "정치 말고 전도" 관점이라고 부르겠다. 그것은 교회가 단지 "복음을 전파"하도록 부름을 받았을 뿐, 정치에 관해 이야기하도록 부름 받은 것이 아니라고 주장한다.

이러한 관점은 종종 사적인 대화에서 자주 표현된다. 하지만 실제로 이런 관점을 정말 옹호하는 복음주의 지도자가 있을까? 다음의 일부 저자들은 그런 방향으로 글을 쓰면서도 교회가 어느 정도의 정치적 영향력을 행사하는 것은 적절하다고 여지를 남긴다. 하지만 그런 영향력도 영적이거나 영원한 유익을 끼치지는 못한다고 말한다. 내가 (다른 주제에서는) 매우 높게 평가하는 칼 토마스(Cal Thomas)와 존 맥아더(John MacArthur)의 말을 들어보자.

다음은 전국적으로 저명한 칼럼니스트 칼 토마스의 글이다.

그들이 아무리 타락으로부터 복음을 보호하려고 노력하더라도, 구원의 수단으로 정치와 정치인에 초점을 맞추는 목회자들은 그들의 궁극적인 부르심과 메시지를 재고해야 한다. 구원의 길은 워싱턴 DC를 통과하지 않는다. 정치인들은 워싱턴의 유혹으로부터 스스로조차 구원할 수 없다. 무엇이 그들로 하여금 우리를 구원할 수 있다고 생각하게 만드는 것인가?[56]

다음은 존 맥아더가 쓴 『왜 정부는 당신을 구하지 못하는가(Why Government Can't Save You)』의 내용 일부이다.

때로는 현저한 사회적, 정치적 잘못을 바로잡기 위한 합법적 조치를 지지하는 것은 괜찮다. … 정부와 지역 사회의 현안에 대해 어느 정도 건전하고 균형 잡힌 관심을 갖는 것은 용납할 수 있다. 하지만 그러한 관심이 우리의 영적인 삶이나 의로운 삶 또는 그리스도의 왕국의 발전에 꼭 필요한 것은 아니라는 점을 깨달아야 한다. 무엇보다 기독교인의 정치적 참여는 복음을 전파하고 가르치는 일의 우선순위를 결코 대체해서는 안 된다. 왜냐하면 하나님께서 추구하시는 도덕성과 의로움은 오직 구원과 성화의 결과이기 때문이다.[57]

[예수님은] 사회와 정부의 개혁을 통해 옛 피조물을 도덕적으로 만들려

---

56 Cal Thomas, "Pulpit Bullies," Tribune Media Services (Oct. 3, 2008). www.calthomas.com/index.php?news=2381. "정치 말고 전도" 관점은 이전 섹션에서 논의한 그레그 보이드의 저서 *The Myth of a Christian Nation*에서도 드러난다.

57 John MacArthur, *Why Government Can't Save You: An Alternative to Political Activism* (Grand Rapids: Zondervan, 2000), 8.

고 이 땅에 오신 것이 아니라, 복음의 구원하는 능력과 성령의 변화시키는 역사를 통해 새 피조물(그의 백성)을 거룩하게 하려고 이 땅에 오셨다.[58]

1. "복음"과 하나님 왕국에 대한 너무 좁은 이해

다른 많은 주제에 있어서는 토마스와 맥아더의 의견에 동의하지만, 이 땅에서 하나님의 목적을 위한 기독교인의 정치적 참여의 가치를 폄하하는 그들의 관점에는 동의할 수 없다. 그러한 관점은 하나님 나라의 사역과 기독교 복음의 본질에 대한 이해가 협소함을 드러내는 것이다.

신약의 "복음"은 단지 "예수님을 믿고 죄 사함을 받고, 거룩하게 자라 천국에 가는 것"이 아니다(물론 그것은 분명한 사실이며 복음의 핵심이자 기본 메시지이다). 복음은 우리 삶 전체를 향한 하나님의 좋은 소식이다! 예수님께서는 이렇게 말씀하셨다.

> 그러므로 너희는 가서 모든 민족을 제자로 삼아 아버지와 아들과 성령의 이름으로 세례를 베풀고 내가 너희에게 분부한 모든 것을 가르쳐 지키게 하라 (마 28:19~20)

---

58 Ibid., 11~12.

여기서 "내가 너희에게 분부한 모든 것"은 요한복음 3장 16절이 말하는 것 그 이상의 것이다. 물론 요한복음 3장 16절은 매우 위대한 구절이 틀림없지만 말이다. 예수님께서 '분부하신 모든 것'은 사복음서에 기록된 그분의 '모든 가르침'을 포함한다. 이는 예수님께서 제자들에게 성령이 "내가 너희에게 말한 모든 것을 생각나게 하리라"(요 14:26)고 약속하셨을 뿐만 아니라, 성령이 "너희에게 모든 것을 가르치(26절)"시고 또한 "너희를 모든 진리 가운데로 인도(요 16:13)"하실 것이라고 약속하셨기 때문이다.

그렇기 때문에 사도 베드로는 "주 되신 구주께서 너희의 사도들로 말미암아 명하신 것"(벧후 3:2)이라고 말할 수 있었고, 바울은 "내가 너희에게 편지하는 이 글이 주의 명령인 줄 알라"(고전 14:37)고 말할 수 있었던 것이다. 그들의 서신은 예수님께서 지금 우리에게 명하시는 것이기도 하다! 신약의 복음서와 서신서 모두 예수님의 권위로 우리에게 온 것이고, 예수님께서는 우리가 이러한 것들을 교회에 가르치기를 원하신다.

구약은 어떤가? 예수님과 사도들은 구약을 하나님의 말씀으로 거듭 의존했다. 그렇기 때문에 우리도 예수님과 사도들의 권위에 따라 구약을 받아들인다. 그렇다면 넓은 의미로, "내가 너희에게 분부한 모든 것을 가르쳐 지키게 하라"는 것은 예수님의 제자가 되는 사람들에게 성경 전체를 신실하게 가르쳐야 한다는 뜻이다. "복음 전체"를 전하려면 성경에서 시민 정부에 관해 말하는 내용도 전파해야 하는 것이다. 이는 기독교인들이 정부에 좋은 영향을 미치는 방법을 성경에서 배우게 된다는 의미이다. 이러한 것들을 성경이 분명히 가르치고 있다는 것은 하나님께서 그의 왕국과 지상에서의 그의 목적을 확장시키기 위해 그 방법들을 중요하게 여기신다는 것을 의미한다.

그렇다면 기독교 정치 활동이 어떤 '영적' 유익을 주는가? 간단히 말해서, 그것이 성경을 통해 하나님께서 우리에게 가르치시는 것의 일부라면, 그것은 마땅히 하나님을 기쁘시게 하는 것이기 때문에 영적으로 유익한 것이다. "하나님을 사랑하는 것은 이것이니 우리가 그의 계명들을 지키는 것이라(요일 5:3)." 따라서 정부에 관한 그분의 가르침을 따르는 것도 그분께 사랑을 나타내는 한 방법이다.

또 다른 대답은 예수님을 삶의 본으로 살펴본 톰 미너리(Tom Minnery)가 제시한다. 예수님은 사람들의 죄만 용서하신 것이 아니다. 그분은 사람들의 육체적인 질병 또한 고쳐 주셨다. 예수께서는 사람들의 영적인 삶과 이 세상에서의 육체적 삶 모두에 관심을 갖고 계셨다. 사람들의 육신을 고치는 것은 하나님 보시기에 영적으로도 유익한 것이었다. 미너리는 사람들의 삶을 개선하기 위해 행하는 모든 사회활동에 이 논리를 적용한다.

사회활동은 복음 전도의 결과와 목적이기도 하지만, 복음 전도에 선행하는 가교 역할을 하고 복음 전도의 파트너로서 동행한다. 예수께서는 자신의 사역으로 두루 다니시며 가르치고 전파하셨을 뿐만 아니라 선한 일을 행하시고 병을 고치셨다. 둘 다 사람들에 대한 그분의 자비를 표현한 것이었고, 둘 다 우리의 소명이어야 한다.[59]

그래서 나는 좋은 정부와 나쁜 정부의 영향에 대한 존 맥아더의 다음 언급에 동의할 수 없다.

이상적인 인간 정부라도 궁극적으로는 하나님의 왕국을 확장시키는 데 아무것도 할 수 없고, 가장 포악한 최악의 세상 정부도 결국 성령의 능력이나 하나님 말씀의 확산을 막을 수 없다.[60]

나는 북한과 한국의 차이를 생각한다. 비록 독재로 억압적인 북한 정권이 하나님 말씀의 확산을 완전히 막지는 못하지만, 그 극심한 박해로 인해 수백만 명의 북한 사람들이 예수 그리스도를 들어본 적도 없이 태어나 살며 죽고 있다. 물론 선교사도 배출하지 않는다. 대조적으로, 정부가 자유를 허용한 한국의 교회는 성장하고

59 Tom Minnery, *Why You Can't Stay Silent: A Biblical Mandate to Shape Our Culture* (Wheaton, IL: Tyndale House, 2001), 49.

60 MacArthur, *Why Government Can't Save You*, 7.

번성하며 전 세계에 선교사를 파송하고 있다. 또 상대적으로 작고 억압받는 (어느 곳에도 선교사를 보낼 수 없는) 쿠바의 교회와 더 많은 자유를 누리는 라틴 아메리카 여러 국가에서 성장하고 번창하는 교회를 비교해 보라. 정부는 하나님 왕국의 일에 변화를 가져온다. 이것이 바로 바울이 "임금들과 높은 지위에 있는 모든 사람을 위하여 기도하라 이는 우리가 모든 경건과 단정함으로 고요하고 평안한 생활을 하려 함이라"(딤전 2:2)라고 권면한 이유이다. 즉, 좋은 정부는 사람들이 "평화"롭고 "경건한" 삶을 살도록 돕고, 나쁜 정부는 그것을 방해한다.

정부는 교회가 자유롭게 집회하고 복음 전하는 것을 허용할 수도 있고, 반대로 법을 통해 (사우디아라비아와 북한의 경우처럼) 강제로 방지할 수도 있다. 정부는 또한 사람들의 읽고 쓰는 역량을 방해하거나 촉진할 수도 있다. (그래서 성경을 읽을 수 있게 하거나 못하게 할 수 있다.) 정부는 살인자와 도둑, 음주운전자와 아동 착취자를 막거나, 아니면 그들이 사회를 위협하고 생명을 파괴하도록 허용할 수도 있다. 정부는 결혼을 장려하고 보호할 수도 있고, 아니면 반대로 결혼을 억제하거나 심지어 결혼제도 자체를 파괴할 수도 있다. 세상에서 정부는 하나님의 사역을 위해 중대한 변화를 가져온다. 우리는 세계에 더 많은 선한 정부가 나타나도록 마땅히 기도하고 일해야 한다.

2. "복음 전체"는 사회의 변화를 포함한다

"정치 말고 전도" 관점이 옳지 않은 두 번째 이유는, 복음 전체가 사회 변화를 포함하고 있기 때문이다. 그렇다. 죄 용서는 정말 놀라운 일이며, 이것이 복음의 핵심 메시지이다. 당연히 우리는 우리의 죄가 오직 그리스도를 믿는 믿음으로 용서받을 수 있다는 사실을 선포해야 한다. 당연히 이것이 사람들의 마음을 진정으로 변화시키는 유일한 방법이다.

그러나 죄의 용서가 복음의 유일한 메시지는 아니다. 예수님은 변화된 삶뿐 아니라 이를 통해 변화되는 세상을 원하시기 때문이다. "하나님의 아들이 나타나신 것은 마귀의 일을 멸하려 하심이라"(요일 3:8). 복음의 좋은 소식은 삶의 변화를 가져온다. 예수님은 이를 통해 가정의 변화도 원하신다. 또한 복음이 삶을 변화시키면 마땅히 그 이웃도 변화시킨다. 학교를 변화시키고 사업도 변화시킨다. 사회를 변화시킨다. 그렇다면 복음은 정부도 변화시키지 않을까? 마땅히 그래야 한다!

그렇다면 교회는 가정에 대해 성경이 말하는 하나님의 뜻을 성도들에게 가르쳐야 할까? 사업에 대한 하나님의 뜻을 가르쳐야 할까? 자녀교육에 대한 하나님의 뜻은 어떨까? 물론 그래야 한다. 그러면 교회는 인간 정부에 대한 하나님의 뜻도 가르쳐야 할까? 당연히 그래야 한다. 그리고 일부 기독교인들은 그 가르침을 실행하여 정부에 선한 영향력을 미치도록 부름을 받기도 했다.

"정치 말고 전도" 관점은 하나님께 중요한 것이 무엇인지에 대해 잘못 이해하고 있는 듯하다. 마치 (비물질적이고 저세상적인) 영적인 것만 하나님께 중요하고, 세상 사람들이 처한 물리적 삶의 실제 상황은 중요하지 않은 것처럼 말이다. 이는 플라톤주의와 유사한 철학적 입장으로, 오래전 기독교에서 벗어난 영지주의(Gnosticism)와 유사하다. 그것은 성경의 관점이 아니다.

3. 교회가 가르치지 않아야 할 성경 본문이 있는가?

"교회는 전도만 하고 정치에는 관여하지 말아야 한다"는 사람들에게 세 번째로 물어야 할 질문은 이것이다. "'단지 복음만을 전하기 위해' 당신이 선포하지 않기로 결정한 성경의 일부분은 무엇인가?" 로마서 13장 1~7절? 베드로전서 2장 13~14절? 아니면 창세기 9장 5~6절은 어떤가? 구약 시대 왕들의 선행과 악행에 대한 서사는 빼고 선포하려는가? 다니엘이 바빌론 정부에 미친 영향에 대해서는 설교하지 않을 것인가? 아니면 이사야 13~23장에 나오는 다른 나라들에 대한 이사야의 예언은? 또는 아모스 1~2장의 다른 나라들에 대한 예언은 전하지 않을 것인가? "단지 복음만을 전하겠다"라는 생각 때문에 빼놓을 성경이 도대체 어느 부분인가?

4. 하나님은 세상의 기독교인들을 통해 복음을 전하시고 선을 행하신다

"정치 말고 전도" 관점이 잘못된 네 번째 이유는 하나님께서 기독교인들을 이 땅에 남겨두신 이유를 오해하기 때문이다. 생각해 보라. 사람들이 그리스도를 구세주로 믿고 죄 사함을 받았을 때 왜 하나님은 그들을 즉시 하늘로 끌어 올리지 않으시는가? 왜 그분은 그들을 이 땅에 남겨두시는가? 단지 다른 사람들에게 복음을 전하기 위한 것인가? 그렇다면 그 사람들도 그리스도를 구세주로 영접한 후에는 어떤가? 지상에서 그들의 유일한 목적은 다른 사람들에게 복음을 전파하는 것인가, 아니면 예수님은 우리가 "이웃을 자기 자신처럼 사랑하는 것"(마 22:39)과 같은 일도 감당하길 원하시는가?

분명, 하나님께 영광을 돌리기 위해 우리가 이 땅에 있다면, "네 이웃을 네 몸과 같이 사랑하라"(마 22:39)라는 명령에 순종하는 것은 (적어도 부분적으로나마) 그분께 영광을 돌리는 것이다. 이는 사회 모든 분야에서 이웃의 유익을 추구하는 것을 의미한다. "네 이웃을 네 몸과 같이 사랑하라"는 것은 가령 태아를 보호하는 선한 법을 추구해야 한다는 뜻이다. 이는 결혼과 가정을 보호하는 선한 법을 만들어야 한다는 뜻이다. 이는 학교 교실에서 혼외 성적 문란은 괜찮고 포르노도 아무런 문제가 없다고 가르치려는 타락한 도덕적 영향력으로부터 우리 아이들을 보호할 수 있는 선한 법을 연구하고 만들어야 한다는 뜻이다.

예수님께서 우리를 이 땅에 남겨두신 한 가지 이유는 우리가 삶의 모든 영역에서 다른 사람들에게 선한 일을 함으로써 그분께 영광을 돌리기 위함이다. "그러므로 우리는 기회 있는 대로 모든 이에게 착한 일을 하되 더욱 믿음의 가정들에게 할지니라"(갈 6:10). 이것은 분명히 우리가 기회가 닿는 대로 법과 정부에 선한 영향력을 미치고 정치적 과정에도 선한 영향을 줌으로써 다른 사람들에게 선한 일을 해야 한다는 것을 의미한다. 바울은 기독교인들에 대해 이렇게 말한다.

> 우리는 그가 만드신 바라 그리스도 예수 안에서 선한 일을 위하여 지으심을 받은 자니 이 일은 하나님이 전에 예비하사 우리로 그 가운데서 행하게 하려 하심이니라 (엡 2:10)

예수님께서 우리를 이 땅에 남겨두신 이유 중 하나는 타락하고 죄 많은 세상 가운데서 우리의 삶을 통해 그분께 영광을 돌리기를 원하셨기 때문이다. "이같이 너희 빛이 사람 앞에 비치게 하여 그들로 너희 착한 행실을 보고 하늘에 계신 너희 아버지께 영광을 돌리게 하라"(마 5:16).

그렇다면 교회는 병원, 학교, 기업, 이웃에서 "선한 일"을 하는 방법을 성도들에게 가르쳐야 하지만 왜 정부에 대해서는 가르치면

안 될까? 왜 정치라는 삶의 영역은 "하늘에 계신 너희 아버지께 영광을 돌리게" 될 성도들의 "선한 일"에서 제외되어야 하는가?

나는 "네 이웃을 네 몸과 같이 사랑하라"는 예수님의 명령이 좋은 정부와 선한 법을 추구하는 것을 포함하여, 사회의 모든 측면에서 이웃의 유익을 구해야 한다는 뜻이라고 결론 내린다.

5. 하나님은 악을 저지하기 위해 교회와 정부, 둘 다 세우셨다

"정치 말고 전도" 관점이 잘못된 다섯 번째 이유는 하나님께서 이 시대에 악을 저지하기 위해 교회와 정부를 모두 주셨다는 사실을 간과하기 때문이다. 나는 하나님께서 세상에서 악을 저지하시는 중요한 방법 중 하나가 사람들이 그리스도를 구주로 믿고 그 마음이 변화되는 것임을 동의한다(고후 5:17 참고). 그러나 우리는 하나님께서 이 시대에 악을 저지하시기 위해 이 한 가지 방법만을 유일하게 사용하신다고 생각해서는 안 된다. 하나님께서는 악을 저지하기 위해 시민 정부도 사용하신다. 그리고 시민 정부의 힘에 의해서만 저지될 수 있는 많은 악이 있다. 왜냐하면 그리스도를 그들의 구주로 믿지 않는 사람들과 그분께 완전히 순종하지 않는 사람들은 세상에 언제나 많이 있기 때문이다.

예를 들어, 음주운전에 대한 법은 왜 필요한가? 누군가는 이렇게 말할지 모르겠다. "음주운전에 대한 법률은 사실 필요하지 않다. 복음의 영향력만으로 사회를 변화시키기에 충분(해야)하기 때문이다. 만약 기독교인들이 정말로 다른 사람들에게 증인의 역할을 제대로 하고 있다면, 그래서 기독교인들이 정말로 안전 운전의 좋은 본이 된다면, 그것만으로도 미국에서 모든 음주운전을 근절하기에 충분할 것이다."

이는 당연히 너무나 어리석은 입장이다. 우리는 이 시대에 복음을 받아들이지 않는 사람들이 많다는 것을 잘 알고 있다. (그리고 슬프게도, 그리스도를 믿는 사람 중에도 일부는 음주운전과 같은 어리석은 일을 계속한다.) 그리스도가 다시 오실 때까지 이 세상에는 기독교의 복음이나 스스로의 양심이나 다른 사람의 본이나, 혹은 일반의 상식으로도 설득되지 않는 술 취한 운전자들이 항상 있을 것이다. 단지 복음을 전파하는 것 외에 그러한 악을 제지할 수 있는 다른 수단이 아무것도 없다면, 그들은 계속 술에 취해 거리를 운전할 것이다.

이 시대 그러한 '음주운전'을 막기 위해 하나님께서 세우신 방법은 바로 시민 정부의 권력이다. 정부는 "선한 일에 대하여 두려움이 되지 않고 악한 일에 대하여 [두려움이 되도록]"(롬 13:3) 하나님께서 정하신 것이다. 오늘날 음주운전을 막기 위해 하나님께서 사용하시는 주요 수단은 정부를 통해 음주운전자들의 운전할 자유를 박탈하는 것이다. 그들이 운전을 계속하면 감옥에 가게 된다. 하나님께서는 단지 복음을 전하는 것뿐만 아니라 정부의 권력을 통해서도 세상의 음주운전을 단속하신다. 정부는 "악행하는 자를 징벌하고 선행하는 자를 포상하기 위하여"(벧전 2:14) 하나님께서 정하고 세우신 것이다.

또 다른 예로, 미국인들은 언제 노예제를 중단했는가? 복음이 남부 전역에 전파되었을 때였을까? 아니다. 노예제는 미국 정부가 1863년 노예 해방 선언을 통해 그것을 불법으로 규정한 이후에 비로소 중단되기 시작했다. 그리고 정부가 그렇게 할 수 있었던 데에는 당시 많은 기독교 노예제 폐지론자들이 법을 바꾸도록 정부에 영향력을 행사했기 때문이다.

6. 기독교인은 역사 전반에 걸쳐 정부에 긍정적인 영향을 끼쳤다

역사가 앨빈 슈미트(Alvin Schmidt)는 기독교의 확산과 정부에 대한 기독교의 영향력이 다음과 같은 변화에 주된 원인으로 작용했다고 지적한다. 로마 제국의 유아살해와 아동 유기 및 낙태 불법화(AD 374년),[61] 수천 명의 검투사를 죽음으로 이끈 잔혹한 검투 경기 불법화(404년),[62] 범죄자의 얼굴에 낙인을 찍는 잔혹한 형벌 금지(315년),[63] 남성과 여성 수감자를 분리하는 등의 감옥 개혁(361),[64] 아일랜드,

---

61 Alvin Schmidt, *How Christianity Changed the World* (Grand Rapids: Zondervan, 2004; formerly published as *Under the Influence*, 2001), 51, 53, 59.

62 Ibid., 63.

63 Ibid., 65.

64 Ibid.

프러시아, 리투아니아 등 많은 나라의 인신 제사 관행 중단,[65] 소아 성애 불법화,[66] 여성의 재산권 및 기타 권리 보장,[67] (오늘날에도 일부 이슬람 국가에서 여전히 시행되고 있는) 일부다처제 금지,[68] 인도에서 과부들을 산 채로 화형에 처하는 일 금지(1829년),[69] 중국에서 젊은 여성의 발을 묶어 고통스럽게 불구가 되게 만드는 관행 불법화(1912년),[70] 독일에서 공교육을 시작하도록 정부 관리 설득(16세기),[71] 여러 유럽 국가에서 모든 어린이의 의무 교육 등이다.[72]

교회의 역사를 돌아보면, 기독교인들은 로마제국과 아일랜드, 그리고 대부분의 유럽에서 노예제도를 반대하고 폐지하는 데에도 결정적인 영향을 미쳤다. (슈미트는 여러 세기에 걸쳐 소수의 그릇된 기독교 지도자들이 노예제를 지지했다는 안타까운 사실도 생략하지 않고 지적한다.)[73] 영국에서는 신실한 기독교인이었던 윌리엄 윌버포스(William Wilberforce)가 대영제국 전역에서 노예무역을 폐지하고 1840년까지 노예제도 자체를 폐지하려는 노력을 성공적으로 이끌었다.[74]

---

65 Ibid., 65~66.
66 Ibid., 87~88.
67 Ibid., 111.
68 Ibid., 115.
69 Ibid., 116~17.
70 Ibid., 119.
71 Ibid., 179.
72 Ibid., 179~80. 슈미트는 고등 교육에 대한 기독교인의 막대한 영향력도 지적한다. 1932년까지 미국에는 182개의 대학이 있었고, 그중 92%가 기독교에 의해 설립되었다(p. 190).
73 Ibid., 274~76.
74 Ibid., 276~78.

미국에서는 남부 기독교인들 사이에 노예제를 옹호하는 목소리도 물론 있었지만, 미국의 노예제 폐지를 위해 끊임없이 이야기하고, 글을 쓰고, 열렬히 설득하는 기독교인들의 수가 훨씬 많았다. 슈미트는 1830년대 중반 미국 노예제 폐지론자 중 3분의 2가 기독교 성직자였음을 지적한다.[75] 또한 그는 일라이자 러브조이(Elijah Lovejoy, 미국에서 노예제 폐지 선전물을 찍고 배포하다 최초로 순교한 출판업자), 라이먼 비처(Lyman Beecher), 에드워드 비처(Edward Beecher), 해리엇 비처 스토우(Harriet Beecher Stowe, 『톰 아저씨의 오두막』 저자), 찰스 피니(Charles Finney), 찰스 T. 토레이(Charles T. Torrey), 테오도르 웰드(Theodore Weld), 윌리엄 로이드 개리슨(William Lloyd Garrison) 등을 포함하여 "그 외 언급할 수 없을 만큼 너무 많은"[76] 노예제 반대 운동가들의 강력한 기독교 신념에 대한 수많은 예를 제시한다. 인종 분리와 차별을 불법화하는 미국의 민권 운동도 기독교 목사인 마틴 루터 킹이 주도했고, 당시 많은 기독교회와 단체들의 지지를 받았다.[77]

또한 영국의 마그나카르타(1215)와[78] 미국의 독립선언서(1776) 및 헌법(1787)의 형성[79]에도 기독교 사상과 기독교인들의 강력한 영향

---

75 Ibid., 279.
76 Ibid., 279~90.
77 Ibid., 287~89.
78 Ibid., 251~52.
79 Ibid., 253~58.

이 있었다. 이 세 문서는 지구상 정부 역사에서 가장 중요한 문헌들이며, 셋 모두 정부가 어떻게 기능해야 하는지에 대한 기본 원칙을 서술함에 있어서 중요한 기독교 사상의 흔적을 드러낸다. 영국과 미국 정부의 이러한 뿌리 깊은 기독교적 기초는 "정치 말고 전도" 관점의 결과라고 전혀 말할 수 없다.

슈미트는 또한 개인의 인권과 자유, 법 앞에서의 평등, 종교의 자유, 정교분리와 같은 정부에 대한 근대 관점 등 많은 주요 요소의 구성과 발전에 강한 기독교적 영향이 있었다고 평가한다.[80]

좀 더 최근에는 찰스 콜슨(Charles Colson)의 통찰력 있는 저작 『하나님과 정부(God and Government)』[81]가 지난 수년 동안 크고 작은 일로 전 세계 법률과 정부에 선한 영향을 미친 기독교인들의 용기에 대해 수십 가지 실제 사례를 담고 있다.

따라서 "하나님께서는 교회가 성경적 관점을 반영한 입법과 법원 판결을 장려함으로써 세상 문화에 영향을 미치도록 요구하지 않으신다"[82]는 존 맥아더의 말에 동의할 수 없다. 기독교인들이 영향을 미친 위와 같은 정부의 변화와 입법의 목록을 살펴보면, 하나님께서는 세계 사회에 그러한 중대한 발전을 가져오기 위해 교회

---

80 Ibid., 258~70.

81 Charles W. Colson, *God and Government: An Insider's View on the Boundaries between Faith and Politics* (Grand Rapids: Zondervan, 2007).

82 MacArthur, *Why Government Can't Save You*, 130.

와 교회 내 수천 명의 기독교인을 부르셨다고 생각한다. 그렇지 않다면 그 많은 변화를 가져온 기독교인들이 하나님에 대한 순종에 따라 그러한 일을 한 것이 아니라고 말해야 하는가? 이러한 변화가 하나님께 아무런 의미가 없다는 것인가? 그럴 수는 없다.

맥아더는 또한 "입법이나 사법적 변화를 촉진하기 위해 현세적 방법을 사용하는 것은 … 우리의 소명이 아니며 영원한 가치도 없다"라고 말한다.[83] 나는 이에 동의하지 않는다. 나는 위에 나열된 변화가 "오직 정의를 물 같이, 공의를 마르지 않는 강 같이 흐르게 할지어다(암 5:24)"라고 선포하시는 하나님께 중요하다고 믿는다. 하나님께서는 이 땅에서 사람들이 서로를 어떻게 대하는지 관심을 가지시기 때문에 위에서 언급된 정부의 변화는 하나님께서 보시기에도 영원한 가치가 있다고 믿는다.

만약 기독교 교회가 역사 전반에 걸쳐 "정치 말고 전도" 관점을 받아들였다면, 결코 세계 국가들 사이에서 이토록 헤아릴 수 없을 만큼의 선하고 뜻깊은 변화를 가져오지 못했을 것이다. 그러나 기독교인들은 세상 법과 정치에 선한 영향을 미치는 것이 "이같이 너희 빛이 사람 앞에 비치게 하여 그들로 너희 착한 행실을 보고 하늘에 계신 너희 아버지께 영광을 돌리게 하라"(마 5:16)는 주님의 명령에 순종하는 것임을 깨달았기 때문에 그러한 놀라운 변화가 실

---

83 Ibid., 15.

제로 일어났다. 그들은 "우리는 그가 만드신 바라 그리스도 예수 안에서 선한 일을 위하여 지으심을 받은 자니 이 일은 하나님이 전에 예비하사 우리로 그 가운데서 행하게 하려 하심이니라"(엡 2:10)라는 사실을 알았기 때문에 정부 및 정치에 선한 영향을 미칠 수 있었던 것이다.

7. 성경은 핍박이 오고 있다고 말하지 않는가?

간혹 사람들이 이렇게 묻는다. "성경은 그리스도께서 재림하시기 전 마지막 때에 박해가 올 것이라고 말하는데 왜 우리는 정부를 개선하려고 노력해야 합니까? 정부는 어차피 결국 점점 더 반기독교적으로 변할 것이라고 예상해야 하는 것 아닙니까?"(그들은 마태복음 24장 9~12절, 21~22절, 디모데후서 3장 1~5절과 같은 구절을 염두에 두고 있다.)

이에 대한 대답은, 그리스도께서 언제 재림하실지, 그분의 오심에 앞선 사건들이 언제 일어날지 우리가 절대 알 수 없다는 것이다(마 24:36; 25:13). 단지 우리가 아는 것은 "기회가 있을 때"(갈 6:10), 포기하지 말고 계속해서 "하나님의 뜻을 다"(행 20:27) 전하며 "선한 일"(엡 2:10)을 행하고 우리 이웃을 우리 몸과 같이 사랑하라(마 22:39)고 하나님께서 말씀하신다는 것이다. 이는 우리가 할 수 있는 대로 정부에 선한 영향을 미치기 위해 계속 노력해야 함을 의미한다.

지난 수 세기의 역사 동안 정부에 선한 영향을 끼쳤던 모든 기독교인이 그들의 일을 다 포기하고, "박해가 다가오고 정부는 더욱 악해지기 때문에 우리가 할 수 있는 일은 아무것도 없다"라고 말했다면, 앞서 말한 선한 법 개정은 하나도 이루어지지 않았을 것이다. 세상 곳곳에는 여전히 인신제사와 과부를 산 채로 불태우는 일, 노예제와 인종차별 등이 법으로 보호되고 있었을 것이다. 그러한 사고방식은 패배주의적이고 숙명론적인 태도이며, 이 시대에 기독교인이 어떻게 살아야 하는지에 대한 하나님의 명령에 불순종하게 만들었을 것이다. 그러한 절망적인 태도에 굴복하는 대신 앞선 세대의 용기 있는 기독교인들은 타인과 정부를 위해 선한 일을 하려 노력했고, 하나님께서는 그들의 노력을 축복하셨다.

8. 하지만 정치적 참여는 복음을 전하는 교회의 주요 임무를 방해하지 않을까?

어떤 이들은 정치적 참여가 일부 유익하고 선한 일일 수도 있지만, 너무나 주의를 산만하게 하고, 불신자들을 교회에서 멀어지게 하며, 사람들을 그리스도에게 인도하는 교회의 주된 임무로부터 멀어지게 한다고 말할 수 있다. 존 맥아더는 "교회가 정치적 행동주의와 사회적 도덕화를 강조하는 입장을 취할 때마다 많은 여력과 자원을 복음전파에서 멀어지게 한다"라고 썼다.[84]

하지만 "정치적 영향력이 전도에 필요한 자원을 빼앗아 가는

---

84 Ibid., 14.

가?"는 적절한 질문이 아니다. 그 대신 "정치적 영향력이 하나님께서 우리에게 하라고 부르신 일인가?"를 물어야 한다. 하나님께서 우리 중 일부에게 정치적 영향력을 행사하도록 부르셨다면, 그들의 자원을 그 부르심이 아닌 전도와 합창단과 주일학교 등으로 임의로 전용하는 것은 하나님의 축복을 받지 못할 것이다.

이 문제에 있어서는 교회가 하는 다른 모든 일과 마찬가지로, 하나님께서 기독교인 개개인을 각자의 삶에서 다양한 역할로 부르실 수 있다는 것을 우리가 깨닫는 것이 건강할 것이다. 하나님께서는 교회에 "각종 은사"(고전 12:4)를 주셨고, 교회는 "많은 지체"를 가지고 있으면서도 여전히 "몸은 하나"(12절)이기 때문이다.

따라서 하나님께서는 어떤 사람은 거의 모든 시간을 합창단에 헌신하도록 부르시고, 다른 사람은 청소년 사역에, 다른 사람은 전도에, 다른 사람은 새신자를 위한 다과 준비에, 또 다른 사람은 조명과 음향 작업에 부르실 수도 있다. 그런데 이렇게 묻는 것이 합당한지 생각해 보라. "제임스가 음향 시스템에만 온 신경을 쏟는다면, 교회가 복음을 전하는 주요 임무에 집중하지 못하게 되는 것은 아닐까요?" 전혀 그렇지 않다. 하나님께서 제임스에게 주신 부르심은 음향 시스템 작업인 것이다. (물론 제임스는 기회가 있을 때마다 다른 사람들에게 복음을 전하기도 [해야]할 것이다.) 제임스가 교회 음향에 집중한다는 것은 단지 그가 하나님께서 그에게 주신 책임에 대해 충실한 청지기로서 역할을 다하고 있음을 의미한다.

마찬가지로, 하나님께서 복음전파에 전념하기 위해 정치에 대해서는 별다른 말을 하지 않도록 빌리 그레이엄을 부르셨고, 가정에 대한 라디오 사역에 전념하여 정치 세계에 선한 영향을 미치도록 제임스 돕슨(James Dobson)[85]을 부르신 것이 충분히 가능하다. 세상에는 하나 이상의 일에 집중할 수 있을 만큼 충분한 기독교인들이 있다. 그리고 하나님께서는 그분께 순종할 수 있는 수많은 다양한 역할로 우리 각자를 부르신다.

그러나 교회의 '전체' 사역에는 두 역할이 모두 포함된다. 강단에서 가르치는 사역자는 "하나님의 뜻을 다"(행 20:27) 전하는 것에 전념해야 한다. 시간을 들여 삶의 모든 영역과 성경 지식의 모든 영역을 가르쳐야 한다. 거기에는 성경이 시민 정부의 목적에 관해 말하는 내용과 그 가르침이 오늘날 우리 상황에 어떻게 적용되어야 하는지도 일정 부분 필요에 따라 포함되어야 한다.

그렇다면 건강한 교회란, 교회 내에서 어떤 사람들은 정부와 정치에 대한 영향력을 강조하고, 어떤 사람들은 비즈니스 업계에 대한 영향력을 강조하고, 어떤 사람들은 교육에 대한 영향력을 강조하고, 어떤 사람들은 결혼과 가정 등에 대한 영향력을 강조한다는

---

85 역주: 제임스 돕슨은 기독교 가정 사역 전문 기관인 '포커스온더패밀리(Focus on the Family)'와 가족 정책 연구소인 '가정연구위원회(Family Research Council)'의 창립자이다.

것을 의미한다. 그런 다양한 강조점이 조화롭게 나타날 때, 우리는 서로를 낙담시키는 것이 아니라 오히려 격려해야 할 것이다. 우리는 바울이 로마 교회에 격려했던 말을 서로에 대한 태도로 취해야 한다.

> 네가 어찌하여 네 형제를 비판하느냐 어찌하여 네 형제를 업신여기느냐 우리가 다 하나님의 심판대 앞에 서리라 기록되었으되 주께서 이르시되 내가 살았노니 모든 무릎이 내게 꿇을 것이요 모든 혀가 하나님께 자백하리라 하였느니라 이러므로 우리 각 사람이 자기 일을 하나님께 직고하리라 그런즉 우리가 다시는 서로 비판하지 말고 도리어 부딪칠 것이나 거칠 것을 형제 앞에 두지 아니하도록 주의하라 (롬 14:10~13)

따라서 위에서 언급한 많은 이유로 "정치 말고 전도" 관점이 틀렸다고 생각한다.

E. 전도하지 말고 정치를 하라

다섯 번째 잘못된 관점은 교회가 법과 문화를 바꾸려고 노력하면서 복음전파는 소홀히 해도 된다는 것이다. 그러나 오늘날에는 이러한 관점을 가지고 있거나 "기독교인은 복음 전도가 아니라 정치를 해야 한다"라고 말하는 책임 있는 복음주의 지도자 또는 영향력 있는 기독교 단체를 본 적이 없다. 물론 이는 19세기 말과 20세기 초 사회복음 운동의 주요 강조점이었다. 빈곤, 빈민가, 범죄, 인종차별 및 기타 사회악을 극복하기 위해 교회가 보다 적극적으로 임하고자 다소 과격한 캠페인을 벌였던 것이다. 이는 그 자체로는 좋은 취지였을지 모르지만, 이 운동은 개인이 그리스도를 구세주로 믿어야 할 필요성이나 성경 전체를 하나님의 말씀으로 선포해야 할 필요성을 망각했다. 이러한 사회복음 운동은 보수적이고 복음주의적인 개신교 세력보다는 주로 진보적인 자유주의 개신교 세력에서 그 추종자를 얻었다.

일부 세속 평론가들은 정치적 참여를 강조하는 기독교인들이 "복음 전도 말고 정치를 하라"는 관점을 갖고 있다고 비난한다. 그들은 일부 보수 기독교인들이 공화당에 투표만 하면 나라를 구할 수 있다고 생각하거나, 하나님을 신뢰하기보다는 정부가 우리를 구원할 것이라고 생각한다고 비난한다.

하지만 이런 비난은 실제로는 존재하지 않는 허수아비에 대한 공격이다. 적어도 내가 아는 한, 포커스온더패밀리(Focus on the Family)나 기독교연맹(Christian Coalition), 가족연구위원회(Family Research Council)나 700인 클럽, 미국을 걱정하는 여성(Concerned Women for America), 자유수호연맹(Alliance Defending Freedom), 미국 법과 정의 센터

(American Center for Law and Justice) 등의 기독교 정치 조직 지도자들은 그러한 "전도 말고 정치" 관점을 옹호하지 않는다. 과거 제리 팔웰(Jerry Falwell)의 모럴 매저리티(Moral Majority)도 마찬가지였다. 내가 아는 복음주의 정치운동 조직 중에서 복음전파 빼고 정부 변화만을 추구하는 책임 있는 지도자는 없다. 사실, 정부에 큰 영향력을 행사하는 데 적극적으로 참여하는 많은 복음주의 지도자들은, 정치에 대한 성경적 관점에 대해 정기적으로 설교함과 동시에 전도 폭발 운동을 일으킨 고 D. 제임스 케네디(D. James Kennedy)와 같은 적극적인 전도자들이었다. 제임스 케네디의 『전도 폭발』 책과 프로그램은 수천 명의 복음주의자로 하여금 개인 전도에 힘쓰도록 격려했다.[86]

이들 중 누구도 "좋은 정부가 우리를 구원할 것입니다"라거나 "만약 우리가 이번 선거에서 이기면 기도할 필요도 없고 전도할 필요도 없고 사람들의 마음에 변화를 구할 필요도 없습니다"라고 말하지 않았다. 이들 중 누구도 "우리는 하나님이 아니라 정부를 믿어야 합니다"라고 말한 적이 없다!

그럼에도 정치에 더 많은 기독교인의 참여와 영향력을 장려하는 입장이라면, 다음과 같은 중요한 경고의 말을 들을 필요가 있다. 만약 우리(나 자신도 여기에 포함된다)가 선한 법만이 국가의 문제를 해

---

86 D. James Kennedy, *Evangelism Explosion* (Wheaton, IL: Tyndale House, 1977).

결하거나 정의로운 사회를 가져올 것이라고 생각하기 시작한다면, 그것은 큰 실수일 것이다. 사람들의 마음과 생각에 내적 변화가 일어나지 않는 한, 선한 법만으로는 사람들의 불만과 처벌을 피하기 위한 최소한의 소극적 순응과 표면적 법 준수만을 가져올 뿐이다. 선한 정부와 선한 법은 많은 악한 행동을 예방할 수 있고 사회가 용인하는 것이 무엇인지 사람들에게 가르칠 수 있다. 하지만 그 자체만으로는 선한 사람을 낳을 수 없다. 칼 토마스와 에드 돕슨(Ed Dobson)도 이렇게 경고한다. "우리 기독교인들이 오직 정치권력을 통해서만 우리의 사회와 문화를 바꿀 것이라고 생각한다면 큰 착각에 빠진 것이다."[87]

국가의 진정한 장기적 변화는 오직 (1) 사람들의 마음이 변화되어 악이 아닌 선을 추구할 때, (2) 사람들의 생각이 바뀌어 그들의 도덕적 신념이 성경에 나오는 하나님의 도덕 기준과 더 가까이 일치할 때, (3) 선한 행위를 더욱 충분히 장려하고 그릇된 행위를 처벌하도록 국가의 법이 변경될 때 일어날 수 있다. (1)은 개인 전도와 예수 그리스도의 복음의 능력으로 이루어지는 것이고, (2)는 개인적인 대화와 교육, 그리고 공개 토론과 논쟁을 통해 이루어진다. (3)은 기독교인의 정치적 참여를 통해 일어난다. 이 세 가지 모두 필

---

87 Cal Thomas and Ed Dobson, *Blinded By Might: Why the Religious Right Can't Save America* (Grand Rapids: Zondervan, 1999), 51.

요한 것이다.

자유주의 사회복음 운동에서 비롯되었거나 정치적 승리가 모든 것을 해결한다고 생각하는 복음주의자들에게 비롯되었거나, 이 "전도 말고 정치" 관점은 확실히 잘못된 것이다. 교회는 무엇보다도 "죄의 삯은 사망이요 하나님의 은사는 그리스도 예수 우리 주 안에 있는 영생이니라"(롬 6:23)는 사실을 선포해야 한다. 사람들은 그리스도를 믿을 때 분명한 마음의 변화가 있다. "그런즉 누구든지 그리스도 안에 있으면 새로운 피조물이라 이전 것은 지나갔으니 보라 새 것이 되었도다"(고후 5:17).

그렇다면 정치와 기독교인의 관계에 대한 이 다섯 가지 잘못된 관점과 다른 올바른 관점이 있을까? 다음 장에서 제안하는 관점은 "정부에 대한 기독교인의 중대한 영향력"이다. "정부에 대한 기독교인의 중대한 영향력"은 강제(관점 1)도 아니고, 침묵(관점 2)도 아니며, 과정에서 이탈하는 것(관점 3, 4)도 아니며, 정부가 사람을 구할 수 있다고 생각하는 것(관점 5)도 아니다. 그것은 위 잘못된 관점들과 다르며, 성경의 실제 가르침에 훨씬 더 가깝다고 생각하는 정치에 대한 기독교적 관점이다.

2장. 보다 바른 관점:
정부에 대한 기독교인의 중대한 영향력

이전 장에서 우리는 시민 정부에 대한 기독교인의 참여에 관하여 5가지 잘못된 관점을 살펴보았다. 이 장에서는 보다 더 나은 관점이라고 생각하는, 시민 정부에 대한 "기독교인의 중대한 영향력"을 제시한다.

이 "중대한 영향력" 관점은, (올바르게 이해된) 성경에 계시된 하나님의 도덕적 기준과 정부에 대한 하나님의 목적에 따라 기독교인들이 시민 정부에 선한 영향을 미치기 위해 노력해야 한다고 말한다. 그러나 기독교인들은 이러한 영향력을 행사하는 동시에 모든 시민의 종교적 자유를 보호할 것을 주장해야 한다. 또한, "중대한 영향력"이란 성질을 내거나 적대적이고 편협하며, 비판적이고 얼굴을 붉히는, 증오로 가득한 영향력을 의미하는 것이 아니다. 그것은 매력적이고, 친절하고, 사려 깊고, 사랑이 많고, 각 상황에 적합하며, 언제나 상대방이 동의하지 않을 권리를 보호해 주면서 동시에 하나님의 말씀이 가르치는 진리와 도덕적 선함에 대해 타협하지 않으면서 설득력 있는 영향력을 의미한다.

A. 성경 올바르게 이해하기

누군가는 즉시 반문한다. "누가 성경을 올바르게 이해할 수 있겠는가? 무엇이 올바른 해석인지를 결정하는 사람은 누구인가?"

나의 대답은 성경을 올바르게 이해하는 것이 불가능하지 않다는 것이다. 물론 성경의 의미에 대해 기독교인들 사이에서 합당한 의견 차이를 보일 수 있다. 그러나 오늘날이나 역사 전반에 걸쳐서도 책임 있는 복음주의 성경 해석가들에게는 기독교 신앙의 주요 가르침과 올바른 해석에 관한 의견 차이보다 대체로 동의하는 부분이 사실 훨씬 더 많다.

예를 들어, 성경 전체를 하나님의 말씀으로 믿고 받아들이는 해석자들은(즉, 주류 복음주의 해석자는 물론 많은 보수적인 가톨릭 해석자들 사이에서도), 성경에 따라 살인은 도덕적으로 그릇된 일이고(출 20:13), 간음과 도둑질과 "이웃에 대하여 거짓 증언"하는 것은 도덕적으로 그릇된 일(14, 15, 16절)이라는 데에 동의한다. 또한 하나님께서 우리의 유익을 위해, 즉 악을 제지하고 선을 증진시키기 위해 시민 정부를 설립하셨다(롬 13:1~6; 벧전 2:13~14; 창 9:5~6)는 사실, 그리고 교회가

치리하는 것과 정부의 권위 아래 있는 것 사이에는 구별이 있어야 한다는 것(마 22:21)에 대해서도 널리 동의한다. 다르게 해석된 성경적 세계관과 그것이 시민 정부에 미치는 영향을 언급할 수도 있지만, 적어도 위 사항들은 전 세계의 복음주의 해석자들 사이에 성경과 정치에 대한 가장 기본적인 원칙에 관해 광범위한 합의가 있음을 보여주기에 충분하다.

물론 정부에 적용되는 성경 해석에 대해서 기독교인들이 모두 동의하지 않는 부분이 있다. 가령, "정의로운 전쟁론"에 대한 의견 차이, 사형제에 대한 의견 차이, 빈곤과 부에 관한 정부의 책임 등에 대하여 의견 차이가 있을 수 있다. 그러나 이러한 불일치조차도 (말과 글 모두를 포함한) 공개적인 포럼에서 건전한 논의가 추구될 수 있다. 이렇게 공개된 논의의 장에서는 서로 다른 입장을 가진 측이 각자의 입장을 주장하기 위해 성경을 근거로 논쟁할 기회가 주어진다. 이러한 정중한 논의가 계속되다 보면 결국 어느 관점이 더 설득력 있는 것으로 밝혀지고, 대다수의 목회자, 신학교 교수, 기독교 단체 지도자, 기타 오피니언 리더, 그리고 복음주의 성도들이 납득하게 된다. 한편 설득력이 없는 입장은 저변으로 밀려나고, 소수의 기독교인 사이에서만 머무르게 된다. 예를 들어 낙태 문제와 관련하여 미국에서 1960년대와 1970년대에 이러한 과정이 일어난 것을 보았다. 또한 16세기에서 18세기에 걸쳐 교계에서는 이자 부과("고리대금") 문제와 시민 정부의 종교 자유 허용 문제를 놓고 점진적인 합의의 과정이 있었다.

사실, 이 책도 바로 이러한 목적으로 성경을 근거로 하여 주장을 펼치는 것이다. 성경을 믿는 다른 사람들에게 내가 주장하는 요점이 실제로 성경에 근거하였음을 설득하려고 시도한다. 나와 동의하지 않는 사람들은 내가 말하는 내용과 반대되는 주장을 발언할 권리가 있으며, 그러한 양측의 건강한 대화를 지켜보는 기독교인들은 이 중요한 문제들에 대해 더 깊이 이해하게 될 것이다.

B. 성경의 자유주의적 왜곡

그러나 이 시점에서 한 가지 주의할 점을 밝혀두자면, 신학적으로 자유주의적인 성경 비평은 성경을 올바르게 해석하기 위한 좋은 지침이 되지 못한다. ("신학적으로 자유주의적"이라는 말은 성경이 신성한 권위가 있고, 완전히 진실하고 신뢰할 수 있는 하나님의 말씀이 아니라, 각종 오류와 모순이 있는 인간의 기록으로 구성되어 있다는 관점을 의미한다.) 이 자유주의 신학자들과 종교 작가들은 세속 언론에서 "성경을 그대로 가르치는" 사람들을 종종 조롱하며, 문맥에서 벗어난 몇 개 성경 구절들과 질문들을 던지면서 성경을 전혀 따라갈 수 없는 가르침으로 만들어버린다.

예를 들어, 영국 작가 A. N. 윌슨(A. N. Wilson)은 미국 남침례교를 비판하면서 뉴욕타임스에 이렇게 썼다.

사라져 없어진 시대의 윤리와 행동 패턴을 재창조하려는 시도는 바람직하지 않을 뿐 아니라 비실용적이다. … 남침례교는 (바울이 빌레몬에게 보낸 서신에서 그랬듯이) 노예제를 용인하는가? 남침례교는 최초의 기독교인들이 그랬듯이 그들의 모든 재산을 한데 모으고 공동으로 소유하는가? 그들은 이자를 부과하는 것을 비난하는가? 그렇다면 그들은 어떻게 주식 시장에 투자하고 연금에 저축하거나 은행 계좌를 갖게 되는가? … 오늘날 미국에서 얼마나 많은 기독교 근본주의자들이 유대인의 식사법을 지키고 있는가? 그들 중 간음한 여자를 돌로 치는 것을 찬성하는 사람이 과연 몇이나 될까? … 그러나 이 모든 것들은 "성경적 도덕성"의 일부이다. … 바울은 … 추종자들에게 아예 결혼하지 말라고 충고했다. 초대교회는 가정생활에 일관적으로 적대적이었다. … 참된 성경적 믿음은 성경이 우리들의 문제에 해답을 가지고 있는 책이 아니라는 것을 인정한다. 그것은 인류가 끊임없이 잘못을 저지르는 이야기이다. 심지어 바울조차도 종종 모순되는 이야기를 한다.[1]

---

1   A. N. Wilson, "The Good Book of Few Answers," *New York Times*, opened page (June 16, 1998)

여기서 윌슨이 "성경적 도덕성"의 일부라고 말하는 여섯 가지 사항은 다음과 같다. (1) 노예 제도, (2) 재산의 공동 소유, (3) 대출에 대한 이자 부과 금지, (4) 유대인의 식단 (5) 간음한 사람을 돌로 치는 것, (6) 결혼을 단념시키는 것.

그러나 나는 30년 이상 성경적 윤리에 관해 가르치고 글을 써왔지만, 성경이 위와 같은 '도덕'을 요구한다고 가르친 적이 없다. 또한 주요 복음주의 교단과 종교단체 조직 중 어느 곳도 위와 같은 일들을 옹호하지 않으며, 복음주의 대학과 신학교에서 사용하는 모든 윤리 교재도 마찬가지이다.[2] 윌슨은 단지 성경을 고의적으로 왜곡하고 잘못 전하고 있을 뿐이다.

여기서 요점은, 어떤 기독교에 적대적인 작가가 성경의 기록을 문맥에서 악의적으로 끄집어내 "이것이 성경의 가르침이다"라고 떠드는 것은 항상 가능한 일이고 종종 있어왔다는 점이다. 이는 물론 정직하고 책임 있는 해석의 원칙을 무시하고, 성경 전체의 광범위한 역사적 전개 과정에서 특정 구절의 위치를 잘못 인식하는 결과이다. 윌슨의 글은 독자들로 하여금 "어느 누구도 오늘날에는 성

---

2   복음주의 윤리를 가르칠 때 사용하는 대표적인 교과서들은 다음과 같다. John Jefferson Davis, *Evangelical Ethics*, 3d ed. (Phillipsburg, NJ: P & R, 2004); John Feinberg and Paul Feinberg, *Ethics for a Brave World* (Wheaton, IL: Crossway, 1993); John Frame, *The Doctrine of the Christian Life* (Phillipsburg, NJ: P & R, 2008); Scott Rae, *Moral Choices*, 3rd ed. (Grand Rapids: Zondervan, 2009). 평화주의 관점의 책으로는 Glen Stassen and David Gushee, *Kingdom Ethics* (Downers Grove, IL: InterVarsity Press, 2003)가 있다.

경에 순종할 수 없다"라는 결론을 내리도록 하려는 것이다. 하지만 월슨의 모든 주장은 모두 다 하나씩 반박될 수 있다. 월슨에게 "당신은 지금 성경을 잘못 해석하고 있습니다. 여기에 그 이유가 있습니다"라고 말할 수 있는 내용이라는 것이다.[3]

오늘날 세상에는 삶의 모든 영역에서 성경을 올바르게 이해하고 순종하려는 수억 명의 복음주의 기독교 성도들이 있다. 그들은 성경을 하나님의 말씀으로, 즉 그들의 모든 삶에서 신뢰할 수 있고 신성한 권위를 지닌 실제적 지침으로 받아들인다. 기독교인들이 수 세기에 걸쳐 그랬던 것처럼 말이다. 그들은 자신의 부족함을 알지만 매일 성경을 따르려고 노력하는 것이 전혀 불가능한 것이 아니라는 것을 알게 된다. 오히려 성경을 올바르게 이해하고 전심을 다해 순종할 때, 그것은 하나님의 축복이 가득하여 즐겁고 만족스러운 삶의 패턴으로 이어진다는 것을 알게 된다.

나는 시민 정부에 관한 성경의 가르침도 마찬가지라고 생각한다. 이 가르침은 충분히 이해될 수 있으며, 이를 따르는 많은 국가에 큰 혜택을 가져올 것이다. 내가 이 책을 쓰는 이유이기도 하다.

---

3 최근 95명의 복음주의 학자들이 참여해 완성한 주석 성경 *ESV Study Bible* (Wheaton, IL: Crossway, 2008)이 출판되었다. 월슨이 언급하는 해당 본문에 대한 이 주석 성경의 해석은 월슨의 주장과는 확연히 다른, 그리고 훨씬 더 책임 있는 답을 제공하고 있다. 추가적으로 이 주석 성경 마지막에 달린 주제별 에세이 중 '성경적 윤리'와 '성경 해석'에 대한 글을 참고하라. 이전 각주의 교과서들도 이 문제에 대한 책임 있고 학술적으로 탄탄한 내용을 담고 있다.

C. 기독교인의 중대한 영향력에 대한 성경적 근거

1. 구약의 사례들

성경은 하나님의 사람들이 세속 정부에 영향을 미친 많은 예를 보여준다.[4]

가령, 유대 선지자 다니엘은 바벨론의 세속 정부에 강력한 영향력을 행사했다. 다니엘은 느부갓네살에게 이렇게 말했다.

> 그런즉 왕이여 내가 아뢰는 것을 받으시고 공의를 행함으로 죄를 사하고 가난한 자를 긍휼히 여김으로 죄악을 사하소서 그리하시면 왕의 평안함이 혹시 장구하리이다 (단 4:27)

왕에 대한 다니엘의 접근방식은 대범하고 분명하다. 다음과 같은 현대의 다문화적 접근법과는 정반대의 태도다.

"오 느부갓네살 왕이시여, 저는 유대인의 선지자로서 감히 당신의 바벨론 왕국에 나의 유대교 도덕 기준을 주장하지 않겠습니다. 왕의 술사와 점쟁이들에게 물어보십시오! 그들이 바벨론의 전통에 따라 왕을 인도할

---

4 앞서 두 번째 관점 "종교 배제"를 다루면서도 이 본문 중 일부를 언급했지만 깊이 다루지는 않았다.

것입니다. 그리고 왕의 마음을 따르십시오! 무엇이 옳고 그른지를 말하는 것은 비천한 저의 몫이 아닙니다."

다니엘은 이렇게 말하지 않았다. 그는 담대하게 왕에게 말했다. "공의를 행함으로 죄를 사하고 가난한 자를 긍휼히 여김으로 죄악을 사하소서."

다니엘은 아마도 왕이 돌이켜야 할 그의 "죄"와 "죄악"을 더 구체적으로 묘사했을 수 있다. 문맥상 우리는 세상에서 가장 강력한 통치자에게 다니엘이 온 우주의 하나님께서 전하는 말씀을 담대히 전했을 것이라고 충분히 상상할 수 있다.

당시 다니엘은 느부갓네살 왕 궁정의 고위 관리였다. 그는 "바벨론 온 지방의 통치자"이자 "바벨론 모든 지혜자의 어른"이었다(단 2:48). 그는 정기적으로 "왕궁에(49절)" 있었다. 다니엘은 왕에게 매우 중요한 자문 역할을 했을 것이다. 다니엘이 "죄"와 "죄악", 그리고 "억눌린 자들에게 자비를 베푸는 것"(단 4:27)이라고 요약해서 말했던 기록은, 아마도 하나님이 보시기에 선하거나 악했던 느부갓네살 왕의 구체적인 정책들과 행동을 지적하는, 보다 긴 대화였을 것이라고 합리적으로 추론할 수 있다.

다니엘은 하나님을 믿는 자로서 시민 정부에 "중대한 영향력"을 행사한 구약의 사례이다. 그것도 이방 왕의 지배를 받는 제국에서 말이다.

예레미야가 바벨론에 유배된 유대인들에게 선포한 말씀도 성도들이 법과 정부에 영향력을 행사해야 한다는 관점을 뒷받침한다. 예레미야는 포로들에게 이렇게 말했다. "너희는 내가 사로잡혀 가게 한 그 성읍의 평안을 구하고 그를 위하여 여호와께 기도하라 이는 그 성읍이 평안함으로 너희도 평안할 것임이라"(렘 29:7). 포로들이 그러한 이방 성읍에 선한 영향력을 가져오려고 노력하는 것은, (다니엘이 그랬던 것처럼) 이방 정부에도 선한 영향력을 가져오려는 노력을 의미한다. 그 성읍의 참된 "평안"은 성경에 나타난 하나님의 가르침과 일치하는 정부 법률과 정책을 통해 증진되는 것이다.

다른 이방 나라에서도 하나님의 사람들은 정부에 영향력을 행사하는 높은 지위에 올랐다. 요셉은 애굽 왕 바로 다음으로 높은 관리였으며 바로의 결정에 큰 영향력을 행사했다(창 41:37~45; 42:6; 45:8~9, 26 참고). 이후 모세는 바로 앞에 담대히 서서 "여호와의 말씀에 내 백성을 보내라"(출 8:1)라고 말하며 이스라엘 백성의 자유를 요구했다. 느헤미야는 "왕의 술 맡은 관원장"(느 1:11)으로서 페르시아의 아닥사스다 왕 앞에서 높은 책임을 맡은 지위에 있었다.[5] 모르드개는 페르시아의 "아하수에로 왕 다음으로"(에 10:3; 또한 9:4 참고)

---

5   "술 맡은 관원장은 당시 왕에게 정기적으로 가까이 접근할 수 있었던 매우 높은 고위직이었다." *ESV Study Bible* (Wheaton, IL: Crossway, 2008), 825.

서열이 높은 사람이었다. 에스더 왕비 또한 아하수에로의 결정에 중대한 영향을 미쳤다(에 5:1~8; 7:1~6; 8:3~13; 9:12~15, 29~32 참고).

추가적으로 구약의 선지서에는 이스라엘 주변 이방 민족들의 죄를 언급하는 여러 구절이 있다. 이사야 13~23장, 예레미야 46~51장, 에스겔 25~32장, 아모스 1~2장, 오바댜(에돔을 향해), 요나(니느웨를 향해), 나훔(니느웨를 향해), 하박국 2장, 스바냐 2장이 그것이다. 이 선지자들은 이스라엘 바깥 나라들에도 말할 수 있었다. 왜냐하면 성경의 하나님은 모든 민족과 모든 나라의 하나님이시기 때문이다. 그분은 그들의 창조주이시며, 그들은 언젠가 심판을 받기 위해 그분 앞에 설 것이다. 그렇기 때문에 성경에 계시된 하나님의 도덕적 기준은 하나님께서 모든 사람에게 책임을 물으실 도덕적 기준이다. 여기에는 사람들의 결혼 생활과 가족생활, 이웃과 학교, 직업과 사업 등에서 행동하는 것 이상이 포함된다. 이는 사람들이 정부 기관에서 행동하는 것도 포함한다. 성도들은 공직에 있는 사람들을 포함한 모든 사람들에게 하나님께서 물으실 성경적 도덕 기준을 전해야 할 책임이 있는 것이다.

2. 신약의 사례들

신약 시대에 정부에 중대한 영향을 미친 하나님의 사람으로는 세례 요한이 있다. 그의 생애 동안(BC 4년~AD 39년) 로마 황제에 의해 임명된 갈릴리의 통치자는 로마의 권위에 복종했던 "분봉왕" 헤롯 안티파스였다. 헤롯은 이스라엘 족속이 아닌 이두매 사람(이웃 나라 에돔 족속)이었다. 마태복음은 세례 요한이 분봉왕 헤롯이 지은 특정한 개인적인 죄를 꾸짖었다고 말한다.

> 전에 헤롯이 그 동생 빌립의 아내 헤로디아의 일로 요한을 잡아 결박하여 옥에 가두었으니 이는 요한이 헤롯에게 말하되 당신이 그 여자를 차지한 것이 옳지 않다 하였음이라 (마 14:3~4)

누가복음은 좀 더 구체적인 내용을 담고 있다.

> 또 [세례 요한은] 그밖에 여러 가지로 권하여 백성에게 좋은 소식을 전하였으나 분봉 왕 헤롯은 그의 동생의 아내 헤로디아의 일과 또 자기가 행한 모든 악한 일로 말미암아 요한에게 책망을 받고 그 위에 한 가지 악을 더하여 요한을 옥에 가두니라 (눅 3:18~20)

분명 "헤롯이 행한 모든 악한 일"에는 그가 로마 제국의 통치자로서 행한 많은 악행도 포함되었을 것이다. 세례 요한은 이 모든 일로 그를 꾸짖었다. 그는 제국의 관료들에게 정부 정책의 도덕적 옳고 그름에 대해 담대하게 말했다. 요한은 다니엘과 구약의 많은 선지자들의 발자취를 따랐다. 성경은 세례 요한을 "의롭고 거룩한 사람"(막 6:20)으로 묘사한다. 그는 정부 정책에 대해 "중대한 영향력"을 가진 훌륭한 믿음의 사람이었다. (비록 그 영향력은 그의 생명을 빼앗아 갔을지라도 말이다. 마가복음 6:21~29 참고)

또 다른 신약의 사례는 사도 바울이다. 그는 가이사랴 감옥에 갇혀있을 때 로마 총독 벨릭스 앞에서 재판을 받았다.

> 수일 후에 벨릭스가 그 아내 유대 여자 드루실라와 함께 와서 바울을 불러 그리스도 예수 믿는 도를 듣거늘 바울이 의와 절제와 장차 오는 심판을 강론하니 벨릭스가 두려워하여 대답하되 지금은 가라 내가 틈이 있으면 너를 부르리라 하고 (행 24:24~25)

사도행전의 저자인 누가는 이보다 더 자세한 내용을 알려 주지는 않지만, 벨릭스가 "두려워"했고 바울이 그에게 "의"와 "장차 오는 심판"에 관해 강론했다는 사실로 볼 때, 바울은 옳고 그름에 대한 도덕적 기준과 그 마땅한 길에 대해 이야기했음을 할 수 있다. 벨릭스는 로마 제국의 관리로서 하나님께서 정하신 기준에 따라 생활하고 통치할 의무가 있었다. 바울은 틀림없이 벨릭스에게 "장차 오는 심판"의 때에 자신의 행동에 대한 책임을 지게 될 것이라고 말했을 것이고, 이것이 벨릭스를 "두렵게" 만든 이유였을 것이다. 누가가 바울이 이러한 일에 관해 벨릭스와 "강론"했다고 표현할 때, 이 단어(헬라어 dialegomai)는 주고받는 대화나 토론을 뜻한다. 따라서 벨릭스는 바울에게 "내가 내린 이 결정은 어떤가? 이 정책은? 이 판결은 어떤가?"라고 물었다고 추론할 수 있다. 바울이 벨릭스에게 로마 총독으로서의 행동이 아니라 그의 "사적" 생활에 대해서만 이야기했다고 가정하는 것은 본문의 의미를 인위적으로 제한하는 것이다. 따라서 바울은 시민 정부를 상대로 "기독교인의 중대한 영향력"을 행사하려고 시도한 훌륭한 모본이다.

기독교인으로서 정부와 정부 지도자들에게 "중대한 기독교적 영향력"을 미치려고 시도한다면, 요셉, 모세, 다니엘, 느헤미야, 모르드개, 에스더를 포함한 성경의 역사적 이야기를 통해서 좋은 예를 많이 찾을 수 있다. 또한 이사야, 예레미야, 에스겔, 아모스, 오바댜, 요나, 나훔, 하박국, 스바냐에 기록된 예언도 마찬가지다. 신약에는 세례 요한과 사도 바울의 용감한 사례가 있다. 정부에 대한 기독교인의 마땅한 영향력은 성경의 모호하고 사소한 예로 주어진 것이 아니다. 그것은 창세기부터 에스더(마지막 역사서)까지의 구약 역사서는 물론, 이사야부터 스바냐까지의 선지서, 그리고 신약의 복음서와 서신서에서도 발견된다. 그것은 하나님의 종들이 이스라엘의 하나님이나 예수님을 따르지 않는 이방 왕들에게 "기독교인의 중대한 영향력"을 미친 사례이다. 이 목록에 이방 왕이 아닌 이스라엘의 선하거나 악한 왕에게 권고와 격려와 책망을 전했던 구약의 많은 이야기들을 추가한다면, 우리는 거의 모든 구약의 기록과 역사를 포함하게 될 것이다. 또한 시편과 잠언에서도 선한 통치자와 악한 통치자에 대한 교훈을 찾을 수 있다. 하나님의 말씀과 지혜를 바탕으로 인간 정부에 선한 영향을 미치는 것은 사실상 성경 전체에 퍼져 있는 주제인 것이다.

3. 로마서 13장과 베드로전서 2장

위와 같은 성경의 사례에 더해, 성경에는 정부에 대해 가르치는 특정 구절이 존재한다는 것만으로도 정부에 대해 "중대한 기독교적 영향력"을 행사해야 한다는 주장을 할 수 있다. 왜 하나님께서는 로마서 13장 1~7절과 베드로전서 2장 13~14절과 기타 관련 구절들(시편과 잠언 등)을 성경에 포함하셨을까? 이 내용은 단지 정부의 역할과 책임에 대한 하나님의 뜻을 궁금해하는 개인의 지적 호기심을 위한 것이었을까? 하나님께서는 이 내용을 정부 관계자에게는 숨기시면서, 그것을 비밀리에 읽는 기독교인이 "우리 인간 정부가 하나님께서 원하시는 것에서 얼마나 멀리 벗어났는지"에 대해 잠자코 신음하기만 하도록 의도하신 것일까?

분명 하나님께서는 기독교인이 시민 정부와 어떻게 관계를 맺어야 하는지를 알려 주실 뿐만 아니라 정부의 책임을 맡은 사람들에게 하나님이 무엇을 요구하시는지 알게 하시기 위해 위와 같은 내용을 성경에 포함하신 것이다. 또한 하나님의 도덕 기준, 하나님의 형상대로 만들어진 인간의 본질과 목적, 이 땅에 대한 하나님의 목적, 선한 정부와 악한 정부에 관한 원리에 대해 가르쳐 주는 성경의 다른 구절들도 마찬가지다. 이 모든 가르침은 정부에서 봉사하는 사람들과 관련이 있으며, 우리는 기회가 있을 때마다 그들에게 이 내용을 말하고 가르쳐야 하는 것이다.

4. 성경의 가르침을 알아야 할 민주사회 시민들의 책무

정부에 대한 "기독교인의 중대한 영향력"에 대해, 특별히 민주 사회를 사는 사람들에게 적용되는 또 다른 주장이 있다. 민주주의 정부에서는 정부 통치 권력의 상당 부분이 일반적으로 투표를 통해 시민들에게 위임되기 때문이다. 투표할 수 있다는 것은 통치 권력을 공유한다는 것을 의미한다. 따라서 투표할 수 있는 연령에 이른 모든 시민은 하나님께서 시민 정부에게 무엇을 기대하시는지, 그리고 정부가 어떤 종류의 도덕적, 법적 기준을 따르기를 원하시는지 알아야 할 책임이 있다. 그러면 일반 시민들은 하나님이 어떤 정부를 원하시는지 어떻게 알 수 있을까? 교회가 성경에 따라 정부와 정치에 대해 가르쳐야만 그들이 알 수 있는 것이다.

나는 목회자들이 국가가 직면한 여러 정치적 이슈(가령 낙태, 안락사, 가난한 사람들을 위한 돌봄, 군사 및 국방, 환경의 이용과 관리, 결혼의 정의 등)에 대해 얼마나 구체적으로 성도들을 가르쳐야 할지는 각자 상황에 따라 조금씩 다를 것이라고 생각한다. 그러나 분명한 것은 목회자들이 단순히 "여러분 모두 현명하게 투표할 책임이 있습니다"라는 상투적인 언급을 넘어서, 중요한 특정 정책에 대해서는 옳고 그름을 확실히 가르쳐야 할 책무가 있다는 것이다.

성경이 특정 정치적 이슈에 정확히 어떻게 적용되는지 기독교인에게 가르칠 사람이 또 누가 있겠는가? 삶의 다른 영역에서라면 그렇게 모호한 지침을 성도들에게 주는 것이 옳다고 생각하는가? "여러분은 기독교 원칙에 따라 자녀를 양육할 책임이 있습니다"라고 말한다면, 그 기독교 원칙이 무엇인지 설명하는 것이 마땅하지 않겠는가? 비즈니스에 종사하는 사람들에게 "당신은 기독교 원칙에 따라 일할 책임이 있습니다"라고 말한다면 그 기독교 원칙이 무엇인지에 대해 구체적인 내용을 알려주어야 하지 않을까? 목회자의 책임은 성경의 가르침이 삶의 다양한 특정 상황에 어떻게 적용되는지 정확하게 설명하면서 현명한 성경적 가르침을 주는 것이다. 그리고 여기에는 마땅히 정부와 정치의 특정 정책에 대한 가르침도 포함되어야 한다. (그것이 바로 내가 이 책을 통해 하려는 일이다.)

D. 기독교인이 세속 정부에 영향을 미친 역사적 사례

2000년에 달하는 기독교 교회의 역사를 살펴보면, 기독교인이 세속 정부에 선하고 중대한 영향을 미치는 놀라운 패턴을 발견할 수 있다. 우리는 교회가 몇 가지 실수를 하고, 때로는 사회에 매우 해로운 오류를 저질렀다는 사실을 기꺼이 인정해야 한다. 그 실수들은 특히 "가이사의 것"과 "하나님의 것"(마 22:21)을 구별하는 예수님의 가르침을 잊어버렸기 때문에 발생한 일들이다. 이 구별을 망각했을 때, 교회는 앞서 언급한 첫 번째 잘못된 관점인 "정부가 종교를 강요해야 한다"는 관점이 가져오는 과오를 너무 자주 저질렀다. 그러나 이러한 실수에도 불구하고 정부에 대한 기독교의 영향력이 선하고 훌륭한 결과를 얻은 사례는 차고 넘친다.

이전 장에서 어느 정도 자세히 언급했듯이(1장 D섹션 6번 참고), 역사 전반에 걸쳐 교회는 정부가 개인의 인권과 자유, 종교의 자유, 법 앞의 평등, 정교분리 등에 큰 가치를 두도록 설득하는 데 역할을 해 왔다. 특히 정치에 대한 기독교의 중대한 영향은 영국의 마그나카르타(1215), 미국의 독립선언서(1776), 그리고 미국의 헌법(1787)에서 찾아볼 수 있다. 더 나아가 기독교의 영향력은 낙태, 유아 살해, 검투 경기, 인신 제사, 일부다처제, 인도 과부 화형, 노예 제도와 같은 악을 폐지하고 여성에게 재산권, 투표권 및 기타 보호를 부여하는 결과도 가져왔다.

"모든 인간은 하나님의 형상으로 창조되었기 때문에 하나님 앞에서 평등하다"라는 성경의 가르침은 미국 국부들의 사고방식과 "모든 사람은 평등하게 창조되었다"라고 말한 그들의 담대한 선언에 지대한 영향을 미쳤다. 이는 당시 많은 유럽 국가에서 "왕실"과 같은 특별한 집단이 일반 사람들을 통치할 세습적 권리를 가졌다는 통설과 뚜렷한 대조를 이루었다. 이후 모든 사람이 평등하다는 이 신념은 세계 많은 곳에서 민주주의의 확산으로 이어졌고, 심지어 군주제를 유지한 국가에서도 군주의 역할을 단지 의례적이고 상징적인 기능, 또는 국가의 모범적인 행동 표준과 문화유산을 장려하기 위한 축소된 역할로 제한하는 결과를 가져왔다. (예를 들어 영국이나 노르웨이가 그러한 군주제를 유지하고 있다.)

20세기에는 마틴 루터 킹 목사가 가진 기독교 신념이 미국에서 인종 분리와 차별을 불법화하는 데 중대한 영향을 미쳤다. 최근에는 수만 명의 신실한 기독교인이 미국에서 (산모의 생명을 구하기 위한 경우를 제외한) 낙태 폐지를 위해 끈질기게 활동하는 '프로라이프' 생명 보호 운동의 중추를 형성하고 있다.

더 많은 예를 들 수 있지만, 이것만으로도 교회의 역사 전반에 걸쳐 정치와 정부에 대해 기독교인의 "중대한 영향력"이 있었으며 이 영향력이 국가에 유익하고 선한 결과를 가져왔다는 사실을 충분히 뒷받침한다.

이러한 입장에 대해 다음과 같은 일반적인 반론이 있을 수 있다. 정부에 대한 기독교의 "중대한 영향력"을 이야기하면 어떤 사람들은 미국에서 1920년부터 1933년까지 있었던 금주법 사례를 즉각 제기한다. 사람들은 이것이 대표적인 실패 사례였다고 말하며 "도덕은 입법화할 수 없다"라고 결론 내린다.

그런데 오히려 금주법의 경험이 완전히 다른 것을 증명하고 있으며, 오히려 나의 주장을 사실상 뒷받침한다고 생각한다. 역사는 다음과 같다. 1919년 미국은 수정헌법 제18조(1920년 1월 16일 발효)를 채택했다. 이 조항은 "음료를 목적으로 … 취하게 하는 주류의 제조, 판매 또는 운송"을 금지하는 것이었다. 이 법은 미국에서 널리 불복종되었으며, 오히려 많은 사람들이 각자의 양조장과 증류소를 소유하는 계기가 되었다. 법을 효과적으로 집행하는 것이 아예 불가능했던 것이다. 마침내 1933년에 "수정헌법 제18조를 폐지한다"는 수정헌법 21조가 통과되었다. (물론 각 주 정부는 각자의 주법에 따라 계속해서 알코올 제조 및 판매를 규제할 수 있다.)

이 미국의 금주법 경험이 증명하는 것은 무엇인가? 바로 시민 정부의 도덕 기준이 성경에 나오는 기준보다 더 엄격할 때, 그런 도덕 기준을 사람들에게 강요하는 것은 비현실적이며 불가능하다는 것을 증명하고 있는 것이다. 성경에는 술 취함에 대한 경고가 자주 포함되어 있지만(엡 5:18 참고), 절제하며 술을 마시는 것 자체를 금하지는 않는다. 사도 바울은 동료 디모데에게 "네 위장과 자주 나는 병을 위하여 포도주를 조금씩 쓰라"(딤전 5:23)고 말했다. 술을 절대 금하는 법은 하나님께서 모든 사람의 마음에 새겨 주신 도덕 기준을 반영하지 않기 때문에 일반인들의 호응을 이끌지 못한 법이었다(롬 2:15 참고).

따라서 미국의 금주법이 성경적 행동 기준을 국가에 강요하려는 시도였다고 생각하지 않는다. 오히려 성경이 요구하는 것 이상의 기준을 사람들에게 강요하는 것이 불가능하다는 것을 증명한 실험이었다고 본다. 그리고 나는 금주령 폐지가 옳았다고 생각한다.

E. 미국은 기독교 국가인가?

정부에 "기독교인의 중대한 영향력"이 있어야 한다고 말하면, 사람들은 종종 미국이 "기독교 국가인가"라고 묻곤 한다.

이 질문은 "기독교 국가"가 무엇을 의미하는지 더 정확하게 정의하기 전까지는 단순히 "예", "아니오"로 답할 수 없는 것이다. 이 질문에 대해 많은 사람들이 당혹해하는 이유이기도 하다. 사람들마다 "기독교 국가"라는 문구가 내포하는 의미를 다르게 생각하기 때문에 결국 서로 같은 단어를 사용하면서 다른 것을 이야기하게 되고, 서로를 오해할 수 있다.

다음은 "기독교 국가"라는 표현에 대한 몇 가지 뜻풀이와 풀이된 질문에 따라 달라지는 답변이다.

⑴ 기독교의 가르침은 미국 건국에 영향을 미친 주된 종교 체계였는가? 그렇다.

⑵ 미국의 국부들 대부분은 일반적으로 성경의 진리를 믿었던 기독교인들이었는가? 그렇다.

⑶ (다양한 교단과 교파를 포함한) 기독교는 미국에서 가장 큰 종교인가? 그렇다.

⑷ 기독교 신앙은 오늘날 미국인들이 여전히 갖고 있는 많은 문화적 가치(개인에 대한 존중, 개인의 권리 보호, 개인의 자유에 대한 존중, 노력의 가치, 강력한 국방의 필요성, 가난하고 약한 사람들을 돌볼 필요성, 관대함, 다른 나라에 도움을 주는 가치, 법치 존중 등)의 지적 배경을 제공했는가? 그렇다. 기독교 신앙은 이러한 가치와 기타 많은 문화적 가치에 대한 지적 배경을 제공해 왔다.

(5) 미국이 '기독교 국가'임을 확인하는 대법원 판결이 있었는가? 있었다. 하지만 이 사건의 쟁점은 그것이 아니었다. 1892년, 홀리 트리니티교회 대 미국(Church of the Holy Trinity v. United States, 143 US 457, 1892) 판결은 교회가 외국(영국)의 목사를 고용할 권리가 있음을 확인했으며, 따라서 교회는 "미국에서 노동을 수행하기 위해 온" 외국인을 고용하는 것을 금지한 1885년 법률을 위반하지 않았다는 것이었다. 대법원의 주장은 미국이 지배적으로 갖고 있는 "기독교 적" 특성을 보여주는 증거가 너무 많기 때문에 의회가 다른 나라의 기독교 목사를 교회가 고용하는 것을 금지할 입법 의도가 없었다 는 것이다. 대법원은 앞서 언급한 (3)과 (4)의 뜻에 따라 미국이 "기 독교 국가"라고 말한 것으로 보인다. 미국에는 기독교가 상당한 영 향을 미친 오랜 역사가 있다.

(6) 미국 대다수의 사람들은 성경을 믿고, 복음을 믿고, 거듭난 기독교인인가? 그렇지 않은 것 같다. 추정하기로는 미국 인구의 복 음주의 기독교인은 18~42% 범위이며, 아마도 약 20% 정도일 것으 로 생각된다. 2005년 여론조사에서 갤럽은 얼마나 많은 미국인이 진정한 복음주의적 신앙을 갖고 있는지 알아보기 위한 조사를 실 시한 후, 22%라는 수치를 내놓았다.[6] 이 외에도 성경과 가톨릭교회

---

6   Albert L. Winseman, "U.S. Evangelicals: How Many Walk the Walk?" *Gallup.com* (May 31,

의 공식 가르침을 삶의 지침으로 삼는 보수적인 가톨릭 신자들이 물론 많으며, 그들 중 상당수는 예수 그리스도를 자신의 구주로 믿는다. 그러나 이들을 다 합친다고 해도 오늘날 미국 인구의 대다수를 구성하지는 않는다.

(7) 기독교 가치에 대한 믿음은 오늘날 미국 정부와 언론 및 대학이 옹호하는 지배적인 관점인가? 전혀 그렇지 않다.

(8) 미국 정부는 기독교를 국교로 장려하는가? 결코 그렇지 않다.

(9) 미국 시민이 되거나 미국 법에 따른 동등한 권리를 가지려면 기독교 신앙을 고백해야 하는가? 확실히 그렇지 않으며, 미국 역사상 한 번도 그랬던 적이 없다. 실제로 미국의 헌법은 공직자에 대한 종교적 시험을 명시적으로 금지하고 있다.

미국은 공직이나 공적 신임에 대한 자격으로 종교적 시험을 요구하지 않는다 (제6조 3항)

2005). www.gallup.com/poll/16519/US-Evangelicals-How-Many-Walk-Walk.aspx.

결론적으로, "미국은 기독교 국가인가?"라는 질문에 우리는 어떻게 답할 수 있을까? 그것은 "기독교 국가"가 무엇을 의미하는지에 달려 있다. 위의 다섯 가지 의미에서 그 대답은 '그렇다'이다. 다른 네 가지 의미에서 그 대답은 '그렇지 않다'이다. "기독교 국가"를 정의하는 사람들의 생각에는 그만큼 많은 의미가 있기 때문에 (그리고 아마도 여기서 제시한 것보다 더 많은 의미가 있을 것이기 때문에) 이 질문은 현재 정치적 담론에서 별로 도움이 되지 않는다고 생각한다. 그것은 단지 논쟁과 오해와 혼란을 일으킬 뿐이다. "미국은 기독교 국가다"라는 주장이 혼란을 초래하지 않으려면, 화자가 위에 나열한 하나 이상의 확장된 뜻풀이를 통해 그것이 의미하는 바를 분명히 해야 할 것이다.[7]

F. 구약의 율법을 어떻게 볼 것인가? (신정 문제)

오늘날 미국의 일부 기독교인들 사이에는 "신정론(Theonomy)"을 주장하는 견해가 있다. 이 견해는 때로는 "기독교 재건주의(Christian

---

7　역주: 2022년 퓨리서치센터가 실시한 흥미로운 설문조사에 따르면 미국인 45%가 미국이 '기독교 국가'가 되어야 한다고 말했다. 한편 "미국의 국부들은 미국을 '기독교 국가'로 의도했는가"라는 질문에는 60%가 "그렇다"라고 대답했고, "미국이 '현재' 기독교 국가인가"라는 질문에는 33%가 "그렇다"라고 응답했다. Gregory A. Smith, Michael Rotolo and Patricia Tevington, "45% of Americans say US Should Be a Christian Nation," Pew Research Center (Oct 27, 2022). https://www.pewresearch.org/religion/2022/10/27/45-of-americans-say-u-s-should-be-a-christian-nation/

Reconstructionism)"라고 불리기도 하며, 비평가들은 이를 (이슬람의 "지하드"를 연상시키는) "주권주의(Dominionism)"라고 부르기도 한다. 나는 이 운동에 대해 신학적으로 사용되는 일반적인 "신정론(Theonomy)"이라는 용어를 사용하겠다. 신정론자들은 하나님께서 모세 언약을 통해 이스라엘에게 주신 구약의 율법이 오늘날 근대 국가 민법의 모본이 되어야 한다고 주장한다. 여기에는 신성모독, 간음, 동성애 행위 등에 대한 사형 집행이 포함된다!

신정론자들의 오류는 이스라엘을 위한 이 율법이 성경 전체의 역사에서 갖는 독특한 위치를 오해하고, 예수님께서 "가이사의 것은 가이사에게, 하나님의 것은 하나님께 바치라"(마 22:21)고 말씀하셨을 때 분명히 하신 교회의 영역과 국가의 영역을 구별하는 가르침을 어긴다는 것이다. (모세 율법의 독특한 지위에 대한 자세한 논의는 3장 B 섹션을 참고하라.)

신정론의 주요 옹호자는 루사스 존 러시두니(Rousas John Rushdoony, 1916~2001)와[8] 그렉 반센(Greg Bahnsen, 1948~1995)이[9] 있다. 신정론에 대한 비판 입장은 대표적으로 번 포이뜨레스(Vern Poythress)와[10] 존 프레

---

8   Rousas John Rushdoony, *The Institutes of Biblical Law* (Phillipsburg, NJ: Presbyterian & Reformed, 1973).

9   Greg Bahnsen, *Theonomy in Christian Ethics* (Nutley, NJ: Craig Press, 1979).

10   Vern Poythress, *The Shadow of Christ in the Law of Moses* (Phillipsburg, NJ: P & R Publishing, 1991), 311~61.

임(John Frame)이 출간한 바 있다.[11]

한편 일부 세속 평론가들은 복음주의 기독교인들이 모두 일반적으로 신정체제나 "주권 신학"을 따르려 한다고 주장한다. 그들은 기독교인들이 미국에서 이러한 극단적인 신정론적 견해를 일반에 강제하려 한다고 비난한다. 미셸 골드버그의 『다가오는 왕국: 기독교 민족주의의 부상(*Kingdom Coming: The Rise of Christian Nationalism*)』을 참고하라.[12]

그러나 이러한 비난은 부정직한 연구이거나, 그런 일부 입장에 연루되는 것에 대한 죄책감에서 비롯된 것이다. 나는 오늘날 복음주의 진영이나 정계에서 구약 율법을 근대 시민 정부에 시행하려는 신정론 또는 기독교 재건주의라는 소수 관점을 고수하는 영향력 있는 기독교 지도자를 아무도 알지 못한다.

G. 기독교인은 기독교인 후보에게만 투표해야 할까?

정부에 대한 기독교인의 "중대한 영향력"을 말할 때, 기독교인들이 기독교인 후보에게만 투표해야 한다거나, 심지어 다른 후보

---

11 John Frame, *The Doctrine of the Christian Life* (Phillipsburg, NJ: P & R Publishing, 2008), especially 217~24, 957~76.

12 Michelle Goldberg, *Kingdom Coming: The Rise of Christian Nationalism* (New York: W. W. Norton, 2007).

2장. 보다 바른 관점:정부에 대한 기독교인의 중대한 영향력 **143**

자들보다 복음주의 기독교인 후보자를 더 선호해야 한다는 뜻이 아니라는 점을 매우 분명히 하고 싶다.

한 예로, 지미 카터(Jimmy Carter) 대통령은 조지아에 있는 자신의 모교회에서 주일학교 교사까지 했던 남침례교인이었고, 언론에서는 카터가 "거듭난(born again)" 기독교인이라는 그의 신앙 고백을 재차 보도했다. 그러나 정치적으로 보수적인 많은 복음주의 기독교인들은 1980년 카터 대통령의 정책(예를 들어 국방 및 경제 정책)과의 큰 견해 차이를 이유로 카터 대신 로널드 레이건에게 투표했다. (레이건도 물론 그의 기독교 신앙을 고백했지만, 카터만큼 공개적인 복음주의 기독교인은 아니었다.)

또 다른 사적인 예를 들자면, 나는 2007년 공화당 대선 프라이머리 선거 당시 몰몬교 후보인 미트 롬니(Mitt Romney)를 지지하는 글을 썼다. 내가 그랬던 이유는 다른 후보들보다 특히 경제와 국방 분야에서 롬니의 정책에 더 동의했기 때문이다. 심지어 다른 후보들 중에는 당시 복음주의 기독교 신앙을 잘 표현하고 명료하게 전달하는 남침례교 목사 출신 후보 마이크 허커비(Mike Huckabee)도 있었다. 나는 롬니의 신학적 견해에는 크게 반대했지만, 그의 정치적 견해에는 대체로 동의했다. 무엇보다 대선 후보로서는 다른 누구보다 그가 더 적임자라고 생각했다. 내가 당시 쓴 내용은 다음과 같다.

그의 종교는 어떤가? 롬니 후보는 몰몬교인이며, 나는 몰몬교 신학의 상당 부분이 성경 및 역사적인 기독교의 가르침과 일치하지 않는다고 생각한다. 그러나 윤리 및 가치관에 관한 한 몰몬교의 여러 가르침이 성경의 가르침과 더 가까우며, 그러한 가르침은 롬니의 보수적인 정치적 가치관으로 나타난다.

복음주의자들은 정치적으로 보수적이지만, 복음주의 기독교인이 아닌 정치 후보를 지지할 수 있을까? 당연하다. 사실, 이것은 복음주의자들이 미국을 "기독교 국가"로 만들려고 시도하고 있으며 오직 복음주의 기독교인만 공직에 오르기를 원한다는 리버럴의 비난이 거짓임을 보여준다. 복음주의자들이 몰몬교 후보를 지지하는 것은 보수적인 유대인 후보를 지지하는 것과 비슷하다. 즉, 우리가 기독교인으로 간주하지 않지만, 성경에서 배우는 것과 매우 유사한 절대적인 도덕적 가치를 믿는 종교적 전통을 가지고 있기 때문이다. 몇 년 전 나는 여기 애리조나에서 몰몬교 주지사 후보인 맷 살몬(Matt Salmon)에게 투표했다. 그는 패배했지만, 그의 정책은 현재 수십 개의 생명 보호와 가족 보호 법안에 거부권을 행사한 자넷 나폴리타노(Janet Napolitano) 주지사의 정책보다 훨씬 더 보수적이었을 것이다.

나는 복음주의자들이 특정 후보가 단지 기독교인이라는 이유로 그에게 투표하는 일이 없기를 바란다. 왜냐하면 하나님의 목적을 이루기 위해 크게 사용되는 정부 권위를 가지려면 기독교인으로 거듭나야 한다고 성경 어디에도 나와 있지 않기 때문이다. 하나님은 애굽 왕 바로를 사용하여 요셉을 온 나라를 다스릴 권위 있는 위치에 세우셨고, 그리하여 그는 이스라엘 백성을 기근에서 구할 수 있었다(창 41:37~57). 하나님은 바벨론 왕 느부갓네살을 사용하여 다니엘과 그의 유대인 친구들을 보호하고 바벨론의 높은 권위를 지닌 자리에 세우셨다(단 2:46~49). 하나님께서는 페르시아 왕 고레스를 사용하여 유대인 포로들을 고국으로 돌려보내셨고(사 45:16; 스 1:1~4), 페르시아 왕 다리오를 사용하여 유대인들이 예루살렘 성전을 재건할 때 그들을 보호하셨다(스 6:1~12). 하나님께서는 페르시아 왕 아하수에로를 사용하셔서 에스더를 왕비로 세우셨고, 모르드개에게 페르시아에서 높은 권위와 영광을 주셨다(에 6:10~11, 8:1~2, 7~15). 신약시대에 하나님께서는 세속적인 '팍스 로마나'의 안정과 평화를 이용하여 초기 기독교인들이 지중해 전역을 자유롭게 여행하고 복음을 전할 수 있도록 하셨다.

이곳 미국에서는 하나님께서 신실한 기독교인 국부들뿐만 아니라 벤자민 프랭클린과 토마스 제퍼슨 같은 소위 이신론자들도 사용하여 이 나라의 기초를 세우셨다. 제퍼슨은 1801년에 미국 제3대 대통령까지 역임하였는데, 이는 "미국의 어떤 공직이나 공적 신임을 얻기 위해 어떠한

종교적 시험도 요구하지 않는다"라는 헌법 제6조의 혜안을 반영하는 것
이었다.

성경은 우리에게 단지 관직을 맡은 기독교인들을 위해서가 아니라 "임
금들과 높은 지위에 있는 모든 사람을 위하여 하라 이는 우리가 모든 경
건과 단정함으로 고요하고 평안한 생활을 하려 함이라"(딤전 2:2)라고 말
한다. "하나님이 정하신(롬 13:1)" 모든 통치 권위자들과 바울이 "그는 하
나님의 사역자가 되어 네게 선을 베푸는 자"(롬 13:4)라고 부를 수 있는
사람들은 꼭 기독교인만 있는 것이 아니다.[13]

2년이 지난 지금 돌이켜보면 나는 여전히 롬니에 대해 큰 감사
와 존경심을 갖고 있지만, 내가 롬니를 지지한다는 이 글을 썼을
당시에는, 복음주의 기독교인들, 특히 남부의 기독교인들 사이에
서 반(反)몰몬 정서가 얼마나 깊은지 깨닫지 못했었다. 롬니는 사우
스캐롤라이나 주에서 복음주의 표를 얻지 못해 단 15%의 득표율로
예비 선거에서 4위를 차지했다.[14] 정치적 현실은 남부에서 복음주
의 표를 얻지 못하는 공화당 후보는 절대 대통령직을 얻을 수 없다
는 것이다. 거기에 더해 롬니가 매사추세츠에서 성공적으로 추진

---

13 Wayne Grudem, "Why Evangelicals Should Support Mitt Romney," at *Townhall.com* (Oct. 18, 2007).
14 Results: South Carolina. www.cnn.com/ELECTION/2008/primaries/results/state/#SC.

한 의료체계는 예상했던 것보다 훨씬 더 많은 비용이 들었고 초기의 매력을 많이 잃었다. 따라서 나는 이제 롬니가 아닌 다른 후보를 지지할지도 모르겠다.

그러나 내가 말하는 원칙은 여전히 유효하다. 나는 기독교인이 어떤 후보자의 종교적 배경이나 신념에 관계없이, 성경적 가르침과 일치하는 도덕적, 정치적 가치를 가장 잘 대표할 후보자를 지지해야 한다고 생각한다.

H. 기독교의 영향력이 없다면, 정부는 분명한 도덕적 나침반이 없다

정부에 대한 모든 기독교의 영향력이 갑자기 제거된다면 국가와 그 정부가 어떤 모습일지 상상해 보라. 어떤 사회에서 모든 교회와 기독교인들이 법이나 정부에 영향력을 미치려는 모든 노력을 중단한다면 어떻게 될지 상상해 보라. 그런 정부와 사회는 어떤 모습일까?

우선 수년 내에 개인의 주관적인 도덕적 정서와 직관이 아닌 도덕적 절대성을 고수하는 사람은 찾아보기 힘들 것이다. 정서와 직관은 매우 불안정한 것이다. 대부분의 사람들은 각자의 '의견' 외의 어떤 도덕적 권위도 갖지 못할 것이다. 그렇게 된다면 국가는 어떻게 분명한 도덕적 지침과 기준을 얻을 수 있을까?

현재 미국이 직면한 (그리고 다른 국가들이 직면한) 정치적 이슈 중 얼마나 많은 것이 중대한 도덕적 문제를 품고 있는지 생각해 보라. 예를 들어, 다음과 같은 몇 가지가 있다.

(a) 전쟁: 외부의 침략자로부터 자국을 보호하기 위해 군사력을 사용하는 것은 옳은가? 혹은 약한 국가가 훨씬 더 강한 침략자로부터 자신을 방어할 수 있도록 돕기 위해 군사력을 사용하는 것이 옳은가?

(b) 동성 간 "결혼": 주 정부나 연방 정부는 동성 커플에게도 결혼제도의 특권과 혜택을 주어야 하는가? 사회는 법률을 통해 그러한 관계를 승인하고 장려해야 하는가?

(c) 낙태: 낙태는 다른 인간을 살해하는 행위인가? 그렇다면 정부는 낙태 금지법을 제정해야 하는가?

(d) 음란물: 음란물이란 무엇이며, 정부는 이에 대해 어떻게 대응해야 할까? 공공 도서관에서 이용 가능한 자료나 어린이가 이용할 수 있는 자료에는 어떤 제한이 있어야 할까?

(e) 빈곤: 사회의 가난한 사람들에 대한 정부의 책임은 무엇인 가? 빈곤에 대한 최선의 해결책은 무엇인가? 가난한 사람들을 돕는 종교 단체에 정부 자금을 지원해야 하는가?

(f) 환경 보호: 환경을 보호하기 위해 어떤 정부 규정을 제정해야 하는가? "인간의 손길이 닿지 않은 자연"은 이상적인가, 아니면 하나님께서는 우리가 어떤 방식으로든 지구를 "정복"하고 "다스리기" 를 원하시는가? 오늘날 자연에는 어떤 문제가 있나?

(g) 사형: 하나님께서는 시민 정부가 사형을 집행하도록 승인하거나 요구하시는가? 보복은 법원이 부과하는 처벌 목적의 일부여야 하는가?

(h) 교육: 공립학교에서 아이들을 가르칠 일차적인 책임은 누구에게 있는가? 부모여야 할까? 아니면 지방자치단체나 중앙정부가 임명한 기관이어야 할까?

(i) 도덕 기준: 공립학교에서는 어떤 도덕 기준을 가르쳐야 하는가? 아니면 아이들에게 어떤 도덕 기준도 가르쳐서는 안 되는가?

이보다 더 많은 다른 문제들이 있지만, 적어도 이 목록은 현재 미국(그리고 다른 많은 국가들)에서 도덕적 지침에 대해 얼마나 많은 요구가 있는지를 보여주기에 충분할 것이다. 나는 기독교인들이 이러한 문제에 대해 연구하고 토론하고 공개적으로 이야기할 필요가 매우 크다고 확신한다.

그런데 목회자와 성도들이 "그런 건 다른 사람이 말하면 되지"라고 한다면 그 나라의 도덕 기준은 도대체 어디에서 나오겠는가?

달리 말하면, 기독교인이 국가가 직면한 도덕적, 윤리적 문제에 대해 공개적으로 말하지 않는다면 다른 누가 그 역할을 감당하겠는가? 일반 사람들은 도덕과 윤리에 대해 어떻게 알 수 있을 것인가? 국가는 옳고 그름을 구별하는 기준을 어디에서 배울 수 있는가? 할리우드 영화에서? 직장이나 동네 술집에 있는 친구들로부터? 전문 상담사로부터? 초등학교 선생님으로부터? 이들은 옳고 그름에 대해 도대체 어디에서 배우는가?

단순하고 분명한 사실은 이것이다. 만약 기독교인들이 옳고 그름의 문제에 관해 성경이 가르치는 것을 공개적으로 말하지 않는다면, 도덕과 윤리의 문제에 있어서 우리 자신의 주관적인 감정과 양심 바깥에 어떤 다른 좋은 도덕 기준의 원천이 많지 않다는 것이다.

이것은 어느 나라에서나 가장 중요한 문제이다. 만약 기독교인들이 이러한 도덕적, 윤리적 문제에 대해 침묵한다면, 도덕 기준은 어디에서 나올 것인가?

기독교인으로서 우리는 전 세계가 엄청난 영적 전쟁을 벌이고 있다는 사실을 기억해야 한다. 하나님의 목적에 반하고, 하나님께서 자신의 형상대로 창조하신 모든 인간에게 악과 멸망을 가져오려고 하는 악마의 세력, 즉 사탄의 세력이 있다. 그들은 모든 인간 사회와 모든 국가를 멸망시키려고 노력하고 있다. "우리가 아는 것은 우리는 하나님께 속하고 온 세상은 악한 자 안에 처한 것"(요일 5:19)이다.

확실한 것은 목회자와 성도들이 만약 "국가가 직면하고 있는 도덕적, 윤리적 문제에 대해 우리는 침묵하겠다"라고 말한다면, 그것은 심각한 도덕적 공백을 만드는 것이며 머지않아 복음의 적대세력이 그 공백을 메우게 될 것이다. 사탄과 그 악한 영들은 모든 정부와 정책 결정에 성경의 기준에 반대되는 방향으로 영향을 미칠 것이다. 그리고 그런 일이 계속될수록 그 힘은 더욱 막강해질 것이다. 정부는 결국 교회와 성도들에게 사실상 이렇게 말하게 될 것이다. "동성애 혐오적이고, 여성 혐오적이며, 억압적이고, 두려움을 조장하고, 불관용적이고, 군국주의적이며, 증오를 조장하는 기독교는 우리들의 삶과 학교와 대학 캠퍼스에서, 그리고 라디오와 TV 방송국과 정부 기관에서 떠나라. 교회 따위는 지을 수조차 없는 곳으로 떠나라. 증오를 조장하는 기독교는 각자 자기 집의 사적 공간에 가두어 두라!"

기독교인들이 침묵한다면 위와 같은 '도덕 기준'이 일반 표준이
될 것이다.

[내가 위 문단을 대학원 강의실에서 읽자, 한 신학생이 즉시 이
렇게 반문했다. "그건 너무 과민한 반응 아닌가요? 사람들은 그렇
게 노골적인 어조로 기독교인을 반대하지는 않을 것 같은데요?"
그러자 정치영역에서 기독교의 영향력을 확대해야 한다는 입장의
다른 학생이 대답했다. "그건 제가 정기적으로 받는 공지 메일과
똑같은 말이에요." 최근 로스앤젤레스 시의 어느 대학에서는 한 학
생이 자신의 기독교 신앙과 (한 남자와 한 여자의 결합으로서의) 결혼관에
대해 연설했을 때, 그의 교수는 연설을 즉시 중단시키고 학생을 전
체 학급 앞에서 "파시스트 개자식"이라고 불렀다. 그리고 연설에
대한 평가를 거절하며 "네 성적은 하나님한테 물어봐라"라고 쏘아
붙였다. 학생이 학장에게 항의하자 교수는 그를 학교에서 아예 퇴
학시키려고 시도했다.[15]]

따라서 여러 가지 이유로 기독교인들이 정부에 "중대한 기독교
적 영향력"을 미치려고 노력하는 것이 옳다고 확신한다. 기독교인
들은 공개적으로 이렇게 말해야 한다. "성경이 말하는 정부의 목적

15　Complaint filed in *Lopez v. Candaele*, U.S. District Court for the Central District of
　　California, February 11, 2009. www.alliancedefensefund.org/UserDocs/LopezComplaint.
　　pdf.

은 이렇습니다." "성경이 말하는 인간 행동의 도덕 기준은 이렇습니다."

그렇게 이야기했을 때 물론 어떤 기독교인들은 "나는 다르게 생각합니다. 전쟁(또는 낙태나 동성 결혼 등)에 관해 성경은 다르게 가르치는 것 같습니다"라고 말할 수 있다. 그렇게 이어지는 건전한 토론은 자유 사회에서 독려할 훌륭한 일이다. 그런 토론의 과정을 통해 복음주의 기독교인 사이에서 때로는 빠르게, 때로는 적절한 시간에 걸쳐 더 많은 합의가 이루어질 것이다. 그리고 사회의 다른 사람들은 그러한 기독교적 입장(예를 들어 태아 보호에 관한 입장)이 그들에게 설득력이 있는지 스스로 판단하고 결정해야 할 것이다.

이런 대화는 자유 사회에서 건전하다. 기독교인은 모든 상황에서 사회구성원 대다수를 설득하지 못할 수도 있다. 당연히 어떤 논쟁에서는 성공하고 다른 논쟁에서는 실패할 것이다. 그러나 시간이 지나면서 결국 "중대한 기독교적 영향"은 사회와 정부에 많은 긍정적인 변화를 가져올 것이다. 지금까지 계속 그래왔다. 그간 기독교의 영향력은 사회에서 노예제를 폐지하고, 보편적 문해력과 교육을 증가시켰으며, 어린이와 공장의 노동자들과 학대받는 여성들을 보호하는 법률을 제정하는 등 놀랍고 중대한 좋은 변화를 이끌어왔다.

요점을 정리하자면, 정부에 대한 기독교인의 "중대한 기독교적 영향력"은 ⑴ 강요도 아니고, ⑵ 침묵도 아니며, ⑶ 정부 회피도 아니고, ⑷ 전도에만 몰두하는 것도 아니다. 또한 ⑸ 정부로부터 구원을 기대하는 것도 아니다. 그것은 단지 기독교인들이 어떻게 시민 정부에 긍정적인 영향을 미쳐야 하는지에 대한 성경의 가르침에 충실한 것이다.

I. 정치적 이슈에 대해 가르쳐야 할 목회자의 책임

이 책을 읽는 일부 목회자들은 이렇게 생각할 수 있다. "그래, 나도 일부 기독교인들이 이런 이슈에 대해 공개적으로 말할 필요가 있음을 알아. 특히 하나님께서 정치적 참여로 부르신 사람들은 더욱 그렇지. 하지만 그렇다고 해서 내가 실제로 강단에서 이런 문제를 설교할 수는 없어! 그것은 너무나 큰 논란을 일으킬 거야. 교회에는 민주당원과 공화당원이 모두 있고, 나는 그들 중 누구도 소외시키고 싶지 않아! 정치에 대해 설교하는 것은 너무 분열적이야!"

그것에 대한 답변은 다음과 같다.

1. 나는 하나님께서 그의 나라의 전반적인 사역을 위해 사람들을 다양한 역할로 부르신다는 것을 인정하는 목회자에 감사한다.

나도 그렇게 생각한다. 하나님께서는 어떤 사람들을 '매우 적극적으로' 정치적 과정에 참여하도록 부르신다. 이들 중 일부는 공직에 출마할 수도 있다. 하나님께서는 또 다른 사람들을 '온건하게' 정치적 과정에 참여하도록 부르신다. 이들은 다양한 정치적 이슈와 정치 후보에 대한 글을 쓰고 캠페인을 벌이는 데 일부 시간을 할애할 것이다. 또 다른 사람들은 아예 기독교 단체를 조직하는 데에 부름을 받기도 한다. 그런 조직은 교회보다 더 효과적으로 특정 정치 이슈(프로라이프, 성경적 결혼관 등)에 상당한 노력을 기울일 수 있다.

또 하나님께서는 어떤 사람들은 '최소한의' 정치적 관여를 하도록 부르신다. 교회 성가대에서 찬양하고, 청년부를 후원하여 돕거나, 주일학교 교사를 하거나, 셀 모임을 인도하는 등의 사역에 전적으로 헌신하기를 원하시기 때문이다. 우리는 하나님께서 기독교인을 각자 다양한 사역에 헌신하도록 부르신다는 것을 인식해야 한다. (고린도전서 12장 12~31절을 참고하라. 바울은 교회 안의 다양한 은사들을 손, 발, 눈, 귀와 같은 신체의 여러 기관으로 비유했다. 각 기관은 기능이 다르지만, 이 모든 것은 신체가 올바른 기능을 하기 위해 필수적이다.) 정치에 많은 시간을 쏟는 기독교인과 정치에 거의 시간을 들이지 않는 기독교인은 서로가 각자 받은 은사와 소명에 대해 존중하고 감사해야 한다. 우리 모두는 삶의 다양한 영역에서 선한 일을 할 수 있다.

2. 그러나 나는 여전히 목회자들에게는 법과 정부와 정치에 영향을 미치는 적어도 몇 가지 이슈에 대해 하나님의 말씀을 설교하고 가르칠 특별한 책임이 있다고 믿는다. 이러한 주제들도 엄연히 하나님의 말씀을 가르치는 것의 일부이기 때문이다.

이러한 주제 중 일부가 "논란"의 여지가 있는 주제라는 것을 알고 있다. 목회자들이 "분명한 성경적 입장이 있다"라고 말할 수 있는 특별한 정치적 주제(예를 들어, 태아의 생명을 보호하는 것)와, "이 문제에 대해서는 기독교인들이 타당한 관점의 차이를 가질 수 있다"라고 접근해야 하는 주제를 구별하는 데 많은 지혜가 필요하다. (예를 들어, 몇 년 전 주요 복음주의자들 사이에는 미국이 중국에 "최혜국대우" 무역 지위를 부여해야 하는지를 놓고 공개적으로 의견이 갈렸다.) 또한 목회자가 다음과 같이 말하는 주제도 있을 것이다. "우리는 모두 동의하는 목표(가령, 가난한 사람들을 돕는 것)가 있지만, 그 목표를 달성하기 위한 최선의 방법(가령, 정부 복지와 직업 훈련 프로그램, 다양한 세금 정책, 민간 자선 단체 및 기업에 대한 인센티브 등)에 대해서는 서로 의견이 다를 수 있습니다." 또 다른 문제에 대해서는 이렇게도 말할 수 있다. "사람들은 이 문제에 의견이 갈립니다. 하지만 우리가 의견이 갈리는 이유는 그 추구하는 목적(가령 인간이 살기 좋은 지구를 보존하는 것)에 동의하지 않는 것이 아니라, 관련 사실(가령 인간의 활동이 지구의 온도 상승에 크게 기여하는지 여부)에 동의하지 않기 때문입니다."

목회자의 이러한 간단한 발언들은 실제로 사람들이 상대측을 이해하도록 유도하고 더 건강한 토론이 일어날 수 있는 유익한 환경을 만들어준다. 때로는 어떤 이슈에 대해서는 정치적 차이에도 불구하고 서로를 존중하고 친분을 유지하기 위해 공개적으로 이야기하기보다 개인적으로 따로 이야기하도록 도울 수도 있다. 무엇보다 목회자들은 정치적 이슈에 대해 단지 성도들을 도발하거나 무분별하고 지혜롭지 못한 설교를 하지 않도록 항상 기도로 하나님의 인도하심을 구하고 장로(또는 집사나 교회 제직회)들의 조언을 귀담아들어야 한다.

내가 강조하고 싶은 것은, 단지 어떤 이슈가 "논란적"이라는 이유만으로, 그 이슈에 대해 가르치거나 때로는 교회가 분명한 입장을 취해야 할 책임을 면제받는 것이 아니라는 것이다. 사도 바울은 하나님 말씀의 가르침 중 일부만을 전하는 것은 불충분하다고 여겼다. 그는 쉬운 주제에 대해서만 이야기하거나 논란의 여지가 있는 주제는 피하는 것이 부적절하다고 여겼다. 그는 하나님 앞에서 성경이 가르치는 모든 것을 사람들에게 전할 책임이 있다고 여겼다. 바울은 에베소 교회의 장로들을 만나 그들과 함께 한 3년의 사역을 요약하면서 이렇게 말했다.

그러므로 오늘 여러분에게 증언하거니와 모든 사람의 피에 대하여 내가

깨끗하니 이는 내가 꺼리지 않고 하나님의 뜻을 다 여러분에게 전하였음이라 (행 20:26~27)

바울은 하나님 앞에서 자신의 책임을 신실하게 수행했다고 말하고 있다. 그는 단지 어떤 주제가 인기가 없거나 불편하다는 이유만으로 그것에 대해 가르치기를 꺼리지 않았다. 바울이 장로들에게 '나는 하나님의 뜻을 빠짐없이 다 전했으니 나는 깨끗하다'라고 자신 있게 말할 수 있었던 것은 그가 사람들이 거리끼는 주제에 대해서도 분명히 전해야 할 말을 전했기 때문이다.

만약 바울이 논란이 두려워서 에베소 교회에 간음이나 혼전 성관계, 혹은 동성애 행위가 잘못된 것이라는 성경적 기준을 가르치지 않았다면, 그리고 에베소 교회의 젊은이들이 그러한 죄에 빠졌다면 어떠했을까? 바울은 결코 '너희 모든 사람의 피에 대하여 내가 깨끗하다'라고 말할 수 없었을 것이다. 사람들의 죄에 대해 분명히 가르치지 못한 책임을 하나님 앞에서 져야 하기 때문이다.

"하나님의 전체 뜻" 가운데 시민 정부와 하나님의 도덕 기준에 관한 성경의 가르침이 포함되어 있다면, 목회자들은 이러한 것들을 성도들에게 가르칠 책임이 있는 것이다.

3. "분열"의 문제에 대해서는 다음과 같다. 목회자들은 자신과

동의하지 않는 사람들이 성경의 문제, 즉 성경의 가르침에 동의하지 않는 것과 더 어려운 문제, 즉 관련 사실들과 성경의 가르침을 단순히 다르게 해석하는 것을 구별하는 지혜가 필요하다.

최근 두 가지 예를 생각해 볼 수 있다. 2008년 11월 애리조나 주는 결혼이 한 남자와 한 여자 사이에만 이루어져야 한다는 주 헌법 개정안을 주민투표에 붙였다. 어느 목사님은 강단에서 이 이슈를 간략하게 설명하고 사람들에게 "이 수정안에 투표해야 합니다"라고 말했다. 이 발언에 성도 중 누군가가 동의하지 않았다면 그것은 아마도 결혼에 대한 성경적 정의에 동의하지 않았기 때문일 것이다. 이런 불일치 때문에 그 목사가 스스로 뭔가 잘못된 것을 설교했다고 생각해서는 안 된다.

반면에 목사가 공식적인 입장을 취해서는 안 되는 주제도 있다. 예를 들어, 현재 미국에서 연방준비제도이사회(연준)가 은행에 돈을 대출할 때 어떤 이자율을 설정해야 하는지, 그리고 이 이자율이 인플레이션, 경제 성장, 외화 대비 달러 환율에 어떤 영향을 미치는지에 관한 화두가 떠올랐다. 이 문제의 답은 성경의 가르침보다는 대부분 다양한 정책 결과에 달려 있다. 나는 목사가 강단에서 이자율을 어떻게 설정해야 하는지 옹호해서는 안 된다고 생각한다!

이처럼 성경의 분명한 가르침과 오늘날 논란이 되는 사실관계를 구별하여 각 사안에 따라 올바르게 판단하는 분별력이 필요하다.

어떤 사안에 대해서는 성경의 올바른 적용이 딱히 명확하지 않을 수 있으며, 목사는 그런 문제에 대해서는 말하지 않기로 결정할 수도 있다.

그러나 모든 경우에서 목회자의 결정적인 질문은 "사람들이 내 의견에 동의하지 않는가?"가 되어서는 안 된다. 목회자가 해야 하는 질문은 오직 "성경은 무엇을 가르치며, 나는 그것을 어떻게 우리 성도들에게 신실하고 효과적으로 가르칠 수 있는가?"이다. 문제는 단순히 교회가 그 어떤 분열도 피하려는 것이 아니라, 얼마나 하나님과 그분의 말씀에 신실한가이다.

4. 목회자는 정치에 지나치게 치중하지 말아야 한다. 성도들은 예배와 교제를 위해, 그리고 영적 양식에 굶주린 마음을 가지고 교회를 찾는다. 그들은 목사가 "하나님의 뜻을 다"(행 20:27) 가르치는 것을 들을 필요가 있다. 여기에는 성경과 주요 정치적 이슈에 관한 설교가 일부 포함되어야 하지만, 성경의 나머지 가르침도 포함되어야 한다! 목회자가 만약 자신의 공적 시간 대부분을 정치 이슈에 헌신하도록 하나님께서 부르셨다고 느낀다면, 그는 오로지 정치에만 초점을 맞춘 기독교 단체 조직에서 일하고 교회는 다른 목회자가 섬기도록 하는 것을 고려해야 한다.

J. 모든 기독교 시민의 책무

1. 정보를 충분히 얻고 투표해야 할 의무

나는 민주 국가에 살고 있는 모든 기독교 시민들이 성경적 원칙에 가장 부합하는 후보자와 정책에 대해 잘 알고 투표할 최소한의 의무가 있다고 믿는다. 투표를 통해 우리가 갖게 될 정부를 선택하는 기회는 하나님께서 민주 국가의 시민들에게 맡기신, 외면하지 않고 존중해야 할 청지기적 직분이다. 이는 기독교인들이 현명하게 투표할 수 있도록 중요한 이슈에 대해 적어도 충분히 배울 책임이 있다는 것을 의미한다.

투표를 위해 바른 정보를 얻는 좋은 방법 중 하나는 교회 소그룹에서 몇 가지 주요 정치적 이슈를 논의하는 것이다. 주요 성경 구절들과 과거와 현재의 대표적인 정치 지도자들의 발언, 그리고 토론을 위한 질문 등과 함께 활용할 수 있는 유용한 자료는 휴 휴이트(Hugh Hewitt)가 쓴 책인 『착하고 충성된 종(*The Good and Faithful Servant: A Small Group Study on Politics and Government for Christians*)』이다.[16]

---

16 Hugh Hewitt, *The Good and Faithful Servant: A Small Group Study on Politics and Government for Christians* (Nashville: Townhall Press, 2009).

2. 투표 이상의 무언가를 할 필요가 있을까?

단순히 투표하는 것 이외에, 모든 미국의 기독교인들은 각자 정치적 참여를 더 많이 해야 할지도 고려해보아야 한다. (다른 나라의 기독교인들도 마찬가지다.) 국가로부터 큰 혜택을 받아 누리면서 그 대가로 거의 아무것도 돌려주지 않는 것이 과연 도덕적으로 옳은가? 미국 시민이 누리는 위대한 자유는 수백만 명이 치른 위대한 희생의 결과로 주어진 것이다. 미국 독립선언서의 서명자들은 자신들이 영국에 대한 반역을 범하고 있음을 공개적으로 선언하고 있다는 사실을 잘 알고 있었다. 그리고 그들이 영국군에게 잡힐 경우, 사형을 선고받고 재산을 몰수당할 것임도 잘 알고 있었다.[17] 그렇다고 그들이 지구상에서 당시 가장 강력한 국가(영국)를 상대로 한 전쟁에서 이길 것이라는 큰 확신이 있었던 것은 아니었다. 독립선언서 마지막 문단은 그들의 절박한 상황을 잘 보여주고 있다.

> 우리는 이 선언을 지지하면서, 하나님의 섭리의 보호하심을 굳게 의지하며, 우리의 생명과 재산과 신성한 명예를 바칠 것을 서로에게 맹세한다.[18]

---

17 Pauline Maier, *American Scripture: Making the Declaration of Independence* (New York: Alfred A. Knopf, 1998), 59, 118, 125, 147, 152.

18 Declaration of Independence, adopted July 4, 1776. www.archives.gov/national_archives_experience/charters/declaration_transcript.html.

영국으로부터의 독립은 값싸게 이루어지지 않았다. 독립 전쟁으로 인해 약 4,500명의 미국인이 사망했다. 미국의 건국 정신과 연합을 지키려고 했던 나중 전쟁에서는 훨씬 더 큰 희생을 치렀다. 미국 연방을 보전한 남북전쟁에서는 무려 550,000명의 미국인이 사망했다. 이후 제1차 세계대전에서는 약 116,000명, 제2차 세계대전에서는 405,000명, 한국전쟁에서는 36,000명, 베트남전에서는 58,000명이 사망했다. 이라크 전쟁에서는 4,000명 이상이 사망했고, 아프가니스탄 전쟁(2008년 중반까지)에서는 550명 이상이 사망했다.[19] 이 모든 전쟁에서 사망자보다 훨씬 더 많은 사람들이 큰 부상을 입었다.

이 수십만 명의 국민은 조국과 우리가 누리는 자유를 위해 목숨을 희생했다. 우리가 그런 자유를 누리면서 아무것도 보답하지 않는 것이 과연 옳은 일인가? 1863년 6,650명이 죽고 29,000명이 부상한 게티즈버그 전투 현장을 돌아보면서 에이브러햄 링컨이 호소했던 권면의 말을 지금도 귀담아들어야 하지 않겠는가?[20] 막대한 희생을 돌아보며 링컨은 국민에게 이렇게 말했다.

여기 우리 앞에 남은 위대한 과업은 오히려, 명예로이 죽은 그들의 뜻을

---

19 "Fact Sheet: America's Wars," Department of Veterans Affairs (Nov. 2008). www1.va.gov/opa/fact/amwars.asp.

20 http://gburginfo.brinkster.net/Casualties.htm.

받아, 그분들이 마지막까지 모든 것을 바쳐 헌신한 그 대의에 더욱 헌신하는 것입니다. 그들의 죽음이 헛되지 않게 하려고, 이 나라가 하나님 아래서 새로운 자유의 탄생을 얻어 국민의, 국민에 의한, 국민을 위한 정부가 이 땅에서 사라지지 않도록 드높이 결의합시다.[21]

그토록 많은 사람이 우리나라를 보호하고 보존하기 위해 목숨을 바쳤다면, 이러한 희생의 대가로 큰 혜택을 받은 우리는 단순히 투표하는 것 이상의 의무가 있지 않을까? 특정 후보와 이슈를 지지하기 위해 후원하거나 시간을 투자하는 등 최소한 어느 정도는 더 참여해야 하지 않을까? 혹은 관련하여 글을 쓰거나 전단지라도 배포하는 도움을 주어야 하지 않을까? 어쩌면 스스로 공직에 출마하거나 자원하여 군 복무를 할 수도 있을 것이다. 우리 모두는 이 나라를 보존하고 보호하기 위해 단지 투표하는 것 이상의 일을 무엇이라도 하는 것이 마땅하지 않을까?

---

21 Gettysburg Address, delivered by Abraham Lincoln, November 19, 1863.

K. 교회와 국세청(IRS) 지침

국세청의 지침에 따라 미국에서는 1954년부터 목회자나 교회가 특정 후보자의 이름을 언급하면서 명시적으로 지지 또는 반대 의사를 밝히는 것을 금지하고 있다. (특정 선거 캠페인이 다루는 도덕적 이슈에 대해서는 여전히 입장을 취할 수 있다.) 이 책 뒷부분에서 이 정책에 대해 더 깊이 논의하면서, 이 국세청 지침이 언론의 자유와 종교의 자유를 침해한다는 위헌 소송에 대해서도 다룰 것이다.

그러나 이 논란이 어떻게 해결되든지, 목회자들은 모든 정치적 이슈에 대해 충분히 이야기할 수 있다. 예를 들어, 특정 후보자의 이름을 언급하지 않으면서, 심지어 특정 정당의 이름도 언급하지 않으면서 단순히 "A당(또는 A후보)은 이런 견해를 가지고 있고, B당(또는 B후보)은 저런 견해를 가지고 있다"는 식으로 언급하고 성도들이 직접 찾아볼 수 있도록 인도할 수 있다.[22]

---

22 2004년 대선 직전 어느 후보의 이름이나 정당을 언급하지 않으면서 여섯 가지 선거 관련 중요한 이슈를 다룬 나의 설교문을 "The Bible and the Election (2004)" at www.phoenixseminary.edu/, under Wayne Grudem—Publications.에서 찾을 수 있다.

L. 결론

따라서 위와 같은 여러 가지 이유로, 목회자들은 각 선거에서 중요한 도덕적 문제에 대해 설교하고 가르칠 책임이 분명히 있다. 그들은 각 사안에 해당하는 성경의 도덕적 가르침과 시민 정부에 대한 가르침이 무엇인지 분별하고 결정하는 데 지혜를 구하고, 장로 및 교회 제직회의 조언을 참고하여 성도들에게 충실하게 가르쳐야 한다.

또한 기독교인 개개인에게는 최소한 충분히 정보를 습득하고 현명하게 투표할 의무가 있다. 더 나아가, 각 기독교인은 하나님께서 혹시 더 많은 일을 하라고 부르시는지, 가령 국가와 정부에 선한 영향력을 미치기 위해 시간과 노력과 재산의 일부를 희생하도록 부르시는지도 진지하게 고민해봐야 한다.

3장. 정부에 관한 성경적 원칙

성경의 가르침에 비추어 구체적인 정치적 이슈들을 검토하기 전에, 시민 정부에 대해 성경 전체가 가르치는 내용이 무엇인지 공부할 필요가 있다. 정부라는 개념은 어디에서 왔는가? 정부 및 정치의 목적은 무엇이어야 하는가? 정부는 어떻게 선택되어야 하는가? 어떤 정부가 가장 좋은가? 정치 지도자의 책임은 무엇인가?

이 장에서는 이러한 질문들에 대해 다루어볼 것이다. 먼저 하나님께서 친히 인간 사회에 다양한 혜택을 가져다주시기 위해 시민 정부를 세우셨음을 이야기하고, 다음으로는 정부의 한계와 정부가 장려해야 할 몇 가지 구체적인 가치관을 살펴본다.

A. 정부는 악을 벌하고 선을 장려해야 한다

1. 구약의 기초

a. 창세기 9:5~6

하나님께서 인간 사회에 시민 정부를 세우셨다는 첫 번째 증거
는 창세기 앞부분, 즉 홍수 직후 노아와 그의 가족이 방주에서 나
왔을 때 발견된다. 그때 하나님은 살인 범죄에 대한 대가(ESV 버전으
로는 "reckoning", '응보')를 요구할 것이며, 이 응보의 이행을 다른 사람
들에게("From his fellow men") 요구하신다고 말씀하신다.

> 내가 반드시 너희의 피 곧 너희의 생명의 피를 찾으리니 짐승이면 그 짐
> 승에게서, 사람이나 사람의 형제면 그에게서 그의 생명을 찾으리라[1] 다
> 른 사람의 피를 흘리면 그 사람의 피도 흘릴 것이니 이는 하나님이 자기
> 형상대로 사람을 지으셨음이니라 (창 9:5~6)

여기에서 하나님은 살인 범죄(성경의 표현으로는 "피 흘림")를 범죄자
의 생명을 빼앗음으로써 갚을 것이라고 말한다. "그 사람의 피도

---

1   역주: 원서에서 인용한 ESV 버전과 그 한글 직역은 이렇다. "And for your lifeblood I will
    require a reckoning: from every beast I will require it and from man. From his fellow man I
    will require a reckoning for the life of man." "너의 생명의 피에 대해 나는 응보를 요구할 것
    이다. 각 짐승과 사람에 대해서 응보를 요구할 것이다. '그의 동료 인간으로부터' 그 사람의
    생명에 대한 응보를 요구할 것이다."

흘릴 것이니." (이 구절에 대해 더 상세한 논의는 6장 C섹션을 참고하라.)

이 본문에서는 시민 정부에 관한 보다 상세한 내용이 나와 있지 않지만, 노아에게 이 말씀을 하심으로써 하나님은 가장 끔찍한 범죄(다른 인간을 살해한 것)에 대한 응보로 가장 가혹한 형벌(사람의 생명을 취하는 것)을 집행할 의무를 확립하셨다. 이 원칙이 확립되었다는 것은 보다 경미한 범죄에 대해서 그에 상응하는 경미한 형벌을 부과하는 것도 가능해진다. 왜냐하면 정부가 가장 가혹한 형벌을 집행할 권리가 있다면, 분명 그 정부는 그보다 경미한 범죄에 대해서 그에 합당한 형벌을 집행할 권리도 생기기 때문이다. (가령, 백성에 대한 이스라엘 정부의 다양한 형벌은 출애굽기부터 신명기까지 기록된 율법으로 확립되었다.)

노아에게 주어진 이 명령은 21세기를 살아가는 우리에게도 중요한 의미가 있다. 왜냐하면 아브라함의 후손으로 이스라엘 민족을 세울 때(창세기 12장부터)나, 이스라엘 민족으로 나라가 세워질 때(출애굽기 12장 33~42절 애굽 탈출, 출애굽기 14장 홍해 건넘, 출애굽기 19~20장 시내산의 민족 회합)보다 더 오래 전부터 인류에게 주신 원칙이기 때문이다. 창세기 9장에서 노아에게 주신 명령은 하나님께서 노아의 가족을 제외한 모든 사람을 홍수로 멸절하신 후 인간 사회의 재건 초기에 주어진 것이다. 따라서 신중한 성경 해석에 따르면 창세기 9장 5~6절의 원리는 문맥상 구약 시대나 이스라엘 민족에만 한정되는 것이 아니다. 그렇다면 이 원칙은 모든 시대의 모든 인류에게 해당되는 것이다.

b. 무정부상태는 매우 파괴적인 악이다

구약의 또 다른 내용은 정부가 악을 저지해야 함을 드러낸다. 정부가 존재하지 않거나 그 법을 강제하지 못할 정도로 약할 때 끔찍한 파괴가 그 결과로 나타나기 때문이다. 사사기 18장에서 25장까지의 이야기는 성경에 기록된 가장 흉악한 죄악을 담고 있다. 이 본문은 우리에게 아무런 정부가 없는 무정부상태의 끔찍한 결과를 가르쳐준다. "그 때에는 이스라엘에 왕이 없으므로 사람마다 자기 소견에 옳은 대로 행하였더라"(삿 17:6; 18:1; 19:1; 21:25).

사사기의 이 끔찍한 서사는 죄악된 인간 중에 왜 시민 정부가 그토록 필요한지 매우 섬뜩하고도 구체적으로 보여준다. 통치자가 없을 때 죄악된 사람들은 스스로의 도덕 기준을 세우고 서로에게 끔찍한 일을 저지른다. 정부의 권위가 악한 사람들을 저지하지 못할 때, 악은 창궐하기 마련인 것이다.

c. 정부는 정의를 집행하고 약자를 보호해야 한다

악을 벌하고 선을 보상하는 것은 곧 "정의를 집행"하는 것을 의미한다. "정의"란 하나님의 법에 따른 정의로운 기준으로 통치하는 것을 말한다. 정의를 집행하는 왕은 악을 행하는 자를 처벌하고 옳은 일을 행하는 자를 보호하며 보상한다.

시편에서 하나님은 세상 통치자들에게 이렇게 말씀하신다.

> 너희가 불공평한 판단을 하며 악인의 낯 보기를 언제까지 하려느냐 (셀라) 가난한 자와 고아를 위하여 판단하며 곤란한 자와 빈궁한 자에게 공의를 베풀지며 가난한 자와 궁핍한 자를 구원하여 악인들의 손에서 건질지니라 하시는도다 (시 82:2~4)

이 말씀은 첫째, 통치자가 법과 사실에 따라 공정함과 의로움으로 판단하여 "불공평"한 판단을 하지 않고, 둘째, 스스로 보호하지 못하는 사람들을 의미하는 "가난한 자와 고아"에게 특별한 관심을 보이며, 셋째, 그 힘을 이용해 다른 사람 특히 "가난한 자와 궁핍한 자"를 해하는 악인들의 손을 막아야 할 것을 의미한다.

다니엘서에서 다니엘이 느부갓네살 왕에게 조언할 때도 같은 내용이 담겨있다. "공의를 행함으로 죄를 사하고 가난한 자를 긍휼히 여김으로 죄악을 사하소서"(단 4:27).

d. 정부는 범죄의 억제를 위해 신속한 처벌을 내려야 한다

전도서의 본문에서는 사회에서 악을 제지하기 위한 정부의 처벌이 중요함을 강조한다.

악한 일에 관한 징벌이 속히 실행되지 아니하므로 인생들이 악을 행하는 데에 마음이 담대하도다 (전 8:11)

2. 신약의 동일한 가르침

a. 로마서 13:1~7

신약에서도 창세기 9장의 '악을 처벌하는 권위'를 보충하고 강화하는 내용을 담고 있다. 그중에서 가장 긴 본문은 로마서 13장 1~7절이다.

사람은 위에 있는 권세들에게 복종하라 권세는 하나님으로부터 나지 않음이 없나니 모든 권세는 다 하나님께서 정하신 바라 그러므로 권세를 거스르는 자는 하나님의 명을 거스름이니 거스르는 자들은 심판을 자취하리라 다스리는 자들은 선한 일에 대하여 두려움이 되지 않고 악한 일에 대하여 되나니 네가 권세를 두려워하지 아니하려느냐 선을 행하라 그리하면 그에게 칭찬을 받으리라 그는 하나님의 사역자가 되어 네게 선을 베푸는 자니라 그러나 네가 악을 행하거든 두려워하라 그가 공연히 칼을 가지지 아니하였으니 곧 하나님의 사역자가 되어 악을 행하는 자에게 진노하심을 따라 보응하는 자니라 그러므로 복종하지 아니할 수 없으니 진노 때문에 할 것이 아니라 양심을 따라 할 것이라 너희가 조세를 바치는 것도 이로 말미암음이라 그들이 하나님의 일꾼이 되어 바로 이 일에 항상 힘쓰느니라 모든 자에게 줄 것을 주되 조세를 받을 자에게 조세를 바치고 관세를 받을 자에게 관세를 바치고 두려워할 자를 두려워하며 존경할 자를 존경하라

이 본문은 정부에 대해 다음 여러 가지를 말해준다.

(1) 하나님께서는 통치하는 권세를 세우셨다(1~2절). 이 내용은 예수님께서 빌라도에게 하신 말씀으로도 뒷받침된다. "위에서 주지 아니하셨더라면 나를 해할 권한이 없었으리니"(요 19:11).

(2) 통치자들은 "악한 일에 대하여 두려움"(3절 참고)의 대상이 된다. 사람들이 범죄에 대한 통치자의 처벌을 두려워하여 악을 스스로 억제한다는 의미이다. 이는 창세기 9장 5~6절에서 가르치는 교훈과 일치한다.

(3) 정부는 선을 행하는 자에게 "칭찬"(헬라어로 epainos , "찬성, 인정,

찬양")을 준다(3절). 그에 더해, 통치자는 "네게 선을 베푸는 하나님의 사역자"이다. 이 구절들은 정부가 사회의 공동선을 증진하는 역할을 한다는 것을 나타낸다. 정부는 범죄를 처벌할 뿐만 아니라 사회의 이익에 기여하는 선한 행위를 장려하고 보상해야 한다.

정부가 공익을 지원하는 것에 대한 몇 가지 예로는, 세금 지원을 받는 놀이터, 가족이 피크닉을 즐기거나 스포츠 팀이 연습하고 경쟁할 수 있는 공원 등이 있다. 선한 것을 장려하는 정부의 이러한 책임은 교회가 일반적으로 사회에 유익하고 시민의 복지를 증진한다는 이해를 바탕으로 교회에 면세 지위를 부여하는 정당성을 제공한다. 이 원칙은 정부가 특정한 법적 특권과 경제적 혜택을 통해 결혼을 장려하는 데에도 정당성을 제공한다.

(4) 정부 관료는 하나님을 섬긴다. 바울은 통치자가 "하나님의 사역자"(4절), "하나님의 일꾼"(6절)이라고 말한다.

이는 정부가 악을 징벌하고 선을 장려할 때 그들이 스스로 알든 모르든 그들을 하나님을 섬기는 자로 여겨야 한다는 뜻이다. 이것은 우리가 시민 정부를 하나님이 주신 선물, 즉 우리에게 큰 유익을 가져다주는 선물로 보아야 한다는 생각을 뒷받침하는 강력한 구절이다. 비록 각 개인과 각 정부는 악을 행할 수 있다. 하지만 시민 정부라는 제도 자체는 매우 선한 것이며, 하나님의 무한한 지혜와 사랑으로부터 우리에게 흘러나오는 은혜이다.

(5) 정부 관료는 그 업무를 수행할 때 '선한' 일을 하는 것이다. 바울은 그들이 "네게 선을 베푸는"(4절) 하나님의 종이라고 말한다. 이는 일반적으로 정부가 선행을 포상하고 악행을 처벌하는 활동이 하나님의 말씀에 따른 "선한 것"으로 보아야 함을 의미한다. 이는 시민 정부에 대해 하나님께 감사해야 할 또 다른 이유이다.

그러나 이것은 물론 통치자가 행하는 모든 일이 선하다고 생각해야 한다는 뜻은 아니다. 세례 요한은 "헤롯이 행한 모든 악한 일로 말미암아"(눅 3:19) 헤롯을 꾸짖었다. 다니엘은 느부갓네살에게 "의를 행하여 죄에서 벗어나라"(단 4:27)고 말했다. 구약의 역사 기록에는 "여호와 보시기에 악한" 왕들의 이야기가 많이 포함되어 있다 (왕상 11:6 등). 따라서 우리는 정부 관료들이 시민 정부에 대한 하나님의 원칙에 따라 정당하고 공평한 방법으로 책임을 수행할 때에만 그들이 "선"을 행한다고 말해야 한다.

(6) 정부 당국은 범죄자에게 하나님의 진노를 집행하고 그에 따라

보복하는 임무를 수행한다. 이는 통치자가 "공연히 칼을 가지지 아니하였으니 곧 하나님의 사역자가 되어 악을 행하는 자에게 진노하심을 따라 보복하는 자"(4절)로 기능한다는 바울의 진술을 통해 명백히 드러난다. "보응하는 자"로 번역된 헬라어 단어는 "형벌의 대리인"을 의미하는 엑디코스(ekdikos)이다. 이 개념은 이 용어의 다른 사용(살전 4:6)이나, 관련 동사 엑디케오(ekdikeö, 계 6:10, 19:2; "합당한 형벌을 가하다, 벌하다, 보복하다", 또는 관련 명사 엑티케시스(ekdikesis, 행 7:24, 롬 12:19, 살후 1:8, 히 10:30; "복수", "형벌" 등)를 통해 그 의미가 더욱 강화된다.

이는 처벌의 목적이 범죄를 예방하는 것뿐만 아니라, 범죄에 대한 하나님의 진노를 집행하는 것이며, 여기에는 실제적인 처벌, 즉 범죄자에게 일종의 고통이나 고난을 부과해 그 범죄에 상응하는 형벌이 있음을 의미한다. 그래서 바울은 정부 권력을 "하나님의 사역자가 되어 악을 행하는 자에게 진노하심을 따라 보응하는 자"(4절)라고 말했다.

이것은 특별히 로마서 12장 19절과 관련된 중요한 내용이다. 시민 정부의 내용이 담긴 로마서 13장을 시작하기 불과 세 구절 전이다. (바울이 쓴 헬라어 본문에는 장과 절의 구분이 없었다. 따라서 다음 구절은 우리가 공부하고 있는 13장의 내용과 훨씬 더 가깝다.) 바울은 이렇게 말한다.

내 사랑하는 자들아 너희가 친히 원수를 갚지 말고 하나님의 진노하심에 맡기라 기록되었으되 원수 갚는 것이 내게 있으니 내가 갚으리라고 주께서 말씀하시니라 (롬 12:19)

바울은 기독교인들에게 잘못을 당했을 때 사적으로 복수하지 말라고 말하면서, 오히려 잘못을 저지른 사람이 "하나님의 진노"에 의한 형벌을 받도록 허용해야 한다고 말한다. 그런 다음 몇 문장 뒤(롬 13:4)에 시민 정부가 그들에게 형벌을 가할 때 범죄자에 대한 "하나님의 진노"가 집행된다고 설명한다. 이는 기독교인들이 다른 사람들의 손에 부당한 일을 당했을 때 정부에 정의를 요청하는 것이 종종 옳다는 것을 의미한다. 이처럼 시민 정부는 정의를 수행하기 위해 하나님께서 인간 중에 세우신 수단이다.

b. 베드로전서 2:13~14

베드로도 그의 서신을 통해 정부의 역할에 대해서 바울과 비슷한 관점을 드러낸다.

인간의 모든 제도를 주를 위하여 순종하되 혹은 위에 있는 왕이나 혹은 그가 악행하는 자를 징벌하고 선행하는 자를 포상하기 위하여 보낸 총독에게 하라 (벧전 2:13~14)

바울처럼 베드로도 왕이나 총독 같은 인간 제도에 "순종"하라는 명령으로 시작한다. 그리고 베드로도 그 인간 제도가 악행을 억제하고 선행을 찬양하며 격려한다고 말한다. "그가 악행하는 자를 징벌하고 선행하는 자를 포상"(14절)하기 때문이다. 정부를 하나님께서 세우신다는 개념은 여기서 명시적으로 밝혀지지 않지만, "주를 위하여"(13절) 인간의 모든 제도에 복종해야 한다고 말하는 것을 볼 때 어느 정도 암시된다. 그리고 베드로는 총독들이 "악행하는 자를 징벌하기 위하여" 보내졌다고 말하면서 범죄자들에 대한 보복의 개념을 명시적으로 포함시켰다. ("징벌"은 로마서 13장 4절에서 본 것처럼 헬라어 '엑티코스'와 관련된 헬라어 명사 '엑디케시스'이다.) "선행하는 자를 포상"하기 위함이라는 말은 정부가 사회의 공동선을 증진하려는 목표를 가지고 있다는 주장에 추가적인 뒷받침을 제공한다.

c. 마태복음 5:39의 "다른 뺨을 대라"는 말씀은 무슨 의미인가?

일부 기독교인들은 정부가 범죄자를 처벌해야 한다는 생각에 완고히 반대한다. 대신 그들은 정부가 범죄가 일어난 보다 깊은 사회적 원인을 바로잡기 위해 노력해야 한다고 말한다. 즉, 잘못을 저지른 범죄자보다 그 사람이 죄를 범하도록 만든 사회를 더 크게 비난해야 한다는 것이다. 그들은 종종 마태복음 5장 39절에 나오는 예수님의 말씀에 호소한다.

"나는 너희에게 이르노니 악한 자를 대적하지 말라 누구든지 네 오른편 뺨을 치거든 왼편도 돌려 대며"

이 구절은 정부가 범죄자에 대한 처벌을 집행하는 것도 금지하는 것일까? 그렇게 이해하는 것은 성경의 바른 이해가 아니다.

"다른 뺨도 대라"는 구절은 적절한 문맥 속에서 이해되어야 한다. 여기서 예수님은 정부의 책임에 대해 말씀하시는 것이 아니라 개인적 행동의 원칙을 말씀하고 있다. 게다가 마태복음의 해당 부분은 예수님께서 모든 경우에 해당하는 절대적인 요구 사항을 제시하시는 것이 아니라 오히려 기독교인의 삶에서 개인의 행동이 어떤 모습일지에 대한 구체적인 예를 제시하는 상황이다.

또 다른 반론을 제기하자면, 그로부터 3절 뒤에 나오는 명령을 기독교인이 모든 상황에서 따른다고 한다면, 그것은 성경의 나머지 부분에 불순종하는 것이 된다. "네게 구하는 자에게 주며 네게 꾸고자 하는 자에게 거절하지 말라"(마 5:42). 이것이 기독교인이 해야 할 절대적인 요구 사항이라면, 가령 어떤 구걸하는 행인이 계속해서 더 많은 것을 요구함으로써 기독교인을 파산시킬 수 있을 것이다! 그러나 성경은 기독교인이 자원을 잘 관리할 것을 요구한다. (눅 16:10, "지극히 작은 것에 충성된 자는 큰 것에도 충성되고"; 고전 4:2, "맡은 자들에게 구할 것은 충성이니라"; 또한 마 25:14~30의 달란트 비유를 참고하라.)

따라서 다른 뺨을 대라는 예수님의 명령은 정부의 무력 사용이나 범죄자에 대한 보복적인 처벌에 반대하는 설득력 있는 근거가 되지 못한다. 반면 무력 사용과 범죄자에 대한 처벌은 성경의 다른 여러 구절에서 명시적으로 가르치고 있는 정부의 책임이다.

d. 죄가 없는 세상에도 시민 정부는 계속될 것

그렇다면 세상에 악이 있기 때문에만 정부가 필요한 것일까? 아니다. 그렇지 않다. 세상에 악이 없더라도 정부는 여전히 필요하다. 정부는 사회의 공동선을 증진시키는 역할, 가령 (적어도 현대 사회에서는) 도로 건설 및 규제, 표준 도량형 설정, 공공 기록 유지, 안전법 제정(속도 제한, 건축자재 기준 등), 전력의 표준화, 국가 내 교환을 위한 통화 제정 등을 위해서도 필요한 것이다. 그것은 미국 헌법 전문에서 "일반 복지의 증진"이라고 명시한 범주에 속한다.

B. 이스라엘에 주신 출애굽부터 신명기까지의 구체적인 율법은 무엇인가?

정부가 하나님 앞에서 악을 처벌하고 선을 장려할 책임이 있는 것이 사실이라면, 정부가 어떻게 기능해야 하는지 더 자세히 알기 위해서 하나님이 구약에서 이스라엘 민족에게 주신 광범위한 율법을 살펴보는 것이 필수적이다.

하지만 우리는 이 일을 직접 하기 어렵고, 또한 전체 성경에서 이 율법들이 차지하는 특별한 입지 때문에 더욱 어려울 수밖에 없다. 성경 해석가들이 겪는 문제는 다음과 같다.

구약의 출애굽기, 레위기, 민수기, 신명기에는 하나님께서 이스라엘 민족을 위해 특별히 주신 많은 율법이 기록되어 있다. 이 율법은 하나님께서 모세를 통해 백성에게 주셨기 때문에 "모세 언약"에 속한다. (성경에서 "언약"은 하나님과 그의 백성 사이에 법적으로 정의된 관계를 뜻하며, 모세 언약의 율법은 모세 시대부터 그 관계를 정의했다.) 이스라엘의 율법이 오늘날 세속 시민 정부에 어떤 의미를 가지고 있는지 이해하는 것은 다음 여러 가지 이유로 성경 해석에서 가장 복잡한 질문 중 하나이다.

(1) 이스라엘의 위치: 이스라엘의 율법을 올바로 해석하려면 성경 역사에서 이스라엘 민족의 위치와 세계 역사에서 이스라엘을 향한 하나님의 목적에 대한 성숙한 이해가 필요하다.

(2) 신정국가로서의 이스라엘: 이스라엘의 율법을 올바로 해석하려면, 하나님께 "제사장 나라가 되며 거룩한 백성"(출 19:6)이 되어야 했던 이스라엘의 특별한 정체성을 인식하는 것이 필요하다. 이스

라엘은 하나님께서 친히 통치하시는 신정체제였으며, 따라서 이스라엘의 법은 하나님의 백성에 합당한 종교생활(제사와 절기, 유일하신 참 하나님에 대한 예배 등)과 더불어 일반적으로라면 역사 속 모든 시민 정부에 속하는 문제들까지 규율했다.

(3) 현재 역사에 개입하는 하나님의 마지막 때 심판: 이스라엘의 율법을 올바로 해석하려면, 하나님의 심판이 인류 역사에 갑자기 "개입"하는 몇 가지 특이한 예를 잘 이해해야 한다. 실제로 이스라엘 민족이 국가로 건국되기 전에도 하나님의 심판은 갑자기 역사에 개입하여 극도로 치닫는 인간 죄에 대해 신속한 형벌을 내리신 사례가 있다. 홍수와 노아의 방주 이야기(창 6~9장)가 그러한 심판의 예이다. 하늘에서 내린 유황과 불로 멸망시키신 소돔과 고모라(창 19:24~28 참고)도 또 다른 예이다. 훗날 이스라엘 민족이 가나안 성읍들을 파괴한 것도 하나님의 지시하에 이행된 독특한 심판의 사건이다(신 20:16~18; 10~15절을 대조해서 보면 다른 경우에 하나님의 심판을 목적으로 전쟁을 수행하는 것은 금지되어 있다). 가나안을 정복하고 멸망시키는 전쟁은 하나님의 특별한 명령에 따라 수행된 것이며, 하나님께서 그들에게 약속하신 땅에 자기 백성을 세우시기 위한 계획의 일부였다. 그것은 추후 온 땅에 대한 하나님의 최종 심판을 예고하기도 한다. 그러나 이는 오늘날 시민 정부가 모방할 수 있는 구실을

제공해서는 안 된다. 그 사건은 역사적으로 독특한 것이었다.

(4) 사형의 광범위한 적용: 이스라엘의 율법을 올바로 해석하려면, 그것의 또 다른 독특한 측면을 이해해야 한다. 이스라엘 율법은 (창 9:5~6에서와 같이) 살인에 대한 사형뿐 아니라, 거짓 종교를 조장하는 것(출 22:18, 20; 레 20:22; 신 13:6~17 참고), 가족 권위에 반역하는 것(출 21:15, 17; 신 21:18~21 참고), 그리고 성적인 죄(레 20:10~14 참고)에 대해서도 사형을 부과했다. 사형에 대한 이러한 광범위한 적용은 이스라엘이 하나님 앞의 "거룩한 나라"(출 19:6)라는 정체성 때문이었다. 그러나 이것은 그러한 신정국가나 하나님 앞의 "거룩한 나라"로 존재하지 않는 오늘날의 현대 국가들이 따를 수 있는 예시가 결코 아니다. 실제로 구약의 역사 서사는 그러한 율법이 사람들의 마음을 변화시키지 못하기 때문에 아무리 엄격한 율법과 형벌이라도 진정으로 거룩한 백성을 만들 수 없음을 보여주는 것이다(렘 31~33장; 롬 8:3~4; 갈 3:21~24 참고). 종교적 위반이나 가족의 반항, 또는 성적인 죄에 대해서 사형과 같은 가혹한 처벌을 가하는 것은 오늘날 현대 정부가 따라야 할 모본이 아니다.

(5) 결론: 이러한 차이점을 염두에 둔다면, 하나님께서 이스라엘에게 주신 율법은 여전히 정부의 목적, 그리고 좋은 정부와 나쁜

정부를 분별하는 데 유용한 정보를 제공할 수 있다. 다음 장들에서 나는 모세 율법이 주어지는 독특한 역사적 맥락에 주의를 기울이면서 신중하게 사용하려고 노력할 것이다. 한편 우리는 고대 근동 주변 국가들의 법과 관습을 비교해볼 때 하나님께서 이스라엘에게 주신 율법이 얼마나 우월한 것이었는지 기억할 필요가 있다. 그것은 인간의 일상생활에서 정의와 공평함, 가난하고 억압받는 사람들에 대한 자비, 그리고 진정한 삶의 거룩함을 드러낼 수 있는 최적의 정치적 모델이었다. 실제로 당시에도 모세는 이스라엘 백성에게 이렇게 말했다. "오늘 내가 너희에게 선포하는 이 율법과 같이 그 규례와 법도가 공의로운 큰 나라가 어디 있느냐"(신 4:8).[2]

또한 출애굽기부터 신명기에 나오는 모세 율법의 많은 조항은 당시 이스라엘에만 직접 적용되도록 의도되었지만, 구약의 다른 부분은 유대인을 특정하지 않고, 정부와 왕에 대한 일반적인 교훈이 많다. 예를 들어 잠언에만 왕을 언급하는 구절이 32개나 있다. 시편과 전도서에서도 더 많은 내용이 추가되어있다. 시민 정부에 대한 이러한 교훈은 이후 특정 이슈들을 다루면서 유익하게 활용

---

2   더 많은 논의를 위해서는 Christopher Wright, *Old Testament Ethics for the People of God* (Downers Grove, IL: InterVarsity Press, 2004); Walter C. Kaiser, *Toward Old Testament Ethics* (Grand Rapids: Zondervan, 1991); Gordon Wenham, *Story as Torah: Reading Old Testament Narrative Ethically* (Grand Rapids: Baker, 2000)를 참고하라.

될 것이다.

그럼 안식일 명령은 어떨까? "정부에 대한 기독교적 영향력"에 관해 이야기할 때, 어떤 사람들은 오늘날의 정부가 십계명에 따라 안식일에 일하는 것을 금해야 하는지 묻기도 한다.

> 안식일을 기억하여 거룩하게 지키라 엿새 동안은 힘써 네 모든 일을 행
> 할 것이나 일곱째 날은 네 하나님 여호와의 안식일인즉 너나 네 아들이
> 나 네 딸이나 네 남종이나 네 여종이나 네 가축이나 네 문안에 머무는
> 객이라도 아무 일도 하지 말라 (출 20:8~10)

기독교인들은 수백 년 동안 이 계명을 적용하는 문제에 대해 많은 의견 차이를 가져왔다. 어떤 사람들은 이 계명이 오늘날에도 기독교인이 준수해야 하는 요구 사항이라고 생각하며, 일요일에 일하는 것은 하나님께 죄를 짓는 것이라고 믿는다. 그러나 안식일 계명은 안식년, 희년, 그리고 이스라엘 백성이 하나님께 바쳐야 했던 각종 제사 제물 등, 하나님께서 이스라엘에 주신 '모든 의식법의 총합'이라는 점에서 다른 아홉 계명과는 다르다고 생각한다. 바울의 다음 가르침을 고려해 보라.

> 그러므로 먹고 마시는 것과 절기나 초하루나 안식일을 이유로 누구든지

너희를 비판하지 못하게 하라 이것들은 장래 일의 그림자이나 몸은 그
리스도의 것이니라 (골 2:16~17)

너희가 날과 달과 절기와 해를 삼가 지키니 내가 너희를 위하여 수고한
것이 헛될까 두려워하노라 (갈 4:10~11)

안식일에 일하지 말라는 명령에 대한 결론은, 그것이 각종 동물
제사와 같이 우리가 더 이상 문자적으로 따르지 않는 "의식법"이라
는 것이다. 따라서 나는 주일에 비즈니스가 문을 닫도록 요구하는
정부 법에 찬성하지 않는다.

그렇다면 사람들이 일주일 내내 일해도 되는 것일까? 그렇게 생
각하지 않는다. 구약 시대에 이스라엘 백성이 7일 중 하루 일하지
않았던 것은 백성들에 대한 하나님의 지혜와 사랑이 반영된 관대
하신 선물이었다. 신약 시대의 기독교인들도 일주일 중 하루 일을
하지 않는 삶의 패턴을 유지하는 것은 현명한 실천이라고 생각한
다. (그 날은 물론 일요일이겠지만, 일요일에 일하는 목회자의 경우에는 한 주의 다
른 날이 쉬는 날일 수 있다.) 또한 고용주도 근로자들에게 최소한 7일 중
하루를 쉬도록 하는 것이 현명한 것이다. (개인적인 가사 "일"을 처리하는
것도 종종 하루 종일 걸리기 때문에 일주일 중 휴일을 이틀로 정하는 경우도 합당하
다.) 중요한 것은 이것이 죄를 지느냐 안 짓느냐의 문제이거나 결코

어길 수 없는 절대적 법칙의 문제가 아니라, 성경에 근거한 지혜의 문제라는 것이다.

물론 일부 기독교인들은 이 부분에서 나와 동의하지 않으며, 하나님께서는 여전히 그들에게 일요일에 일하지 말 것을 요구하신다고 주장한다. 나는 그들의 용기와 믿음을 존경한다. 그들의 그러한 신념으로 인해 그들 중 일부는 일요일에 영업을 중단하였다는 것을 알고 있다. (예를 들어 미국에서는 칙필레[Chick-Fil-A]와 하비라비[Hobby Lobby]가 주일에 문을 닫는 두 개의 대형 기업이다.) 그러나 나는 모든 기독교인들이 이렇게 해야 한다고 생각하지 않으며, (미국 일부 지역에서 시행하고 있는) 주일에 문을 닫도록 요구하는 법도 지지하지 않는다.

아마도 비슷한 문제에 관해 로마인들에게 보낸 편지에서 사도 바울은 이렇게 썼다.

> 어떤 사람은 이 날을 저 날보다 낫게 여기고 어떤 사람은 모든 날을 같게 여기나니 각각 자기 마음으로 확정할지니라 날을 중히 여기는 자도 주를 위하여 중히 여기고 먹는 자도 주를 위하여 먹으니 이는 하나님께 감사함이요 먹지 않는 자도 주를 위하여 먹지 아니하며 하나님께 감사하느니라 (롬 14:5~6)

C. 하나님은 모든 민족 위에 주권자이시며, 모든 사람은 그에게 답할 책임이 있다

구약의 많은 선지자들이 이방 나라들에 대해 선포한 광범위한 경고의 메시지들은 하나님께서 모든 믿지 않는 국가들에도 그들의 행동에 대한 책임을 물으신다는 것을 보여준다(사 13~23장; 렘 46~51장; 겔 25~32장; 암 1~2장; 오바댜 - 에돔에 대해; 요나 - 니느웨에 대해; 나훔 - 니느웨에 대해; 합 2장, 스바냐 2장 등 참고).

또 다른 여러 본문에서도 정부 통치자의 선택과 수립에 대한 하나님의 주권을 가르치고 있다. 하나님은 모세를 통해 바로에게 이렇게 말씀하셨다. "내가 너를 세웠음은 나의 능력을 네게 보이고 내 이름이 온 천하에 전파되게 하려 하였음이니라"(출 9:16).

하나님은 또한 이사야를 통해 페르시아 왕 고레스가 태어나기 약 150년 전부터 그가 왕이 될 것을 예언하셨다.

> 고레스에 대하여는 이르기를 내 목자라 그가 나의 모든 기쁨을 성취하리라 하며 … 여호와께서 그의 기름 부음을 받은 고레스에게 이같이 말씀하시되 내가 그의 오른손을 붙들고 그 앞에 열국을 항복하게 하며 … (사 44:28~45:1).[3]

---

3   이사야가 이 예언을 했을 때는 (약 BC 740~681년 경), 앗수르 제국이 고대 근동 지역을 지

통치자들에 대한 하나님의 지명은 시편 75편에 일반적인 표현으로 나타나 있다.

> 무릇 높이는 일이 동쪽에서나 서쪽에서 말미암지 아니하며 남쪽에서도
> 말미암지 아니하고 오직 재판장이신 하나님이 이를 낮추시고 저를 높이
> 시느니라 (6~7절)

다니엘도 이를 증언한다. "그는 때와 계절을 바꾸시며 왕들을 폐하시고 왕들을 세우시며 …"(단 2:21), "… 그 때에 지극히 높으신 이가 사람의 나라를 다스리시며 자기의 뜻대로 그것을 누구에게든지 주시는 줄을 아시리이다"(단 4:25; 또한 17, 32절도 참고하라).

D. 정부는 통치자가 아닌 국민을 섬기고 국민의 이익을 추구해야 한다

시민 정부가 "네게 선을 베푸는 하나님의 사역자"(롬 13:4)가 되려면, 정부는 왕이나 황제나 대통령이 아닌 국민의 선을 위해 존재하

배하고 있었다. 이후 BC 621년에 앗수르는 바벨론 제국에 의해 멸망하고, 바벨론은 BC 539년에 페르시아인들에 의해 멸망한다. 고레스 왕은 BC 539년에 페르시아 왕이 된다. 따라서 이사야는 하나님의 영감 아래, 150년에 걸쳐 두 제국 이후에 올 통치자 고레스 왕을 이름까지 정확히 예측한 것이다.

는 것이다. 구약에서 사무엘은 사사 시절 이 원칙을 잘 보여주었다. 그의 사사직 끝에 그는 이스라엘 백성에게 이같이 말한다.

> 내가 여기 있나니 여호와 앞과 그의 기름 부음을 받은 자 앞에서 내게 대하여 증언하라 내가 누구의 소를 빼앗았느냐 누구의 나귀를 빼앗았느냐 누구를 속였느냐 누구를 압제하였느냐 내 눈을 흐리게 하는 뇌물을 누구의 손에서 받았느냐 그리하였으면 내가 그것을 너희에게 갚으리라 하니 그들이 이르되 당신이 우리를 속이지 아니하였고 압제하지 아니하였고 누구의 손에서든지 아무것도 빼앗은 것이 없나이다 하니라 (삼상 12:3~4)

또한 사무엘은 사사로서의 자기 행위와 대조적으로, 왕은 그 권력을 남용하고 자신의 이익을 위해 백성들과 백성들의 가족을 착취할 것이라고 경고하였다.

> 너희를 다스릴 왕의 제도는 이러하니라 그가 너희 아들들을 데려다가 그의 병거와 말을 어거하게 하리니 그들이 그 병거 앞에서 달릴 것이며 그가 또 너희의 아들들을 천부장과 오십부장을 삼을 것이며 자기 밭을 갈게 하고 자기 추수를 하게 할 것이며 자기 무기와 병거의 장비도 만들게 할 것이며 그가 또 너희의 딸들을 데려다가 향료 만드는 자와 요리하

는 자와 떡 굽는 자로 삼을 것이며 그가 또 너희의 밭과 포도원과 감람원에서 제일 좋은 것을 가져다가 자기의 신하들에게 줄 것이며 그가 또 너희의 곡식과 포도원 소산의 십일조를 거두어 자기의 관리와 신하에게 줄 것이며 그가 또 너희의 노비와 가장 아름다운 소년과 나귀들을 끌어다가 자기 일을 시킬 것이며 너희의 양 떼의 십분의 일을 거두어 가리니 너희가 그의 종이 될 것이라 (삼상 8:11~17)

국가 지도자가 그의 가족과 친구들의 부를 위해 정부 권력을 사용하는 것은 국민을 섬기는 정부의 근본적인 목적을 배반하는 것이다. 이런 행실은 구약에서 반복적으로 정죄되었다(신 16:19; 시 26:10; 잠 15:27; 17:23; 사 33:15; 겔 22:12; 암 5:12; 합 1:2~4 참고).

안타깝게도 정부가 견제되지 않는 권력을 갖게 되고 국민에 대한 공적 책임이 줄어들수록, 그 지도자는 정부의 본래 원칙을 망각하고 사무엘이 왕에게 경고했듯이 점점 더 많은 것을 국민으로부터 "취할" 가능성이 커진다.

그러한 권력 남용의 비극적인 예는 아프리카의 가봉을 무려 41년 동안이나 통치한 오마르 봉고(Omar Bongo)의 삶에서 볼 수 있다. 2009년에 그가 사망했을 때, 런던의 일간지 데일리텔레그래프(Daily Telegraph)는 봉고가 "[가봉] 내부의 모든 것을 자신의 개인 사유로 여기고 부패를 정부의 일상적인 통치방식으로 격상시켰다"고 보도했다. 이 기사에 의하면 그는 가봉의 석유 자원으로 인한 부를 상당 부분 차지하여, "파리와 니스에서 33개의 부동산을 소유"했다. 추가로 그의 뉴욕 은행 계좌에는 8,600만 파운드(1억 3,800만 달러)가 있었는데, "이 발견은 아마도 빙산의 일각에 불과했을 것이며 그의 재산은 확실히 수억 달러에 이르렀고 아마도 수십억 달러에 이르렀을 수도 있다"고 보도했다.[4] 정부가 효과적으로 권력을 분리하지 못하는 국가에서는 안타깝게도 이 같은 일이 계속 반복된다.

E. 시민은 (일부 경우를 제외하고) 정부에 순응하며 국법을 따라야 한다

1. 시민 정부의 지배를 받아야 할 일반적인 책무

하나님께서 각 나라에 악을 저지하고 선을 행하기 위해 정부를 세우셨기 때문에, 시민들은 일반적으로 정부에 복종하고 국가의 법을 준수해야 한다. 바울은 이렇게 썼다.

각 사람은 위에 있는 권세들에게 복종하라 권세는 하나님으로부터 나지 않음이 없나니 모든 권세는 다 하나님께서 정하신 바라 그러므로 권세를 거스르는 자는 하나님의 명을 거스름이니 거스르는 자들은 심판을

---

4   *The Daily Telegraph* (June 9, 2009), 29.

자취하리라 (롬 13:1~2)

베드로도 비슷한 말을 하고 있다. "인간의 모든 제도를 주를 위하여 순종하되 혹은 위에 있는 왕이나 혹은 그가 악행하는 자를 징벌하고 선행하는 자를 포상하기 위하여 보낸 총독에게 하라"(벧전 2:13~14).

이 본문들은 일반적으로 국민들이, 특히 기독교인들이 시민 정부에 순응할 의무가 있음을 가르쳐준다.

2. 시민 정부에 불순종해야 할 때는 언제인가?

그러나 하나님께서는 정부에 순응하는 것이 하나님 자신의 명령에 불순종하는 것을 의미할 때, 그러한 정부에 불순종하는 것에 대해 사람들의 책임을 묻지 않으신다. 이 원칙은 성경의 여러 부분에서 드러난다.

한 가지 분명한 예는 초대교회에 있었다. 예수께서 초기 사도들에게 복음을 전파하라고 명령하신 후(마 28:19~20 참고), 유대인의 통치 권위인 공회는 그들 중 일부를 체포하고 "도무지 예수의 이름으로 말하지도 말고 가르치지도 말라"라고 명령했다(행 4:18). 그러나 사도 베드로와 요한은 "우리는 보고 들은 것을 말하지 아니할 수 없다"(행 4:20)라고 대답했고, 이후에도 베드로는 "사람보다 하나님께 순종하는 것이 마땅하니라"(5:29)라고 선포했다. 이는 정부 권위에 대한 순종이 하나님께 직접적으로 불순종하는 것을 의미한다면, 하나님께서는 그의 백성이 정부에 불순종할 것을 바라신다는 원칙을 분명히 보여준다.

다른 본문들도 이를 입증한다. 다니엘 3장 13~27절에서 느부갓네살 왕은 세 명의 유대인(사드락, 메삭, 아벳느고)에게 자신이 세운 금 신상에 절하라고 명령했다. 그러나 그들은 거절하며 "왕이여 우리가 왕의 신들을 섬기지도 아니하고 왕이 세우신 금 신상에게 절하지도 아니할 줄을 아옵소서"(18절)라고 말했다. 하나님은 그들을 극렬히 타는 풀무불 가운데서 구하심으로 그들의 행동을 인정하셨다(19~30절).

또한 바로가 이집트 산파들에게 갓 태어난 히브리 남자 아기를 죽이라고 명령했을 때, 그들은 불순종하였고, 하나님은 그들의 불순종을 인정하셨다(출 1:17, 21). 누구든지 초대받지 않고 아하수에로 왕 앞에 나아가는 것은 법을 어기는 일이었지만, 에스더는 국법을 어기고 자기 민족 유대인들을 구하기 위해 목숨을 걸었다(에 4:16 참고). 마찬가지로 다니엘도 하나님께 기도하는 것을 금하는 국법에 불순종했다(단 6:10 참고). 또 헤롯 왕은 동방박사들에게 다시 예루살렘으로 돌아와서 유대인의 왕이 태어나는 곳을 알려 달라고 명하였지만, 그들은 천사의 지시를 받아 그 명령을 따르지 않고 "다른 길로 고국에 돌아"갔다(마 2:8, 12).

3. 기존 정부를 상대로 혁명이나 해방을 추구해야 할 때는 언제인가?

어떤 사람들은 미국 초기 식민지 시절 미국인들이 영국으로부터 독립을 선언한 것이 옳았는지 의문을 제기한다. 이것은 통치하는 권세에 복종하지 않는 것이었고, 따라서 로마서 13장에 적힌 하나님의 명령에 불순종하는 것은 아니었을까?

일부 기독교 학자들이 이러한 입장을 주장해 왔다. 예를 들어, 존 맥아더는 영국 정부에 반항하여 독립을 선언했던 것은 "로마서 13:1~7의 분명한 가르침과 명령에 어긋나는 것"이라고 주장한다. 따라서 맥아더는 "사실상 미국이 신약성경의 원칙을 위반하면서 탄생했으며, 하나님께서 미국에 베푸신 모든 축복은 미국 국부들의 불순종에도 불구하고 온 것"이라고 말한다.[5]

사실 미국의 독립혁명 당시에도 위 맥아더와 같은 입장에 많은 기독교인이 동의했다. 일부는 미국 식민지를 떠나 영국으로 돌아왔고, 미국 혁명에 참여하기보다는 영국 왕실에 대한 복종을 선택했다.

그러나 나는 이러한 관점에 동의하지 않는다. 당시 역사적 상황

---

5 John MacArthur, *Why Government Can't Save You: An Alternative to Political Activism* (Nashville: Word, 2000), 6~7.

과 성경의 원칙을 면밀히 연구한 후 얻게 된 확신은, 바로 미국 혁명이 하나님 보시기에 도덕적으로 정당했다는 것이다.

많은 초기 미국인들이 영국 왕에 반항하는 것이 정당하다고 생각했던 이유는, 고위 관리[영국 당국]가 시민들에게 가하는 범죄로부터, 하위 정부 관리[미국의 국부들]가 자신이 보호하는 시민들[미국 정착민들]을 보호하는 것은 도덕적으로 옳은 것이었기 때문이다.

개혁 교계의 이러한 생각은 존 칼빈까지 거슬러 올라간다. 그는 『기독교강요』(1559)에서 "행정관"(하위 정부 관리)에 관해 다음과 같이 주장했다.

> 만약 지금 왕의 고의를 저지하도록 임명된 국민의 행정관이 있는데 … 그들이 낮은 평민을 난폭하게 공격하고 폭행하는 왕에게 [아무 저지 없이] 눈짓만 보낸다면, … 그들은 그들 스스로 하나님의 명령에 따라 사람들의 보호자로 임명되었음을 알면서 부정직하게 국민의 자유를 배반하는 것이다.[6]

다른 루터교 사상가와 개혁주의 사상가들도 유사한 언급을 했다. 또한 폭군에 대항할 권리는 로마 가톨릭 철학자 토마스 아퀴

---

6   John Calvin, *Institutes of the Christian Religion*, 4.20.31.

나스(1225~74경)를 포함한 다른 많은 기독교 저술가들의 글에서도 찾아볼 수 있다. 정부 이론 역사에 정통한 학자, 그렉 포스터(Greg Forster)에 따르면, 기독교 학자들 사이에서 공통된 주장 중 하나가 바로 "폭정을 행하는 정부는 사실상 정부로 가장한 범죄 집단이므로, 국민의 복종을 받을 자격이 있는 정부라고 할 수 없다"라는 것이었다.[7]

또 다른 주장은 "법치주의의 원칙이 … 저항할 권리를 내포한다"라는 것이었다.[8]

따라서 미국을 건국하고 독립을 선언한 지도자들은 스스로 도덕적으로 옳고 심지어 필요한 일을 하고 있다고 여겼다. 왜냐하면 그들은 "폭군"이었던 영국 왕 조지 3세의 사악한 공격으로부터 미국 시민들을 보호하고 있었기 때문이다. 국내에서는 도둑이나 살인자로부터 시민들을 보호해야 하고, 외부로는 다른 나라에서 침략하는 적군으로부터 시민들을 보호해야 하는 것처럼, 그들은 미국 시민들을 영국의 조지 왕으로부터 보호하려 했던 것이다.

실제로 그들의 독립 선언문에는 영국에 대한 긴 불만을 토로하며 그러한 부정의가 그들로 하여금 "다른 사람들(영국)과의 정치적 연결고리를 해체하는 것이 필요하다"라고 쓰고 있다. 또한 그들은

---

7   Greg Forster, 2010년 1월 21일 개인적으로 받은 이메일 내용.
8   Ibid.

많은 고통을 참을성 있게 견디며 다른 해결책을 모색해왔다고 쓰고 있다.

오랫동안 확립되어 온 기존 정부를 가볍고 일시적인 이유로 교체하는 것은 실로 신중하지 못한 일이다. 그래서 인류는 그간 익숙한 기존의 [정부] 형태를 폐지하여 스스로를 바로잡기보다, 감내할 수 있는 대로 악의 고통을 견디는 경향을 역사를 통해 보여 왔다.

하지만 선언서의 서명자들은 결국 더 이상 왕의 폭정을 견디기 어렵다고 선언한다.

그러나 학대와 침탈의 긴 행렬이 계속해서 동일한 목표를 추구하고, 사람들을 절대적인 폭정 아래로 예속시키려는 본색을 드러낼 때, 그러한 정부를 타도하고 미래의 안녕을 위해 새로운 방어책을 제공하는 것은 그들의 권리이며 의무이다. … 현재 영국 왕의 역사는 반복된 압제와 침탈의 역사이며, 그것은 이 [아메리카] 국가들에 대해 절대적인 폭정을 확립하려는 직접적 목적에 준하는 것이다. 이를 증명하기 위하여 공정한 세상에 [다음의] 사실을 고하는 바이다.

이후 이어지는 문장들은 영국 왕이 미국 식민지에 가했던 권력의 남용을 길고 구체적으로 하나하나 나열한 것이다.

그리고 서명자들은 각 개인으로서 이 선언을 행하는 것이 아니라, 미합중국의 대표자로서 이 선언을 선포하는 것임을 분명히 하며 선언문을 마무리한다.

따라서 우리 아메리카 합중국의 각국 대표들은 총회에 모여 세상 최고의 재판관(Supreme Judge of the World)께 우리 의도의 정당성을 호소한다.

마지막으로 각 주의 대표자들은 다음과 같이 선언한다.

이 식민지 연합은 자유롭고 독립된 국가들이며, 그것은 마땅한 권리이다. 영국 왕실에 대한 우리의 모든 충성의 의무는 해지되었고, 우리와 대영제국 간 모든 정치적 연결고리도 마땅히 완전하게 소멸되었다. … 이 선언을 지지하면서 우리는 하나님의 섭리(Divine Providence)에 따른 보호를 굳게 의지하며, 우리의 생명과 재산과 신성한 명예를 걸고 서로에게 맹세하는 바이다.

(이 장의 부록으로 미국 시민들의 불만 사항을 포함한 미국 독립선언서 전문을 실어두었다.)

기존 정부를 바꾸거나 기존 정부로부터 자유를 얻으려는 시도가 잘못이 아님을 뒷받침하는 또 다른 주장은, 바로 성경이 기존 정부를 바꾸는 것이 잘못이라고 말하지 않는다는 일반 원칙에 근거한다. 예를 들어, 민주 국가에 사는 기독교인들은 정기적으로 지도자를 선출하기 위해 투표하고, 때로는 기존 공직에 있는 지도자와 다른 지도자를 선출하기 위해 투표한다. 그들은 선거를 통해 정부를 바꾸려는 것이다. 그렇다면 다른 수단(가령 독립을 선언한 후 공격으로부터 독립된 지위를 방어하는 경우)을 통해 정부를 바꾸는 것은 옳을까?

성경은 통치자들이 하나님에 의해 "임명"되었다고 알려 주지만, 분명 하나님께서는 인간의 행동을 통해 일하시며 각기 다른 시기에 다른 지도자들을 임명하신다. 이스라엘의 전체 역사는 하나님께서 여러 중요한 사건을 통해 어떻게 한 왕을 폐위시키고 다른 왕을 세우시면서 일하셨는지를 보여준다.

때로는 기존 정부를 바꾸려는 시도가 옳은 세 번째 이유는, 모세가 자신의 백성을 애굽 왕 바로의 통치로부터 인도한 것과 같이 하나님께서 자신의 백성을 폭군의 통치에서 구원하기 위해 지도자를 세우셨던 여러 가지 예를 성경에서 보여주기 때문이다(출 1~14장 참고). 사사기에서는 이방 통치자들이 이스라엘 백성을 억압했지만, 하나님께서 자신이 임명한 사사들을 통해 이스라엘 백성을 구원하셨다. "여호와께서 사사들을 세우사 노략자의 손에서 그들을 구원하게 하셨으냐"(삿 2:16).

신약성경에서 한 저자는 "믿음으로 나라들을 이긴"(히 11:33) 구약의 영웅들에 대해 이야기하기도 한다. 이는 그들이 군사적 행동을 통해 정부를 무너뜨리고 다른 통치 세력을 세웠다는 의미이다.

미국의 국부들 중 다수는 폭군에 대해 혁명을 일으켰던 성경의 많은 사례를 알고 있었다. 실제로 벤자민 프랭클린이 제안한 미국의 최초 국새(seal) 초안은 (물론 최종적으로 채택되지는 않았지만) 놀랍게도 다음과 같다. (이 제안은 프랭클린의 자필로 지금까지 보존되어 있다.)

모세가 바닷가에 서서 바다 위로 손을 내밀어 바닷물을 [양쪽으로 가르고], 머리에는 왕관과 손에는 칼을 든 채 열린 수레를 타고 있는 바로 왕을 압도한다. 구름 속의 불기둥에서 나온 광선이 모세에게 도달하여 그가 하나님의 명령에 따라 행동한다는 것을 보여준다. 모토는 '폭군에 대한 반란은 하나님께 대한 순종이다'로 한다.[9]

결론적으로 미국의 독립선언과 잇따른 독립전쟁은 도덕적으로 정당한 것이었고, 영국의 왕 조지 3세 때문에 폭정 속에서 고통 받는 국민들을 해방시키기 위해 사실상 필요한 일이었다.

---

9   www.greatseal.com/committees/firstcomm/ (accessed Nov. 13, 2009)에서 인용.

F. 정부는 인간 자유를 보장해야 한다

한 나라의 자유 보장은 그 사람들이 각자의 판단에 따라 하나님께 순종할지 불순종할지, 또는 하나님을 섬길지 섬기지 않을지 선택할 자유를 주는 것이기 때문에 가장 중요하다. 성경은 개인의 행동을 선택할 인간 자유와 그에 따르는 책임에 높은 가치를 일관적으로 부여한다. 인류의 기원부터 하나님은 아담과 하와를 에덴동산에 두시며 그들에게 선택의 자유를 주셨다(창 2:16~17 참고). 인간이 가진 그러한 선택의 자유는 하나님께서 창조하신 인간의 탁월함을 표현하는 것이며, 또한 하나님이 만드신 어떤 동물이나 식물보다 인간이 더 하나님을 닮은 속성 중 하나이다.

1. 인간의 자유에 대한 성경적 주장

성경은 여러 곳에서 정부가 인간의 자유를 보호해야 한다는 주장을 뒷받침한다. 우선 주목할 것은 성경이 노예 제도와 억압은 언제나 부정적으로 묘사하는 반면, 자유는 언제나 긍정적으로 여기고 있다는 사실이다. 하나님께서 이스라엘 백성에게 십계명을 주실 때도 "나는 너를 애굽 땅, 종 되었던 집에서 인도하여 낸 너의 하나님 여호와니라"(출 20:2)라는 말씀으로 시작하신다.

이스라엘 백성이 여호와께 등을 돌렸을 때, 여호와께서는 그들을 압제자들의 손에 넘기셨고 압제자들은 그들을 노예로 삼고 그들의 자유를 빼앗았다(신 28:28~29, 33; 삿 2:16~23 참고). 자유를 잃는 것은 축복이 아니라 심판이었다.

그렇기 때문에 이사야 61장의 메시아 예언이 약속한 한 가지 축복은 적들의 그러한 억압에서 백성을 해방시킬 구원자가 올 것이라는 것이었다. 그분은 "포로된 자에게 자유를 선포"(사 61:1)하기 위해 오시는 것이었다.

성경은 개인의 자유도 귀하게 여긴다. 비록 이스라엘 사람들이 극심한 빈곤에 대한 해결책으로 때로는 스스로를 노예로 팔기도 했지만, 그렇게 노예가 된 사람들은 50년마다 오는 희년을 통해 해방될 기회를 얻었다.

> 너희는 오십 년째 해를 거룩하게 하여 그 땅에 있는 모든 주민을 위하여 자유를 공포하라 이 해는 너희에게 희년이니 너희는 각각 자기의 소유지로 돌아가며 각각 자기의 가족에게로 돌아갈지며 (레 25:10)

성경은 개인의 선택할 수 있는 자유를 계속해서 긍정적인 것으로 간주한다. 그것은 온전한 인간 인격의 구성 요소이며 궁극적으로 하나님 자신의 속성인 "자유 의지"를 반영하는 것이었다. 즉 스스로 원하는 대로 다양한 행동을 승인하고 일으킬 수 있는 역량이다. 따라서 성경은 에덴동산에서 있었던 아담과 하와에 대한 하나님의 시험뿐만 아니라 다음과 같은 말씀도 담고 있다.

내가 오늘 하늘과 땅을 불러 너희에게 증거를 삼노라 내가 생명과 사망과 복과 저주를 네 앞에 두었은즉 너와 네 자손이 살기 위하여 생명을 택하고 (신 30:19)

너희가 섬길 자를 오늘 택하라 (수 24:15)

수고하고 무거운 짐 진 자들아 다 내게로 오라 내가 너희를 쉬게 하리라 (마 11:28)

성령과 신부가 말씀하시기를 오라 하시는도다 듣는 자도 오라 할 것이요 목마른 자도 올 것이요 또 원하는 자는 값없이 생명수를 받으라 하시더라 (계 22:17)

창세기의 시작부터 요한계시록의 마지막 장까지 성경 전반에 걸쳐 하나님은 인간의 자유와 선택을 존중하시고 보호하신다는 것을 보여주신다. 자유는 인류에게 필수적인 구성 요소이다. 국민의 자유를 심각하게 부정하는 정부는 국민에게 매우 끔찍한 비인간적인 영향력을 행사하는 것이다.

2. 정부는 인간의 자유를 보호해야 한다

따라서 정부가 인간의 기본적인 자유를 보호하여 사람들이 최선이라고 생각하는 바에 따라 스스로의 시간과 자원을 사용하는 수단을 결정할 많은 자유를 허용할 때 하나님께서는 기뻐하신다. 그러한 자유는 학교 교육, 직업, 우정과 교제, 종교적 신념, 자선 활동, 돈의 사용, 시간의 사용, 오락 활동, 음악, 예술 등 기타 수천 가지 분야에서 놀랍도록 다양한 선택으로 이어질 것이다. 자유로운 사회는 사람들이 자신의 시간과 자원을 선한 방향으로 활용하여 무엇을 하고 싶은지 결정할 수 있게 한다. 많은 사람들은 여가 시간을 통해 다른 가족이나 지역 사회구성원을 돌보거나, 어린이 스포츠팀의 코치로 자원하거나, 교회에서 자원봉사 활동을 하거나, 선교 여행을 가거나, 구호 기관을 돕거나 자원봉사 활동을 할 것이다. 병원이나 학교에서, 혹은 새로운 사업을 시작하고 성장시키는 데 시간을 쏟는 등 수백 가지의 가치 있는 활동을 추구할 것이다. (악인을 처벌하면서도) 인간의 자유를 극대화하는 정부는 종종 시민들이 타인과 세계를 위해 엄청난 선을 초래하는 것을 발견한다.

시민 정부는 인간의 어떤 자유를 보호해야 할까? 미국 헌법이 보호하는 기본 자유는 종교의 자유, 표현의 자유, 언론의 자유, 집회의 자유, 정부에 청원할 수 있는 자유이다(수정헌법 제1조 참고). 미국의 권리장전(수정헌법 제1조부터 제10조)에 언급된 다른 자유로는 "무기를 보유하고 휴대할 수 있는 권리"(제2조), "불합리한 검색과 압류로부터 신체, 가옥, 서류 및 소지품을 안전하게 보호할 수 있는 권리" 등이 있다(제4조). 또한 법정에서의 자기부죄 거부권과 "적법한 절차 없이 생명, 자유, 재산을 박탈당하지 않을 권리"(제5조)도 보장한다. 훗날 1865년 수정헌법 제13조는 '노예제'와 '비자발적 예속'으로부터의 자유를 보장했다.[10]

인간의 자유를 보호하기 위한 이러한 장치들은 시민과 정부가 어쩔 수 없이, 그리고 그렇게 할 필요성이 상당할 경우에만 인간의 자유를 제한하는 데 동의해야 함을 의미한다. 삶의 모든 측면을 통제하는 전체주의 정부(몇몇 이슬람 국가나 북한의 경우처럼)는 인간 자유의 가치를 고도로 강조하는 성경의 가르침과 어긋난다. 미국에서 1863년 해방 선언이 있을 때까지 일부 주에서 허용되었던 노예제(또는 "비자발적 예속")는 노예가 된 인간의 자유를 부당하게 거부하는 행위였다. (딤전 1:10 참고. 여기서 "인신매매"를 하나님 앞에서 행하는 다양한 죄악 중 하나로 나열한다.)

독립선언서의 저자들은 미국을 건국하면서 자유의 중요성을 이

---

10 "The Thirteenth Amendment: The Abolition of Slavery." See www.law.umkc.edu/faculty/projects/ftrials/conlaw/thir-teenthamendment.html.

해했다. 처음에 "모든 사람은 평등하게 창조"되었을 뿐만 아니라 "창조주로부터 불가침의 특정한 권리를 부여받았는데, 그중에는 생명, 자유, 행복의 주구가 있다"라고 단언하는 것으로 이 사실을 확인할 수 있다. "자유"라는 불가침의 권리는 "생명"이라는 불가침의 권리 바로 옆에 나열되었다. 그 다음 문장에서는 생명과 자유와 같은 권리를 보호하는 것이 정부 본연의 목적임을 선언한다. "이 권리들을 보장하기 위하여 인간 중에 정부가 수립되었고, 그 정당한 권한은 피통치자의 동의로부터 나온다." 인간의 자유를 보호하는 것은 정부의 모든 기능 중 가장 중요하고 기본적인 기능 중 하나로 여겨진 것이다.

3. 자유의 제한은 어느 정도 필요한가?

자유는 매우 높은 가치로 중요하게 여겨지지만, 정부의 역할에 관한 다른 성경적 가르침에 비추어 볼 때 그것이 절대적 권리는 될 수 없다. 정부가 살인을 금지하여 다른 사람을 살해할 누군가의 "자유"를 제한하는 것처럼, 필요에 따라 때로는 사람들이 잘못을 저지를 "자유"를 "침해"할 수 있다. 정부의 고속도로 속도 제한 규제는 개인이 원하는 속도로 운전할 수 있는 "자유"를 필연적으로 제한하지만, 대부분의 사람들은 타인의 생명과 복지를 보호해야 함을 인정하기 때문에 이것이 적합하다고 생각한다.

그러나 최근 몇 년간의 정치적 논쟁에서 자유의 막대한 가치와 그것이 제한될 때 오는 엄청난 손실에 대한 인식이 우리 사회에 거의 없다는 점이 우려스럽다. 나는 정부가 악행을 처벌하고 선행을 보상하는 것과 같은 합법적인 기능을 수행하기 위해서 필요한 경우에는 적절한 범위 내에서 인간의 자유를 제한해야 한다는 데 동의한다. 그러나 정부는 훨씬 더 광범위하고 침해하는 방식으로 인간의 자유를 제한할 때가 많다. 명백한 악행을 막는 것이 아니라, 도덕적으로 중립적이거나 오히려 선한 일이지만 단지 정부가 선호하지 않는다는 이유로 금지 및 규제를 시도하려는 경우가 너무 많은 것이다.

여기서는 여러 상황에서 얼마나 많은 정부 규제가 필요하고 현명한 것인지에 대해 구체적으로 논의하지 않기로 한다. (나중에 세부 이슈를 다루는 장에서 더 논의할 것이다.) 그러나 생활에 대한 정부 규제가 점진적으로 늘어날 때마다 그만큼의 인간의 자유가 점진적으로 줄어든다는 점을 주목할 필요가 있다. 자유를 제한하는 일이 적을지라도 수년에 걸쳐 반복적으로 발생하면, 사람들은 무슨 일이 일어나고 있는지 전혀 깨닫지 못한 채 언젠가는 사실상 정부의 노예가 될 수 있다.

다음은 몇 가지 작은 예이다. 2007년 샌프란시스코에서 그랬던 것처럼, 내가 거주하고 있는 지역의 지방 정부도 식료품점에서 비닐봉지 제공을 금지하고 종이봉투를 사용하도록 강요할 예정이다.[11] 이로 인해 나는 봉지의 종류를 선택할 자유가 박탈된다. 하지만 종이봉투는 더 쉽게 찢어지고 잘 망가지기 때문에 비닐봉지만큼 많은 종이봉투를 들고 차에서 집까지 이동할 수 없다. 따라서 식료품점에 갈 때마다 자동차와 집 사이를 추가로 더 이동해야 하며, 이는 시민의 자유를 점진적으로 빼앗는 것이 된다. 종이봉투는 또한 더 많은 수납공간을 차지하고 어떤 경우에는 비닐봉지만큼 활용성이 떨어지기 때문에 작지만 또 다른 자유의 손실이 생긴다. 어떤 사람들은 이것이 하찮고 사소한 것이라 생각할 것이고, 또 혹자는 비닐봉지를 쓰지 않음으로써 환경적 이익을 얻기 때문에 시민들에게서 약간의 사소한 자유를 박탈하는 것이 가치가 있다고 생각할 수도 있다. 그러나 나는 그렇게 생각하지 않는다. 내 요점은 사람들이 원하는 대로 시간을 사용할 수 있는 자유가 아주 조금이지만 일정 부분 침해되었는데도 아무도 무슨 일이 일어나고 있는지 알아차리지 못하는 점을 지적하는 것이다.

지금 미국 전역의 놀이터에서는 내가 어릴 적 위스콘신 주 짐 폴스(Jim Falls)에서 자랄 때 좋아했던 재미있는 놀이터 장비가 거의 모두 사라졌다. 이제는 회전목마나 시소, 높은 미끄럼틀이나 높은 그

---

11 Charlie Goodyear, "S.F.: First City to Ban Plastic Shopping Bags," *San Francisco Chronicle* (March 28, 2007). www.sfgate.com/cgi-bin/article.cgi?file=/c/a/2007/03/28/MNGDROT5QN1.DTL.

네를 거의 찾아보기 힘들다. 파산 지경까지 갈 수 있는 소송의 위협(그리고 부상에 대한 책임 및 손해 배상에 상식적인 수준의 법률이 부재함)으로 인해 놀이터 곳곳에 이런저런 패딩만 많아져서 "안전"해지기는 했지만, 아이들은 뚱뚱해지고 소심하고 게으르게 자라나고 있다. 무엇보다 놀이터에서 노는 다른 아이들과 함께 각자의 용기와 힘, 균형과 지구력을 시험해보는 위대한 모험의 즐거움을 잃어가고 있다. 상식적인 선에서의 법률 개혁에 실패한 대가로 우리 아이들은 자유(그리고 건강!)를 잃고 있는 것이다. 그런데 누구도 이를 알아채거나 관심을 두지 않는 것 같다.[12]

또 다른 자유의 상실은 공항의 보안 검색대에서 이전보다 훨씬 더 오랜 시간을 보내면서 발생한다. 우리는 9.11 폭탄 테러 이전보다 최소 30분 이상 체크인 시간을 더 여유롭게 잡아야 한다. 개인적으로 이러한 보안 조치는 폭탄 테러로부터 자유로워지기 위해 지불하는, 어쩔 수 없이 필요한 불행이라고 생각한다. 그럼에도 일정 부분의 작은 자유가 손실되었다는 사실은 여전히 남아 있다.

정부가 쓰레기를 다양한 종류의 재활용 쓰레기로 분류하여 각 쓰레기를 정해진 별도의 날에 배출하도록 강제하는 것도 사람들의 시간 사용의 자유를 침해하는 또 다른 예이다. (이런 조치들이 가치가 있

12　맨해튼의 변호사 필립 K. 하워드(Philip K. Howard)는 자유롭게 살면서 삶을 즐길 수 있는 능력을 점진적으로 쇠퇴시키는, 아무 생각 없는 정부의 법률과 규제들을 잘 정리해주었다. *The Death of Common Sense* (New York: Random House, 1994). Reprinted by permission

는지 나는 잘 모르겠다. 특히 환경 보호를 위한 다른 대안들이 있기 때문에 더 복잡한 문제이다. 단지 나의 요점은 재활용 강제화의 대가가 금전적일 뿐만 아니라 점진적이지만 실질적인 인간의 자유 손실을 포함한다는 것이다.) 최근 미국 정부는 또 (즉시 완전히 켜지는) 백열전구를 2014년까지 모두 폐기해야 한다고 발표했다.[13] 그래서 우리 집 전구를 더 저렴하고 에너지 효율이 좋은 전구로 바꾸기 시작했다. 그런데 옷장이나 부엌 저장실에 들어갈 때마다 이제는 불을 켜고 완전히 밝아질 때까지 몇 초가 더 걸린다. 이것으로 인해 나의 자유가 또 조금 침해된 것이다. 내가 원하는 종류의 전구를 선택할 자유와 또 그 몇 초의 시간을 내가 원하는 대로 사용할 수 있는 자유다. 정부의 정책은 바로 내 집에서조차 조금씩 점진적으로 자유를 갉아먹고 있는 것이다.

무엇보다 정부 조치로 인해 자유가 가장 많이 상실되는 것은 다름 아닌 세금이다. 왜냐하면 내가 추가로 100달러의 세금을 더 내야 한다면 (a) 그 100달러를 어떻게 사용할지 스스로 결정할 자유를 상실하는 것이고, (b) 그 세금을 내기 전에 가졌던 금액을 다시 갖기 위해 더 추가적인 시간을 일해야 한다. 따라서 나에게 추가로 징수된 모든 세금은 나의 자유와 (종종) 나의 시간, 결국 나의 삶의 일부를 조금이나마 빼앗아 가는 것이다. 이러한 "티끌" 같은 자

---

13 Paul Davidson, "It's Lights Out for Traditional Light Bulbs," *USA Today* (Dec. 16, 2007). www.usatoday.com/money/indus-tries/energy/environment/2007-12-16-light-bulbs_ N.htm.

유의 손실이 모이면 결국 엄청난 양의 자유를 정부에게 **빼앗기는** 결과를 낳을 수도 있다. 일부 국가에서는 근무 시간의 절반 이상을 단지 정부에 세금을 내기 위해서 일하는 경우도 있다![14] 봉건 영주도 아닌 근대 국가 정부가 국민의 삶 절반을 거의 중세 농노처럼 부려먹고 있는 것이다. 이렇게 세금은 우리의 삶의 상당 부분을 **빼**앗아 간다. 인간 자유의 점진적인 상실은 곧 우리 삶 자체를 점진적으로 상실하는 것과 같다.

G. 정부는 인간을 구원하거나 사람의 마음을 바꿀 수 없다

1. 개인의 구원은 정부가 아닌 하나님의 일이다

우리는 정부가 할 수 없는 일, 즉 하나님께서 그분의 말씀에 따라 역사하는 교회와 성령님께 맡기신 일이 있다는 것을 기억하는 것이 중요하다.

시민 정부는 아무리 좋은 정부라 할지라도 사람들을 죄에서 구원할 수 없다. 죄로부터의 구원은 오직 예수 그리스도에 대한 개인의 믿음을 통해서만 이루어지기 때문이다. "너희는 그 은혜에 의하여 믿음으로 말미암아 구원을 받았으니 이것은 너희에게서 난 것

14　자유가 점진적으로 어떻게 정부에게 빼앗기게 되는지 설명한 고전으로는 F. A. Hayek, *The Road to Serfdom*, Fiftieth Anniversary Edition (Chicago: University of Chicago Press, 1994)이 있다.

이 아니요 하나님의 선물이라 행위에서 난 것이 아니니 이는 누구든지 자랑하지 못하게 함이라"(엡 2:8~9). 또한 "새 영을 너희 속에 두고 새 마음을 너희에게 주겠다"(겔 36:26)고 약속하실 수 있는 분, 그리고 "내 법을 그들의 생각에 두고 그들의 마음에 이것을 기록하리라 나는 그들에게 하나님이 되고 그들은 내게 백성이 되리라"(히 8:10)라고 말씀하실 수 있는 분은 오직 하나님뿐이다.

따라서 기독교인들은 정부가 사람의 마음을 변화시키거나, 정부가 죄 많은 민족을 하나님 앞에 거룩하고 의로운 민족으로 만들 것이라는 궁극의 기대를 가져서는 안 된다. 그것은 오직 하나님께서 하시는 일이며, 교회가 예수 그리스도의 복음을 선포하고 사람들이 개인적으로 그리스도를 신뢰하며 "누구든지 그리스도 안에 있으면 새로운 피조물이라 이전 것은 지나갔으니 보라 새 것이 되었도다"(고후 5:17)라는 사실을 발견할 때 이루어지는 것이다.

이는 정부에 영향을 미치기 위해 힘쓰는 기독교인에게 매우 중요하다. 우리는 모든 사회에 가장 필요한 것이 예수 그리스도의 복음, 즉 정부를 통해서가 아니라 교회를 통해 전해진 복음이라는 사실을 기억해야 한다. 예수님만이 곧 "길이요 진리요 생명"(요 14:6)이시다. 성경은 그리스도 안에 "지혜와 지식의 모든 보화가 감추어져 있다"(골 2:3)고 말한다. 오직 예수 그리스도를 통해서만 사람들이 진정으로 하나님을 알 수 있고, 하나님을 기쁘시게 하는 삶을 살

수 있다.

2. 변화된 사회를 위해서는 내적으로 변화된 사람들이 필요하다

정부에 영향력을 행사하려는 기독교인들은 또한 변화된 사회를 위해서는 내적으로 변화된 사람들이 필요하다는 것을 기억해야 한다. 단지 좋은 법을 통과시키고 좋은 정부를 갖는 것만으로는 결코 사회를 변화시킬 수 없다. 구약의 이스라엘 백성들은 하나님께서 친히 주신 선한 율법을 가지고 있었지만, 그 율법은 사람들이 그릇된 길로 가고 결국에는 하나님의 심판을 스스로 받는 것을 막지 못했다.

따라서 우리는 특정 선거에서 승리하는 것만으로 국가를 변화시킬 수 없다는 사실을 끊임없이 상기해야 한다. 기독교인들은 (적어도 이론적으로는) 미국에서 낙태 합법화 판결인 로 대 웨이드(Roe v. Wade) 대법원 판결을 뒤집을 만큼 충분한 영향력을 행사할 수 있고, 또 태아를 보호하는 생명보호법과 결혼존중법 등을 통과시킬 수 있다.[15] 그러나 그 모든 것들도 사람들이 혼전 성관계를 갖거나 불법적으로 낙태를 하거나 동성애 행위를 하는 것을 막을 수는 없다.

---

15 역주: 실제로 2022년에 미국 대법원은 '돕스 대 잭슨' 사건 판결로 '로 대 웨이드' 판례를 뒤집었고, 이후 미국의 많은 주에서 낙태 가능 주수를 제한하는 '생명존중법'이 제정되었다. 한편 2022년에 연방 의회는 '결혼존중법'이라는 이름의 법안을 통과시켰는데, 아이러니하게도 이것은 동성 간 결혼을 보장하는 법이다.

왜냐하면 그것은 오직 사람들의 마음과 생각이 바뀌어야 가능한 것이기 때문이다.

법은 선한 도덕적 성품과 신념을 가진 사람들을 상대로 할 때 가장 잘 작동한다. 사회 전체가 부패했다면 법은 가장 심각한 범죄만을 일부 저지할 수 있을 뿐이고 나머지는 그대로 놔둘 것이다. 미국 건국의 주요 국부 중 한 명이자 2대 대통령을 역임한 존 애덤스(John Adams)는 이렇게 말했다. "우리 헌법은 오직 도덕적이고 신앙이 깊은 사람들을 위해서만 만들어졌다. 그것은 다른 어떤 사람들에 대한 통치에도 전적으로 부적절하다."[16]

변화된 사람들이 국민으로 있지 않은 한, 그 나라는 아주 선한 법을 통과시키거나 아주 좋은 지도자를 선출할 수 없을 것이다. 만약 국가 구성원 전체가 도덕적 가치관이 부족하다면, 그 어떤 후보라도 "정부의 도덕적 가치"를 구호로 캠페인을 벌여 선거에서 승리할 수 없을 것이다. (소돔과 고모라에서 과연 선거 캠페인이 어떠했을지 생각해 보라!) 따라서 교회는 사람들의 마음과 생각을 변화시키기 위해 예수 그리스도의 복음을 전파하는 역할을 계속하는 것이 중요하다. 또한 그들이 기독교인이 된 후에는 개인 생활의 행동 원칙뿐만 아니라 정부의 역할과 책임에 관한 원칙을 포함한 성경의 모든 도덕

---

16 John Adams, *The Works of John Adams, Second President of the United States, ed. Charles Francis Adams* (Boston: Little, Brown, 1854), IX:229 (Oct. 11, 1798).

적 원칙을 가르치는 것이 중요하다.

하지만 만약 우리가 여기에서 멈춰버린다면, 그것은 정부에 대한 성경의 가르침 중 일부만을 얻는 것이다.

3. 정부는 사람들의 도덕적 신념과 행동, 그리고 국가의 도덕적 구성에 막대한 영향을 미친다

정부에 대한 진실의 또 다른 부분은 바로 정부가 사람들의 행동에 막대한 영향을 미친다는 것이다. 시편 기자는 "율례를 빙자하고 재난을 꾸미는 악한 재판장"(시 94:20)이 있다는 것을 알고 있었다. 그들은 범죄를 가능하게 하고 조장하는 법을 제정한다! 이사야는 "불의한 법령을 만들며 불의한 말을 기록하는 자는 화 있을진저"(사 10:1)라고 말한다. 또 다른 시편에서는 "악인의 규가 의인들의 땅에서는 그 권세를 누리지 못하리니 이는 의인들로 하여금 죄악에 손을 대지 아니하게 함이로다"(시 125:3)라고 말하면서, 악한 통치자들의 권력과 기준("악인의 규")이 사람들로 하여금 나쁜 짓을 하도록("죄악에 손을 대도록") 영향을 미칠 수 있다는 점을 암시한다. 정부는 때로 끔찍하게 악한 행위를 승인하는 법을 통과시킨다. 하만은 아하수에로 왕을 설득하여 페르시아 왕국의 모든 백성이 "하루 동안에 모든 유대인을 젊은이 늙은이 어린이 여인들을 막론하고 죽이고 도륙하고 진멸하고 또 그 재산을 탈취하라"(에 3:13)라고 하는 법령에

서명하게 했다.

이것이 바로 바울이 기독교인들에게 "임금들과 높은 지위에 있는 모든 사람을 위하여" 기도하라고 권면한 이유 중 하나이다. 그것은 기독교인들이 "모든 경건과 단정함으로 고요하고 평안한 생활"(딤전 2:2)을 하기 위함이었다. 선한 통치자는 국민들이 선한 행위를 하도록 영향을 미칠 수 있는 반면, 악한 통치자는 국민들의 온갖 악한 행위를 승인하고 조장할 수 있다는 의미이다.

또한 정부의 영향력은 부분적으로 개인적 모범을 통해 나오기도 한다. 여러 세대에 걸쳐 미국의 학교 아이들은 조지 워싱턴이나 에이브러햄 링컨과 같은 지도자들의 바르고 영웅적이며 도덕적인 행위에 대해 배우며 스스로의 삶에서 이러한 모습을 본받을 수 있었다. (나도 개인적으로 위스콘신 주 초등학교에서의 그런 가르침을 기억한다.) 그와는 대조적으로, 빌 클린턴 대통령의 재임 중 성적 일탈 행위가 양당을 막론하고 모든 미국 국민들에게 깊은 실망을 안긴 이유도 그것이 청소년들과 사회 전반에 매우 나쁜 본보기가 되었기 때문이다.

정부가 국민의 행동에 영향을 미치는 또 다른 이유는 바로 법이 '가르치는 기능'을 갖고 있기 때문이다. 사회의 많은 사람들, 아마도 대부분의 사람들은, 정부가 어떤 것이 합법적이라고 말하면(즉 그러한 법을 통과시키면) 사람들은 그것이 도덕적으로도 옳다고 생각할 것이다. 반면 정부가 무언가를 불법이라고 말하면 많은 사람들은 그것이 도덕적으로 잘못된 것이라고 생각할 것이다. 이것은 성경에서 도덕적인 지침을 구하지 않는 사람들에게 주로 해당되지만, 기독교인에게도 마찬가지의 영향력을 행사할 수 있다.

법의 가르치는 기능은 미국에서 낙태가 그렇게 많은 이유 중 하나이다. 많은 사람들은 정부가 무언가를 허용할 때 그것이 도덕적으로 옳거나 적어도 사회적으로 허용 가능하다고 생각하는 쉬운 길을 택한다. 많은 사람들은 낙태를 결정할 때, 아마도 그것은 그들의 양심이 내는 조용한 목소리를 거스르는 것이었을 가능성이 크다. 만약 태어나지 않은 아이의 생명을 빼앗는 것을 금지하는 법이 있다면, 그들 중 많은 사람들은 자기 양심의 목소리에 귀 기울여 그러한 법에 동의하고 지지할 것이다.

또 다른 예로, 내가 살고 있는 애리조나 주에서 대화를 나누다 보면, 이곳의 대다수 복음주의 기독교인들이 스스로의 방어를 위해 총을 소유하는 것이 완전히 자연스럽고 도덕적으로도 옳은 것이라고 생각하고 있음을 알 수 있다. 그러나 (내가 연구나 교육을 위해 여러 번 머물렀던) 영국의 많은 복음주의 기독교인들 중 대다수는 기독교인이 총을 소유하는 것이 도덕적으로 잘못된 것이라고 생각할 것이다. 이러한 차이는 전혀 놀라운 일이 아니다. 영국의 법은 민간인의 총기 소유를 거의 불가능하게 하지만, 애리조나의 법과 관습은 민간인의 총기 소유를 매우 쉽게 만들기 때문이다. 법에는 분명 가르치는 기능이 있으며, 옳고 그름에 대한 사람들의 생각에 매우 큰 영향을 미친다.

동성 간 "결혼"에 대한 사람들의 태도나 이혼의 적절한 사유, 또는 자녀가 술을 마실 수 있는 적절한 나이(미국의 법과 유럽의 훨씬 더 진보적인 법을 비교해보라), 공공장소에서 종교적 연설을 하는 활동 등을 볼 때도, 법은 분명 그 관할 지역의 일반 대중에게 가르치는 기능을 가지고 있음을 알 수 있다.

이 외에도 정부가 합법 또는 불법으로 간주하는 내용은 모든 학교에서 어린이에게 가르치는 내용에도 영향을 미친다. 매사추세츠, 아이오와, 코네티컷 등의 주에서 동성 간 "결혼"을 합법화한 법원의 판결은, 학교에서 동성애 행위가 정상적이고 도덕적으로 옳은 것으로 가르치게 하고, 오히려 동성애 행위는 도덕적으로 잘못되었다고 반대 견해를 말하는 사람을 침묵시키는 데 추가적인 인센티브를 제공하는 것이다.[17] 법이 어린이들에게 미치는 이러한 사회적 영향은 그들의 도덕적 옳고 그름에 대한 판단력과 미래의 성 행위에 깊은 영향을 미칠 것이다.

---

17 "Federal Court Mulls Classroom Gay Subject Matter," *Associated Press* (Feb. 7, 2007); "First-graders attend lesbian wedding," *United Press International* (Oct. 11, 2008); Bob Unruh, "Judge orders 'gay' agenda taught to Christian children," *WorldNetDaily.com* (Feb. 24, 2007); Carol Innerst, "Lessons on homosexuality taking hold in U.S. schools," *Washington Times* (Nov. 25, 1997); Diana Jean Schemo, "Lessons on Homosexuality Move into the Classroom," *New York Times* (Aug. 15, 2007).

따라서 정부의 법률과 정책은 사회구성원의 행동에 막대한 영향을 미친다. 기독교인들은 이 점에 관심을 가져야 한다. 왜냐하면 첫째로, 죄는 사람들의 생명을 파괴하기 때문이다. 기독교인들은 "네 이웃을 네 몸과 같이 사랑하라"(마 22:39)라는 명령을 받았다. 그리고 둘째로, 나라 전체의 향방은 시민 개개인의 도덕적 행동으로 정해지며 "공의는 나라를 영화롭게 하고 죄는 백성을 욕되게"(잠 14:34)하기 때문이다. 따라서 비록 정부가 사람을 구원할 수 없고 인간의 마음을 근본적으로 바꿀 수 없는 것은 사실이지만, 우리는 이렇게 말할 때마다 동시에 정부 정책과 법률이 국가의 선악 간 행보에 막대한 영향을 미친다는 점을 함께 확언해야 한다.

H. 교회와 국가의 올바른 관계를 위한 원칙

앞서 1장에서 논한 것처럼, 예수님께서 "가이사의 것은 가이사에게, 하나님의 것은 하나님께 바치라"(마 22:21)고 말씀하셨을 때, 그분은 시민 정부의 권위 아래 있는 한 가지 활동 영역과 하나님의 직접적 권위 아래 있는 또 다른 활동 영역이 있다는 원리를 확립하셨다. 이 구별은 우리에게 다음 두 가지 원칙을 제시한다.

1. 교회는 "가이사의 것"을 통치하려 해선 안 된다

첫 번째 원칙은 시민 정부의 활동 영역에 대해 교회의 통제가 있어서는 안 된다는 것을 의미한다. 이것은 오늘날 미국에서 진보주의자와 보수주의자, 민주당과 공화당 모두가 동의하는 바이다.

이 원칙을 뒷받침하는 또 다른 사실은 초대교회 장로들이 당시 지방 정부나 제국의 정부에 대한 어떤 책임이 있다는 내용이 성경에 없다는 사실이다. 당시 정부 관료들은 항상 초대교회 장로들과 구별되었다.

사실, 예수님께서도 공생애 사역 중 정부 관료의 역할을 해줄 것을 요청받았지만 거절하셨던 것을 볼 수 있다. 어떤 사람이 예수님께 와서 상속 문제를 해결해 달라고 요청했지만, 그는 거절했던 것이다.

> 무리 중에 한 사람이 이르되 선생님 내 형을 명하여 유산을 나와 나누게 하소서 하니 이르시되 이 사람아 누가 나를 너희의 재판장이나 물건 나누는 자로 세웠느냐 하시고 (눅 12:13~14)

예수님께서는 당신에게 주어지지 않은 시민 정부의 영역에서 권위를 취하기를 거절하셨다.

교회가 국가를 통치해서는 안 된다는 것은 중세 시대 여러 교황

이 왕과 황제에 대해 권위를 주장하거나 심지어 황제를 지명할 권리까지 주장했던 시도가 잘못된 것이었음을 의미한다. 이러한 일들은 예수께서 "가이사의 것"과 "하나님의 것"을 구별하신 것을 인식하지 못한 결과였다.

2. 시민 정부는 "하나님의 것"을 통치하려 해선 안 된다

이 원칙은 모든 나라가 각 사람이 원하는 종교를 따를 수 있는 종교의 자유를 허락해야 함을 의미한다. 미국에서 이 원칙은 수정헌법 제1조("의회는 종교의 확립을 존중하는 법이나 그 자유로운 행사를 금지하는 법을 만들지 않는다")에 의해 마땅히 보장되고 있다.

정부가 교회(또는 회당이나 모스크)의 사역에 간섭해서는 안 된다는 추가적인 근거는 초대교회의 직분 선택에서 찾아볼 수 있다. 열두 사도는 로마 관리가 아닌 예수님에 의해 선택되었다(마 10:1~4 참고). 또한 어떤 정부 관리도 아닌 초대교회가 가난한 사람들에게 음식을 나누어 주는 일을 감독하기 위해 "평판이 좋은 사람 일곱"을 선택했다(행 6:3). 바울은 교회 내에서 성도들이 선출할 장로와 집사의 자격조건을 정하여 알려주었다(딤전 3:1~13; 딛 1:3~9 참고). 초대교회의 임원을 선출하는 데에는 지방 관리나 로마 제국이나 시민 정부가 전혀 개입하지 않았음이 분명하다.

이는 구약의 이스라엘 민족과는 달리, 교회의 통치와 국가의 통치가 서로 다른 영역의 체제이며 서로 다른 목적을 갖고 서로 다른 집단의 사람들에 대해 권위를 갖고 있기 때문이다. 시민 정부는 교회를 통치하거나 교회의 통치권을 침해해서는 안 된다.

3. 시민 정부는 일반적으로 교회와 종교 단체들을 지원하고 장려해야 한다

시민 정부는 교회를 지배해서는 안 되고 특정 종교를 다른 종교보다 장려해서도 안 되지만, 정부가 교회와 종교를 지원해야 하는지는 완전히 별개의 문제이다. 교회에 대한 정부 지원의 한 가지 예로는, 직접적인 지원이나 자금 지원은 아니지만, 교회에 면세 자격을 부여하여 교회의 재산이나 수입 및 기부금에 대해 세금을 내지 않도록 조치하는 것이다. 또 다른 예로는 군부대에 군목제도를 두거나 목사의 교도소 정기 출입을 지원하는 "특수 목회" 지원 제도이다.

이러한 정부의 조치는 적합하다고 생각된다. 이는 "일반 복지 증진"(미국 헌법의 표현) 또는 국가 전체의 이익을 증진하려는 정부의 책임에서 비롯된다. 기독교뿐만 아니라 모든 주요 종교 단체가 이러한 혜택을 누릴 수 있는 기회가 열려있는 한, 이는 정부가 특정 종교를 다른 종교보다 부적절하게 선호하는 것으로 보이지 않는다.

안타깝게도 미국 사회의 일부에서는 교회가 사회에 건강한 것이고 장려되어야 한다는 생각이 사라지고 있다. 이미 많은 지역에서 교회는 건축허가를 받거나 기존 건물에 대한 구입 승인을 받는 것이 점점 까다로워지는 불길한 추세가 나타나고 있다.

4. 교회/정부 문제의 가장 큰 어려움은 무엇이 교회의 영역에 속하고 무엇이 국가의 영역에 속하는지에 대한 합의가 부족할 때 생긴다

교회와 국가의 관계를 논할 때 가장 어려운 질문은 무엇이 "가이사의 것"이고 무엇이 "하나님의 것"인지 판단할 때 발생한다. 초대교회 당시 시민 정부는 가이사의 동상에 절하고 그를 신으로 여겨 충성을 맹세하는 것을 모든 사람들에게 요구해야 한다고 여겼다. 가이사에게 절하는 것은 자기 자신이 "가이사의 것"임을 고백하는 것이었다. 초기 기독교인들은 이것이 우상숭배를 하도록 강요하는 것이며, 그러한 경배는 마땅히 "하나님께 속한 것"이라고 여겼다. 많은 초대 기독교인들이 그러한 확신 때문에 순교했다. (그것은 올바른 확신이었다. 정부는 어느 누구에게도 어떤 사람이나 사람이 가정한 '신'을 숭배하라고 명령할 정당한 권한이 없다.)

미국에서는 하나님의 것과 가이사의 것을 구분하는 논쟁이 다소 올바르게 해결되고 있다. 예를 들어, 여호와의 증인은 전통적으로 수혈이 종교적 신념에 반한다고 주장하면서 수혈을 반대해 왔다. 그러나 정부는 사람들의 생명, 특히 어린아이의 생명을 지키는 것은 예배나 교회 활동의 영역이 아니라 시민 정부의 영역이라고 판단하고, 어린아이의 생명을 구하기 위해 필요하다면 여호와의 증인 부모들의 반대에도 불구하고 수혈을 실시하는 경우가 많다. 이는 당연히 시민 정부의 영역이다.[18] 또 다른 예로는, 뉴멕시코에 있는 어느 브라질 토속 종교에서 환각성 차를 전통 종교의식을 위해 사용하는 것이 자신들의 권리라고 주장한 사건이 있다.[19] 대법원은 해당 종교의식의 오래된 관습에 따라 계속해서 환각성 차를 사용할 수 있다고 판결했다. 그런데 캘리포니아에서 또 다른 신흥 종교가 그들의 '종교의식'을 위해 마리화나를 재배하고 피워야 한다고 주장하자 연방법원은 이를 금지했다. 왜냐하면 그러한 종교적 신념을 진정한 것으로 뒷받침할만한 역사적 전통이 없었기 때문이다.[20] 나는 이 두 판결이 합당했다고 생각한다.

또 다른 사례로, 플로리다 주 올랜도에 거주하는 무슬림 여성인 술타나 프리먼(Sultanna Freeman)은 운전면허증 사진을 찍을 때 눈이 보이는 얇은 틈을 제외하고 나머지 얼굴을 완전히 가리는 베일을 착용할 권리가 있다고 주장했다. 그녀는 이것이 "진실하게 지키는 종교적 신념"이라고 주장했다. 정부는 여성만 있는 사적 장소에서

---

18 Catherine Philip, "Babies Seized after Jehovah's Witness Mother Refuses Blood for Sextuplets," *Times Online* (Feb. 23, 2007).

19 *Gonzales v. O Centro Espirita Beneficiente Uniao Do Vegetal*, United States Supreme Court, Docket No. 04-1084, Decided February 21, 2006.

20 *Kiczenski v. Ashcroft*, U.S. District Court for Eastern District of California, Decided February 24, 2006.

사진 촬영을 할 수 있도록 하는 등 이를 수용하기 위한 합리적인 노력을 기울였지만, 이 여성은 정부의 해결책에 만족하지 않았다. 2003년 6월 6일 플로리다 순회 법원은 주 정부가 그녀에게 베일을 쓰지 않은 사진을 요구할만한 "강력한 이해관계"가 있다고 판결했다. 해당 여성이 운전면허증을 원한다면 얼굴이 보이는 사진을 제출해야 한다는 것이었다.[21] 나는 이 판결도 옳았다고 생각한다. 왜냐하면 운전면허를 위해 식별이 가능한 사진을 요구하는 것은 시민의 교통안전을 위해 필요한 최소한의 조치로써, "하나님께 속한 것"이기보다 "가이사에게 속한 것"이기 때문이다. 종교의 자유는, 사회 모든 구성원들에게 요구되는 일반적이고 도덕적으로 선한 법 준수로부터의 자유를 의미하지는 않는다.

I. 정부는 분명한 권력의 분리를 확립해야 한다

모든 인간의 마음속에는 죄가 있고(4장 D섹션 참고), 또 모든 권력의 '부패시키는 속성' 때문에, 정부의 권력은 모든 수준에서 분명히 분립되어야 한다. 권력분립이라는 말은 정부의 권력이 한 사람이나 특정 집단에만 집중되지 않고 여러 집단이나 사람에게 나누어져 확립되어야 한다는 원칙이다.

---

21 "U.S. Muslim Ordered to Lift Veil," *BBC News* (June 6, 2003).

성경의 여러 부분이 이러한 통치 권위의 권력분립을 뒷받침한다. 구약의 이야기에는 견제되어 통제될 수 없는 권력을 가졌을 때 이를 남용한 왕들의 사례가 많이 나와 있다. 사울 왕은 반복적으로 백성의 이익보다 자신의 이익을 먼저 생각했다. 다윗 왕은 밧세바와 관련된 죄로 자신의 왕권을 남용했다(삼하 11장 참고). 솔로몬은 아내와 후궁 700명, 첩 300명을 부당하게 취했다. 성경은 "그의 여인들이 왕의 마음을 돌아서게 하였더라"(왕상 11:3~4)라고 기록한다. 더 나아가 솔로몬은 자기를 위한 은과 금을 너무 많이 가지고 있었다. "아내와 은금을 많이 두는 것"은 하나님이 분명히 금하신 것이었다(신 17:17). 분열 왕국 시대 동안 대부분의 왕은 권력을 남용하고 악을 행했다(왕상하, 대상하 참고). 인류 역사 전반에 걸쳐 견제되지 않은 권력의 경험은, 권력이 인간 마음의 죄와 결합될 때 사람을 부패하게 하고 권력을 남용하게 한다는 사실을 확증해준다.

선지자 사무엘은 왕이 자신의 권력을 남용하여 백성을 끊임없이 착취할 것이라고 말하면서 바로 이런 '권력의 부패'에 대해 경고했다(삼상 8:11~18 참고).

그렇다면 정부의 권력 남용을 막을 수 있는 해법은 무엇일까? 권력 남용에 대한 최선의 보호 장치는 권력을 분할하여 정부 내의 한 개인이나 특정 세력의 권력 사용을 다른 세력이 "견제"하는 것이다. 권력이 여러 사람 또는 집단으로 나누어지면 정부의 여러 부처는 정부의 어느 특정 부처도 너무 많은 권한을 갖지 않도록 하기 위해 모두 노력하게 된다. (이는 모두 자신의 영역을 보호하려는 경향이 있기 때문이다.)

성경은 권력 분할의 긍정적인 효과를 보여주는 많은 예를 통해, 권력분립이 한 사람의 권력 남용으로부터 보호하시는 하나님의 지혜를 반영하는 것임을 잘 보여주고 있다. 구약에서 왕들은 선지자와 제사장 직분의 존재로 인해 (왕은 종종 그들을 무시했지만) 자신의 권력에 대해서 어느 정도의 견제를 받았다. 신약에서 예수님이 교회를 다스리는 권위로 사도 한 명을 세우신 것이 아니라 열두 사도를 세우셨다는 점도 주목할 만하다(마 10:1~4; 행 1:15~26 참고). 처음에는 베드로가 사도들의 대변인 역할을 했지만(행 2:14; 3:12; 15:7 참고) 나중에는 야고보가 그 역할을 맡은 듯하다(행 15:13; 21:18; 갈 1:19, 2:9, 12 참고). 더욱이 사도행전 15장에서 예루살렘 공의회는 사도들의 권위만으로 일들을 결정한 것이 아니라 "사도와 장로와 온 교회가"(행 15:22) 일을 결정했다고 기록한다. 또 신약의 많은 초대교회는 그들이 한 명의 장로가 아니라 복수의 장로에 의해 지도되었음을 보여준다(딛 1:5; 약 5:14 참고).

정부의 권력분립은 여러 가지 방법으로 이루어질 수 있으며, 국가마다 서로 다른 구조를 채택해 왔다. 내가 가장 잘 아는 미국의 경우, 국가 정부의 권한은 입법부(의회), 행정부(대통령 및 그의 지휘 아래 있는 모든 관료행정), 사법부(법원)이라는 세 부분으로 나누어져 있다. 입법부 자체도 하원(2년마다 선출)과 상원(6년마다 선출)으로 나누어진다. 새로운 법안은 상하 양원에서 통과되고 대통령이 서명해야 효력이 생긴다.

미국에서는 권력을 분할하는 또 다른 여러 장치가 있다. 행정부의 권력은 중앙 정부, 50개 주 정부, 카운티 및 지방 시 정부에 부분적으로 할당되며, 각 수준의 정부는 해당 지역에 대한 관할권을 유지한다. 군대의 권력은 대통령과 민간 국방장관(군에 속하지는 않지만 모든 군대에 대한 권한을 가짐)의 지휘하에 있다. 군대에 대한 자금 지원은 의회의 승인을 받아야 하며, 미국 본토 내에서 군의 권력은 그 자체가 제한되어 있다. 군은 미국 내에서 민간 경찰 기능을 행사하는 것이 금지되어 있기 때문이다. 또한, 각 주에는 미 육군이나 대통령, 연방 정부 부서의 권한이 아닌 해당 주 주지사의 권한 아래에도 방위군이 있다.

지방 경찰은 자신이 근무하는 시 또는 카운티 관할구역에 대해서만 책임을 진다. 이는 어느 누구도 단순히 군을 통제하는 것만으로는 미국을 장악할 수 없다는 것을 의미한다. (다른 일부 국가에서 종종 일어나는 일이다.) 군은 자신의 도시와 마을 주민들에게만 응답하는 수십만 명의 지역 경찰에 대한 권한이 없기 때문이다.

정부 권위의 폭정에 대한 추가적인 보호 조치로 미국의 국부들은 수정헌법 제2조에 "무기를 보유하고 휴대할 수 있는 국민의 권리"를 포함시켰다. 무장 가능한 시민의 존재는 잠재적 폭군에 대한 추가적인 예방 장치를 제공하고 국가의 권력 분할을 더욱 강화한다. (스위스도 이 원칙의 또 다른 예를 제공한다. 스위스의 모든 남성은 총기 소지와 사용을 훈련받아야 한다.)

또 다른 종류의 권력분립은 정보의 확산과 관련된 것이다. 이를 위해 수정헌법 제1조는 표현 및 언론의 자유와 국민이 평화롭게 집회하여 불만 사항을 해결하기 위해 정부에 청원할 수 있는 권리를 보장한다. 이는 정부의 업무에 대한 일반 대중의 정보권을 보장하여 국민에 대한 정부의 책무를 강화한다. 이는 또한 야당의 불법화나 박해를 막고 정부 여당을 반대하는 권리를 보호받는다. 이처럼 표현의 자유, 언론의 자유, 집회의 자유는 정부의 권력 남용을 막기 위한 필수 요소다.

권력 남용을 방지하기 위한 권력분립의 원칙은 현재 미국에서 대법원의 성격과 판결을 둘러싸고 벌어지는 논쟁의 핵심이기도 하다. 법을 '해석'하는 판사가 법을 '만드는' 사람이 되어서는 안 된다는 원칙이다. 한 부서가 법을 만들기도 하고 해석하기도 한다면, 그것은 정부의 그 부서에 권력이 부당하게 집중되게 하고 권력분립의 원칙에 위배되기 때문이다. 국민이나 의회의 승인을 받은 적이 없는 새로운 정책과 법률을 가공하여 만드는 "운동권" 대법관이

나 판사는 이러한 원칙을 위반하는 것이다. (자세한 논의는 5장 참고)

J. 법치는 국가 통치자들에게도 적용되어야 한다

좋은 정부가 있는 국가는 통치자가 법을 다스리는 것이 아니라 법이 통치자를 다스린다. 이 원칙은 고대 이스라엘 민족에서 확립된 것인데, 부임하는 새 왕은 모세 율법의 사본을 직접 작성하여 그것을 이해하고 기억하여 준수해야 한다는 요구 사항을 통해 더욱 강화되었다.

> 그가 왕위에 오르거든 이 율법서의 등사본을 레위 사람 제사장 앞에서 책에 기록하여 평생에 자기 옆에 두고 읽어 그의 하나님 여호와 경외하기를 배우며 이 율법의 모든 말과 이 규례를 지켜 행할 것이라 그리하면 그의 마음이 그의 형제 위에 교만하지 아니하고 이 명령에서 떠나 좌로나 우로나 치우치지 아니하리니 이스라엘 중에서 그와 그의 자손이 왕위에 있는 날이 장구하리라 (신 17:18~20)

사실 '법치(rule of law)'의 원칙은 어떤 왕이나 대통령, 총리도 견제되지 않는 권력을 갖지 않는다는 것을 의미한다. 왕은 법 위에 있지 않고 법 아래 복종하는 것이다. (사무엘하 12장에서 나단 선지자는 하나님의 율법에 불순종한 다윗 왕을 책망하면서 이를 극적으로 설명한다.) 다른 왕들도 하나님 말씀에 불순종한 것에 대해 선지자들로부터 책망을 받았다(삼상 13:13~14의 사울 왕; 왕상 18:18의 아합 왕 등). 초대교회에서는 사도 베드로조차도 하나님의 말씀의 원칙과 그리스도의 가르침에서 벗어났을 때 바울로부터 책망을 받았다(갈 2:11~12 참고).

통치자라도 법 위에 있지 않다는 이 원칙은 미국에서 현직 주지사, 상원의원, 하원의원이 사적인 이익을 위해 자신의 직위를 남용하거나 어떤 결정에 영향을 미치기 위해 뇌물을 받은 혐의로 법정에서 유죄 판결을 받을 때 분명히 드러난다.

그러나 사회의 어떤 개인이나 집단이 견제되지 않는 권력을 휘두르며 처벌을 두려워하지 않고 법에 불복종할 수 있는 경우에는 법치주의 원칙이 위반되는 것이다. 이는 여러 작은 국가의 독재자와 그 친인척, 러시아에서 법을 반복적으로 위반하는 범죄 갱단, 견제할 수 없는 권력을 가진 정부가 지원하는 독점 기업(가령, 멕시코의 슬림 회장),[22] 또는 카메룬 등 여러 아프리카 나라에서 불법으로 고속도로를 막고 "검문소"를 만들어 통행료를 수거하는 경우에 해당된다.[23] 법치는 정부가 언론을 독점하여, 결과에 대한 두려움 없이

---

22 David Luhnow, "The Secrets of the World's Richest Man," *Wall Street Journal* (Aug. 4, 2007).

23 US Department of State Report on Cameroon (March 11, 2008). See www.state.gov/g/drl/rls/hrrpt/2007/100470.htm. See also Robert Guest, *The Shackled Continent* (Oxford: Macmillan, 2004). 어느 방문객은 카메룬의 항구도시인 두알라의 양조장에서 기네스 맥주

거짓말을 발표하거나 정부의 위법 행위를 은폐할 수 있는 국가에서도 침해되고 있다(중국의 많은 가정교회 지도자들의 "재판"이나 러시아에서 반정부 기자들의 입막음 등).

K. 성경은 정부가 국민에 의해 선택되어야 한다는 (즉, 일종의 민주제여야 한다는) 중요한 간접적 근거를 제공한다

성경은 정부가 민주적 절차에 따라 선출되어야 한다고 명시적으로 명령하거나 직접적으로 가르치지는 않는다. 또한 하나님께서 정부가 어떻게 선출되기를 원하신다는 가르침도 없다.[24] 실제로 구

화물을 싣고 500킬로미터(약 300마일) 떨어진 마을인 베르투아까지 대형 트럭을 운전했는데, 18시간이 걸릴 예정이었던 여행이 4일 걸렸다. 문제는 길목에 못이 위쪽으로 튀어나온 판자로 만들어진 47개의 "검문소"였다. 그곳에는 일부 급조된 "규칙"에 대한 위반에 대해 "벌금"을 부과하는 자칭 "검사관"들이 있었다. 그는 검문소를 통과하기 위해 여러 차례 소위 '벌금'을 지불해야 했고(172~76), 그러한 강도행위로 인해 카메룬의 국내 상업은 훼손되고 모든 소비자는 더 높은 가격을 지불해야 했다. 법치 부재에 대한 대가는 온 국민이 치르게 된다.

24 "민주주의"(역주: 또는 민주제, 민주정)라는 단어는 폭넓은 의미도 있고 좁은 의미도 있다. 폭넓은 의미로는 "사람들이 직접 혹은 선출된 대표자에 의한 정부"를 뜻한다(The American Heritage Dictionary [Boston: Houghton Mifflin, 1996]), 497). 이 경우, 미국은 분명히 군주제나 과두제가 아닌, 선출된 대표자에 의한 민주제이다. 하지만 가끔 어떤 사람들은 "미국은 민주정(democracy)이 아니라 공화정(republic)이다"라고 말한다. 그들은 "민주제"라는 단어를 단지 "다수결의 지배"를 의미하는 좀 더 좁은 의미로 사용하고 있는 것이다. 그들은 민주제가 모든 결정이 다수의 투표로 이루어졌던 고대 도시 국가에서와 같은 순수 민주주의만을 지칭하는 것으로 이해하고 있다. 그들은 "공화제"라는 정확한 단어가, 선출된 대표자들에 의한 정부를 설명하는 유일하게 적절한 용어라고 이해한다. 그들에 대한 나의 대답은 다음과 같다. 미국은 공화제이지만 또한 민주제이기도 하다. 왜냐하면 나는 "순수 민주주의"라는 좁은 의미로 "민주제"라는 단어를 사용하지 않기 때문이다. 내가 사용하는 "민주제"라는 단어는 '정부가 (직접적이든 선출된 대표자를 통해서든) 국민에 의해 선출되는 정부 체제'를 의미하는 것이다. 이것이 오늘날 이 단어의 가장 통상적인 의미이며, 일상적인 대화나 문어체 영어에서 의미하는 바이다.

약에는 왕을 세습하는 역사적 사례가 많이 담겨있으며, 신약에서도 로마 황제나 그가 파견한 총독들이 나온다. 이들은 성경에 '기록'되어 있을 뿐, 그렇다고 해서 그러한 정부 형태가 '승인'되거나 '명령'을 받았다는 의미는 아니다. 다른 나라의 정부 형태에 대해서도 이를 승인하거나 명령한다는 내용이 없다.

그러나 이러한 단순한 역사적 기록을 넘어 정부와 인간 본성에 관한 성경적 원리를 살펴보면, '국민이 정부를 선택'하는 일종의 민주제가 (적어도 그리스도가 다시 오시기 전 현시대에는) 다른 어떤 형태의 정치체제보다 바람직하다는 견해를 뒷받침하는 다소 강력한 성경적 주장을 찾을 수 있다.

성경이 가르치는 다음의 여러 개념이 그것이다.

(1) 민주제에 대한 첫 번째 성경적 뒷받침은 모든 사람이 하나님의 형상대로 창조되어 평등하다는 개념이다. "하나님이 자기 형상 곧 하나님의 형상대로 사람을 창조하시되 남자와 여자를 창조하시고."(창 1:27; 이것은 아담과 하와의 후손인 전체 인류에게 적용된다. 성경의 다른 구절에서도 모든 인간이 하나님의 형상으로 만들어졌음을 말한다. 창 9:6; 약 3:9). "하나님의 형상대로" 사람이 창조되었다는 것은 사람이 하나님처럼 되었다는 것이고, 이 땅에서 그분을 대표한다는 것을 의미한다. 이는 하나님이 만드신 모든 것 중 가장 높은 지위이다.

그런데 "모든 사람"이 하나님의 형상을 지닌 높은 특권을 똑같이 가지고 있다면, 어떤 한 사람이나 가문이 다른 사람의 동의 없이 다른 사람을 다스리거나 "왕실"로 행세할 특별한 권리가 있겠는가? 성경의 첫 장에서 가르치는 이 기본 원칙은 "왕의 신성한 권리" 따위를 뒷받침하지 않는다. 오히려 아담과 하와의 후손인 모든 인간의 평등, 즉 하나님의 형상에 따른 평등을 뒷받침한다.

"왕실"이 다른 사람들 위에 군림하는 것과 같은 세습 권리에 대한 부정은 미국 독립선언서의 두 번째 문단이 쓰인 배경이 되었다.

우리는 다음의 진리를 자명한 것으로 여긴다. 즉 모든 사람은 평등하게 창조되었고, 그들은 창조주로부터 일정한 불가침의 권리를 부여받았는데 …[25]

(2) 민주제를 지지하는 또 다른 이유는 민주제가 반영하는 국민에 대한 통치자의 책무가 권력의 남용을 방지하는 데 도움이 된다는 것이다. 앞서 언급한 것처럼(3장 1섹션 참고), 정부의 권력 분할이 이루어지면 권력의 남용을 방지하는 효과가 있다. 아마도 가장 효과적인 권력 분할은 정부에 주어진 권력과 국민이 가지고 있는 권

25　Declaration of Independence, adopted July 4, 1776. www.archives.gov/national_archives_experience/charters/declaration_transcript.html.

력 사이의 분할일 것이다. 이는 자유선거에서 명백히 드러난다. 정기적인 선거를 통해 피통치자로부터 동의를 얻고 유지해야 하는 정부 권력의 책무는 아마도 권력 남용에 대한 가장 큰 예방책이자 통치자에 대한 책임을 묻는 가장 큰 장치일 것이다. 부패하고 권력을 남용하는 통치자들은 종종 자유선거를 아예 폐지하거나, 정치적 반대자에 대한 투옥 및 살해, 유권자 위협, 추종자들의 투표 조작과 개표 및 선거 보도 통제 등의 결과로 "승리"한다. (최근 러시아,[26] 짐바브웨,[27] 베네수엘라의[28] 부정선거와 미얀마에서의 아웅산 수치 선출 결과 무효화[29] 등은 악명 높은 예이다.)

어떤 나라가 실제 제대로 된 민주제 국가로 기능하고 있는지 어떻게 알 수 있을까? 전 소련 반체제 인사였던 나탄 샤란스키(Natan Sharansky)는 자신의 저서 『민주주의에 대한 옹호(The Case for Democracy)』에서 특정 사회가 "자유 사회"(따라서 진정한 민주제)인지 "공포 사회"

---

26 "The election was not fair and failed to meet standards for democratic elections," concluded the Organisation for Security and Co-operation in Europe (OSCE) and the Council of Europe in a joint statement. See "Russia's Fraudulent Election," *The Economist* (Dec. 3, 2007). www.economist.com/world/europe/displaystory.cfm?story_id=10238268.

27 Peta Thorneycraft, "Police 'Rigged' Ballot in Zimbabwe Election," *Theage.com.au* (April 12, 2008). www.theage.com.au/news/world/police-rigged-ballot-in-zimbabwe-election/2008/04/11/1207856835491.html. 2

28 Christopher Toothaker, "Efforts to dispel claims of vote-rigging in Venezuela's recall vote suffer a setback," *Associated Press* (Aug. 18, 2004). www.signonsandiego.com/news/world/20040818-1544-venezuela-recall.html.

29 Meghan Dunn, "U.N. Chief Urges Myanmar to Hold 'Fair' Election," *CNN.com* (July 14, 2009). www.cnn.com/2009/WORLD/asiapcf/07/13/myanmar.un.elections/index.html; and "Myanmar Junta Dismisses Suu Kyi Victory," *Associated Press / USA Today* (July 6, 2008). www.usatoday.com/news/world/2008-07-06-3081463627_x.htm.

인지를 알아보기 위해 "시내 광장 테스트"를 해볼 것을 제시한다.

> 어느 누구든 체포, 투옥, 신체적 상해에 대한 두려움 없이 마을 광장 한 가운데로 걸어가 자신의 견해를 표현할 수 있는가? 그것이 가능하다면 그 사람은 공포 사회가 아닌 자유 사회에 살고 있는 것이다.[30]

(3) 성경이 말하는 정부의 목적 또한 민주제를 뒷받침한다. 정부가 사람들의 유익을 위해 봉사하는 것이라면("네게 선을 베푸는 하나님의 사역자", 롬 13:4), 이는 정부가 본질적으로 왕이나 황제, 또는 집권 여당의 이익이 아니라, 국민들의 유익을 위해 존재한다는 것이다.

그렇다면 다음과 같은 질문이 이어질 것이다. 국민에게 가장 좋은 것이 무엇인지 결정하기에 가장 적합한 사람은 누구인가? 국민의 이익과 국가의 이익을 가장 잘 반영한 정책 수립을 결정할 권리는 그 국민에게 있어야 하지 않을까? 물론 엘리트 통치 집단이 무엇이 국민에게 최선인지에 대해 실수할 수 있는 것처럼, 국민도 자신들에게 무엇이 최선인지에 대해 실수할 수 있다. 그럼에도 궁극적으로는, 실제로 자신에게 이익이 되는 것과 그렇지 않은 것을 가장 잘 결정할 수 있는 사람들은 정부로부터 그 이익을 얻게 될 사

---

30 Natan Sharansky, *The Case for Democracy: The Power of Freedom to Overcome Tyranny and Terror* (New York: Public Affairs, 2004), 40~41.

람들이다. (물론 모든 통치자들은 자신의 정책이 "국민의 이익을 위한 것"이라고 스스로 속일 수 있지만, 선거를 조작하고 정치적 반대자를 투옥하고 반대 의견을 침묵시켜야 그것이 가능한 것이라면 그들의 진정성을 의심할 수밖에 없다.)

(4) 성경에 나오는 많은 이야기도 정부가 피통치자의 동의를 받을 때 가장 잘 작동한다는 것을 나타낸다. 모세는 하나님에 의해 임명되었지만, 장로들과 이스라엘 백성들의 동의를 구했다(출 4:29~31). 사무엘도 모든 백성 앞에 재판관으로 섰을 때 그러했고(삼상 7:5~6), 왕으로 기름 부음을 받은 후의 사울도 그러했다(삼상 10:24 참고).

다윗이 유다의 왕이 되었을 때도 그는 모든 백성의 동의를 얻었다. "유다 사람들이 와서 거기서 다윗에게 기름을 부어 유다 족속의 왕으로 삼았더라"(삼하 2:4). 제사장 사독이 솔로몬에게 왕으로 기름을 부었을 때에도, "모든 백성이 솔로몬 왕은 만세수를 하옵소서"(왕상 1:39; 또한 12:1 참고)라고 외쳤다.

신약에서 사도들은 궁핍한 사람들에게 음식을 나누어 주는 일을 감독할 지도자를 선출할 때 회중의 동의를 구했다. "형제들아 너희 가운데서 성령과 지혜가 충만하여 칭찬 받는 사람 일곱을 택하라 우리가 이 일을 그들에게 맡기고"(행 6:3).

이와는 대조적으로, 성경에는 폭군이 국민의 동의를 얻지 못하고 국민의 동의에 반대하여 가혹하게 통치하는 것에 대한 부정적인 기록이 많다. "왕이 이같이 백성의 말을 듣지 아니하였으니"(왕상 12:15), 그 결과 북쪽의 열 지파가 왕에게 반역했다. 그리고 "온 이스라엘이 자기들의 말을 왕이 듣지 아니함을 보고 왕에게 대답하여 이르되 우리가 다윗과 무슨 관계가 있느냐 이새의 아들에게서 받을 유산이 없도다 이스라엘아 너희의 장막으로 돌아가라"(16절)라고 하며, 그날부터 이스라엘은 북 왕국과 남 왕국으로 나누어졌다.

마찬가지로, 구약에는 피통치자인 이스라엘 백성의 동의를 받지 않고 그들을 노예로 삼은 압제자들의 예가 포함되어 있다. 이집트의 왕 바로가 그러했고(출 3장:9~10), 사사 시대에 이스라엘을 가혹하게 다스린 블레셋 사람들(삿 14:4) 및 느부갓네살과 같은 외국 왕들이 그들을 정복하고 포로로 잡아간 경우(왕하 25:1~21)가 그러했다. 이러한 사건들은 모두 성경에서 부정적으로 간주된다.

신약에서도 로마 정부 치하의 헤롯 대왕과 그의 후계자들 역시 유대 민족의 동의 없이 그들을 가혹하게 다스리는 압제적인 통치자였다(마 2:16~17; 눅 13:1; 행 12:1~2 참고).

따라서 사람들이 직접 선택하는 정부 형태(즉, 일반적으로 이해된 민주주의)를 뒷받침하는 실질적인 성경적 주장이 제시될 수 있다. 그러한 정부는 독재나 세습 군주제, 세습 또는 자칭 귀족에 의한 정부와 같은 다른 모든 형태의 정부보다 선호된다. (오늘날 영국과 노르웨이 등 몇몇 민주 국가에서는 주로 의례적이고 상징적인 기능을 수행하는 군주제를 유지하고 있지만, 실제 통치권은 국민이 선출한 대표에게 있기 때문에 민주 국가이다.)

그러나 성경이 무한히 인정하는 왕이 한 분 계시는데, 그분은 어느 날 이 땅에 다시 오셔서 "만왕의 왕이요 만주의 주"(계 19:16)로 통치하실 예수 그리스도이시다. 그의 나라에는 불의나 권력의 남용이 없을 것이다. 왜냐하면 그가 완전한 의로 통치하실 것이기 때문이다. 다니엘서는 그의 통치에 관해 다음과 같이 예언하고 있다.

그에게 권세와 영광과 나라를 주고 모든 백성과 나라들과 다른 언어를 말하는 모든 자들이 그를 섬기게 하였으니 그의 권세는 소멸되지 아니하는 영원한 권세요 그의 나라는 멸망하지 아니할 것이니라 (단 7:14)

그러나 그리스도께서 다시 오셔서 통치하실 때까지는 위의 원칙에 기초한 일종의 민주제가 가장 좋은 정부 형태라고 본다.

미국 초기 필그림들이 1620년 메이플라워 협정을 체결하면서 일종의 자치 형태를 확립했을 때, 그들은 위에서 언급한 성경의 많은 구절과 원리에 영향을 받아서 강력한 성경적 지식을 가지고 그렇게 했다. 그들은 또한 영국 왕실의 탄압에 대한 생생한 기억을 가지고 있었다. 그 결과, 메이플라워 협약은 피통치자의 동의를 받아 정부를 설립하게 되었으며, 이는 이후의 식민지 및 독립 후 미국 전체의 정치 양식을 설정하게 되었다. 그들은 식민지의 공동 이익을 위해 "법"을 제정하는 "시민 정체(civil body politik)"를 구성한다고 선언한 다음 "우리는 이에 대한 모든 합당한 복종을 약속한다"라고 명시했다.[31] 이것은 그들이 스스로 만든 정부에 대한 자발적인 복종이었다. 그것은 왕이나 다른 정복 세력에 의해 외부에서 그들에게 부과된 것이 아니었다. 그것은 피통치자의 동의를 얻어 기능하는 정부를 세우는 것, 즉 일종의 민주제였다.

이와 같은 원칙은 미국 독립선언서(1776)에 더 자세히 표현되었다.

우리는 다음의 진리들을 자명한 것으로 여긴다. 곧 모든 사람은 평등하게 창조되었고, 그들은 창조주로부터 일정의 불가침의 권리를 부여받았는데, 그 권리 중에는 생명과 자유와 행복의 추구가 있다. 이러한 권리들을 담보하기 위하여 인간 중에는 정부가 수립되었으며, 그 정부의 정당한 권력은 피통치자의 동의로부터 나온다.

고대와 중세의 역사 중에도 지역 도시 단위(고대 아테네 등)에서 일

---

31 www.historyplace.com/unitedstates/revolution/mayflower.htm"〉www.mayflowerhistory. com/PrimarySources/May-flowerCompact.php. 30. "List of Electoral Democracies," World Forum on Democracy, June 25~27, 2000.

종의 민주 정부가 있었지만, 1776년 미국이 대의민주제로 출범했을 때는 다른 어떤 나라에서도 국가 차원의 민주제를 제대로 실행하지 못했다. 그것은 '미국의 실험(American experiment)'이었다. 그러나 미국 건국 이후, 특히 20세기에 민주주의 국가의 수는 눈에 띄게 늘어났다. 세계민주주의포럼(World Forum on Democracy)은 1950년에 22개 민주주의 국가가 세계 인구의 31%를 차지했고, 추가로 제한된 민주적 관행을 가진 21개 국가가 세계 인구의 11.9%를 차지했다고 보고했다. 그러나 21세기에 들어서면서 선거 민주주의는 현재 192개 세계국가 중 120개 국가가 채택하고 있으며 이는 세계 인구의 58.2%를 구성한다.[32]

따라서 오늘날 많은 사람들이 정치인들이 너무 부패했다고 생각해서 (또는 오만하고, 탐욕스럽고, 권력에 굶주렸고, "영적"이지 못하다고 생각하기 때문에) 정치에 참여하고 싶지 않다고 불평할 때, 이렇게 말하고 싶다. 비록 민주제가 지저분하기는 하지만 여전히 잘 작동하고 있으며 모든 대안적 정부 형태는 훨씬 더 나쁘다는 점을 기억하라. 사실 우리는 개인적으로 큰 희생을 치르면서 기꺼이 정치에 참여하는 사람들에게 감사해야 한다.

---

32   "List of Electoral Democracies," World Forum on Democracy, June 25~27, 2000. www.fordemocracy.net/2007/electoral-democracies.html.

L. 국가는 애국심을 소중히 여겨야 한다

시민들은 자신이 살고 있는 국가에 대해 어떤 태도를 취해야 할까? 어느 나라든 악한 통치자가 있을 수 있고, 또 기본적으로 선한 통치자도 여전히 때로는 잘못된 일을 할 수 있기 때문에, 정부에 대한 기독교적 입장은 "맹목적 애국심" 즉 시민이 국가나 그 지도자를 절대 비판하지 않는다는 것은 지지할 수 없다. 오히려 국가의 이익을 증진하려고 노력하는 진정한 애국심을 견지하고 있다면, 정부와 지도자들이 성경적 도덕 기준으로부터 어긋날 때 이를 정직하게 비판해야 할 것이다.

그렇다면 애국심은 과연 좋은 것일까? 성경에 따른 결론은, 시민들이 자신의 나라를 사랑하고 지지하고 방어하는 진정한 애국심을 성경이 뒷받침한다는 것이다.

1. 애국심에 대한 성경적 근거

애국심에 대한 성경적 지지는 하나님께서 이 땅에 나라들을 세우셨다는 인식에서 비롯된다. 아테네에서 바울은 "인류의 모든 족속을 한 혈통으로 만드사 온 땅에 살게 하시고 그들의 연대를 정하시며 거주의 경계를 한정하셨으니"(행 17:26)라고 말한다.

이에 대한 한 가지 예는 아브람(훗날 아브라함)의 후손을 특별한 나라로 만들겠다는 하나님의 약속에서 찾을 수 있다.

내가 너로 큰 민족을 이루고 네게 복을 주어 네 이름을 창대하게 하리니
너는 복이 될지라 (창 12:2)

그리고 하나님은 아브라함에게 이렇게 말씀하신다. "또 네 씨로
말미암아 천하 만민이 복을 받으리니 이는 네가 나의 말을 준행하
였음이니라"(창 22:18).

지구상 모든 민족들의 기원은 창세기 10장에 나오는 여러 민
족들이다. 그리고 "이들은 그 백성들의 족보에 따르면 노아 자손
의 족속들이요 홍수 후에 이들에게서 그 땅의 백성들이 나뉘었더
라"(32절)라고 적혀있다.

욥은 또한 역사를 이끄시는 하나님께서 "민족들을 커지게도 하
시고 다시 멸하기도 하시며 민족들을 널리 퍼지게도 하시고 다시
끌려가게도 하시며"(욥 12:23)라고 고백한다.

성경에서 "민족"이 의미하는 바는 오늘날 우리가 의미하는 국
가, 즉 '다른 나라들과의 관계에서 주권을 갖고 독립적인 정부 아래
살고 있는 사람들의 집단'이 의미하는 것과 본질적으로 전혀 다르
지 않다.

현대에서 "국가"는 일반적으로 독립 정부 아래 살고 있는 상대적

으로 큰 규모의 사람들로 구성된 정체를 의미한다. 물론 오늘날에는 모나코, 룩셈부르크 등과 같이 그다지 크지 않은 국가도 있다. 어떤 경우에는 더 크고 더 지배적인 국가로부터 부분적으로만 독립된 국가도 있다.

지구상에 많은 독립 국가가 존재하는 것은 하나님의 축복으로 간주되어야 한다.

국가가 존재함으로써 얻을 수 있는 한 가지 이점은 정부의 권력을 지구 전체에 분산시킨다는 것이다. 이것은 전 세계를 어느 한 독재자가 통치하는 것을 막는다. 이는 일개 악한 정부보다 더 끔찍한 것이다. 왜냐하면 그것은 지구상 모든 사람에게 영향을 미치고, 이에 도전할 수 있는 다른 나라가 없기 때문이다. 견제받지 않고 무한한 권력을 가진 통치자들은 점점 더 부패한다는 것을 역사는 반복적으로 보여주었다.

미국 독립선언서의 서명자들은 첫 번째 문장에 명시된 바와 같이 자신들이 별도의 국가로 확립되고 있음을 깨달았다.

인간사의 여정에서, 어느 한 사람들이 다른 사람들과의 정치적 결합을 해체하고, 세계 여러 열강들 사이에서 자연의 법과 자연의 하나님의 법이 보장한 독립적이고 평등한 지위를 취하는 것이 필요하게 되었을 때에, 그들은 인류의 의견에 대한 도리에 준하여 그 분리를 할 수밖에 없는 원인들을 선언해야 한다.

성경은 기독교인에게 그들이 속한 민족의 지도자들에게 순종하고 존중할 것을 가르친다. 베드로는 "왕을 존대"(벧전 2:17)하라고 말하면서 이렇게 말한다.

인간의 모든 제도를 주를 위하여 순종하되 혹은 위에 있는 왕이나 혹은 그가 악행하는 자를 징벌하고 선행하는 자를 포상하기 위하여 보낸 총독에게 하라 (벧전 2:13~14)

로마서에서 바울도 시민 통치자 및 시민 정부에 대한 순종뿐 아니라 존경과 감사를 할 것을 권면한다. "각 사람은 위에 있는 권세들에게 복종하라"(롬 13:1). 그들은 "하나님의 사역자가 되어 네게 선을 베푸는 자"(4절)라고 말하며, 또 세금을 바칠 뿐 아니라 존경할 것을 말한다.

모든 자에게 줄 것을 주되 조세를 받을 자에게 조세를 바치고 관세를 받을 자에게 관세를 바치고 두려워할 자를 두려워하며 존경할 자를 존경하라 (롬 13:7)

이러한 명령은 구약의 말씀과도 일맥상통한다.

내 아들아 여호와와 왕을 경외하고 반역자와 더불어 사귀지 말라 (잠 24:21)

심중에라도 왕을 저주하지 말며 침실에서라도 부자를 저주하지 말라 (전 10:20)

만군의 여호와 이스라엘의 하나님께서 예루살렘에서 바벨론으로 사로 잡혀 가게 한 모든 포로에게 이와 같이 말씀하시니라 … 너희는 내가 사로잡혀 가게 한 그 성읍의 평안을 구하고 그를 위하여 여호와께 기도하라 이는 그 성읍이 평안함으로 너희도 평안할 것임이라 (렘 29:4~7)

하나님께서 개별 국가를 세우셨다는 것, 국가의 존재로 인해 인류에게 오는 혜택, 그리고 자신이 살고 있는 정부 지도자들에게 감사와 지지를 표해야 한다는 성경의 명령은 모두 국가에 대한 시민의 애국심을 뒷받침한다.

2. 국가에 대한 애국심의 유익

이러한 성경적 가르침을 염두에 두고, 최소한 다음 요소들을 포함하는 것을 진정한 애국심으로 정의한다.

⑴ 개인의 정체성과 타인에 대한 의무감을 일정 부분 제공하는 더 큰 공동체에 대한 '소속감'

⑵ 생명, 자유, 재산의 보호, 불법 행위를 억제하고 선을 장려하는 법, 통화 체계와 경제 시장의 확립, 국가의 수립, 공통 언어의 정립 등 국가가 제공하는 혜택에 대한 '감사'

⑶ 자신이 속한 국가의 동료 시민의 성취에 대한 공유된 '자긍심'(체육, 과학, 경제, 예술, 자선 활동 등)

⑷ 자기 나라의 역사에 대한 올바른 이해와 이전 세대와의 연속성을 통해 형성되는 국가 업적에 대한 '자부심'

⑸ 국가에 속한 모든 사람이 국가의 이익을 위해 일하고 그에 따라 국가가 각 개인을 안팎의 폭력적 공격으로부터 보호할 것이라는 기대에서 비롯된 미래에 대한 '안정감'

⑹ 다양한 방법으로 국가를 위해 선을 행하고 봉사하며, 군사적

공격이나 타인의 부당한 비판으로부터 국가를 방어하고, 미래 세대를 위해 국가의 존재와 정체성을 보호하고, 가능한 한 다양한 방법으로 국가의 발전을 도모하며, 국가의 잘못된 일에 대해 건설적인 비판을 통해 국가를 바로잡아야 한다는 '의무감'

(7) 국가 내에서 널리 가치 있게 여겨지는 도덕적 가치와 기준에 대한 공유된 의식을 이민자와 다음 세대에게 전달하고 그에 따라 생활해야 한다는 '의무감'

[도덕적 기준에 대한 이러한 의무감의 공유는 전 세계에서보다 한 국가 내에서 발생할 가능성이 더 높다. 왜냐하면 개인은 자신이 속한 국가의 맥락에서 도덕적 대리인으로 행동하고 다른 국가 구성원에 의해 평가될 수 있다고 여기기 때문이다. 반면 전 세계를 의식하며 행동을 할 만큼 명성이 있는 사람은 극히 적다. 또 다른 이유는 가치관과 기준이 (대부분 공통된 언어를 사용하는) 해당 국가 시민에게는 쉽게 확산될 수 있지만, 세상 전체는 너무 크고 다양하여 공통적으로 공유되는 도덕적 가치와 기준을 찾기 어렵기 때문이다. 한 국가 내에서 어떤 도덕적 가치와 민족적 이상을 보존하고 전승하려면 대개 그 국가의 출발과 역사에 대한 공통된 인식을 공유해야 한다.]

대조적으로, 애국심의 반대는 자기 나라에 대한 비호감, 심지어 경멸과 증오의 태도이며, 그것은 자기 나라에 대한 지속적인 비판을 동반한다. 애국심에 반대하는 사람들은 국가가 제공한 혜택에 대한 감사와 국가가 이룩한 좋은 일에 대해 자부심을 공유하기보다는, 국가의 역사 중 아무리 오래되었거나 사소한 일이라도 부정적인 측면을 반복적으로 강조한다. 그들은 자신의 국가나 그 역사를 자랑스러워하지 않으며, 나라를 위해 희생하거나 봉사하거나 보호하고 방어하려는 의지가 없을 것이다. 그러한 반애국적 태도는 국가가 효과적으로 기능할 수 있는 능력을 지속적으로 약화시킬 것이며, 결국 국가의 존재 자체를 약화시키는 경향이 있을 것이다. 이런 경우에는 국가의 잘못에 대한 건전하고 제한된 비판도 과장되어 현실이 왜곡되고 국가 전체의 이익에 근본적으로 반대하게 된다.

현대적인 예를 들자면, 오늘날 이란의 진정한 애국 시민은 "나는 내 조국과 그 위대한 전통, 이상, 역사를 사랑하지만, 현재 전체주의 정부의 억압적이고 사악한 태도로 인해 깊은 슬픔을 느낀다"라고 말할 것이다. 북한의 애국자도 이와 비슷한 말을 할 수 있다. 사담 후세인 정권 아래 이라크의 애국적인 시민도 비슷한 말을 할 것이다.

다른 한편, 독일의 애국 시민은 이렇게 말할 수 있다. "나는 내 조국을 사랑하며 과학, 문학, 음악 및 기타 인간 문명의 여러 분야에서 우리나라의 위대한 역사적 성취를 자랑스럽게 생각한다. 하지만 아돌프 히틀러의 지도하에 자행된 악행으로 인해 나는 심히 부끄럽고, 마침내 그의 억압적인 통치에서 우리가 해방된 것을 기쁘게 생각한다."

이러한 가상의 예시를 제시하는 이유는, 사악한 통치자가 있는 국가의 시민이라도 현재 또는 과거 지도자에 대한 냉정하고 진실한 비판을 통해 바른 애국심을 가질 수 있다는 사실을 설명하기 위함이다. 그러한 애국심은 위에서 나열한 특정 국가에 대한 소속감, 국가가 제공하는 혜택에 대한 감사, 국가의 성과에 대한 공유된 자긍심, 안정감, 국가에 봉사하고 보호해야 한다는 의무감(악한 지도자를 바꿔야 한다는 의무감), 국가 역사의 자랑스러운 유산을 대표하는 공유된 가치와 이상을 스스로 따르고 전수해야 한다는 의무감을 포함한다.

이처럼 애국심이 나쁜 정부에서도 긍정적인 것이라면, 세계 다른 모든 국가에서도 귀중한 가치일 것이다. 그런 의미에서 정부에 대한 기독교적 관점은 국가 내 진정한 애국심을 장려하고 지원한다.

부록

미국 독립선언서

1776년 7월 4일 의회

아메리카 13개국 연합의 만장일치 선언문

인간사의 여정에서, 어느 한 사람들이 그들과 연계된 다른 사람들과의 정치적 고리를 파기하고 세계 여러 열강들 사이에서 자연의 법과 자연의 하나님의 법이 부여한 독립적이고 동등한 위상을 확립할 필요가 발생하였을 때에는, 인류의 의견에 대한 도리에 따라 그 분리의 불가피한 이유를 만방에 천명해야 한다.

우리는 다음의 진리들을 자명한 것으로 여긴다. 곧 모든 사람은 평등하게 창조되었고, 그들은 창조주로부터 일정의 불가침의 권리를 부여받았는데, 그 권리 중에는 생명과 자유와 행복의 추구가 있다. 이러한 권리들을 담보하기 위하여 인간 중에는 정부가 수립되었으며, 그 정부의 정당한 권력은 피통치자의 동의로부터 나온다. 어떤 형태의 정부라도 이러한 목적에 해악이 된다면, 그것을 교체하거나 폐지하여 새로운 정부를 설립하고, 그러한 원칙에 기초하여 그들의 안전과 행복을 가장 충실히 구현할 형태의 권력을 조직하는 것이 그 사람들의 마땅한 권리이다.

오랫동안 확립되어 온 기존 정부를 가볍고 일시적인 이유로 교체하는 것은 실로 신중하지 못한 일이다. 그래서 인류는 그간 익숙한 기존의 [정부] 형태를 폐지하여 스스로를 바로잡기보다, 감내 가능한대로 악의 고통을 견디는 경향을 역사를 통해 보여 왔다. 그러나 학대와 침탈의 긴 행렬이 계속해서 동일한 목표를 추구하고, 사람들을 절대적인 폭정 아래로 예속시키려는 본색을 드러낼 때, 그러한 정부를 타도하고 미래의 안녕을 위해 새로운 방어책을 제공하는 것은 그들의 권리이며 의무이다.

이 [아메리카] 식민지들의 견뎌온 고통이 그러하였다. 그리고 이제 그들의 기존 정부 체제를 바꿀 수밖에 없는 필연성이 이것이다. 현재 영국 왕의 역사는 반복된 압제와 침탈의 역사이며, 그것은 이 [아메리카] 국가들에 대해 절대적인 폭정을 확립하려는 직접적 목적에 준하는 것이다. 이를 증명하기 위하여 공정한 세상에 [다음의] 사실을 고하는 바이다.

– 그[영국 왕 조지 3세]는 공익에 가장 부합되고 필수적인 법률들의 승인을 거부하였다.

– 그는 긴급하고 중요한 법안들을 총독들이 통과시키는 것을 금

지시키고 자신의 승인이 있을 때까지 처리를 보류시켰다. 그리고 보류된 법안들에 관심을 전혀 주지 않았다.

– 그는 인구 증가에 따른 대규모 지역구 신설 법안에 대해, 그 주민들이 입법부 대의권을 포기하지 않는다는 이유로 통과를 거부했다. 그것은 그들에게는 가늠할 수 없는 소중한 권리이고 폭군에게만 무서운 권리이다.

– 그는 종종 자신의 조치에 순응하도록 하기 위한 유일한 목적으로 공공 기록 보관소에서 멀리 떨어진 생소하고 불편한 곳에 의회를 소집했다.

– 그는 사람들의 권리에 대한 침해를 담대하고 단호하게 반대했다는 이유로 여러 차례 의회를 해산시켰다.

– 그는 그러한 해산 이후에도 장기간 대의원 선출을 막았다. 입법권은 결코 소멸할 수 없는 권리이기에 결국 사람들에게 돌아왔지만, 그 공백 기간 동안 이 땅은 외부로부터의 침략과 내부로부터의 정변에 노출될 수밖에 없었다.

– 그는 이 땅에서 인구 [증가]를 억제하려고 시도하기 위해 외국인 귀화법 제정을 반대하고, 이 땅으로의 이민을 장려하는 다른 법안들의 통과를 거부하며, 새로운 토지 배정 조건을 높였다.

– 그는 사법권 확립을 위한 법원 설치를 거부함으로써 사법행정을 방해했다.

– 그는 직위와 봉급을 빌미로 법관들을 자신의 뜻에만 의존하도록 만들었다.

– 그는 수많은 관청을 신설하고 관리들을 벌떼처럼 파견하여, 우리 주민들을 괴롭히고 식량을 축냈다.

– 그는 평시에도 의회의 동의 없이 우리 중에 군대를 상주시켰다.

– 그는 군대를 시민 권력으로부터 독립된 상급 기관으로 만들었다.

– 그는 [본국의] 다른 의원들과 야합하여 우리 헌법에 어긋나고 우리 법률이 인정하지 않는 사법 체계를 우리에게 강제하였다. 그가 승인한 불의한 법들은 다음과 같다.

– 대규모의 군대를 우리 가운데 숙영시키며,

– 부당한 재판으로 이 땅의 주민들을 살해한 군인들을 보호하고,

– 세계 다른 지역과 우리의 무역을 차단하고,

– 우리의 동의 없이 세금을 부과하고,

– 여러 사건에서 배심 재판 혜택을 박탈하고,

– 누명을 씌워 재판을 빌미로 바다 건너로 이송하고,

– 인근 지역에 임의 정부를 세우고 확장시켜 선례로 삼아 이곳 식민지에도 그러한 전제 통치를 도입하여 자유로운 영국식 사법 체계를 폐지하려 하고,

– 우리의 헌장을 박탈하여 우리의 가장 소중한 법률을 폐지하고, 우리 정부의 형태를 근본적으로 바꾸고,

– 우리 의회를 정지시키고 우리들의 법 제정이 어떤 경우에도 자신들의 권한이라고 선언하였다.

– 그는 우리에 대한 보호를 포기하고 우리에게 전쟁을 선포함으로써 이 땅의 정부에 대한 권리를 파기했다.

– 그는 우리 바다를 약탈하고, 해안을 황폐화하고, 마을을 불태우고, 우리 국민의 생명을 파괴했다.

– 그는 지금도 살상과 파괴와 폭정의 작업을 완수하기 위해 외국 용병으로 구성된 대규모 군대를 파병하여 이동시키고 있으며, 문명국의 왕으로서 전혀 걸맞지 않고 가장 야만적인 시대에도 유례를 찾을 수 없는 잔인함과 배신의 행진을 계속하고 있다.

– 그는 공해에서 포로로 잡힌 우리 동료 시민들로 하여금 자국에 맞서 무기를 들고, 친구와 형제를 죽이거나 스스로 목숨을

끊도록 강요했다.

- 그는 우리 사이에 반란을 일으켰고, 변경에 거하는 우리 주민들에게 남녀노소 살육을 전쟁의 법칙으로 삼는 무자비한 인디언 야만인들을 끌어들이려고 시도했다.

이러한 압제의 각 단계마다 우리는 가장 정중한 방식으로 시정을 청원했지만, 우리의 거듭된 청원은 거듭된 위해로 돌아올 뿐이었다. 폭군으로 정의되는 모든 행위로 특징지어지는 왕은 자유 시민의 통치자로서 부적합하다.

우리는 영국의 형제들에게도 끊임없이 관심을 기울여왔다. 우리는 그들에게 그들의 의회가 우리에게 부당한 관할권을 확장하려는 시도에 대해 수시로 경고하였다. 우리는 이곳에서의 이민과 정착 상황을 그들에게 알려주었다. 우리는 그들의 고유한 정의감과 관대함에 호소했으며, 우리의 혈연적 유대감도 불러일으켜 서로 간의 연대와 교환을 결국 방해하게 될 이러한 침탈을 거부할 것을 요청하였다. 그러나 그들 역시 정의와 친족의 목소리를 외면하였다.

이에 우리는 그들과의 분리를 통고하고, 여느 타국 사람들과 마찬가지로 그들을 전시에는 적으로, 평시에는 친구로 대해야 하는 필요성을 마지못해 받아들인다.

따라서 우리 아메리카 합중국의 각국 대표들은 총회에 모여 세상 최고의 재판관께 우리 의도의 정당성을 호소하며, 이 식민지의 선량한 시민들의 이름과 권위로써 다음과 같이 엄숙히 발표하고 선언한다.

이 식민지 연합은 자유롭고 독립된 국가들이며, 그것은 마땅한 권리이다. 영국 왕실에 대한 우리의 모든 충성의 의무는 해지되었고, 우리와 대영제국 간 모든 정치적 연결고리도 마땅히 완전하게 소멸되었다. 우리는 이제 자유 독립 국가로서 전쟁을 부과하고 평화를 조인하고 동맹을 체결하고 통상을 수립하는 등 독립 국가가 정당하게 행할 수 있는 기타 모든 행위를 할 수 있는 일체의 권한을 갖는다.

이 선언을 지지하면서 우리는 하나님의 섭리에 따른 보호를 굳게 의지하며, 우리의 생명과 재산과 신성한 명예를 걸고 서로에게 맹세하는 바이다.

[코네티컷] 새뮤얼 헌팅턴(Samuel Huntington), 로저 셔먼(Roger Sherman), 윌리엄 윌리엄스(William Williams), 올리버 월콧(Oliver Wolcott)

[델라웨어]   토마스 맥킨(Thomas McKean), 조지 리드(George Read), 씨저 로드니(Caesar Rodney)

[조지아]   버튼 귀넷(Button Gwinnett), 라이먼 홀(Lyman Hall), 조지 월튼(George Walton)

[메릴랜드]   찰스 캐롤(Charles Carroll), 새뮤얼 체이스(Samuel Chase), 윌리엄 파카(William Paca), 토마스 스톤(Thomas Stone)

[매사추세츠]   존 애덤스(John Adams), 새뮤얼 애덤스(Samuel Adams), 엘브릿지 게리(Elbridge Gerry), 존 핸콕(John Hancock), 로버트 트리트 페인(Robert Treat Paine)

[뉴햄프셔]   조시아 바틀렛(Josiah Bartlett), 매튜 쏜톤(Matthew Thornton), 윌리엄 휘플(William Whipple)

[뉴저지]   에이브러햄 클라크(Abraham Clark), 존 하트(John Hart), 프랜시스 홉킨슨(Francis Hopkins), 리차드 스탁튼(Richard Stockton), 존 위더스푼(John Witherspoon)

[뉴욕]   윌리엄 플로이드(William Floyd), 프랜시스 루이스
             (Francis Lewis), 필립 리빙스턴(Philip Livingstone), 루이
             스 모리스(Lewis Morris)

[노스캐롤라이나] 조셉 휴스(Joseph Hewes), 윌리엄 후퍼(William Hooper),
             존 펜(John Penn)

[펜실베니아]   조지 클라이머(George Clymer), 벤자민 프랭클린
             (Benjamin Franklin), 로버트 모리스(Robert Morris), 존
             모튼(John Morton), 조지 로스(George Ross), 벤자민 러
             시(Benjamin Rush), 제이슨 스미스(Jason Smith), 조지
             테일러(George Taylor), 제임스 윌슨(James Wilson)

[로드아일랜드] 윌리엄 엘러리(William Ellery), 스티븐 홉킨스(Stephen
             Hopkins)

[사우스캐롤라이나] 토마스 헤이워드 주니어(Thomas Hayward, Jr.), 토
             마스 린치 주니어(Thomas Lynch, Jr.), 아서 미들
             턴(Arthur Middleton), 에드워드 러틀렛지(Edward
             Rutledge)

[버지니아] 카터 브랙스턴(Carter Braxton), 벤자민 해리슨(Benjamin Harrison), 토마스 제퍼슨(Thomas Jefferson), 프랜시스 라이트풋 리(Francis Lightfoot Lee), 리차드 헨리 리(Richard Henry Lee), 토마스 넬슨 주니어(Thomas Nelson, Jr.), 조지 위스(George Wythe)

4장. 성경적 세계관

2부에서 구체적인 정치적 이슈들을 본격적으로 검토하기 전에 먼저 기초적인 기독교 세계관을 정립해야 한다. 우리는 하나님, 하나님과 세상의 관계, 그리고 인간에 관해 확언해야 할 몇 가지 기본적이고 근본적인 진리가 있다. 이 진리에 대한 인식은 어떤 식으로든 거의 모든 정부의 정책 결정에 영향을 미친다. 기독교인은 성경적 세계관의 최소 다음 전제들을 충분히 이해하는 것이 중요하다. 또한 오늘날 사회의 많은 비기독교인이 이러한 기본 전제와 완전히 다른 관점을 가지고 있다는 사실을 깨닫는 것도 중요하다.

A. 하나님은 모든 것을 창조하셨다

성경의 첫 문장은 기독교 세계관의 가장 중요한 첫 기초를 이룬다.

태초에 하나님이 천지를 창조하시니라 (창 1:1)

창세기 첫 장은 계속해서 하나님께서 풀과 나무(11절), 새와 물고기(20~21절)를 창조하신 이야기를 전한다. 그리고 "하나님이 땅의 짐승을 그 종류대로, 가축을 그 종류대로, 땅에 기는 모든 것을 그 종류대로 만드시니라 하나님이 보시기에 좋았더라"(25절)라고 말한다.

그 후에 우리는 하나님이 사람을 창조하셨음을 읽을 수 있다.

하나님이 자기 형상 곧 하나님의 형상대로 사람을 창조하시되 남자와

여자를 창조하시고 (27절)

그렇다면 기독교 세계관의 첫 번째 요소는 하나님이 곧 창조주이시며 존재하는 모든 것이 그분에 의해 창조되었다는 것이다. 물론 기독교인들 중에는 일부 세부적인 사항(하나님이 무에서 얼마나 많은 종류의 동물을 창조하셨는지, 창조 과정을 완료하는 데 얼마나 오랜 시간이 걸렸는지 등)에 대해 서로 의견이 다르지만, 하나님이 만물을 창조하셨다는 기본 사실과 모든 만물이 그분께 속하며 모든 만물에 대해 마땅한 주재이심에 대해서는 이견이 있어서는 안 된다.

여기에 한 가지 즉각적인 적용이 있다. 하나님이 우주를 창조하

셨다는 사실이 우리나라의 교육과정에서 제외될 때, 온 우주의 가장 근본적인 사실이 학교 아이들로부터 숨겨지는 것이다. 이것을 어떻게 가르쳐야 하는지, 언제, 어떤 형태로 가르쳐야 하는지에 대해서는 합리적인 견해 차이가 있을 수 있지만, 성경이 이것을 역사적 사실, 즉 시공간에서 일어난 것으로 제시한다는 사실에는 이견이 있어서는 안 된다. 우리는 또한 이 진리를 체계적으로 부인하는 세속적 교육과정이 기독교 세계관과 어긋난다는 점을 인식하고 있어야 한다.

하나님이 창조주라는 사실은 그분이 피조물들의 순종과 예배를 받기에 합당하신 분이라는 의미이기도 하다. 하나님의 보좌 앞에 엎드린 장로들의 노래는 옳다.

우리 주 하나님이여 영광과 존귀와 권능을 받으시는 것이 합당하오니 주께서 만물을 지으신지라 만물이 주의 뜻대로 있었고 또 지으심을 받았나이다 (계 4:11)

하나님의 우주 창조가 지니는 또 다른 의미는 하나님이 자신이 만든 세상에 자신의 존재와 속성에 대한 몇 가지 증표를 심으셨다는 것이다.

하늘이 하나님의 영광을 선포하고 궁창이 그의 손으로 하신 일을 나타

내는도다 (시 19:1)

또한 바울은 로마서에서 "창세로부터 그의 보이지 아니하는 것

들 곧 그의 영원하신 능력과 신성이 그 만드신 만물에 분명히 보여

알려졌나니"(롬 1:20)라고 말한다.

B. 유일하신 참 하나님은 성경을 통해 자신과 자신의 도덕 기준을 분명히 드러내신다

참된 믿음을 가져오는 하나님에 대한 참된 지식은 성경에 기록

된 말씀을 통해 주어진다. "믿음은 들음에서 나며 들음은 그리스도

의 말씀으로 말미암았느니라"(롬 10:17). 왜냐하면 "모든 성경은 하

나님의 감동으로 된 것으로 교훈과 책망과 바르게 함과 의로 교육

하기에 유익"(딤후 3:16)하기 때문이다. "너희로 하여금 그리스도 예

수를 믿음으로 말미암아 구원에 이르는 지혜를 얻게 하는"(딤후 3:15)

것은 바로 다름 아닌 성경이다. 구약 선지자들의 말에 대해 베드로

는 "사람들이 성령의 감동하심을 받아 하나님께 받아 말한 것"(벧후

1:21)이라고 말한다. 예수님은 성경을 "하나님의 입에서 나오는 모

든 말씀"(마 4:4)이라고 하셨다. 이 구절들은 성경의 말씀을 통해 하

나님께서 우리에게 말씀하시고 자신에 대해 분명하고 진실한 계시를 주신다고 가르치고 있다.

하나님은 시내산에서 이스라엘 백성을 데리고 처음으로 국가로 세우셨을 때, 그들이 그분께 순종하며 살아가는 방법을 알 수 있도록 십계명(출 20:1~17)을 주셨다. 따라서 구약은 여호와의 율법에 순종하여 걷는 것이 하나님 앞에 "온전한" 것이라고 선언한다.

> 행위가 온전하여 여호와의 율법을 따라 행하는 자들은 복이 있음이여
>
> (시 119:1)

하나님께서 옳다고 생각하시는 것과 그르다고 생각하시는 것이 무엇인지 사람들은 어떻게 알 수 있는가? 성경의 다음과 같은 대답을 보라. "청년이 무엇으로 그의 행실을 깨끗하게 하리이까 주의 말씀만 지킬 따름이니이다"(시 119:9).

하나님께서 성경을 통해 밝히신 도덕 기준은 단지 특정 교회나 특정 종교의 도덕 기준이 아니다. 그것은 온 우주의 창조주이시며 주재이신 유일하신 참 하나님께서 최후 심판의 자리에서 모든 사람에게 책임을 물으시는 도덕 기준이다. 베드로는 적대적인 비기독교 문화 속에 살고 있는 기독교인에게 편지하면서 그들의 비기독교 이웃에 대해 "너희가 그들과 함께 그런 극한 방탕에 달음질

하지 아니하는 것을 그들이 이상히 여겨 비방하나 그들이 산 자와 죽은 자를 심판하기로 예비하신 이에게 사실대로 고하리라"(벧전 4:4~5)라고 경고한다.

이 사실은 사람들이 성경을 믿지 않거나 성경에 하나님의 도덕 기준이 들어 있다고 생각하지 않더라도 변하지 않는 진리이다. 그 말씀은 여전히 사실이며, 성경에는 모든 사람을 향한 그분의 도덕 기준이 여전히 담겨 있다. 기독교 세계관은 전 세계에 오직 한 분의 참 하나님이 계시고, 그가 성경에 제시한 도덕적 기준에 따라 모든 인간, 심지어 베드로가 말하는 초기 기독교인들에게 반대했던 불신자들까지도 심판할 것이라고 말하고 있다. 마찬가지로 바울은 이방 아테네의 헬라 철학자들에게 말하면서 "우주와 그 안에 있는 만유를 지으신"(행 17:24) 하나님이 바로 그 하나님이시라고 말했다.

알지 못하던 시대에는 하나님이 간과하셨거니와 이제는 어디든지 사람에게 다 명하사 회개하라 하셨으니 이는 정하신 사람으로 하여금 천하를 공의로 심판할 날을 작정하시고 이에 그를 죽은 자 가운데서 다시 살리신 것으로 모든 사람에게 믿을 만한 증거를 주셨음이니라 (30~31)

헬라 철학자들은 성경이나 구약성경의 말씀을 하나님의 말씀으로 믿지도 받아들이지도 않았음에도 불구하고, 바울은 그들에게 그들이 하나님의 심판을 받고 책임을 질 것이라고 말했다. 성경적 세계관에 따르면 지금까지 살았던 모든 인간도 마찬가지의 심판을 면할 수 없다.

이 진리는 기독교인들이 옳고 그름과 관련된 정치적 문제를 이해하는 데 중요한 영향을 미친다. 예를 들어, 하나님께서 살인은 나쁜 것이라고 말씀하시고(출 20:13), 살인하지 말라는 명령이 뱃속의 태아나 노인이나 중환자에게 적용된다고 결정하셨다면, 그것은 사람들이 낙태와 안락사에 관한 국가의 법을 바라보는 방식에 분명히 영향을 미친다. 또 다른 예를 들자면, 성경이 동성애 행위를 도덕적으로 잘못된 것으로 여긴다면(7장 B섹션 참고), 이는 정부가 동성 간 "결혼"을 승인하고 장려하는 법을 바라보는 방식에 중대한 영향을 미친다.

C. 원래 창조세계는 "매우 좋았다"

하나님이 처음 창조세계를 완성하셨을 때에는 "그 지으신 모든 것을 보시니 보시기에 심히 좋았더라"(창 1:31)라고 적혀있다. 이 세상은 질병도 없고 인간에게 해를 끼치는 "가시덤불과 엉겅퀴"(창 3:18)도 없는 세상이었다. 그곳은 오늘날 우리가 상상할 수 있는 그 어떤 곳보다도 훨씬 풍요롭고 아름다운 세상이었다. 아담과 하와 도 "심히 좋았다"라는 말씀에 포함된, 죄로부터 완전히 자유한 존 재들이었다. 게다가 그들은 질병이나 늙음이나 죽음에도 노출되지 않았다(롬 5:12; 또한 전 7:29 참고).

그러나 이 완벽한 세상에서도 하나님은 아담과 하와에게 동산을 돌보는 일을 주셨다. "여호와 하나님이 그 사람을 이끌어 에덴동산 에 두사 그것을 경작하며 지키게 하시고"(창 2:15). 또한 하나님께서 는 모든 피조물을 아담과 하와 앞에 세워놓고 발전시켜 유용하게 만들라고 하셨다. 이것은 그들이 그것을 누리고 감사하라는 의미 였다. "하나님이 그들에게 이르시되 생육하고 번성하여 땅에 충만 하라 땅을 정복하라 바다의 고기와 공중의 새와 땅에 움직이는 모 든 생물을 다스리라"(창 1:28).

이는 생산적인 일 자체가 악하거나 피해야 할 일이 아니라, 일은 선한 것이며 하나님께서 인간을 만드신 목적의 일부라는 것을 의 미한다. 이는 인간의 "이상적인" 삶이 어떤 열대 휴양지 섬에서 보 내는 끊임없는 한가함과 게으름의 삶이 아니라, 하나님을 기쁘시 게 하는 일로 가득 찬 의미 있고 생산적이며 활동적인 삶임을 의미 한다.

D. 아담과 하와가 죄를 지음으로 모든 사람의 마음에는 도덕적 악이 있다

  기독교 세계관은 지구상에 사는 모든 사람의 마음속에 도덕적 악(성경에서 "죄"라고 부르는 것)이 있다는 생각을 포함한다. 그에 더해, 성경은 인간의 이러한 도덕적 악이 옳고 그름에 대한 자기 바깥[상위]의 기준, 즉 인류 내부에서 나오는 것이 아니라 하나님 자신에게서 나오는 기준과 비교하여 정의되어야 함을 알려 준다. 유일하신 참 하나님의 절대적인 도덕적 기준 앞에서 인간이 죄인으로 간주된다는 이 생각은 공화당과 민주당 사이의 수많은 정책 차이에 대해 엄청난 영향을 미친다(이는 다음 장에서 더 자세히 살펴본다).

  다음은 성경의 첫 장에서 인류의 악의 기원을 설명하는 이야기이다.

  여호와 하나님이 그 사람에게 명하여 이르시되 동산 각종 나무의 열매는 네가 임의로 먹되 선악을 알게 하는 나무의 열매는 먹지 말라 네가 먹는 날에는 반드시 죽으리라 하시니라 (창 2:16~17)

  그러나 아담과 하와는 이 명령에 불순종했다.

여자가 그 나무를 본즉 먹음직도 하고 보암직도 하고 지혜롭게 할 만큼 탐스럽기도 한 나무인지라 여자가 그 열매를 따먹고 자기와 함께 있는 남편에게도 주매 그도 먹은지라 (창 3:6)

이 사건 이후 하나님은 아담과 하와를 대면하시고 그들에게 형벌을 내리셨다(창 3:8~24 참고). 게다가 인류 전체가 이후의 모든 세대에 걸쳐 영향을 받았다. 신약에서 바울은 이렇게 쓰고 있다.

그러므로 한 사람으로 말미암아 죄가 세상에 들어오고 죄로 말미암아 사망이 들어왔나니 이와 같이 모든 사람이 죄를 지었으므로 사망이 모든 사람에게 이르렀느니라 … 그런즉 한 범죄로 많은 사람이 정죄에 이른 것 같이 한 의로운 행위로 말미암아 많은 사람이 의롭다 하심을 받아 생명에 이르렀느니라 한 사람이 순종하지 아니함으로 많은 사람이 죄인 된 것 같이 한 사람이 순종하심으로 많은 사람이 의인이 되리라 (롬 5:12, 18~19)

아담과 하와가 죄를 지은 후 그들 내면의 도덕적 본성은 죄악에 물들었고, 그들은 죄를 더 많이 짓는 경향이 생겼다. 그리고 이러한 죄에 대한 경향은 모든 후대, 즉 땅에 있는 모든 인간에게 전해졌다. "모든 사람이 죄를 범하였으매 하나님의 영광에 이르지 못하더니"(롬 3:23).

　인류 역사 초기에 아담과 하와가 저지른 이 첫 번째 죄는, 각 개
개인의 세계관과 결과적으로 정치적 문제에 대한 각자의 견해에
영향을 미치는 몇 가지 함의를 갖는다.

1. 도덕적 기준은 인간 바깥[상위]에 있다

　인간의 행위(가장 좋은 행위라 할지라도)는 옳고 그름의 진정한 기준
이 되지 못한다. 성경에 따르면 그럴 수 없다. 왜냐하면 모든 사람
은 죄가 있고, 하나님께서 요구하시는 기준에 미치지 못하기 때문
이다. 이는 무엇이 "옳고" "그른지"에 대한 우리의 판단이 단지 현
재 우리 인간의 경험을 관찰하는 것만으로 결정되어서는 안 된다
는 것을 의미한다. 하나님께서 아담과 하와에게 어떤 나무의 열매
를 먹지 말라고 하셨을 때, 옳고 그름의 기준은 그들 밖으로부터
온 것이었다. 그리고 하나님께서 인류에게 다른 명령을 주셨을 때
에도, 도덕 기준은 인간 바깥[상위]에서 왔다.

　이러한 생각과는 대조적으로 오늘날 사회의 많은 사람들은 도덕
기준에 대해 전적으로 인간 중심적인 접근 방식을 채택한다. 사회
의 많은 사람들은 인간이 기본적으로 선하며, 따라서 도덕 기준은
인간의 행동을 관찰하여 도출되는 옳고 그름에 대한 인간의 의견을
고려함으로 나올 수 있다고 가정한다. 그들은 인간 바깥에 절대적

인 도덕 기준이 있다는 생각과 하나님의 도덕 기준이 무엇인지 누구나 알 수 있다는 생각을 부정한다. 따라서 사람들은 도덕적 상대주의를 옹호하는 경향이 생기며, 가령 사람들의 성적 행동의 차이는 단지 사람들이 내린 개인적 선택의 차이일 뿐 옳고 그름의 기준으로 측정할 수 없다고 여긴다. 이러한 세속적 가정을 시작으로 사람들은 어떤 것이 옳고 어떤 것은 그르다는 것을 알 수 있는지 여부에 대한 법과 정치 문제에 관하여 완전히 다른 의견을 갖게 된다.

2. 인간의 본성은 기본적으로 선하지 않다

모든 사람의 마음에는 선한 경향과 악한 경향이 둘 다 있다. 그들에게는 아담과 하와의 죄성이 있지만, 종종 하나님의 도덕률을 반영하는 양심도 있다. 바울은 "이런 이들은 그 양심이 증거가 되어 그 생각들이 서로 혹은 고발하며 혹은 변명하여 그 마음에 새긴 율법의 행위를 나타내느니라"(롬 2:15)라고 말한다. 사람들은 또한 하나님을 닮은 속성들을 많이 가지고 있다. 왜냐하면 그들은 그분의 형상대로 창조되었기 때문이다. 소위 "일반 은총"에 의해 하나님께서는 이생에서 그들이 실제로 받을 자격이 없는 많은 축복을 여전히 그들에게 주신다. 그 축복 중에는 옳고 그름을 감지하는 양심이 있다. 따라서 사람들의 개인적인 행위는 선할 수도 있고 악할 수도 있으며, 종종 이 둘이 혼합되어 있을 수도 있다. 사람들은 자신의 마음속에 있는 선한 경향과 악한 경향 사이에서 선택한다. 따라서 어떤 사람이 선을 행하거나 악을 행하는 궁극적인 이유는 그 사람 자신의 선택이다.

> 사람이 시험을 받을 때에 내가 하나님께 시험을 받는다 하지 말지니 하나님은 악에게 시험을 받지도 아니하시고 친히 아무도 시험하지 아니하시느니라 오직 각 사람이 시험을 받는 것은 자기 욕심에 끌려 미혹됨이니 욕심이 잉태한즉 죄를 낳고 죄가 장성한즉 사망을 낳느니라 (약 1:13~15)

이 성경적 원리는 악이란 것이 단순히 사회가 개인에게 미치는 영향이 아니며, 악을 행하는 사람은 그 자신이 경험한 외적 영향의 희생자가 아니라는 것을 의미한다. 분명 사람들에게는 악한 경향성이 있으며, 사회는 가능한 한 그러한 영향력을 제거하려고 노력해야 한다. 그럼에도 불구하고 악한 일을 하는 것은 여전히 그 사람이 선택한 악의 결과이므로 그 사람은 자신이 행한 악에 대해 책임을 져야 한다.

이 관점과 대조적으로, 세속적 관점은 인간이 기본적으로 선하다고 믿는 경향이 있다. 따라서 인간이 잘못을 저지르는 주된 이유는 사회의 무언가가 인간에게 해를 끼쳐 잘못된 방식으로 행동을 유도했기 때문이어야 한다. 사람의 잘못에 대해 그 행위자가 아닌 사회가 비난을 받게 되며, 범죄자 자신은 오히려 범죄자가 아니라 "피해자"로 간주될 가능성이 더 높다. 이러한 기본 관점의 차이는 범죄나 국제 테러 위협에 대한 정부의 대응에서 왜 그렇게 많은 정치적 차이가 있는지 설명한다.

3. 인간의 책임

앞선 섹션의 의미는 사람들이 자신의 행동에 대해 책임을 져야 한다는 것이다. 왜냐하면 그들의 행동은 자신의 마음속에 있는 선이나 혹은 악의 경향을 따르는 결정에서 나오기 때문이다. 이와는 대조적으로, 세속 사회의 많은 사람들은 잘못된 행동에 대해 그 행위자에게 책임을 묻는 것을 피하려는 경향이 있다. 왜냐하면 그들은 잘못된 행동이 인간 마음속의 악 때문이 아니라 사회적인 영향력 때문이라고 생각하기 때문이다.

4. 일부 폭력적이고 비합리적인 악

성경은 일부 사람들의 악을 행하려는 경향이 유난히 강하고 폭력적이며, 이러한 경우 사회를 악으로부터 보호하기 위해 그들을 압도하는 힘(즉, 정부)에 의해 저지해야 함을 이야기한다. 따라서 바울은 "다스리는 자들은 선한 일에 대하여 두려움이 되지 않고 악한 일에 대하여 되나니"(롬 13:3)라고 말할 수 있었다. 그러한 폭력적인 악의 예로는 다른 나라의 군대에 의해서만 저지될 수 있었던 독일의 아돌프 히틀러나, 테러리스트, 연쇄 살인범, 강간범 등이 있다.

순전히 세속적인 관점에서 인간 마음이 기본적으로 선하다고 믿는 사람들은 이 범죄자를 상대로 정부가 압도적인 무력을 사용하는 방법을 거부할 것이다. 그들은 가장 사악한 사람들과도 더 많은 대화와 설득을 통해, 그리고 그 행동의 "원인"(가령 가난이나 폭력을 경험한 어린 시절, 또는 강력한 국가적 권위의 억압 등)을 해결하려고 노력함으로써 변화를 희망한다. 그러나 성경적인 관점에 따르면 어떤 사람들의 악은 너무 강해서 비합리적이고 폭력적이 되어버렸고, 그들은 오직 경찰이나 군대에 의해서만 저지될 수 있다. 왜냐하면 그들은 이성에 반응하지 않기 때문이다.

> 그러나 네가 악을 행하거든 두려워하라 그가 공연히 칼을 가지지 아니하였으니 곧 하나님의 사역자가 되어 악을 행하는 자에게 진노하심을 따라 보응하는 자니라 (롬 13:4)

일부 인간에게는 폭력적이고 비합리적인 악(그보다 강력한 권력에 의해서만 멈출 수 있는 악)이 있다는 관점은 국방뿐만 아니라 범죄자의 처벌과 범죄 억제, 그리고 규율(가령 가정과 학교에서 아이들의 훈육)과 관련된 여러 정치적 이슈에도 중요한 함의를 갖는다.

E. 아담과 하와가 죄를 지음으로 하나님은 모든 자연 세계에 저주를 내리셨다

기독교 세계관은 "자연"의 현재 상태가 하나님이 창조하신 그대로가 아니라는 전제를 포함한다. 아담과 하와가 죄를 지은 후, 그들에게 부과된 형벌 중 하나는 자연이 그 정상적인 기능을 잃고 더이상 목가적인 에덴동산이 아니라 인간이 살기에 훨씬 더 위험하고 힘겨운 곳이 되는 것이었다. 하나님께서는 아담에게 땅에 관해 이렇게 말씀하셨다. "땅은 너로 말미암아 저주를 받고 너는 네 평생에 수고하여야 그 소산을 먹으리라 땅이 네게 가시덤불과 엉겅퀴를 낼 것이라"(창 3:17~18).

여기서 "가시덤불과 엉겅퀴"라는 표현은 일종의 시적인 이미지로, 허리케인, 홍수, 가뭄, 지진, 유독한 식물, 독사와 곤충, 적대적인 야생 동물 등 수많은 자연의 위험을 상징한다. 그것은 지구 자연의 아름다움과 유용성이 파괴와 질병과 죽음과 같은 것들과 끊임없이 뒤섞이게 되는 결과를 낳았다.

따라서 오늘날 우리가 흔히 "자연적"이라고 생각하는 것이 항상 좋은 것이 아니다. 예를 들어, 우리는 허리케인으로부터 보호하기 위해 장벽과 제방을 건설해야 한다. 우리는 항상 "자연적인" 온도에서 생활하기보다는 겨울에는 집을 난방하고 여름에는 에어컨을 가동해야 한다. 우리는 "자연"이 스스로 재배하지 않은 작물을 재배하기 위해 밭에 물을 공급한다. 우리는 "자연의" 모기가 우리를 무는 것을 막기 위해 창문에 방충망을 설치하거나 방충제를 뿌린다. 오늘날 타락한 자연은 분명 에덴동산이 아니다!

오늘날 자연이 완벽하지 않다는 사실은 그 외에도 많은 함의를 갖고 있는데, 이에 대해서는 10장에서 더 자세히 살펴볼 것이다.

F. 하나님은 인간이 지구의 자원을 개발하여 지혜롭고 기쁘게 누리길 원하신다

정치에 관한 성경적 세계관의 마지막은 인간을 이 땅에 두신 하나님의 목적과 관련이 있다. 인류 역사 초기, 하나님께서 아담과 하와를 창조하신 직후 하나님께서는 이렇게 말씀하셨다.

> 그들에게 복을 주시며 하나님이 그들에게 이르시되 생육하고 번성하여 땅에 충만하라, 땅을 정복하라, 바다의 물고기와 하늘의 새와 땅에 움직이는 모든 생물을 다스리라 하시니라 (창 1:28)

땅을 "정복"하고 땅을 "다스리는" 책임은 하나님께서 아담과 하와 그리고 그 후손들이 그들 자신과 모든 인류에게 유익을 가져올 수 있는 방식으로 땅의 자원을 탐험하고 개발할 것을 기대하셨다는 것을 의미한다.

그러나 땅을 정복하고 다스리라는 이 명령은 우리가 땅을 낭비하거나 파괴적인 방법으로 남용하거나, 또는 고의적으로 동물을 잔인하게 다루라는 의미가 아니다. 성경은 "의인은 자기의 가축의 생명을 돌본다"(잠 12:10)라고 말하고 있다. 하나님은 또한 이스라엘 백성에게 전쟁 중에 과일나무를 보호하도록 주의하라고 말씀하셨다(신 20:19~20 참고). 또한 "네 이웃을 네 몸과 같이 사랑하라"(마 22:39)는 명령은 다른 사람들, 심지어 미래 세대에 올 사람들의 필요도 생각해야 한다는 책임을 암시한다. 그러므로 우리는 자원을 파괴하거나 미래에는 더 이상 사용할 수 없게 만드는 방식으로 지구를 사용해서는 안 된다. 우리는 선한 청지기로서 땅의 자원을 낭비하거나 남용하지 않고 지혜롭게 사용해야 한다.

이러한 기독교 세계관이 암시하는 또 다른 함의는, 우리가 땅의 자원을 통해 상품을 개발하고 생산하는 것이 단지 사악한 "물질주의"의 폐해가 아니라 오히려 도덕적으로 선한 것으로 보아야 한다는 것이다. 하나님께서는 인간이 음식과 의복 말고도 훨씬 더 많은 것을 개발할 수 있도록 땅에 자원을 두셨다. 자연에는 아름다운

집, 자동차, 비행기, 컴퓨터 및 수백만 종류의 기타 소비재를 개발하고 생산할 수 있는 자원이 있다. 물론 이것들은 모두 오용될 수 있고 사람의 마음은 이를 잘못 대할 수 있지만(가령 이런 물질로 인해 교만하고 질투하고 탐심을 품는 등), 생산품 그 자체는 도덕적으로 선한 것으로 보아야 한다.

땅을 정복하고 다스리라는 하나님의 명령은 또한 모든 인간이 극심한 빈곤 속에 살거나 하루하루 간신히 살아남는 농부로 사는 것이 하나님의 의도가 아님을 암시한다. 오히려 하나님의 의도는 모든 인류가 감사함과 즐거움으로 지구의 풍부한 자원을 누리는 것이다. 이는 빈곤이 있는 곳이라면 어디서든 이를 극복하려고 노력하는 것이 도덕적으로 옳다는 것을 의미한다. 예를 들어, 가난한 사람들이 지구의 좋은 자원을 풍부하게 개발하고 누릴 수 있는 역량을 갖도록 돕는 것은 도덕적으로 옳다.

이것이 무엇을 의미하는지에 대해서는 보다 구체적으로 9장(경제)과 10장(환경)에서 다룬다.

5장. 국가의 최종 권력과 법원

A. 최종 권력, 누가 가질 것인가?

모든 정부 체제에 관한 가장 기본적인 문제는 "누가 국가를 통제할 최종 권력을 갖게 되며 그들을 어떻게 선출할 것인가"이다.

인류 역사를 통틀어 나라마다 이 질문에 대해 서로 다른 해답을 내놓았다. 가장 일반적인 경우는 왕이 최종 권력을 갖고 또 그것은 세습되는 군주제일 것이다. 어떤 나라들은 군사적 정복을 통해 이전 정부를 전복시켜 정권을 잡은 독재자들에 의해 통치되어 왔다. 또 다른 나라에서는 총리나 대통령을 국민이 직접 선출하거나 국회와 같은 대의 조직에서 선출한다. 또 다른 일부 국가는 적어도 일정 기간 동안 정부 권한을 가진 사람이 아무도 없이 약탈자들이 마음대로 죽이고 도둑질하는 등의 무정부 상태이기도 했다.

미국이 건국되었을 때 미국은 기존과 다른 해법으로 이 문제에 답했다. 국가의 최고 권위를 인간이 아니라 문서(헌법)로 정한 것이다. 이 헌법은 어려운 과정을 거쳐야만 변경될 수 있으며, 정부 관료를 포함한 모든 국민과 국가의 법률은 이를 따라야 한다. 이러한 체제는 다음 그림으로 표현될 수 있다.

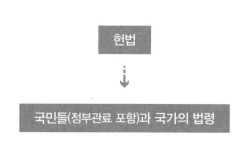

그림 5.1 헌법을 최고 권위로 둔 정부

이러한 패러다임에서는 그 어떤 인간 통치자도 국가에 대해 궁극적인 권력을 갖지 않는다. 헌법을 최고 권력으로 하는 정부는, 왕이나 독재자, 대통령이 스스로 최고의 법이 되어 자신이 원하는 대로 정책과 법률을 만드는, 소위 통치자가 "법 위에" 있는 체제와는 본질적으로 다르다.

통치자가 곧 법이거나 법 위에 있는 그러한 체제를 그림으로 표현하면 다음과 같다.

그림 5.2 왕을 최고 권위로 둔 정부

이러한 체제에서는 설사 정부의 최고 관료가 국민투표에 의해 '선출'된다고 하더라도 정부권력을 남용하려는 유혹이 너무 커서 선거가 공정하게 이뤄지기 어렵다. 그 결과 언제나 부패하고 억압적인 정부가 탄생하게 된다. 죄로 물든 인간에게 있어서, 영국의 의원이었던 액튼 경(Lord Acton)의 유명한 격언처럼, "권력은 부패하는 경향이 있고, 절대 권력은 절대적으로 부패"[1]하기 때문이다.

너무 많은 권력(한 명의 통치자이든 작은 집단이든)을 가진 인간 통치자의 폭정을 막기 위해 미국의 국부들이 고안한 정부 체제는 모든 사람이 헌법 아래 있도록 하여 어느 한 개인이나 집단이 그러한 궁극적인 권력을 얻는 것을 금지했다. 이러한 국가는 '인간의 지배'가

---

1 영국 의원이자 케임브리지 역사학 교수였던 액튼 경이 맨델 크레이튼 주교에게 보낸 편지 (1887년 4월 3일). http://oll.libertyfund.org/index.php?option=com_con tent&task=view&i d=1354&Itemid=262.

아닌 '법의 지배'로 세워지고 통치된다.

그러한 정부 체계는 성경에 나오는 고대 이스라엘 정부 체계와 상당히 유사하다(3장 J섹션, "법치"에 대한 논의 참고). 이스라엘의 모든 정부 관리들은 자기들 바깥에 있는, 자기들보다 위에 있는 법, 즉 하나님의 법을 따라야 했다. 실제로 고대 이스라엘에서 즉위하는 새로운 왕은 모세를 통해 주어진 율법을 직접 쓰고 평생 동안 읽을 것을 요구받았다. "그가 왕위에 오르거든 이 율법서의 등사본을 레위 사람 제사장 앞에서 책에 기록하여 평생에 자기 옆에 두고 읽어 그의 하나님 여호와 경외하기를 배우며 이 율법의 모든 말과 이 규례를 지켜 행할 것이라"(신 17:18~19). 왕도 스스로 법이 되거나 법 위에 있지 않고, 그도 하나님께서 이스라엘에 주신 율법을 따라야 했다.

이것은 다윗과 밧세바의 비극적인 이야기에서 극적으로 나타난다. 이스라엘 역사상 가장 위대한 왕이었던 다윗이 밧세바와 간음을 범하고 그 남편을 죽이는 음모를 꾸몄을 때(삼하 11:1~27 참고), 선지자 나단은 다윗에게 와서 그를 꾸짖고 그에게 심판을 내렸다(삼하 12:1~15 참고). 이스라엘의 가장 위대한 왕도 하나님이 주신 율법 위에 있지 않았던 것이다. 궁극적으로 이스라엘 나라를 다스리는 것은 왕이 아니라 하나님의 법이었다.

그런데 미국에서 "법치" 정부 체제를 확립하는 과정에서 미국의 국부들은 또 다른 문제에 직면했다. 어떤 강력한 세력이 정부를 장악하여 마음대로 헌법을 위반하고 그 권위를 거부하는 것을 어떻게 막을 수 있을까? 그들의 해결책은 권력을 분리하여 정부의 권력을 여러 독립기관으로 나누는 것이었다. 자신의 이익을 보호하는 각 기관은 다른 기관의 권력을 "견제"할 수 있는 권한을 갖게 되며, 따라서 권력을 보유한 다양한 기관 사이에 "균형"을 발생시킨다. 이 "견제와 균형" 체계는 권력을 남용하거나 등장할 수 있는 강력한 인물이나 세력으로부터 국가를 보호하기 위해 고안되었다. 이는 정부에 대한 성경적 가르침과 일치하며, 성경의 가르침은 여러 방식의 권력 분립을 포함한다(3장 I섹션, "권력 분립" 참고).

입법부와 사법부의 권력분립과 관련하여 미국은 한 집단(즉, 연방 의회, 주 및 지방 의회 등)이 법률을 만들고, 또 다른 그룹(법원)은 법을 해석하고 적용하며 해당 법이 헌법에 부합하는지 여부도 결정하는 체계를 만들었다. 이러한 체계 하에서 법원은 입법된 개별 법률을 판단하게 된다. 그 체계를 그림으로 표현하면 다음과 같다.

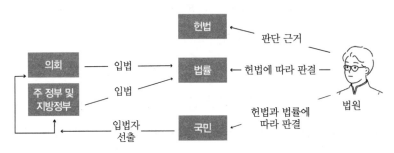

그림 5.3 입법 절차로부터 법 해석과 적용이 분리된 미국의 사법 체계

이러한 제도 하에서 판사는 헌법과 법률을 해석하고 적용하지만 법률을 만들지 않으며 헌법을 수정하지도 않는다. 실제로 미국에서는 헌법이 처음 만들어졌을 때부터 판사는 새로운 법률을 만드는 데 전혀 역할을 하지 않았고, 헌법을 개정하는 어려운 과정에서 어떤 역할도 하지 않았다.

이 구상은 매우 탁월한 것이었다. 특히 법원에 관한 정부의 이러한 구성은 다음과 같은 여러 가지 이점이 있다.

(1) 권력분립: 권력의 분리가 뚜렷하다. 한 집단은 법을 만들고, 다른 집단은 법률이 헌법에 부합하는지 판단한다. 의회는 법률을 만들어 통과시킬 수 있지만 해당 법률이 합헌인지 여부를 판단할 수는 없다. 만약 의회가 법률을 제정하기도 하고 합헌 여부를 판단할 수도 있다면 그것은 학생이 자신의 시험을 채점하는 것과 비슷할 것이며, 아이스 스케이팅 선수가 자신의 성적을 매기는 것과 비슷할 것이다. 의회가 자체로 스스로의 활동을 심사하게 되므로 심사에는 공정성이 없을 것이다.

마찬가지로 헌법이 정한 제도에 따르면 법원은 새로운 법률을 제정하지 못하고 오로지 판결만 한다. 만일 법원이 법을 만들기도 하고 재판도 한다면, 법원은 스스로의 활동을 심사하게 되는 것이고 그것은 공정함도, 권력분립도, 직권남용에 대한 견제도 없을 것이다. 법을 판단하는 집단은 동시에 법을 만드는 집단이 되어서는 안 된다는 원칙이다.

(2) 법을 만드는 집단이 가지는 책무성: 법을 만드는 집단, 즉 의회는 누구보다 국민에 대해 가장 큰 책무를 진다. 법률을 제정하는 의회와 주 의회, 시도의회와 카운티 위원회는 국민이 직접 선출한 공무원이며 정부의 어느 집단보다 국민과 가장 가까운 관료집단이다. 이는 국가가 독재나 과두정치로 가지 않고, 국민의 필요와 요구에 반응하는 민주 국가로 기능하도록 보장한다. 국민은 (의회의 구성원을 투표를 통해 선출함으로써) 국가에 대한 궁극적인 권위를 갖고, 선출된 대표를 통해 헌법에 따른 그들의 권한을 행사한다.

(3) 법의 지배: 국가의 최고 권위는 어떤 개인이나 집단이 갖는 것이 아니라 특정 문서, 즉 헌법에 있다. 국회의원 위에도 '상위법'이 있기 때문에 국회의원도 법의 지배하에 있다. 헌법 개정 자체는 가능하지만 매우 어렵고 매우 드물게 이루어진다. 개정안은 상하 양원의 2/3 표결과 50개 주의 3/4에 해당하는 주 의회(38개 주)의 비준을 필요로 한다. 다른 방법은 50개 주의 2/3에 해당하는 주 의회(34개 주)가 헌법회의를 요청하고 3/4(38개 주)가 비준하는 것이다. 지금까지 미국 헌법은 단지 27번 수정되었으며, 그 중 첫 10개 수정

헌법은 헌법 제정 시 요구되었던 미국 권리장전이다. 가장 최근의 수정안은 1992년에 비준된 수정헌법 제27조로, 국회의원의 급여를 인상하거나 감소시키는 법의 발효를 국회의 다음 임기가 시작될 때까지 금지하는 것이다.[2]

(4) 근본적 변화로부터의 보호: 이 제도는 헌법의 이행을 강제하고, 헌법의 개정을 매우 어렵게 만듦으로써 국가의 본래 체제 모습이 근본적으로 달라지는 것을 방지한다.

(5) 성급한 다수로부터의 보호: 이 제도는 어떤 위기의 긴급한 필요성에 휩쓸려 국가 근간의 기둥을 침식하거나 파괴하는 결정을 내릴 수 없도록, 다수의 폭정으로부터 국가를 보호한다.

그렇다면 이 제도는 효과가 있었을까? 오늘도 여전히 작동하고 있을까? 이 질문에 답하기 전에 먼저 성경은 재판관(판사)의 역할에 대해서 무엇이라고 말하는지 살펴보자.

---

2 www.archives.gov/exhibits/charters/constitutional_amendments_11~27.html.

B. 성경에 따른 재판관의 역할은 무엇인가?

1. 재판관의 본질적 역할은 자신 바깥에 있는 [상위]법에 따라 판결하는 것이다

성경에서 재판관은 임의로 재판하는 것이 아니라 자신 바깥에 있는 특정한 법에 따라 재판해야 했다. 예를 들어, 하나님께서 에스겔에게 제사장의 재판관 역할을 말씀하실 때 이렇게 강조하셨다.

송사하는 일을 재판하되 내 규례대로 재판할 것이며 (겔 44:24)

하나님께서 주신 "규례"는 재판관들이 분쟁을 판결하는 기준을 제공했다. 그들은 그들 자신이 법이나 규정을 만들어서는 안 되었고, 재판관들은 자기 생각이나 뜻 밖에 있는, 이미 확정되고 알려졌던 하나님의 율법에 비추어 피고인의 행위를 평가해야 했다.

신약에서도 바울이 산헤드린 앞에서 재판을 받았을 때, 이 유대인 공회 의원 중 한 사람은 바울이 한 말 때문에 그의 입을 치라고 명령했다. 이에 바울은 이렇게 대답했다.

회칠한 담이여 하나님이 너를 치시리로다 네가 나를 율법대로 심판한다고 앉아서 율법을 어기고 나를 치라 하느냐 (행 23:3)

바울은 공회 바깥[상위]의 기준, 즉 확립되고 공인된 법에 따라 재판받을 것을 호소했다.

재판관보다 위에 있는 법에 따라 재판하는 이 원칙은 이방나라의 왕인 페르시아의 아닥사스다도 인정했다는 점이 흥미롭다. 그는 에스라와 다른 사람들을 예루살렘으로 보낼 때 조서를 내리면서 이렇게 말했다.

> 에스라여 너는 네 손에 있는 네 하나님의 지혜를 따라 네 하나님의 율법을 아는 자를 법관과 재판관을 삼아 강 건너편 모든 백성을 재판하게 하고 그 중 알지 못하는 자는 너희가 가르치라 무릇 네 하나님의 명령과 왕의 명령을 준행하지 아니하는 자는 속히 그 죄를 정하여 혹 죽이거나 귀양 보내거나 가산을 몰수하거나 옥에 가둘지니라 (스 7:25~26)

여기서 백성을 올바르게 재판하기 위해서는 재판관들이 하나님의 율법을 알아야 했다. 이 율법을 모르는 사람들은 에스라에게 가르침을 받아야 했다. 다시 말하자면, 재판관들은 자신들 바깥의 법, 즉 하나님께서 주신 법에 따라 재판해야 했다. 에스라서에서 이것은 아닥사스다가 하나님의 주권적인 섭리에 따라 행한 선한 일로 간주된다. 사실상 바로 다음 절에서 에스라는 이렇게 기록한다. "우리 조상들의 하나님 여호와를 송축할지로다 그가 왕의 마음에 예루살렘 여호와의 성전을 아름답게 할 뜻을 두시고"(스 7:27).

2. 재판관은 편파성을 보이거나 뇌물을 받아서는 안 된다

모세는 이스라엘 백성에게 이렇게 말했다.

네 하나님 여호와께서 네게 주시는 각 성에서 네 지파를 따라 재판장들
과 지도자들을 둘 것이요 그들은 공의로 백성을 재판할 것이니라 너는
재판을 굽게 하지 말며 사람을 외모로 보지 말며 또 뇌물을 받지 말라
뇌물은 지혜자의 눈을 어둡게 하고 의인의 말을 굽게 하느니라 너는 마
땅히 공의만을 따르라 그리하면 네가 살겠고 네 하나님 여호와께서 네
게 주시는 땅을 차지하리라 (신 16:18~20)

가령 어떤 사람이 이웃에게서 양 한 마리를 훔쳐서 팔았다고 가
정해 보자. 도둑질이 발각되고 그는 판사 앞에 끌려간다. 이 경우
에 율법은 분명하다. 율법은 "도적질하지 말라"(출 20:15)고 말할 뿐
만 아니라 그에 따른 구체적인 형벌도 규정하고 있다.

사람이 소나 양을 도둑질하여 잡거나 팔면 그는 소 한 마리에 소 다섯
마리로 갚고 양 한 마리에 양 네 마리로 갚을지니라 (출 22:1)

이러한 사건에서 판사의 의무는 분명했다. 증거에 따라 그 사람을 유죄라고 판결하면, 그가 훔친 양 한 마리에 대해 네 마리의 양을 갚으라고 명령해야 했다.

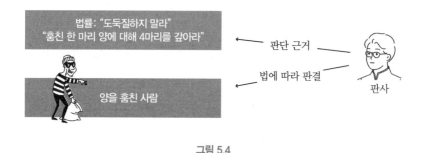

그림 5.4

그러나 재판이 이뤄지기 전날 밤 피고인이 몰래 판사에게 가서 그에게 후한 "선물", 즉 뇌물을 주었다고 가정해 보자. 다음 날 법정에서 판사가 뇌물을 받은 줄 모르는, 양을 빼앗긴 이웃 앞에서 정직한 증인과 명백한 범죄 증거에도 불구하고 판사가 "무죄"라고 판결한다면 어떨까? 이 판사는 정직하지 못했고 법에 명시된 대로 공정하게 재판하지 않은 것이다. 판사는 "도둑질하지 말라"는 법의 명확한 기준 대신, "재판관에게 뇌물을 주지 않으려면 도둑질하지 말라"는 다른 기준을 따른 것이다. 그림으로 나타내면 다음과 같다.

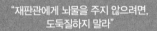

"재판관에게 뇌물을 주지 않으려면,
도둑질하지 말라"

법률: "도둑질하지 말라"
"훔친 한 마리 양에 대해 4마리를 갚아라"

양을 훔친 사람

새로운 판단 근거

법에 따라 판결

판사

그림 5.5

이러한 경우에는 정의가 이루어지지 않은 것이다. 판사는 자신 바깥에 있는 기존 법의 기준을 버리고, 자신의 개인적인 탐욕과 욕망에 이끌려 자신 안에 있는 새로운 기준, 즉 기존 법에는 근거가 없는 자신이 만든 기준에 따라 판결했다. 이는 신명기 16장 19~20절에서 금지된 것이었다. "너는 재판을 굽게 하지 말며 사람을 외모로 보지 말며 또 뇌물을 받지 말라 뇌물은 지혜자의 눈을 어둡게 하고 의인의 말을 굽게 하느니라 너는 마땅히 공의만을 따르라."

양을 훔친 사람이 재판관의 친구인 경우에도 같은 고려 사항이 적용될 것이다. 그러한 경우 판사가 편파성을 보여서 친구가 벌금을 내지 않고 떠나도록 한다고 가정해 보자. 그렇다면 그 재판관의 판단 기준은 더 이상 "도둑질하지 말라"가 아니라 "재판관의 친구가 아니면 도둑질하지 말라"이다.

재판관이 부자를 편애한다면, 그의 새로운 기준은 "부자나 권력자가 아니면 도적질하지 말라"가 될 것이다. 그러나 그것은 법이 명령한 바가 아니다.

재판관이 가난한 자를 편애한다면 그의 기준은 "가난하지 아니하면 도둑질하지 말라"일 것이다. 이 또한 확정된 하나님의 법에 따라 판결하는 것이 아니다. 이는 법을 왜곡하고 정의를 실현하지 못하는 것이다.

구약의 율법은 그러한 정의의 왜곡이 이스라엘에서 행해져서는 안 된다는 점을 강조했다.

가난한 자의 송사라고 해서 편벽되이 두둔하지 말지니라 (출 23:3)

너는 가난한 자의 송사라고 정의를 굽게 하지 말며 (출 23:6)

너는 뇌물을 받지 말라 뇌물은 밝은 자의 눈을 어둡게 하고 의로운 자의 말을 굽게 하느니라 (출 23:8)

너희는 재판할 때에 불의를 행하지 말며 가난한 자의 편을 들지 말며 세력 있는 자라고 두둔하지 말고 공의로 사람을 재판할지며 (레 19:15)

내가 그 때에 너희의 재판장들에게 명하여 이르기를 너희가 너희의 형제 중에서 송사를 들을 때에 쌍방간에 공정히 판결할 것이며 그들 중에 있는 타국인에게도 그리 할 것이라 재판은 하나님께 속한 것인즉 너희는 재판할 때에 외모를 보지 말고 귀천을 차별 없이 듣고 사람의 낯을 두려워하지 말 것이며 스스로 결단하기 어려운 일이 있거든 내게로 돌리라 내가 들으리라 (신 1:16~17)

또 유다 온 나라의 견고한 성읍에 재판관을 세우되 성읍마다 있게 하고 재판관들에게 이르되 너희가 재판하는 것이 사람을 위하여 할 것인지 여호와를 위하여 할 것인지를 잘 살피라 너희가 재판할 때에 여호와께서 너희와 함께 하심이니라 (대하 19:5~7)

너희가 불공평한 판단을 하며 악인의 낯 보기를 언제까지 하려느냐 (셀라) 가난한 자와 고아를 위하여 판단하며 곤란한 자와 빈궁한 자에게 공의를 베풀지며 가난한 자와 궁핍한 자를 구원하여 악인들의 손에서 건질지니라 하시는도다 (시 82:2~4)

의인을 벌하는 것과 귀인을 정직하다고 때리는 것은 선하지 못하니라 (잠 17:26)

3. 소결

성경에서 재판관의 역할은 분명하다. 그들은 자신들 바깥의 확립된 법률 기준에 따라 사건을 공정하게 평가하고 판단해야 했다. 그들은 법을 바꾸어서는 안 되었으며, 이미 정해진 법, 즉 그들 자신보다 바깥 상위에 있는 법 외에 다른 판단 기준을 사용해서는 안 되었다.

C. 미국에서는 무슨 일이 일어났는가?

미국 역사 속에서 이와 같은 헌법에 의해 확립된 체계는 대체로 잘 작동해왔다. 법원은 통과된 법률과 헌법에 따라 사건을 판결한다. 미국 전역의 위법 사건을 다루는 연방법원뿐만 아니라, 각 주 법을 다루는 주 법원과 지방법원도 있다. 어려운 사건은 상급 법원에 항소될 수 있으며 최종적으로 연방대법원까지 갈 수 있다.

법원은 또한 통과된 법률이 헌법에 부합하는지 여부를 평가한다. 누군가가 새로 제정된 법이 위헌이라고 생각한다면, 그는 미국 지방법원에 소송을 제기하여 법원에 해당 법을 뒤집을 것을 요청할 수 있다. 이 경우 패소 측은 또 미국의 12개 항소법원 중 하나, 즉 상급 법원에 항소할 수 있다. 그 위에는 대법원이 있다. 이 제도를 그림으로 표현하면 다음과 같다.

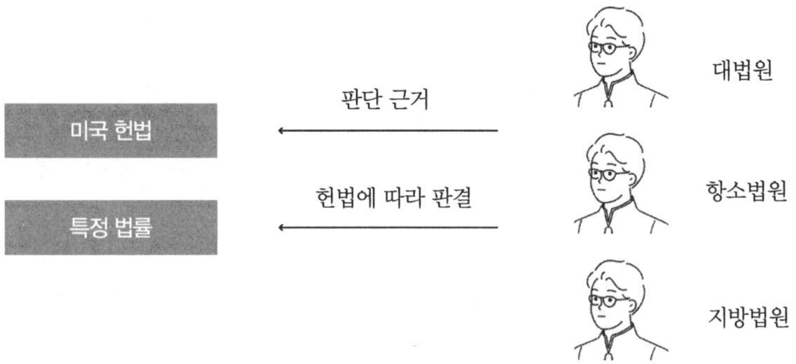

그림 5.6

1. 대법원이 점차 무제한의 권력을 가질 수 있겠다는 발견

그러나 시간이 지나면서 대법원의 대법관들은 이 제도의 약점을 발견하게 된다. (미국에서 대법원의 판사들은 단순히 "judge"가 아닌 "justice"라고 불린다.) 어떤 사건이 대법원에 올라왔을 때, 법관들이 스스로 주장하고자 하는 내용이 헌법에 명시되어 있지 않은 경우, 그들은 헌법에서 새로운 원칙을 "발견"했다고 주장할 수 있는 것이다. 이에 대해 어느 누구도 이의를 제기할 힘을 갖지 못했다. 그들은 필요하다고 여길 때마다 단순히 새로운 법을 만들어 그것을 기존 헌법에 대한 "해석"이라고 부를 수 있었고, 그렇게 해석된 법은 미국의 최고 법이 되는 것이다! 이런 방식으로 연방대법원의 판사들은 스스로 나라 전체에서 가장 강력한 통치자가 될 수 있다는 사실을 발견했다.

이러한 실례가 1973년 1월 22일에 일어났다. 이날 연방대법원은

로 대 웨이드(Roe v. Wade) 사건에서 낙태에 관한 판결을 발표했다.[3]

이 결정은 50개 주 전체에서 낙태를 제한하거나 금지하는 법률을

뒤집는 것이었다. 이 판결은 여성에게 태아가 '스스로 생존가능 할

때'(태어난 아이가 자궁 밖에서 살 수 있는 시점, 약 28주)까지 낙태를 할 수 있

는 무제한의 권리를 부여했지만, 그 시점 이후에도 여성의 '건강'을

보호하기 위한 것이라면 낙태를 허용했다. 문제는 여기서 "건강"이

산모의 정신 건강과 복지마저 포함할 만큼 광범위하게 정의되었기

때문에, 이 판결의 실제 결과는 임신 40주 전체에 걸쳐 여성의 무

제한적인 낙태권을 허용하는 것이었다. (6장 A섹션에서 도 대 볼튼(Doe v.

Bolton) 사건에 대한 논의를 참고하라.)

판결은 7대 2로 다수결정에 따라 이루어졌다.[4] 그런데 헌법에는

낙태에 대한 언급이 전혀 없는데 어떻게 대법관들은 헌법이 여성

에게 낙태 권리를 보장한다고 주장할 수 있었을까? 더구나 대법관

들이 구체적으로 인용한 수정헌법 제14조가 채택될 당시에는 미국

36개 주와 영토에서 낙태를 제한하거나 금지하는 법률이 존재하고

있었는데, 어떻게 수정헌법 제14조에서 낙태를 허용하는 새로운

---

3 *Roe v. Wade*, 410 U.S. 113 (1973).

4 Ibid. 대법관 워런 버거(Warren Earl Burger), 해리 블랙먼(Harry A. Blackmun), 윌리엄 더
글라스(William O. Douglas), 윌리엄 브레넌(William J. Brennan Jr.), 포터 스튜어트(Potter
Stewart), 써굿 마샬(Thurgood Marshall), 루이스 파월 주니어(Lewis Powell Jr.)가 다수 의견
을 냈고, 윌리엄 렌퀴스트(William H. Rehnquist)와 바이론 화이트(Byron White)가 반대 의
견을 냈다.

의미를 발견할 수 있었을까?[5]

대법관들은 낙태 권리가 수정헌법 제14조에 명시된 "적법 절차 (due process)"에서 찾은 "사생활 보호권(right to privacy)"에 포함되어 있다고 주장했다. 해당 "적법 절차" 조항은 다음과 같다.

어떠한 국가[주]도 법의 적법한 절차 없이는 누구의 생명, 자유 또는 재산을 박탈할 수 없다.

그런데 '사생활 보호권'은 어디에서 찾을 수 있는 것일까? 그러한 권리는 이 조항에서 전혀 찾을 수 없다. 1868년에 비준된 수정헌법 제14조의 주요 목적은 노예와 그 후손이 시민의 모든 권리를 가지며 법에 따라 다른 모든 시민과 동등한 보호를 받을 수 있도록 보장하는 것이었다.

수정헌법 제14조 어디에서도 낙태에 관해 언급하거나 조금이라도 암시하는 내용은 없다. 50개 주 각각의 입법부는 각자의 법률 승인 절차에 따라 낙태를 제한하는 법률을 통과시킨 것이다. 그렇다면 이들 주에서는 "법의 적법한 절차 없이 생명, 자유 또는 재산"을 박탈한 것일까? 그렇지 않다. 적어도 이 수정안을 작성하고 비

---

5   반대 의견에서 윌리엄 렌퀴스트는 이렇게 썼다. "이 결과에 도달하기 위해 대법원은 수정헌법 제14조의 초안 작성자가 전혀 알지 못했던 권리를 해당 수정헌법에서 반드시 찾아내야 했다."

준한 사람들의 의도나 수정안이 작성될 당시 사용된 일반적이고 공개적인 단어의 의미에 따라서도 그렇지 않다. 수정헌법 제14조는 낙태와 아무런 관련이 없는 것이다.

그러나 대법원은 7대 2라는 다수결로 낙태에 대한 권리가 수정헌법 제14조에 포함되어 있다고 판결했다! 그리고 나라의 최고 법원인 연방대법원이 그렇게 말했기 때문에 그것은 이 나라의 거스를 수 없는 법이 되었고 50년 가까이 계속 유지되었다.

바이런 화이트(Byron White) 대법관은 다소 강한 어조로 쓴 반대 의견에서 이렇게 말한다.

나는 헌법의 언어나 역사에서 법원의 이번 판결을 뒷받침할 만한 어떤 근거도 찾지 못했다. 법원은 어떠한 이유나 권한이 거의 없이 산모를 위한 새로운 헌법적 권리를 단순히 조작해내어 발표하는 것이며, 대부분의 기존 주 낙태 법령을 무효화할 만큼 충분한 실질적 무게를 그 권리에 부여하는 것이다. … 날것의 거친 사법 권력(raw judicial power)을 행사한 오늘의 판결 권한이 대법원에게 있다고는 볼 수 있겠지만, 나의 판단으로는 헌법이 이 대법원에 부여한 사법 심사 권한을 지금 이 판결에서 경솔하고 과도하게 행사한 것이다.[6]

---

6   로 대 웨이드 판결과 함께 1973년 1월 22일 발표된 바이런 화이트 대법관의 도 대 볼튼(*Doe v. Bolton*) 판결 반대 의견.

화이트는 계속해서 이렇게 말했다. "나는 연방법원이 각 주의 국민과 입법부에 이러한 우선권을 부과하는 데 대한 헌법적 근거를 찾지 못했다. … 이 문제는 대체로 국민에게, 그리고 국민이 자신들의 여러 사안을 통치하기 위해 고안한 정치적 절차에 맡겨야 한다."[7]

윌리엄 렌퀴스트(William Rehnquist) 대법관도 로 대 웨이드 판결에 강하게 반대했다. 그는 이렇게 썼다.

이 판결에 도달하기 위해 대법원은 수정헌법 제14조의 범위 속에서 해당 수정안의 초안 작성자들이 전혀 몰랐던 권리를 찾아내야만 했다. … 1868년 수정헌법 제14조가 채택될 당시 최소 36개의 주 또는 영토의 의회에서 낙태를 제한하는 법률을 시행하고 있었다. 그럼에도 [논쟁 중인 텍사스 법률이나] 다른 어떤 주 법령의 타당성에 대해서 당시 수정헌법 14조는 아무런 의문도 제기하지 않았다. 이러한 역사에서 내릴 수 있는 유일한 결론은 당시 수정헌법 제14조의 초안 작성자들이 이 문제에 관해 입법할 수 있는 주 정부의 권한을 이 수정안으로 인해 철회하도록 의도하지 않았다는 것이다.[8]

---

7   Ibid.
8   윌리엄 렌퀴스트 대법관의 반대 의견, *Roe v. Wade* (1973)

2. 결국 나라에서 가장 강력한 권력이 되어버린 대법원

대법원이 이처럼 의회나 주 의회에서 통과된 법률에 근거하지 않고, 또 헌법이 본래 의미했던 내용이 아닌 판결을 점차 더 많이 발표하는 것은 실제로 대법원을 국가의 최고 통치 기관으로 기능하게 한다. 대법관들은 5인의 과반수 동의를 얻을 수만 있다면 새로운 헌법적 교리를 만들어 낼 수 있고, 이에 대해 헌법의 모호한 원칙이나 기타 원칙에서 언제든 새로운 교리를 "발견"했다고 주장할 수 있다는 것을 알아차린 것이다.

이런 일은 사실상 지난 수십 년 동안 너무 자주 일어나서 이제 많은 미국인들은 이를 당연하게 받아들이고, 또 이것이 우리가 가진 정부의 모습이라고 가정하고 있다. 하지만 이는 미국이 원래 의도하여 수립한 정부와는 거리가 멀다. 미국 정부의 현재 기능은 그림 5.3과는 대조적으로, 다음과 같다.

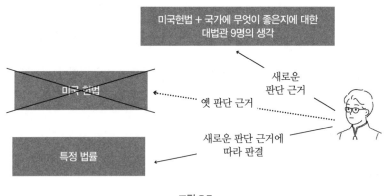

그림 5.7

위 그림과 미국 정부의 본래 구상(그림 5.3) 사이의 차이점을 살펴 보라. 이제 대법원은 법을 해석하고 법에 따라 판결할 뿐만 아니라, 국가에 유익하다고 스스로 생각하는 바에 기초하여 헌법에서 찾을 수 있다고 주장하는 새로운 조항에 따라 새로운 법을 만든다. 찰스 에반스 휴즈(Charles Evans Hughes) 전 대법원장은 "우리는 대법관 헌법 아래 있지만, 그 헌법은 판사가 해석하는 그대로다"라고 표현 했다.[9]

어떤 개인이나 단체, 정부 기관도 대법원 위에서 권한을 갖지 않는다. 이제 대법원은 헌법의 일부라고 주장하는 새로운 조항(낙태 권리 등)을 간단히 조작할 수 있으며, 자기 자신 외에는 누구도 이의를 제기하거나 판결을 뒤집거나 변경할 수도 없다.

또한 대법관은 종신직이므로 누구에게도 책임을 지지 않는다. 신임 대법관은 미국 상원의 동의를 받아 대통령이 임명하지만, 한 번 임명된 대법관은 30년 이상 대법원에 재직할 수 있으며 재임 중 누구도 이를 무효화할 수 없다.

오늘날의 미국 정부가 원래 헌법으로 수립된 정부와는 동떨어진 또 다른 중요한 차이점이 있다. 이제는 미국에서 가장 중요한 법, 즉 미국 사회가 직면한 가장 근본적인 문제를 결정하는 법이 국민

---

9   Charles Evans Hughes, quoted by Craig R. Ducat and Harold W. Chase, *Constitutional Interpretation* (St. Paul: West Publishing Co., 1974, 1983), 3.

에게 가장 가깝고 국민에게 책임을 지는 공무원(의회, 주 및 지방 정부)에 의해서 만들어지는 것이 아니라, 국민에 의해 선출된 적이 없으며 국민에 대해 어떠한 책임도 지지 않는 법관 집단이라는 것이다.

이는 미국의 국부들이 설계한 탁월한 체제와는 완전히 반대되는 제도이다. 국부들은 국민들이 스스로 선출한 대표(법을 만드는 의회나 법을 인준하는 대통령)를 통해 법을 제정할 것을 구상했다. 헌법에 따르면 판사는 법을 만드는 과정이나 헌법을 개정하는 어려운 과정에서 아무런 역할을 할 수 없었다. 그들은 그들 자신이 전혀 영향을 미칠 수 없는 기준, 즉 자기 바깥의 법에 따라 판결해야 했다. 그러나 이제 그 체제는 역전되어 그들의 의지가 궁극적으로 관철되는 막강한 영향력을 갖게 되었다.

대법원의 이 새로운 권한은 단지 여성이 낙태할 권리가 있는지 여부에 대해서만 영향을 미친 것이 아니다. 이는 수백 가지 다른 사안에 영향을 미치고 있으며, 이것이 바로 대법원의 판결이 국가의 방향에 있어 매우 중요한 이유이다. 로 대 웨이드 판결은 "날것의 사법 권력(raw judicial power)"을 가장 노골적으로 행사한 사건 중 하나임이 분명하지만, 이는 여러 분야에서 이미 법원과 대법원이 유도한 정부 정책의 한 예일 뿐이다.

a. 종교의 자유에 관한 대법원의 변화

종교의 자유와 관련하여 수정헌법 제1조는 "의회는 종교의 설립이나 종교의 자유로운 행사를 금지하는 법률을 제정할 수 없다"고만 명시되어 있다. 수정헌법 제1조를 작성할 당시 이것은 단순히 영국 국교회나 스칸디나비아 국가의 루터교회 등 '국교 설립'을 금지하려는 의도였다. 그 목적은 정부가 특정 교단 혹은 종파를 국가의 공식 종교로 "설립"하는 것을 방지하는 것이었다.

무엇보다 수정헌법 제1조는 분명 공공장소, 정부 행사, 심지어 정부 건물에서 종교적인 발언이나 글을 쓸 수 있는 국민의 권리를 제거할 의도가 결코 없었다(이는 수많은 역사 기록을 통해 알 수 있다).[10] 그러나 1971년 레몬 대 커츠먼(Lemon v. Kurtzman) 판결에서 대법원은 정부의 행동이 "종교를 증진하거나 저해하는 1차적 효과가 없어야 한다"고 결정했다.[11] 이는 이제 정부가 종교적 관점이나 일반적인 종교적 신념을 지지하는 그 어떤 조치도 취할 수 없다는 것을 의미

---

10   이러한 자료는 데이빗 바튼(David Barton)과 그의 단체 월빌더스(WallBuilders)가 방대하게 수집하였다. David Barton, *America's Godly Heritage* (Aledo, TX: Wallbuilders Press, 1993), David Barton, *Separation of Church and State* (Aledo, TX: Wallbuilders Press, 2007).

11   *Lemon v. Kurtzman*, 403 U.S. 602 (1971). 사실 일반적으로 종교에 이익이 되는 정부 조치를 금지하려는 법원의 경향은 1947년 에버슨 대 교육위원회 판결에서 이미 표출되었다. 이 판결에서 다수 의견은 다음과 같다. "수정헌법 제1조의 "종교의 설립" 조항은 적어도 다음을 의미한다. 주나 연방 정부는 교회를 설립할 수 없다. 주 정부나 연방 정부가 한 종교를 지원하거나 모든 종교를 지원하거나, 한 종교를 다른 종교보다 선호하는 법을 제정할 수 없다. ⋯ 수정헌법 제1조는 교회와 국가 사이에 벽을 세웠다. 그 벽은 높고 견고하게 유지되어야 한다. 이에 대한 약간의 침해도 허용할 수 없다. 뉴저지 주는 여기서 이 벽을 침해하지 않았다."

했다. 특정 종교에 대한 선호를 금지하는 것이 아니라, 대법원은 정부가 더 이상 종교 자체를 전혀 선호할 수 없다고 결정했으며, 이 판결과 다른 유사한 판결을 통해서 대법원은 종교적인 공공 기념물, 십계명 전시, 학교 행사에서의 기도, 또는 심지어 공립학교에서 "묵념 시간"까지 삶의 더 많은 영역에서 종교적 발언을 금지했다. (이에 대한 자세한 내용은 14장, B섹션 참고하라.)

이러한 개별적인 문제에 대해 어떻게 생각하든 중요한 것은 이러한 조치가 결정되는 과정이다. 이러한 제한 조치 중 그 어느 것도 그 주민들에 대한 책임이 있는, 선출된 주 대표 또는 지역 대표에 의해 통과된 적이 없다. 졸업식이나 축구 경기에서 개회 기도를 허용해야 할지, 십계명이나 기타 도덕적 인용 문구를 학교 복도에 게시해야 할지 등에 대한 결정은 해당 교육구의 관료, 즉 지역사회 시민들에게 가장 큰 책무가 있는 선출된 정부 관료가 내려야 한다.

가톨릭 신부나 유대교 랍비에게 축구 경기 개회 기도를 요청하는 것은 가톨릭이나 유대교를 그 나라의 공식 종교로 "설립(또는 확립)"하는 것과는 거리가 멀다. 이 두 가지는 서로 전혀 유사하지도 않다. 사실 다양한 종교적 의견의 표현을 허용하는 것은 모든 사람의 종교의 자유를 실제로 보호하는 것이다. 그러한 표현의 다양성을 허용하는 것은 (대법원 판결에 의해 제한되기 이전 미국의 관습이 그랬듯이) 종교의 자유를 강화하는 것이지 억압하는 것이 아니다. 그것은 오히려 미국이 다양한 종교를 허용하고 보장하고 있음을 보여주는 것이다. 또한, 대법원이 강제하는 종교적 표현에 대한 제한은 의회가 "자유로운 행사를 금지하는" 법률, 즉 종교적 표현의 자유로운 행사를 금지하는 법률을 제정할 수 없다고 명시한 수정헌법 제1조의 원래 의도와 전혀 어긋나는 것이다. 그럼에도 오늘날 미국의 많은 지역에서는 공공장소에서의 "자유로운 종교 활동"이 엄격히 제한되고 있다.

광장에서 종교에 관한 진술을 제한한다는 것은 이제 우주에서 가장 근본적인 사실, 즉 하나님이 우주를 창조하셨다는 사실을 학교에서 가르치는 것이 금지되었음을 의미한다. 학교는 또한 하나님이 인간을 창조하셨다는 사실도 가르치지 못하게 된다. 미국 국민의 90% 이상이 그러한 믿음을 갖고 있음에도 불구하고 신이 존재한다고 가르치는 것을 금지하고 있다.[12] 그러나 압도적 다수의 견해도 대법원 구성원들에게는 중요하지 않다. 왜냐하면 대법원이 판결을 이미 내렸고 그에 따라 공립학교에서 그러한 종교적 견해 표현을 금지했기 때문이다. 이 모든 것은 "정교분리" 이론에 기초를 두고 있다. 그런데 이 이론은 수정헌법 제1조가 채택되었을 당시의 원래 의미와는 전혀 관련이 없다.[13]

---

12 Brian Braiker, "90% Believe in God," *Newsweek* (March 31, 2007).

13 예를 들면, *Engel v. Vitale* (1962), *Abington Township v. Schempp* (1963), *Epperson v. Arkansas* (1968), *Wallace v. Jaffrey* (1985), and *Lee v. Weisman* (1992).

더욱이, 지역 학군 주민의 90~100%가 아이들에게 십계명에 담긴 도덕적 가치를 가르쳐야 한다고 믿더라도, 대법원은 공립학교에서 그런 가르침을 배제해야 한다고 판결했기 때문에 주민들의 견해는 아무런 의미가 없다. (단지 특정 사람들이 특정 시기에 어떠한 것을 믿었다는 식의 역사적 가르침만 가능하다.) 더 이상 부모나 시민은 하나님의 도덕 기준에 관해 어떤 가르침이 자녀에게 가장 좋은지 결정할 수 없다. 그 결정은 부모나 시민을 '위해' 이미 대법원이 내려주었기 때문이다.

b. 민간 개발을 위해 사유 재산을 취하는 행위

2005년 켈로 대 뉴런던 시(Kelo v. City of New London) 사건에서 대법원은 5대 4의 다수결로 코네티컷 주 뉴런던 시가 수정헌법 5조의 "공공 사용" 조항에 따라 토지수용권을 이용해 개인의 사유지를 다른 개인에게 양도할 수 있다고 결정했다.[14] ("토지수용권"이란 정부가 소유자의 동의가 없이도 사유지를 점유하고 대신 소유자에게 정당한 보상을 지급할 수 있는 법적 원칙을 말한다. 이는 한 명 이상의 완고한 토지 소유자가 고속도로나 공항의 건설을 방해하는 경우 필요에 따라 적용될 수 있다.) 헌법 수정 제5조는 토지수용권을 가정했지만 동시에 이를 제한했다.

---

14 *Kelo v. New London*, 545 U.S. 469 (2005).

합당한 보상 없이 사유 재산을 공용으로 사용할 수 없다.

역사적으로 "사유 재산"과 "공공 사용"의 구별은 정부가 도로, 철도 등의 공공시설을 건설할 목적으로 사유 재산을 (소유자에게 공정한 보상을 제공하여) 취할 수 있다는 의미로 이해되어 왔다. 개인사용이 아닌 공공 사용으로 말이다.

그러나 켈로 사건의 경우, 뉴런던 시는 '민간 개발자'가 수행하는 도시 재개발 계획을 위해 개인 주택(켈로 씨의 주택)을 점유할 권리를 주장했다. 이 도시 재개발이 토지의 재정적 수익성을 높여 도시 재생이라는 '공공의 목적'을 가지고 있고 이것이 수정헌법 제5조의 "공공 사용"에 해당한다는 것이었다.

재차 말하지만, 문제는 뉴런던 시가 한 일에 동의하는지 반대하는지가 아니다. 더 중요한 질문은 헌법의 작성자 또는 서명자의 본래 의도가 과연 정부로 하여금 한 개인으로부터 당사자의 의지에 반하여 사유 재산을 빼앗아 다른 개인에게 줄 수 있도록 하는 것이었는가 하는 문제이다. "공공 사용"의 본래 의미와 달리, 대법원은 이 판결(및 이전 일련의 관련 판결)을 위해 헌법에서 이 새로운 권리를 '발견'한 것이다. 이 판결의 다수 의견은 존 폴 스티븐스(John Paul Stevens) 대법관이 작성했고, 앤서니 케네디(Anthony Kennedy), 데이빗 수터(David Souter), 루스 베이더 긴즈버그(Ruth Bader Ginsburg), 스티븐 브라이어(Stephen Breyer) 대법관이 합류했다.

이 사건이 있고 4년 후 안타깝게도 월스트리트저널은 "파괴되고 저주받은 이 동네는 당시 [뉴런던 시가] 주장했던 아무런 세금 혜택이나 일자리 창출도 없이 여전히 비어 있다"고 보도했으며, 개발사였던 거대 제약회사 화이자(Pfizer)는 이 지역의 회사 시설 전체를 폐쇄하고 이전하기로 결정했다.[15]

당시 대법원에서는 소수파(오코너, 렌퀴스트, 스칼리아, 토마스 대법관)의 강한 반대 의견이 있었다. 소수 의견을 작성한 샌드라 데이 오코너(Sandra Day O'Connor) 대법관은 이렇게 썼다.

> "이제 모든 사유 재산은 다른 민간 당사자의 이익을 위해 압류될 수 있게 되었다. 하지만 이 결정으로 인한 결과는 무작위가 아니다. 수혜자는 대기업, 개발업체 등 정치적 결정 과정에서 불균형적인 영향력과 권력을 갖고 있는 측일 가능성이 크다."[16]

또 다른 반대 의견에서 클라렌스 토마스(Clarence Thomas) 대법관은 대법원의 결정이 수정헌법 제5조의 "공공 사용"이 의미한 본래 의도와는 전혀 관련이 없다고 주장했다.

---

15 "Pfizer and Kelo's Ghost Town," *Wall Street Journal* (Nov. 11, 2009), A20.
16 샌드라 데이 오코너 대법관의 반대 의견, *Kelo v. New London*

그러한 "경제 개발"을 위한 점유가 "공공 사용"을 위한 것이라면 모든 점유가 그러하며, 오코너 대법관이 반대 의견으로 강력하게 주장한 것처럼 사실상 법원은 우리 헌법에서 공공 사용 조항을 삭제한 것이다. … 나는 이 법원이 헌법에 명시적으로 열거된 자유를 제거할 수 있다고 믿지 않으므로 오코너 대법관의 반대 의견에 동참한다. 그런데 안타깝게도 대법원의 오류는 이보다 더 깊다. 오늘의 결정은 공공 사용 조항의 본래 의미를 조금도 고려하지 않고 사실상 무효라고 해석하는 일련의 사건 중 가장 최근에 나온 결정일 뿐이다. 본래 의미로 이해된 공공 사용 조항은 정부의 수용권 권한에 대해 필요한 제한이었다.[17]

어쨌든 대법원은 판결을 내렸고, 그 결정은 이제 국법이 되었다. 원래 헌법은 정부가 사유 재산을 취득하여 이를 부유한 개발자에게 판매하는 것을 허용하지 않았으며, 정부에 그러한 권한을 추가하는 어떠한 수정안도 통과되지 않았다. 그러나 대법원의 대법관 5명은 정부가 그런 힘을 갖고 있다면 좋을 것이라고 판단했기 때문에 그것을 이제 헌법의 새로운 의미라고 국민에게 통보했고 결과는 그렇게 되었다. 그들은 나라에서 최고의 궁극적 권력을 가지고 있었다. 정부 권력을 남용하여 나봇의 포도원을 부당하게 빼앗은 아합 왕처럼(왕상 21장 참고), 이제 대법원은 지방 정부에게 그들이 원

---

17 클라렌스 토마스 대법관의 반대 의견, Ibid.

하는 사유 재산을 (그들이 판단한) 공익으로 가져갈 수 있는 권리를 부여했다.

c. 동성애 행위 허용 법률을 위한 네 개의 표

2000년 미국 보이스카우트 대 데일(Boy Scouts et al. v. Dale)에서 대법원은 헌법이 동성애 행위에 대해 전혀 언급하지 않고 있음에도 불구하고 동성애 행위에 참여할 수 있는 '헌법상의 권리'를 거의 선언했다. 단 한 표만 더 있었더라면 이 '헌법상의 권리'가 공표되었을 것이다.

이 사건의 배경은 럿거스(Rutgers) 대학에 재학하던 제임스 데일(James Dale)이 뉴저지에서 보조 스카우트 마스터로 근무할 때이다. 데일은 레즈비언/게이 학생 연합의 회장이 되었고 인터뷰를 통해 자신이 동성애자임을 밝혔다. 인터뷰 내용을 읽은 보이스카우트 관계자들은 그를 스카우트 단장직에서 해임하고 보이스카우트에서 제명했다. 그러나 뉴저지 대법원은 보이스카우트가 "공공시설(public accommodation)"이고 따라서 리더가 될 수 있는 사람과 리더가 될 수 없는 사람에 제한을 둘 수 없기 때문에 미국 보이스카우트 연맹이 그를 다시 자리에 앉혀야 한다고 판결했다.[18]

---

18 "New Jersey Appeals Court Rules Boy Scouts Can't Ban Gays," *Associated Press* (March 3, 1998).

연방대법원의 다섯 명(렌퀴스트, 오코너, 스칼리아, 케네디, 토마스)은 다수를 이루어 뉴저지 대법원 판결을 뒤집었다. (스티븐스, 수터, 긴즈버그, 브라이어는 이에 반대하는 소수 의견을 냈다.) 간신히 다수를 이룬 다수 의견은 보이스카우트가 민간 조직으로서 헌법상의 결사의 자유 권리에 근거하여 특정인을 회원에서 제외할 수 있으며, 이는 또한 특정 사람들과 결사하지 않을 자유도 의미한다고 주장했다.[19] 결사하지 않을 권리는 그러한 결사가 특정 가치를 표명하는 조직의 능력을 방해할 때 특히 강력하다. 이 경우 보이스카우트는 동성애 관계에 반대하는 공식적인 입장을 갖고 있었으며 동성애자 스카우트 마스터를 고용하도록 강요하는 것은 그 조직의 가치와 모순되는 것이었다.

이 결정에서 주목할 것은 만약 단 한 명의 대법관만 다르게 투표했다면 대법원은 보이스카우트와 같은 민간단체도 개인의 동성애 행위를 근거로 누군가를 배제하거나 채용을 거부할 수 없다고 판결했을 것이라는 점이다. 이 판결은 대중에게 문을 개방하는 모든 기독교 사역에 대해 적용될 수 있는 법적 판례를 제공할 수 있었다. 그럼에도 대법관 중 4명은 민간조직인 보이스카우트에게 동성애자 스카우트 마스터를 고용하도록 요구할 수 있다고 생각했다. 그들의 뜻이 관철되었다면 보이스카우트에 고용된 동성애자 스카

---

19 *Boy Scouts of America v. Dale*, 540 U.S. 640 (2000).

우트 단장은 미성년 소년들과 함께 캠핑을 갔을 것이다.

미국 시민들이 보이스카우트와 같은 조직에 대해 그러한 요구 사항을 승인하기로 투표했는가? 그런 적이 없다. 주 의회의 의원들은 그러한 요구 사항을 승인하기로 투표했는가? 그렇지 않다. 하지만 그럼에도 불구하고 4명의 연방대법관은 미국 전체에 그러한 요구 사항을 부과할 권리가 있다고 생각했다는 것이다.

그러한 결정이 관철되었다면 오늘날 청소년 목회자들이나 교회의 직원들에게 어떤 의미를 갖는 것일까? 예측하기 어렵다. 하지만 이와 관련한 다른 나라의 동향을 보면 상당히 우려스럽다. 예를 들어, 2008년 2월 8일, 영국 웨일스 카디프의 고용 재판소는 어느 성공회 교회에 청소년 사역자로 지원했다가 거절당했던 동성애자 존 리니(John Reaney)에게 47,000파운드(미화로 약 94,000달러)를 지급하도록 명령했다. 재판소는 리니 씨가 "성적 지향을 이유로" 차별받았다고 판결했다.[20]

더 큰 질문은 이것이다. 미국의 국부들 및 헌법의 작성자와 서명자들은 국가 전체를 위해 무엇이 적절하고 보장되는 성적 행위인지 아닌지를 결정할 권리를 대법원이 갖도록 의도한 적이 있었나? 국가에 있어서 그토록 중대한 의미를 지닌 문제를 선출된 대의원

---

20 "Tribunal Decision Is Mixed Blessing for Church," Diocese of Hereford Press Release (July 18, 2007), www.hereford.anglican.org/pages/news_press release.php?tribunal.txt.

을 통해 국민 전체가 결정하는 것이 아니라, 선출되지 않은 단 9명의 대법관(실제로는 다수를 이룬 대법관 5명)이 결정할 수 있는 근거는 무엇인가?

대법원이 그런 중대한 일을 임의로 결정할 수 있다고 생각하는 것은, 미국이 국가의 중요한 문제들에 대해 민주적 절차와 선출된 대의원을 통해 결정하는 국민의 권리, 즉 원래 건국된 미국 체제의 본질을 미국인들이 오랫동안 망각했다는 것을 의미한다.

d. 동성결혼에 관한 주법

미국 연방대법원의 본보기를 따라 많은 주 대법원도 각 주 헌법에서 추가적인 "헌법적 권리"들을 별안간 발견하기 시작했다. 따라서 주 차원에서도 대법원은 주 의회와 주지사를 능가하는 해당 주의 가장 강력한 집단이 되었다.

예를 들어, 2003년 매사추세츠 주 대법원은 4대 3의 다수결로 주 헌법이 동성 커플에게 결혼할 권리를 부여하도록 요구한다고 결정했다(이 판결은 구드리지 대 공중보건부 사건에서 나왔다).[21] 매사추세츠 주민이나 그들이 선출한 대표가 이 문제를 결정했는가? 아니다. 매사추세츠 주 전체를 위해 이를 결정한 사람들은 매사추세츠 대법원에 속한 단 4명의 법관이었다. 이들은 여러 다른 주지사에 의해 임명

---

21   *Goodridge v. Department of Health*, SJC – 08860 (2003).

되었을 뿐, 어떤 공개 투표로도 선출되지 않았다. 매사추세츠 헌법 (초안 작성자 존 애덤스)은 동성 간 결혼에 관해 아무런 언급도 하지 않고 있으며, 그러한 법적 "권리"는 당시 주 헌법의 원저자와 서명자들에게 의심할 여지없이 터무니없고 부도덕한 것으로 여겨졌을 것이다. 그럼에도 이러한 주법의 혁명적인 변화는 단지 주 대법원에 의해 이루어졌다.

아이오와 주 대법원은 2009년 4월 3일 바넘 대 브라이언(Varnum v. Brien) 사건에서 아이오와 주는 동성결혼을 허용해야 하며 결혼을 단지 한 남자와 한 여자 사이의 결합으로 제한하는 주법은 위헌이라고 (만장일치로) 판결했다. 그 결정의 핵심 구절에서 대법원은 "아이오와 주 헌법에 위배되는 법령은 강력하고 뿌리 깊은 전통적 신념과 대중의 의견에 의해 뒷받침될지라도 무효로 선언되어야 한다"고 말했다.[22]

그러나 결혼이 한 남자와 한 여자 사이에 이루어져야 한다는 요구 사항이 어떻게 "아이오와 주 헌법에 위배"된다는 말인가? 아이오와 주 헌법에는 동성결혼에 관한 조항이 전혀 없다. 단지 결혼을 한 남자와 한 여자로 제한하도록 요구하는 것이 아이오와 주 대법관들의 생각과 일치하지 않았다는 것이 문제이다. 그들은 법에 따른 "동등한 보호"가 이제 동성 간 결혼도 의미해야 한다고 생각하

---

22 *Varnun v. Brien*, No. 07-1499 (2009), section III, p. 13.

며 아이오와 주 헌법이 그렇게 말하고 있다고 판결한 것이다. 그들에게 아이오와 주 의회에서 통과됐거나 통과되지 않은 법률은 중요하지 않았다. 아이오와 사람들의 "강력하고 뿌리 깊은 전통적 신념과 대중의 의견" 따위도 중요하지 않았다. 아이오와 헌법에 적힌 단어들의 명백한 역사적 의미는 중요하지 않았다. 아이오와 헌법이 작성되고 채택되었을 때 명시한 법에 따른 "동등한 보호"가 주의 혼인 관련 법을 위반하며 남자와 남자의 결혼을 "보호"한다는 것을 의미했다고 생각할 수 없을 것이다. 그러나 아이오와 대법관들에게 헌법의 본래 의미는 중요하지 않았다. 아이오와 대법관들의 새롭고 자유로운 의견 외에는 아무것도 중요하지 않았다. 그들은 갑자기 생짜의 사법 권한을 행사하여 주에 새로운 기준을 부과했다. 그렇게 결혼에 대한 주 전체의 정의가 단번에 바뀌어버렸다.

e. 동성애자에게 특별한 법적 권리를 부여하는 법률

1992년 이전부터 이미 콜로라도 주의 덴버, 보울더, 아스펜은 각 시의회를 통해 동성애자에 대한 차별을 금지하는 법안을 통과시켰다. 처음에는 그러한 법이 사람들에게 합리적으로 들렸다. 누가 "차별"을 옹호하고 싶겠나? 가령 미국에는 인종, 성별, 나이 등을 이유로 사람을 차별하는 것을 금지하는 법률이 이미 있다.

그러나 좀 더 생각해 보자. '차별을 금지'하는 법에 동성애자가 포함되어 있다면, 만약 기독교 사진작가가 동성애자의 "결혼식" 사진을 찍어 달라는 요청을 받았을 때 거절할 수 없이 그 일을 강요받게 될까? 뉴멕시코 주에서 그런 일이 일어났다. 일레인 휴게닌 (Elaine Hugenin)이라는 젊은 사진작가는 레즈비언 커플로부터 자신들의 동성 "서약식" 사진 촬영 요구를 정중히 거부했다는 이유로 고소당했다. 뉴멕시코 주 인권위원회는 일레인과 그녀의 남편에게 뉴멕시코 주에서 동성 간 '결혼'이 합법화되지 않았음에도 불구하고 변호사 비용으로 약 7,000달러를 지불하라고 명령했다.[23] 자유수호연맹(ADF)은 일레인의 사건을 뉴멕시코 법원에 항소했다.[24]

교회는 동성 간 "결혼식"을 위해 동성애자들에게 시설을 강제로 임대해야 할까? 뉴저지 주에서 연합감리교회의 오션그로브 캠프모임 협회가 레즈비언 커플의 "시민 연합" 행사를 위한 예배당 임대를 거부했을 때 이런 일이 일어났다. 레즈비언들은 주 민권위원회에 불만을 제기했고, 협회는 해당 시설에 대한 면세 자격을 상실했다. 자유수호연맹은 뉴저지 주를 상대로 소송을 제기하여 신앙에 반하는 활동을 위해 재산을 임대하도록 강요받지 않을 권리를

---

23 *Willock v. Elane Photography*, Human Rights Commission, State of New Mexico (April 9, 2008). www.telladf.org/UserDocs/ElaneRuling.pdf.

24 "ADF to appeal N.M. commission's ruling against Christian photographer" (April 9, 2008). www.alliancedefensefund.org/news/pressrelease.aspx?cid=4467. (역주: 2013년 뉴멕시코 주 대법원은 '법에 따라 종교적 신념을 타협하도록 강요받는 것'은 '시민 권리의 대가'라며 사건을 기각했다. 자유수호연맹은 다시 연방대법원에 항소했지만 연방대법원도 심리를 거부했다.)

변호했다.[25] 이후 해당 사건이 종결될 때까지 면세 자격은 복원되었다.[26]

개인 소유 게스트하우스나 민박집을 소유하고 있는 기독교인 부부가 동성애 커플에게 강제로 방을 빌려주어야 할까? 기독교 서점이나 기독교 라디오 방송국은 구직을 지원하는 기타 자격을 갖춘 동성애자를 강제로 고용해야 할까? 혹은 중소기업 사장이 동성애 행위가 해롭거나 잘못되었다고 생각하더라도 차별금지 소송을 당할까 봐 취업을 지원하는 동성애자를 강제로 고용해야 할까? 그렇다면 초등학교에서는 동성애 행위가 그것을 원하는 사람들에게 도덕적으로 옳은 것이라고 아이들에게 가르쳐야 할까? (이러한 일은 아놀드 슈워제네거 캘리포니아 주지사가 S.B. 777에 서명하면서 실행되었다.[27] 이는 학생의 성별을 남녀에 대한 생물학적 사실보다 학생 본인의 감정에 의존해 각자의 "성별 정체성"을 재정의할 수 있도록 하는 것이다.) 부모는 그러한 교육을 받도록 하기 위해 학생을 학교에 계속 보내도록 강요받게 될까? 지금 법의 입장이 그렇다는 이유로?

---

25 "N.J. ministry sues to prevent state from forcing church to violate its religious beliefs" (Aug. 13, 2007). www.alliancedefensefund.org/news/pressrelease.aspx?cid=4206.

26 역주: 그러나 뉴저지 주 법원은 2012년 레즈비언 커플의 손을 들어주었다.

27 Jill Tucker, "Uproar in Alameda Over Lessons About Gays," *San Francisco Chronicle* (May 16, 2009). www.sfgate.com/cgi-bin/article.cgi?f=/c/a/2009/05/15/BA9C17LD8G. DTL. Also see Text of California Senate Bill 777, introduced by Senator Shiela Kuehl, http://info.sen.ca.gov/pub/07-08/bill/sen/sb_0751-0800/sb_777_bill_20070223_introduced.html. "ADF: Calif. law eliminates 'gender' roles, creates safety hazard for women and children" (Nov. 27, 2007). www.alliancedefensefund.org/news/story.aspx?cid=4311.

이전에는 동성애자들도 사회의 다른 모든 사람들을 보호하는 동일한 법에 의해 보호받았다. 하지만 이 새로운 법들은 더 나아가 동성애자들을 특권과 특별한 보호조치를 받는 특수 계층으로 만들었다. 이 법은 동성애 행위에 특권적 위치를 부여하며, 동성애가 사회에 파괴적이거나 도덕적으로 잘못된 것이라고 생각하는 사람들이 자신의 관점에 따라 표현하고, 사업을 운영하고, 자녀를 양육하는 것을 점점 더 어렵게 만들기 시작했다.

이 때문에 많은 콜로라도 시민들은 해당 도시에서 통과된 "동성애자 권리법"에 동의하지 않았으며, 주 전역에서 그러한 법을 금지하는 콜로라도 헌법 개정안을 제안했다. 주 헌법에 대한 이 수정안은 1992년 11월 3일 53.4%의 표결로 통과되었다.[28] 이 수정안은 콜로라도의 주 또는 지방 정부가 "동성애, 레즈비언 또는 성적 취향, 행위, 관행 또는 그러한 관계"를 특별하게 보호하거나 그러한 사람들에게 특별한 "소수자 지위, 할당 우대, 보호 지위 또는 차별 주장"을 요구할 권리주장을 주지 않을 것을 제시했다.[29]

그러나 이 '수정안 2'는 법원에서 이의를 제기당하고 미국 대법원까지 항소되었다. 1996년 5월 20일에 발표된 로머 대 에반스(Romer v. Evans) 사건 판결에서 연방대법원은 6대 3의 다수결로 콜로

---

28 *Romer v. Evans*, 517 U.S. 620 (1996).
29 Ibid.

라도 헌법 수정안을 뒤집었다.[30]

무슨 일이 일어났는지 다시 짚어보는 것이 중요하다. 동성애자에게 법에 따라 특별한 권리와 보호를 부여해야 하는지에 대한 질문은 어느 사회에서나 매우 중요한 결정이다. 콜로라도 시민들은 민주적 절차에 따른 주 전체 투표를 통해 그러한 특별한 보호를 제공하지 않기로 결정했다. (동성애자들은 이미 다른 모든 시민과 마찬가지로 주의 다른 모든 법률에 의해 보호를 받고 있었기 때문에, 이 수정안은 단지 그들을 특별한 보호 대우를 받는 특수 계층으로 만들지의 여부였다.) 그러나 연방대법원은 콜로라도 시민들이 스스로 그러한 결정을 내릴 권리가 없다고 판결했다. 대법원은 민주적 절차를 뒤집고 이들을 대신해 반대되는 결정을 내렸다.

재차 말하지만, 미국 헌법에는 동성애자에게 특별한 권리를 부여하는 것에 관한 언급이 없다. 하지만 대법원은 헌법에서 이 권리를 또 "발견"했다.

더욱 문제가 되는 것은 연방대법원이 이 판결에서 사용한 논리 전개이다. 앤서니 케네디 대법관은 다수 의견에서 수정안에 대해 다음과 같이 말했다. "수정안의 범위가 그 제시된 이유와 매우 불연속적이어서 수정안은 그것이 영향을 미치는 계층에 대한 적개심으로밖에는 설명할 수 없어 보인다. 수정안은 합법적인 주의 이익

---

30 Ibid.

과 합리적인 관계성이 부족하다."[31]

수정안 2의 지지자 중 다수는 성행위에 관한 전통적이고 도덕적 가치를 고수하는 기독교인 유권자들이었다. 그들은 성적 도덕에 대한 전통적인 기준을 지키려고 했다. 그러나 케네디 대법관은 수정안이 "합법적인 주의 이익과 합리적인 관계성이 부족하다"고 판결했다. 사실상 대법원은 기독교 도덕적 가치는 말할 것도 없고 전통적인 도덕 기준도 "합법적인 주의 이익과 합리적인 관계"가 없다고 말하는 것이다.[32]

그렇다면 여기서 우리는 질문해야 한다. 헌법이나 그 입안자와 서명자가 주법의 기초로서 전통적인 도덕적 가치를 배제해야 한다고 의도한 적이 있었는가? 없었다. 헌법에서 동성애자를 특별한 계층으로 간주하여 법에 따라 특별한 보호를 받아야 한다고 보장한 적이 있는가? 없다. 이는 단지 6명의 연방대법관이 해당 주에 부과한 새로운 정책인 것이다.

안토닌 스칼리아(Antonin Scalia) 대법관은 (렌퀴스트, 토마스 대법관과 함께) 이 판결에 강하게 반대했다. 스칼리아는 수정안 2가 "법을 통해 전통적인 성적 관습을 수정하려는 정치적으로 강력한 소수의 의도에 맞서 이를 보존하려는 외견상 관용적인 콜로라도 사람들의 겸

---

31 앤서니 케네디가 작성한 다수 의견, Ibid.
32 Ibid.

손한 시도"라고 말했다. 그는 "미국 헌법은 이 주제에 대해 아무 언급도 하지 않기 때문에 이 문제는 주 헌법 수정안의 민주적 채택을 포함한 정상적인 민주적 절차로 해결해야 한다"고 덧붙였다. 계속해서 그는 "이 문화 전쟁에서 (정치권과는 달리) 법원이 어느 한 편에서야 한다고 생각하지 않는다. 그러나 오늘날 법원은 전통 세력의 승리를 빼앗기 위해 참신하고 엉뚱한 헌법 원칙을 창안했을 뿐만 아니라 심지어 그들의 전통적 입장 고수를 편협하다고 폄하하기까지 했다"고 지적했다.[33]

스칼리아 대법관은 다음과 같이 결론을 내렸다.

오늘의 다수 의견은 미국 헌법에 어떠한 근거도 없으며, 그런 시늉도 거의 하지 않고 있다. 콜로라도 주민들은 어떤 실질적인 의미에서도 동성애자들을 냉대하지 않으면서 단지 그들에 대한 특혜를 거부하는 전적으로 합리적인 수정안을 채택했다. 수정안 2는 콜로라도 주민 대다수가 선호하는 성도덕이 조금씩 타락하는 것을 방지하기 위해 고안되었던 것이며, 이는 합법적인 목적을 위한 적절한 수단일 뿐만 아니라 미국인들이 이전부터 사용해 온 수단이다. 그것을 철폐하는 것은 사법적 판단이 아니라 정치적 의지에 의한 행위임으로 나는 반대한다.[34]

---

33 안토닌 스칼리아 대법관의 반대 의견, Ibid.
34 Ibid.

하지만 연방대법원의 판결은 6대 3이었고, 그것이 국법이 되었다. 대법원의 권한으로 인해 이제 어느 주의 대다수 시민, 또는 전국의 대다수 시민들도 이를 바꾸기 위해 할 수 있는 일은 아무것도 없다. 이 사안은 미국 국민이 아니라 법원에 의해 결정된 것이다.

f. 사형제를 포함한 기타 사건

선출된 정치인이나 관료집단에 의해 통과되지 않고, 미국 헌법의 일부도 아니지만 법관에 의해 새로이 "발견"된 법률을 대법원이 제정한 사례는 매우 많다.[35] 또한 많은 연방 지방법원과 항소법원도 나름대로의 논리를 바탕으로 사실상 새로운 법률을 제정했으며, 이들의 결정은 미국 대법원의 지지를 받았다. 많은 주 대법원도 주 헌법에 대해 유사한 접근 방식을 취하며 어떤 입법부에서도 통과되지 않은 새로운 권리와 법률을 "만들어" 냈다.

또 다른 한 예를 더 언급해보자. 1972년부터 1976년까지 대법원은 퍼만 대 조지아(Furman v. Georgia, 1972) 판결을 통해 미국에서 모든 사형을 불법화했다. 재판부는 사형이 "잔인하고 비정상적인 처벌"이므로 "잔인하고 비정상적인 처벌"을 금지하는 미 수정헌법 제

---

35 열두 개 주요 사건에 대한 논의는 Robert Levy and William Mellor, *The Dirty Dozen: How Twelve Supreme Court Cases Radically Expanded Government and Eroded Freedom* (New York: Sentinel, 2008)와 Alan Sears and Craig Osten, *The ACLU vs. America* (Nashville: Broadman & Holman, 2005), 22~26.를 참고하라.

8조를 위반한다고 판단했다.[36] 그러나 이 해석은 해당 수정헌법의 본래 의미가 전혀 아니었다. 왜냐하면 이 수정헌법 채택 이전과 이후에도 미국에서는 사형이 수백 번 집행되었기 때문이다. 실제로 헌법 자체는 여러 곳에서 사형에 대한 국가의 권리를 오히려 보장하고 있다. 수정헌법 제5조는 "… 어떤 사람도 같은 범죄로 두 번 생명이나 신체의 위험에 처해져서는 안 된다"고 명시하면서, 일부 범죄로 인해 사람들이 사형에 처해질 수 있다는 사실을 가정하고 있다. 또 같은 수정헌법은 '사형 … 범죄'에 대해 '대배심 기소'를 요구하고 있다. 여기서 '사형'은 당연히 '범죄자의 목숨을 끊는 형벌'을 의미한다.

이후 2008년 케네디 대 루이지애나(Kennedy v. Louisiana) 사건에서 대법원은 "피해자의 생명이 희생되지 않은" 범죄에 대한 범죄자 개인의 사형을 금지했다.[37] 그러나 반역이나 간첩 행위와 같은 특정 "국가에 대한 범죄"에 대해서는 여전히 사형이 허용된다. (케네디 대 루이지애나 사건의 판결은 다시 5대 4로, 케네디 대법관이 스티븐스, 수터, 긴즈버그, 브라이어 대법관 편에 함께했으며 "원본주의(originalist)" 대법관으로 알려진 스칼리아, 토마스, 존 로버츠 주니어, 새뮤얼 알리토 대법관은 다수 의견에 반대했다.)

---

36 *Furman v. Georgia*, 408 U.S. 238 (1972).
37 *Kennedy v. Louisiana*, 554 U.S. 36 (2008).

다시 한번 질문을 던진다. 사형제는 미국 시민이 선출한 대의원을 통해 결정해야 하는 것이 아닌가? 개별 주법의 결정은 마땅히 해당 주의 선출된 대표에게 맡겨야 하는 것이 아닌가? 사형제 존속과 같은 중대한 문제를 선출되지 않은 대법관 9명의 단순 과반수 표결에 맡기는 것이 합당한가? 미국 헌법의 원래 구상은 이러한 문제들을 국민 스스로에게 맡겨 선출된 그들의 대표를 통해 결정하도록 하는 것이었다. 하지만 더 이상 문제가 그렇게 결정되지 않는 것이다.

법원의 권한이 얼마나 넓어졌는지를 제대로 아는 것이 중요하다. 우리 시대의 모든 중요한 법적 문제는 이제 9명의 법관으로 구성된 매우 작은 세력에 의해 결정된다. 그들 중 누구도 미국의 어떤 유권자에 의해 선출되지 않았으며, 그 누구도 미국 유권자들에 대해 어떤 책무를 지고 있지도 않다. 그들은 선출되지도 않았고 책임도 지지 않으면서 오늘날 미국의 거의 모든 중대한 문제를 결정한다.

이것이 우리가 원했던 정부인가? 이것이 과연 민주 국가가 지향해야 할 모습인가? 이것이 우리 미국이 기능하도록 설계된 방식인가? 결코 그렇지 않다.

g. 시민들이 이러한 결정을 바꾸고 싶다면 무엇을 할 수 있을까?

만약 국민들이 대법원의 판결을 통해 이루어진 법률을 바꾸고 싶다면 어떻게 하면 될까? 가령 시민들이 여성의 임신 주기 중 어느 시점부터는 낙태를 허용해서는 안 된다고 생각하거나, 고등학교 졸업식 또는 고등학교 축구 경기 전에 개회 기도를 허용하려면 어떻게, 무엇을 할 수 있을까?

단순한 사실은 미국 시민이 이러한 대법원의 판결을 뒤집을 힘이 전혀 없다는 것이다. 연방 의회나 50개 주 의회 모두가 여성의 낙태 권리를 일부 제한하는 법안을 통과시키든 통과시키지 않든, 그것은 아무런 효과가 없다. 왜냐하면 대법원이 이미 그러한 법률은 "위헌"이라고 판결했기 때문이다. 국민은 그 사안에 대해서 더 이상 스스로 결정을 내릴 수 없는 것이다. 대법원은 국민을 '위해' 그러한 결정을 내린 것이며, 국민이 할 수 있는 일은 그 결정에 순응하는 것뿐이다.

3. 진보 정치인들은 운동권 판사들을 지지한다

이쯤이면 독자들은 물을 것이다. 대법원이 이 모든 권한을 의회로부터 빼앗을 때, 왜 견제와 균형 체계가 작동하여 실수를 바로잡지 않았는가? 사망이나 은퇴로 법원(사법부)에 공석이 생겼을 때 왜 대통령(행정부)과 의회(입법부)는 새로운 판사들을 임명하여 이 "운동권" 판사들을 대체하지 않았을까?[38] 왜 행정부와 입법부는 사법부의 제도 왜곡과 남용에 대해 방어하지 못했을까?

그 대답은 바로 행정부와 입법부의 리버럴 정치인들이 그들의 미국 '개조' 목표를 국민들과 반대파들을 설득해 승인을 얻어내는 힘겨운 길을 통해서가 아니라, 단순히 법원의 판결을 통해 달성할 수 있다는 것을 알아챘다는 사실에 있다. 예를 들어 많은 리버럴 진보 정치인들은 미국에서 낙태를 합법화한 로 대 웨이드 판결에 기뻐했다. 이는 낙태를 제한하거나 금지하는 법률을 뒤집도록 50개 각 주를 설득하는 것보다 훨씬 빠르고 쉬운 해결책이었다.

따라서 의회의 많은 대의원들은 대법원에 대해 "견제와 균형" 역할을 하기보다 법원의 권력 남용을 지지하고 이러한 "사법 운동권"에 동참하는 연방법원과 지방법원 및 항소법원 판사들을 지지하기로 결정했다. 더 많은 진보적인 대통령(클린턴 대통령 등)이 이러한 운동권 법관들(루스 베이더 긴즈버그, 스티븐 브라이어 등)을 대법관으로 임명했다. 즉, 정부의 3권이 각자의 권한과 독립을 지키기 위해 노력하는 대신, 입법부와 행정부의 주요 영향력 있는 인사들이 대법원(사법부)의 부당한 권력 찬탈에 동참하고 지지했고. 이는 견제와 균형 체계의 균열을 가져왔다.

---

38 일부는 그러한 대법관을 탄핵을 통해 직위에서 해임하는 방법도 있다고 말한다. 그러나 헌법은 이를 매우 어렵게 만들었다. 대법관 탄핵은 "반역, 뇌물 또는 기타 중범죄 및 경범죄"의 경우에만 가능하다(United States Constitution, Article II, Section 4: Impeachment).

역사의 실제 사건에서 이것은 다수의 정치인들이 대법원 판사와 하급 법원 판사를 선출하는 수단을 장악하려고 시도하는 지경까지 이끌었다. 물론 그들의 목적은 그들의 신념을 온 국민에게 강요하려는 것이었다.

이 과정은 1987년 레이건 대통령이 로버트 보크(Robert Bork)를 대법관으로 지명했을 때 일어난 전국적인 논란에서 분명하게 드러났다. 보크는 1982년부터 1988년까지 미국에서 대법원을 제외하고 가장 영향력 있는 워싱턴 DC 항소법원에서 재임했던 매우 존경받는 법관이었다. 또한 1973년부터 1977년까지는 미국 법무차관(대법원 사건에서 미국 정부를 대표하는 사람)으로 재직했으며, 1972년부터 1975년까지와 1977년부터 1981년까지는 예일대 로스쿨 교수로 재직했다. 레이건의 지명 당시 그는 미국에서 가장 유능한 헌법학자로 불렸다.

그러나 매사추세츠 주 상원의원 테드 케네디(Ted Kennedy)가 이끄는 많은 리버럴 상원의원들은 그의 지명에 강력히 반대했다. 그들은 보크의 지명이 확정되면 대법원 다수가 낙태에 관한 로 대 웨이드 판결을 반대하고 아마도 뒤집힐 것이라고 생각했다. 그것은 낙태의 합법성에 대한 문제가 다시 한번 민주적 절차로 돌아가 의회 및 각 주의 법률에 의해 결정되는 것을 의미한다. 보크가 지명된 지 45분 만에 케네디는 미국 상원에서 전국으로 방송된 연설을 통해 보크를 강력히 비난했다.[39] 조 바이든 대통령은 당시 상원 사법위원회 위원장이었고, 케네디 상원의원과 함께 보크 반대여론을 이끌었다.[40]

레이건 행정부는 리버럴 진보 세력이 보크 지명자를 상대로 시작한 대규모 흑색 캠페인에 준비가 되어 있지 않았고 이에 효과적으로 대응하지 못했다. 결국 레이건의 지명을 지지할 것으로 예상되었던 비교적 보수적인 남부 민주당 상원의원 중 다수가 보크 인준안에 반대표를 던졌고, 진보적인 공화당 상원의원 6명도 반대표를 더했다.[41] 최종 투표 결과는 58대 42로 인준 거부였다. 결국 그가 지명되었던 공석은 앤서니 케네디(Anthony Kennedy) 대법관으로 채워졌다. 미국 상원에서의 그 표결은 그로부터 수십 년 동안 미국 역사의 방향을 비극적으로 바꿔 놓을 것이었다.

1987년 후보 지명에서 패배한 이후 보크는, 국가에 무엇이 필요하고 좋은지에 대한 법관의 개인적인 견해가 아니라 헌법 제정 당시의 본래 공적 의미가 헌법 해석의 지침이 되어야 한다는 '원본주의(originalism)' 원칙을 강력히 피력하였다.

3년 후인 1990년에 보크 판사는 법원의 권력 남용에 대해 중

---

39 James Reston, "Kennedy and Bork," *New York Times* (July 5, 1987).

40 Tony Mauro, "Joe Biden and the Judges," *Law.com* (Sept. 8, 2008).

41 보크에게 반대표를 던진 공화당 상원의원은 다음과 같다. John Chafee (RI), Bob Packwood (OR), Arlen Specter (PA), Robert Stafford (VT), John Warner (VA), and Lowell P. Weicker (CT).

요한 비판을 담은 베스트셀러 『미국을 향한 법의 정치적 유혹(*The Tempting of America: The Political Seduction of the Law*)』을 출간했다. 이 책에서 보크 판사는 법원의 권력 남용으로 인해 무엇이 위태롭게 되는지 명확하게 설명한다.

지난 수십 년 동안 미국의 제도들은 정치의 유혹에 맞서 싸워왔다. 한때 각자의 신념을 가지고 있었던 전문직과 학계는 점점 정치적 유혹에 굴복해, 일부는 정치적으로 유리한 결과 외에는 아무것도 중요하지 않다는 신념을 가지는 수준으로 몰락해 있다. 이 전쟁에서 정치는 변함없이 다른 학문을 지배하여 그것을 자신의 정치적 목적을 위해 이용하려고 시도한다. 반면 정치의 영향력 하에 놓인 법, 종교, 문학, 경제, 과학, 저널리즘 등의 분야는 독립성을 유지하기 위해 고군분투한다. 그러나 지성의 영역, 아마도 특별히 지성의 영역과 함께 우리 문화의 점점 더 많은 영역이 정치화됨에 따라 이들이 각자의 정체성과 청렴을 유지하는 것은 점점 더 어려워지고 있다. 논리나 객관성, 심지어 지적 정직성조차도 오로지 "올바른" 정치적 결과를 방해하는 것은 무엇이든 부정되는 현실이 다가오고 있다.

이것이 이루어지는 과정은 분야마다 다를 수 있다. … 법의 경우에는 그 유혹의 순간이 바로 판사가 자신이 맡은 사건에서 자신의 확고한 정의

관과 그의 정치적, 도덕적 의무가 헌법의 조항이나 어떤 법령에도 명시되지 않았음을 깨닫는 순간이다. 이때 그는 자신의 정의관과 미국의 정부 형태 사이에서 하나를 선택해야 한다. … 이렇게 한 번 유혹에 굴복하는 것은 우리 사회가 당면한 시급한 문제를 해결함과 동시에 미국의 근간에 희미한 균열을 만든다. 입법자가 있어야 할 자리에 판사가 지배하기 시작한 것이다.[42]

내 지명을 둘러싼 충돌은 우리 법문화를 지배하기 위한 이 장기간의 전쟁에서 단지 하나의 싸움에 불과했다. … 법을 지배하기 위한 큰 전쟁에서 진영은 오직 둘 뿐이다. 헌법과 법령의 원칙이 건재하고 그 원칙이 법관을 통제하든지, 아니면 판사가 특정 집단이나 정치적 명분을 위해 헌법과 법령을 유연하게 재작성할 수 있는지 이다. … 헌법은 … [정치권] 최고의 전리품이며, 법관 선정에 대한 통제는 그 전리품을 향한 마지막 단계이다. 왜냐하면 헌법은 미국 정치의 최고 으뜸패이고 헌법이 의미하는 바를 법관이 결정하기 때문이다. 대법원이 헌법을 인용하는 순간, 그것이 합법적이든 아니든 해당 문제에 대한 민주적 절차는 종결된다.[43]

---

42   Robert Bork, *The Tempting of America: The Political Seduction of the Law* (New York: Simon & Schuster, 1990), Reprinted and edited with the permission of the Free Press, a Division of Simon & Schuster, Inc., copyright (c) 1990 by Robert H. Bork. All rights reserved.

43   Ibid., 2~3.

미국 자유의 기초는 우리 공화국의 구성에 있다. 그 구성의 주요 특징은 중앙 정부의 권한을 분리하고 주에서 상당한 수준의 자치권을 유지하기 위해 국가의 권한을 제한한다는 것이다. 이는 둘 다 헌법에 명시되어 있다. … "권력의 분리"라는 문구는 간단히 말해서 의회가 헌법 제1조에 정의된 "모든 입법권"을 갖고, 대통령은 제2조에 명시된 "행정권"을 보유한다는 의미이며, 사법권은 제3조가 명시하고 있는 법원이 갖는다는 의미이다. … 그러나 헌법에는 사법부가 입법권이나 행정권을 조금이라도 가지고 있다는 암시가 전혀 없다. 헌법이 연방법원에 의도한 기능은 다른 부서(입법부)에서 제정한 그대로 법을 적용하는 것이다. 사법부의 위대한 임무는 헌법적 설계를 보존하는 것이다.

헌법은 정책 결정 권한을 부여받은 모든 사람이 정기적으로 열리는 선거를 통해 국민에게 직접 책임을 진다는 규정을 통해 우리의 자유를 보호한다. 그런데 공직자들 중 유일하게 연방 판사는 종신 임기가 부여되어 국민에게 책임을 지지 않는다. … 그러나 판사가 매우 중요한 역할을 수행해야 한다는 이유로 선출되지 않고, 책임을 지지도 않고, 대표성도 없다면, 누가 판사의 권력으로부터 우리를 보호할 수 있을까? 우리는 어떻게 우리의 보호자의 위해로부터 보호받을 수 있을까? 이에 대한 대답은 바로 판사가 스스로 옳다고 생각하는 자신의 견해와는 별개로 오직 법에만 구속되어 있다고 여기는 것뿐이다. 판사는 헌법이나 법률에서 공정하

게 찾을 수 없는 그 어떤 정책도 만들거나 적용해서는 안 된다.[44]

판사가 법의 구속을 받는다는 것은 무엇을 의미하는가? 법이라고 객관적으로 부를 수 있는 유일한 것, 즉 헌법이나 법령이 제정되었을 때 그것이 일반적으로 이해되었던 그 본문의 원칙에 구속된다는 뜻이다.[45]

판사는 정의상 지식인 계층의 구성원이다. … 대부분의 사람들과 마찬가지로 판사도 자신을 둘러싼 주변 문화의 가정을 받아들이게 된다. 만약 그들이 헌법의 본래 이해된 의미를 버리도록 설득된다면, 그들은 현대의 진보적 문화의 가정을 반영하는 헌법적 규칙을 고안할 가능성이 높다.

그런 일이 지난 수십 년 동안 반복적으로 일어난 것이다. 이것은 대법원이 왜 성별과 인종에 따른 차별을 명백히 금지하는 법령에 따라 역차별을 승인하고, 낙태를 할 권리가 어떻게 헌법에서 파생될 수 있는지 조금도 설명하지 않은 채 헌법에서 갑자기 찾아내고, 또 헌법에서 동성애 행위의 권리를 발견해내는 것을 겨우 한 표 차이로 막아낼 수밖에 없었는지 잘 설명해준다. 심지어 헌법은 여러 차례 사형을 입법적 선택의 문제

---

44 Ibid., 4~5.
45 Ibid., 5.

라고 명시적으로 가정하고 있음에도 불구하고, 대법원은 몇 년 동안 사형제를 폐지하기도 했다. 나의 요점은 이러한 선택들이 필연적으로나 도덕적으로나 정치적으로 잘못되었다는 것이 아니다. 단지 내가 말하고 싶은 것은 바로 헌법에 따라 이러한 사안을 법원이 아니라 국민과 국민이 선출한 대표가 결정해야 한다는 것이다.

[헌법의] 목록에 대한 본래의 이해에서 벗어날 때마다… 민주적 절차로는 그러한 목표를 달성할 수 없는 현대 리버럴 문화의 정치적 의제를 하나씩 하나씩 제정하거나 제정하려는 시도로 이어졌다는 사실은 상당히 주목할 만하다. 나의 지명안을 둘러싼 논쟁의 본질은 바로 이 법원의 올바른 역할에 대한 견해 차이였다. … 반대파는 자신들이 단지 한 명의 법관 후보자를 놓고 싸우는 것 정도가 아니라 그 이상이라는 사실을 잘 알고 있었다. 그들은 법 문화에 대한 통제권을 놓고 싸웠던 것이다.[46]

이 싸움은 궁극적으로 일반 대중의 가치보다 훨씬 더 평등주의적이고 사회적으로 허용적인, 즉 좌파-리버럴 지식인 계층의 가치관이 선거를 통해서가 아니라 대법원에 의해 법으로 제정될 수 있느냐의 문제다.[47]

---

46 Ibid., 8~9.
47 Ibid., 337.

4. 원본주의적 헌법 해석의 대두

대법원이 권한을 강화하고 새로운 법률을 제정하는 과정에서 많은 사람들이 이를 매우 강력하게 비판했다. 이러한 비판의 대부분은 소수 의견을 가진 대법관이 작성한 반대 의견에서 찾을 수 있다. 원본주의(originalism)란 용어는 일반적으로 대법원에 회부된 사건을 판단하는 데 있어 법이 작성된 당시의 '본래 의미(original meaning)'에 따라 결정되어야 한다는 관점을 말한다.[48]

1973년 로 대 웨이드 사건에서는 오로지 윌리엄 렌퀴스트(1972년 재임) 대법관만 원본주의를 옹호했다. 2010년에는 로버츠 대법원장과 스칼리아 대법관, 토마스 대법관, 알리토 대법관 등 4명의 대법관이 대체로 원본주의를 고수하고 있다.[49] 앤서니 케네디 대법관은 경우에 따라 한쪽 편을 들기도 하고 다른 쪽 편을 들기도 한다.

이들 [원본주의자] 대법관들은 대법원이 국가에 매우 중요한 위와 같은 사안들을 결정해서는 안 되며, 국가(의회)와 주 정부 및 지방 단위의 선출된 대표를 통해 결정할 수 있도록 국민에게 다시 돌려보내야 한다고 여러 차례 말한 바 있다. 그것이 바로 미국이 기능하도록 고안된 방식이며 헌법에 명시된 미국 정부의 기능이라는

---

48 역주: "originalism"은 우리말로 '원본주의', '원전주의', '원의주의', 또는 "textualism"에 가까운 '원문주의'로도 번역되어 왔다. 이 책에서는 '원본주의'로 번역했다.

49 역주: 여기에 더해 도널드 트럼프 전 대통령이 임기 중 임명한 닐 고르서치(Neil Gorsuch), 브렛 캐버노(Brett Kavanaugh), 에이미 코니 배럿(Amy Coney Barrett) 대법관도 모두 헌법 해석에 있어 원본주의 또는 원문주의(textualism)을 고수한다.

것이다. 헌법 제1조의 앞부분은 "여기서 부여된 모든 입법권은 상원과 하원으로 구성된 미국 의회에 주어진다"고 명시하고 있다.

D. "원본주의" 판사들을 임명하여 사법부의 권력을 제한해야 한다

1. 강하게 대립하는 민주당과 공화당

나는 사법 체계 통제를 위한 싸움이 오늘날 미국의 미래를 위한 가장 중요한 이슈라고 믿는다. 이 문제의 한편에는 헌법을 "해석"한다고 말하며 결국 법관 자신이 가장 좋다고 생각하는 새로운 법률을 계속해서 만들고 관철하는 리버럴 진보 판사들과 이러한 운동권 법원과 판사들의 행동을 옹호하는 리버럴 정치인들이 있다. 미국의 각 주에서는 민주당 주지사가 법원의 권한에 대해 이러한 운동권 견해를 갖고 있는 법관을 주 대법원 판사로 임명한다. 연방 차원에서도 민주당 대통령과 민주당 상원의원들은 대법원이나 연방 항소법원으로 지명된 대부분의 원본주의 법관들의 인준을 반대하고, 대신 헌법을 새로운 '권리'와 법률을 '발견'해 낼 수 있는 "살아있는 헌법(living Constitution)"으로 보는 "운동권" 판사(예를 들어 긴즈버그, 브라이어, 소토마요르 대법관 등)를 임명한다.

이 문제의 반대편에는 헌법과 국법 및 주법을 그 법이 작성될 당시의 본래 의도와 뜻에 따라 해석하고 적용하는 것을 자신의 임무라고 여기는 많은 법관들이 있다. 이들은 정치 스펙트럼 상 비교적 보수적이며, 대부분의 공화당 주지사, 공화당 대통령 후보, 공화당 상원의원은 그러한 후보자를 사법부 직위에 임명해왔다. (당시 온건하게 보수적인 판사로 명성을 얻었던 존 폴 스티븐스 대법관은 1975년 공화당 대통령인 제럴드 포드에 의해 임명되었지만, 그는 임기 대부분을 줄곧 대법원의 리버럴 진보 운동권 대법관 측의 편에 서 왔다.)

많은 사람들이 묻는다. "미국에 무슨 일이 일어난 것인가요?" "왜 우리는 전통적 도덕 가치와 관행에서 그토록 멀어졌나요?" 주된 이유 중 하나는 미국 사회가 직면한 거의 모든 중요한 정치적 문제에 대한 결정권을 대법원이 가져갔기 때문이다. 미국 대법원과 주 대법원의 판결로 인해 계속해서 좌경화되어 온 다음 영역을 고려해 보라.

(1) 낙태

(2) 동성애와 동성결혼

(3) 공공 행사 및 공공장소에서 종교를 제거

(4) 공적 활동에 영향을 미치는 종교적 신념의 타당성 훼손

(5) (3)과 (4)의 결과로, 공립학교에서 모든 사람이 각자의 행동에 대해 하나님 앞에 져야 할 책임이나 절대적 도덕 기준 제거, 그리고 이를 통해 일어나는 광범위한 도덕적 타락

(6) 음란물에 대한 최소한의 제한만 놔둔 채 모든 제한을 무효화하여 개인의 성도덕 훼손

(7) 미국 헌법을 해석하는 데 국제법을 사용하여 미국의 주권을 훼손

2. 대법원의 구성

2010년 기준 대법원 구성은 다음과 같이 진보적인 "운동권" 대법관과 보수적인 "원본주의" 대법관이 거의 균형을 이루고 있다.[50]

대체로 리버럴:

– 스티븐 브라이어(1938년 출생, 1994년 클린턴 대통령이 임명)

– 루스 베이더 긴즈버그(1933년 출생, 1993년 클린턴 대통령이 임명)

– 소니아 소토마요르(1954년 출생, 2009년 오바마 대통령 임명)

– 존 폴 스티븐스(1920년 출생, 1975~2010년 포드 대통령이 임명)

부동표(swing vote, 종종 "원본주의" 입장에 선다):[51]

---

50 역주: 2023년 기준으로 이중 5명이 다음과 같이 교체되었다:
   – 존 폴 스티븐스 → 엘레나 케이건(1960년 출생, 2010년 오바마 대통령이 임명=리버럴)
   – 안토닌 스칼리아 → 닐 고르서치(1967년 출생, 2017년 트럼프 대통령이 임명=보수)
   – 앤서니 케네디 → 브렛 캐버노(1965년 출생, 2018년 트럼프 대통령이 임명=보수)
   – 루스 베이더 긴즈버그 → 에이미 코니 배럿(1972년 출생, 2020년 트럼프 대통령이 임명=보수)
   – 스티븐 브라이어 → 케탄지 브라운 잭슨(1970년 출생, 2022년 바이든 대통령이 임명=리버럴)
51 역주: 이 '부동표' 역할은 케네디 대법관 퇴임 이후 존 로버츠 대법원장이 주로 맡고 있다.

– 앤서니 케네디(1936년 출생, 1988년 레이건 대통령이 임명)

헌법의 본래 의미에 따라 일관되게 판결:

– 새뮤얼 알리토(1950년 출생, 2006년 조지 W. 부시 대통령이 임명)

– 존 로버츠 주니어(1955년 출생, 2005년 조지 W. 부시 대통령이 임명)

– 안토닌 스칼리아(1936년 출생, 1986년 레이건 대통령이 임명)

– 클라렌스 토마스(1948년 출생, 1991년 조지 H. W. 부시 대통령이 임명)

이 상황은 오래 지속될 수 없다. 현재 판사 9명 중 5명은 (이 글을 쓰는 시점에) 최소 70세 이상이다. 누군가 은퇴하거나 사망할 때마다 현 대통령은 후임자를 지명하고 미국 상원의 인준을 받는다.

이것이 바로 4년마다 열리는 대통령 선거와 미국 상원의원 선거가 그토록 중요한 이유다. 그 선거를 통해 대법원의 방향과 국가 전체가 취하게 될 방향을 결정하는 것이다.

4명의 리버럴 대법관이 4명의 "원본주의" 대법관으로 대체된다면, 그들은 선출된 국민의 대표가 국가의 중요한 당면 문제를 결정할 수 있도록 사건을 의회와 개별 주에 보낼 것이다.[52] 미국은 국민이 선출하지 않은 법관이 통치하는 나라가 아니라, 다시 진정한 민

---

52 역주: 실제로 2022년 대법원의 '돕스 대 잭슨(*Dobbs v. Jackson*)' 판결로 인해 낙태 관련 입법 권한이 각 50개 주 의회로 돌아갔다.

주 국가가 될 것이다. 미국의 국부들이 의도했던 나라로 다시 기능할 것이며, 정부의 입법부, 행정부, 사법부 간 견제와 균형 체계가 복원될 것이다.

그러나 만약 보수적인 대법관 중 한 명 이상이 조금만 더 진보적인 대법관으로 교체된다면, 리버럴 대법관들은 4~5명의 과반수를 점하여 공격적으로 그들이 원하는 진보적 의제를 나라에 더 많이 부과할 것이다. 그리고 그것을 막기 위해 우리 국민이 할 수 있는 일은 아무것도 없을 것이다.

현재로서는 앤서니 케네디 대법관이 미국 사회가 직면하고 있는 많은 중요한 문제들을 혼자서 결정하는 것이나 마찬가지다. 부동표를 가지고 있는 그는 어느 편에 설지 자기가 결정할 수 있으며, 자기가 편드는 측이 곧 다수를 차지하게 된다. 결과적으로 미국이 국가적으로 직면한 많은 중대한 사안들이 한 번도 국민에 의해 선출된 적이 없는 단 한 사람에 의해 결정되는 것이다.

이것은 민주제가 아니다. 이것은 우리의 국부들이 우리에게 전해준 입헌공화국의 모습과는 전혀 다르다. 이것은 우리 선조들이 목숨을 바쳐 싸워 확립한 정부체계가 결코 아니다. 이것은 "국민의, 국민에 의한, 국민을 위한" 정부가 아니다. 이것은 사실상 선출되지 않은 한 사람이 실질적으로 통치하는 정부이며, 끔찍하게 잘못된 체계이다.

양당 지도자들도 이 현실을 깊이 인식하고 있다. 그들은 대법관을 임명하는 능력이 현재 미국 정치의 궁극적인 목표라는 것도 깊이 인식하고 있다.

더 나아가 대법원은 매년 매우 적은 사건만을 판결할 수 있기 때문에 사실상의 최종심이라고 할 수 있는 미국의 12개 항소법원도 엄청난 권한을 갖고 있다. 그렇기 때문에 민주당은 2006년 선거 이후 한 표 차이로 상원의 우위를 점했을 때 부시 대통령의 항소법원 판사 지명자를 거의 모두 저지했다. 상원에서 51표의 과반수를 확보함으로써 민주당은 모든 상원 위원회를 장악했고, 법사위원회 위원장인 버몬트 주 패트릭 레이히(Patrick Leahy) 상원의원은 부시 대통령이 지명한 항소법원 및 하급법원 판사에 대한 청문회 개최 자체를 아예 거부해버렸다. 수많은 후보자들이 2년 이상을 기다렸지만 청문회를 전혀 기대할 수도 없었다. 이것은 대통령의 법관 지명을 승인하거나 거부해야 하는 상원의 책임을 저버린 것이며, 대통령의 임명권을 노골적으로 침해한 것이었다.

부시 대통령이 퇴임할 때까지 항소법원 판사 후보자 10명과[53] 17명의 지방법원 후보자들은[54] 청문회조차 열지 못했다. 이는 이전

---

53 Congressional Research Service Report for Congress: Nominations to Article III Lower Courts by President George W. Bush During the 110th Congress, Updated Oct. 20, 2008, 5. www.fas.org/sgp/crs/misc/RL33953.pdf.

54 Ibid.

어떤 상원보다도 훨씬 더 많은 대통령 지명자의 청문회를 거부한 것이다.

3. 대법원 문제에 적용되는 성경적 원칙

이 문제에 대한 명확한 성경적 입장이 있을까? 기독교 세계관은 다음의 여러 가지 이유로 헌법이나 법률의 "본래 의도"에 따라 판결하는 법관을 지지하도록 요구하고 있다.

(1) 로마서 13장 1절은 "각 사람은 위에 있는 권세들에게 복종하라"고 했다. 미국에서 수립된 정부 체제의 가장 높은 "통치 권한"은 특정 문서, 즉 연방헌법 그 자체이다. 판사가 헌법의 본래 의미에 부합하지 않거나 심지어 헌법의 본래 의미에 어긋나는 판결을 내릴 때, 그 판결은 이 땅의 "권세", 즉 헌법에 복종하는 것이 아니다. 이 법관들은 그들이 지지하겠다고 맹세한 정부 체계의 적용을 받지 않는다. 이는 로마서 13장에서 확립한 분명한 원칙에 불순종하는 것이다.

(2) 인간 정부에서 권력을 분리하는 것이 현명하다는 성경의 가르침은 너무 많은 권력이 단 하나의 작은 집단의 손에 집중되는 것을 강력하게 반대하기 때문이다. (권력분리에 대해서는 3장 I섹션 참고하라.)

권력 남용을 방지하는 가장 좋은 방법은 권력을 나누는 것이다. 초대교회에도 다수의 사도와 장로가 있었다.

(3) 사람들은 자신의 행동에 대해 책임을 져야 한다는 원칙(성경에 확립된 모든 통치 구조에 내재된 원칙)은 법을 판단하는 사람들(대법관)이 법을 만드는 사람들이 되어서는 안 된다는 것을 의미한다. (운동권 대법관은 자신이 결정한 내용이 어떠한 법령이나 헌법 조항에 합법적으로 근거하지 않을 때 사실상 법을 '만들게' 된다.) 또한 가장 중대한 법률을 만드는 사람들이 국민에 의해 선출되지 않았거나 국민에게 아무런 책임을 지지 않는 사람이 되어서도 안 된다. 현재 대법원은 대법관들이 자신의 행위에 대해서 아무런 책임을 지지 않고, 따라서 권력이 남용되기 쉽다.

(4) 모든 기독교인은 공적 광장에서 하나님을 배제하는 것, 음란물이 만연하는 것, 삶의 다른 많은 영역에서 도덕 기준이 침식되는 것, 공립학교에서 하나님의 존재와 그분이 세상을 창조하셨다는 것을 가르치지 못하게 하는 것, 낙태에 대한 무제한적인 권리 보장, 동성애 행위에 대한 권리 증가, 그리고 기타 많은 개인의 자유 침해 등을 목격하면서 분명한 '반(反)기독교적' 결과가 나타나고 있음을 보고 있다. 이것들은 모두 오늘날 운동권 법원의 결과이자, 성경적 원칙에 반하는 결과이다.

4. 민주당이냐 공화당이냐의 투표가 이 나라의 미래를 좌우한다

기독교인 개개인이 이 문제에 영향을 미칠 수 있는 실질적인 방법 중 하나는 투표이다. 투표하는 모든 기독교 시민은 모든 선거에서 이 사안에 대해 한쪽 또는 다른 쪽을 돕게 된다.

불행하게도, 미국의 두 정당은 이제 이 문제에 대해 완전히 상반되는 접근 방식을 채택했다. 민주당은 그들의 진보적 의제를 증진시키기 위해 법원을 이용할 리버럴, 운동권 판사를 옹호하고, (전부는 아니지만 대부분의) 공화당은 헌법 본래의 의미에 따라 판결을 내릴 법관들, 즉 "헌법 원본주의"를 지지한다. 따라서 각 주와 연방 수준에서 양당 후보자에 대한 모든 투표는 한쪽 정당 또는 다른 쪽 정당을 강화시키며, 결과적으로 이는 리버럴 운동권 판사를 만들거나 아니면 보수적이고 원본주의적인 판사를 만들게 된다.

민주당이 미국 상원에 당선된다면 그들은 운동권 법원을 영속시킬 것이다. 민주당원이 미국 하원이나 주 공직에 당선되면 그들 중 일부는 미국 상원이나 대통령직에 진출하게 되기도 한다. 주 차원에서도 민주당 주지사는 이러한 운동권 판사를 임명할 것이며, 주 의회의 민주당 의원들은 일반적으로 이러한 추세를 지지할 것이다.

반면, 공화당원은 (전부는 아니지만 대부분) 헌법의 본래 의도와 통과된 법률을 고수하는 주 및 연방 판사를 지원하려고 노력해 왔다. 따라서 주와 연방 단위에서 공화당 후보에게 투표하는 것은 우리 사회에서 무책임한 판사의 지배를 깨뜨릴 수 있는 가장 좋은 방법이자 실제적인 변화를 가져올 수 있는 방법이다. 또한 이것이 내가 아는 유일한 방법이기도 하다.

이것이 우리나라가 직면한 가장 중요한 문제라고 믿는다. 이것은 궁극적으로 누가 나라를 통치하는가를 결정하기 때문이다. 이는 우리가 다시 한번 "국민의, 국민에 의한, 국민을 위한" 정부를 갖춘 국가가 될 것인지, 아니면 선출되지 않은 9명의 종신 대법관에 의해 영원히 통치될 것인지를 결정하는 것이다.

2부

주제별 이슈들

6장. 생명의 보호

A. 낙태

1. 이슈

낙태와 관련된 정치적 이슈는 다음과 같다.

정부는 태아의 생명을 보호하기 위한 법률을 제정해야 하는가?

위 질문에 대한 대답이 '예'라면 다음과 같은 보다 구체적인 질문에 답해야 한다.

- 태아는 잉태의 순간부터 출생의 순간까지 보호되어야 하는가, 아니면 임신 후반기부터만 보호해도 되는가?
- 태아를 아기라고 부를 수 있는가?
- 태아의 생명을 빼앗는 경우 어떤 처벌을 받아야 하는가?

정부가 태아의 생명을 보호하는 법률을 제정할 필요가 없다고 생각하는 사람들에게도 다음과 같은 정책적 질문이 남아 있다.

- 정부는 여성의 낙태 비용을 지불해야 할까?
- 낙태가 도덕적으로 잘못되었다고 생각하는 의사나 기타 의료서비스 제공자에게 낙태시술 제공을 강요해야 할까?
- 정부 정책은 낙태를 장려해야 할까, 아니면 억제해야 할까(교육 정책, 다른 나라의 관련 서비스에 대한 지원 정책 등 포함)?

2. 이와 관련된 성경의 가르침

a. 태아는 잉태의 순간부터 사람으로 대우받아야 한다

성경은 여러 본문을 통해 태아가 잉태되는 순간부터 사람으로 간주하고 있음을 시사한다. 예를 들어, 세례 요한이 태어나기 전, 그의 어머니 엘리사벳이 임신 6개월쯤 되었을 때 곧 예수의 어머니가 될 친족 마리아가 엘리사벳을 방문했다. 누가는 이렇게 기록한다.

엘리사벳이 마리아가 문안함을 들으매 아이가 복중에서 뛰노는지라 엘리사벳이 성령의 충만함을 받아 큰 소리로 불러 이르되 … 보라 네 문안하는 소리가 내 귀에 들릴 때에 아이가 내 복중에서 기쁨으로 뛰놀았도다 (눅 1:41~44)

성령의 충만함으로 엘리사벳은 임신 6개월의 태아를 "아이"(헬라어 원문으로 brephos, 아기 또는 유아)라고 부른다. 이는 누가복음 2장 16절에서 예수를 "구유에 누워 있는 아기[brephos]"라고 불렀던 것(눅 18:15; 딤후 3:15 참고), 즉 태어난 후의 아기를 지칭하는 데 사용된 헬라어 단어와 동일하다. 엘리사벳은 또한 아기가 "기쁨으로 뛰놀았다"라고 말했는데, 이는 사람의 행동이다. 아기는 마리아의 목소리를 들을 수 있었고, 태어나기도 전에 그 목소리로 인해 기쁨을 느꼈다. (현대 의학에 따르면 태아는 아빠와 엄마, 또는 다른 가족 구성원의 목소리를 구별하고 익숙해질 수 있다.)

다윗 왕은 밧세바와 범죄하고 선지자 나단에게 책망을 받았다. 이후 다윗은 시편 51편에서 "하나님이여 주의 인자를 따라 내게 은혜를 베푸시며 주의 많은 긍휼을 따라 내 죄악을 지워 주소서"(1절)라고 하나님께 간구했다. 그는 자신의 죄를 고백하면서 이렇게 썼다.

내가 죄악 중에서 출생하였음이여 어머니가 죄 중에서 나를 잉태하였나이다 (시 51:5)

다윗은 자신이 태어났을 때를 이야기하면서 자신이 죄인으로서 "출생하였다"고 말한다. 그의 인간으로서의 죄성은 그가 태어나기 전으로 거슬러 올라간 것이다. 다윗은 성령의 지도 아래 "내 어머니가 죄 중에 나를 잉태하였나이다"라고 고백했다.

앞의 어느 구절에서도 그는 어머니의 죄에 대해 이야기하고 있지 않다. 그는 인간으로서 자기 자신의 죄악과 그 깊이에 대해 이야기했다. 이 구절에서도 그는 자신의 죄를 말하고 있는 것이다. 그는 잉태된 순간부터 죄의 본성을 가지고 있었다고 말하고 있다. 이는 그가 잉태되는 순간부터 자신을 별개의 인간, 별개의 인격체로 여겼다는 뜻이다. 그는 단순히 어머니 몸의 일부가 아니라 뚜렷하게 독립된 인격이었다고 고백한다. 사람으로서의 시작은 잉태의 순간부터라고 말하는 것이다.

다윗은 자기가 모태에서 자라는 동안에도 스스로를 사람으로 생각하였다.

주께서 내 내장을 지으시며 나의 모태에서 나를 만드셨나이다 (시 139:13)

여기에서도 다윗은 어머니 뱃속에 있었을 때부터 자신을 별개의 사람("나")으로 지칭한다. "내 내장"으로 번역된 단어는 히브리어 킬야(kilyah)이다. 이는 문자적으로는 "신장"이지만, 문맥상 사람의 가장 깊은 내면의 생각과 감정을 의미한다(시편 16:7; 26:2; 73:21; 잠 2:16; 렘 17:10).

다윗 이전에도, 이삭의 아내 리브가는 야곱과 에서라는 이름의 쌍둥이를 임신하고 있었는데, 다음과 같은 일이 일어났다고 성경은 기록한다.

그 아들들[히브리어 '바님(banim)', '벤'의 복수형]이 그의 태 속에서 서로 싸우는지라 그가 이르되 이럴 경우에는 내가 어찌할꼬 하고 가서 여호와께 묻자온대 여호와께서 그에게 이르시되 두 국민이 네 태중에 있구나 두 민족이 네 복중에서부터 나누이리라 이 족속이 저 족속보다 강하겠고 큰 자가 어린 자를 섬기리라 하셨더라 (창 25:22~23)

여기서도 성경은 태아를 태 속의 "아이들"로 간주한다. (히브리어 '벤[ben]'은 구약에서 "아들" 또는 "자녀들"을 뜻하는 데 4,900번 이상 사용된 일반적인 용어이다.) 이 쌍둥이는 어머니의 뱃속에서부터 싸웠다고 기록한다. 출생 전부터 그들은 이미 별개의 인격체로 간주되며 성경은 그들의 미래도 예측하고 있다.

낙태 문제와 관련해 아마도 가장 중요한 구절은 모세 언약 시대에 하나님께서 이스라엘 백성을 위해 모세에게 주신 구체적인 율법에서 찾을 수 있다. 어느 특정 율법은 임산부와 태아의 생명 또는 건강이 위협을 받거나 해를 입은 경우, 이에 따른 처벌에 대해 명시하고 있다.

사람이 서로 싸우다가 임신한 여인을 쳐서 낙태하게 하였으나 다른 해가 없으면 그 남편의 청구대로 반드시 벌금을 내되 재판장의 판결을 따라 낼 것이니라 그러나 다른 해가 있으면 갚되 생명은 생명으로, 눈은 눈으로, 이는 이로, 손은 손으로, 발은 발로, 덴 것은 덴 것으로, 상하게 한 것은 상함으로, 때린 것은 때림으로 갚을지니라 (출 21:22~25)[1]

이 율법은 남자들이 싸우다가 그중 한 명이 실수로 임산부를 때리는 상황을 이야기하고 있다. 그들은 의도하지 않았지만 옆의 임산부를 때릴 정도로 부주의했다. 이 경우 두 가지 가능성에 따라 처벌이 나누어진다.

1. 이로 인해 조산이 이루어졌으나 임부나 태아에게 해가 없어도 여전히 처벌이 있다. "그 남편의 청구대로 반드시 벌금을 내되"(22절). 임산부와 아이의 생명과 건강을 부주의하게 위험에 빠뜨린 것에 대한 처벌이다. 현대 사회에도 비슷한 법이 있다. 가령, 차로 사람을 치지 않았다 하더라도 음주 운전은 적발 시 벌금을 물게

---

1   이 구절에서 "낙태"라고 번역된 내용은 히브리어 원문으로 볼 때 단순히 "아이들이 나오다"(yeled, yātsā)라는 뜻이다. 복수형을 쓴 것은 아마도 한 명 이상의 태아가 있을 가능성을 염두에 두었기 때문일 것이다. 대부분의 영어 성경은 이를 "premature birth" 등으로 번역하고 있다(1999년 이후 NASB; NIV, TNIV, NET, HCSV, NLT, NKJV 등). (역주: 따라서 한국말로는 '유산' 또는 '임신중절수술'을 뜻하는 '낙태'보다, '조산(premature birth)'이 더 정확한 번역이다.)

된다. 그것은 무모하게 인간의 생명과 건강을 위험에 빠뜨리는 것이므로 벌금이나 기타 처벌을 받아 마땅하다.

2. 그러나 임신한 여성이나 아이에게 "해가 있으면" 처벌이 매우 가혹하다. "생명은 생명으로, 눈은 눈으로, 이는 이로…"(23~24절). 이는 산모와 태아 모두가 동등한 법적 보호를 받는다는 것을 의미한다. 태아에게 해를 끼친 것에 대한 처벌은 산모에게 해를 끼친 것만큼 크다. 둘 다 동등한 사람으로 취급되며 둘 다 법의 완전한 보호를 받을 자격을 갖추고 있다.[2]

이 율법을 모세 언약의 다른 율법과 연관시키면 더욱 의미가 깊다. 누군가가 '실수로' 다른 사람의 죽음을 초래한 경우, 모세 율법

---

2   일부 영어 번역에서는 이 구절에 다른 의미를 두고 있다. 예를 들어 NRSV는 이를 다음과 같이 번역한다. "싸우는 사람들이 임신한 여성에게 부상을 입혀 '유산(miscarriage)'이 되지만 더 이상 피해가 발생하지 않는 경우…"(RSV와 1999년 이전 NASB도 마찬가지다.) 이러한 번역에 따르면 아이를 유산하더라도, 즉 태아가 사망하더라도 벌금만 부과된다는 뜻이 된다. 이 때문에 일부 사람들은 이 구절이 태아를 이미 태어난 아이에 비해 가치가 적은 존재로 취급하는 것이라고 주장한다. 태아를 죽인 것에 대한 처벌이 일반 사람을 죽인 것에 대한 처벌보다 더 적기 때문이다. 그러나 이러한 번역에 따른 주장은 설득력이 없다. 이러한 주장을 펴는 사람들은 당시 함무라비 법전(BC 1760년경 고대 바벨론)의 내용을 이와 비슷하다는 이유를 내세운다. 하지만 동시대 다른 법전에 그렇게 나왔다는 이유로 성경의 히브리어 본문에 있는 실제 단어의 의미를 무시해서는 안 된다. 성경의 도덕법과 민법은 종종 이스라엘 주변 고대 문명의 문화와 많이 달랐다. 게다가 '유산'을 뜻하는 히브리어 단어는 따로 있다. (shakal, 샤칼, 창 31:38; 출 23:26; 욥 21:10; 호 9:14 참고). 그러나 그 단어는 이 구절에서 사용되지 않으며 유산을 뜻하는 다른 단어 네펠(nephel, 욥 3:16; 시 58:8; 전 6:3)도 마찬가지다. 여기서 사용된 yātsā라는 단어는 일반적으로 아이의 정상적인 탄생을 가리키는 데 사용된다(창 25:26; 38:29; 렘 1:5 참고). 또한, 이 (잘못된) 번역을 받아들인다 하더라도, 실수로 태아의 사망(유산)을 초래한 사람에게는 벌금이 부과된다는 것이다. 이는 우발적으로 그러한 죽음을 초래하는 것이 여전히 도덕적으로 잘못된 것으로 간주된다는 것을 의미한다. 따라서 의도적으로 태아의 죽음을 초래하는 것, 즉 낙태는 잘못된 번역으로 이해하더라도 도덕적으로 훨씬 더 잘못된 것이다.

에 따르면 "생명은 생명으로"와 같은 사형 처벌이 주어지지 않았다. 우연히 다른 사람을 죽게 한 사람은 대신 대제사장이 죽을 때까지 "도피성"으로 도피해야 했다(민 35:9~15, 22~29 참고). 이것은 물론 집이 아닌 특정 도시 안에 머물러야 하는 것이었지만 일종의 '가택연금'이었다. '생명은 생명으로'보다 훨씬 가벼운 형벌이었다는 것이다.

이는 하나님께서 다른 누구의 생명보다 임산부와 태아의 생명을 보호하는 데 더 높은 가치를 두시고 그에 따라 법을 제정하셨다는 것을 의미한다. 즉, 위의 율법은 태아의 죽음을 다른 여타 사람의 죽음보다 덜 중요하게 다룬 것이 아니라, 오히려 태아나 그 산모의 죽음을 더 중요하고 더 엄중한 처벌을 요하는 것으로 취급했다는 것이다. 또한 이 법은 여성이 임신한 개월 수에 대해 어떠한 언급도 없다. 아마도 이 율법은 유산으로 인해 태아가 사망했다는 사실이 알려질 수 있는 임신 초기 단계부터 적용되었을 것이다.

이 율법은 태아를 우발적으로 살해한 경우에도 적용된다. 태아를 우발적으로 죽이는 것이 하나님 보시기에 그토록 심각한 것이라면, 태아를 고의로 죽이는 것은 분명 훨씬 더 나쁜 범죄일 것이다.

이 모든 성경 본문의 결론은, 바로 우리가 태아를 잉태의 순간부터 사람으로 여기며, 태아에게 최소한 다른 모든 사람들과 동등한 법적 보호를 주어야 한다는 것이다.

여기서 한 가지를 더 말하고 싶다. 성경의 이러한 가르침을 처음 접한 독자 중에는, 아마도 이미 낙태를 경험했거나 혹은 다른 사람에게 낙태를 권유한 사람이 많이 있을 것이다. 나는 그러한 행동이 가진 도덕적 잘못을 축소하거나 부인할 수 없다. 하지만 성경에서 지속적으로 반복하는 말씀을 전할 수는 있다. 바로 자신의 죄를 회개하고 용서를 구하며 예수 그리스도를 통한 속죄를 믿는 사람은 하나님께서 그 죄를 용서해 주실 것이라는 성경의 말씀이다.

> 만일 우리가 우리 죄를 자백하면 그는 미쁘시고 의로우사 우리 죄를 사하시며 우리를 모든 불의에서 깨끗하게 하실 것이요 (요일 1:9)

다른 모든 죄와 마찬가지로, 이 죄도 하나님의 진노를 받아 마땅하다. 하지만 예수 그리스도께서는 그를 믿는 모든 사람을 대신하여 그 진노를 대신 받으셨다.

> 친히 나무에 달려 그 몸으로 우리 죄를 담당하셨으니 이는 우리로 죄에 대하여 죽고 의에 대하여 살게 하심이라 그가 채찍에 맞음으로 너희는 나음을 얻었나니 (벧전 2:24)

b. 태아의 독립적 인격성을 증명하는 과학적 사실

조지타운 대학의 생화학자이자 생물학자인 다이안 어빙(Dianne Irving) 교수는 다음과 같이 쓰고 있다.

과학적으로 우선 생식세포 형성(gametogenesis)과 수정(fertilization) 사이에는 매우 급진적인 사건이 발생한다. 즉 각각 '인간 생명'이라고 할 수 있는 한 인간의 작은 일부(정자)와 다른 인간의 작은 일부(난자)로부터, 완전히 새롭고 유전적으로 독특하며 새롭게 존재하는, 개별적이고 온전한 '살아있는 인간'(단세포 배아 인간 수정란)이 생겨나는 것이다. 즉, 수정을 통해 두 인간의 일부는 본질적으로 이전과는 매우 다른, 하나의 온전한 인간 형태로 변화한다. 수정 과정에서 정자와 난자는 그 자체로 존재하지 않게 되고 전혀 새로운 인간 존재가 생겨난다.

이를 이해하려면 각 종의 살아있는 유기체가 각기 그 종에 특정한 수와 특정한 성질의 염색체를 가지고 있다는 것을 기억해야 한다. 그 수가 달라지면 그 유기체는 생존할 수 없다. 예를 들어, 인간의 염색체 수는 46개인데 그 수가 하나라도 더해졌거나 빠졌으면 다운증후군이나 터너증후군 같은 기형이 되는 것이다. 인간의 모든 체세포에는 이 특정 수의 염색체가 있다. 초기(원시) 생식세포에도 46개의 염색체가 들어 있다. 나중에 감수분열을 하여 각각 23개의 염색체를 갖게 되는 것은 성숙한 형태의 생식세포(정자와 난자)뿐이다. 정자와 난자는 "생식세포 형성"이라고 알려진 과정을 통해 태아 때부터 가지고 있는 원시 생식세포로부터 발생된다. 생식세포에는 46개의 염색체가 있고, 감수분열로 염색체가 23개, 즉 절반으로 줄어들 때까지 "수정"이 일어날 수 없다. 이는 수정 후 단일 개체 인간 종의 특정 염색체 수(46개)가 유지되기 위함이다. 그렇지 않으면 일종의 괴물이 생겨날 것이다.

왜 정자나 난자가 각각 하나의 살아있는 인간(whole living human being)이 아니라 단지 '인간 생명(human life)'만을 소유하는 것인지를 정확하게 이해하려면, 생식세포 형성 및 수정 과정과 관련된 기본적인 과학적 사실을 살펴볼 필요가 있다. 생식세포 형성과 수정의 산물이 각각 매우 다르다는 점을 아는 것이 도움이 된다. 생식세포 형성의 산물은 염색체가 46개가 아닌 23개인 성숙한 성 생식세포이다. 수정의 산물은 46개의 염색체를 가진 살아있는 인간이다. 생식세포 형성은 생식세포의 성숙을 의미하여 난자 혹은 정자(gamete)를 생성한다. 수정은 새로운 인간 존재의 시작을 의미한다.[3]

---

3   Dianne Irving, Ph.D., "When Do Human Beings Begin? 'Scientific' Myths and Scientific Facts," http://catholiceducation.org/articles/abortion/ab0027.html. 어빙 박사는 전 벤치 연구 생화학자/생물학자(메릴랜드 소재 미국 국립보건원 및 미국 국립암연구소)이자 워싱턴 DC 소재 조지타운 대학교의 철학사 및 의료윤리 교수이다.

c. 태아의 인격성에 관한 반대 의견들

태아는 잉태 순간부터 사람으로 대우받아야 한다는 생각에는 다음과 같은 이의가 제기될 수 있다.

(1) 스스로 상호 작용하고 생존할 수 없다: 태아가 다른 사람과 대화하거나 상호 작용하거나, 또는 도덕적인 행동을 할 수 없다는 것이다. 게다가 산모 없이는 살아남을 수도 없다.

그러나 이러한 요인들이 태아가 사람이 아니라는 것을 의미하지는 않는다. 예를 들어, 갓 태어난 아기도 여전히 말을 하거나 도덕적인 행동을 할 수 없다. 심각한 사고로 인해 혼수상태에 빠진 사람의 경우에도 마찬가지다. 또한 갓 태어난 아기는 분명 엄마 없이는 살아남을 수 없다. (사실 대부분의 중학생도 엄마 없이는 살아남을 수 없다고 말하는 사람도 있다!) 따라서 이 반대 의견은 설득력이 없다.

(2) 선천적 결함: 또 다른 반대 의견은 선천적 결함이 있는 것으로 알려진 태아에 관한 것이다. 부모는 결함이 있는 태아를 낙태하여 많은 어려움을 면하고, 해당 자녀 또한 고통의 삶에서 벗어나게 해 줄 권리가 있어야 하지 않을까?

그러나 이 반대 의견과 관련된 질문은 이것이다. 그러한 아이가 태어난 후에 죽이는 것은 옳다고 생각하는가?

만약 이미 태어난 아이가 잉태되는 순간부터 사람으로 대우받아야 한다는 것을 확립했다면, 태어났느냐 아직 태어나지 않았느냐는 아이의 가치 평가에 아무런 차이가 없어야 한다. 그러한 아이가 태어난 후에 죽이는 것이 옳지 않다고 생각한다면, 아이가 태어나기 전에 죽이는 것도 옳지 않다고 여겨야 한다.

더욱이, 출생 전 선천적 결함 "가능성"을 진단하는 데에는 오류가 있을 수 있다. 때로는 선천적 결함 "가능성"을 진단받고도 완벽하게 정상적인 아이가 태어날 수 있다. 또한 많은 선천적 결함은 매우 사소할 수 있으며 아이의 삶에 큰 영향을 미치지 않을 수도 있다. 그리고 심각한 선천적 결함(가령, 다운증후군)이 있는 경우에도 아이는 여전히 행복한 삶을 영위할 수 있으며, 자신의 가족과 다른 많은 사람들에게 큰 기쁨과 축복을 가져올 수 있다. 그러한 경우 기독교인들은 하나님의 현명한 섭리와 그들의 삶에 대한 그분의 주권적 인도를 신뢰해야 한다. 또한 그렇게 격려되어야 한다. 여호와께서 모세에게 말씀하셨다. "여호와께서 그에게 이르시되 누가 사람의 입을 지었느냐 누가 말 못 하는 자나 못 듣는 자나 눈 밝은 자나 맹인이 되게 하였느냐 나 여호와가 아니냐"(출 4:11). 예수님께서는 태어날 때부터 소경된 사람을 보시고 이렇게 말씀하셨다.

이 사람이나 그 부모의 죄로 인한 것이 아니라 그에게서 하나님이 하시

는 일을 나타내고자 하심이라 (요 9:2~3)

랜디 앨콘(Randy Alcorn)은 어느 의과대학 교수의 예를 인용한다. 교수는 학생들에게 다음의 케이스를 내놓고 무엇을 선택할 것인지 물었다.

남편은 매독이 있고 본인은 결핵이 있다. 기존 네 명의 자녀 중 첫째는 시각 장애인이고, 둘째는 사망했으며, 셋째는 귀머거리와 벙어리이고, 넷째는 결핵을 앓고 있다. 이 상황에서 여성이 또 임신했다고 한다면 주치의로서 무엇을 조언하겠는가?

한 학생이 대답했다. "저라면 낙태를 권하겠습니다." 교수는 환자의 정체를 밝혔다. "축하하네. 자네는 방금 베토벤을 죽인 것일세."[4]

(3) 강간이나 근친상간으로 인한 임신: 강간이나 근친상간에 의해 아이가 잉태된 경우, 우리는 비자발적으로 임신하고 어쩌면 아주 어린 나이에 임신했을 수도 있는 산모의 실제 고통과 고난을 인

---

4   Randy Alcorn, *ProLife Answers to ProChoice Arguments* (Portland, OR: Multnomah, 1992), 175.

식해야 한다. 그러한 경우, 기독교인들은 [낙태를 포함한] 여러 방법으로 격려와 지원을 베풀어야 한다.

하지만 다시 한번 물어야 한다. 강간이나 근친상간으로 잉태된 아기가 '태어난 후에' 죽이는 것이 옳은가? 대부분의 사람들은 그렇지 않다고 말할 것이다. 그 아이는 임신의 과정이나 상황 때문에 살 권리를 잃는 것이 아니다. 그렇다면 우리는 아이가 태어나기 전에 아이를 죽이는 것도 옳다고 여길 수 없다. 끔찍한 강간은 아이의 잘못이 아니며, 다른 사람의 범죄로 인해 아이가 죽어서는 안 될 것이다. "아버지는 그 자식들로 말미암아 죽임을 당하지 않을 것이요 자식들은 그 아버지로 말미암아 죽임을 당하지 않을 것이니 각 사람은 자기 죄로 말미암아 죽임을 당할 것이니라"(신 24:16; 겔 18:20 참고). 또한 그러한 사례는 전체 낙태의 최대 1%를 차지할 정도로 매우 드물다.[5] 많은 경우 1%도 안 된다.

유명한 가스펠 가수인 에델 워터스(Ethel Waters)는 어머니가 12세에 강간당하고 그에 따른 임신을 통해 태어났다.[6] 강간이라는 끔찍한 범죄의 결과로 태어났음에도 불구하고 유용하고 생산적이며 만

---

5 A. Torres and J. Forest, "Why Do Women Have Abortions?" *Family Planning Perspectives* 20:4 (July/Aug. 1988), 169~76; still the best source of US data according to A. Bankole et al., "Reasons Why Women Have Induced Abortions: Evidence from 27 Countries," *Family Planning Perspectives* 24:3 (Aug. 1998), 117~25, 152.

6 Alcorn, *ProLife Answers*, 179.

족스러운 삶을 사는 사람들이 많이 있다는 사실은 의심의 여지가 없다. 따라서 그러한 경우에라도 우리는 태아의 생명을 빼앗는 것을 정당화해서는 안 된다.

(4) 산모의 생명을 구하기 위한 낙태: 질병관리본부에 따르면 산모의 생명을 구하기 위한 낙태는 극히 드물다(전체 낙태의 0.118% 미만).[7] 이러한 경우는 위에서 고려한 상황들과는 다르다. 여기서 선택은 한 생명(아기)의 손실과 두 생명(아기와 엄마 모두)의 손실 중에 하나이기 때문이다. 이것이 도덕적으로 옳지 않다고 말할 이유가 없다고 생각하며, 사실상 의사는 태아의 생명을 잃더라도 구할 수 있는 생명을 살리는 것이 도덕적으로 옳다고 여겨진다. 이는 산모의 몸에서 태아를 적출하는 것(예를 들어 자궁외임신의 경우 나팔관 적출)이 태아의 생명을 끊으려는 직접적인 의도가 아니라 산모의 생명을 구하려는 직접적인 의도에서 비롯된다는 점이 다른 낙태의 경우와 크게 다르다. 아이의 생명도 구할 수 있는 의료기술이 있다면 당연히 아이의 생명도 구해야 할 것이다. 그러나 산모의 생명을 구하기 위해 낙태가 필요하다면, 아마도 이것이 낙태가 도덕적으로 정당화되는 유일한 상황일 것이다.

---

7   Jeani Chang et al., "Pregnancy–Related Mortality Surveillance—United States, 1991 – 1999," Centers for Disease Control, *Morbidity and Mortality Weekly Report* (Feb. 21, 2003). www.cdc.gov/mmwr/preview/mmwrhtml/ss5202a1.htm.

그래서 낙태에 대한 법적 규제를 주장하는 모든 제안에는 산모의 생명을 구하기 위한 예외 조항이 포함되어 있다.

그러나 정치권에서는 '낙태권' 옹호자들이 '생명'과 '건강'을 하나로 묶어 '산모의 생명이나 건강을 구하기 위한 경우를 제외하고' 낙태를 제한하자고 주장하는 경우가 너무 많다. 그리고 실제로는 "건강"이 법적 판례에서 너무 광범위하게 정의되어 "정신 건강"도 포함된다. 결국 "산모의 생명이나 건강을 구하기 위한 경우"는 사실상 '산모가 낙태를 원할 때마다' 낙태가 허용된다는 의미이다.

실제로 로 대 웨이드의 쌍둥이 사건인 도 대 볼튼(Doe v. Bolton) 사건은 산모의 "건강"을 "환자의 안녕과 관련된 모든 요인(신체적, 정서적, 심리적, 가족적 안정감, 산모의 연령)"으로 정의했다. 열거된 요인들은 매우 모호하고 무제한적이기 때문에 사실상 임신 2기와 3기까지 낙태를 허용하는 것으로 볼 수 있다. 임신 4개월, 5개월, 6개월, 7개월, 8개월, 9개월 차에 이러한 이유 중 하나라도 해당된다면 낙태는 합법이며 금지될 수 없는 것이다.[8]

3. 성경 이외의 이성과 증거에 따른 논증

성경을 하나님의 말씀으로 받아들이지 않는 사람들과 낙태 문제를 논할 때, 태아의 인격성에 대한 주장은 여전히 여러 가지 방식

---

8   *Doe v. Bolton*, 41 U.S. 179, 192 (1973).

으로 논의될 수 있다. 태중 아이의 고유한 유전적 정체성과 고유한 DNA에 대한 의학적 증거는 태아가 산모의 신체 및 모든 세포 하나하나와 크게 다르다는 것을 나타낸다. 현대의 초음파 기술은 태아의 매우 사실적인 이미지, 즉 실제 사람과 매우 흡사한 모습을 보여준다. 이 때문에 많은 낙태 옹호자들은 임산부가 그러한 생생한 태아의 이미지를 보지 못하도록 막으려고 노력한다. 워싱턴 DC 소재 'NARAL(National Abortion Rights Action League) 프로초이스'의 낸시 키넌(Nancy Keenan) 회장은 "정치인들이 의사에게 의학적으로 불필요한 초음파 검사를 실시하도록 요구해서는 안 되며, 여성이 자신의 의지에 반하여 초음파 검사를 보도록 해서도 안 된다"라고 말했다.[9] 낙태 옹호자 윌리엄 살레탄(William Saletan)은 슬레이트(Slate) 잡지에 이렇게 썼다. "초음파는 낙태로 인해 무엇이 죽는지 보고 싶지 않은 우리에게 자궁 속의 생명을 보여준다. 태아가 꿈틀거리는 것을(squirming) 보는 우리도 꿈틀거린다(당혹스럽다)."[10]

2009년 2월 기준으로 미국 11개 주에서는 여성에게 낙태를 하기 전에 태아의 초음파 이미지를 볼 수 있도록 기회를 제공하는 '초음파 법안'을 고려하고 있다(코네티컷, 인디애나, 캔자스, 메릴랜드, 미주리, 네

---

9   Jennifer Parker, "Bill Would Mandate Ultrasound before Abortion," *ABCNews.com* (March 16, 2007). http://abcnews.go.com/US/story?id=2958249&page=1&CMP=OTC-RSSFeeds0312.

10 William Saletan, "Sex, Lies, and Videotape," *Slate.com* (April 28, 2007). www.slate.com/id/2165137/.

브래스카, 뉴욕, 사우스캐롤라이나, 텍사스, 버지니아, 와이오밍).[11] 이미 3개 주 (노스다코타, 사우스다코타, 유타)에서는 낙태를 원하는 여성에게 초음파 검사를 먼저 받을 기회를 의무화하고 있다.[12]

또한, 아이가 태어난 후 아이를 어떻게 대할 것인지에 대한 논의도 상당한 설득력을 가질 수 있다. (예를 들어, 부모가 단지 자녀를 원하지 않거나 자녀를 부담스럽게 여긴다는 이유만으로 부모가 자녀를 죽이는 것이 법으로 허용될 수 있다고 생각하는가?)

낙태를 반대하는 또 다른 주장은 매년 백만 명이 넘는 태아의 죽음으로 막대한 국가적 손실이 발생한다는 것이다. 1973년 대법원의 로 대 웨이드 판결 이후 미국에서는 거의 5천만 명의 아이가 낙태로 사망했다.[13] 그들 중 일부는 이제 37세(2023년 기준 50세)가 되었을 것이다. 일부는 36세, 일부는 35세 등 올해 한 살이 되었을 아이들은 1,200,000명에 이른다.[14] 지금쯤이면 그들 중 다수는 과학자, 의사, 엔지니어, 기업가, 예술가, 기술자, 시인, 목수, 음악가, 스

---

11 "More States Considering Mandating Ultrasounds before Abortions," *USA Today* (Feb. 8, 2009). www.usatoday.com/news/nation/2009-02-08-abortion-laws_N.htm.

12 Alan Guttmacher Institute, "State Policies in Brief: Requirements for Ultrasound" (Sept. 1, 2009). www.guttmacher.org/statecenter/spibs/spib_RFU.pdf. (역주: 2023년 9월 기준으로는 미국 27개 주가 다양한 수준의 초음파 검사 서비스를 의무화하고 있고, 13개 주가 초음파 검사에 관한 정보 제공을 의무화하고 있다.)

13 2009년 9월 기준, 미국 프로라이프 단체 전미생명권(National Right to Life)은 로 대 웨이드 판결 이후 전체 낙태 건수를 49,551,703건으로 계산한다. www.nrlc.org/abortion/facts/abortionstats.html.

14 2009년 9월 기준 통계에 따르면 낙태율은 연간 120만 건으로 1990년 연간 최고치인 160만 건에 비해 감소했다. 1980년부터 1992년까지 평균은 연간 150만 건을 넘었지만 그 이후로 약간 감소하고 있다. See ibid.

포츠맨, 정치 지도자 등이 되었을 것이다. 그들 중 상당수는 스스로의 자녀를 돌보는 어머니일 것이고, 또 자녀 양육을 돕는 아버지일 것이다. 그들은 삶의 모든 영역에서 사회에 긍정적인 영향력을 미칠 수 있었지만, 태어날 기회부터 박탈당한 것이다.

더 나아가 임신한 여성 본인은 자신의 자궁에서 자라고 있는 태아가 단순히 세포조직이나 자기 신체의 일부가 아니라 실제로 살아있는 아기라는 사실을 본능적으로 알 수 있다. (이러한 본능은 하나님께서 믿지 아니하는 자들에게도 주신 것이다. 성경은 "율법 없는 이방인"에게도 "자기가 자기에게 율법이 되나니 이런 이들은 그 양심이 증거가 되어 그 생각들이 서로 혹은 고발하며 혹은 변명하여 그 마음에 새긴 율법의 행위를 나타낸다"(롬 2:14~15)고 말하고 있다. 이 사실은 아직 태어나지 않은 아이의 인격성을 주장하는 노력이 결국 대다수의 사람들에게 설득력을 갖게 될 것이라는 희망을 제공한다.

4. 낙태 금지에 대한 반대 의견

낙태를 금지하자는 생각에 대해 사람들이 제기한 몇 가지 반대 의견은 다음과 같다.

a. 자유의 부당한 제한이다

어떤 사람들은 낙태를 금지하는 법이 개인의 자유를 부당하게 제한하는 것이라고 주장할 것이다. "아기를 만기까지 안고 출산할지 말지의 결정은 산모가 직접 결정해야 하는 것 아닌가?" "여성에게 원하지 않는 임신을 견디고 아이를 낳아야 한다고 강요하는 것이 어떻게 옳을 수 있는가?" "개인의 자유는 이 나라의 기본 원칙이 아닌가?" 실제로 많은 사람들은 이렇게 말한다. "나는 개인적으로 낙태에 반대하지만 그 결정은 산모와 의사의 몫이라고 생각한다."

예를 들어 조 바이든 미국 부통령[15]은 이렇게 거듭 말한 바 있다. "나의 입장은 개인적으로 낙태에 반대하지만 사회 전체에 내 견해를 강요할 권리는 없다고 생각한다."[16] 2004년 당시 대통령 후보였던 존 케리(John Kerry)는 'Meet the Press' 프로그램에서 낙태에 관한 자신의 입장을 질문 받았다. 그는 "나는 낙태를 원하지 않는다. 낙태는 세상에서 가장 드문 일이 되어야 한다. 나는 사실 개인적으로 낙태를 반대한다. 그러나 나는 나의 신앙을 다른 사람들에게 입법화할 권리가 있다고 믿지 않는다"라고 말했다.[17] 그가 이끌었던 2004년 민주당 강령에도 다음과 같은 내용이 적혀 있었다. "우리는

---

15 역주: 2023년 기준 미국 대통령

16 Scott Richert, "Where Do Barack Obama and Joe Biden Stand on Abortion?" *About.com*, http://catholicism.about.com/od/thechurchintheworld/p/Dem_Abortion.htm.

17 Carla Marinucci, "Dems Give Abortion Foes Space," *San Francisco Chronicle* (Feb. 7, 2005). www.sfgate.com/cgi-bin/arti-cle.cgi?f=/c/a/2005/02/07/ABORTION. TMP&type=printable.

여성의 사생활과 평등을 믿기 때문에 로 대 웨이드 판결에 따라 시술비용 지불 능력에 관계없이 여성의 선택권을 자랑스럽게 옹호한다. 우리는 그 권리를 훼손하려는 공화당의 시도를 단호히 반대한다."[18]

이런 주장에 답하자면, 일단 개인의 자유는 물론 중요하고 보호되어야 한다. 그러나 이 주제의 진짜 질문은 어떤 추상적인 자유에 대한 것이 아니라, 법이 개인의 자유에 실제적으로 어떤 적절한 제한을 두어야 하는가이다. 법은 이미 여러 방식으로 개인의 자유를 제한하고 있고, 많은 사람들이 이에 동의하고 있다. 법은 음주운전이나 차량절도나 싫어하는 사람을 폭행하는 것이나 도심에서 총을 쏘는 자유를 허용하지 않는다. 물론 부모가 살아있는 자기 자녀를 살해하는 것도 허용하지 않는다. 따라서 문제는 '인간의 자유'가 아니라 법이 자녀의 생명을 앗아갈 자유를 사람들에게 허용해야 하는지 여부이다. 만약 태아가 인간이라면, 문제는 사람들이 자신의 자녀를 살해하는 것을 정부가 용인해도 되느냐이다. 물론 그럴 수는 없다.

---

18 "Strong at Home, Respected in the World," 2004 Democratic Party Platform, www.democrats.org/pdfs/2004platform.pdf.

b. 모든 아이들은 부모가 원하는 존재여야 한다

이것도 낙태 옹호자들이 자주 사용하는 또 다른 표현이다. 예를 들어, 뉴저지 주 민주당 상원의원 로버트 메넨데즈(Robert Menendez)는 자신의 웹사이트에서 이렇게 말한다. "나는 예방 조치 및 가족 계획 조치를 포함하여 여성의 생식권을 지지한다. 피임과 선택에 대한 개인의 입장에 관계없이, 궁극적인 목표는 모든 어린이가 '원하는[그래서 사랑받는] 어린이'가 되도록 하는 것이라는 데 우리 모두 동의할 수 있다고 생각한다."[19] 낙태를 허용함으로써 얻을 수 있는 이점은 엄마가 '원하지 않는 아이를 낳지 않을 자유', 즉 '방치되고 학대당하며 보살핌을 제대로 제공받지 못하는 아이를 낳지 않을 자유'를 주는 것이라는 것이다. 왜 낙태를 허용하여 부모가 진정으로 원하는 아이들만 태어나도록 하면 안 되는가?

그러나 만약 우리가 태아를 사람으로 간주한다면, 이 주장은 사람들이 돌보고 싶지 않은 다른 사람을 죽이는 것을 허용해야 한다는 말일 뿐이다. 특히 이 주장에 의하면 부모는 돌보고 싶지 않은 자신의 살아있는 아이를 죽일 수 있어야 한다.

일단 아이가 태어났다면, 그 아이를 더 이상 돌보고 싶지 않은 부모가 "모든 아이는 사랑받는 존재"여야 하기 때문에 그 아이를 죽일 수 있는 권리가 있다고 말할 수 있는가? 결코 아니다. 매우

---

19 See http://menendez.senate.gov/issues/reproductiverights.cfm.

끔찍한 생각이지만 이것은 "모든 어린이는 부모가 원하는, 사랑받는 어린이가 되어야 한다"는 주장의 논리적 결론이 그렇다. 참으로 타락한 도덕이 아닐 수 없다. 인간 생명을 너무 평가 절하하여 하나님의 형상대로 만들어진 아이의 생명권보다 편의를 향한 부모의 욕구를 더 높이 두는 주장이다.

c. 개인적으로 낙태에 반대하지만, 낙태금지법을 지지하지는 않는다

이 주장은 여성의 낙태권을 보장하기 위해 노력하지만, 태아를 죽이는 것을 지지하는 것처럼 비춰지길 원하지 않는 많은 정치인에 의해 제기된다. 아마도 임산부가 조언을 구하면 개인적으로는 낙태를 하지 말라고 권할 것이라고 말할 것이다. 물론 결정은 그녀에게 달려 있다고 말하면서 말이다.

이 주장은 개인의 도덕적 설득과 정부 입법의 차이를 이해하지 못하는 것이다. 어떤 행동이 무고한 인간의 생명을 앗아간다고 정말로 믿는다면, 우리는 그것을 막기 위해 도덕적 입장에만 의존하는 것으로 만족하지 않을 것이다. 이 입장은 이런 말과 비슷하다. "나는 개인적으로 음주운전에 반대하고, 개인적으로 음주운전을 권장하지도 않지만, 음주운전을 금지하는 법을 제정하는 것을 지지할 수는 없다. 왜냐하면 나는 개인 운전자가 스스로 술에 취해 운전할지 말지를 결정할 권리를 가져야 한다고 생각하기 때문이다." 문제의 본질은 바로 정부의 법 집행이 없다면, 훨씬 더 많은 사람들이 어리석게도 술에 취한 상태에서 운전할 것이고, 이로 인해 다른 사람들을 죽이게 된다는 것이다. 정부는 그러한 범죄로부터 우리를 보호하기 위해 하나님께서 제정하신 것이다.

사실 이러한 주장은 주제를 바꾸려는 교묘한 시도이다. 논쟁의 대상은 애초부터 개인적인 도덕적 선호가 아니라 국가 법률의 제정 여부였다. "나는 개인적으로 살인을 반대하지만 살인을 금지하는 법이 있어서는 안 된다고 생각한다"라고 말할 수 없는 것처럼, "나는 낙태를 반대하지만 낙태를 금지하는 법에는 반대한다"라고 말하는 것은 매우 천진난만하거나 교묘하게 논지를 바꾸는 비겁한 시도로 보인다.

d. 낙태의 원인을 줄여야 하지만 낙태를 금지하는 법은 없어야 한다

이것도 위에서 살펴본 "개인적으로 낙태에 반대하지만 낙태 금지법을 지지하지는 않는다"는 주장과 비슷한 입장이다. 이는 짐 월리스(Jim Wallis)가 그의 저서 『하나님의 정치(*God's Politics*)』에서 밝힌 주장이기도 하다. 월리스는 "여성과 아동 모두를 존중하는 건강하고 좋은 사회가 되기에는 미국의 낙태율이 너무 높다"며 "낙태를 줄이는 데 매우 중요한 십대 임신 문제와 입양 개선 문제를 실제적인 목표로 삼아야 하고, 동시에 원치 않는 임신의 위험이 더 큰 여성,

특히 저소득 여성에게 실질적인 지원을 제공해야 한다"라고 말한다.[20]

그러나 이것 또한 단지 주제를 바꾸는 것일 뿐이다. 논의 중인 주제는 낙태에 관한 법률이다. 구체적으로는 낙태에 관한 법률이 어떠해야 하는가이다. 우리는 가령 '법은 낙태를 금지해야 하는가(그렇다면 어떤 예외가 있는가)?' 등의 질문에 답하려고 하는 것이다. 낙태를 막기 위해 십대 임신을 줄여야 한다고 말하는 것은, 음주운전을 막기 위해 알코올중독자협회(Alcoholics Anonymous)를 지원해야 한다거나, 도둑질을 막기 위해 일자리 창출을 지원해야 한다거나, 살인을 막기 위해 분노조절 클리닉을 지원해야 한다고 말하는 것과 같다. 그 모든 것들은 사회에 도움이 되는 프로그램이지만, 그것만으로는 해당 범죄를 막을 수 없다.

또한 이는 우리가 4장에서 논의한 세계관 전제의 질문으로 돌아가게 한다(4장 D섹션). 악행의 궁극적 원인은 사회인가(따라서 우리는 임신한 저소득 여성에게 더 많은 지원을 주어야 하는 것인가), 아니면 사람들이 악한 선택을 하는 것(태아를 죽이는 것)이고, 따라서 사람들에게 그 행동에 대한 책임을 법으로 물어야 하는가?

짐 월리스가 자신의 책에서 애써 회피하는 답은 여성이 태아의

---

20 Jim Wallis, *God's Politics: Why the Right Gets It Wrong and the Left Doesn't Get It* (New York: HarperSanFransisco, 2005), 299~300.

생명을 빼앗는 것을 방지하는 법이 있어야 한다는 것이다. 우리의 법은 인간의 생명을 보호해야 한다. 낙태에 대한 보수주의자와 진보주의자의 주요 차이점은 '아직 태어나지 않은 아이를 죽이는 것이 법에 위배되어야 하는가?'라는 질문에 대답하는 '방식'이다. 나는 그것이 (산모의 생명을 구하기 위해 불가피한 경우를 제외하고) 법에 위배되어야 한다고 믿는다. 물론 임신한 저소득 여성에 대한 지원에도 동의한다. 보수주의자와 진보주의자 모두 이에 동의할 것이다. 해결책은 산모 지원과 낙태를 제한하는 법률 "둘 다"이다. 그러나 윌리스와 그의 동료 민주당원 대부분은 "둘 다"라고 말하지 않는다. 법이 어떠해야 하는지 물으면 그들은 단순히 산모 지원으로 주제를 바꾼다. 그들은 낙태를 제한하는 법안을 지지하지 않으며, 대부분의 민주당 정치인들은 그러한 법안에 적극적으로 반대한다.

e. 기독교인은 자신의 도덕적 표준을 다른 사람에게 강요해서는 안 된다

이런 이의를 제기하는 사람들은 일반적으로 기독교인들이 낙태가 나쁜 것이라고 스스로 생각하는 것은 괜찮지만, 그러한 확신을 다른 사람들에게 강요할 권리는 없다고 말한다.

이에 대응하여, 우리는 대부분의 법률이 대다수 사람들이 갖고 있는 도덕적 신념에 기초하고 있는 것이라고 말해야 한다. 살인을 금지하는 법은 살인이 나쁘다는 도덕적 확신에 기초하고 있다. 도둑질을 금하는 법은 도둑질이 나쁘다는 도덕적 확신에 기초를 두고 있다. 일부다처제와 근친상간을 금지하는 법은 그러한 것들이 잘못되었다는 도덕적 확신에 기초를 두고 있다. 성희롱 또는 미성년자와 성관계를 갖는 성인에 대한 법률 또한 그러한 일이 잘못되었다는 확신에 기초한다. 우리는 대부분의 법에서 이러한 주장을 할 수 있다.

따라서 문제는 "법률이 '아무런' 도덕적 신념에도 기초하지 말아야 한다"가 아니라 "낙태에 관한 법률이 '어떤' 도덕적 신념에 기초해야 하는가"이다.

그렇다면 낙태를 제한하는 법을 지지하는 도덕 기준은 무엇인가? 두 가지가 있다. (1) 사람들이 다른 사람을 살해하는 것을 허용해서는 안 된다. (2) 태아는 엄연한 사람으로 간주되며 마땅히 사람으로서 보호받아야 한다. 의심할 여지없이 거의 모든 사람이 첫 번째 요점에는 동의할 것이다. 따라서 진짜 질문은 사실상 두 번째 요점, 즉 태아가 법적 보호를 받을 가치가 있는 사람으로 간주되는지의 여부와 관련이 있다.

우리 정부 체제하에서 기독교인들은 자신의 도덕적 신념을 누구에게도 강요할 수 없다. 그러나 모든 사람은 다양한 법률의 기초가 되어야 하는 도덕적 신념에 대해 다른 사람을 설득할 자유가 있다. 그렇다면 이 반대 의견을 더 정확하게 표현하면 다음과 같다.

"기독교인은 자신의 도덕적 표준을 다른 사람에게 강요해서는 안 된다"가 아니라, "기독교인은 태아가 사람이기 때문에 법적 보호를 받을 자격이 있다고 다른 사람을 설득하려고 해서는 안 된다"이다. 당연히 이렇게 반대 의견을 표출하면 이에 동의하는 사람은 거의 없을 것이다. 확실히 미국은 시민들이 자신의 신념을 자유롭게 말하고 다른 사람들을 설득하여 입법에 영향을 미칠 수 있는 역량을 바탕으로 세워졌다. 실제로 수정헌법 제1조는 표현의 자유와 언론의 자유를 보장하며, 신념을 가진 모든 사람들이 어떤 법을 만들어야 하는지에 대해 자유롭게 논쟁하고 다른 사람을 설득할 수 있음을 보장한다.

마지막으로, 기독교인들은 태아의 인격성에 대한 확신을 "우리만의 도덕적 신념"으로 보아서는 안 된다. 우리는 이 확신을 우리 스스로 마음에서 만들어낸 것이 아니라, 성경에 기록되어 있는 것을 발견한 것이다. 성경은 이를 단순히 인간의 의견이 아니라 하나님 자신의 도덕적 기준으로 제시하신다. 그리고 그에 따라 모든 나라의 모든 사람에게 책임을 물으신다.

기독교인들이 성경의 도덕 기준을 정확한 것으로 여기고 인간 정부에 적용해야 한다는 사실을 다른 사람들에게 설득하는 것은 마땅하고 옳은 일이다. 바울이 로마 총독 벨릭스에게 "의와 절제와 장차 오는 심판에 대하여"(행 24:25) 강론할 수 있었던 것은 이러한 확신에 기초했기 때문이다. 세례 요한은 이를 근거로 분봉왕 헤롯이 "행한 모든 악한 일"을 "책망"했다(눅 3:19). 또한 구약의 다니엘은 바벨론의 느부갓네살 왕에게 그의 "죄"와 "불법 행위"에 대해 경고했으며(단 4:27), 요나는 니느웨 성에 살고 있는 모두에게 회개하라고 경고했다(욘 3:4 참고).

5. 정부 정책을 위한 제언

a. 정부는 산모의 생명을 구하기 위한 불가피한 경우를 제외하고 낙태를 금지하는 법률을 제정해야 한다

정부의 근본적인 책임 중 하나는 피통치자의 생명을 보호하는 것이다. 왜냐하면 정부는 악을 행하는 사람들을 처벌하고 그들이 무고한 사람들에게 해를 끼치는 것을 방지해야 하기 때문이다(3장, A섹션 참고). 그렇다면 정부는 반드시 살해로 인한 피해로부터 국민을 보호해야 한다(이 장 C섹션에서 창 9:5~6에 관한 논의를 참고하라). 만약 태아가 사람이라면, 정부는 반드시 그들의 생명을 보호해야 한다. 사실 정부의 보호 대상은 특별히 약하고 힘이 없는 사람들, 스스로를 보호할 수단이 없는 사람들이다.

가난한 자와 고아를 위하여 판단하며 곤란한 자와 빈궁한 자에게 공의를 베풀지며 가난한 자와 궁핍한 자를 구원하여 악인들의 손에서 건질

지니라 하시는도다 (시 82:3~4)

그러면 낙태방지법이 제정된다면 낙태를 한 사람들에게는 어떤 처벌이 내려져야 할까? 다른 모든 법률 위반에 대한 처벌 수위가 그렇듯이 이 문제는 개별 주 의회가 정상적인 정치적 절차를 통해 결정하도록 맡겨야 한다. 민주제에서 법은 선출된 국민대표 과반수의 지지가 있어야만 통과될 수 있다. 이는 궁극적으로 해당 법의 지배를 받게 될 시민 과반수의 지지가 있어야만 법률이 통과되고 유지될 수 있음을 내포한다. 따라서 낙태 시술에 대한 적절한 처벌을 결정하는 데 있어서 프로라이프 운동가들이 인구의 다수 또는 그들이 선출한 대표의 과반수가 동의를 얻지 못할 정도로 엄중한 처벌을 주장하는 것은 어리석은 일이다. 왜냐하면 그런 주장은 절대 입법될 수 없기 때문이다. (로 대 웨이드 이전 대부분의 낙태 관련 처벌은 산모가 아닌 시술 의사에 대한 것이었다.)

산모의 생명을 구하기 위한 경우나 강간 또는 근친상간의 경우를 제외하고 낙태를 금지하는 등의 "타협적인" 법이 제안된다면 어떨까? 나는 기독교인들이 그러한 법안을 망설임 없이 지지해야 한다고 생각한다. 왜냐하면 그러한 법안이라도 오늘날 일어나고 있는 낙태의 약 99%를 금지할 수 있을 것이기 때문이다. 그러한 법이 통과된 후, 일반 시민들의 의식이 개선된다면 향후 추가 개정이 이루어질 수 있다. 요지는 타협안이라 하더라도 오늘날 죽음을 맞이하고 있는 대다수의 태아의 생명을 보호하는 데 큰 도움이 될 것이라는 것이다.

b. 어떤 정부 정책도 낙태를 장려하거나 자금을 지원해서는 안 된다

정부는 (합법이라 하더라도) 낙태로 인한 의료비용을 지불하기 위해 자금을 지원해서는 안 된다. 또한 낙태를 장려하기 위한 정부 자금도 지원해서는 안 된다(예를 들어 미국의 대표적인 낙태시술기관인 가족계획연맹 등을 지원하는 것은 금지되어야 한다). 또한 "인구 통제"를 목적으로 다른 나라의 낙태 관련 비용을 지원하는 해외 원조를 해서도 안 된다. 낙태는 인간의 생명을 부당하게 취하는 것이며, 하나님께서 "악을 행하는 자를 징벌하고 선을 행하는 자를 포상"(벧전 2:14)하도록 우리에게 시민 정부를 주셨다면, 정부는 낙태를 '포상'하는 어떤 행위도 하지 말아야 할 것이다.

이 문제에 대해 민주당 대통령과 공화당 대통령은 완전히 다른 입장을 보여 왔다. 공화당 대통령 로널드 레이건(Ronald Reagan)은 낙태를 제공하는 국제 "가족계획" 세력에 정부 자금이 지원되는 것을 금지하는 "멕시코시티 정책(Mexico City Policy)"을 제정했다. 이 금지령은 1993년 민주당 대통령 빌 클린턴에 의해 해제되었다가 2001년 공화당 대통령 조지 W. 부시에 의해 재개되었다. 민주당 대통

령 버락 오바마는 2009년에 다시 금지령을 해제했다.[21]

c. 어떠한 정부 정책도 사람들에게 낙태에 참여하거나 낙태를 유발하는 약물을 투여하도록 강요해서는 안 된다

현재 미국[의 많은 곳]에서 낙태는 여전히 합법이다.[22] 이는 많은 여성에게 낙태 여부를 선택할 수 있는 '자유'를 부여한다. 이러한 상황에서는 의사(간호사 및 기타 의료 종사자)가 의과대학 실습의 일환으로 그리고 의료 행위의 일환으로 낙태시술에 참여할지 여부를 선택할 자유를 갖는 것도 필수적이어야 한다. 또한 약사도 원하지 않는다면 낙태를 유도하는 약물("사후" 피임약으로 알려진 미페프리스톤 또는 RU-486 등)을 조제하지 않을 수 있도록 선택권을 허용하는 것이 중요하다. 안타깝게도 일부 법률과 정부 규정은 의료종사자들이 낙태 시술이나 약물 처방 여부를 양심에 따라 자유롭게 선택할 수 있는 권리를 거부하고 있다.[23] 이는 양심의 자유를 노골적으로 침해

---

21 See Jake Tapper, "Obama Overturns 'Mexico City Policy' Instituted by Reagan," *ABCNews.com* (Jan. 23, 2009). http://abcnews.go.com/Politics/International/story?id=6716958&page=1. (역주: 이후 2017년 트럼프 대통령이 이 금지령을 재개했고, 2021년 바이든 대통령이 또다시 해제했다.)

22 역주: 2022년 로 대 웨이드 판결이 뒤집힌 후로 많은 주에서 낙태 관련법이 제정되었지만, 여전히 여러 다른 주에서는 낙태권을 보장하거나 오히려 확대하고 있다.

23 2009년 1월, 자유수호연맹 변호사들은 기독법률협회의 변호사들과 함께, 낙태 참여를 거부한다는 이유로 의료 전문가를 차별하지 못하도록 하는 연방 규정을 무효화하려는 세 건의 소송에 개입했다. 낙태 옹호자들은 연방 보조금을 받는 의료기관이 양심에 따라 낙태 참여를 원하지 않는 의료인에게 참여 강요를 금지하는 보건복지부 규정(2008년 12월)에 소송을 제기한 것이었다. 이 규정에 따르면 정부 보조금 수혜 기관은 의사들의 양심권을 보호하는 기존 법을 준수해야만 한다.

하는 행위이다. 자칭 '프로초이스(선택론자)'라고 하는 사람들이 이러한 선택권을 거부하는 것은 아이러니하다.

워싱턴 주에서는 프로라이프 약국 주인이 사후피임약을 비축하거나 조제하는 것을 거부했다가, 모든 약사가 모든 약을 처방할 수 있어야 하는 주법을 위반했다는 사실을 알게 되었다. 자유수호연맹은 그를 대신하여 그러한 주법에 대한 소송을 제기했고, 2008년 5월 2일, 미국 제9순회 항소법원은 해당 약사의 양심권을 보호하는 동시에 이러한 권리에 반대하는 주 공무원의 항소를 수용했다.[24]

뉴욕 마운트사이나이 병원(Mount Sinai Hospital)의 어느 프로라이프 간호사는 2009년에 본인의 의사에 반하는 말기 낙태에 참여하지 않았다는 이유로 직장과 간호 자격증마저 잃을 위기에 처했다. 병원은 그녀가 2004년부터 낙태 시술 불참을 요구했다는 사실을 잘 알고 있었다. 병원 관료들은 수석 간호사 캐씨 센존-디카를로(Cathy Cenzon-DeCarlo)가 말기 낙태 시술을 지원하라는 명령을 따르지 않으면 징계 조치를 취하겠다고 위협했다. 환자는 수술 당시 위기 상황이 아니었지만, 병원은 '긴급 상황'이라며 이 간호사의 참여를 강요했다. 이번에도 자유수호연맹의 변호사들이 그녀의 양심권

---

24 "9th Circuit thwarts Wash. state's attempt to stall conscience rights," *ADF News Release* (May 24, 2008). Copy of the order is available at www.telladf.org/UserDocs/StormansWin.pdf.
역주: 이후 2015년 연방 항소법원은 워싱턴 주의 손을 들어주며 약국 주인의 양심에 따른 선택권을 다시 박탈했다. 자유수호연맹은 곧바로 연방대법원에 항소했지만 2016년 6월 28일 대법원은 심리를 거부했다.

뿐만 아니라 다른 프로라이프 의료인들의 양심권 보호를 위해 그녀를 대신하여 소송을 제기했다.[25]

이러한 사회적 압력이 증가함에 따라 2009년 11월 20일 몇몇 기독교 지도자들은 맨해튼 선언문을 발표했다. 로마 가톨릭, 정교회, 복음주의 개신교 소속 40만 명 이상의 사람들이 이 선언에 서명했다. (나는 최초 서명자 중 한 사람이다.) 다음은 맨해튼 선언문의 일부다.

인간 생명의 신성함, 남편과 아내의 결합이라는 결혼의 존엄성, 양심과 종교의 자유는 정의와 공동선의 기본 원칙이다. 따라서 우리는 기독교 신앙에 따라 이를 옹호하기 위해 말하고 행동해야 한다.

우리는 이러한 진리를 수호하기 위해 말하고 행동할 권리를 확인하고, 더 중요하게는 의무를 다하기 위해 교파의 역사적인 차이를 넘어 함께 모인 기독교인들이다. 우리는 문화이든 정치든 지구상의 어떤 권력도 우리를 위협하여 침묵시키거나 묵인하게 만들지 않을 것임을 서로와 동료 성도들에게 맹세한다.

우리는 정의와 공동선을 존중하기 때문에 우리 교회 및 기관이 낙태, 배

---

25 "NY nurse threatened, forced to assist in late-term abortion," *ADF News Release* (July 22, 2009). Copy of complaint is available at www.telladf.org/UserDocs/Cenzon-DeCarloComplaint.pdf.

아 파괴적 연구, 조력 자살 및 안락사 또는 기타 생명 침해 행위에 참여하도록 강요하는 어떠한 법령도 준수하지 않을 것이다. … 우리는 가이사의 것을 가이사에게 아낌없이 온전히 바칠 것이다. 그러나 어떤 경우에도 우리는 하나님의 것을 가이사에게 바치지 않을 것이다.[26]

d. 인간 배아를 이용하고 폐기할 목적으로 인간 배아를 만드는 의학 연구 과정에 정부의 자금이나 지원이 제공되어서는 안 된다

"배아"라는 용어는 임신 순간부터 임신 8주 차까지의 태아에 적용된다.

성경이 우리에게 잉태의 순간부터 태아를 사람으로 대하라고 가르친다면, 여기서의 논점은 오로지 줄기세포를 채취하기 위해 배아를 만든 후 이를 폐기할(죽일) 수 있는지의 여부이다. 태아의 인격성에 관해 위에 제시된 성경적 가르침은 이러한 행위에 반대할 것을 이야기하고 있다.

그러한 의학적 연구를 지지하는 주장은 배아에서 채취한 줄기세포가 다양한 질병과 장애를 극복하기 위해 사람들에게 이식될 수 있는 온갖 종류의 유용한 장기를 생산하는 데 사용된다는 것이다.

그러나 그러한 줄기세포를 꼭 인간 배아에서 채취할 필요가 있

---

26 맨해튼 선언문, http://manhattan-declaration.org/home.aspx.

는지는 의심스럽다. 매년 다른 우수한 줄기세포 공급원이 발견되고 있기 때문이다. 이러한 줄기세포는 성인에게서도 채취할 수 있으며 배아 줄기세포만큼 의학적 타당성과 유익이 있는 연구에 사용될 수 있다. 왜 굳이 인간의 생명을 파괴하지 않도록 성인으로부터 줄기세포를 채취하는 대신 배아에서 줄기세포를 채취하여 작은 인간의 생명을 파괴해야 하는가?

예를 들어, UCLA 줄기세포 과학자들은 인간 피부세포를 배아 줄기세포와 동일한 무한한 특성을 가진 세포로 재생산했으며, 배아나 난자를 사용하지 않고도 이를 성취했다. 연구자들은 유전적 변형을 이용해 인간 피부세포의 시계를 거꾸로 되돌리고 인간 배아 줄기세포와 거의 동일한 세포를 만들었다. 이 세포는 인간 신체에서 발견되는 모든 세포 유형이 될 수 있는 능력을 가지고 있다. 연구자들에 따르면,

이는 질병 치료를 위해 중대한 함의를 가지고 있다. 성체 줄기세포를 배아 줄기세포로 재프로그래밍하면 조직 공학 및 이식 의학을 위해 무한한 잠재력을 가진 면역 적합성 세포 공급원을 생성할 수 있다. 예를 들어, 환자의 피부세포는 배아 줄기세포로 재프로그래밍될 수 있다. 그 배아 줄기세포는 당뇨병을 치료하는 베타 섬 세포, 백혈병 환자에게 새로운 혈액 공급을 생성하는 조혈 세포, 파킨슨 병을 치료하는 운동 신경

세포 등 다양한 세포 유형이 되도록 촉진될 수 있다.[27]

이러한 관점에서 볼 때, '새로운' 줄기세포를 채취하기 위한 '새로운' 배아 생성에 대한 정부 자금 지원을 불허한 조지 W. 부시 대통령의 2001년 결정은 전적으로 올바른 것이었다.[28] 그는 줄기세포가 배아에서 이미 채취되고 배아는 이미 소멸되었을 경우에만 해당 줄기세포 연구에 정부 자금 지원을 계속하도록 허용했다. 그는 '새로운' 배아를 의도적으로 생성하고 폐기하는 데 정부 자금이 사용되는 것을 허용하지 않은 것이다. 그의 결정은 또한 정부의 자금이 지원되는 연구에만 해당된다. 민간 부문에서 진행 중인 연구에는 영향을 미치지 않았으며, 민간 연구 회사의 배아 줄기세포 사용을 금지하지도 않았다.

그럼에도 부시 대통령의 조치(및 그에 따른 줄기세포 연구 법안에 대한 거부)는 언론에 의해 모든 줄기세포 연구를 "막는" 것으로 널리 잘못 보도되었다. 리버럴 비평가 마이클 킨슬리(Michael Kinsley)는 부시의 행동이 "이기적"이라고 말했다.

---

27 "Human Skin Cells Reprogrammed Into Embryonic Stem Cells," *ScienceDaily.com* (Feb. 12, 2008). www.sciencedaily.com/releases/2008/02/080211172631.htm.

28 "President's Remarks on Stem Cell Research," *The White House* (Aug. 9, 2001). http://usgovinfo.about.com/blwhrelease16.htm.

줄기세포 연구에 사용되는 1주일 된 배아는 생각도 없고 인지도 못하는 미세한 세포 덩어리이며, 모기보다 적은 신체적 속성을 갖고 있다. 태아 조직 연구에서는 통상적으로 낙태된 태아의 뇌세포를 사용해 왔지만, 이 경우는 그렇지도 않다. 실험실에서 일주일 만에 만들어진 배아에는 뇌세포가 없다. … 물론 이 미세한 배아가 당신과 나와 동등한 인권을 가진 인간이라고 믿는다면 아무런 할 말이 없다. 조지 W. 부시는 그렇게 믿는다고 주장하며, 줄기세포 연구에 대한 반대를 정당화하고 있다. … 하지만 만약 그가 사실과 논리에서 모두 틀렸다면(물론 그는 확실히 틀렸다), 이 주제에 대한 부시의 소위 도덕적 고뇌는 별로 진정성이 없다. 사실, 이것은 부시 대통령의 줄기세포 정책이 막고 있는 의학적 혁신으로 생명을 구하거나 구제받을 수 있는 사람들(나 포함)에 대한 모욕이다.[29]

e. 부분 출산 낙태 금지

"부분출산 낙태(partial birth abortion)"란(의학 용어로는 "intact dilation and extraction"으로도 알려짐) 태아를 발부터 시작해 목까지 산모의 자궁에서 사실상 먼저 부분적으로 '출산'시킨 후에 낙태하는 시술 절차를 말한다. 그런 다음 자궁에 남아있는 머리를 부수고 뇌수를 빨아낸다. 그렇게 죽은 아이는 어머니의 자궁에서 완전히 제거된다. 이 끔찍한 절차는 임신 9개월까지의 말기 낙태에 자주 사용된다.

---

29 Michael Kinsley, "Taking Bush Personally," *Slate.com* (Oct. 23, 2003).

이 잔인한 절차를 법으로 금지하려는 노력은 1995년에 시작되었다. 플로리다 하원의원 찰스 캐나디(Charles Canady)의 주도로 작성된 한 법안은 1996년 10월 의회에서 통과되었지만, 클린턴 대통령에 의해 거부되었다.[30] 이 법안은 1997년 10월 상하원 의회에서 재차 통과되었지만, 다시 클린턴 대통령이 거부권을 행사했다.[31] 이 법안을 지지한 공화당원들은 클린턴 대통령이 행사한 두 번의 거부권을 무효화할 만큼 충분한 표를 얻지 못했다.[32] 그러다가 2002년 선거에서 공화당은 하원에서 과반수 의석을 추가로 더 확보하고 상원에서도 51석의 과반수를 얻었다.[33] 부분출산 낙태 금지법은 2003년 10월 2일 하원에서 통과되었고,[34] 약 20일 후인 2003년 10월 21일 상원에서 통과되었다.[35] 조지 W. 부시 대통령은 2003년 11월 5일 이 법안에 서명했다.[36]

낙태 옹호 세력은 즉시 여러 연방 지방법원(캘리포니아, 뉴욕, 네브래

30 "Clinton Vetoes Partial-Birth Abortion Ban," *AllPolitics.com* (April 10, 1996). www.cnn.com/ALLPOLITICS/1996/news/9604/10/abortion/index.shtml.

31 "Clinton Again Vetoes Abortion Ban," *AllPolitics.com* (Oct. 10, 1997). www.cnn.com/ALLPOLITICS/1997/10/10/lateterm.abortion/.

32 30. "Presidential Vetoes, 1989 – 2000," www.senate.gov/reference/resources/pdf/presvetoes.pdf.

33 www.cnn.com/ELECTION/2002/pages/senate/index.html.

34 "House Passes Ban on Abortion Method," *Washington Times* (Oct. 2, 2003).

35 "Partial-Birth Abortion Ban Heads to President's Desk," *Online News Hour* Update (Oct. 21, 2003).

36 "Bush Signs Ban on Partial-Birth Abortions," *Fox News* (Nov. 5, 2003).

스카)에서 이 금지 법안에 대한 소송을 제기했다.[37] 세 개 연방 지법 모두 이 금지법을 위헌이라고 판결했고, 연방 항소법원(각각 제9순회, 제2순회, 제8순회)에서도 이러한 판결을 받아들였다.[38] 부분출산 낙태 금지법은 의회에서 통과되고 대통령이 서명했음에도 불구하고, 또 헌법에는 낙태나 이와 관련된 내용이 전혀 언급되지 않았음에도 불구하고, 연방법원이 이를 "위헌"이라고 판결했기 때문에 효력을 발휘할 수 없었다.

세 사건은 모두 연방대법원에 항소되었으며 곤잘레스 대 카하트 (Gonzales v. Carhart)라는 하나의 사건으로 통합되었다. 연방대법원은 2007년 4월 18일, 5대 4의 다수결로 부분출산 낙태 금지법을 합헌 이라고 판결하여 선고했다.[39] (대법원에서 이 법을 지지한 대법관은 로버츠, 케네디, 토마스, 스칼리아, 그리고 알리토 대법관이었다. 반대 측은 긴즈버그, 스티븐 스, 수터, 브라이어 대법관이었다.) 결국 12년의 노력 끝에 낙태권에 대한 이 최소한의 저항은 마침내 이 나라의 법이 되었다.

이 법은 연방 관할 하에 있는 모든 병원과 의료 시설에는 적용되 지만, 여전히 주 관할 하에 있는 주립 의료 시설에는 적용할 수 있 는 관련 주법이 없다. 관련 주법이 있는 주에서만 해당 주립 병원

---

37 "Supreme Court to Take Up Partial-Birth Abortion Issue," *USA Today* (Feb. 21, 2006). www.usatoday.com/news/washington/2006-02-21-abortion_x.htm.

38 Ibid.

39 *Gonzales v. Carhart* and *Gonzales v. Planned Parenthood*, 550 U.S. (2007). www. supremecourtus.gov/opinions/06pdf/05-380.pdf.

의 부분출산 낙태를 금지하고 있다.

f. 낙태에 관한 가장 중요한 법적 목표는 로 대 웨이드 판결을 뒤집을 대법관을 임명하는 것이다. 왜냐하면 대법원이 로 대 웨이드 판결을 뒤집을 때까지 각 주나 연방은 낙태에 대한 아무런 제한도 둘 수 없기 때문이다.[40]

여전히 많은 기독교인들은 이 문제의 핵심이 바로 로 대 웨이드를 뒤집을 "원본주의" 대법관을 임명하는 것에 있음을 이해하지 못하고 있다. 대법원의 이 판결이 뒤집힐 때까지 미국 최고법(대법원이 '해석한' 미국 헌법)은 미국의 모든 여성이 임신 중 언제든지 낙태할 수 있는 헌법적 권리를 갖고 있다고 보장한다.[41]

따라서 미국 연방의회나 50개 주 의회는 임신의 어느 단계에서도 낙태를 금지하는 법안을 통과시킬 권한이 없다. (위에서 논의한 부분출산낙태 금지가 유일한 예외이다.) 이는 낙태를 금지하는 모든 법률이 헌법이 갖는 소위 '낙태 권리 보장'을 위반한다고 대법원에서 판결했기 때문이다! 헌법 자체에는 낙태에 대한 어떠한 언급이 없는데도 불구하고 이것이 대법원이 내린 결정이다.

그렇다면 대법원은 로 대 웨이드를 뒤집을 수 있을까? 지금 법

---

40 역주: 로 대 웨이드 판결은 2022년 돕스 대 잭슨 판결로 뒤집혔다.
41 로(Roe) 사건과 도 대 볼튼(Doe v. Bolton) 사건에서 대법원은 "감정적, 정신적 건강"을 포함한 산모의 건강을 위한 낙태를 허용했으며, 이는 임신 9개월 중 언제든지 낙태를 사실상 허용하는 것이다.

원은 로 대 웨이드 판결을 지지하는 4명의 판사와 아마도 그 결정을 뒤집기 위해 투표할 4명의 판사가 있고, 그 중간에 한 명의 판사가 있다.[42]

로 대 웨이드 유지	중간 입장 (폐지?)	아마도 로 대 웨이드 폐지
스티븐 브라이어	앤서니 케네디	존 로버츠
루스 베이더 긴즈버그		새뮤얼 알리토
소니아 소토마요르		안토닌 스칼리아
존 폴 스티븐스		클라렌스 토마스

표 6.1

이것이 대통령과 상원의원 선거가 그토록 중요한 이유다. 오바마 대통령과 같이 진보적이며 낙태권을 지지하는 대통령이 보수 대법관 4명(은퇴 및 사망 시)을 대체할 후임자를 지명하고 상원이 이를

42　역주: 이후 실제로 로 대 웨이드 판결을 뒤집은 돕스 대 잭슨(2022) 판결에서 찬/반 구성은 다음과 같았다.

로 대 웨이드 유지 (소수 의견)	다수 판결(≠내용)에만 동의	로 대 웨이드 폐지 (다수 의견)
스티븐 브라이어	존 로버츠	새뮤얼 알리토
소니아 소토마요르		클라렌스 토마스
엘레나 케이건		닐 고르서치
		브렛 캐버노
		에이미 코니 배럿

인준한다면, 로 대 웨이드는 앞으로 수년 동안 더 견고한 입지를 유지할 것이다. 그러나 만약 프로라이프 대통령(로널드 레이건이나 조지 W. 부시같이)이 케네디 대법관과 같은 리버럴 대법관을 (은퇴나 사망 시) 대체할 후임을 지명하고 공화당이 장악한 상원이 이를 인준한다면, 로 대 웨이드 판례는 뒤집힐 가능성이 높다.

연방대법원에서 이러한 구성원의 변동이 있기까지는 낙태 문제에 있어서 큰 변화가 있을 수 없다. 주 정부는 가령 낙태 전 산모의 부모에게 통보하거나 동의를 요구해야 하는 법안을 통과시킬 수는 있고 그렇게 해야만 한다. 그러나 낙태를 원하는 여성들의 낙태를 금지하는 법률은 생길 수 없다.

로 대 웨이드 판결이 대법원에서 뒤집히면 어떻게 될까? 그 이후로는 낙태 문제가 다시 민주적 절차를 통해 결정될 수 있다. 선출된 연방의회의 의원들과 각 50개 주 입법부 대표들은 낙태에 관해 어떤 법안을 통과시킬지 논의하고 표결해야 한다. 논의 결과가 어떻게 될지, 어떤 법률이 나올지 미리 예측하기는 어렵다. 그러나 적어도 결정은 민주 국가에서 마땅히 이루어져야 할 절차, 즉 선출되지도 않은 무책임한 9명의 대법관이 아니라 국민 자신과 그들이 선출한 대표들에 의해서 이루어질 것이다.

불행하게도 낙태는 현재 미국의 민주당과 공화당 사이의 주요한 구분선이 되었다. 민주당 지도부는 낙태 권리를 지지하고, 무엇보

다도 전체 낙태 산업을 그대로 유지해 그 어떤 법적 간섭으로부터
도 보호하는 로 대 웨이드 판결을 지지할 운동권 대법관을 임명하
는 데 힘을 쏟고 있다. 그러나 공화당은 계속해서 프로라이프 대통
령 및 부통령 후보를 내놓았으며 대부분의 공화당 상하원 의원도
프로라이프 입장을 견지해왔다.

g. "일관적 생명윤리(consistent life ethic)"

그런데 어떻게 여전히 많은 복음주의자들이 상원이나 대통령 선
거에서 민주당 후보에게 투표할 수 있을까? 그들의 접근 방식 중
하나는 (앞서 논의했던 것처럼) 낙태에 관한 법률 논의에서 여성에게 더
많은 지원을 제공하여 낙태의 보다 근본적인 원인을 다루어야 한
다며 주제를 바꾸는 것이다. 또 다른 접근 방식은 짐 월리스의 주
장이다. 바로 기독교인들이 "일관적인 생명윤리(consistent ethic of life)"
를 견지해야 하며, 이 방식으로는 민주당이나 공화당이나 둘 다 만
족스럽지 못하다고 지적한다. 짐 월리스가 말하는 "일관적인 생명
윤리"란 "낙태, 안락사, 사형, 핵무기, 빈곤, 인종차별"과 같은 "모
든 생명 문제"를 포함하여 고려하는 윤리관을 의미한다. 다음은 그
의 주장이다.[43]

---

43 Jim Wallis, *God's Politics*, 300~301.

한계세율

비극적인 사실은 오늘날 미국에서는 일관적인 생명윤리를 가지고 있는 입장에 투표할 수 없다는 것이다. 공화당원은 일부 생명 문제를 강조하고 민주당원은 다른 생명 문제를 강조한다. 그리고 둘 모두 몇 가지 중요한 문제에 대해서는 생명에 대한 온전한 접근을 하지 못하고 있다.[44]

즉, 월리스에 따르면 어떤 정당도 이 모든 문제에 대해 "일관된 삶의 윤리"를 갖고 있지 않으므로 사람들은 낙태 문제 하나 때문에 공화당에 투표해서는 안 된다는 것이다. 왜냐하면 다른 "생명"의 문제에 있어서는 민주당의 입장이 더 '선하기' 때문이다.

그러나 기독교인들은 월리스가 여기서 무엇을 하고 있는지 분명히 이해해야 한다. 그는 낙태를 금지하는 법률에서 다른 모든 범위에 관한 법률로 논의의 주제를 바꾸거나 혼동시키고 있으며, 진정한 기독교인의 낙태 반대 입장에는 사형 반대, 핵무기 반대, 가난한 사람들을 위한 정부 지원 확대 등도 포함되어야 한다고 주장하는 것이다. 월리스의 이러한 주장은 낙태 문제가 모두 '생명'에 관한 문제라고 말함으로써 낙태 문제의 중요성을 경시하고 논점을 흐리는 결과를 낳는다.

나는 사람들이 투표를 하기 전에 공화당과 민주당이 옹호하는 모든 문제를 균형 있게 고려하는 것이 중요하다는 데 동의한다. 그

---

44 Ibid., 301.

러나 어떤 하나의 문제가 매년 1,000,000명 이상의 무고한 태아를 죽이는 데 일조한다면, 그보다 더 중요한 문제는 사실 찾기 어렵다. 나는 월리스가 이렇게 낙태 문제를 다른 복잡한 문제들 전체와 뭉뚱그려 축소하는 것이 잘못된 것이라고 생각한다.

게다가 많은 기독교인들은 사형, 국방, 빈곤 해결에 관해 월리스의 의견에 전적으로 동의하지도 않는다(아래 논의 참고). 월리스가 말하는 "일관적인 생명윤리"라는 말은 결국 사람들로 하여금 사형과 전쟁에 대한 그의 평화주의적 견해, 정부의 부의 재분배에 대한 지지, 인종차별에 대한 자신의 해결책 등이 모두 진정한 "프로라이프" 입장이라고 생각하게 만드는 기만적 표현이다. 이는 낙태를 반대하는 성경적 가르침을 혼란스럽게 만들며, 분명한 주제를 다른 많은 논란적인 주제로 바꾸는 것이다. 이런 교활한 주장이 바로 많은 유권자의 표를 민주당 대통령 후보나 정치인에게 향하게 해 결과적으로 미국에서 연간 1,000,000건의 낙태를 계속 일어나게 하는 효과가 있다는 사실을 우리는 똑바로 알아야 한다.

6. 이 문제의 중요성

구약성경에는 부모가 자기 자식을 죽이는 것을 용인한 민족에 대해 무서운 경고가 담겨 있다. 이스라엘 백성 중 일부는 다른 나라의 관습을 모방하여 "자기 자녀들을 불에 살라" 몰렉과 다른 이방 신에게 바치기까지 했다(렘 7:31). 이런 행위에 대해 하나님께서는 예레미야 선지자를 통해 엄중한 심판의 경고를 하셨다.

여호와께서 말씀하시되 유다 자손이 나의 눈앞에 악을 행하여 내 이름으로 일컬음을 받는 집에 그들의 가증한 것을 두어 집을 더럽혔으며 힌놈의 아들 골짜기에 도벳 사당을 건축하고 그들의 자녀들을 불에 살랐나니 내가 명령하지 아니하였고 내 마음에 생각하지도 아니한 일이니라 그러므로 여호와께서 말씀하시니라 날이 이르면 이곳을 도벳이라 하거나 힌놈의 아들의 골짜기라 말하지 아니하고 죽임의 골짜기라 말하리니 이는 도벳에 자리가 없을 만큼 매장했기 때문이니라 이 백성의 시체가 공중의 새와 땅의 짐승의 밥이 될 것이나 그것을 쫓을 자가 없을 것이라 그 때에 내가 유다 성읍들과 예루살렘 거리에 기뻐하는 소리, 즐거워하는 소리, 신랑의 소리, 신부의 소리가 끊어지게 하리니 땅이 황폐하리라 (렘 7:30~34)

2008년 미국 선거가 참으로 우려스러운 사실은, 미국이 이러한 방향성을 스스로 기꺼이 선택했다는 것이다. 미국은 낙태할 "권리"를 강력히 옹호하는 대통령을 스스로 자유롭게 선출했다. 백악관 홈페이지에는 "오바마 대통령은 재생산(생식) 선택권의 일관된 옹호자였으며 로 대 웨이드 판결 하에서 여성의 권리가 보호되어야 한다고 믿는다"라고 명시하고 있다.[45] 미국 국민은 상원에 상당한 민주당 의원(60명)을 선출했으며, 그들 대부분은 미국의 낙태 "권리"를 강력히 지지한다. 이는 소토마요르(Sotomayor) 판사(스티븐스 대법관의 후임자)와 같이 상당히 젊은 리버럴 대법관을 대법원에 추가로 임명할 수 있는 조건을 충족한다.

우리 국민은 이러한 신념을 가진 사람들을 우리의 대표로 기꺼이 선출한 것이다. 이 결정에 비추어 볼 때 우리나라에 대한 하나님의 평가는 어떠할 것인가? 아니면 혹시 우리 기독교인들은 이제 하나님께서 여전히 모든 나라들의 주재되심을 더 이상 믿지 않는 것인가?

7. 참고자료

낙태에 관한 참고서 목록:

Randy Alcorn, ProLife Answers to ProChoice Arguments (Portland, OR: Multnomah, 1992); Francis Beckwith, Politically Correct Death: Answering Arguments for Abortion Rights (Grand Rapids: Baker, 1992); John Jefferson Davis, Evangelical Ethics, 3rd ed. (Phillipsburg, NJ: P & R, 2004), 137~65; John Feinberg and Paul Feinberg, Ethics for a Brave New World (Wheaton, IL: Crossway, 1993), 47~72; John Frame, The

---

45 See www.whitehouse.gov/issues/women/

Doctrine of the Christian Life (Phillipsburg, NJ: P & R, 2008), 717~32;
Richard Ganz, ed., Thou Shalt Not Kill: The Christian Case against
Abortion (New Rochelle, NY: Arlington House, 1978); Michael J. Gorman,
Abortion and the Early Church (Eugene, OR: Wipf and Stock, 1982);
Randall Hekman, Justice for the Preborn (Ann Arbor, MI: Servant Books,
1984); Jeff Hensley, The Zero People: Essays on Life (Ann Arbor, MI:
Servant Books, 1983); Scott Rae, Moral Choices, 3rd ed. (Grand Rapids:
Zondervan, 2009), 121~43.

B. 안락사

1. 이슈

"안락사"라는 단어는 헬라어 eu("좋은")와 thanatos("죽음")에서 파생
되었다. 따라서 사람들은 이 단어를 "좋은 죽음"을 의미하는 것으
로 이해한다. 이 죽음의 절차는 일반적으로 "자비 살인(mercy killing)"
이라고도 불리며, 이는 살인 행위를 긍정적인 방식으로 묘사하여
오해를 유도하는 또 다른 용어이다. 이것은 분명 노인이나 '불치병'
을 앓고 있는 사람을 죽이는 행위를 의미한다. 안락사 문제의 쟁점
은 이렇다.

정부는 노인이나 죽어가는 사람의 생명을 고의로 죽이는 것을 금지하는 법률을 제정해야 하는가?

이 이슈는 만성적 통증으로 인해 더 이상 생을 연명하지 않고 죽기를 바라는 말기 환자에 종종 초점이 맞춰진다. 혼수상태나 심각한 치매로 인해 정신적 능력의 상당 부분 또는 대부분을 잃은 사람이나, 심각한 부상 또는 질병으로 인해 회복의 희망이 전혀 없어 보이는 환자의 경우도 그렇다. 이런 경우 법은 무엇을 해야 할까?

2. 이와 관련된 성경의 가르침

a. 살인하지 말라는 명령

이 문제에 대한 성경의 우선적 가르침을 십계명에서 찾을 수 있다.

살인하지 말라 (출 20:13)

신약에서도 마태복음 18장 19절과 로마서 13장 9절에서 다시 확언되는 이 계명은 하나님의 형상으로 창조된 모든 인간에게 적용된다. "나이 팔십 세나 구십 세 이상 외에는 살인하지 말라", "심히 아픈 사람이 죽기를 원하는 경우 외에는 살인하지 말라"라고 말하지 않는다.

'살인하지 말라'는 명령이 인간 생애의 아주 초기 단계에서 낙태를 불허하는 것과 마찬가지로, 이 명령은 인생의 마지막 단계에 있는 사람의 생명을 고의로 죽이는 것도 마땅히 불허한다.

출애굽기 20장 13절에 "살인"으로 번역된 단어에는 '계획적인 살인'과 의도하지 않게 다른 사람의 죽음을 초래한 '우발적인 살인'이 모두 포함된다. 이 용어는 동물이 아닌 인간을 살해하는 것에 적용된다.

따라서 성경의 명령은 노인이나 불치병자 등 큰 고통을 겪고 있는 사람을 포함하여 다른 사람의 생명을 빼앗는 행위를 금지한다.

이 문제에 있어 특별히 중요한 또 다른 성경 본문은 사무엘하 1장 1~16절이다. 사울 왕은 전투 도중 사망하고 다윗이 사실상 왕이 되었다. 사울이 죽고 며칠 후, 한 사람이 다윗을 찾아와 자신이 사울이 중상을 입은 것을 발견했으며 사울이 자기를 죽여달라고 간청함에 따라 자신이 그렇게 했다고 주장했다. 여러 면에서 이것은 "안락사"에 준하는 행위였다. 그러나 다윗은 그에게 사형을 명령하는 반응을 보였다. 이야기는 다음과 같다.

사울이 죽은 후에 다윗이 아말렉 사람을 쳐죽이고 돌아와 다윗이 시글락에서 이틀을 머물더니 사흘째 되는 날에 한 사람이 사울의 진영에서 나왔는데 그의 옷은 찢어졌고 머리에는 흙이 있더라 그가 다윗에게 나아와 땅에 엎드려 절하매 다윗이 그에게 묻되 너는 어디서 왔느냐 하니 대답하되 이스라엘 진영에서 도망하여 왔나이다 하니라 다윗이 그에게 이르되 일이 어떻게 되었느냐 너는 내게 말하라 그가 대답하되 군사가 전쟁 중에 도망하기도 하였고 무리 가운데에 엎드러져 죽은 자도 많았고 사울과 그의 아들 요나단도 죽었나이다 하는지라 다윗이 자기에게 알리는 청년에게 묻되 사울과 그의 아들 요나단이 죽은 줄을 네가 어떻게 아느냐

그에게 알리는 청년이 이르되 내가 우연히 길보아 산에 올라가 보니 사울이 자기 창에 기대고 병거와 기병은 그를 급히 따르는데 사울이 뒤로 돌아 나를 보고 부르시기로 내가 대답하되 내가 여기 있나이다 한즉 내게 이르되 너는 누구냐 하시기로 내가 그에게 대답하되 나는 아말렉 사람이니이다 한즉 또 내게 이르시되 내 목숨이 아직 내게 완전히 있으므로 내가 고통 중에 있나니 청하건대 너는 내 곁에 서서 나를 죽이라 하시기로 그가 엎드러진 후에는 살 수 없는 줄을 내가 알고 그의 곁에 서서 죽이고 그의 머리에 있는 왕관과 팔에 있는 고리를 벗겨서 내 주께로 가져왔나이다 하니라

이에 다윗이 자기 옷을 잡아 찢으매 함께 있는 모든 사람도 그리하고 사울과 그의 아들 요나단과 여호와의 백성과 이스라엘 족속이 칼에 죽

음으로 말미암아 저녁 때까지 슬퍼하여 울며 금식하니라 다윗이 그 소식을 전한 청년에게 묻되 너는 어디 사람이냐 대답하되 나는 아말렉 사람 곧 외국인의 아들이니이다 하니 다윗이 그에게 이르되 네가 어찌하여 손을 들어 여호와의 기름 부음 받은 자 죽이기를 두려워하지 아니하였느냐 하고 다윗이 청년 중 한 사람을 불러 이르되 가까이 가서 그를 죽이라 하매 그가 치매 곧 죽으니라

다윗이 그에게 이르기를 네 피가 네 머리로 돌아갈지어다 네 입이 네게 대하여 증언하기를 내가 여호와의 기름 부음 받은 자를 죽였노라 함이니라 하였더라 (삼하 1:1~16)

구약의 이 상황은 현대의 사람들이 안락사가 정당하다고 말하는 것과 몇 가지 유사점을 가지고 있다.

(1) 환자(사울)는 회복할 가능성이 전혀 없는 중상을 입은 것으로 보였다(그는 자신의 칼에 쓰러지는 자살을 시도했다. 삼상 31:4~5 참고).

(2) 환자는 극도의 고통을 겪고 있었고, 죽지 않는다면 더욱 큰 고통을 겪게 될 전망이었다.

(3) 환자는 다른 사람에게 자신을 죽여달라고 적극 요구했으며 애원하기까지 했다.

(4) 이 요구는 당시 '왕(나라의 주권자)'의 명령이기도 했다. 아직 사

울이 왕이었기 때문이다.

그러나 그 당시 하나님의 "마음에 맞는 사람"으로 분명하게 묘사되었던 다윗은(삼상 13:14; 행 13:22 참고) 사울의 간청에 따라 사울을 죽인 사람에게 사형선고를 내린다. 그가 사형을 당하기에 합당하다고 선언한 것이다. 즉, '안락사'를 행한 사람은 살인죄를 범한 것이다.

이 해석에 대해서는 다음 세 가지 이의제기가 있을 수 있다.

(a) 아말렉 사람이 사울을 죽인 이야기는 사울의 죽음이 처음으로 기록된 사무엘상 31장 3~6절에 언급되어 있지 않다. 따라서 아말렉 사람의 고백은 자신이 다윗의 대적이었던 사울을 죽였다는 사실을 다윗에게 알리기 위해 지어낸 이야기일 수 있다.

그러나 이 생각은 이 본문의 교훈을 무효화시키지 않는다. 왜냐하면 그 이야기가 사실이 아닐지라도 다윗은 그것을 사실로 받아들이고 그 이야기에 기초하여 아말렉 사람을 판단했기 때문이다. 다윗은 아말렉 사람의 고백을 근거로 그를 단죄한다. 따라서 이 성경 본문의 이야기는, 안락사를 행한 사람에 대하여 (하나님의 마음에 맞는) 현명한 왕이 판결한 것을 적절하고 도덕적으로 올바르다고 묘사하는 것이다. 게다가 아말렉 사람은 실제로 사울이 쓰고 있던 왕관과 차고 있던 팔찌를 가지고 있었고, 사울이 자신의 칼에 쓰러진 것을 알고 있었기 때문에 사울이 죽을 때 사울 바로 옆에 있었다는 것이 확인된다. 따라서 아말렉 사람의 이야기는 충분히 사실로 받아들일 수 있으며, 사무엘상 31장에서는 단지 사울의 죽음을 요약하여 묘사하면서 이 구체적인 내용을 생략했을 가능성이 있다. 해당 장의 4절은 사울이 자살했다고 명시하지 않고 단지 그가 그렇게 하려고 시도했다고 명시한다. "자기의 칼을 뽑아서 그 위에 엎드러지매." 그 다음 구절에서는 단지 사울의 무기를 든 자가 "사울이 죽음을 보았다"라고 기록함으로써 그 사이 아말렉 사람이 사울의 생명을 끊었을 가능성의 여지를 남기고 있다. 아마도 이 사건은 급한 전투 속에서 매우 빠르게 진행되었을 것이다.

(b) 또 다른 반대 의견은 사울이 왕이었고 다윗이 그를 "여호와의 기름 부음 받은 자"(삼하 1:14)라고 불렀기 때문에 일반적인 상황에 적용할 수 없다는 것이다. 따라서 이 사건은 안락사가 잘못되었다는 일반 원칙을 정립하는 데 사용되어서는 안 되며, 단지 왕을 죽이는 것이 잘못되었다는 적용만 가능하다는 것이다.

하지만 이러한 반론은 설득력이 없다. 살인의 위법성은 피해자의 지위에 따라 결정되지 않기 때문이다. 성경에서 살인은 하나님께서 금하셨기 때문에 잘못된 것이다(출 20:13). 더 구체적으로 말하면, 살인은 하나님의 형상으로 지음 받은 사람의 생명을 빼앗는 것이기 때문에 잘못된 것이다(창 9:5~6 참고). 왕은 왕이 되지 않은 다른 사람들보다 하나님의 형상을 더 많이 가지고 있지 않다! '모든' 인간은 "하나님의 형상으로 창조"(창 1:27)되었다는 지위를 동등하게 갖는다. 따라서 불치병에 걸려 자기를 죽여 달라고 요구한 왕을 죽이는 것이 잘못되었다면, 그것을 요구하는 다른 일반 사람을 죽이는 것도 잘못된 것이다.

(c) 마지막 반론은 아말렉 사람의 죄는 살인이 아니라 "하나님의 기름 부음 받은" 왕에 대한 반역이라는 것이다. 그러나 이 해석은 본문의 실제 사용된 단어와 일치하지 않는다. 다윗이 아말렉 사람을 사형에 처한 것은 분명 반역 때문이 아니라 왕을 죽였기 때문이었다(14, 16절). 또한 아말렉 사람이 사울 왕을 죽일 당시에는 그가 왕에게 반역한 것이 아니라 오히려 왕의 명령에 순종하고 있었던 것이다. 아말렉 사람의 죄는 반역이 아니라 살인이었고 다윗은 그에 따라 그를 처형했다.

따라서 이 본문은 안락사 문제에 "살인하지 말라"라는 말을 적용하는 것이 타당하다는 점을 상당 부분 확증해 준다.

결론적으로 출애굽기 20장 13절과 사무엘하 1장 1~16절 모두 불치병자라 할지라도 그의 생명을 고의로 죽이는 것이 도덕적으로 잘못된 것이라고 지적하고 있다.

b. 죽이는 것과 죽게 내버려 두는 것

'살인'과 '죽게 내버려 두는 것'은 명확히 구분되어야 한다. 살인은 환자의 죽음을 앞당기거나 죽음을 초래하는 무언가를 환자에게 적극적으로 행하는 것이다. 반면, 죽게 내버려 두는 것은 그 죽음의 과정을 방해하지 않고 자신이 아닌 다른 원인으로 죽도록 수동적으로 허용하는 것이다. 첫 번째의 경우, 사망의 원인은 다른 사람이 취한 행동이다. 두 번째 경우, 사망의 원인은 사망한 사람에게 이미 발생한 질병이나 부상 또는 노화이다. 성경은 누군가를 적극적으로 죽이는 것을 금지하지만, 누군가를 죽게 내버려 두는 경우에는 판단이 더 복잡하다.

가령, (a) 회복에 대한 합리적인 희망이 있고, (b) 우리가 도울 수 있는 경우, 우리는 개입하여 사람의 회복을 돕기 위해 노력해야 하며 단지 수동적으로 사람이 죽도록 놔두어서는 안 된다. 이는 "네 이웃을 네 몸과 같이 사랑하라"(마 22:39)는 예수님의 가르침과 "그러므로 무엇이든지 남에게 대접을 받고자 하는 대로 너희도 남을 대접하라 이것이 율법이요 선지자니라"(마 7:12)라고 하신 그분의 명령을 따르지 않는 것이다. 또한 예수님은 선한 사마리아인의 비유에서 심하게 다친 사람을 돕기 위해 할 수 있는 일을 외면한 제사장과 레위인을 암시적으로 정죄하셨다(눅 10:30~37 참고).

반면, ⓐ 회복에 대한 합리적인 희망이 없고, ⓑ 그대로 자연적 죽음을 맞는 것이 환자의 희망인 경우, 또는 ⓒ 우리가 도울 수 없는 경우(불타는 차에 갇힌 사람이나 치료에 드는 엄청난 비용을 감당할 수 없는 경우 등), 그 사람이 죽도록 허용하는 것이 옳을 수도 있다. 이는 사람을 적극적으로 살해하는 것과 도덕적으로 구별된다.

누군가를 죽도록 허용하는 것에는 의학적 생명유지 도구(가령 인공호흡기)를 가동하지 않거나 인위적인 생명유지 행위를 중단하는 것이 포함될 수 있다. 우리는 성경에서 자신의 죽음이 가까웠음을 깨닫고 하나님을 신뢰하며 자신의 생명을 그분의 손에 맡기는 사람들의 예를 많이 찾을 수 있다(눅 23:46; 행 7:59; 또한 창 49:33; 히 2:15, 고전 15:55~57 참고).

또한 말기 환자의 고통을 완화하기 위해 현대 의학을 사용해야 한다(마 7:12 및 22:39 참고). 오늘날 대부분의 경우(아마 모든 경우에) 모르핀이나 아편과 유사한 약물 등의 현대 의약품을 사용하면 죽음에 가까워진 사람이 겪는 지속적이고 극심한 고통을 경감시킬 수 있다.[46]

---

46 U.S. Institute of Health, "Last Days of Life." www.cancer.gov/cancertopics/pdq/

3. 성경 외의 이성과 증거를 통한 논증

대부분의 사람들은 다른 사람을 살해하는 것이 잘못된 것이라는 확신을 가지고 있다. 이러한 일반적인 신념을 바탕으로 노인이나 불치병자를 살해하는 것도 잘못된 것이라는 적용을 할 수 있다. 피해자가 젊든 늙든, 강하든 약하든, 건강하든 고통스럽든, 살인은 살인이다. 다양한 처지와 고려사항 때문에 인간으로서의 도덕적 지위를 바꿀 수는 없다.

더욱이 공공 정책의 '미끄러운 경사'에 대한 우려도 상당 부분 설득력이 있다. 고통받는 일부 환자들에게 안락사가 허용된다면, 점점 더 많은 환자들에게 안락사가 적용될 가능성이 높고 이 경향성을 막기는 어렵다. 또한 노인과 중증 환자에 대한 의료비용이 증가함에 따라 환자들의 생명을 서둘러 끊도록 압력을 가하는 경우도 있을 것이다. 실제로, "의사조력 자살을 허용한 국가에서는 사회가 단순히 '죽을 권리'를 허용하는 것을 넘어, 사회의 '자원을 고갈'시키는 아픈 사람들이나 노인에게 서둘러 '죽을 의무'가 있다는 식의 의식 전환이 있음을 발견할 수 있다. 그러한 분위기에서는 많은 노인들이 사실상 자신의 의지에 반하여 죽임을 당할 가능성이 높다."[47]

---

supportivecare/lasthours/Patient/page2#Keypoint7.
47   *ESV Study Bible*, "The End of Life," p. 2543.

네덜란드의 상황은 특히 악명 높다.[48] 수많은 노인들이 자신의 의지에 반하여 죽음을 맞이하고 있다. 네덜란드의 "성인 안락사 심사 위원회"에 따르면 연간 약 2,000명이 진정제와 치사량의 근육 이완제 혼합물을 투여받고 죽임을 당한다고 한다.[49] 국제 안락사반대 태스크포스(International Anti-Euthanasia Task Force)의 웨슬리 스미스(Wesley Smith) 변호사는 실제 안락사는 그보다도 훨씬 더 높다고 말한다.

지난 수십 년의 기록은 이러한 비자발적 안락사가 만연해 있음을 나타낸다. 실제로 미국 대법원은 조력 자살에 대한 헌법상의 권리를 거부한 1997년 판결(Washington v. Gluckberg)에서, 1991년 네덜란드 정부의 연구를 인용하며 1990년에 의사들이 "명시적인 요청 없이 1,000건 이상의 안락사"를 저질렀고, "의사가 환자의 명시적인 동의 없이 치사량의 모르핀을 과다 투여한 추가 4,941건"이 있다고 확인했다. 이는 1990년에 네덜란드에서 사망한 약 130,000명의 인구 중 거의 6,000명이 비자발적으로 안락사되었다는 뜻이다. 이는 전체 네덜란드 사망자의 약 4%에 해당한다. 소위 "선택"의 결과는 이렇다.[50]

---

48 네덜란드 안락사법에 대한 간략한 요약은 www.internationaltaskforce.org/hollaw.htm에서 읽을 수 있다.

49 "Dutch to Set Guidelines for Euthanasia of Babies," *Associated Press* (Sept. 29, 2005).

50 Wesley Smith, "Going Dutch," National Review Online (Dec. 18, 2000). www.nationalreview.com/comment/comment121800d.shtml.

안락사 옹호론자인 필립 니츠케(Phillip Nitschke) 박사는 자살을 유도하기 위해 이른바 '평화적 약물'을 개발했고, '자살하는 방법'을 알려주는 클리닉을 운영했다. 그는 우리에게 '생명권'이 있다고 믿는다면, 우리는 원할 때마다 '그 생명을 처분할 권리'도 있다고 인정해야 한다고 말했다. [51]

내가 만나고 논쟁하는 많은 사람들은 인간의 생명이 신성하다고 믿는다. 나는 그렇게 생각하지 않는다. … 만약 당신이 당신의 몸이 하나님께 속해 있고, 그 생명을 단축하는 것이 하나님께 대한 범죄라고 믿는다면, 당신은 이 문제에 대한 나의 생각에 분명히 동의하지 않을 것이다. 나는 사람들이 그러한 신념을 갖고 그들이 원하는 고통 속에서 죽는 것을 개의치 않겠다. 그들에게는 그러한 고통이 천국의 문을 조금 더 넓게 열 수 있는 속죄의 과정인지 모르겠지만, 그것이 그들의 믿음이라면 그 마음대로 해야 할 것이다. 그러나 나는 그러한 견해가 나에게 강요되는 것을 강력히 반대한다. 나는 인간의 생명이 신성하지 않다는 나의 믿음도 동일하게 존중받기를 원한다. [52]

51 Kathryn Jean Lopez, "Euthanasia Sets Sail: An interview with Philip Nitschke, the other 'Dr. Death,'" *National Review Online* (June 5, 2001). www.nationalreview.com/interrogatory/interrogatory060501.shtml.

52 Ibid.

이 '미끄러운 경사'는 결국 유아 안락사까지 확장되었다. 2005년 9월 네덜란드 정부는 의사가 부모의 동의를 받아 유아의 생명을 끝낼 수 있도록 하는 안락사 정책을 확대하겠다는 정책을 발표했다. '흐로닝언 의정서(Groningen Protocol)'에 따르면, 아동이 회복 가능성이 없고 큰 고통을 겪고 있는 불치병에 걸렸다고 판단되면 안락사가 허용된다.

『우생학 설교(Preaching Eugenics)』의 저자 크리스틴 로젠(Christine Rosen)은 이렇게 말한다.

> 네덜란드의 안락사 수용은 (훨씬 더 세속적인 유럽의 풍토 속에서) '어떤 생명은 살 가치가 없다'라는 인식이 커짐에 따른 결과이다. 실제로 유럽 전체도 그런 경향을 따라가고 있다. AP통신에 따르면, 프랑스 의사 중 73%가 유아의 생명을 끊기 위해 약물을 사용한다고 인정했으며, 영국, 이탈리아, 스페인, 독일, 스웨덴 의사 중 2~4%도 같은 사실을 자백했다.[53]

안락사를 반대하는 마지막 주장은 불치병을 앓았거나 생명을 위협하는 부상을 입었다가 다시 회복된 사람들, 그리고 여전히 행복

---

53 Christine Rosen, *Preaching Eugenics: Religious Leaders and the American Eugenics Movement* (Oxford: Oxford University Press, 2004): cited in Kathryn Jean Lopez, "Mercy!" National Review Online (March 30, 2005). www.nationalreview.com/lopez/lopez200503300755.asp.

하고 생산적인 삶을 살고 있는 노인들의 이야기를 통해 나온다.

최근 사례 중 하나는 애리조나 주 메사(Mesa)에 살고 있는 제시 라미레즈(Jesse Ramirez)의 이야기이다. 2007년 5월, 당시 36세였던 제시는 아내와 말다툼을 벌이던 중 끔찍한 자동차 사고를 당했다.[54] 사고가 발생한 지 불과 열흘 만에 제시의 음식, 물, 항생제가 아내의 요청에 따라 중단되었다. 이후 그는 호스피스로 옮겨져 사망을 기다렸지만, 제시의 여동생의 요청에 따라 자유수호연맹 소속 변호사들이 음식과 물, 치료를 재개했다. 제시는 이미 6일 동안 음식과 물 없이 지냈지만, 차츰 회복되어 2007년 10월 병원에서 스스로 걸어서 퇴원하였고 집에서 회복을 계속했다.[55] 2008년 애리조나 주는 자신의 의료 조치에 관해 스스로의 의사를 전달할 수 없는 신체적 한계가 있을 때, 그 의사결정 과정의 허점을 막는 '제시법(Jesse's Law)'을 통과시켰다.[56]

4. 반대 의견

위 입장에 대한 주요 반대 의견은 (1) 인간의 자유, 심지어 자신

---

54 Dennis Wagner, "Injured Man's Awakening Called 'Miracle,'" *USA Today* (June 27, 2007). www.usatoday.com/news/nation/2007 - 06 - 26-comatose_N.htm?csp=34.

55 Rick Dubek, "Comatose Mesa Man Walks Out of Hospital," *AZCentral.com* (Oct. 19, 2007). www.azcentral.com/12news/news/articles/jesseramirezwalks10192007-CR.html.

56 "ADF Commends Signing of 'Jesse's Law,'" *ADF Press Release* (June 25, 2008). www.telladf.org/news/story.aspx?cid=4583.

의 생명을 끊기로 선택할 수 있는 개인의 자유와 (2) 불치병 환자가 느끼는 고통과 좌절을 완화해야 할 필요성을 강조한다.

이에 답하자면, 다른 사람을 적극적으로 살해하는 것이 도덕적으로 잘못된 것이라면, 사람이 스스로 살해당할 것을 선택한다고 해서 그 도덕적 주장을 무효화하는 것은 아니다. 누군가는 "죽고 싶다"라고 말할 정도로 삶에 절망하는 경우가 많다. 그런데 그런 사람을 죽이는 것을 옳다고 해야 할까? 그것이 도덕적으로 잘못된 것이라면, 살해당하고 싶어 하는 사람이라도 그 도덕적 사실을 바꿀 수는 없는 것이다. 왜냐하면 그것은 여전히 인간의 생명을 앗아가는 것이기 때문이다. 사람의 생명권은 그 사람이 살고 싶어 하는지의 여부에 달려 있지 않다.

고통과 좌절은 살인에 대한 도덕적 불허를 뛰어넘을만한 충분한 근거가 되지 않는다. 더 나은 해결책은 고통을 완화하고, 그 사람의 좌절감을 극복하기 위해 할 수 있는 일을 다 하는 것이다.

안락사를 옹호하는 또 다른 주장은 이것이다. (3) 재정과 의료 자원이 제한적이므로 노인이나 중병을 앓고 있는 사람들을 죽여 그들이 돈과 의료 자원을 낭비하지 않도록 해야 한다는 것이다. 이는 단순히 희소한 자원(가령 신장 이식)을 더 젊거나 건강한 사람에게 할당하는 문제가 아니다. 이것은 노인이나 중병을 앓고 있는 사람들이 그렇게 많은 의료서비스를 전혀 이용해서는 안 된다는 주장이다.

그러나 이것을 다른 말로 표현하면 이 주장은 본질적으로, 우리가 돌보기에 너무 많은 비용을 지불해야 하는 사람들을 죽이는 것이 옳다고 말하는 것이다. 더 많은 돈이 있다면 더 많은 의료 자원을 얻을 수 있기 때문에, 결국 이 주장은 "우리는 노인과 불치병 환자를 돌볼 자금이 충분하지 않다"라는 말에 불과하다. 하지만 그것이 다른 사람의 생명을 빼앗는 것을 정당화하는가? 이것은 "살인하지 말라"라는 계명을 "돈이 들지 않는 한 살인하지 말라"라는 다른 계명으로 바꾸는 일이다. 이러한 주장은 도덕적 이유로 받아들여질 수 없다.

위 세 가지 반대 의견은 모두 기독교 세계관과는 상반되는 관점에 기초하고 있다는 점을 인식하는 것이 중요하다. 이 세 가지 반대 의견은 인간의 생명을 신성한 것, 즉 이 세상에서 유일하게 하나님의 형상을 지닌 것으로 여기지 않는다. 그리고 그것은 "살인하지 말라"라는 하나님의 명령이 가진 도덕적 무게를 온전히 존중하지 않는 것이다.

5. 정부 정책을 위한 제언

a. 살인에 대한 법은 안락사에도 계속 적용되어야 한다

미국 대부분의 주에서 안락사는 여전히 금지되어 있으며, 여기에는 살인에 대한 금지법이 적용된다. 그러나 오리건 주 유권자들은 1994년에 의사조력 자살(physician-assisted suicide)이라고 불리는 "존엄사법(Death with Dignity Act)"을 제정했다.[57] 이는 1997년 제9순회 항소법원에서 인정을 받았다. 이후 미국 대법원은 이 법에 대한 항소를 기각했다.[58] 연방 규제 약물법과 관련된 이 존엄사법에 대한 후속 이의제기에서 법원은 6대 3으로 이 법에 유리한 판결을 내렸다.[59] 2008년 11월에는 워싱턴 주 시민들도 의사조력 자살을 합법화했다.[60]

한편, 1999년 미시간 주의 의사 잭 케보키언(Jack Kevorkian) 박사는 누군가의 자살을 돕는 행위가 TV에 방영되며 현행 미시간 법을 위반한 혐의로 유죄 판결을 받기도 했다.[61]

6. 이 문제의 중요성

안락사 문제에 대해 사회가 취하는 입장은 그 사회가 인간의 생명을 얼마나 가치 있게 여기는지, 그리고 '살인하지 말라'라는 하나님의 명령을 얼마나 높이 받드는지를 반영한다. 의사조력 자살이 합법화되는 사회는 인간 생명의 가치를 더욱 타락시키는 발판이

---

57 Death with Dignity Act. www.oregon.gov/DHS/ph/pas/.

58 See www.oregon.gov/DHS/ph/pas/about_us.shtml.

59 *Gonzales v. Oregon*, 546 U.S. 243 (2006).

60 "Washington State to Allow Assisted Suicide," *USA Today* (March 2, 2009). www.usatoday.com/news/nation/2009-03-01-washington-assisted_N.htm.

61 "Kevorkian Gets 10 to 25 Years in Prison," *CNN.com* (April 13, 1999). www.cnn.com/US/9904/13/kevorkian.03/.

될 것이다. 누군가는 치료를 받기에 "너무 늙었다"라고 여겨질 것이다. 노인에 대한 동정심과 보살핌은 줄어들고, 그들을 사회의 소중한 존재로 인식하기보다는 단지 그들을 사회가 돌보아야 할 짐으로만 인식하게 될 것이다.

이 책을 읽는 우리 모두도 사실 일찍 죽지 않는다면, 언젠가 누군가의 보살핌과 지원이 필요한 "노인"이 된다는 것을 기억해야 할 것이다.

7. 참고자료

안락사에 대한 참고서 목록:

Davis, Evangelical Ethics, 167~201; Feinberg and Feinberg, Ethics for a Brave World, 99~126; Frame, The Doctrine of the Christian Life, 732~38; John Kilner, Arlene Miller, and Edmund Pellegrino, eds., Dignity and Dying: A Christian Appraisal (Grand Rapids: Eerdmans, 1996); Joni Eareckson Tada, When Is It Right to Die? (Grand Rapids: Zondervan, 1992).

C. 사형제

1. 이슈

사형제에 관한 질문은 다음과 같다.

정부는 특정 범죄로 유죄 판결을 받은 사람의 생명을 빼앗아야 하는가?

사형(또는 처형)이 형벌로 규정되는 범죄에는 대개 계획살인과 반역죄가 포함된다. 그 외 사형을 받아야 한다고 여겨지는 다른 범죄 중에는 대량살상무기 사용 시도, 국민의 생명 손실을 초래하는 간첩 행위, 특수강간, 항공기 납치 등의 가중범죄 또는 사람의 죽음을 초래하는 위증 등이 있다. (가중범죄란 고의성이나 특수한 상황으로 인해 범죄의 성격이나 피해자에 대한 상해가 크게 가중된 범죄를 말한다.)

그러나 우선 가장 중요한 질문은 정부가 사형을 집행할 권리를 과연 가져야 하는지의 여부이다.

2. 이와 관련된 성경의 가르침

a. 창세기 9장 5~6절은 정부의 기초를 제공한다

인류 초기 역사를 기록한 창세기 6~9장은 하나님께서 대홍수를 통해 방주에서 구조된 노아와 그의 아내, 그의 세 아들과 그들의 아내 여덟 사람을 제외한 모든 인간을 멸하셨다고 말한다.

홍수 이후 노아와 그의 가족은 방주에서 나와 사회를 재건했다. 이 시점에 하나님께서는 그들이 곧 시작하게 될 삶에 관한 지침을 주셨다. 그 지침 중에는 정부의 기초를 제공하는 다음 구절이 있다.

내가 반드시 너희의 피 곧 너희의 생명의 피를 찾으리니 짐승이면 그 짐 승에게서, 사람이나 사람의 형제면 그에게서 그의 생명을 찾으리라[62]

다른 사람의 피를 흘리면 그 사람의 피도 흘릴 것이니 이는 하나님이 자 기 형상대로 사람을 지으셨음이니라 (창 9:5~6)

이 진술에 나오는 동사 "피를 흘리다"는 히브리어 동사 샤팍 (shāphak)을 번역한 것으로, "많은 양을 쏟아부어 죽음을 초래하다" 를 의미한다. 따라서 이 절의 "피를 흘리면"이라는 용어는 폭력 적이고 부당하게 인간의 생명을 빼앗는 것을 가리킨다(창 37:22; 민 35:33; 왕상 2:31; 겔 22:4 참고).[63] 그리고 "그 사람의 피도 흘릴 것이니"(6 절)라는 법칙은 어떤 사람이 다른 사람을 죽일 경우 그 살인자도 죽 여야 함을 말하고 있다.

---

62 역주: 원서가 여기서 인용한 ESV 번역을 직역하면 "그의 동료 인간으로부터 그 사람의 생 명에 대한 응보를 요구할 것이다"이다.

63 *ESV Study Bible*, p. 2552.

또한 살인자를 처형하는 일은 하나님께서 직접 집행하시는 것이 아니라 다른 인간, 즉 "동료 인간"에 의해 집행될 것이었다. 그러나 이것은 인간의 복수로 볼 수 있는 것이 아니라, 하나님께서 요구하시는 공의의 이행으로 간주되어야 한다. 왜냐하면 하나님께서는 "그의 동료 인간으로부터 그 사람의 생명에 대한 응보를 요구할 것이다"(5절)라고 말씀하시면서 그 이유를 다음 구절에서 분명히 설명하고 있기 때문이다.

하나님께서 요구하시는 응보의 이유는 인간 생명의 엄청난 가치 때문이었다. "이는 하나님이 자기 형상대로 사람을 지으셨음이니라"(6절). 하나님의 형상을 갖는다는 것은 모든 창조물 중에서 가장 높은 지위이자 특권이며, 오직 인간만이 그 지위를 갖는다(창 1:27 참고). 하나님의 형상이라는 것은 인간이 이 땅의 그 어떤 것보다 하나님과 더 비슷하다는 것을 의미하며, 또한 인간이 이 땅에서 하나님의 대리인이라는 것을 의미한다(인간이 하나님을 가장 많이 닮아서 하나님을 가장 잘 대표할 수 있기 때문). 따라서 인간을 살해하는 것은 지구상의 어떤 피조물보다 하나님과 더 유사한 사람을 살해하는 것이다. 다른 인간을 살해하는 것은 하나님 자신에 대한 일종의 공격인 것이다. 왜냐하면 그것은 지상에 있는 하나님의 대리인에 대한 공격이고, 하나님께서 이 땅에 남겨두신 그분의 "형상"에 대한 공격이기 때문이다.

그러한 심각한 범죄에 합당한 형벌을 내리기 위해, 하나님께서는 살인자가 궁극의 대가, 즉 자신의 생명도 잃게 되도록 명하셨다. 그것은 범죄에 응당한 형벌이었다. "다른 사람의 피를 흘리면 그 사람의 피를 흘릴 것이니 이는 하나님이 자기 형상대로 사람을 지으셨음이니라"(창 9:6).

그러므로 이 구절은 모든 정부 권위의 기본 원칙을 제시한다. 홍수가 땅을 멸망시킨 후 새로운 사회가 시작될 때, 하나님께서는 범죄자를 처벌할 권한을 인간에게 위임하겠다고 약속하신 것이다("그 사람의 피도 흘릴 것"). 그러므로 범죄에 대한 형벌을 집행하는 권한은 단순히 인간이 스스로 만들어 낸 것이 아니다. 오히려 그것은 하나님께서 인간에게 위임하신 권위이며, 이 권위를 통해 하나님은 행악자들에게 의로운 공의를 집행하시는 것이다. 왜냐하면 "반드시 너희의 피 곧 너희의 생명의 피를 찾으리니"(보응하시리니)라고 말씀하시기 때문이다(5절). 그렇게 범죄를 처벌할 권한이 하나님에 의해 인간 정부에 주어졌다. 범죄를 처벌할 그러한 권위는 또한 정부가 (a) 어떤 범죄가 처벌받을 가치가 있는지, (b) 각 범죄에 대해 어떤 처벌이 적절한지, 그리고 (c) 당사자가 그 범죄에 대해 유죄인지 여부를 결정해야 한다는 것을 의미한다.

앞서 3장에서 설명했듯이, 이 구절은 이스라엘 국가가 건국(출애굽)되고 모세 언약의 율법이 주어지기 오래 전의 일이다. 따라서 이 구절의 적용은 특정 시대의 이스라엘 민족에게만 국한되지 않고 모든 시대의 모든 사람들에게 적용되도록 의도된 것이다. 신약에서 "그리스도 안에서 없어질 것"(고후 3:14 참고)에 관해 말할 때, 그것은 모세를 통해 이스라엘 민족과 맺은 하나님의 언약을 가리킨다는 점을 인식하는 것이 중요하다(렘 31:31~32; 눅 22:20; 고전 13:11; 고후 3:4~16; 히 8~10장 참고). 그러나 홍수 직후 하나님께서 노아와 맺으신 언약은 어디에서도 '옛 언약'이라고 불리지 않으며, 폐지되거나 더 이상 유효하지 않다고 암시되지 않는다. 노아와 맺은 언약은 대대로 이 땅의 모든 인류에게 적용되는 것이다.

무지개가 구름 사이에 있으리니 내가 보고 나 하나님과 모든 육체를 가진 땅의 모든 생물 사이의 영원한 언약을 기억하리라 (창 9:16)

이 구절에서 내릴 수 있는 결론은, 바로 하나님께서 정부에 사형을 집행할 권한을 주셨으며, 이것이 지상의 모든 정부가 가진 기본 권위라는 것이다.

창세기 9장의 이러한 해석에 대한 반대 의견 중 하나는 그것이 일종의 "격언"일 뿐 인간 행동에 대한 하나님의 실제 명령이 아니라는 것이다. 글렌 스타센(Glen Stassen)과 데이빗 구시(David Gushee)가 해당 본문에 대해 하는 말이 그렇다. "창세기의 그 이야기는 사형을 명령하는 것이 아니라 단지 자신의 행동에 대한 결과(누군가를 죽이는 사람은 자신도 결국 죽임을 당할거야)를 알려주는 현명한 조언이다."[64]

그러나 이들의 해석은 다음 세 가지 이유로 설득력이 없다.

(1) 5절과 6절을 연결하여 읽으면 살인자를 처형하는 것이 하나님께서 친히 사회에서 공의를 행하시는 방식임이 드러난다. "그의 동료 인간으로부터 그 사람의 생명에 대한 응보를 요구할 것이다"(창 9:5). 스타센과 구시는 5절에 대해 아무런 언급이 없다.

(2) (스타센과 구시가 역시 언급하지 않는) 6절의 뒷부분은 이 명령에 대한 설명을 제공한다. 사람이 하나님의 형상을 가졌기 때문에 살인 행위가 사형에 처한다는 것이다. 이는 해당 범죄의 심각성을 말한다. 그러나 스타센과 구시의 해석으로는 이러한 성경의 말씀이 전혀 설명되지 않는다. 그들이 이 말씀을 "당신이 무언가 잘못(살인)하면 당신도 그 잘못(살인)을 당하게 될 거야"라는 식의 "속담" 정도로 이해한다면, 그것은 우리가 하나님의 형상을 가졌기 때문에 살인하게 된다는 것이 된다. 이것은 (사형이 나쁘다고 보는 그들의 관점에서) "사람은 하나님의 형상으로 지음받았기 때문에 서로에게 악을 행

64 Glen Stassen and David Gushee, *Kingdom Ethics* (Downers Grove, IL: InterVarsity Press, 2003), 202.

할 것이다"라고 말하는 것과 같다. 사람들이 잘못을 저지르는 이유가 하나님의 형상 때문이라는 것이다!

(3) 구약의 뒷부분에서는 하나님께서 친히 살인 범죄에 대해 사형을 제정하시는 것을 보여준다(민 35:16~34 참고).

이 세 가지 이유 때문에 스타센과 구시의 해석은 설득력이 없다.

b. 시민 정부에 대한 신약의 두 본문 중 첫 번째, 로마서 13장 1~7절

앞서 3장에서 이미 로마서 13장 1~7절에 대해 자세히 논의했다. 그러나 여기서 다시 한번 그 본문을 통해 두 가지 구체적인 내용을 도출해 낼 필요가 있다. 본문은 다음과 같다.

각 사람은 위에 있는 권세들에게 복종하라 권세는 하나님으로부터 나지 않음이 없나니 모든 권세는 다 하나님께서 정하신 바라 그러므로 권세를 거스르는 자는 하나님의 명을 거스름이니 거스르는 자들은 심판을 자취하리라 다스리는 자들은 선한 일에 대하여 두려움이 되지 않고 악한 일에 대하여 되나니 네가 권세를 두려워하지 아니하려느냐 선을 행하라 그리하면 그에게 칭찬을 받으리라 그는 하나님의 사역자가 되어 네게 선을 베푸는 자니라 그러나 네가 악을 행하거든 두려워하라 그가

공연히 칼을 가지지 아니하였으니 곧 하나님의 사역자가 되어 악을 행하는 자에게 진노하심을 따라 보응하는 자니라 그러므로 복종하지 아니할 수 없으니 진노 때문에 할 것이 아니라 양심을 따라 할 것이라 너희가 조세를 바치는 것도 이로 말미암음이라 그들이 하나님의 일꾼이 되어 바로 이 일에 항상 힘쓰느니라 모든 자에게 줄 것을 주되 조세를 받을 자에게 조세를 바치고 관세를 받을 자에게 관세를 바치고 두려워할 자를 두려워하며 존경할 자를 존경하라 (롬 13:1~7)

첫째, 정부의 대리인이 "하나님의 사역자가 되어 악을 행하는 자에게 진노하심을 따라 보응하는 자"[헬라어 ekdikos, "형벌을 집행하는 자"](4절)가 된다고 명시하고 있다. 이는 하나님께서 범죄에 대한 보응을 요구하시며 이것이 인간 대리자들을 통해 수행될 것이라는 창세기 9장의 가르침과 일치한다.

둘째, 바울은 정부가 "공연히 칼을 가지지 아니하였다"라고 말한다(4절). "칼"에 해당하는 헬라어는 마카리아(macharia)인데, 이는 다른 여러 구절에서 사람을 죽이는 데 사용하는 도구를 가리키는 데 사용되었다. 다음은 몇 가지 예이다.

요한의 형제 야고보를 칼로 죽이니 (행 12:2)

간수가 자다가 깨어 옥문들이 열린 것을 보고 죄수들이 도망한 줄 생각하고 칼을 빼어 자결하려 하거늘 (행 16:27)

돌로 치는 것과 톱으로 켜는 것과 시험과 칼로 죽임을 당하고 … (히 11:37)

… 칼에 죽을 자는 마땅히 칼에 죽을 것이니 … (계 13:10)

칠십인역(구약의 헬라어 번역)의 여러 구절에서도 이 단어를 다음과 같이 사용한다.

너는 마땅히 그 성읍 주민을 칼날로 죽이고 그 성읍과 그 가운데에 거주하는 모든 것과 그 가축을 칼날로 진멸하고 (신 13:15)

네 하나님 여호와께서 그 성읍을 네 손에 넘기시거든 너는 칼날로 그 안의 남자를 다 쳐죽이고 (신 20:13)

따라서 여기에 나오는 '칼'의 의미가 단지 어떤 권위의 상징일 뿐이라는 일부의 주장은 설득력이 거의 없다. 바울이 정부가 "공연히 칼을 가졌다"고 말한 것은 1세기 당시 사람들이 칼을 사용했던 목적, 즉 사람들을 죽일 때처럼 칼을 사용할 권한을 하나님이 정부에 부여했다는 의미이다.

c. 시민 정부에 대한 신약의 두 번째 본문, 베드로전서 2장 13~14절

> 인간의 모든 제도를 주를 위하여 순종하되 혹은 위에 있는 왕이나 혹은 그가 악행하는 자를 징벌하고 선행하는 자를 포상하기 위하여 보낸 총독에게 하라

14절에서 "징벌"로 번역된 표현은 엑티케시스(eis ekdikēsis)인데, 이는 바울이 하나님께 속한 "원수 갚음"(롬 12:19)을 표현한 것과 시민 정부는 "하나님의 진노를 따라 보응하는 자"(롬 13:4)에서 쓰인 용어이다. 결국 시민 정부에 대한 신약의 대표적인 두 본문, 즉 로마서 13장과 베드로전서 2장은 정부가 범죄를 억제할 책임이 있을 뿐만 아니라, 실제로 범죄자에게 하나님의 형벌을 내릴 대리적 책임이 있다고 가르친다. 이는 창세기 9장 5~6절의 함의와 일치한다.

d. 하지만 정부가 범법자를 처형하는 것을 원해야 할까?

때로 기독교인들은 사랑하는 사람이 살해당했거나, 자신이 강도나 폭행을 당했거나, 음주운전자로 인해 심각한 부상을 입었다면,

단지 그 사람을 용서해야 하며, 따라서 범죄자가 법을 통해 처벌받기를 바라서는 안 된다고 생각할 수 있다. 그러나 그것은 바울이 로마서 12장 19절에서 말하는 해결책이 아니다. 바울은 "사랑하는 자들아 너희가 스스로 복수하지 말고 도리어 너희에게 잘못한 모든 사람을 용서하라"라고 말하지 않는다. 오히려 그는 그들에게 스스로 원수를 갚으려는 마음을 버리는 대신, 그 일을 정부에 맡기라고 말한다. "내 사랑하는 자들아 너희가 친히 원수를 갚지 말고 하나님의 진노하심에 맡기라 기록되었으되 원수 갚는 것이 내게 있으니 내가 갚으리라고 주께서 말씀하시니라"(롬 12:19). 이어서 바울은 바로 시민 정부가 "하나님의 사역자가 되어 악을 행하는 자에게 진노하심을 따라 보응하는 자"(롬 13:4)라고 설명하는 것이다.

즉, 사람들은 자신이 부당한 대우를 받았을 때 개인적인 복수를 하려고 하지 말고, 시민 정부의 활동을 통해 정의가 이루어지도록 해야 한다고 성경은 가르치고 있다. 시민 정부가 정의를 집행하도록 하면 신자는 자신에게 해를 끼친 사람들에게도 선을 행할 자유를 얻게 된다. 바울이 말했듯이, "네 원수가 주리거든 먹이고 목마르거든 마시게"(롬 12:20) 할 수 있고, 이를 통해 "선으로 악을 이길"(21절) 수 있다. 여기서 악을 이기는 선은 음식과 물을 주는 것만을 이야기하는 것이 아니라, "하나님의 사역자가 베푸는 선"(롬 13:4)

도 의미한다.[65]

그러나 혹자는 이렇게 이의를 제기할 수도 있다. 기독교인이 복수를 원하는 것은 잘못된 것이 아닌가? 하지만 어떤 종류의 복수를 원하는지에 따라 다르다. 우리가 (범죄자를 해하기 위한) 사적인 복수를 추구하고 원한다면, 그것은 로마서 12장과 13장에 불순종하는 것이다. 그러나 하나님의 공의로운 보응을 정부가 범죄자에게 수행하기를 원하는 것이라면, 우리는 바울이 12장 19절에서 말한 것에 따라 정확히 복수를 "하나님의 진노에" 맡기는 것이 된다. 우리는 그것을 "하나님의 사역자"인 정부의 합당한 목적에 맡기는 것이다. 정부는 "하나님의 진노하심을 따라 행악자에게 보응"한다(롬 13:4). 하나님의 공의가 이런 방식으로 시행되기를 바라는 것은 잘못된 일이 아니다. 왜냐하면 그것은 하나님이 이 땅에서 그분의 공의의 속성과 영광을 나타내시는 하나의 방법이기 때문이다. (짐 월리스는 사형이 "단지 복수심을 만족시킨다"고 말하면서, 부당한 사적 복수와 정부를 통한 하나님의 보응, 즉 하나님의 공의가 이루어지길 바라는 정당한 정의감을 구별하지 못하고 있다.[66] 하나님의 보응은 그분의 공의의 조건을 충족시키는 것이다.)

따라서 기독교인들은 (1) 자신에게 잘못한 사람들에게 개인적인 친절을 베풀고 그들의 구원과 용서를 위해 기도하는 동시에 (2) 법

---

65 원래 헬라어 원문 사본에는 장과 절의 구분이 없었다. 따라서 해당 서신의 초기 독자들은 12장과 13장의 내용을 더 가깝게 연결해서 접했을 것이다.

66 Jim Wallis, *God's Politics*, 303.

원을 통한 정의를 추구하고 잘못을 저지른 사람이 자신이 저지른 잘못에 대한 정당한 값을 치르도록 바라야 한다. 나는 실제로 친구나 사랑하는 사람을 살인으로 잃고 살인자에 대한 법의 선고 및 집행을 간절히 바랐던 한 명 이상의 성도들과 이야기를 나눈 적이 있다. 나는 잘못을 벌하고 정의가 이루어지길 바라는 그들의 바람이 하나님께서 우리 인간의 마음에 심어 주신, 그분의 공의에 대한 뿌리 깊은 인식을 반영한다고 생각한다.

이를 확증하는 또 다른 구절은 요한계시록 6장 9~10절이다.

다섯째 인을 떼실 때에 내가 보니 하나님의 말씀과 그들이 가진 증거로 말미암아 죽임을 당한 영혼들이 제단 아래에 있어 큰 소리로 불러 이르되 거룩하고 참되신 대주재여 땅에 거하는 자들을 심판하여 우리 피를 갚아 주지 아니하시기를 어느 때까지 하시려 하나이까 하니

이 구절에서 중요한 점은 이 "영혼들"이 이제 죄에서 완전히 자유로워졌다는 것이다. 이는 그들의 마음에 죄 된 욕망의 흔적이 전혀 남아 있지 않다는 것을 의미한다. 그럼에도 불구하고 그들은 하나님께 자기들을 죽인 자들 곧 "땅에 거하는 자들"에게 원수를 갚아 달라고 부르짖고 있다(10절). 그러므로 그러한 욕망은 도덕적으로 잘못된 것으로 볼 수 없으며, 예수께서 십자가에 달리셨을 때

하셨던 것처럼 다른 사람을 용서하면서 동시에 하나님의 손에 심판을 맡기는 것과도 모순되지 않는다(벧전 2:23 및 눅 23:34 참고). 사실 심판을 하나님의 손에 맡기는 것은 우리가 스스로 심판을 내리려는 욕망을 포기할 수 있게 하고, 이생에서 그들에게 자비의 행동을 보여줄 수 있는 자유함을 주는 행위다.

e. 살인 말고도 사형에 합당한 범죄가 있을까?

살인 외에 다른 범죄도 사형을 받을 수 있나? 성경은 이 질문에 대해 우리에게 명확한 지침을 제시하지 않지만, 성경에서 찾을 수 있는 몇 가지 원칙은 우리의 추론과 판단에 영향을 미칠 수 있다. 여기서 주된 질문은, 과연 어떤 범죄가 살인행위가 가진 악의 정도와 비슷하고, 따라서 사형을 받을만한지의 여부이다.

어떤 범죄가 사형에 해당하는지에 대한 최종 결정은 각 주 또는 국가에서 내려야 한다. 가장 이상적으로는 국민이 자유롭게 선출한 대표가 관련 법률을 제정하는 것이다. (이것은 현재 미국에서 일어나고 있는 것처럼 선출되지 않은 9명의 대법관이 결정할 수 있는 문제가 아니다. 이 책 5장을 참고하라.)

크리스토퍼 라이트(Christopher Wright)는 구약 율법의 중요한 특징을 다음과 같이 지적한다. "정상적인 법적 절차에 의하면 어떠한 재산 관련 범죄도 사형으로 처벌될 수는 없었다."[67] 즉, '물건'을 훔쳤다고 해서 '사람'을 죽일 수는 없었던 것이다. 대신 일종의 금전적 보상이 이루어져야 했다. 이는 현명한 원칙인 것으로 보인다.

그러나 한 가지 주의할 점이 있다. 나는 모세 언약의 율법(출애굽기, 레위기, 민수기, 신명기)에서 사형이 선고되는 여러 종류의 범죄에 대해, 오늘날에도 그러한 범죄는 사형이 선고되어야 한다고 주장하는 것은 옳지 않다고 생각한다. 모세 율법은 역사상 그 특정 시기의 이스라엘 백성만을 위한 것이었다. 모세 율법의 많은 부분은 민족 전체가 하나님만을 섬기며 이방 신들에 대한 어떤 충성도 허용하지 않아야 했던 하나님의 백성으로서 이스라엘의 독특한 지위를 반영한 것이다. 성경의 다른 부분 어디에도 모세 언약에 나오는 사형 관련 율법이 오늘날의 시민 정부에도 적용되어야 한다는 암시가 없다.

오늘날의 정부와 법률에 관한 한, 나는 다른 사람의 '죽음'을 의도했거나 실제로 죽음을 초래한 범죄에 대해서만 사형이 부과되어야 한다고 생각한다. 몇 가지 예로는 거짓 피고인의 억울한 죽음을 초래한 위증이나, 국민의 죽음을 초래한 간첩 행위가 포함될 수 있다. 다른 예로는 반역이나 대량살상무기 사용 음모와 같은 "국가에

---

67 Christopher J. H. Wright, *Old Testament Ethics for the People of God* (Downers Grove, IL: InterVarsity Press, 2004), 308.

대한 범죄"가 있다. 이러한 범죄는 수천 명의 목숨을 한꺼번에 앗아갈 수 있기 때문에 가중이 크다. 또한 납치, 잔혹한 강간, 구타 등 피해자가 사망하지는 않았지만, 영구적인 장애를 초래하는 범죄에 대해서도 사형에 준하는 처벌이 해당될 수 있다. (미국 대법원은 2008년 6월 25일에 발표된 케네디 대 루이지애나 사건에서 아동을 잔혹하게 강간한 사건의 범죄자에게 사형을 부과하기로 결정할 수 있는 주 정부의 권리를 박탈했다. 이 사건에서 법원은 "피해자의 생명을 빼앗기지 않은" 범죄에 대해서 사형을 배제했다.)[68]

f. 소결

하나님께서는 특정 범죄, 적어도 살인 범죄에 대해 (창세기 9장 6절에서 명시적으로) 사형을 집행할 권리와 책임을 시민 정부에 주셨다.

3. 성경 외의 이성과 증거를 통한 논증

많은 시민 단체들은 사형이 실제로 폭력 범죄를 억제하고, 사형이 공정하게 집행될 수 있으며, 무고한 사람들이 처형되는 것을 방지하기 위해 충분한 보호 조치가 취해지고 있다는 점, 그리고 심각한 인간 범죄가 계속 발생한다는 점을 근거로 사형에 대한 설득력 있는 옹호 입장을 내놓고 있다. 계획적 살인 범죄에 대한 일반인의 정의감도 살인자의 생명을 빼앗는 것만이 적절한 처벌이라는 것을

---

68 *Kennedy v. Louisiana*, 554 U.S. 36 (2008).

인정한다. 불신자들도 이러한 경우에 공의를 요구하는 강한 내적 감각이 있다는 사실에 우리는 놀라서는 안 된다. 왜냐하면 성경은 "율법의 행위가 그 마음에 새겨져 있고 그 양심이 이를 증거하느니라"(롬 2:15)라고 말하기 때문이다. 이것은 하나님께서 모든 사람의 마음에 당신이 주신 도덕률의 많은 부분을 반영하는 옳고 그름에 대한 감각을 심어 주셨음을 의미하며, 여기에는 잘못이 저질러졌을 때 공의가 집행되어야 한다는 감각도 포함된다.

4. 반대 의견

a. 성경에서의 반대 의견

혹자는 정부가 최소한 계획적 살인에 대해 사형을 집행할 권리와 책임이 있다는 생각에 이의를 제기한다. 기독교인의 경우에는 성경에 나오는 다른 구절을 근거로 반대 의견을 제시하기도 한다.[69]

(1) 출애굽기 20:13

많은 사람들은 십계명의 "살인하지 말라"라는 구절이 사형을 금지한다고 주장해 왔다. 그들은 정부도 범죄자를 "살인"해서는 안 된다고 주장한다.

---

69 여기서 제시되는 많은 반대 의견은 Stassen and Gushee, Kingdom Ethics, 197~203.에서 참고하였다.

하지만 그러한 해석은 이 본문에서 "살인"으로 번역된 히브리어 동사 라차크(rātsakh)의 의미를 오해한 데서 비롯된 것이다. 이 동사는 구약의 다른 곳에서 오늘날 우리가 "살인"(범죄적인 의미로)이라고 부르는 것을 가리키는 데 사용되었다(민 35:20 참고). 그러나 라차크(rātsakh)라는 단어는 사법적 처형을 가리킬 때 사용하는 일반적인 단어가 아니다. 사법적 처형(사형)에 대한 표현은 히브리어 무트(muth)이다. 따라서 민수기 35장 16절에서는 두 가지 '죽임'을 표현하기 위해 다른 동사를 사용하는 것을 볼 수 있다. "살인[rātsakh]자를 반드시 죽일[muth] 것이요."[70]

따라서 적어도 출애굽기 20장 13절은 사형에 반대하는 주장으로 사용되어서는 안 된다. 왜냐하면 그것은 원래 구약의 독자들이 그 명령을 이해했던 의미가 아니기 때문이다. (이것은 또한 RSV나 KJV의 번역이 "murder"가 아닌 "kill"이라는 단어를 사용하여 오해를 불러일으킨다는 것을 의미한다. 독자들은 "kill"이라는 단어를 통해 본문의 히브리어 동사가 의도한 것보다 훨씬 더 많은 의미의 "죽이는 행위"로 잘못 받아들일 수 있다.)

게다가 하나님께서는 모세 언약을 통해 주신 율법에서 사형을 집행하라고 친히 명하셨다(민 35:16~21, 30~34 참고). 하나님께서 민수

---

[70] 구약성경에서 라차크(rātsach)가 사용된 49개 사례 중 사법적 집행(사형)의 의미로는 단 한 번만 사용되었는데, 여기서도 그 문맥상 '사형'보다는 '살인'의 의미를 강조하는 차원에서 쓰였다. "사람을 죽인 모든 자 곧 살인[rātsach]한 자는 증인들의 말을 따라서 죽일[rātsach] 것이나 한 증인의 증거만 따라서 죽이지[muth] 말 것이요"(민 35:30).

기 35장에서 명령하신 것을 출애굽기 20장 13절에서 금지하셨다고 생각하는 것은 일관성이 없다.

(2) 마태복음 5:38~39

이 본문에서 예수님은 이렇게 말씀하셨다. "또 눈은 눈으로 이는 이로 갚으라 하였다는 것을 너희가 들었으나 나는 너희에게 이르노니 악한 자를 대적하지 말라 누구든지 네 오른편 뺨을 치거든 왼편도 돌려 대며."

그러나 이 구절에서 예수님은 개인이 타인을 대하는 관계의 원칙에 대해 말씀하시는 것이다. 이는 바울이 개인적인 복수를 금지하는 로마서 12장 19절과 유사하다. 예수님은 정부의 책임이나 정부의 범죄 처벌에 대한 원칙을 말씀하시는 것이 아니다. 우리는 본문의 문맥에 주의를 기울여야 하며, 본문이 다루고 있는 상황에 이를 적용해야 한다. 마태복음 5장은 개인의 행위(1장 C섹션 9번, 3장 A섹션 2번, 6장 D섹션 1번 참고)를 다루고 있는 반면, 로마서 13장은 정부의 책임을 명시적으로 다루고 있다.

(3) 마태복음 22:39

여기서 예수님은 "네 이웃을 네 몸과 같이 사랑하라"고 말씀하신다. 이 명령은 살인자를 죽이는 것을 금지하는 것이 아닐까? 이 명령에 순종하여 이웃을 사랑하면서도 동시에 살인죄로 그를 처형하는 것이 가능한가? 그리고 예수님의 이 명령은 사형 집행에 관한 구약의 명령보다 우선되어야 하지 않을까?

그러나 예수님의 이 명령을 사형에 관한 구약의 일부 명령과 비교한다면, 예수님이 이 말씀을 하신 문맥을 오해하는 것이다. 예수님은 실제로 이 말씀을 하시면서 레위기 19장 18절을 인용하고 있다. 그 구절에서 하나님은 백성들에게 "원수를 갚지 말며 동포를 원망하지 말며 네 이웃 사랑하기를 네 자신과 같이 사랑하라 나는 여호와이니라"라고 말씀하셨고, 같은 맥락에서 하나님은 특정 범죄에 대해서 사형을 명하신 것이다(레 20:2, 10). 따라서 하나님께서 이웃에 대한 사랑을 명하시고, 또한 우상에게 자녀를 바쳐 죽인 사람들을 사형에 처하라고 명하신 것은 틀림없이 일관성이 있다. 이웃에 대한 사랑이 있다고 해서 범죄자에 대한 하나님의 공의를 집행하라는 명령이 무효화되는 것은 아니다.

(4) 마태복음 26:52

예수께서 체포되실 때 베드로는 예수님을 보호하려고 칼을 뽑아 대제사장의 종을 쳤다. 그러나 예수께서는 베드로에게 말씀하셨다. "네 칼을 도로 칼집에 꽂으라 칼을 가지는 자는 다 칼로 망하느니라"(마 26:52). 이것은 사형에 반대되는 말씀일까?

이 구절 역시 정부에 대한 명령으로 받아들여서는 안 된다. 그러한 해석은 베드로가 누구였으며 그 시점에 그의 역할이 무엇인지를 고려하지 못한 것이다. 예수님은 군인이나 경찰이 무기를 소지해서는 안 된다고 말씀하신 것이 아니다. 오히려 예수님은 베드로에게 예수를 체포하고 그를 십자가에 못 박으려는 사람들에게 저항하지 말라고 말씀하신 것이다. 예수님은 추종자들 사이에서 시민 봉기가 일어나는 것을 원하지 않으셨으며, 베드로가 예수님을 보호하려다가 죽임을 당하는 것도 원하지 않으셨다.

그런데 3년 동안 정기적으로 예수님과 함께 여행했던 베드로가 칼을 소지하고 있었다는 점도 주목할 만하다! 당시 사람들은 강도나 자신에게 해를 끼치는 사람들에 맞서 자신을 보호하기 위해 종종 칼을 들고 다녔는데, 예수님은 제자들에게 스스로를 보호하기 위해 칼을 소지하는 것이 잘못이라고 제자들에게 가르치지 않으셨던 것 같다. (오히려 누가복음 22장 38절에서는 바로 그러한 목적을 위한 칼의 소지를 허락하신 것 같다.) 또한 예수님은 당시에 베드로에게 칼을 버리라고 말씀하지 않으시고 "칼을 도로 칼집에 꽂으라"고 말씀하셨다(마 26:52). 그렇다면 예수님께서는 베드로가 계속 칼을 가지고 있는 것은 옳았지만, 예수님의 체포와 십자가 처형을 막기 위해 칼을 사용하지 않을 것을 말씀하신 것이다. 그런 맥락에서 볼 때, "칼을 가지는 자는 다 칼로 망하느니라"라는 말씀은 '하나님의 왕국을 확장시키는 영적인 일을 하는 데' 있어서 칼을 사용한다면 그 일에서 성공하지 못할 것이라는 뜻임에 틀림없다. 즉, 하나님 나라를 확장하기 위한 수단으로 칼과 무력을 사용하여 로마 정부를 전복시키려 한다면, 그들은 반드시 실패하고 칼로 망할 수밖에 없다는 것이다.

(5) 요한복음 8:2~11

구약에서는 간음한 죄에 대해 사형을 명령했지만(신 22:23~24 참고), 신약에서는 간음하다 잡힌 여자에 대해서 예수님은 이렇게 말씀하셨다. "너희 중에 죄 없는 자가 먼저 돌로 치라"(요 8:7) 그리고 고소한 사람들이 모두 떠나자 예수께서 간음한 여자에게 말씀하셨다. "나도 너를 정죄하지 아니하노니 가서 다시는 죄를 범하지 말라"(요 8:11). 이것은 예수께서 사람들이 더 이상 사형을 집행하는 것을 원하지 않으신다는 뜻이 아닐까?

이 본문이 사형에 반대하는 주장으로 인용되어서는 안 되는 몇 가지 이유가 있다. 첫째, 이 본문이 모세 율법에서 가르친 간음에 대한 사형을 반대하는 데 사용된다고 하더라도, 이것은 살인에 대한 사형이 아니다. 살인에 대한 사형의 제정은 모세 언약 시대보다 오래전인 노아와 맺은 하나님의 언약으로 정해진 것이다.

둘째, 이 본문의 역사적 맥락을 살펴보면 예수님의 대답이 더 설득력 있게 이해된다. 예수님은 유대인 지도자에게 사형을 집행하라고 말하는 함정에 빠지는 것을 거부하셨던 것이다. 로마 정부는 로마 관리들 자신을 제외하고는 누구도 사형을 집행하지 못하도록 했다.

셋째, 이 이야기는 요한복음 7장 53절에서 8장 11절까지 담겨 있는데, 이 본문은 많은 성경주석에서 알 수 있듯이 그 기원이 가장 의심스러운 구절이다. 이 본문은 오늘날 많은 성경에 그대로 남아 있긴 하지만 대부분 이중 괄호나 대괄호 등으로 구별되어 있어 요한복음 원본의 일부가 아니었다고 보는 것이 거의 확실하다. 따라서 이 본문 자체의 권위가 의심스럽다.

위와 같은 여러 이유로 해당 본문은 살인과 같은 범죄에 대한 사형을 반대하는 성경 구절로서 설득력을 갖지 못한다.

(6) "예수님의 가르침을 따라야 한다"

사형에 반대하는 어떤 사람들은 우리가 성경의 다른 구절들, 특히 일부 구약의 구절들보다 예수님의 가르침을 따라야 한다고 말한다. 예를 들어, 스타센(Stassen)과 구시(Gushee)는 다음과 같이 말한다. "사형에 관한 성경적 가르침을 연구하는 한 가지 방법은 예수 그리스도를 주님으로 고백하며 예수를 따르겠다는 헌신으로 시작하는 것이다. … 그런 다음 예수께서 살인에 대한 대응으로 사형에 관해 가르치신 것이 무엇인지 물어보라."[71] 그들은 이 방법과 반대되는 방법의 예로 "예수님의 가르침이 아닌 창세기 9장 6절" 본문을 사용하는 것을 말한다.[72] 이는 1장에서 논의한 그렉 보이드(Greg Boyd)의 반대 의견과 유사하다(C섹션 참고).

시민 정부의 책임에 대한 성경의 주요 가르침은 창세기 9장, 로마서 13장, 베드로전서 2장(기타 다른 구절은 3장 참고)과 같은 구절에서 찾을 수 있다. 또한 예수님 본인은 시민 정부에 대해 명시적인 가르침을 많이 주지 않으셨다. 따라서 사람들이 시민 정부에 관해 "우리는 예수의 가르침을 따라야 합니다"라고 말하는 것은 시민 정부에 관한 성경의 가르침을 대부분 배제하는 것이다! 하지만 기억할 것은 성경 전체가 예수님의 권위와 함께 제공되었다는 것이며, 우리는 이 주제에 관해 성경이 가르치는 모든 것을 따르도록 노력해야 한다. 마지막으로, 위의 마태복음 본문을 이용한 반대 의견에서 보았듯이 스타센과 구시는 예수님의 가르침 중 일부를 사형 문제에 잘못 적용한 것이다. 예수님의 가르침은 그들이 주장하는 의도를 가지지 않으셨다.

---

71 Stassen and Gushee, *Kingdom Ethics*, 197.
72 Ibid., 199.

⑺ 하나님은 가인과 다윗 왕 같은 살인자를 살려두셨다

사형에 반대하는 마지막 '성경적' 주장은 하나님 스스로의 행동이 살인자를 죽여서는 안 된다는 것을 보여준다는 것이다. 하나님께서는 형제 아벨을 죽인 가인이나(창 4:8~16) 밧세바의 남편 우리아를 죽게 한 다윗 왕도 살려주셨고(삼하 12:13 참고), 그들의 생명도 아끼셨다는 것이다.[73]

그러나 이러한 반대는 '시민 정부의 책임'에서 원하시는 대로 사람을 용서하실 수 있는 '하나님의 주권'으로 주제를 바꿀 뿐이다. 당연히 하나님께서는 자신의 신비스러운 목적에 따라 어떤 사람들은 최종 심판 날까지 용서하시고 다른 사람들은 즉각적으로 심판하실 수 있다. 그분은 하나님이시기 때문이다! 구약의 다른 본문에서는 하늘에서 불이 내려진 소돔과 고모라(창 19:24~29), 대홍수(창 6~9장), 또는 고라, 다단, 아비람(민 16:31~33), 나답과 아비후(레 10:1~2), 웃사(삼하 6:7) 등의 이야기에서처럼 사람들의 생명을 앗아가는 즉각적인 심판을 집행하셨다. 확실한 진리는 하나님께서 최종 심판의 날까지 당신이 원하는 사람을 용서하실 수도 있고, 자신이 원하는 사람에 대해 즉결적인 심판을 집행하실 수도 있다는 것이다. 그러나 무엇보다 이 본문에서는 하나님께서 시민 정부가 무

---

73 스타센과 구시는 구약의 몇 개 사례도 언급하고 있다. Stassen and Gushee, *Kingdom Ethics*, 200.

엇을 하길 원하는지를 말씀하시는 것이 아니다! 그분은 창세기 9장 5~6절, 로마서 13장 1~7절, 베드로전서 2장 13~14절 및 기타 여러 곳에서 시민 정부에 대한 가르침을 분명히 하셨다. 우리는 마땅히 정부에 대한 그 가르침을 따라야 한다.

시민 정부에 관해 언급하는 성경 본문의 가르침을 애써 부정하기 위해, 시민 정부에 대해 명시적으로 언급하지 않는 구절을 계속 끌어들이는 것이 사형 반대론자들의 특징이다. 이것은 정직하지 못한 성경 해석이다.

⑻ "온전한 생명 윤리"

사형 반대론자들 중 일부는 기독교인들이 낙태, 안락사, 사형, 전쟁 등 생명을 고의적으로 빼앗는 모든 것을 반대하는 "온전한 생명 윤리(whole life ethics)"를 따라야 한다고 말한다. 이 견해는 종종 "이음새 없는 의복(seamless garment)"이라고 불리기도 한다.[74] 짐 윌리스(Jim Wallis)는 그의 저서 『하나님의 정치(God's Politics)』에서 이러한 입장을 취한다.[75] 시카고의 조지프 버나딘(Joseph Bernadin) 추기경은 "생명의 스펙트럼은 유전학, 낙태, 사형, 현대전, 불치병 치료 등의 문

---

[74] 역주: 이 표현은 요한복음 19장 23절에 묘사된 "호지 아니하고 위에서부터 통으로 짠" 예수님의 의복을 의미한다.

[75] Jim Wallis, God's Politics, 300, 303~6. 월리스는 그의 주장을 뒷받침하기 위해 어떤 성경 구절도 제시하지 않은 채 오로지 그의 모호한 "일관적인 생명 윤리"라는 일반적 원칙만 반복한다.

제를 포괄한다."라고 말하면서 이 견해를 처음 피력한 바 있다.[76]
교황 바오로 2세도 그의 「생명의 복음」 회칙에서 이러한 견해를 다
음과 같이 옹호했다.

이것이 사형 문제를 제기하는 맥락이다. 이 문제에 관해 교회와 시민사
회 모두에서 이를 매우 제한적으로 적용하거나 심지어는 완전히 폐지할
것을 요구하는 경향이 커지고 있다. 문제는 형사 정의라는 맥락 안에서
보아야 하며, 더 나아가서는 인간 존엄성과 궁극적으로는 인간과 사회
에 대한 하나님의 계획과의 일치라는 맥락에서 보아야 한다. 사회가 부
과하는 형벌의 일차적 목적은 "범죄로 인한 혼란을 바로잡는 것"이다.
공권력은 범죄에 대한 적절한 처벌을 부과함으로써 개인 및 사회적 권
리의 침해를 시정해야 한다. 그리고 이러한 처벌은 범죄자가 자신의 자
유를 다시 행사할 수 있는 조건에서 부과되는 것이다. 이러한 방식으로
당국은 공공질서를 지키며 국민의 안전을 보장하는 동시에, 범죄자에게
는 자신의 행동을 바꾸고 사회로 복귀하여 재활할 수 있는 인센티브를
제공하게 된다.

---

76 Joseph Cardinal Bernardin: quoted in R. Kenneth Overberg, "A Consistent Ethic of Life,"
   Catholic Update (St. Anthony's Press, 2009).

이러한 목적을 이루기 위해서는 처벌의 본질과 범위를 신중하게 평가하고 결정해야 하며, 절대적으로 필요한 경우가 아니면, 즉 다른 방법으로는 사회를 보호할 수 없는 경우가 아니라면 범죄자를 사형에 처하는 극단까지 가서는 안 된다는 것이 분명하다. 그러나 오늘날에는 형벌 제도를 꾸준히 개선한 결과 그러한 경우는 실제로 전혀 없다고는 할 수 없지만 극히 드물다.[77]

이러한 견해에 다음과 같이 답할 수 있다. 어떤 주제에 대한 성경적 입장을 판단하는 적절한 접근 방식은, 어떤 입장이라도 지지를 가능하게 하는 모호한 일반성의 구름(가령 "온전한 생명 윤리") 속으로 도망가는 것이 아니라 해당 주제에 대한 구체적인 성경의 가르침을 받아들이는 것이다. 위에서 살펴보았듯이 낙태와 안락사에 관한 특정 본문은 분명 [생명을 지킬 것]을 가르치지만, 사형에 관한 특정 본문은 [범죄자의 생명을 끊는 것]을 뒷받침한다.

이 "온전한 생명 윤리" 관점을 반대하는 또 다른 근거는 에스겔 13장 19절에 있다. 하나님께서는 "너희가 … 나를 내 백성 가운데에서 욕되게 하여"라고 말씀하시고, "죽지 아니할 영혼을 죽이고 살지 못할 영혼을 살리는도다"라고 말씀하시면서 두 경우를 모두

---

77 John Paul II, "Evangelium vitae: On the Value and Inviolability of Human Life," Paragraph 56 (March 25, 1995). www.vatican.va/edocs/ENG0141/_Index.htm.

정죄하신다. ("살지 못할 영혼"에서 "영혼"은 "사람"을 의미한다.) 따라서 진정한 성경적 윤리는 "모든 경우에 모든 인간의 생명을 보호하는 것"이 아니라 "무고한 자를 보호하고, 죄 있는 자를 그 범한 죄의 중한 정도에 따라 처벌하는 것"이다.

기독교인들은 "온전한 생명 윤리" 대신 "온전한 성경 윤리"를 채택해야 한다. 그리고 이 주제뿐 아니라 다른 주제에 대해서도 성경 전체의 가르침에 충실해야 한다.

b. 결과와 공정성에 근거한 사형제 반대

성경의 가르침을 제외한 대부분의 사형제 찬반 주장은 사형의 결과와 관련이 있다. 사형제에 반대하는 사람들은 (a) 사형이 범죄를 억제하지 못하며, (b) 무고한 피해자가 처형될 수 있고, (c) 정부에 의한 폭력은 사회에 더 많은 폭력을 유발하고, (d) 불공정하게 집행되어 가난한 사람들과 일부 소수자들이 사형을 받을 가능성이 훨씬 더 높으며, (e) 역사적으로 사형은 잔인하고 억압적인 방식으로, 기독교인들에 의해서도 사용되어 왔다고 주장한다.

이에 대해 사형제에 찬성하는 사람들은 다음과 같이 대답한다.

(1) 사형제도가 살인을 억제하는가? 전반적인 통계를 살펴보면 미국의 살인자 처형 건수와 살인 건수 사이에는 상당히 분명한 반

비례 관계가 드러난다. 사형집행건수가 줄어들면 살인건수가 늘어나고, 사형집행건수가 늘어나면 살인건수가 줄어든다. 이는 페퍼다인 대학(Pepperdine University)의 두 교수가 작성한 다음 그래프에서 확인할 수 있다.[78]

다른 연구에 따르면, 살인자가 사형될 때마다 최대 14~18명의 추가 살인이 억제되는 것으로 나타나기도 했다.[79]

이러한 억제 효과는 사형에 반대하는 연구자들도 인정한 바 있다. 각 사형 집행이 5명의 생명을 구한다는 연구 결과의 저자인 루이지애나 주립대학교의 내씨 모칸(H. Naci Mocan) 경제학자의 말이다. "나는 개인적으로 사형제에 반대한다. 하지만 내 연구에 따르면 [사형이 살인 범죄에 대한] 억제 효과가 있는 것으로 나타났다."[80]

---

78 Roy D. Adler and Michael Summers, "Capital Punishment Works," *Wall Street Journal* (Nov. 2, 2007). http://online. wsj.com/article/SB119397079767680173.html. Reprinted by permission of Dr. Michael Summers, Pepperdine University.

79 Testimony of David B. Muhlausen, Ph.D., "The Death Penalty Deters Crime and Saves Lives," *Heritage Foundation* (Aug. 28, 2007). www.heritage.org/Research/Crime/tst082807a. cfm: citing Paul R. Zimmerman, "State Executions, Deterrence, and the Incidence of Murder," Journal of Applied Economics 7:1 (May 2004), 909~41.

80 H. Naci Mocan: quoted in Adam Liptak, "Does Death Penalty Save Lives? A New Debate," *New York Times* (Nov. 18, 2007). www.nytimes.com/2007/11/18/us/18deter.html?ei=5124&en=fe19d37a68eea8b4&ex=1353042000&partner=deliciou s&exprod=delicious&pagewanted=all.

그림 6.2

마찬가지로 사형 반대론자인 시카고 대학의 캐스 선스타인(Cass Sunstein)과 하버드 대학의 아드리안 버뮐(Adrian Vermeule)도 "사형은 생명을 구할 수 있다"라고 썼다. 이어 그들은 "사형에 반대하는 사람들, 특히 생명 보호라는 명목으로 사형을 반대하는 사람들은 사형을 집행하지 않을 경우 생명을 보호하지 못할 가능성이 있다는 점을 받아들여야 한다"라고 덧붙였다.[81]

이는 사형에 반대하는 것이 "일관된 삶의 윤리"라고 말하는 월리스 등의 주장이 부적절함을 보여준다.[82] 나는 사형을 지지하는 것이 우리가 인간 생명에 가능한 가장 높은 가치를 둔다는 것을 보여준다고 생각한다. 생명을 부당하게 빼앗겼을 때 우리는 살인자의 생

81 Cass Sunstein and Adrian Vermeule, "Is Capital Punishment Morally Required? The Relevance of Life—Life Tradeoffs," *Stanford Law Review* 58:703 (2005): quoted in Liptak, "Does Death Penalty Save Lives?"

82 See Wallis, *God's Politics*, 300, 303.

명을 빼앗는 가장 큰 처벌을 요구하기 때문이다. 이 연구들은 또한 월리스의 "[사형]이 살인을 억제한다는 실제 증거는 없다. 그것은 단지 복수를 만족시킬 뿐이다"라는 주장이 아무런 근거가 없다는 것을 보여준다. [83](그는 주장을 뒷받침하는 아무런 데이터를 제시하지 않는다.)

또한, 사형제를 뒷받침하는 지극히 상식적인 근거도 있다. 범죄자가 자신이 사형에 처할 가능성이 있다는 것을 안다면, 자신이 사형에 처하지 않을 것을 확실히 아는 경우보다 살인을 저지를 가능성이 더 높을까, 아니면 낮을까? 상식적으로만 봐도 사형 가능성이 있을 때 그의 살인 가능성은 낮아질 것이다.

현재 미국의 법체계에서는 항소심이 10년 이상 지연되는 것을 허용하고 있기 때문에, 사형이 선고되고 사형 집행이 더 신속하게 진행될 경우의 살인 억제 효과를 신뢰성 있게 평가할 수 없다. 하지만 유죄가 판결되고 항소 가능성이 소진되는 과정과 사형 집행이 더 빨라진다면 살인 억제 효과는 의심할 바 없이 오늘날보다 훨씬 더 클 것이다. 성경은 "악한 일에 관한 징벌이 속히 실행되지 아니하므로 인생들이 악을 행하는 데에 마음이 담대하도다"(전 8:11)라고 말한다.

(2) 무고한 사람들이 죽임을 당하면 어떡할까? 무고한 사람이 처

---

83 Ibid., 303.

형될 가능성과 관련해서는, 1976년 사형제도가 재개된 이후 미국에서 무고한 사람이 처형된 사례는 (내가 아는 한) 알려진 바가 없다. 최근 DNA 검사를 통해 일부 수감자들이 무고가 밝혀지고 석방되었지만, 이것은 누군가가 부당하게 처형되었다는 것을 증명하지는 않는다.[84] 마땅히 사형은 극도로 높은 수준의 증거를 통해 유죄가 입증된 경우에만 집행되어야 하고, 오늘날 대부분의 살인 유죄판결에서는 그렇게 사형 선고가 내려진다.

계획살인의 경우에 사형을 집행하지 못하면 어떤 결과가 나올까? 종신형도 매우 잔인한 형벌이며 비용도 매우 많이 든다. 또한 살인자에게 종신형을 선고하거나 장기형을 선고했을 경우 그가 감옥에서 탈출하거나 사면된 후에 또 다른 살인을 저지르는 결과를 초래할 수도 있다. 예를 들어, 1981년 글렌 스튜어트 고드윈(Glen Stewart Godwin)은 마약 밀매업자이자 조종사인 킴 로버트 르밸리(Kim Robert LeValley)를 칼로 찔러 살해한 혐의로 25년 형을 선고 받았다. 고드윈은 르밸리를 26번 찔러 죽였다. 그는 이후 캘리포니아 주 폴섬 교도소에서 탈출하여 멕시코로 도피하였고, 마약상으로 새로운 삶을 시작했다. 그는 멕시코에서 다시 체포되어 수감 중 멕시코 마

---

84 한 예로 니콜라스 제임스 야리스((Nicholas James Yarris)는 2003년 DNA 증거를 통해 필라델피아 여성의 강간과 살해에 대한 혐의가 풀렸고 사형 판결이 무효처리 되었다. Cindi Lash, "DNA Exonerates Death Row Inmate," *Pittsburgh Post-Gazette* (Dec. 10, 2003). www.post-gazette.com/localnews/20031210yarris1210p1.asp.

약 카르텔의 일원을 살해했다. 그 후 얼마 지나지 않아 고드윈은 다시 감옥에서 탈출해 (2008년 기준) 정의의 판결을 피하고 있다. 미국 연방수사국(FBI)는 그를 체포할 수 있도록 정보를 제공할 경우 10만 달러의 보상금을 약속하고 있다.[85]

대홍수 후 인간 사회가 시작될 때 하나님께서 살인에 대해 사형을 요구하셨다는 사실(창 9:6)은 여전히 남아 있다. 그 당시 증거의 수집 방법과 확실성은 오늘날보다 훨씬 더 낮았을 것이다. 그러나 하나님은 여전히 오류가 있는 인간에게 그러한 명령을 주셨고, 사람들이 그 명령을 수행하기 위해 모든 사실을 알아야 할 것도 요구하지 않으셨다. 단지 하나님께서는 그들이 책임감 있게 행동하며 명령을 수행하면서 더 이상의 불의를 피할 것을 기대하셨다. 이스라엘 백성이 하나님께서 명령하신 사형을 집행하지 않는 것은 분명 공의가 행해지는 것을 막아 하나님 앞에서 "땅을 더럽히는" 것이었다(민 35:32~34 참고).

(3) 모든 폭력은 더 큰 폭력을 낳는가? (사형을 통한) 정부의 '폭력'이 '더 많은 폭력을 낳는다'는 생각은 완전히 잘못된 것이다. 이는 창세기 9장 5~6절, 로마서 13장 4절, 베드로전서 3장 12~13절의

---

85 Melissa Underwood, "Glen Stewart Godwin Wanted for Murder, Escape From Prison," *Fox News* (Jan. 28, 2008). www.foxnews.com/story/0,2933,326034,00.html.

가르침과도 어긋난다. 사실은 정반대이다. 여러 연구에서 밝혀진 것처럼 사형은 실제로 살인 억제 효과가 있으며 수많은 무고한 생명을 구한다(위의 논의 참고).

⑷ 사형제도에 인종적, 경제적 격차가 있을까? 특정 인구 집단에서 저지른 살인 건수와 해당 인구 집단에 부과된 사형이 명백한 불균형을 이룬다면, 그러한 불균형을 바로잡기 위해 필요한 법적 조치를 취해야 할 것이다. 그러나 이것은 사형제도 자체에 반대하는 주장이 아니다. 이는 사형에 해당하는 범죄를 저질렀을 때 부자와 가난한 자, 모든 인종과 집단 사이에서 공정하게 형벌이 이루어져야 함을 주장하는 것일 뿐이다. 법의 집행에 있어 개인의 사회적 지위, 경제적 지위, 인종적 배경에 따른 차별이 있어서는 당연히 안 된다.

⑸ 과거 역사에서 사형이 남용됐는가? 역사에서는 종종 살인보다 훨씬 경미한 범죄에 대해서도 끔찍할 정도로 사형이 과도하게 집행된 것은 사실이다. 교회사에서도 거짓 교리의 전파로 인해 사람들이 죽임을 당한 비극적인 사례가 있다. 그러나 이러한 처형은 오늘날 누구도 옹호하지 않고 옹호해서도 안 되는 일이다. 그러한 남용 사례는 사형의 정당한 사용에 반대되는 주장이 아니다.

5. 법과 정책을 위한 제언

앞선 논의를 바탕으로 두 가지 구체적인 권장 사항을 제시한다.

a. 정부는 계획적인 살인에 대해 사형을 도입해야 한다. 이유는 위에서 논의되었다.

b. 사회와 정부는 살인 이외의 범죄가 사형에 해당할 정도로 끔찍한지 여부를 결정하기 위해 그 정부가 확립한 일반적인 의사결정 과정을 거쳐야 한다. 그 결정과 관련된 사항은 위에서 논의되었다.

6. 이 문제의 중요성

사형 문제는 네 가지 이유로 중요하다. (1) 구약과 신약 모두에서 하나님은 정부가 적어도 살인 범죄에 대해서는 사형을 집행해야 한다고 가르치셨다. (2) 사형은 살인에 대한 정당한 처벌을 요구하는 인간의 깊은 정의감을 만족시킨다. (3) 사형은 또한 사회의 정당한 처벌에 대한 하나님의 요구 사항을 충족한다. (4) 사형은 끔찍한 살인 범죄를 억제하는 중요한 역할을 하며, 특히 사형 집행이 무고한 사람에게 가해지지 않도록 적절한 보호 장치를 갖추어 공정하고 신속하게 이루어지는 경우 더욱 그렇다.

7. 참고자료

사형제에 대한 참고서 목록:

Davis, Evangelical Ethics, 203~18; Feinberg and Feinberg, Ethics for a Brave New World, 127~48; Frame, The Doctrine of the Christian Life, 701~4; H. Wayne House and John Howard Yoder, eds., The Death Penalty Debate: Two Opposing Views of Capital Punishment (Waco, TX: Word, 1991); Erik Owens, John Carlson, and Eric Elshtian, eds., Religion and the Death Penalty: A Call for Reckoning (Grand Rapids: Eerdmans, 2004); Rae, Moral Choices, 209~24; Glen H. Stassen and David P. Gushee, Kingdom Ethics (Downers Grove, IL: InterVarsity Press, 2003), 194~214.

D. 정당방어와 총기소유

총기 소유에 관한 정치적 질문은 다음과 같다.

정부는 민간인이 일부 또는 모든 종류의 총기를 소유하는 것을 금지해야 할까?

1. 이와 관련된 성경의 가르침

총기 규제법 문제와 관련된 성경적 가르침은 먼저 자기방어 문제와 관련이 있다. 물리적인 공격으로부터 우리는 스스로를 방어하는 것이 옳은가? 그러한 정당방어를 위해 무기를 사용하는 것이 옳은가? 정당방위가 도덕적으로 옳다면, 총기 소유 문제는 총기가 주로 정당방위를 위해 사용하기에 적합한 무기인지 여부에 대한 질문이다.

a. 물리적인 공격으로부터 자신과 다른 사람을 방어하는 것이 옳은 일인가?

종종 사람들은 예수께서 제자들에게 다른 뺨도 대라고 말씀하셨을 때 모든 정당방위를 금지하셨다고 오해한다.

> 또 눈은 눈으로, 이는 이로 갚으라 하였다는 것을 너희가 들었으나 나는 너희에게 이르노니 악한 자를 대적하지 말라 누구든지 네 오른편 뺨을 치거든 왼편도 돌려 대며 (마 5:38~39)

그러나 예수님은 여기서 정당방위를 금지하신 것이 아니다. 예수님은 단지 다른 사람에 대한 개인적인 "복수"를 금지하신다. "뺨을 때리다"라는 동사는 헬라어 라피조(rhapizō)로, 상대방을 모욕할 때 날카롭게 뺨을 때리는 것을 의미한다(오른손잡이는 손등을 사용하여

"오른쪽 뺨"을 때린다).[86] 그러므로 요점은 누군가가 당신을 모욕적으로 때렸을 때 반격하지 않는 것이다. 그러나 신체적 상해를 가하거나 심지어 누군가를 살해하기 위한 폭력적인 공격은 여기에서 고려된 것이 아니다.

성경의 다른 구절들은 오히려 폭력적인 공격자로부터 피해를 입지 않기 위해 노력하는 것이 옳다는 것을 보여준다. 사울 왕이 다윗에게 창을 던졌을 때 다윗은 "사울의 앞을 피하고 사울의 창은 벽에 박"혔고, 다윗은 사울을 피해 "도피"했다(삼상 19:10).

아레다 왕의 고관이 다메섹에서 바울을 잡으려 했을 때, 바울은 광주리를 타고 성벽 구멍을 통해 내려가 탈출했다(고후 11:32~33). 예수님 또한 나사렛에서 자신을 절벽에서 밀어내려고 하는 성난 군중으로부터 피하셨고(눅 4:29~30 참고), 또 다른 경우에는 성전에 숨으셨다가 자신을 해치려는 적대적인 유대인들로부터 피하셨다(요 8:59; 10:39 참고).

많은 경우 공격을 받았을 때 그들은 "다른 뺨도 대지" 않았다. 가령 다윗은 사울에게 창을 돌려주며 "다시 시도해 보십시오"라고 말하지 않았다.

마태복음 5장 38~39절의 맥락에서 예수님은 그리스도와 같은

---

86 랍비 문헌에는 이 표현의 다른 의미가 나오기도 한다. Mishnah, Baba Kamma 8.6.를 참고 하라.

행동이 어떤 모습일지에 대한 예를 제시하고 계시지만, 그것들은 모든 상황에서 순종해야 하는 절대적인 명령이 아니다. 예를 들어, "네게 구하는 자에게 주며 네게 꾸고자 하는 자에게 거절하지 말라"(마 5:42, 다른 뺨을 대라는 구절에서 세 구절 뒤)는 명령은 모든 상황에서 따를 수 없다. 그랬다면 아주 집요한 거지 한 사람이 단지 구하는 것만으로 기독교인과 교회를 파산시킬 수 있을 것이다.

또 다른 본문에서는 예수께서 제자들에게 자기방어를 위해 칼을 가지라고 권면하시는 듯하다.

이르시되 이제는 전대 있는 자는 가질 것이요 배낭도 그리하고 검 없는 자는 겉옷을 팔아 살지어다 내가 너희에게 말하노니 기록된 바 그는 불법자의 동류로 여김을 받았다 한 말이 내게 이루어져야 하리니 내게 관한 일이 이루어져 감이니라 그들이 여짜오되 주여 보소서 여기 검 둘이 있나이다 대답하시되 족하다 하시니라 (눅 22:36~38)

그 당시 사람들은 일반적으로 강도로부터 스스로를 보호하기 위해 칼을 가지고 다녔으며, 예수와 함께 3년 동안 함께 지냈던 제자 중 적어도 두 명은 여전히 칼을 소지하고 있었던 것으로 보인다. 예수께서는 이것을 금지하지 않으셨다. 일부 해석자들은 예수님이 "칼"을 은유적으로 말씀하셨다고 이해하지만(영적인 적과 싸우기 위해 영적으로 무장해야 한다는 의미), 이것은 설득력 있는 해석이 아니다. 왜냐하면 같은 문맥에서 돈주머니와 배낭과 신발(35~36절)은 모두 실제적인 것이고, 제자들이 예수님께 보여준 칼도 실제 칼이었기 때문이다. 예수님이 십자가에 못 박히실 것이라는 사실은 사람들이 제자들을 공격할 위험도 커졌다는 것을 의미했다. 예수님께서 "충분하다"라고 말씀하신 것은 제자들이 그에게 "검 둘"을 보여주었을 때 대답하신 것이다. 따라서 "충분하다"는 것은 "검이 충분하다"라는 것을 의미하는 것이 마땅한 해석이다.

일부 해석자들은 이 구절이 칼을 소지하는 것을 정당화하지 않는다고 주장한다. 예수께서 "칼에 관한 이 이야기는 이것으로 충분하다"라고 말씀하신 것이라는 것이다. 하지만 칼에 관한 주제를 처음 언급한 분은 예수님 자신이었다. 제자들은 그에게 칼을 보여 주면서 "여기 검 둘이 있나이다"라고 짧게 말했을 뿐이고, 예수님은 이에 대해 "칼 이야기"를 그만하라고 꾸짖으신 것이 아니라 그 칼 두 개면 충분하다는 말씀을 하신 것이다. 예수님은 여기서 어떠한 책망의 뉘앙스를 나타내시지 않는다. 오히려 제자들에게 자기방어를 위해 칼을 소지하고, 칼이 없다면 "겉옷을 팔아 살지어다"(36절)라고까지 말씀하시며 권하신다는 의미이다.

자기방어를 뒷받침하는 또 다른 주장은 하나님께서 우리가 우리 몸에 해를 끼치는 행동을 삼가고 우리 몸의 건강을 돌보기를 원하신다는 것이다(고전 6:19~20 참고).

또 다른 주장은 폭력적인 공격에 반대하지 않았을 때 종종 더 큰 해악과 범죄로 이어진다는 것이다. 따라서 공격자와 자기 자신 모두에 대해 사랑으로 행동하는 것에는 해가 가해지기 전에 공격을 멈추려는 노력을 포함한다.

나중에 누가복음 22장에서 베드로가 대제사장의 종의 오른쪽 귀를 칼로 친 것에 대해서 예수님이 꾸짖으신 것은 사실이다(눅 22:50; 요 18:10 참고). 제자들은 예수님의 십자가 처형을 막거나 로마에 대항하여 군사 봉기를 일으키려고 시도했다. 이는 마태복음 26장 52절의 "칼을 가지는 자는 다 칼로 망하느니라"의 뜻이기도 하다. 예수님은 베드로가 하나님의 나라를 무력으로 확장시키려는 것을 원하지 않으셨다. 그러나 같은 구절에서 예수님은 베드로에게 칼을 버리라고 말씀하지 않으시고 가지라고 말씀하셨다. "네 칼을 도로 칼집에 꽂으라"(마 26:52)라고 말씀하셨기 때문이다. (앞선 섹션의 관련 논의를 참고하라.)

b. 자기방어를 위해 무기를 사용하는 것은 옳은가?

위에서 논의한 구절들(눅 22:36~38과 마 26:52)은 예수께서 제자들이 자기방어에 사용할 수 있는 효과적인 무기를 갖기 원하셨다는 생각을 뒷받침한다. 대부분은 단지 칼을 소지하고 있는 것만으로도 범죄자가 자신에게 해를 입힐 위험을 감수하는 것을 억제할 수 있었다. 칼은 또한 자기보다 더 강한 사람으로부터 공격을 받을 수 있는 여성이나 어린이, 노인과 같은 사람이 자신을 스스로 보호할 수 있게 해준다.

칼과 같은 무기를 소지하는 또 다른 이유는 공격자와 피해자 사이의 힘의 불평등을 극복할 수 있기 때문이다. 예수의 제자 중 누구는 키가 작거나 약할 수 있다. 그러나 칼을 사용하는 데 능숙하다면 그는 자신에게 해를 끼치려는 공격자에 대해 효과적인 방어를 할 수 있다.

사람들이 칼을 소지하던 또 다른 이유는 '로마 병사'나 지역 경찰들이 일반적으로 사회의 평화를 유지할 수는 있지만, 매번 범죄가 일어날 때마다 현장에 있을 만큼 그들이 아주 많지는 않았기 때문이다. 칼은 경찰이나 군인이 보이지 않을 때, 폭력 범죄로부터 보호해 줄 것이었다.

c. 자기방어를 위해 총기를 사용하는 것이 옳은가?

성경이 일반적으로 자기방어 개념을 인정하고 예수님께서도 제자들에게 자신을 보호하기 위해 칼을 소지하라고 권하셨다면, 사람이 자기방어를 위해 다른 종류의 무기를 사용하는 것도 도덕적으로 옳다고 볼 수 있다. 오늘날에는 총기 사용(국가나 주에서 허용하는 경우)이나 공격자를 저지할 후추 스프레이와 같은 기타 무기의 사용이 포함된다.

사람들이 자기방어를 위한 무기로 총을 선택하는 중요한 이유 중 하나는 총이 체력의 큰 차이를 상쇄하는 훌륭한 수단이기 때문이다. 밤에 집에 혼자 사는 80세 여성, 범죄율이 높은 지역의 허약한 70세 가게 주인 등은 총을 소지함으로써 280파운드의 운동신경이 월등한 25세 사내 침입자로부터 효과적인 방어 수단을 갖게 된다. 사실상 다른 어떤 종류의 무기도 그러한 약자에게 그 정도의 방어력을 제공하지 못한다.

대부분은 단지 권총을 휘두르는 것만으로 공격자를 도망가게 할 수 있으며(아래에 인용된 문헌에는 그러한 수백 가지 이야기를 포함하고 있다), 다음으로 가장 흔한 경우는 침입자가 부상을 입고 무력화되어 공격이 좌절되는 사례가 있다. 이후 공격자는 완전히 회복되어 재판을 받는다. 침입자를 포함한 이웃에 대해 사랑으로 행동해야 한다는 기독교인의 요구 사항은 공격을 저지하는 데 필요한 최소한의 힘을 사용하여 침입자에게 최소한의 신체적 피해를 입혀야 함을 의미한다.

2. 총기 소유가 만연한 나라에서는 시민들의 자기방어를 위한 총기 소유권을 보장해야 한다

여러 개인적인 대화를 통해 나는 총기 소유에 관한 기독교인의 태도가 그들이 살고 있는 국가 환경에 따라 상당히 큰 차이가 있다는 것을 알게 되었다. 예를 들어, 영국에서는 개인 총기 소유가 여러 세대에 걸쳐 매우 드물었고, 대부분의 민간인이 총기를 소유하는 것은 현행법으로 거의 불가능하다. 영국은 대부분의 경찰도 총을 소지하지 않는다. (영국 내무부는 비무장이 그곳 "경찰의 성격"이라고 말한다.)[87] 영국은 전국적으로 총기 소지를 금지하는 조치가 매우 효과적이어서 총기 범죄의 비율은 상대적으로 적다. 이러한 상황에서는 국가의 오랜 전통, 일반적으로 법을 준수하는 인구의 특성, 총기의 개인 소유 허용에 대한 대중의 광범위한 반대 등으로 인해 총기 소유를 허용하는 법안이 승인될 만큼 충분한 지지를 얻지 못할 것이다. 따라서 현행법의 개정에 반대하는 영국 기독교인의 입장을 나는 충분히 이해할 수 있다.

하지만 다른 한편으로 보면, 상황은 생각보다 그렇게 평화롭지도 않다. 최근 상황은 놀랍게도 영국의 1인당 폭력 범죄(총기 유무에 관계없이) 비율이 미국보다 약 두 배나 높다는 것이다.[88] 또한 총기

---

87 "For Some Bobbies, a Gun Comes with the Job," *Associated Press* (Oct. 23, 2009). www.cnbc.com/id/33448132.

88 John Lott Jr., "Banning Guns in the U.K. Has Backfired," *Wall Street Journal Europe* (Sept. 3,

범죄도 증가하고 있다. 2009년 9월에는 지난 12개월 동안 런던의 총기 범죄가 1,484건에서 1,737건으로 17%나 증가한 것으로 보고되었다.[89] 런던에 거주하는 전직 미국 정보 장교인 밥 에이어스(Bob Ayers)는 이렇게 말한다. "과거에 영국 경찰은 주로 공권력을 존중하는 사람들을 상대하는 권위자였다. 그러나 영국에서 테러와 범죄가 증가함에 따라 바비 온 더 비트(Bobby on the beat)[90]라는 전통적인 아이콘은 테러리스트와 폭력 범죄에 효과적으로 대처할 수 없게 되었다."[91]

종종 많은 사람들은 미국의 폭력 범죄율이 더 높다는 인식을 가지고 있지만, 이러한 견해는 일반적으로 공식적인 통계에서 나온 것이 아니라 널리 알려진 몇몇 폭력 범죄, 그리고 국가 전체의 공정한 면모를 거의 설명하지 않는 영화 및 TV쇼를 통한 단편적인 묘사에서 비롯된다.

공식 통계에 따르면 미국 가구의 35%가 총기를 소유하고 있는 것으로 추정되지만, 정부 통계는 정부 데이터베이스에 기록된 총기 소유만 계산하기 때문에 실제 총기 소유 인구는 50%에 이를 수도 있다고 추정된다. 일부 주와 도시는 총기 소유에 대해 상당히

2004), reprinted by American Enterprise Institute for Public Policy Research. www.aei. org/article/21136.

89 "For Some Bobbies, a Gun Comes with the Job," Associated Press.

90 역주: 영국에서 경찰을 뜻하는 애칭

91 Ibid.

엄격한 규제를 실행하지만, 전반적인 통계 패턴으로 볼 때 총기 소유에 대해 더 엄격한 법률이 제정된 곳에서 오히려 폭력 범죄율이 감소하기보다는 증가하는 것 같다![92] A. L. 켈러맨(A. L. Kellerman)은 미국 공중보건 저널(American Journal of Public Health)에 이렇게 썼다. "총기 규제법은 종종 범죄자가 사용할 경우 매우 위험할 수 있는 다른 무기로의 대체를 유도한다. 실제로 그러한 대체품은 라이플이나 샷건처럼 더 위험할 수도 있고, 칼처럼 부상 가능성을 더 높일 수도 있다."[93] 이는 두 가지 이유에서 그렇다. (a) 총기를 금지하는 법률이 도시에서 제정되면 법을 준수하는 시민들은 범죄자보다 훨씬 더 높은 비율로 총기를 반납하는 경향을 보인다. (b) 시민의 수가 사회의 범죄자보다 많다면, 대중으로부터 총기를 압수하는 것은 주로 범죄 발생을 막기 위해 총을 소지해 온 시민들로부터 총을 압수하는 것이 된다.

3. 총기 규제는 총기 범죄를 줄이는가?

여러 연구의 통계 결과를 읽고 내린 결론은 점점 더 엄격해지는 총기 규제법이 일반적으로 총기 범죄를 줄이는 것으로 나타나지 않았으며, 오히려 여러 곳에서 범죄가 증가한 것으로 보인다는 것

---

92 A. L. Kellerman, "Firearm Related Violence: What We Don't Know Is Killing Us," *American Journal of Public Health* 84 (1994): 541~42.

93 Ibid.

이다. 뉴저지, 하와이, 워싱턴 DC의 경험이 그렇다.

뉴저지는 1966년에 "미국에서 가장 엄격한 총기법"으로 알려진 법안을 채택했다. 2년 후 이곳의 살인 범죄율은 46% 증가했고 신고된 강도 사건 비율도 두 배로 늘어났다. 하와이가 총기에 대해 점점 더 엄격한 일련의 제한 조치를 채택한 후, 그곳의 살인 범죄율은 1968년 10만 명당 2.4건에서 1977년 7.2건으로 3배나 증가했다.

워싱턴 DC는 미국에서 가장 엄격한 총기 규제법 중 하나를 제정했는데, 이 도시의 살인 범죄율은 134% 증가한 반면, 전국의 살인 범죄율은 2% 감소했다.[94]

플로리다 주립대학교 범죄학자 게리 클렉(Gary Kleck)의 총기 규제법 영향에 대한 주요 연구에 따르면, 일반적으로 총기 규제가 폭력 범죄나 자살률 감소에 큰 영향을 미치지 않는 것으로 나타났다.[95]
질병통제예방센터(CDC)가 발표한 총기 규제에 관한 2003년 연구 보고서를 검토해보면, 총기 규제법으로 인해 범죄가 통계적으로

---

94 "Myth No. 2: Gun Control Laws Reduce Crime," *National Center for Policy Analysis*. www.ncoa.org/pub/st/st176/s176c.html.

95 Gary Kleck and E. Britt Patterson, "The impact of gun control and gun ownership levels on violence rates," *Journal of Quantitative Criminology* 9:3, 249~87.

유의미하게 감소한 추이는 발견되지 않았다.[96]

주 총기 규제법에 대한 대규모 연구 결과, 존 롯(John Lott)은 시민들이 총기를 은폐 휴대(concealed carry)하도록 허용하는 것이 오히려 범죄 감소로 이어진다는 결론을 내렸다. 이는 잠재적인 범죄자가 피해자의 총기 소지 여부를 확인할 수 없기 때문에 범죄를 크게 억제하는 데 기여하는 것으로 파악된다. 롯은 개별 사례를 연구하는 대신 미국 3,054개 카운티 전체의 FBI 범죄 통계를 비교했다. 그는 다음과 같은 사실을 발견했다.

· 권총 은폐 휴대법으로 인해 살인은 8.5%, 강간은 5%, 중폭행은 7% 감소했다.

· 총기휴대권리법이 전국적으로 제정된다면 15년 동안 살인 건수는 1,600건, 강간 건수는 4,200건, 중폭행 건수는 60,000건 감소할 것이다.[97]

혹자는 미국의 많은 총기가 결국에는 범죄를 저지르는 데 사용될 것이라고 상상할 수 있다. 하지만 총기의 총수와 총을 사용하여

---

96 "First Reports Evaluating the Effectiveness of Strategies for Preventing Violence: Firearms Laws," Morbidity and Mortality Review, *Centers for Disease Control* (Oct. 3, 2003). www.cdc.gov/mmwr/preview/mmwrhtml/rr5214a2.htm.

97 John R. Lott, More Guns, *Less Crime* (Chicago: University of Chicago Press, 1998, 2000), 76~77.

저지른 살인 수를 비교하면 흥미로운 결과가 도출된다. 1988년부터 1997년까지 9년 동안 미국에서는 233,251건의 살인 사건이 발생했는데, 그 중 68%가 총기를 사용한 것이었다.[98] 이는 9년 동안 총기 소지 살인 사건이 158,611건, 즉 연간 평균 17,623건이 발생했음을 의미한다.

이 숫자를 미국에 있는 전체 총기 개수와 비교해보면 어떨까? 1993년에는 약 2억 2,300만 개의 총이 있었다.[99] 이는 총으로 저지른 모든 살인에 대해 평균 12,654개의 총이 있다는 것이다. 즉, 미국에서 살인에 사용되는 총기 1개당 살인에 사용되지 않는 총은 12,653개라는 것이다. 그리고 실제로 그 많은 다른 총기 중 대다수는 살인을 예방하는 데 사용된다.

총기로 인해 자살률이 높아지는 것도 아니다. 총기 소유와 총 자살률 사이의 관계에 대한 연구에 따르면 총기 소유가 제한되었을 때 총기를 사용한 자살 건수는 감소하지만 전체 자살 건수는 변하지 않는 것으로 나타났다. 즉 자살을 선택한 사람들은 총이 아니라도 다른 방법으로 자살한다는 것이다. 다음은 게리 클렉의 글이다.

… 총을 제거함으로써 자살을 거의 예방할 수 없는 이유 중 하나는, 총

98　National Center for Injury Prevention and Control, Centers for Disease Control and Prevention, Injury, mortality statistics. www.wonder.cdc.gov/mortICD9J.shtml.

99　Lott, *More Guns, Less Crime*, 76~77.

으로 자살하는 사람들이 일반적으로 다른 수단으로 자살을 시도하는 사람들보다 훨씬 더 심각하고 지속적으로 자살 욕구를 가지고 있다는 것이다. 그들에게 총기가 거부되면 그들은 대부분, 또는 모두, 다른 방법으로 어쨌든 자살한다.[100]

클렉은 미국 국립보건통계센터를 인용하여 1998년 총기 사망의 57%가 자살이며 "대부분의 총기 자살은 아마도 총을 사용할 수 없더라도 발생할 것"이라고 보고했다.[101] 일반적인 통념과는 달리, 총을 소지한다고 해서 범죄로 인해 부상을 입을 가능성이 높아지는 것이 아니라 오히려 감소한다. 클렉의 연구에 따르면 총으로 자신을 방어하는 피해자는 실제로 자신을 방어하지 않거나 총 없이 자신을 방어하려는 피해자보다 부상을 입거나 재산을 잃을 가능성이 더 적다.[102] 클렉은 또한 자기 보호를 위해 소지하는 총을 공격자가 빼앗아 피해자에게 사용한다는 실제 증거는 없다고 말한다.[103]

어떤 사람들은 단순 통계를 인용해 총을 소지하면 가정 폭력의 가능성이 높아진다고도 주장한다. 그러나 이 주장에 사용된 통계

---

100 Gary Kleck, *Armed* (Amherst, NY: Prometheus Books, 2001), 182.

101 Ibid., 317: citing *US National Center for Health Statistics, Deaths: Final Data for 1998* (Washington DC: U.S. Government Printing Office), 71.

102 Ibid., 296, citing Albert J. Reiss and Jeffrey A. Roth, "Firearms and Violence," Understanding and Preventing Violence (Washington, DC: National Academy Press, 1993), 266.

103 Ibid., 301.

는 주의 깊게 들여다볼 필요가 있다. 왜냐하면 총기를 소유한 가정에서 발생하는 총기 폭력의 많은 사례는 더 약하고 학대받는 피해자가 훨씬 더 강한 학대자에 대해 총기를 사용한 자기방어이거나(이 경우 범죄 혐의 제기 안 됨), 범죄자가 총을 밖에서 가져와서 범죄를 저지른 경우(이미 집에 있던 총은 무사용)가 포함되어 있기 때문이다.

매년 총기에 의해 사망하는 '어린이' 수에 대한 통계도 '어린이'로 간주되는 사람이 누구인지 감안하여 이해해야 한다. 인용된 '어린이' 총기 사망 통계 중 다수는 주에 따라 최대 18세에서 21세까지의 갱단원이 포함되어 있으며, 이러한 사람들은 법적으로 여전히 "성인"이 아닌 "어린이"로 간주된다. 미국에서 0~14세 어린이와 관련된 실제 총기 사고 건수는 1970년 연간 530명에서 1991년 연간 227명으로 꾸준히 감소했다. 이 숫자도 물론 끔찍한 통계이지만, 자전거 사고로 연간 300명 이상의 어린이가 사망하는 등의 통계와 함께 고려되어야 한다.[104] 또한 무엇보다 이러한 모든 통계는 개인의 총기 소유를 통해 매년 예방되는 범죄도 약 210만 건에 달한다는 점을 고려하여 이해해야 한다.[105]

---

104 Statistics taken from David B. Kopel, *Guns: Who Should Have Them?* (Amherst, NY: Prometheus Books, 1995), 311~13.

105 Don B. Kates Jr., "Gun Control: Separating Reality from Symbolism," *Journal of Contemporary Law* (1994), 353~79.

4. 미국의 현재 법적 상황과 수정헌법 제2조

미국에서는 수년 동안 수정헌법 제2조의 의미를 놓고 법적 싸움이 벌어졌다. 그 내용은 다음과 같다.

규율을 잘 갖춘 민병대는 자유로운 주 안보에 필수적이므로, 무기를 소지하고 휴대할 수 있는 국민의 권리를 침해해선 안 된다.

"무기를 소지하고 휴대할 수 있는 국민의 권리"란 무엇을 의미할까? 이는 일반적으로 미국 시민에게 속한 개인의 권리를 의미할까? 아니면 (일부 주장처럼) 무기를 소지한 군 구성원의 일부나 해당 수정안에서 언급된 "규율을 잘 갖춘 민병대"로 제한되어야 할까? 두 번째 해석이 옳다면 이 수정안은 군이나 경찰에 소속된 사람들의 총기 소유권만 보호하게 된다.

2008년 6월 26일에 발표된 획기적인 결정에서 대법원은 5대 4 다수결로 다음과 같이 판결했다.

⑴ "수정헌법 제2조는 민병대 복무와 무관하게, 총기를 소유하고 가족의 자기방어와 같은 전통적이고 합법적인 목적으로 그 무기를 사용할 수 있는 개인의 권리를 보장한다.[106]

---

[106] *District of Columbia v. Heller*, 554 U.S. (2008), 2 (syllabus Sect. 1, Item a). www.

그렇다면 이 수정안에는 왜 "규율을 잘 갖춘 민병대"라는 표현이 있을까? 대법원은, 개별 주들이 연방 정부의 지도하에 있는 상비군이 국가 전체를 장악하려고 할 수 있다는 두려움을 갖고 있기 때문이며, 이에 대한 전조는 연방 정부가 시민의 무장해제를 시도하는 것이라고 지적했다. 헌법 작성 당시 민병대(militia)의 의미는 "공동 방위를 위해 협력하여 행동할 수 있는 신체적 능력이 있는 모든 남성"을 의미했다.[107] 따라서 이 문구는 육군이나 해군 등 정부가 조직한 실제 군사조직을 의미하지 않는다. (헌법 1조 8항에서는 실제로 "육군" 또는 "해군"과 "민병대"를 구분하고 있으며 "미국에 봉사하기 위해 고용될 수 있는 민병대"와 일반적 의미의 "민병대"도 구분한다.) 사실상 수정헌법 제2조의 "민병대"는 단지 무장한 남성 시민을 의미한 것이다.

(2) 이것은 수정헌법 제2조가 강력한 연방 정부의 압제로부터 스스로를 방어할 목적으로 총기를 소유할 수 있는 사람들의 권리를 보호한다는 의미가 아니라, 그러한 목적이 이 헌법 조항의 제정을 유도했다는 것을 의미할 뿐이다. 다수 의견에서 스칼리아 판사는 다음과 같이 썼다.

---

supremecourtus.gov/opinions/07pdf/07 - 290.pdf.
107 Ibid., 22, sec. 2a.

그러므로 수정헌법 제2조의 서두 조항은 권리가 성문화된 목적, 즉 민병대의 제거를 방지하기 위해 명시되어 있다는 것은 전적으로 타당하다. 서문 조항은 민병대를 보존하는 것이 미국인들이 고유한 권리를 받드는 유일한 이유임을 암시하지 않는다. 의심할 바 없이 대부분의 미국인은 그것이 자기방어와 사냥에 훨씬 더 중요하다고 여겼다. 그러나 새로운 연방 정부가 무기를 빼앗아 시민들의 민병대를 무력화시킬 것이라는 위협이 바로 영국의 다른 권리와는 달리 이 권리가 성문화된 이유였다.[108]

즉, 수정헌법 제2조가 헌법에 추가된 이유는 폭정에 대한 또 다른 보호 장치를 제공하기 위한 것이었다. 즉, 잠재적인 독재자나 왕이 될 사람이 국민의 뜻에 반하여 국가 전체를 장악하는 것을 더 어렵게 만들기 위한 것이었다. 다르게 말하면, 이는 권력의 분할을 통해 정부의 권력 남용 가능성을 최소화하겠다는 생각을 구현한 것이다(3장 I섹션 참고). 이를 통해 미국에서 정부는 결코 모든 총을 보유한, 따라서 모든 유효 전력을 보유한 유일한 실체로 남지 않는다.

(3) 수정헌법 제2조는 새로운 권리를 부여한 것이 아니라 단지 오래된 기본적인 인권, 즉 자기방어권을 보호했을 뿐이다. 다수의 의

---

108 Ibid., 25, sec. 3.

견은 다음과 같다.

> 수정헌법 제2조는 "새로운 원칙"을 정하려는 것이 아니라 "영국의 선조
> 로부터 물려받은" 권리를 성문화한 것이다. Robertson v. Baldwin, 165
> US 275, 281 (1897).[109]

스칼리아는 또한 핵심 인권인 자기방어권이 수정안의 주변적 권
리가 아니라 수정안 자체의 기본 권리라고 지적했다. "자기방어권
은 해당 권리(총기 소유권)의 성문화와는 거의 관련이 없다. 자기방어
권은 인권 자체의 핵심 요소였다."[110]

스칼리아 대법관의 광범위한 의견은 헌법 채택 당시 사용된 용
어의 의미와 수정헌법 제2조의 해석 판례를 추적하면서 이 의견의
정확성을 보여 주고 있다. 이는 헌법 문구의 '본래 공적 의미(original
public meaning)'에 근거한 주장이었다. 특히, 헌법의 다른 부분에서
"사람들"이라는 문구의 사용은 주 또는 연방 군대와 같은 조직이
아닌 미국의 개별 시민에게 적용된다는 것을 나타낸다. (가령 수정헌
법 제1조는 "사람들이 평화롭게 모일 권리"를 언급하고 있고, 수정헌법 제4조는 "자
신의 신체, 가옥, 서류 및 소지품에 대한 안전을 보장받을 사람들의 권리"를 언급하고

---

109 Ibid., 26, sec. 3.
110 Ibid., 26, sec. 3.

있다.)

⑷ 집에 보관된 모든 총기는 총기함 안에 잠겨 있어야 하며 장전되지 않은 상태로 있어야 한다는 요구 사항은 "정당방위라는 핵심적이고 합법적인 목적으로 시민이 무기를 사용하는 것을 불가능하게 하며, 따라서 위헌이다."[111]

⑸ 이 결정은 중죄인과 정신질환자의 총기 소지를 금지하는 대부분의 기존 법률을 무효화하지 않으며, "학교 및 정부 건물과 같은 민감한 장소"에서의 총기 휴대를 금지하거나 판매 및 소지하는 것에 대한 기타 합리적인 조건과 자격 사항을 무효화하지도 않는다. 또한 "위험하고 특이한 무기"를 금지하는 법률을 무효화하지도 않는다.[112] 따라서 이는 예를 들어 개인 용도로 기관총 판매를 제한하는 기존 법률이 헌법에 따라 여전히 유효하다는 의미이다.

5. 반대 의견

총기 소유 허용에 대한 주요 반대 의견은 그 결과에 따른 주장이다. 즉, 많은 사람들은 총기 소유를 허용하면 총기로 인한 부상과

---

111 Ibid., 3 (syllabus, item 3).
112 Ibid., 2 (syllabus, sec. 2).

사망이 더 많이 발생할 것이라고 주장하는 것이다. 이러한 주장은 총기 규제법의 결과에 대한 위 논의에 포함되었다(위의 3번 참고).

총기 소유에 대한 두 번째 반대는 사형 등 일반적 의미의 "폭력"에 반대하는 사람들에게서 나온다. 이에 대해서는 1장의 그렉 보이드에 대한 답변과 이 장 앞부분의 사형에 대한 반대 논의에서 다루었다.

6. 법과 정책을 위한 제언

a. 법은 시민들의 자기방어를 위한 효과적인 수단을 소유할 수 있도록 보장해야 한다

자기방어권은 기본적인 인권으로 간주되어야 하며, 정부는 이 권리를 보호해야 한다. 이는 특히 여성과 노인 등, 공격으로부터 자신을 방어할 능력이 없거나 공격에 비교적 취약한 기타 사람들에게 중요하다. 하지만 모든 시민이 누릴 수 있는 권리이다.

이 권리를 보호하면 사회의 모든 영역에서 범죄가 감소하는 경향이 있다. 왜냐하면 잠재적인 공격자는 피해자가 자기방어에 사용할 효과적인 무기를 가지고 있는지 여부를 알 수 없게 되기 때문이다.

예를 들어, 단독 총격범이 사람들로 가득 찬 식당이나 교회 전체를 막아서서 사람들을 차례로 살해할 수 있는 등의 비극적인 대량

살인의 경우, 많은 시민이 은폐된 무기를 소지할 수 있어서 그런 범죄자를 막기 위해 행동할 수 있는 주에서는 그렇지 않은 주에서보다 일어날 가능성이 훨씬 적다.

존 롯은 2002년 버지니아 주 애팔래치아 로스쿨에서 총격을 가해 관리자 2명과 학생 1명을 살해한 총격범 피터 오디기주와(Peter Odighizuwa)의 사례를 이야기한다. 미카엘 그로스(Mikael Gross)와 트레이시 브리지스(Tracy Bridges)가 차로 달려가 자신들의 총을 들고 돌아와서 오디기주와에게 총을 겨누지 않았다면 훨씬 더 많은 사람들이 살해됐을 것이다. 그러나 전 세계의 언론은 총기의 선한 용도를 보도하지 않으려는 편견 때문에, 그로스와 브리지스가 범인을 제압하려고 총을 사용했다는 인터뷰 내용을 거의 언급하지 않았다.[113]

2007년 12월, 콜로라도 주 콜로라도스프링스에 있는 뉴 라이프 교회에서도 총격범이 1명을 살해하고 4명에게 부상을 입혔지만, 교회 보안요원의 대응 사격을 통해 추가 인명 피해를 막을 수 있었다. CNN은 지역 보안관 리차드 마이어스(Richard Myers)가 해당 보안 직원에 대해 "아마도 많은 생명을 구한 용감한 보안 직원"이라 불렀다고 보도했다.[114]

---

113 John Lott, *The Bias against Guns* (Chicago: Regnery, 2003), 24~25.
114 "Gunman Killed After Opening Fire at Church," *CNN. com* (Dec. 9, 2007). www.cnn. com/2007/US/12/09/church. shooting/index.html.

b. 미국에서는 시민들의 자기방어를 위한 총기 소유가 법으로 허용되어야
   한다

총은 모든 종류의 위협 상황에서, 특히 더 강하거나 더 많은 공격
자에 대한 가장 효과적인 방어 수단이다. 총기 소유 권리를 보호하
는 것은 범죄율이 높거나 폭력이 빈번한 지역에서 특히 중요하다.

불행하게도 일부 총기 규제법이 가장 엄격한 곳은 언제나 자기
방어권이 가장 필요한 지역이다. 주나 도시에 더 엄격한 총기 규제
법이 도입되면 폭력 범죄와 살인 발생률이 감소하기보다는 증가하
는 경향이 있다.[115] 이는 이들 법에 따라 총을 반납하거나, 총기를
총기함에 잠궈 놓아야 한다는 규제법 때문에 사용불가능해진 총을
가지고 있는 사람들은 대부분 법을 신실히 준수해야 한다고 생각
하는 선한 시민들뿐이기 때문이다. 총을 사용해왔거나 범죄를 저
지르기 위해 총을 사용하려는 범죄자는 이러한 법을 준수할 가능
성이 가장 적다. "총이 불법화(outlawed)되면 무법자(outlaws)만이 총을
갖게 될 것이다"라는 말에는 엄연한 진실이 담겨 있다.[116]

---

115 "Myth No. 2: Gun Control Laws Reduce Crime,"과 Lott, *The Bias against Guns*, 50~96,
    135~38.을 참고하라.
116 "Guide to National Instant Check System," www.nraila. org/Issues/FactSheets/Read.
    aspx?id=82.

c. 정부는 총기 소유에 대한 합리적인 규제를 두어야 한다

정부가 유죄 판결을 받은 중죄인과 정신질환자의 총기 소유 및 소지를 금지하는 것은 적절하다. 법정이나 비행기 등 특정 민감한 장소에서도 총기 소지를 금지해야 한다. (그러나 우리는 이 두 가지 상황 모두 어느 한 사람이 다른 사람을 상대로 폭력적인 공격을 가할 가능성이 매우 낮은 고도로 통제된 공간이며, 극히 드물게 공격이 발생하는 경우에는 당국에 의해 즉시 진압될 수 있는 곳이라는 점을 기억해야 한다. 이런 곳의 상황은 시민들이 훨씬 더 많은 자유를 누리는 일반 공공의 삶과 다르다.)

기타 합리적인 규제로는 개인의 자기방어에 불필요한 특정 유형의 무기(가령 기관총, 대전차 로켓 발사기 또는 대공 미사일 발사기 등)의 개인 소유 금지가 포함된다. 이러한 무기는 군사 작전에나 필요하다.

이러한 규제의 준수를 보장하려면 누군가가 총을 구입하려고 할 때 적절한 신원 조사가 필요할 것이다. 그러나 이것 또한 합법적으로 법을 준수하는 시민의 총기 소유를 방지하는 수단이 될 정도로 엄격해서는 안 된다. (미국에서는 일반적으로 신원 조사를 위해 사회보장번호[social security]가 필요하고, 일부 주에서는 운전 면허증도 요구한다. 일반적으로 총기 판매점의 판매원은 약 2분 이내에 필요한 승인을 얻을 수 있다.)

d. 미국 외 다른 나라의 경우는 어떠한가?

시민들이 폭력적인 공격의 위험에 노출된 국가에서는 법률을 통해 민간인들이 자기방어를 위해 총기를 소유하고 휴대할 수 있도록 허용해야 한다. 그러한 국가에서 엄격한 총기 규제법은 범죄는 예방하지 못하고 오히려 폭력을 증가시킬 가능성이 있다. (브라질과 자메이카가 그 예이다.) [117]

민간인이나 범죄자의 손에 총기가 거의 없으며, 경찰의 통제와 사회 관습이 강력히 작용해 시민이 다른 사람에게 신체적 공격을 받을 위험이 거의 없고, 다른 자기방어 수단과 보호 수단이 잘 작동하는 나라에서는, 총기 등의 무기 소지를 확대하기보다는 상황을 그대로 놔두는 것이 좋을 것이다. 그러나 물리적 공격의 횟수가 극적으로 증가한다면, 법은 책임감 있게 법을 준수하는 민간인이 자기방어에 사용할 수 있는 효과적인 무기를 구할 수 있도록 허용해야 할 것이다. 그러한 경우, 특히 나이가 많거나, 왜소하거나, 약하거나, 수적으로 열세인 잠재적 피해자의 경우 가장 효과적인 무기는 권총류이다.

e. 그렇다면 기독교인도 총을 소유해야 하나?

이 논의에서는 기독교인 개개인도 총을 소유하는 것이 현명한 것인지에 대한 질문을 다루지 않는다. 이 질문에 관해 기독교인들

---

117 David B. Kopel, *The Samurai, the Mountie, and the Cowboy—Should America Adopt the Gun Controls of Other Democracies?* (Amherst, NY: Prometheus Books, 1992), 257~77.

사이에는 의견이 다를 여지가 있으며, 각 개인마다 자신이 가진 상황에서 무엇이 최선인지 결정할 필요가 있다. 많은 기독교인들은 자기방어 무기의 필요성이 너무 작고, 또 오히려 총이 발견되어 어린이가 오용하거나 공공장소에서 사용할 수 있는 잠재적 위험 등의 부정적 고려와 비용이 더 클 경우도 있을 수 있다. 따라서 이것은 개인의 선호와 상황에 따라 결정할 문제이다.

7. 이 문제의 중요성

미국에서 총기 규제 문제는 다음과 같은 여러 가지 이유로 중요하다.

첫째, 수정헌법 제2조의 원래 의도대로 그 의미를 유지하는 것이기 때문이다.

둘째, 보다 근본적으로는 인간의 기본권인 자기방어권을 효과적으로 보호하기 때문이다.

셋째, 시민의 무기 소지 권리는 국가의 폭정으로부터 중요한 보호 역할을 하기 때문이다. 이는 대다수 시민의 의지에 반하여 국가를 통제하는 억압적이고 독재적인 정권으로부터의 보호이다.

넷째, 여러 연구에 따르면 민간인이 자기방어를 위해 총기를 소유할 권리가 있는 경우, 이는 폭력 범죄를 크게 억제하는 것으로 나타났다.

8. 참고자료

Frame, The Doctrine of Christian Life, 692~93; Gary Kleck and Don B. Kates, Armed: New Perspectives on Gun Control (Amherst, NY: Prometheus, 2001); John R. Lott Jr., More Guns, Less Crime (Chicago: University of Chicago Press, 1998); John R. Lott Jr., The Bias Against Guns: Why Almost Everything You've Heard about Gun-Control Is Wrong (Washington, DC: Regnery, 2003); Stassen and Gushee, Kingdom Ethics, 189~91 (총기 소유 반대 입장).

7장. 결혼

정부는 결혼의 의미를 규정하고 규제해야 하는가? 그렇다면 결혼은 어떻게 정의되어야 하는가?

A. 성경적 가르침: 결혼은 남녀 간에만 이루어진다

놀랄 것도 없이, 성경에는 결혼에 관한 명확하고 명시적인 가르침이 담겨 있다. 그 가르침 중 일부는 결혼에 관한 정부의 법률 및 정책과 관련이 있다.

1. 하나님께서는 인류 태초부터 한 남자와 한 여자 간 평생의 결합으로서 결혼 제도를 창조하셨다

성경의 첫 장에서 우리는 하나님께서 아담과 하와를 창조하시고 그들에게 자녀를 낳으라고 말씀하시는 것을 읽을 수 있다.

하나님이 자기 형상 곧 하나님의 형상대로 사람을 창조하시되 남자와 여자를 창조하시고 하나님이 그들에게 복을 주시며 하나님이 그들에게 이르시되 생육하고 번성하여 땅에 충만하라, 땅을 정복하라, 바다의 물고기와 하늘의 새와 땅에 움직이는 모든 생물을 다스리라 하시니라 (창 1:27~28)

그렇다면 아담과 하와는 남편과 아내였을까? 그렇다. 하나님께서는 다음 장에서 그들을 "아담과 그의 아내"(창 2:25)라고 부르시기 때문이다.

성경은 실제로 아담과 하와의 관계를 이 땅의 모든 결혼이 따라야 할 모본으로 본다. 이는 2장에 나오는 창조에 대한 더 자세한 설명에서 분명해진다. "여호와 하나님이 아담을 깊이 잠들게 하시니 잠들매 그가 그 갈빗대 하나를 취하고 살로 대신 채우시고 여호와 하나님이 아담에게서 취하신 그 갈빗대로 여자를 만드시고 그를 아담에게로 이끌어 오시니"(21~22절). 이 때 아담은 큰 기쁨을 표현한다.

아담이 이르되
이는 내 뼈 중의 뼈요 살 중의 살이라
이것을 남자에게서 취하였은즉

여자라 부르리라 하니라 (23절)

그리고 바로 다음 문장에서 성경은 아담과 하와 사이의 이러한 결합을 결혼의 일반적 패턴으로 규정한다.

이러므로 남자가 부모를 떠나 그의 아내와 합하여 둘이 한 몸을 이룰지로다 (24절)

"남자가 부모를 떠나"라는 말은 그 사람이 속해 있던 가정에서 나가는 상황을 의미하며, 새로운 가정이 이루어짐을 의미한다. "그의 아내와 합하여"라는 말은 남자와 그의 아내 사이의 관계가 이 새롭게 세워진 가정의 기초임을 나타낸다. 따라서 이 본문은 결혼을 "남자"와 "그의 아내" 사이의 결합으로 정의한다.

이것은 또한 이혼에 대한 바리새인들의 질문에 예수님께서 대답하실 때 창세기 1~2장을 인용하시며 재확인하신 내용이기도 하다.

바리새인들이 예수께 나아와 그를 시험하여 이르되 사람이 어떤 이유가 있으면 그 아내를 버리는 것이 옳으니이까 예수께서 대답하여 이르시되 사람을 지으신 이가 본래 그들을 남자와 여자로 지으시고 말씀하시기를 그러므로 사람이 그 부모를 떠나서 아내에게 합하여 그 둘이 한 몸이 될

지니라 하신 것을 읽지 못하였느냐 그런즉 이제 둘이 아니요 한 몸이니

그러므로 하나님이 짝지어 주신 것을 사람이 나누지 못할지니라 하시니

(마 19:3~6)

예수님은 결혼의 본질이 "사람을 지으신 이가 본래 그들을 남자와 여자로 지으실 때" 확립되었음을 확인하셨고, 또 "사람이 … 아내에게 합하여 그 둘이 한 몸이 될지니라"(4~5절)라고 말씀하셨다. 또한 결혼을 "하나님이 짝지어 주신"(6절) 두 사람의 관계라고 부르시며, 결혼이 하나님께서 남자와 여자 사이에 창조하신 제도임을 확증하신다.

예수님은 "하나님이 짝지어 주신 것을 사람이 나누지 못할지니라"(6절)라고 말씀하시면서 결혼을 단순히 일시적인 합의가 아닌 평생의 관계로 의도하셨음을 말씀하신다. 이러한 결혼에 대한 관점은 곧이어 바리새인들이 "그러면 어찌하여 모세는 이혼 증서를 주어서 버리라 명하였나이까"(7절)라고 물었을 때 예수님의 대답을 통해 더욱 강조된다.

모세가 너희 마음의 완악함 때문에 아내 버림을 허락하였거니와 본래는

그렇지 아니하니라 (8절)

즉, 태초부터 결혼에 대한 하나님의 의도는 한 남자와 한 여자가 서로 평생 헌신하고 신실한 관계를 맺는 것이었다(이후 죄 때문에 하나님께서는 경우에 따라 이혼을 허용하셨다).

이에 더해, 성경에서 간음은 죄로 간주되기 때문에, 배우자에 대한 성적 충실함은 결혼의 필수 요소임이 분명히 드러난다. 실제로 "간음하지 말라"(출 20:14)는 명령은 십계명 중 하나이며 신약에서도 재차 확인되었다(마 19:18; 롬 2:22; 13:9; 약 2:11).

2. 결혼에 대한 하나님의 규정은 유대인뿐 아니라 모든 시대의 모든 사람을 위한 것이다

이러한 결혼제도는 희생 제사나 정결한 음식 및 부정한 음식에 관한 율법과 같이, 역사 속 특정 시기의 유대 민족만을 위해 의도된 구약의 많은 율법과는 다르다. 그러한 모든 율법은 이스라엘 백성이 애굽에서 탈출(출 1~15)한 후에 나왔다. 정확히는 출애굽기 20~40장과 레위기, 민수기, 신명기에 나와 있다.

그러나 결혼에 관한 기초적인 기록은 인류가 시작된 때, 즉 아담과 하와가 창조되었을 때부터 나온다. 그것은 심지어 세상에 악이나 죄가 존재하기 전부터 나온다(창 3장). 그래서 예수님은 결혼에 대한 이러한 진리가 "본래"(마 19:4)부터 왔으며 하나님께서 우리를 "남자와 여자"로 창조하신 그 본질에 속한다고 말씀하신 것이다.

따라서 결혼을 한 남자와 한 여자의 평생 결합으로 이해하는 것은 하나님께서 지상의 모든 사람, 모든 문화와 사회, 그리고 새 하늘과 새 땅이 시작될 때까지의 역사 속 모든 시대를 위해 의도하신 올바른 정의인 것이다.[1]

그래서 하나님께서는 동성애 행위가 만연했던 소돔과 고모라에 대해 심판을 내리실 수 있었다(창 19:1~28, 특히 19:5; 또한 유 7장 참고). 또 애굽 왕 바로가 다른 사람의 아내와 간음했을 때 그에게 심판을 내릴 수 있었다(창 12:17~20 참고). 이스라엘 백성만이 아닌 인간 모두에게 전반적인 삶과 행실에 대해 많은 지혜를 주는 잠언은 간음에 대해 계속 경고한다(2:16~19; 5:1~23; 6:20~35; 7:4~27; 23:27~28 참고).

신약성경에서 세례 요한은 유대인이 아닌 이두매 사람이었던 헤롯 안티파스가 자기 동생의 아내를 취하여 부당하게 근친상간을 범한 것을 질책했다(막 6:17~18). 바울은 유대인의 율법을 따르지 않는 이방인들에게도 여전히 성에 관한 하나님의 도덕 기준을 어기는 죄를 범하지 말라고 이야기하고 있다(롬 1:26~27; 고전 5:9~10, 13; 6:9; 벧전 4:3~5 참고). 하나님을 대적하는 반역의 중심지인 큰 성 "바벨론"은 요한계시록 마지막에 많은 죄에 대한 심판을 받는데, 그 중 "음행"도 있다(계 18:3, 9). 그리고 요한계시록 21장의 거룩한 성

---

1 마태복음 22장 30절에서 예수님은 성도들의 부활 후에 중대한 변화가 일어날 것이라고 말씀하셨다. "부활 때에는 장가도 아니 가고 시집도 아니 가고 하늘에 있는 천사들과 같으니라." 그러나 그것은 현 시대 결혼에 대한 법적, 도덕적 정의에 영향을 미치지 않는다.

새 예루살렘 밖에 있는 자들 중에는 "음행하는 자들"도 포함된다(8절).

따라서 창세기부터 요한계시록까지, 즉 성경의 처음부터 끝까지 하나님께서는 결혼의 본질과 행위에 관한 도덕적 기준을 정하셨으며, 이 기준에 불순종하는 것에 대해 땅의 모든 사람에게 책임을 물으실 것이라고 반복해서 말씀하셨다.

추가적으로 레위기 18장에서는 가나안 사람들이 하나님 앞에 여러 성적 죄악(6~23절)을 저질렀고 그에 대해 도덕적 책임을 졌다고 말한다. "그 땅 주민이 이 모든 가증한 일을 행하였고 그 땅도 더러워졌느니라"(27절). 하나님께서는 가나안 사람들이 유대 민족에 속했거나 이스라엘 백성이 가진 율법을 가지지 않았음에도 불구하고, 그들이 결혼에 관한 하나님의 기준을 어긴 것에 대해 책임을 물으셨다. 왜냐하면 그들의 마음에는 하나님의 도덕적 기준이 새겨져 있었고, 그 기준을 증거하는 그들 자신의 양심이 있었기 때문이다. 따라서 하나님께서는 정당하게 그들에게 책임을 물으셨다(롬 2:14~15 참고).

시민 정부가 결혼에 대해 어떤 정의를 채택해야 하는지 고민하는 기독교인들에게 이 구절들은 하나님께서 성경에서 정하신 결혼의 정의(한 남자와 한 여자 사이의 평생의 결합)가 모든 정부의 기준이 되어야 함을 나타낸다. (이것은 모든 이혼이 금지되어야 한다는 의미는 아니다. 세상에 죄가 만연했기 때문에 성경의 나중 가르침에서는 하나님께서 결혼 서약을 파기하는 이혼을 허용하신 몇 가지 조건을 명시했다. 아래를 참고하라.) 따라서 결혼에 대한 법적 기준은 단지 기독교인이나 성경의 표준에 동의하는 사람들에게만 적용되는 것이 아니라 세상 모든 사람에게 적용되어야 한다.

3. 남녀 간의 결혼은 어느 사회에서나 가장 기초적인 제도이다

창세기 1~2장의 결혼제도는 인간 사회의 다른 어떤 제도보다 먼저 이루어졌다. 그것은 남자와 여자가 창조된 직후에 나온다.

도시나 국가가 생기기 전, 또는 인간의 법이 확립되기 전에 하나님께서 결혼을 제정하셨다는 것은 의미심장하다. 결혼은 분명 중앙 정부, 주 정부 또는 시 정부보다도 먼저 발생했다. 그것은 학교나 대학교, 기업, 교회 및 기타 비영리 단체가 설립되기 전부터 있었다. 그것은 인간 사회에서 다른 어떤 제도도 만들어지기 전에 있었다. 따라서 그것은 모든 사회의 확립에 기초가 된다.

인간 사회는 남성과 여성 사이의 결혼을 신뢰할만하고 지속적이며 충실한 관계로 정상화할 필요성을 오랫동안 인식해 왔다. 내가 아는 한, 지구상의 모든 인간 국가나 사회는 그 규모와 영속성을 막론하고 이성 간의 결혼제도를 인정하고 보호해 왔다. (일부는 일부 다처제를 결혼의 한 형태로 인정했지만 그 역시 여전히 이성 간 결혼이다.)

영국의 인류학자 J. D. 언윈(J. D. Unwin)은 지그문트 프로이트 (Sigmund Freud)의 주장에 대한 철저한 연구를 수행한 후 다음의 결론에 도달했다. 언윈은 프로이트가 주장한 '성행위 해방 욕구'가 사회에 심각한 해악을 가져온다는 사실을 발견했다. 언윈은 86개 문화의 역사적 쇠락을 연구하여 "엄격한 일부일처제 결혼"이 사회의 활력과 성장의 핵심에 있다는 것을 발견했다. 실제로 일부일처제 결혼이 없었다면 어떤 사회도 3세대 이상 번영하지 못했다. 언윈은 "인간 역사의 기록을 살펴보면 새로운 세대가 혼전 및 혼외 순결을 경시하는 전통을 물려받은 후 그 사회의 활력을 계속 유지하는 사례는 없었다"고 썼다.[2]

B. 성경적 윤리가 금하는 근친, 간통, 동성애

결혼에 관한 도덕적 기준을 설명하는 구약의 다른 본문을 살펴보면, 특정 유형의 관계는 정상적인 결혼의 범주로 인정되지 않는다. 가령, 근친상간은 레위기 18장 1~18절, 20장 11~20절; 신명기

---

2   Joseph Daniel Unwin, *Sex and Culture* (London: Oxford University Press, 1934); *Sexual Regulations and Cultural Behavior* (London: Oxford University Press, 1935); and *Hopousia: Or the Sexual and Economic Foundations of a New Society* (London: George Allen and Unwin, 1940), cited by Daniel R. Heimbach, "Deconstructing the Family," *The Howard Center for Family, Religion, and Society, The Religion and Society Report* 22:7 (Oct. /Nov. 2005). www. profam.org/pub/rs/rs_2207.htm#endfn57.

22장 30절; 고린도전서 5장 1~2절에서 금지된다. 간음은 물론 이미 금지되어있으며(출 20:14), 이미 결혼한 다른 사람과 결혼하는 것도 금지하였다.

동성애에 대한 보다 구체적인 성경적 가르침은 다음 본문에서 찾아볼 수 있다.

너는 여자와 동침함 같이 남자와 동침하지 말라 이는 가증한 일이니라 (레 18:22)

누구든지 여인과 동침하듯 남자와 동침하면 둘 다 가증한 일을 행함인 즉 반드시 죽일지니 자기의 피가 자기에게로 돌아가리라 (레 20:13)

이 때문에 하나님께서 그들을 부끄러운 욕심에 내버려 두셨으니 곧 그들의 여자들도 순리대로 쓸 것을 바꾸어 역리[헬라어 para physin]로 쓰며 그와 같이 남자들도 순리대로 여자 쓰기를 버리고 서로 향하여 음욕이 불 일듯 하매 남자가 남자와 더불어 부끄러운 일을 행하여 그들의 그릇됨에 상당한 보응을 그들 자신이 받았느니라 (롬 1:26~27)

불의한 자가 하나님의 나라를 유업으로 받지 못할 줄을 알지 못하느냐 미혹을 받지 말라 음행하는 자나 우상숭배하는 자나 간음하는 자나 탐

색하는 자나 남색하는 자나 도적이나 탐욕을 부리는 자나 술 취하는 자
나 모욕하는 자나 속여 빼앗는 자들은 하나님의 나라를 유업으로 받지
못하리라 너희 중에 이와 같은 자들이 있더니 주 예수 그리스도의 이름
과 우리 하나님의 성령 안에서 씻음과 거룩함과 의롭다 하심을 받았느
니라 (고전 6:9~11)

알 것은 이것이니 율법은 옳은 사람을 위하여 세운 것이 아니요 오직 불
법한 자와 복종하지 아니하는 자와 경건하지 아니한 자와 죄인과 거룩
하지 아니한 자와 망령된 자와 아버지를 죽이는 자와 어머니를 죽이는
자와 살인하는 자며 음행하는 자와 남색하는 자와 인신매매를 하는 자
와 거짓말하는 자와 거짓 맹세하는 자와 기타 바른 교훈을 거스르는 자
를 위함이니 (딤전 1:9~10)

일부 동성애 옹호론자들은 이 본문들이 모든 종류의 동성애 행
위를 죄라고 말하는 것이 아니라 남성과 미성년 소년 사이의 동성
애 행위나 동성애 매춘(돈이 교환되는 경우), 또는 불성실하거나 후천
적인 "부자연스러운"("게이로 태어난" 선천적 동성애자가 아닌 사람들의) 동
성애 행위 등 특정 종류의 동성애에 대해서만 말하는 것이라고 주
장한다.

그러나 위 성경 구절 중 그 어느 것도 그러한 구분을 명시하거나

특정 유형의 동성애 행위에 대해서만 이야기하고 있음을 전혀 암시하지 않고 있다. 해당 본문의 단어나 문맥에서 그러한 구분이 이루어지지 않을 때, 그 구절이 어떠한 제한된 범주를 가지고 있다고 억지로 주장하는 것은 올바른 성경 해석이 아니다. 즉, 성경의 말씀 본문은 모든 종류의 동성애 행위에 적용되는데, 그렇지 않다고 주장하는 것은 옳지 않다.

게다가 신약 시대 이전이나 그 근방의 일부 고대 작가들도 모두 모든 동성애 행위를 잘못된 것으로 보았고, 로마서, 고린도전서, 디모데전서에서 바울이 사용한 표현과 매우 유사한 언어를 사용했다. 그리스 철학자 플라톤(BC 429~347경)은 다음과 같이 썼다.

> 남성이 출산을 위해 여성과 결합할 때 경험하는 즐거움은 자연적인 것
> 이지만, 남자가 남자와 짝하거나 여자가 여자와 짝하는 것은 자연에 반
> 하는 것[헬라어 para physin, 바울의 표현과 같음]으로 간주된다. 그리고
> … 그러한 극악한 짓을 저지른 사람은 그들 스스로의 쾌락에 노예가 된
> 것이다.[3]

유대인 철학자 필로(Philo, BC 30년경~AD 45년경)도 레위기 18장 22절 및 20장 13절에 관해 서술하면서 동성애 행위를 정죄했다. "도

---

3 Plato, *Laws* 1,636C.

시들로 번지고 있는 위보다 훨씬 더 심각한 또 다른 악은 바로 남색(pederasty)이다."[4] (여기서 사용된 헬라어 paierasteuō는 성인 남성과 사춘기 전후 소년 사이의 성행위를 가리킨다.) 필로는 이것이 "본성에 어긋나는 [paraphysin]" 쾌락이며 "죽음에 합당"하다고 말했다.[5]

다른 곳에서 필로는 '아브라함에 대하여'라는 저작에서 동성애 행위에 대해 언급하는데, 그는 소돔의 동성애가 "인류 전체를 타락시켰다"고 말한다. 그러면서 "이 부자연스럽고 금지된 성관계를 소멸"시키기 위해 하나님께서 불을 내려 도시를 파괴시켰다고 말한다.[6]

유대 역사가 요세푸스(Josephus, 37~100년경)는 엘리스와 테베 사람들이 동성애 행위를 통해 "부자연스러운[para physin, 롬 1:26과 같은 표현] 악행"을 저질렀다고 썼고, 그 맥락에서 그는 "남색 행위"도 언급했다. 그리고 이를 "그들이 탐닉한 기괴하고 부자연스러운 [para physin] 쾌락"으로 정의한다.[7]

그리스 역사가 플루타르코스(Plutarch, 50년경~120년경)도 남성 간의 동성애 행위를 "본성에 어긋나는"[para physin], "음란한" 행동으로 묘사했다.[8]

---

4 Philo, *Special Laws* 3:37.
5 Ibid., 3:38~39.
6 Philo, *On Abraham*, 136~37.
7 Josephus, *Against Apion* 2.273~75.
8 Plutarch, Moralia, *Dialogue on Love*, 751.D–E.

이러한 기록들은 신약의 저자들이 동성애 행위를 정죄하면서, 어떤 특정 동성 행각이 아닌 '모든 종류의 동성애 행위'를 "본성에 어긋난", 도덕적으로 잘못된 것으로 정죄하기 위해 다른 헬라 문헌에서 일반적으로 사용되는 동일한 용어를 사용했다는 것을 보여준다. 신약의 말씀은 동성애 옹호자들이 주장하는 것처럼 이러한 금지 사항을 좁게 정의된 특정 유형의 동성애 행위로 제한하는 것을 허용하지 않는다.

따라서 결론적으로 성경은 동성애 행위를 모든 경우에 있어서 도덕적으로 그릇된 것, 즉 하나님의 도덕 기준에 어긋나는 것으로 보고 있다.

C. 구약의 일부다처제를 어떻게 보아야 할까?

구약성경에는 일부다처제의 예가 많이 있다. 아내를 한 명 이상 두는 것은 결혼에 대한 하나님의 의도를 반영하는 것일까?

이에 대한 나의 대답은, 하나님께서는 일부다처제가 창세기 1~2장의 결혼과 그 목적에 부합하지 않았음에도 그것을 명시적으로 금하시지 않으시면서 '일시적으로' 허용하셨다는 것이다. 하지만 한 남자가 한 명 이상의 아내를 둔 성경의 모든 예시에서 그러한 상황은 결혼 관계에 심각한 어려움을 초래하는 것을 볼 수 있다. 이것으로부터 우리는 힌트를 얻고 스스로 결론을 도출해야 한다. 일부다처제에 관한 유용한 요약은 ESV 주석 성경에서 찾을 수 있다.

하나님은 왜 구약에서 일부다처제를 허용하셨을까? 성경 어디에서도 하나님께서는 일부다처제를 명령하시거나 누구에게든 한 명 이상의 아내와 결혼하라고 말씀하신 적이 없다. 오히려 하나님께서는 명시적인 도덕적 승인 없이 일부다처제를 일시적으로 허용하셨다(그분은 이를 일반적으로 금지하지 않으셨다). 그럼에도 불구하고 구약의 이야기에서는 한 남자가 두 명 이상의 아내를 가질 때마다 심각한 문제가 발생하는 것으로 보인다(창 16장; 29~31장; 삼상 1장; 왕상 11장 참고; 또한 신 17:17의 금지 사항 참고). 게다가 일부다처제는 여성에게 끔찍하게 비인간적이다. 왜냐하면 여성을 그 남편과 동등한 가치로 여기는 것이 아니기 때문이다. 따라서 그것은 여성도 "하나님의 형상대로"(창 1:27) 창조되었다는 높은 인간 지위에 온전히 참여함과 "생명의 은혜를 너희와 함께 유업으로 받을 자"(벧전 3:7)로서 영광을 누리기에 합당한 자임을 인정하지 않는 것이다. 또한 "한 아내의 남편"(딤전 3:2)이라는 장로직의 요구 조건은 한 명 이상의 아내를 가진 남자가 교회의 장로가 되는 것을 불허한다. … 이러한 제한은 곧 한두 세대 안에 교회에서 일부다처제를 폐지하는 명

분을 제공하였다.[9]

D. 이혼

이스라엘 백성에게 준 모세의 율법에서는 이혼이 어떤 경우에 일어난다고 가정하고 있지만, 그것이 어떤 이유로 인한 것이었는지 정확히 판단하기는 어려웠고, 이에 따른 랍비들의 해석도 매우 다양하다. 부부간 이혼이 발생한다고 가정하고 있는 본문은 신명기 24장 1~4절과 레위기 21장 7절과 14절, 그리고 민수기 30장 9절에서 찾아볼 수 있다.

종교 개혁 이후 개신교 해석자들 사이에서 가장 일반적으로 이해된 것은 신약의 예수님께서 육체적인 간음 행위에 한해 이혼을 허용하셨고 또 그러한 경우에는 재혼도 허용하셨다는 것이다.

> 내가 너희에게 말하노니 누구든지 음행한 이유 외에 아내를 버리고 다른 데 장가드는 자는 간음함이니라 (마 19:9)

그 뜻은 즉 남자가 아내의 성적 부도덕 때문에 그 아내를 버리고 다른 사람과 결혼하는 경우, 그것은 간음에 해당하지 않으며 죄도

---

9 *ESV Study Bible*, p. 2544.

아니라는 것이다.

또한 바울은 믿지 않는 배우자가 믿는 배우자를 버리는 경우에도 이혼을 허용했다.

> 혹 믿지 아니하는 자가 갈리거든 갈리게 하라 형제나 자매나 이런 일에 구애될 것이 없느니라 그러나 하나님은 화평 중에서 너희를 부르셨느니라 (고전 7:15)

위 본문들에 대해서는 다른 해석도 있다. 일부 사람들은 예수님께서 이혼을 허용하셨지만 재혼은 허용하지 않으셨다고 주장하기도 한다. 또 다른 사람들은 간음의 경우에도 이혼이 허용되지 않는다고 주장하는데, "음행한 이유 외에는"(마 19:9)이라는 말씀이 마태복음 5장 32절에는 있지만 마가복음 10장 11절이나 누가복음 16장 18절에는 없기 때문이다. 그러나 이 구절에 대한 나를 포함한 대부분의 복음주의 해석자들의 이해는 성경이 배우자의 간음 또는 버림의 경우 이혼을 (요구하지는 않지만) 허용하고 그러한 경우에는 다른 사람과의 재혼도 허용한다는 것이다. 이 경우 재혼은 하나님 보시기에 죄가 아니다.

정부는 이혼과 관련하여 어떤 법률을 제정해야 할까? 하나님께서 결혼을 평생 지속하는 남자와 여자의 관계로 의도하셨다고 믿는다면, 결혼 생활을 심각하게 더럽히는 경우를 제외하고 법은 배우자로부터 버림받거나 해를 당하는 것을 방지함으로써 결혼을 보호해야 한다. 배우자를 버리는 것을 예방하기 위해서는 이혼 전 의무적인 상담이나 대기 기간을 갖도록 하는 방법이 있다. 또한 특별히 이혼을 너무 쉽게 만들고 결혼의 "서약"을 하찮게 만드는 무과실 이혼(no-fault divorce, 또는 무귀책 이혼)을 폐지하는 조치도 필요하다. 무과실 이혼은 이혼하려는 배우자가 상대 배우자의 잘못을 입증할 필요가 없기 때문에 단순히 결혼을 지속하기를 원하지 않는다는 이유만으로 이혼할 수 있다. (무과실 이혼이 가능하기 전에는 이혼하려는 사람이 배우자의 간음, 학대, 유기 등, 결혼 생활을 심각하게 해하는 잘못을 저질렀음을 입증해야 했다. 따라서 보다 사소하거나 일시적인 이유로 이혼하는 경우는 훨씬 적었다.) 미국 최초의 무과실 이혼법은 1970년 1월 1일 캘리포니아에서 발효되었으며, 다른 모든 주에서도 결국 무과실 이혼법이 채택되어 전국적으로 이혼이 더 빈번해졌다.

배우자를 위험으로부터 보호하기 위한 법률로는 신체적 학대를 저지른 배우자(항상 그런 것은 아니지만 가해자는 일반적으로 남편임)에 대해 심각한 처벌(강제 구금 및 재활 등)을 부과하고 재정적 지원 의무를 보다 엄격하게 강화하는 것이 포함된다. 법은 결혼 생활을 통해 심각한 해를 입거나 고통당하는 배우자를 보호하기 위해 간음이나 유기의 경우 반드시 이혼을 허용해야 한다.

E. 시민 정부는 모든 시민을 위해 결혼을 정의해야 한다

1. 성경에 따르면 결혼을 정의하고 규정하는 것은 정부의 목적에 부합한다

성경에 따르면 시민 정부의 가장 중요한 목적 중에는 (1) 악을 저지하고, (2) 사회에 선을 가져오며, (3) 사회에 질서를 가져오는 것이다. (이 책 3장을 참고하라.) 이 세 가지 목적을 바탕으로 기독교인은 정부가 결혼을 정의하고 규제하는 것이 옳다는 결론을 내릴 수 있다.

첫째, 결혼은 남자와 여자 사이의 성적 충실을 장려하고, 부모가 자녀를 돌볼 법적 구속력이 있는 약속을 확립하고, 배우자가 서로를 재정적으로 책임을 지고 돌볼 법적 구속력 있는 약속을 확립하며, 또한 단순히 성적 관계만 즐기고 여성과 자녀를 버릴 수 있는 남성에 의해 여성이 착취당하는 것으로부터 법적 보호를 제공함으로써 악을 저지한다.

둘째, 결혼은 사회 안정 증진,[10] 경제적 복지,[11] 자녀에 대한 교육 및 경제적 혜택,[12] 다음 세대에 도덕적, 문화적 가치 전달, 그리고

---

10 James S. Coleman, "Social Capital in the Creation of Human Capital," *American Journal of Sociology* 94 (1988): S-95-S120: cited in Testimony of Barbara Dafoe Whitehead, Co-Director, National Marriage Project, Rutgers, the State University of New Jersey, before the Committee on Health, Education, Labor, and Pensions, Subcommittee on Children and Families, US Senate (April 24, 2008). http://marriage.rutgers.edu/Publications/Pub%20 Whitehead%20Testimony%20 Apr%2004.htm.

11 Mary Parke, "Are Married Parents Really Better for Children?" *Center for Law and Social Policy* (May 2003), 7. www.clasp.org: cited in ibid.

12 Parke, 2~3; Robert I. Lerman, "Marriage and the Economic Well-Being of Families with Children: A Review of the Literature" (2002), www.urban.org/expert.

상호 관계를 위한 안정적인 사회 단위 제공 등을 통해 다양한 방식으로 사회에 선한 결과를 가져온다.[13] (이러한 혜택은 아래 F.2섹션에서 더 자세히 설명된다.)

셋째, 결혼제도의 확립은 일반 대중에게 누가 결혼하고 누가 결혼하지 않았는지 알 수 있게 함으로써 사회에 질서를 가져온다. 결혼 상태는 공공 기록으로 확인될 수 있다. 이를 통해 사회 전체는 다양한 방법으로 개인의 결혼을 존중하고 보호할 수 있으며, 자녀의 돌봄과 보호 및 교육, 그리고 의료나 재정적 또는 기타 필요가 있는 배우자에 대한 책임이 누구에게 있는지 알 수 있다. 이처럼 결혼을 정의하고 규정하는 것은 사회에 안정과 질서를 가져오는 것이다. 결혼은 정부가 장려하고 보호해야 할 매우 중요한 사회선 (social good)이다.

2. 결혼을 정의하고 규정하는 것은 도덕적으로 옳다

성경에 나오는 결혼의 정의는 한 남자와 한 여자 사이의 평생에 걸친 충실한 결합이며, 하나님께서 우리에게 옳은 일을 알려 주시는 도덕적 기준을 제공한다. 따라서 결혼을 제도적으로 정의하고 규정하여 보호하는 것은 하나님께서 보시기에 도덕적으로 옳은 것

---

cfm?ID=RobertLerman; and *Why Marriage Matters: Twenty-One Conclusions from the Social Sciences* (New York: Institute, 2002), www.marriagemovement.org: cited in ibid.

13 Coleman, "Social Capital in the Creation of Human Capital."

이다. 다시 말해 그것은 단순히 사회에 혜택을 주는 것을 넘어, 성경이 말하는 옳고 그름에 대한 하나님의 정의이므로 마땅히 사회가 해야 할 일인 것이다.

F. 성경 이외 이성과 경험을 통한 결혼 논증

1. 다른 어떤 기관도 전체 사회를 위해 결혼을 정의하거나 확립할 수 없기 때문에 정부가 그 역할을 해야 한다

오직 정부만이 국가 전체 또는 사회 전체의 결혼을 구성하는 기준을 정의할 수 있다. 어떤 교회나 교파도 이를 할 수 없다. 왜냐하면 그것들은 모두 오직 해당 집단의 구성원만을 대변하기 때문이다. 또한 어떤 자발적인 시민사회도 이를 대신할 수 없다. 왜냐하면 그들 집단은 사회의 모든 사람들을 포함하지 않기 때문이다.

사회 전체를 포괄하는 해당 정부가 결혼을 정의하지 않는다면, 결과적으로 여성과 어린이에 대한 억압이 초래될 것이다. 허드슨 연구소의 스탠리 커츠(Stanley Kurtz)는 다음과 같이 썼다.

사회는 결혼제도를 마련함으로써 자녀를 낳는 남성과 여성에게 특별한 지원과 격려를 제공한다. 특히 결혼은 아이들의 이익과 깊은 관련이 있기 때문에 대중의 관심사이다. 아이들은 무력하다. 그들은 어른에게 의존한다. 아이들은 혼란을 방지하는 제도를 필요로 하기 때문에 사회에 의존한다. 아이들은 자신의 요구 사항을 명확하게 표현할 수 없다. 어린이는 투표할 수 없다. 그럼에도 아이들은 사회의 엄연한 일원이다. 그들은 사실상 '우리'이고, 우리의 미래이다. 그렇기 때문에 사회는 어린이의 복지에 필요한 특별한 지원과 격려를 제공할 권리와 의무가 있다. 비록 그것이 특정 사회구성원에게 특별한 혜택을 의미하더라도 말이다. 인간의 어린 시절에 내재된 의존성은, 완전한 자유지상주의 (libertarianism)가 결코 작동할 수 없는 이유이다.[14]

결혼을 구성하는 요소를 규정하는 정부의 확립된 표준이 없다면, 근친상간 및 일부다처제는 물론 어떠한 약속도 없는 임시적인 관계에서 태어난 자녀가 급증할 것이며, 그들을 돌볼 법적 보호 장치가 없는 아이들이 많이 발생할 것이다.

역사를 통틀어 전 세계 국가들이 가진 암묵적인 합의는 사회 전체가 당국을 통해 모든 시민의 결혼을 정의하고 규제해야 한다는 것이다. 아리스토텔레스는 현명한 입법자의 첫 번째 의무가 다름 아닌 결혼을 정의하고 규제하는 것이라고 썼다.

---

14 Stanley Kurtz, "Deathblow to Marriage" (Feb. 5, 2004). www.nationalreview.com/kurtz/ kurtz200402050842.asp.

입법자는 자신의 관할 하에 있는 아이들의 환경이 가능한 한 최상인지 고려하는 것부터 시작해야 하기 때문에 그의 첫 번째 관심은 결혼에 관한 것이다. 가령, 시민은 몇 세에 결혼해야 하며, 누가 결혼하기에 적합한가?[15]

혹자는 오늘날의 정부가 더 이상 결혼을 정의할 필요가 전혀 없다고 주장할지 모른다. 하지만 그런 견해는 우리가 세계사에서 역사상 모든 사회가 가르쳐준 지혜에 반하여 행동하는 것이다.[16] 그러한 경솔함은 사회의 실패를 가져온다.

매기 갤러거(Maggie Gallagher)는 이렇게 말한다.

결혼법의 목적은 본질적으로 규범적이며, 사람들이 특정한 결합, 즉 영구적이고 충실하며 동거하는 성적 연합을 제정해 인정하도록 강요하는 것이다.[17]

---

15 Aristotle, "Politica," in William David Ross, ed., *The Works of Aristotle* 10:1334 - 35: cited in Lynn D. Wardle, "Is Preference for Marriage in Law Justified?" *World Family Policy Forum* (1999). www.worldfamilypolicy.org/New%20Page/forum/1999/wardle.pdf. 린 워들은 브리검 영 대학의 법대 교수다. 또한 www.fordham.edu/halsall/ancient/aristotle-politics1.html. 도 참고하라.

16 비록 결혼에 관한 무정부 상태가 만연했던 일부 사회가 잠시 있었다고 하더라도, 그러한 상황은 본질적으로 불안정할 것이며 머지않아 결혼의 표준화가 붕괴되고 사회의 해체를 초래할 것이다.

17 Maggie Gallagher, "(How) Will Gay Marriage Weaken Marriage as a Social Institution: A Reply to Andrew Koppelman," University of St. Thomas Law Review, 2, no. 1 (Fall 2004): 43.

2. 결혼은 다른 어떤 관계나 기관이 줄 수 없는 혜택을 사회에 제공하기 때문에 정부는 한 남자와 한 여자 사이의 결혼을 장려하고 보상해야 한다

결혼은 사회에 독특하고 매우 가치 있는 혜택을 제공하기 때문에 정부는 결혼을 보호하고 장려하는 데 관심을 두어야 한다. 이는 1845년경부터 1895년까지 미국에서 있었던 몰몬교의 일부다처제 논쟁이 시사하는 근본적인 문제였다. 몰몬교가 지배하던 유타(Utah) 지역이 1849년부터 일곱 번이나 주 승격을 신청했지만, 미 의회는 이를 허용하지 않았다. 1896년 유타가 주 헌법에 일부다처제를 금지하는 조항을 넣기로 합의했을 때[18] 비로소 의회는 주 승격을 허용했다. 따라서 미 정부는 미합중국의 일원이 되는 조건으로 일부다처제 관계를 배제하는 등 결혼에 대한 국가적 표준을 부과한 것이다.

이에 대한 이의제기가 있었지만, 미국 대법원은 머피 대 램지 (Murphy v. Ramsey) 사건(1885)을 통해 "한 남자와 한 여자의 평생의 결합으로 구성되고 그 결합에서 비롯된 가족의 개념"은 "우리 문명의 모든 안정과 고귀함을 제공하는 확실한 기초이다"라고 못

---

18 "Utah's Struggle for Statehood," *UtahPolicy.org* (July 2, 2009), www.utahpolicy.com/featured_article/utahs-strugglestatehood; and Edward Leo Lyman, *Political Deliverance: The Mormon Quest for Utah Statehood* (1986); Henry J. Wolfinger, "A Reexamination of the Woodruff Manifesto in Light of Utah Constitutional History," *Utah Historical Quarterly* 39 (Fall 1971); and Gustive Q. Larson, *The Americanization of Utah for Statehood* (1971): cited in http://historytogo.utah.gov/utah_chapters/statehood_and_the_progressive_era/struggleforstatehood.html.

박았다.[19]

간단히 말해서, 미국 결혼법의 역사는 결혼제도가 다른 어떤 제도나 기관도 제공할 수 없는 혜택을 다양한 방식으로 사회에 제공하기 때문에 사회가 한 남자와 한 여자 사이의 결혼을 보호하고 장려하는 데 큰 관심을 가지고 있음을 보여준다.

결혼제도의 이점은 여러 가지로 요약될 수 있다.

a. 결혼은 다른 어떤 관계나 제도보다 아기를 낳기에 나은 환경을 제공한다. 모든 사회는 현재 살고 있는 성인의 수명을 넘어 생존하기 위해서 아기들을 필요로 한다. 따라서 사회가 아기를 갖기에 좋은 환경을 제공하는 것이 중요하다.

임신과 출산에 있어서 결혼이 제공하는 환경과 법적 혼인관계를, 가령 동거부부가 제공하는 환경, 지속적인 관계가 없는 일시적인 성적 접촉이 제공하는 환경, 또는 엄마도 아빠도 없는 동성 커플이 제공하는 환경이나, 체외수정 및 대리모를 통해 아이를 낳는 미혼모의 환경 등과 비교할 때, 법적 혼인 관계에 있는 부부가 제공하는 환경이 아기를 키우기에 훨씬 더 큰 안전을 보장한다는 사실은 자명하다. 아기를 돌보며 그 필요를 제공하기 위해 최선을 다할 엄마와 아빠가 보장되기 때문이다.

---

19 *Murphy v. Ramsey*, 114 U.S. 45 (1885). http://supreme.justia.com/us/114/15/case.html.

또한 결혼이 제공하는 이러한 환경은 아이의 엄마에게도 좋다. 왜냐하면 결혼은 아이의 친부가 아이의 엄마를 버리지 않도록 하는 훨씬 더 나은 보장을 제공하기 때문이다. 그리고 결혼을 통해 제공되는 환경은 아빠에게도 좋다. 왜냐하면 자신이 공식적으로 친부의 역할과 책임을 지속적으로 수행하고 책임감 있게 행동해야 할 강력한 법적, 사회적 동기부여를 제공하기 때문이다.

이러한 모든 혜택은 정부가 남성과 여성 간의 결혼을 장려하고 보상해야 한다는 명분을 제시한다. 모든 사회는 생존을 위해 아기가 필요하며, 결혼은 아기를 낳기에 가장 좋은 환경이다. 사회는 아기를 키우는 데 가장 좋은 환경을 제공하는 결혼제도를 마땅히 장려해야 한다.

b. 부부는 그 어떤 인간관계나 제도보다 자녀를 훨씬 잘 키우고 양육한다. 결혼한 부부가 자녀에게 가져오는 혜택은 많다.

(1) 결혼한 두 부모와 함께 사는 자녀의 교육 성취도가 훨씬 더 높다.[20]

(2) 결혼한 두 부모와 함께 사는 자녀는 성인이 되었을 때 빈곤에

---

20 Mary Parke, "Are Married Parents Really Better for Children?" *Center for Law and Policy* (May 2003), 2~3: cited in Testimony of Barbara Dafoe Whitehead, Co-Director, National Marriage Project, Rutgers, the State University of New Jersey, before the Committee on Health, Education, Labor, and Pensions, Subcommittee on Children and Families, US Senate

빠질 가능성이 훨씬 적고 더 나은 경제 수준을 누린다.[21]

(3) 결혼한 두 부모와 함께 사는 아이들은 신체적 건강과 정서적 건강이 훨씬 더 좋다.[22]

(4) 결혼한 두 부모와 함께 사는 아이들은 범죄를 저지를 가능성이 훨씬 적고,[23] 알코올 및 약물 남용에 가담할 가능성이 더 낮으며,[24] 더 높은 성실성과 도덕적 원칙에 따라 생활할 가능성이 더 높다.[25]

(5) 결혼한 두 부모와 함께 사는 자녀는 신체적 학대를 당할 가능성이 적고, 자신에게 지원과 보호 및 안정을 제공하는 집에서 살 가능성이 더 높다.[26]

---

21 Robert I. Lerman, "How Do Marriage, Cohabitation, and Single Parenthood Affect the Material Hardships of Families With Children?" (July 2002), and Robert I. Lerman, "Married and Unmarried Parenthood and Economic Well-Being: A Dynamic Analysis of a Recent Cohort" (July 2002). www.urban. org/expert.cfm?ID=RobertILerman: cited in ibid.

22 Frank F. Furstenburg and Andrew Cherlin, *Divided Families: What Happens to Children When Parents Part* (Cambridge, MA: Harvard University Press, 1991), 56; and Paul R. Amato, "Children's Adjustment to Divorce: Theories, Hypothesis, and Empirical Support," *Journal of Marriage and the Family* 23 (1993): cited in Wardle, "Is Preference for Marriage in Law Justified?"

23 Cynthia Harper and Sarah McClanahan, "Father Absence and Youth Incarceration," *Journal of Research on Adolescence* 14 (2004): 369~97.

24 "Family Matters: Substance Abuse and the American Family," The National Center on Addiction and Substance Abuse at Columbia University (March 2005), 17. www. casacolumbia.org/absolutenm/articlefiles/380-Family%20Matters.pdf.; and Robert L. Flewelling and Karl E. Bauman, "Family Structure as a Predictor of Initial Substance Abuse and Sexual Intercourse in Adolescence," *Journal of Marriage and the Family* 52 (1990): 171~81.

25 Furstenburg and Cherlin, op cit.; and Amato, op.cit.: cited in Wardle, "Is Preference for Marriage in Law Justified?"

26 Patrick F. Fagan, Ph.D., "The Child Abuse Crisis: The Disintegration of Marriage, Family, and the American Community," Heritage Foundation, *Backgrounder #115* (May 15, 1997),

(6) 결혼한 두 부모와 함께 사는 자녀는 다음 세대를 위해 안정적 인 가족을 꾸릴 가능성이 더 높다.[27]

c. 결혼은 다른 어떤 인간관계나 제도보다 훨씬 더 나은 평생의 동반자 관계와 보살핌을 보장한다.[28]

d. 결혼은 경제적 수준을 높이고 남성과 여성이 빈곤에 빠질 가능성을 현저히 감소시킨다.[29]

e. 결혼은 여성에게 다른 어떤 인간관계나 제도보다 가정폭력과 유기로부터 훨씬 더 나은 보호를 제공한다.[30]

f. 결혼은 다른 어떤 인간관계나 제도보다 남성이 훨씬 더 나은 사회적으로 유익한 행동을 하도록 유도한다.[31]

---

www.heritage.org/Research/Family/BG1115.cfm; and E. Thompson, T. L. Hanson, and S. S. McLanahan, "Family Structure and Child Well-Being: Economic Resources versus Parental Behaviors," Social Forces 73: 221~42: cited in "The Verdict on Cohabitation vs. Marriage," www.marriageandfamilies.byu.edu/issues/2001/January/cohabitation.htm.

27 Patrick F. Fagan, Ph.D., "How Broken Families Rob Children of Their Chances for Future Prosperity," Heritage Foundation, *Backgrounder #1283* (June 11, 1999). www.heritage.org/Research/Family/BG1283.cfm.

28 Linda J. Waite and Maggie Gallagher, *The Case for Marriage: Why Married People are Happier, Healthier, and Better Off Financially* (New York: Doubleday, 2000): cited in "The Verdict on Cohabitation vs. Marriage," www.marriageandfamilies. byu.edu/issues/2001/January/cohabitation.htm.

29 David J. Eggebeen and Daniel T. Lichter, "Race, Family Structure, and Changing Poverty Among American Children," *American Social Review* 56: 801, 806: cited in Wardle, "Is Preference for Marriage in Law Justified?"

30 Patrick F. Fagan, Ph.D., and Kirk A. Johnson, Ph.D., "Marriage: The Safest Place for Women and Children," Heritage Foundation, *Backgrounder #1535* (April 10, 2002). www.heritage.org/Research/Family/BG1535.cfm.

31 Linda Waite, "Does Marriage Matter?" *Demographics* 32 (1995): 483: cited in Wardle, "Is Preference for Marriage in Law Justified?"

g. 일반적으로 남성과 여성은 친밀한 관계에서 성적 충실함을 요구하는 타고난 본능을 갖고 있으며, 결혼은 다른 어떤 관계나 제도보다 그러한 충실함을 사회적으로 훨씬 더 장려한다.[32]

h. 결혼은 다른 어떤 관계나 제도보다 성병으로부터 더 큰 보호를 제공한다.[33]

i. 남성과 여성 신체의 생물학적 설계는 성적 친밀감이 오직 한 남자와 한 여자 사이에서만 즐겁도록 설계되었음을 드러낸다.

이러한 모든 이유로 인해 결혼은 안정적인 사회의 기본 구성 요소이며, 건강하고 안정적인 사회를 지속하는 데 필수적이다.

이러한 모든 이유는 정부가 한 남성과 한 여성 간의 결혼을 장려하고 보상하는 것이 옳다고 말한다. 이 제도는 다른 관계나 기관이 제공할 수 없는 헤아릴 수 없는 혜택을 사회에 제공하기 때문이다. 따라서 사회는 정부의 법률을 통해 결혼을 보호하고 장려해야 한다.

그러나 현재 법이 결혼한 부부에게 제공하고 있는 혜택을 다른 어떤 관계(가령, 일부다처제 결혼, 동성결혼, 혹은 장기적인 서약이 없는 이성 관계)에도 부여한다면, 그만큼 결혼은 '특별한' 혜택을 제공받지 못한다

---

32 Robert T. Michael, John H. Gagnon, Edward O. Laumann, and Gina Kolata, *Sex in America: A Definitive Survey* (Boston: Little Brown, 1994), 105: cited in "What's Happening to Marriage?" State of Our Unions 2009, Rutgers University National Marriage Project. http://marriage.rutgers.edu/Publications/pubwhatshappening.htm#2.

33 Fagan and Johnson, "Marriage: The Safest Place for Women and Children."

는 뜻이다. 딱 그만큼 정부는 한 남자와 한 여자 사이의 결혼을 다른 관계보다 더 장려하지 않는다는 것이고, 정부는 더 이상 남성과 여성의 결혼을 장려하는 특별한 인센티브를 제공하지 않는다는 것이다. 그리고 그만큼 사회는 한 남자와 한 여자의 결혼 관계에 특별한 이점을 부여함으로써 얻는 혜택을 잃어버리기 시작할 것이다.

더구나 만약 현재 사회에서 결혼에 제공하는 혜택이 동성 커플에게도 주어진다면, 사회는 본래 의도한 위와 같은 혜택과 오히려 반대되는, 동성 결혼의 유해한 결과를 어린이와 남성과 여성에게 조장하는 것이다. 그러한 법률 개정은 국가를 위해 "선한" 일을 하기는커녕 국가에 해를 끼치는 것이다. 이는 하나님께서 정부가 하도록 의도하신 것과 정반대이다.

동성애 행위의 해로운 결과는 주류 언론에서 거의 언급되지 않고 있다. 그러나 MIT와 하버드, 텍사스 대학을 졸업하고 예일대학교와 하버드대학교에서 강의한 정신과 의사 제프리 새티노버(Jeffrey Satinover)는 남성 동성애 행위와 일반적으로 연관된 몇 가지 의학적 유해성을 다음과 같이 정리한다.

기대 수명 30년 감소

만성, 치명적일 수 있는 간 질환

감염성 간염 관련 암을 포함한 치명적인 면역 질환

치명적인 경우가 많은 직장암

다발성 장 질환 및 기타 감염성 질환

평소보다 훨씬 높은 자살률[34]

이러한 질병이 남성 동성애자들에게 발생하는 이유는 무엇일까? 새티노버는 이 중 많은 경우가 동성애 행위에서 일반적으로 행해지는 항문 성교 때문이라고 설명한다.

… 우리의 장은 극도로 유독한 전염성 있는 내용물이 혈류를 통해 들어올 수 없도록 그 사이에 거의 뚫을 수 없는 장벽이 설계되어 있다. 그러나 항문 성교는 파트너가 콘돔을 착용했는지 여부에 관계없이 삽입을 수용하는 파트너가 가진 이 장벽을 무너뜨린다. 결과적으로 동성애 남성은 대변이 혈류로 유입되어 발생하는 심각한, 때로는 치명적인 감염에 매우 취약해진다. 여기에는 B형 간염과 드물지만 "게이 대장 증후군(Gay Bowel Syndrome)"으로도 알려진 질환 군이 포함된다.[35]

새티노버는 또한 이성애자와 동성애자의 성적 행위에서 상당한

---

34 Jeffrey Satinover, *Homosexuality and the Politics of Truth* (Grand Rapids: Baker, 1996), 51. 이 책은 동성애 행위의 의학적 해악과 중독성, 그리고 동성애자들이 자신의 행동을 바꿀 수 있는 능력에 대해 설명하는 훌륭한 책이다.

35 Ibid., 67~68.

차이를 지적한다. 이성애자 사이에서는 성적 충실도가 상대적으로 높았다. "이성애자 여성의 90%와 이성애자 남성의 75% 이상이 혼외 성관계를 한 번도 해본 적이 없다." 그러나 동성애 남성의 경우 상황은 완전히 다르다.

> 1981년 연구에 따르면 동성애자 중 단 2%만이 일부일처 또는 반(semi) 일부일처(10명 이하의 평생 파트너로 정의됨)인 것으로 나타났다. 1978년 연구에 따르면 남성 동성애자의 43%가 500명 이상의 다른 파트너와 성관계를 갖는 것으로 추정된다. … 또 79%는 이러한 파트너 중 절반 이상이 낯선 사람이라고 말했다.[36]

유권자는 동성애 관계에 대한 사회적 지원과 법적인 혜택을 제공할지 여부를 결정할 때 반드시 이러한 행동 패턴을 고려해야 한다.

결혼을 한 남자와 한 여자로 정의하는 법을 지지하는 또 다른 주장은 모든 사회의 법에는 "가르치는" 기능이 있다는 것이다. 법에 의해 승인된 관계 유형은 사회 전체가 승인하고 따를 가능성이 더 높아진다. 사람들은 "이건 법에 따른 일이니 당연히 옳아야지"라는

---

36 Ibid., 55. 새티노버는 "레즈비언 성적 관행은 동성 결혼 관행보다 덜 위험하다. 레즈비언은 게이 남성만큼 난잡하지도 않다"라고 말한다.

생각을 할 것이다. 따라서 결혼을 한 남자와 한 여자로 제한하는 국가의 법률은 그 사회가 이를 옳은 것이고 지지해야 하는 유형의 관계 양식이라고 생각하도록 장려하는 경향이 있다.

따라서 앞서 말한 모든 이유 때문에 나의 생각은 짐 월리스의 견해와 다르다. 그는 『하나님의 정치』에서 "동성 결혼"에 대한 다양한 견해가 교회 내에서 허용되어야 한다고 주장한다.

> "동성결혼, 동성애자 목사 안수 등의 논란을 '신앙을 파괴하는 것'으로 보아서는 안 된다. 교회는 우리가 함께 어떤 해결책을 찾을 때까지 함께 머물면서 이러한 것들에 대해 이야기하는 법을 배워야 할 것이다. … "동등한 보호"를 위해 동성 간 결혼을 법적으로 허용하는 것이 필요하다고 주장할 수도 있다. 동성 간 결합을 교회가 축복해야 한다고 주장할 수도 있다. 비록 교회가 결혼에 대한 신학 전체와 성례전을 바꾸지는 못하더라도, 나는 그러한 주장들이 상당히 일리가 있다고 생각한다.[37]

월리스는 또한 "어떻게 정의되든지 관계없이 건전하고 일부일처의 안정적인 동성애 관계에 대해서는 종교 보수주의자들이 척을 지지 않도록 주의해야 할 것"이라고 말한다.[38] 따라서 월리스는 성

---

37 Jim Wallis, *God's Politics: Why the Right Gets It Wrong and the Left Doesn't Get It* (New York: HarperSanFrancisco, 2005), 334.

38 Ibid., 340.

경의 가르침에 따른 사회의 마땅한 결혼법이나 교회가 채택한 정책에 대해서도 무시하거나 아예 변호하려는 의도가 없음을 알 수 있다.

(내가 기꺼이 서명에 동참한) 맨해튼 선언은 짐 월리스의 입장과 명백히 대조된다. 2009년 11월 20일에 발표된 이 문서는 다음과 같이 선언한다.

우리는 정의와 공동선을 존중하기 때문에 … 부도덕한 성관계를 축복하도록 강요하거나, 이를 결혼과 동등한 것으로 취급하거나, 우리가 알고 있는 도덕과 부도덕, 결혼과 가족에 관해 진실을 선포하는 것을 삼가도록 요구하는 어떤 법령에도 순응하지 않을 것이다. 우리는 가이사의 것을 가이사에게 아낌없이 온전히 바칠 것이다. 그러나 어떤 경우에도 우리는 하나님의 것을 가이사에게 바치지 않을 것이다.[39]

---

39 맨해튼 선언의 전문은 다음 홈페이지에서 찾을 수 있다. http://manhattandeclaration.org/home.aspx.

G. 결혼에 대한 법적 논의

1. 미국의 항소법원은 국가가 한 남자와 한 여자 사이의 결혼을 보호하는 데 적 법한 이익을 가지고 있다고 반복적으로 주장해 왔다[40]

2005년 인디애나 항소법원은 다음과 같이 말했다:

인디애나 주는 이성 커플이 그들의 성관계의 자연스러운 결과인 자녀를 위해 상대적으로 안정적인 결혼제도에 들어가고 유지하도록 장려하는 데 합리적인 명분이 있다. 한 평론가는 이를 다음과 같이 간결하게 표현했다. "남자와 여자의 공개적인 법적 결합은 … 그들의 성적 결합(그리고 그러한 성적 결합만이) 일반적으로 생산하는 자녀를 보호하기 위해 고안되었다."[41]

마찬가지로, 애리조나 항소법원도 2003년 다음과 같이 말했다.

의심할 여지 없이 자녀를 낳을 수 있는 유일한 성적 관계는 남성과 여성 사이의 관계이다. 국가는 이성 커플의 결혼을 장려함으로써 그들에

---

40 여기에 인용된 관련 법률 자료 대부분은 자유수호연맹의 조던 로렌스(Jordan Lorence)가 제공한 2009년 1월의 미출판 논문 "Same-Sex 'Marriage' and Its Relatives"에서 발췌한 것이다.

41 *Morrison v. Sadler*, 821 N.E.2d 15, 30~31 (Indiana Court of Appeals, 2005); citing Maggie Gallagher, *What is Marriage For? The Public Purposes of Marriage Law*, 62 La. L. Rev. 773, 782 (2002).

게 법적, 재정적 의무를 지우고 그러한 관계에서 태어난 자녀는 사회가 요구하는 장기적이고 헌신적인 관계 내에서 두 부모에 의해 양육될 더 나은 기회를 갖게 될 것이라고 합리적으로 결정할 수 있다. 그러한 관계 는 전통적으로 어린이에게 유리한 것으로 간주되어 왔다. 동성 커플은 스스로 아이를 출산할 수 없기 때문에, 주 정부는 동성 결혼을 승인하는 것이 헌신적이고 장기적인 관계 속에서 책임 있는 출산을 보장하려는 국가의 이익을 증진하는 데 거의 도움이 되지 않을 것이라고 합리적으 로 결정할 수 있다.[42]

미국의 다른 항소법원에서도 유사한 결론에 도달한 바 있다.[43]

2. 미국 헌법에는 일부다처제 결혼에 대한 권리가 없다

이는 머피 대 램지(Murphy v. Ramsey), 114 US15(1885)(위에서 인용)에 서 미국이 내린 결정이다. 한 남자와 두 명 이상의 여자와의 결혼 에 대한 "권리"를 허용한다는 것은 그 당시까지 미국과 개별 주의 모든 법률에서 이해되었던 결혼을 재정의(redefine)하는 것이다. 따 라서 그것은 단순히 일부다처제를 이행하는 특정 남성과 여성에게

---

42   *Standhardt v. Superior Court*, 77 P.3d. 451, 462~63 (Ariz. App. Div. 1 2003).

43   Jordan Lorence, "Same—Sex 'Marriage' and Its Relatives" (Jan. 2009), 7~8. Lorence cites the decision of the New Jersey Court of Appeals in *Lewis v. Harris* (2005) and two New York appellate court decisions: Hernandez v. Robles (2005) and Samuels v. *New York Department of Health* (2006).

그러한 "권리"를 부여하는 것이 아니라, 실제로 사회 전체가 가진 결혼에 대한 정의 자체를 바꾸는 것이 되고 만다.

3. 헌법에는 "동성결혼"에 대한 권리가 없다

많은 사람들에게는 동성애 결혼에 대해 전혀 언급하지 않은 미국 헌법이 동성애 결혼에 대한 "권리"를 지지한다고 주장할 수 없다는 것이 명백해 보일 것이다. 미국 대법원은 이 문제에 대해 판결을 내리지 않았지만 몇몇 주 법원에서는 판결을 내렸다. 특히 매사추세츠,[44] 코네티컷,[45] 아이오와[46] 대법원은 이제 주 헌법에서 동성결혼에 대한 언급이 전혀 없는 동성결혼 권리를 "발견"했다. 캘리포니아 대법원도 동성 결혼에 대한 "권리"를 창설했지만[47] 그러나 그 결정은 2008년 11월 유권자들이 한 남자와 한 여자 사이의 결합으로 결혼을 복원하는 헌법 개정안인 발의안 8을 통과시키면서 뒤집혔다.[48]

다양한 법원이 주 헌법에서 동성 "결혼"을 "발견"할 수 있을까?

---

44 Goodridge et al. v. Department of Public Health SJC‑08860, Supreme Judicial Court of Massachusetts (Nov. 18, 2003).

45 *Kerrigan v. State of Connecticut*, SC 17716, Connecticut Supreme Court (Oct. 28, 2008).

46 *Varnum v. Brien*, No. 07‑1499, Iowa Supreme Court (April 3, 2009).

47 In re: Marriage Cases, S147999, California Supreme Court (May 15, 2008).

48 Jessica Garrison, Cara Mia DiMassa, and Richard C. Paddock, "Voters Approve Proposition 8 Banning Same–Sex Marriages," Los Angeles Times (Nov. 5, 2008). www.latimes.com/news/local/la‑me‑gaymarriage5‑2008nov05,0,1545381.story. 4

아니면 연방법원이나 미국 대법원에서 어떻게 판결을 내릴 수 있을 까? 법관들이 자신의 상상으로 그것을 발명한 경우에만 가능하다.

미국 제7순회 항소법원의 널리 존경받는 판사인 리차드 포스너 (Richard Posner) 판사는 공개 인터뷰에서 다음과 같이 말했다.

> 헌법이나 그 역사의 어떤 조항도 동성애 결혼에 대한 헌법적 권리를 암시하지 않는다. 그러한 권리가 있다면, 그것은 판사들이 천박하게 만들어내야 할 것이다. 완강히 반대하는 여론에 직면하여 그렇게 자유분방한 사법 재량권을 행사하는 것은 심각하게 비민주적일 것이다. 그것은 우리 판사들, 계몽된 사람들이 우리의 정교한 견해를 매우 반대하는 사람들에게 비민주적으로 강요하는 문제가 될 것이다.[49]

3개 주(메인,[50] 뉴햄프셔,[51] 버몬트[52])가 동성 "결혼"을 합법화하는 법안을 통과시켰고, 한 주(뉴저지 주)에서는 법적으로 결혼과 동등한 "시민 결합" 제도를 신설했다.[53] 그러나 2009년 11월 3일 메인 주

---

49 Richard Posner, "Wedding Bell Blues," *The New Republic Online* (Dec. 22, 2003).

50 Baldacci signs same-sex marriage into law," Portland Press-Herald (May 6, 2009). http://pressherald.mainetoday.com/story.php?id=254850&ac=PHnws.

51 Eric Moskowitz, "New Hampshire Ties Gay-Marriage Knot," *Boston Globe* (June 4, 2009). www.boston.com/news/local/new_hampshire/articles/2009/06/04/nh_ties_gay_mar-riage_knot/.

52 "Abby Goodnough, Vermont Legalizes Same-Sex Marriage," *New York Times* (April 7, 2009). www.nytimes.com/2009/04/08/us/08vermont.html.

53 Jeff Zelevansky, "Gay Couples in New Jersey Line Up for Civil Unions," *USA Today* (Feb.

주민들은 국민투표를 통해 입법부와 주지사의 결정을 기각하고 주의 동성결혼 합법화를 뒤집었다.[54]

4. 한 남자와 한 여자에게로 결혼을 제한하는 것은 누구의 기본권도 침해하지 않는다

동성결혼 옹호자들은 사람의 결혼할 권리가 기본적인 인권이며 동성애자에게 이 권리가 거부되고 있다고 주장한다.

그러나 결혼을 한 남자와 한 여자 사이의 것으로 법이 정의한다고 해서 그것이 동성애자의 결혼을 금지하는 것이 아니다. 그들은 단지 사회의 다른 모든 사람들과 같은 방식으로 결혼해야 할 뿐이다. 즉, 그들도 각기 이성과 결혼해야 하는 것이다. 이 권리는 사회의 모든 미혼 성인에게 동등하게 주어진다.

하지만 동성애자들이 다른 동성과 결혼하고 싶다고 주장하는 것은 그들이 단지 다른 모든 사람들이 누릴 수 있는 결혼할 권리를 주장하는 것이 아니다. 오히려 그들은 이전에 어느 누구도 누릴 수 없었던 새로운 권리, 즉 동성과 결혼할 권리를 주장하고 있는 것이다. 그러한 권리는 지금까지 사회의 모든 사람에게 거부되어 왔기

20, 2007). www.usatoday.com/news/nation/2007 - 02 - 18-nj-civil-unions_x.htm.

54 Susan Cover, "Mainers Vote Down Gay Marriage Law," *Kennebec Journal* (Nov. 4, 2009). http://pressherald.mainetoday.com/story.php?id=293976&ac=PHnws. (역주: 그러나 2012년 11월 6일 치러진 국민투표에서 메인 주 주민들은 53%대 47%로 다시 동성결혼을 합법화했다.)

때문에, 이러한 권리가 거부된다고 해서 그들을 차별하는 것이 아니다.

이는 한 남자가 자신의 여동생과 결혼하고 싶다고 주장하면서, 다른 모든 사람이 갖고 있는 기본적인 인권, 즉 자신의 결혼할 권리를 법이 부당하게 거부하고 있다고 주장하는 것과 다소 유사하다. 그것은 잘못된 주장이다. 우리 사회의 어떤 남자도 자기 여동생과 결혼할 법적 권리가 없고, 어떤 여자도 자기 오빠와 결혼할 법적 권리가 없다. 법은 그러한 결혼을 금지하고 있다. 그러나 사회의 다른 사람도 자신의 여동생과 결혼할 권리가 없다면, 법이 그 사람의 여동생과 결혼할 권리를 거부하더라도 그것은 차별이 아니다. 다른 모든 사람에게도 똑같이 거부되는 것이기 때문이다. 그가 자신의 여동생과 결혼할 권리가 있어야 한다고 주장하는 것은 사실상 자신의 욕구와 선호에 따라 결혼을 '재정의'할 권리를 주장하는 것이다. 그는 단지 자신만의 사적 권리를 주장하는 것이 아니다. 그는 사회 전체가 채택하고 있는 결혼의 정의를 자기가 원하는 대로 바꿀 권리를 주장하고 있는 것이다. 그렇다면 법이 그 사람의 그렇게 할 수 있는 권리를 거부한다면 그것은 마땅히 옳다. 자기 아들과 결혼할 권리가 있다고 주장하는 여성이나, 자기 딸과 결혼할 권리가 있다고 주장하는 남성에게도 같은 논리가 적용된다.

또한 이미 다른 사람과 결혼한 여성과 결혼할 권리가 있다고 주장하는 남성에게도 같은 논리가 적용될 것이다. 또는 한 명 이상의 아내와 동시에 결혼할 권리가 있다고 주장하는 남자에게도 그렇다. 이 모든 것은 단지 다른 사람에게 아무런 영향을 미치지 않는 개인적인 권리를 개인이 주장하는 것이 아니다. 이는 사회 전체를 위해 자기가 결혼제도를 재정의할 수 있어야 한다는 주장이다.

동성결혼 옹호자들이 제기하는 또 다른 주장은 결혼을 한 남자와 한 여자로 제한하는 법이 성별에 따른 분류를 사용하기 때문에 위헌적인 "성차별"이라는 것이다.

그러나 미국 대법원과 여러 주 대법원은 모두 이러한 주장을 기각했다. 헌법 전문가인 조던 로렌스(Jordan Lorence)에 따르면, 미국 대법원은 결혼법이 남성과 여성을 동등하게 대우하고 있으며 법이 성별을 구분하는 것 자체가 차별이 될 수 없다고 판결했다. 또한 로렌스는 엔구옌 대 미국 이민국(Nguyen v. INS)과 노들링어 대 한(Nordlinger v. Hahn)의 판례에 따라, 유방암이나 전립선암 예방을 위해 성별 간 다른 정부 프로그램을 제공하는 것이나 남녀를 위한 별도의 화장실을 두는 것은 "성차별"이 아니라고 말한다.

결과적으로 결혼법은 남성과 여성을 동등하게 대하기 때문에 남성과 여성에게 차별적인 영향이 없다.[55] 또한, 뉴욕 항소법원은 다음과 같이 말했다.

---

55 Jordan Lorence, "Same-Sex Marriage and Its Relatives,"

결혼을 이성 커플에게 제한함으로써 [주는] 성차별을 하는 것이 아니다. 이러한 제한은 남성과 여성을 서로 다른 계층에 두는 것이 아니며, 다른 쪽에는 제공되지 않는 어떤 특별한 혜택을 한쪽에 제공하지 않는다. 여성과 남성은 똑같이 대우받는다. 즉, 둘 다 이성과 결혼하는 것은 허용되지만 동성과 결혼하는 것은 허용되지 않는다.[56]

메릴랜드 항소법원과 워싱턴 주 대법원도 동일한 결론에 도달했다. 한 남자와 한 여자의 결합으로 결혼을 제한하는 것은 위헌적 성차별이 아니다. 로렌스는 메릴랜드 법원의 판결을 다음과 같이 인용한다.

가족법 §2–201에 따른 결혼 제한은 어느 한쪽의 사람에게 다른 쪽을 희생시키면서 혜택을 제공할 목적으로 남성과 여성을 분리하지 않는다. 또한 이 법령은 표면적으로나 그 적용에서나 남성과 여성을 불공정한 경쟁의 장에 놓이게 하지 않는다. 오히려 이 법은 남성과 여성 모두에게 차별 없이 특정 행위에 대해서는 동등하게 금지하고 있다.[57]

---

56 *Hernandez v. Robles*, 7 N.Y. 3d 388, 821 N.Y.S. 2d 770, 855 N.E. 2d 1, 6 (2006).
57 *Conaway v. Deane*, 401 Md. 219, 264, 932 A.2d 571, 598, Md. (2007).

5. 미국 헌법의 결혼 수정안 통과는 미국에서 다시 한번 결혼에 대한 통일된 이해를 확립하는 가장 효과적인 방법이 될 것이다

일부 사람들은 결혼을 한 남자와 한 여자로 제한하는 미국 헌법 개정을 제안하기도 한다. 2008년 11월 기준 미국 30개 주에서 각기 주 헌법에 그러한 수정안을 승인했다.[58]

미국 상원과 하원에 제출된 2004년 연방 결혼 수정안의 문구는 다음과 같다.

미국에서의 결혼은 오직 한 남자와 한 여자의 결합에만 해당한다. 본 헌법이나 어떤 주의 헌법도 결혼 및 관련 법적 사건이 결혼을 남성과 여성의 결합이 아닌 다른 결합을 의미하도록 해석되어서는 안 된다.[59]

헌법 수정안은 의회 양원의 3분의 2 과반수가 필요하다. 하원은 2004년 9월 30일 수정안에 대한 투표를 실시했다. 결과는 227표(55%) 대 186표(45%)였다.[60] 공화당원은 수정안에 대해 191대 27로

---

58 다음 주에서는 결혼을 한 남자와 한 여자의 결합으로 보호하는 헌법 개정안을 통과시킨 바 있다. 앨 라배마, 알래스카, 애리조나, 아칸소, 캘리포니아, 콜로라도, 플로리다, 조지아, 하와이, 아이다호, 캔 자스, 켄터키, 루이지애나, 미시간, 미주리, 미시시피, 몬태나, 네브래스카, 네바다, 노스다코타, 오하 이오, 오클라호마, 오리건, 사우스캐롤라이나, 사우스다코타, 테네시, 텍사스, 유타, 버지니아, 위스콘 신. www.domawatch.org/state-issues/index.html.

59 H.J. Res. 106, introduced September 23, 2004. www.con-gress.gov/cgi-bin/query/z?c108:H.J.RES.106.

60 www.congress.gov/cgi-bin/bdquery/z?d108:h.j.res.00106.

투표했다. 민주당은 158대 36으로 반대표를 던졌다.[61] 따라서 수정안은 실패했다. 필요한 다수는 290표였다.

상원에서는 반대자들의 필리버스터를 통해 부결되었다. 2004년 7월 14일, 수정안에 대한 투표를 강제하는 클로처 표결이 있었지만, 통과하려면 60표가 필요했다. 하지만 반대 50표에 대해 찬성 48표만 얻으면서 필리버스터를 끝내고 수정안 표결을 강요하기에는 12표가 부족했다. 42명의 민주당 의원이 이 발의에 반대표를 던졌고 공화당 의원은 8명이었다.[62] 따라서 그러한 수정안이 양원에서 3분의 2의 다수를 통과할 만큼 강력한 지지를 얻지 못하고 있다. 그리고 비록 그것이 의회를 통과한다 하더라도, 그것은 50개 주 중 4분의 3(38개) 주 의회가 비준해야 한다.

미국의 정치적 정서는 시간이 지남에 따라 변할 수 있다. 언젠가는 미국 국민의 정서가 위와 같은 개헌 조치를 지지할 만큼 충분히 강해질 수도 있다. 그러한 수정안이 통과된다면 그 이점은 다음과 같다. (1) 현재 미국 연방대법원과 미래의 모든 미국 대법원이 결혼을 함부로 재정의하는 것을 방지할 수 있다. (2) 개별 주 대법원이 결혼을 재정의하는 것을 방지할 것이다. (매사추세츠와 코네티컷, 아이오와 주 대법원은 이미 결혼을 재정의했다.) (3) 여러 주에서 혼인에 대한 정의

---

61 http://clerk.house.gov/evs/2004/roll484.xml.

62 www.senate.gov/legislative/LIS/roll_call_lists/roll_call_vote_cfm.cfm?congress=108&session
=2&vote=00155.

가 혼재하는 것을 허용하지 않고 전국적으로 통일된 결혼의 정의를 제공할 것이다.

그러한 수정안은 연방 정부와 주 정부 사이의 헌법상 권력 분립을 부당하게 위반하지 않는다. 왜냐하면 의회나 헌법이 각 주 정부가 결혼을 완전히 재정의할 수 있다는 뜻으로 받아들인 적이 없기 때문이다. 사실, 몰몬교의 일부다처제 논란을 통해 미국은 결혼에 대해 전국적으로 통일된 정의를 확립하려는 강한 국가적 의지를 확인했다. 이러한 우려는 의회가 애리조나를 연방으로 환영하면서 애리조나 주 헌법에서 일부다처제 결혼을 금지하도록 요구했을 때에도 나타났다.[63]

(역주: 안타깝게도 지난 2022년 12월, 미국 의회는 동성결혼 합법화를 연방법으로 못 박는 소위 "결혼존중법"을 통과시켰다. 이는 2015년 미국에서 동성혼을 사실상 합법화한 오버거펠 대 호지스[Obergefell v. Hodges] 대법원 판결을 국법으로 법제화[codify]시킨 것이다. 법안은 상원에서 찬성 61표, 반대 36표로 통과했고, 하원에서는 찬성 258표, 반대 169표로 가결됐다. 상원에서는 공화당 의원 12명이 찬성표로 힘을 보탰고, 하원에서는 공화당 의원 39명이 동조했다. 법안은 곧바로 바이든 대통령의 서명으로 공식 발효되었다.)

---

63 "Modern History of Polygamy," *AZCentral.com* (May 30, 2008). www.azcentral.com/news/articles/2008/05/30/20080530centennial-timeline.html.

6. 반대 의견

이 장에서 내가 피력한 결혼관에 반대하는 입장은 주로 다음과 같다. "기독교인이 자신들의 도덕적 기준을 나머지 사회에 강요해서는 안 된다"는 것이다.

이에 대한 첫 번째 대답은, 이러한 도덕 기준을 다른 사람들에게 "강요"하는 것과 이러한 도덕 기준이 옳고 사회에 이로운 것이라고 사람들을 설득하려는 시도는 전혀 다르다는 것이다. 자유 사회의 모든 사람은 다른 사람들이 자신의 견해에 동의하도록 설득할 권리가 있어야 하며, 나 자신도 여기서 여러 논지를 통해 '한 남자와 한 여자의 결합'이라는 결혼관이 사회에 가장 이롭다고 주장하면서 그러한 권리를 행사하는 것이다.

두 번째 대답은 내가 4장에서 이미 논의한 것이다. 성경은 결혼에 대한 이러한 기준을 단지 기독교인들에게만 해당하는 기준이 아니라, 우주의 창조주이신 유일하신 참 하나님으로부터 나온 것으로서 모든 사람이 따라야 할 기준으로 제시하고 있다. 그것은 언젠가 그분이 모든 사람에게 책임을 물으실 표준이기도 하다. 그런 의미에서 나는 결혼에 관한 위와 같은 도덕 기준이 모든 사람이 인정하든 안 하든 이미 하나님께서 모든 나라와 사회 전체에 적용하시는 참된 표준임을 주장하고 있다.

H. 결혼 관련 특정 법과 정책에 대한 제언

1. 결혼은 정부가 사회 전체를 위해 계속해서 정의해야 한다.

나는 위의 섹션 E와 F에서 이러한 정책을 지지하는 주장을 피력했다.

2. 법은 결혼을 한 남자와 한 여자의 결합으로 정의해야 한다. 이는 과거와 마찬가지로 법이 동성결혼과 일부다처 결혼을 계속 배제해야 함을 의미한다.

3. 법은 역사적, 전통적 기준을 반영하여 결혼에 대한 기타 제한을 두어야 한다 (이는 기독교인들도 성경적 도덕 기준을 반영한다고 생각하는 기준이다).

결혼은 특정 연령(현재 많은 주에서 18세)에 도달하고, 서로 결혼에 동의한 사람들에게만 제한되는 것이 적절하다. 또한 결혼은 아직 결혼하지 않은 미혼자들에게로 제한되어야 한다. 그래야 한 남자와 한 여자의 결합이라는 결혼의 지위를 보호하고 간통 관계가 결혼으로 간주되는 것을 방지할 수 있다. 법은 또한 일부다처제 결혼을 금지해야 한다. 즉, 이미 한 여성과 결혼한 남성이 또 다른 여성과 결혼하는 것을 허용해서는 안 된다.

또한, 법은 근친상간 관계가 결혼으로 간주되는 것을 금지해야 한다. 따라서 직계 가족 중 형제나 자매, 아들이나 딸 등의 이성과 결혼할 수 없다. 누구도 이모나 삼촌, 조카나 사촌과 결혼할 수 없다.

이러한 조항은 성경적 도덕 기준을 반영할 뿐만 아니라, 역사적으로 그러한 관계가 사회에 도움이 되기보다는 해롭다는 전통적 지혜를 반영한다.

4. 동성애 관계에 '결혼' 자격을 부여해서는 안 된다.

사회가 이러한 자격과 지위를 부여한다면, 그것은 성경의 도덕적 기준에 어긋난 것이고, 자녀 양육에 해를 끼치는 관계를 정부가 장려하고 지지하는 것이다. 어떤 기독교인도 그러한 제안을 지지해서는 안 된다.

5. 동성애 관계에 동거인 혜택을 주어야 할지, 혹은 어떤 방식으로든 그러한 관계에도 '시민 결합'의 지위를 제공해야 할지 논의가 필요하다.

"동거인" 혜택과 관련한 문제는 사회가 정부를 통해 성경적 도덕 기준을 위반하는 관계를 장려하고 지지해야 하는지의 여부이다.[64] 사회구성원 다수가 그것을 원하는 것은 그들의 자유이지만, 이는 기독교인들이 지지할 수 있는 것이 분명 아니다. 인간 행동의 옳고 그름, 개인과 사회에 유익한 것과 해로운 것에 대한 우리의 기준은 성경에서 가져와야 한다.

---

64 역주: 한국에서는 2023년 '생활동반자법'이라는 이름으로 관련 법률안이 발의되었다.

그럼에도 불구하고, 사회의 대다수가 그러한 동거인 혜택을 부여하기로 결정한다면, 이는 동성애 동거인에게만 국한되어서는 안 되며, 서로 돌봄과 지원을 제공하기 위해 함께 동거하며 상호 간 헌신과 의무를 다하는 장기적인 관계에도 동일하게 적용되어야 한다. 여기에는 함께 살며 서로를 보살피는 노령의 형제 및 자매, 노부모를 모시며 함께 사는 성인 자녀 등이 포함된다. 이러한 관계에도 마땅히 동성애 동거 커플에게 부여되는 것과 동일한 특권과 혜택이 제공되어야 한다. 그리고 그러한 혜택이 제공된다면, 필요한 경우 상호 간의 재정적 지원 및 신체적 돌봄에 대한 의무를 어느 정도 법적으로 약속하는 조건을 둘 수 있다. 그러한 조건은 사회가 그러한 특혜를 제공하는 대가로 어떤 보상을 돌려받을 수 있도록 하여 공정성을 보장한다.

물론, 부여될 수 있는 다양한 종류의 "혜택"을 구분해야 할 것이다. 납세자나 소비자에게 유의미한 재정적 비용이 발생하지 않는 동거인 혜택은 논란의 여지가 적을 것이며, 여기에는 병원 면회 권리 및 의료 기록 접근 권한 부여 등과 같은 사항이 포함된다. 그러나 다른 동거인 혜택 중에는 납세자와 소비자에게 상당한 비용을 수반하는 것도 있다. 예를 들어 직장에서 동거인에게 제공하는 건강보험 패키지, 동거인의 연금 및 사회보장 혜택의 수급 및 접근권한, 사망 시 유산 상속, 상속법에 따라 세금이 부과되지 않는 등의 상당한 금전적 혜택을 포함한다. 이러한 동거인 혜택 요구는 결국 금전적 혜택을 요구하는 것이라고 할 수 있다.

동성 관계에 그러한 금전적 혜택을 제공하는 것에 대한 반대는 다음과 같다. (1) 이러한 혜택은 본래 이성 결혼을 통해 자녀들을 낳고 양육하는 것을 장려하기 위해 사회에서 의도한 것이다. (2) (그 자체로는) 새로운 자녀를 낳을 수 없는 동성애 관계에 그러한 혜택을 주는 것은 사회가 일반적으로 자녀를 낳거나 양육하지 않는 다른 유형의 관계를 장려하는 수단이 된다. (3) 그러한 혜택은 또한 그러한 관계에 대한 사회적 승인을 상징적으로 제공하는 것을 의미한다. 그러나 기독교인은 성경이 승인하지 않을 뿐 아니라 도덕적으로 옳지 않다고 간주하는 관계를 승인하는 정책을 지지해서는 안 된다.

사실 동성애자들이 동거인의 혜택을 얻고 궁극적으로 결혼 자격과 지위를 얻으려고 하는 주된 이유 중 하나는 바로 이러한 사회적 승인의 상징성이다. 이러한 혜택이 승인과 지지를 의미하고 제공하는 한, 바로 그 이유 때문에 기독교인은 그러한 정책에 반대해야 한다.

같은 이유로 자녀를 입양할 권리 등 결혼과 관련된 다른 특권도 동성애 관계에 부여되어서는 안 된다.

6. 동성애자로 알려진 사람의 군 복무는 계속해서 금지되어야 한다.

이미 널리 알려진 증거에 따르면, 집단생활을 해야 하는 군 복무 환경에서 동성애자와 비동성애자가 함께 근무하는 것은 군의 사기와 효율에 상당히 해로운 영향을 미친다. 이 사실만으로도 동성애자로 알려진 사람의 군 복무를 허용하지 않는 정책을 유지하는 것은 충분히 납득가능하다.[65]

캠벨 대학교 법학 교수인 윌리엄 우드러프(William A. Woodruff)는 다음과 같이 말했다.

미군은 우리의 대중문화가 얼마나 계몽되고 진보적인지를 보여줌으로써 우리 삶의 방식을 파괴하겠다고 맹세한 무장 세력과 싸우는 것이 아니다. 군대는 외교 정책의 도구로서 전투력을 투사하고 우리의 중요한 국익을 보호하기 위해 존재한다. 키, 몸무게, IQ, 성격, 신체적 건강, 건강 상태 등에서 부대 결속력과 전투 효율성을 떨어뜨리는 그 어떤 조건이라도 갖고 있다면, 애국심이 강한 미국인이라도 군 복무를 할 수 없다. 군대는 대중문화가 아니다. 이 둘은 매우 다르며, 대중문화를 발전시킬 바로 그 자유를 수호하기 위해서라도 군대는 반드시 그렇게 유지

---

65 역주: 미군은 1993년부터 LGB가 스스로의 정체성을 드러내지 않는 이상 군 복무를 허용하는 Don't Ask, Don't Tell (DADT) 정책을 실시했다. 그러나 2010년 미국 연방법원은 공개적으로 게이나 레즈비언이나 바이섹슈얼인 사람(LGB)의 군 복무를 금하는 정책을 위헌으로 판결했다. 이어 그해 12월 미 의회는 DADT 정책을 폐지하는 법안을 통과시켰고, 미군은 2011년부터 공개적으로 LGB 정체성을 가진 사람의 군 복무를 허용하고 있다.

되어야 한다.

우드러프는 다음과 같이 덧붙였다.

개인에 대한 공정성을 반영하는 인사 정책을 선호하는 사람들은 그러한
정책을 채택하더라도 어떤 군사적 규율과 부대 결속력 및 전투 효율성
이 조금도 저하되지 않는다는 점을 의심의 여지 없이 입증해야 한다. 그
렇지 않다면 그것은 임무보다 개인을 더 높이는 것이며, 이는 군 복무의
목적과 정반대이다.[66]

퇴역한 미 육군 레인저인 브라이언 존스(Brian Jones)는 2008년 의
회에서 다음과 같이 증언했다.

미 육군 레인저로서 나는 극심한 악천후 가운데 10명으로 구성된 팀의
일원으로 임무에 꼭 필요한 아이템만 등에 짊어지고 장거리 순찰을 수
행했다. 편의용품 따위는 없었다. 밤에 얼지 않는 유일한 방법은 체온,
즉 서로의 피부와 피부를 최대한 가까이하는 것이었다. 팀이 그렇게 밀

---

66 William A. Woodruff: quoted in Summary Statement of Elaine Donnelly, President, Center
    for Military Readiness House Armed Services Committee. Subcommittee on Personnel, in
    Support of Section 654, Title 10, the 1993 Law Stating that Homosexuals are not Eligible
    to Serve in the Military, Rayburn House Office Building, Washington, DC (July 23, 2008).
    http://cmrlink. org/fileuploads/HASC072308DonnellyShortStatement.pdf.

접하게 지내면서 실제로든 단지 그렇게 인지하든 간에 동성 팀원에게 성적 매력을 느끼는 것이 알려지면 문제가 될 것이다. 이러한 상황에서 공개적으로 동성애자인 팀원이 존재한다면, 긴장이 고조되고 부대 결속력과 사기가 당연히 저하될 것이다.[67]

천 명 이상의 군 장성이 오바마 대통령에게 보낸 공개서한에는 다음과 같은 증언도 있다.

군 지도자로서 우리의 과거 경험을 토대로, [이 법의] 폐지가 군의 사기, 규율, 부대 결속력, 그리고 전반적인 군사 준비 태세에 미칠 영향에 대해 크게 우려한다. 우리는 제복을 입은 남성과 여성에게 이러한 부담을 부과하는 것이 군의 모집력 및 유지력을 저해하고 모든 수준의 리더십에 영향을 미치며, 아들과 딸을 군 복무에 빌려주는 미국 부모의 판단에 부정적인 영향을 미칠 것이다. 결국 그것은 우리 군의 모병제 자체를 무너뜨릴 것이라고 믿는다.[68]

67 Statement of Brian Jones, Sergeant Major USA (Ret), CEO, Adventure Training Concepts. Subcommittee on Personnel. In Support of Section 654, Title 10, The 1993 Law Stating That Homosexuals Are Not Eligible to Serve in the Military. 2118 Rayburn House Office Building, Washington, DC (July 23, 2008).

68 "Concerns Regarding Recruiting, Retention, and Readiness." www.flagandgeneralofficersforthemilitary.com/.

7. 보이스카우트와 같은 민간단체는 스카우트 단원 채용에서 동성애자를 계속 제외할 수 있어야 한다.

미국 대법원은 보이스카우트 대 데일(Boy Scouts of America et al v. Dale, 2000)의 판결을 통해 이러한 입장에 손을 들어주었다. 대법관의 다수(5대 4)는 수정헌법 제1조의 결사의 자유권이 "분명히 결사하지 않을 자유를 전제로 한다"는 데 동의했다.[69]

다수 의견의 결론 문단은 이 점에 대해 매우 명백했다.

우리는 동성애 행위에 관한 보이스카우트의 가르침이 옳은지 그른지에 대한 견해에 따라 인도되는 것이 아니며 그러해서도 안 된다. 조직의 입장 표현에 대한 공공의 또는 사법적 반대 의견은 조직에서 표현한 입장을 손상시키는 회원도 수용하도록 국가가 그 조직에 강요하는 것을 정당화하지는 않는다. "법은 유해한 행동이 아닌 모든 종류의 행위를 허용할 자유가 있지만, 아무리 계몽된 목적을 가지고 있다 하더라도 그것이 찬성하는 메시지를 증진하거나 강화 혹은 반대하는 메시지를 억제하기 위해, 합당한 이유 없이 표현을 방해할 자유는 없다."(Hurley, 515 US, at 579)

---

69 *Roberts v. United States Jaycees*, 468 U.S. 609, 622 (1984): cited by Chief Justice William Rehnquist, Boy Scouts of America v. Dale, 530 U.S. 5 (2000).

8. 동성애자에게 보호된 계층의 법적 지위를 부여해야 할까?

특정 그룹은 사회에서 특별한 법적 지위, 즉 보호된 계층의 지위를 가지고 있다. 예를 들어, 성별이나 인종을 기준으로 차별하는 것은 불법이다. 동성애자에게도 그러한 특별한 지위를 부여하여 "성적 지향"에 근거한 차별을 불법으로 간주해야 할까? 많은 미국의 도시와 21개 주가 시행하고 있는 "동성애자 권리" 조례와 법률이 그러한 효력을 가지고 있다.[70]

그러나 성경의 도덕 기준을 따르는 기독교인은 그러한 조례를 지지해서는 안 된다. 동성애자들이 법적으로 "보호 계층"의 지위를 가져서는 안 된다는 의미는 그들이 단지 다른 모든 사람들과 동일한 법적 지위를 갖는다는 것을 의미한다.

동성애 남성은 사회의 다른 모든 남성과 동일한 지위와 보호를 받는다. 레즈비언 여성은 사회의 다른 모든 여성과 동일한 지위와 보호를 받는다. 이들이 법률상 '특별히' 보호받는 계층으로 지정되지 않더라도 다른 사람들과 똑같은 지위와 보호받을 권리를 보유하고 있다.

그러나 동성애자가 보호 계층으로 지정되면 기독교인 및 기독교인과 유사한 도덕적 기준을 가진 사람들이 자신의 신념과 일치하

---

70 State Nondiscrimination Laws in the US. www.thetask-force.org/downloads/reports/issue_maps/non_discrimination-7_09_color.pdf.

는 방식으로 행동하는 것은 매우 빠르게 불법이 된다. 예를 들어, 동성애자가 보호 계층이라면 기독교인 결혼 사진작가가 동성결혼식이나 서약식에 사진 촬영 서비스를 제공하지 않기로 결정할 수 있을까? 아니면 교회가 동성결혼이나 동성 결합 예식을 거행할 목적으로 예배실 임대를 요구받았을 때 거부할 수 있을까?

이러한 다양한 경우에 있어서 기독교인들은 도덕적으로 잘못되었다고 생각하는 어떤 관계를 승인하고 지지하는 시설이나 서비스를 제공하지 않는다는 이유만으로 범법자의 위치에 놓이게 된다. 동성애자 권리 조례는 이런 방식으로 개인의 양심의 자유를 침해하며, 그러한 효과를 갖는다면 그것은 확실히 잘못된 것이다.

9. 동성애 행위 자체가 위법이어야 할까?

2003년까지 일부 주에서는 사적인 동성애 행위도 금지하는 법률이 있었다. 실제로 그러한 "소도미 법(sodomy laws)"은 미국의 여러 주 또는 한때 모든 주에 존재했다.[71] 1986년 미국 대법원은 바워스 대 하드윅(Bowers v. Hardwick) 사건에서 조지아 주가 그러한 법을 가질 권리가 있다고 판결했다.[72] 다수 의견을 쓴 워런 버거(Warren

---

71 See footnote 6 in Bowers v. *Hardwick*, 478 U.S. 186 (1986). 소도미 법은 미국의 모든 주에 존재했다. 소도미 법을 폐지한 첫 번째 주는 1962년 일리노이 주였다.

72 바워스 대 하드윅 사건은 버거, 화이트, 파월, 렌퀴스트, 오코너가 다수 의견을 냈고, 블랙먼, 브레넌, 바샬, 스티븐스가 반대 의견을 냈다.

Burger) 대법원장은 다음과 같이 썼다.

동성애 행위와 관련된 개인의 결정은 서구 문명의 역사 전반에 걸쳐 국가 개입의 대상이었다. 그러한 관행에 대한 비판은 유대-기독교 문명의 도덕적, 윤리적 기준에 확고히 뿌리를 두고 있다. 동성애나 남색 행위가 기본 권리로 보호되어야 한다고 주장하는 것은 수천 년에 걸친 도덕적 가르침을 저버리는 것이다.[73]

그러나 17년 후인 2003년에 대법원은 로렌스 대 텍사스(Lawrence v. Texas) 사건에서 위 판결을 명시적으로 뒤집었다. 이 사건에서 대법원은 동성 성인 간의 합의된 성행위는 수정헌법 제14조의 "적법 절차(due process)"라는 개념에 의해 보호되는 본질적 자유라고 판결했다.[74]

사적인 동성애 행위를 금지하는 소도미(sodomy) 법은 여러 면에서, 미국 대부분의 주에서 법으로 존재했지만 거의 또는 전혀 강제

---

73 Bowers v. Hardwick, 478 U.S. 186 (1986) concurring opinion by Chief Justice Warren Burger.

74 로렌스 대 텍사스 사건에서 다수 의견을 낸 6명의 대법관은 케네디, 스티븐스, 수터, 긴즈버그, 브라 이어, 오코너였으며, 반대 의견을 낸 3명의 대법관은 스칼리아, 렌퀴스트, 토마스였다. 반대한 세 명 의 대법관도 그러한 의견을 낸 이유는 그들이 소도미(sodomy) 법을 옹호했기 때문이 아니라 사회의 성적 도덕관에 따라 법의 문제를 결정하는 것은 법원의 권리가 아니라고 주장했기 때문이다. 그들은 그것이 전적으로 국가와 주 자체의 입법 과정에 의해 결정되어야 한다고 말했다. 그들은 헌법 자체에는 로렌스 대 텍사스 사건에서 다수결 판결의 근거를 제공할 수 있는 내용이 없다고 주장했다. (나는 이 반대 의견이 옳았다고 생각한다. 법원에 관한 이 책의 5장을 참고하라.)

되지 않았던 간통금지법과 유사하다. 혈연관계가 없는 성인 간 사적 합의에 의한 성행위를 금지하는 법률이 실제로 이행되지 않는다면, 애초에 그러한 법을 갖는 것은 무의미해 보인다. 음란물 시청에 관한 법률에 대한 논의(다음 섹션)에서 더 이야기하겠지만, 성경적 도덕에 반하는 행위임에도 불구하고 법률로 금지되거나 처벌되어서는 안 되는 몇 가지 행위가 있다. 동성애 행위와 관련하여 이것은 또한 오늘날 미국 사회가 대체로 합의한 내용이다. 아마도 그러한 법을 강제로 집행하려는 시도가 필연적으로 사람들의 사생활을 정부가 과도하게 침해할 것이라는 공통된 인식에서 비롯되었을 것이다.

어쨌든, 로렌스 대 텍사스 판결 이후 사적인 동성애 행위를 금지하는 법(암시적으로는 간통금지법도)을 제정하는 것은 이제 위헌으로 간주된다. 나는 기독교인들이 이러한 결론을 뒤집어야 한다고 주장할 이유가 없다고 생각한다.

I. 포르노(음란물)

1. 이슈

정부는 음란물(또는 외설물)의 생산과 배포를 제한해야 하는가?

2. 관련된 성경적 가르침

음란물의 문제는 결혼에 관한 더 넓은 성경의 가르침 안에서 분석되어야 한다. 성경은 결혼한 사람이 혼외 성관계를 갖는 것(즉, 간음하는 것)이 도덕적으로 그릇된 것임을 지적한다. 십계명의 일곱째 계명은 "간음하지 말라"(출 20:14)고 말한다.

성경은 결혼하지 않은 미혼자가 성관계를 갖는 것도 도덕적으로 잘못된 것으로 간주한다. 이것은 과거 영어성경 번역에서 "음행(fornication)"이라고 불렸지만, 최근 영어성경은 일반적으로 "성적 부도덕(sexual immorality)"이라는 용어로 대체되었다.[75]

이것은 그러한 행위를 처벌한 모세의 율법(출 22:16~17; 신 22:13~21 참고)뿐만 아니라 우물가 여인의 삶에서 죄를 지적하신 예수님의 가르침에서도 나온다. "너에게 남편 다섯이 있었고 지금 있는 자도 네 남편이 아니니 네 말이 참되도다"(요 4:18). "성적 부도덕"(헬라어로

---

75 예를 들어, English Standard Version (ESV), the New International Version (NIV), the New English Translation (NET), Holman Christian Standard Bible (HCSB)이 그렇게 번역하고 있다.

porneia)이라는 용어를 사용하는 다른 구절들(마 15:19; 갈 5:19; 엡 5:3 등)
도 혼외 성관계가 죄임을 말한다. (또한 요 8:41; 행 15:20; 고전 6:18; 7:2,
9; 살전 4:3 참고하라. 고후 11:2에 나오는 비유도 참고하라.)

추가적으로 성경의 일관된 가르침은 하나님께서 인간의 행동뿐
만 아니라 우리 마음의 태도에도 관심을 갖고 계시다는 것이다. 그
것은 십계명 중 마지막 계명에서 분명하게 드러난다.

> 네 이웃의 집을 탐내지 말라 네 이웃의 아내나 그의 남종이나 그의 여종
> 이나 그의 소나 그의 당나귀나 무릇 네 이웃의 소유를 탐내지 말라 (출
> 20:17)

탐내지 말라는 명령은 남의 것을 자기 것으로 삼으려는 마음을
갖지 말라는 뜻이다. 그러므로 "네 이웃의 아내"를 탐내지 말라는
명령은 그 여자를 자기 것으로 여기거나 동침하기를 마음으로 바
라지 말라는 명령이다. 예를 들어, 잠언 6장 25절에서는 음녀를 언
급하면서 "네 마음에 그의 아름다움을 탐하지 말며 그 눈꺼풀에 홀
리지 말라"고 명시하고 있다.

예수님께서는 또한 산상 수훈을 통해 구약의 성적 순결에 관한
율법의 의도를 밝혀 주셨다.

또 간음하지 말라 하였다는 것을 너희가 들었으나 나는 너희에게 이르노니 음욕을 품고 여자를 보는 자마다 마음에 이미 간음하였느니라 (마 5:27~28)

실제로 구약의 한 선지자는 그림을 보는 것과 보는 것에 대한 욕망, 그리고 죄의 행동을 저지르는 것 사이의 관계를 잘 보여준다. 오홀리바라는 여자의 비유를 통해 에스겔은 예루살렘 도시에 대해 다음과 같이 말한다.

그가 음행을 더하였음은 붉은 색으로 벽에 그린 사람의 형상 곧 갈대아 사람의 형상을 보았음이니 그 형상은 허리를 띠로 동이고 머리를 긴 수건으로 쌌으며 그의 용모는 다 준수한 자 곧 그의 고향 갈대아 바벨론 사람 같은 것이라 그가 보고 곧 사랑하게 되어 사절을 갈대아 그들에게로 보내매 바벨론 사람이 나아와 연애하는 침상에 올라 음행으로 그를 더럽히매 그가 더럽힘을 입은 후에 그들을 싫어하는 마음이 생겼느니라 (겔 23:14~17)

여기서 에스겔은 성적 죄악의 진행 과정을 추적한다. 오홀리바는 먼저 눈으로 '보았고', '음욕을 품은' 다음, 그림에 나타난 자들을 '불렀고', 그들과 '간음'했다.

이 모든 성경 본문들의 결론은, 하나님의 도덕 기준에 따르려는 사람들이 자기가 결혼한 사람 외에는 어떤 사람과의 성관계에 대한 욕구를 피해야 한다고 말하고 있다. (성경은 반면 결혼한 상대와의 성적 끌림과 친밀감은 하나님이 주신 건전하고 위대한 선물로 본다.)

그렇다면 음란물에 대해 물어야 할 도덕적 질문은, 사람들에게 하나님의 도덕 기준에 어긋나는 성적 욕망을 불러일으키는 일차적 목적을 가진 사진, 비디오, 서술, 오디오 자료를 만들거나 배포하고, 획득하고, 보는 것이 과연 올바른지 여부이다. 이는 분명 도덕적으로 옳은 일이 아니며 도덕적으로 잘못된 것으로 간주되어야 한다.

3. 성경을 제외한 이성과 경험에 의한 논증

일반 상식의 관점에서 볼 때, 음란물을 반대하는 한 가지 중요한 주장은 그것이 주로 결혼 생활 밖에서, 그리고 배우자로부터 멀어지도록 개인의 애착과 음욕을 유도한다는 것이다. 음란물을 사용하는 남자는 아내에게 가져야 할 감정적 애착을 빼앗기고 마음을 아내에게서 돌이켜 아내의 애정을 더 이상 바라지 않게 된다. 그것은 결혼 생활 속에서 그의 성관계를 방해하고, 아마도 오랫동안 그의 결혼 생활을 방해할 수도 있는 해로운 기억을 만들 것이다. 여기에 더해, 남자가 음란물을 볼 때는 그의 아내가 남편의 행동을 실제로 목격하지 못하더라도 그에게서 어떤 불결함이나 도덕적 부정을 느끼는 경우가 많다.

음란물이 그것을 보는 사람들에게 미치는 해로운 영향과 또한 그 사람들이 다른 사람들에게 입히는 피해에 대한 사회학적 연구는 매우 많다. 어린이와 가족보호를 위한 전국연합(National Coalition for the Protection of Children and Families)의 보고서 "음란물과 성적 메시지의 영향"은 음란물의 유해한 결과를 다음과 같이 요약한다.[76]

연구 결과에 따르면 음란물을 비롯한 성적 콘텐츠는 개인 사용자와 그 가족에게 해를 끼칠 수 있는 태도를 형성하고 그러한 행동을 장려한다. 음란물은 종종 비밀리에 시청되는데, 이는 부부 생활에 부정적인 영향을 미치는 '속임'을 조장하고 어떤 경우에는 이혼으로까지 이어질 수 있다. 또한, 포르노는 불륜과 매춘 및 비현실적인 기대를 조장해 위태롭도록 문란한 행동을 유도한다.[77]

이미 지나치게 성애화된(sexualized) 문화에서 자라나는 오늘날의 젊은이들은 TV와 영화, 음악, 인터넷 등을 통해 매일 노골적인 성적 콘텐츠에 노출되고 있다. 아이들은 자신들이 보고 있는 내용을 이해하거나 분별할 정신적 준비가 되기 전에 그러한 성적 자료와 메시지를 접하게 된다.

---

76 "The Effects of Pornography and Sexual Messages." www.nationalcoalition.org/effects.asp.
77 Ibid.

아이들의 성교육은 대부분 가정, 교회, 학교가 아닌 미디어를 통해 이루어지고 있다.[78]

위 보고서에 따르면, 우리 문화는 다음과 같은 잘못된 메시지를 흘려보낸다.

· 어떤 상황에서든, 어떤 방식으로든, 누구와도 섹스를 하는 것은 유익하고 아무런 부정적인 영향이 없다.
· 여성에게 있는 단 한 가지 가치는 남성의 성적 요구를 충족시키는 것이다.
· 결혼과 자녀는 그러한 성적 만족의 장애물이다.
· 모든 사람이 성적 문란함과 불륜에 빠져있고, 혼전 성관계를 한다.[79]

보고서는 계속해서 음란물과 중독의 문제를 다루고 있다. "음란물 산업과 주류 미디어는 이러한 잘못된 생각과 태도로 소비자의 머리를 가득 채우고 있을 뿐만 아니라, 연구에 따르면 음란물은 중독성이 매우 높다는 사실이 밝혀졌다. 성 중독 전문가인 빅터 클라인(Victor Cline) 박사는 음란물을 소비하는 많은 사람들이 다음 네 개

---

78 Ibid.
79 Ibid.

의 발전 단계를 거친다는 사실을 발견했다."

1. **중독**: 음란물은 강력한 성적 자극제 또는 최음제 효과를 제공하며, 흔히 자위를 통한 성적 방출이 뒤따른다.

2. **단계적 확대**: 시간이 지남에 따라 중독자는 자신의 성적 "욕구"를 충족시키기 위해 더욱 노골적이고 일탈적인 콘텐츠를 요구한다.

3. **탈감각(Desensitization)**: 처음에는 역겹고, 충격적이고, 혼란스러운 것으로 인식되었던 것들이 시간이 지나면서 일반화되고 받아들여질 수 있게 된다.

4. **성적 행동 표출**: 음란물에서 본 행동을 그대로 따라하려는 경향이 증가한다.[80]

보고서에서 인용한 국립 성중독 강박증 협의회(National Council on Sexual Addiction Compulsivity)에 따르면 미국인의 6~8%를 성 중독자로 추정한다.[81]

보고서는 "스트립 클럽이나 마사지 시술소와 같은 성관련 사업은 지역사회에 범죄를 유인한다. 게다가 음란물의 일반적인 내용은 학대와 (여성이 강제적인 성관계를 즐긴다는) '강간 신화'를 조장하고,

---

80 Ibid.
81 Ibid.

주로 아동 성추행을 포함한 성범죄 가이드 역할을 한다"라고 말한다. 국립 아동 및 가족 법률 센터(National Law Center for Children and Families)의 어느 지역사회 토지 이용 관련 연구는 성인 사업과 범죄의 상관관계를 증명한다. 예를 들어, 성인 사업장이 위치한 피닉스 지역에서는 그러한 사업장이 없는 지역에 비해 성범죄 사건이 506% 더 많았다. 재산범죄는 43% 더 많았고, 강력범죄는 4% 더 많았다. 펜실베니아 의과대학의 교육 책임자인 매리 앤 레이든(Mary Anne Layden) 박사는 이렇게 지적한다. "나는 13년 동안 성폭력 피해자와 가해자를 치료해 왔다. 그런데 나는 음란물이 연관되지 않은 성폭력 사건을 단 한 건도 만나지 못했다."[82]

마지막으로, 아동 음란물과 관련하여 보고서는 "아동 음란물이 초래하는 피해와 그 정도에 대해서는 대부분 동의할 것이다. 아동 음란물은 어린이의 성행위 장면을 보여주는 사진과 비디오, 잡지, 책, 영화 등으로 구성되며, 모두 불법이다. 이러한 자료의 모든 생산 과정은 아동 학대 또는 착취에 해당하는 불법적이고 영구적인 기록이다. 또한 아동 포르노처럼 보이도록 디지털로 조작된 자료도 2002년 4월 대법원이 '가상' 아동 포르노 법률을 위헌이라고 판결할 때까지 불법이었다."[83] 보고서는 다음과 같이 결론 내린다.

---

82 Haven Bradford Gow, "Child Sex Abuse: America's Dirty Little Secret," *MS Voices for Children* (March 2000): cited in ibid.

83 "The Effects of Pornography and Sexual Messages," op.cit.

아동 및 성인 포르노는 소아성애자가 어린이를 유인하기 위해서도 자주 사용된다. 전형적인 아동 성범죄자는 종종 인터넷 채팅방을 통해 피해 아동과 '친구'가 되고, '신뢰'를 쌓은 후 아동을 포르노에 노출시킨다. 이는 아동으로 하여금 그러한 행동이 괜찮은 것이라고 생각하고 함께 참여하도록 유도하기 위한 것이다. 착취와 학대의 경험은 피해자에게 평생 끊임없는 고통이 되며, 자신을 찍은 이미지가 아직 어딘가 남아 있다는 두려움을 갖게 한다.[84]

자유수호연맹의 회장 겸 CEO이자 전 법무장관 에드윈 미즈 3세(Edwin Meese III)의 음란물 위원회 위원장 앨런 시어스(Alan Sears)는 다음과 같이 덧붙였다.

결혼한 한 남자와 한 여자 사이의 성적 결합은 창조주께서 뜻하신 최상의 사랑과 나눔과 연합의 행위이다. 그것은 최고의 자기희생의 모습이다. 반면 세속적인 성행위를 지지하는 모든 사람들은 상대방에 대한 상호 사랑과 배려보다는 오로지 "나만을 위하는" 자기중심적 철학을 가지고 있다. … 수년 동안의 대중 연설에서 나는 음란물을 이 시대의 "진정한 혐오 문학"이라고 말해왔다. 그것은 사람의 연령이나 모습이나 피부색 또는 성별에 관계없이 인간에 대한 증오와 착취로 인한 것이기 때문

---

84 Ibid.

이다. 이는 인간에게 추파를 던지고, 곧바로 그 인간을 헌 휴지조각처럼 버려지는 무가치한 상품으로 전락시킨다.[85]

4. 정부는 음란물과 관련하여 어떤 법률을 제정해야 할까?

성경에 따르면 어떤 것이 도덕적으로 잘못되었다는 사실 자체만으로 그에 대한 법을 정부가 제정해야 하는 것은 아니다. 예를 들어, 개인적으로 술에 취하거나 게으르거나 돈을 어리석게 낭비하는 것을 금하는 법은 없다. 미국의 전체 역사를 통틀어 성적 문란함(상호 동의한 미혼 성인 이성 사이의 사적인 성관계)을 금지하는 법은 없었거나, 있었더라도 강제되지 않았다. 따라서 나는 어떤 사람이 어떤 경로로든 음란물을 구해서 보는 것을 금지하는 법률을 우리가 지지해야 한다고 생각하지 않는다.

그러나 그러한 자료를 '만들어 다른 사람에게 배포'하는 문제는 전혀 다른 문제이다. 음란물을 제작하고 배포하는 경우는 (성경적 관점에서 볼 때) 사회의 도덕적 기준에 어긋나는 것이다. 특히 음란물의 사용자 및 그들과 친밀한 관계의 다른 사람들에게 해로운 영향을 끼치는 자료를 만드는 일이기 때문이다.

따라서 음란물은 그 사용자로 하여금 여성과 아동에 대한 폭력

---

85 Interview with Alan Sears: "Pornography: the Degrading Behemoth," *CitizenLink.org* (Aug. 3, 2005). www.citizenlink.org/FOSI/pornography/A000000851.cfm.

과 강간 등의 성범죄를 저지르기 쉽게 만들기 때문에, 음란물의 생산, 배포, 판매를 금지하는 법률을 제정해야 한다는 강력한 주장이 제기될 수 있다.

5. 음란물의 정의

수정헌법 제1조는 기본적으로 정치적 표현을 보호하기 위한 것이지, 모든 종류의 표현을 보호하는 것은 아니다. 비방이나 명예훼손, 또는 폭동의 선동은 보호되지 않으며, 예를 들어 소비자 사기나 우편 사기도 보호되지 않는다. 미국의 법원은 이를 올바르게 인정한 바 있다. 또한 법원은 수정헌법 제1조가 음란물에 대한 보호를 주장하기 위해 정당하게 사용될 수 없다는 점을 밝혔다.

우선 음란물(포르노그래피)은 어떻게 정의되어야 하는가? 1957년 미국 대법원의 로스 대 미국(Roth v. United States) 판결에서 법원이 정한 기준은 "현대 사회 기준을 적용하여 일반인이 볼 때, 해당 자료 전반의 지배적인 주제가 음란한 관심(prurient interest)에 호소하는지 여부"였다. 이어 1973년 밀러 대 캘리포니아(Miller v. California) 사건에서 대법원은 어떤 작품이 "진중한 문학적, 예술적, 정치적, 과학적 가치를 결여"하고 있지 않다면 외설물로 여기지 않는다고도 했다.[86]

---

86 *Miller v. California*, 413 U.S. 15.

이러한 판례들은 음란물 제작자를 기소하는 데 효과적으로 사용될 수 있는 유용한 기준을 제공한다. 음란물 제작자 변호 측이 내세우는 소위 전문가들의 증언이나 오도된 배심원단 지침에 휘둘리지 않고, "진중한"이라는 단어에 단지 상식적인 뜻을 부여한다면 말이다.[87] 또한, 만약 검사가 글 따위의 출판물을 배제한 시각적 이미지(사진 및 비디오)의 음란물 제작과 배포에 대해서만 기소하기로 결정한다면, 위에서 제기된 음란물의 문제는 대부분 대응이 가능해진다. 출판물의 표준은 더 모호하고 일부는 문학적 가치, 즉 표현의 자유를 주장하기 쉽기 때문에 기소에서 배제할 필요가 있다.

따라서 적어도 미국에서의 음란물 문제는 이에 대한 법이 부적절하다기보다는 검사가 음란물을 제작하고 배포하는 사람들을 기소할 의지가 불충분하다는 것이다.

전직 연방 검사인 앨런 시어스(Alan Sears)는 "음란물 금지법(obscenity laws)은 비록 완벽하지는 않지만 형사 사법 제도에서 종종 성공적으로 사용되는 다른 많은 형법보다 더 명확하다"고 주장한다.[88] 그는 자신이 위원장으로 있었던 법무장관 산하 음란물 위원회가 음란물에 대해 "일차적으로 성적 흥분을 위해 고안된 성적으

---

87 See *United States v. Kilbride*, No. 07–10528, and *United States v. Schaeffer*, No. 07–10534, United States Court of Appeals for the 9th Circuit (2008).

88 Alan E. Sears, "The Legal Case for Restricting Pornography," in Pornography: Research Advances and Policy Considerations, ed. Dolf Zillman and Jennings Bryant (Hillsdale, NJ: Lawrence Erlbaum Associates, 1989), 327.

로 노골적인 자료"라는 유익한 정의를 제공했다고 말한다.[89]

시어스는 또한 다음과 같이 말한다.

음란물에는 음란물, 미성년자에게 유해한 자료, 아동 음란물, 외설물, 합법적이지만 그럼에도 불구하고 음란한 묘사 등 다양한 수준과 유형의 자료가 포함된다.

자료의 유형에 따라 그 공격성은 "단순히 부도덕한" 수준, 즉 여성과 다른 사람을 인간 이하로 묘사해 이용하고 남용하며 이를 즐기는 수준이 있다. 또 다른 한편으로는 불법적인 성행위나 착취를 실제로 묘사한 수준, 즉 내가 항상 "범죄 현장 사진"이라고 부르는 것들이 있다.

나는 그러한 불법 유해물을 생산하는 것은 '산업'이 아니라 '범죄 기획'이라고 부른다.

음란물은 그 범위가 부끄러울 정도로 방대하며, 그것이 얼마나 광범위하게 정의되는지에 따라 수십억 달러 규모의 기획 범죄라고 볼 수 있다. 그러나 그 규모가 아무리 크고 널리 퍼져 있다고 하더라도 그것을 통제하려는 의지가 있는 사회라면 충분히 통제하거나 극적으로 제한시킬 수

---

89   Interview with Sears "Pornography: the Degrading Behemoth."

있다.[90]

로널드 레이건(Ronald Reagan) 대통령(1981~1989)과 조지 H. W. 부
시(George H. W. Bush) 대통령(1989~1993), 즉 두 명의 공화당 대통령
시절 연방 검찰은 미국 내 수많은 포르노 제작자를 기소하고 유죄
판결을 내리는 데 큰 성공을 거두었다. 법무부 형사국 아동착취 ·
외설담당 과장 패트릭 트루먼(Patrick Trueman)의 지휘 아래 여러 건의
기소가 이뤄졌고, 그 결과 "우편을 통해 음란유해물을 배송한 개인
또는 기업 50명과 일명 '로스앤젤레스 프로젝트'를 통해 LA 지역을
대상으로 한 음란물 생산자와 공급업체 50명 중 20명이 유죄 판결
을 받았다.[91] 법무부는 또한 1992년 미국 최대의 음란물 유통업자
로 알려진 르우벤 스터만(Reuben Sturman)에 대한 유죄 판결도 받아냈
다.[92]

그러나 클린턴 대통령 취임 후 민주당 행정부는 아동 음란물에
초점을 맞추겠다는 명분으로 "음란물 제작 유통에 대한 기소를 거
의 중단"했다고 트루먼은 말한다.[93] 이후 2001년 아들 부시(George
W. Bush)가 대통령이 되자, 법무장관 존 애시크로프트(John Ashcroft)와

---

90 Ibid.
91 Jason Krause, "The End of the Net Porn Wars," ABA Journal (Feb. 2008). www.abajournal.
    com/magazine/article/the_end_of_the_net_porn_wars, Feb. 7, 2010.
92 Ibid.
93 Ibid.

알베르토 곤잘레스(Alberto Gonzales) 휘하에서 음란물 기소가 다시 강조되었지만, 레이건 법무부나 아버지 부시(George H. W. Bush) 법무부만큼은 활발하지 않았다. 이 주제에 대한 미국변호사협회(ABA) 저널은 다음과 같이 결론 내렸다. "··· 인터넷 음란물에 대한 조치가 이뤄지지 않은 진짜 이유는 단지 법 집행기관이 이를 추구할 시간과 자원과 의지가 없다는 것으로 보인다."[94]

J. 결혼에 대한 법률의 중요성

이 장의 논의에서 드러나는 것처럼, 결혼에 관한 법의 중요성은 아무리 강조해도 지나치지 않다. 우리 자녀의 미래, 즉 우리 국가의 미래는 우리가 결혼을 어떻게 정의하는지, 그리고 우리가 결혼을 지속적으로 장려하고 보호하는지 여부에 크게 달려 있다. 우리가 결혼을 어떻게 정의하는지에 따라 미래 사회 수백만 남녀의 실생활을 좌우하는 영향을 주게 될 것이다. 결혼은 우리 인간 사회의 가장 기초적인 제도이며, 따라서 그것은 다른 모든 것에 영향을 미친다.

---

94 Ibid.

추가 참고도서

Davis, Evangelical Ethics, 113~36; James Dobson, Marriage Under Fire (Sisters, OR: Multnomah, 2004); Feinberg and Feinberg, Ethics for a Brave New World, 185~206; Daniel R. Heimbach, True Sexual Morality (Wheaton, IL: Crossway, 2004); Roger Magnuson, Are Gay Rights Right? (Portland, OR: Multnomah, 1990); Rae, Moral Choices, 270~301; Jeffrey Satinover, Homosexuality and the Politics of Truth (Grand Rapids: Baker, 1996); Thomas Schmidt, Straight and Narrow? Compassion and Clarity in the Homosexuality Debate (Downers Grove, IL: InterVarsity Press, 1995); Alan Sears and Craig Osten, The Homosexual Agenda: Exposing the Principal Threat to Religious Freedom Today, rev. ed. (Nashville: Broadman & Holman, 2003); Linda J. Waite and Maggie Gallagher, The Case for Marriage: Why Married People Are Happier, Healthier, and Better Off Financially (New York: Doubleday, 2000).

8장. 가족

자녀교육에 대한 일차적인 책임은 부모에게 있을까, 아니면 정부에게 있을까?

A. 정부는 부부의 자녀 출산과 양육을 장려해야 한다

성경은 처음부터 끝까지 자녀를 낳고 양육하는 것에 대해 매우 긍정적인 입장을 나타내고 있다. 사실상 인간에게 주어진 최초의 명령은 자녀를 낳으라는 명령이었다.

하나님이 자기 형상 곧 하나님의 형상대로 사람을 창조하시되 남자와 여자를 창조하시고 하나님이 그들에게 복을 주시며 하나님이 그들에게 이르시되 생육하고 번성하여 땅에 충만하라, 땅을 정복하라, 바다의 물고기와 하늘의 새와 땅에 움직이는 모든 생물을 다스리라 하시니라 (창 1:27~28)

하나님은 자신이 만드신 남자와 여자를 만족해하셨다. 하나님은 그것들을 기뻐하셨고(창 1:31 참고) 그들이 "하나님의 형상대로" 창조되었다고 말씀하시면서 그의 창조물 중 가장 놀라운 존재임을 분명히 하셨다. (이것은 그들이 다른 어떤 피조물보다 더 하나님을 닮았으며, 따라서 이 땅에서 하나님을 대표한다는 뜻이다.) 그러므로 우리는 하나님께서 왜 이 땅에 더 많은 남자와 여자를 두기를 원하셨는지 이해할 수 있다. "하나님의 형상대로" 이 땅에서 그분을 대표하고 그분의 탁월함을 이 땅에 반영하기 위한 것이다. 인간은 너무나 놀라운 창조물이기 때문에 더 많은 인간은 그들의 창조주께 더 많은 영광을 돌릴 것이었다. 이는 하나님께서 아담과 하와에게 하나님을 영화롭게 하는 인간들로 "땅에 충만하라"라고 명령하시며 하나님의 형상을 지닌 자들이 대대로 온 땅에 퍼지도록 하신 이유를 설명한다.

당신의 백성이 더 많은 자녀를 낳기를 바라는 하나님의 소망은 다음과 같은 다른 여러 구절에서도 계속 볼 수 있다.

보라 자식들은 여호와의 기업이요 태의 열매는 그의 상급이로다 (시 127:3)

그에게는 영이 충만하였으나 오직 하나를 만들지 아니하셨느냐 어찌하여 하나만 만드셨느냐 이는 경건한 자손을 얻고자 하심이라 그러므로

네 심령을 삼가 지켜 어려서 맞이한 아내에게 거짓을 행하지 말지니라
(말 2:15)

그러므로 젊은이는 시집가서 아이를 낳고 집을 다스리고 대적에게 비방
할 기회를 조금도 주지 말기를 원하노라 (딤전 5:14; 또한 신 28:4 호 1:10
도 참고)

성경에서 어린아이들을 그토록 긍정적으로 여기는 것은 놀라운
일이 아니다. 사회의 각 세대가 자기만큼의 자녀를 낳고 키우지 않
으면 전체 인구는 자연히 줄어들고 결국 사회 자체가 약화되어 소
멸될 수 있다.

더구나 사람들은 모두 늙어가기 때문에 생산적인 일을 하지 못
하거나 자립할 수 없을 정도로 약해진다. 새로운 젊은 일꾼 세대가
자라나지 않는 한, 사회는 일할 수 없는 노인들로 인해 상부가 무
거워지는 역피라미드가 될 것이다. 결국 점점 더 적은 수의 젊은이
들이 점점 더 많은 노년층, 은퇴한 사람들을 부양하게 될 것이며,
사회 경제는 하락세를 보일 것이다.

이런 일은 이미 유럽에서 일어났다. 2003년 연구에 따르면, (합
계출산율이 인구 대체출산율 이하인) 저출산 현상이 오래 지속됨에 따라
2000년도에 이미 유럽의 자녀 세대 규모가 통계학적으로 확실히

이전 세대의 부모 수를 대체할 수 없는 수준에 달했다는 사실을 발견했다.[1] 국제응용시스템분석연구소(International Institute for Applied Systems Analysis)의 브라이언 오닐(Brian O'Neill) 연구원은 다음과 같이 말한다.

이 음의 모멘텀(negative momentum)이 미치는 영향은 현재로서는 작지만, 빠른 속도로 불어날 것이다. 저출산 기간을 10년 더 추가하면 인구 감소폭은 (2100년까지) 2,500만~4,000만 명에 이를 것이다. 20년 동안 이 저출산이 지속된다면 거기에 2,500만~4,000만 명을 더해야 할 것이다.[2]

미국에서는 사회보장제도와 건강보험(Medicare)에 큰 위기가 닥칠 것이다. 헤리티지 재단(Heritage Foundation) 연구원 데이빗 존(David C. John)의 말이다.

수백만 명의 베이비붐 세대가 은퇴함에 따라 이러한 정부 복지 프로그

---

[1] 역주: 즉, 합계출산율이 대체출산율 수준으로 회복되더라도 자녀 세대가 가임기에 접어들었을 때 가임기 여성인구의 규모가 작음으로 인해서 인구 감소가 계속될 수 있다는 것을 의미한다. 이를 인구학에서 '음의 모멘텀'이라고 한다.

[2] Brian O'Neill, researcher at the International Institute for Applied Systems Analysis in Austria: quoted in Bootie Cosgrove-Mather, "European Birth Rate Declines," *Associated Press* (March 27, 2003). www.cbsnews.com/stories/2003/03/27/world/main546441.sthml.

램의 연간 현금 잉여금은 줄어들다가 결국 사라질 것이다. 그러면 사회
보장국은 급여 및 기타 세금 수입만으로는 혜택을 지불할 수 없게 된다.
정부는 그 복지 의무를 이행하기 위해 점점 더 많은 일반 수입을 돌려쓰
게 될 것이다. 이 재원은 환경 프로그램부터 고속도로 건설, 국방에 이
르기까지 모든 비용을 지불하는 데 사용되지 않을 수 없다. 결국 혜택이
삭감되거나, 사회보장을 수용하기 위해 정부의 다른 부문이 축소되어야
할 것이다. …

사회보장제도의 적자가 불가피한 이유는 매우 간단하다. 인구통계는 대
부분의 사건보다 더 예측이 쉽다. 수백만 명의 베이비붐 세대가 2008년
부터 은퇴하기 시작할 것이다. 1946년에 태어난 사람들이 사회보장국
의 조기 퇴직 연령인 62세에 도달하는 시점이다. 그때부터 2025년까지
매년 또 다른 수백만 명의 베이비붐 세대가 62세 문턱에 도달하는 것을
보게 될 것이다. 베이비붐 세대가 자신을 대체할 만큼 충분한 자녀를 낳
지 못했기 때문에, 결국 납세하는 근로자의 수는 줄어들 것이다. …

미래는 꾸준한 속도로 다가오고 있다. 사회보장국의 연간 현금 흑자는
2008년부터 감소하기 시작하여 … 대략 향후 10년 동안 이러한 사회보
장기금 흑자는 … 꾸준히 줄어들다가 완전히 사라질 것이다. 연방 적자
규모를 줄이는 이러한 흑자가 사라진다면, 의회는 수십억 달러의 새로

운 세입을 가져오기 위해 세금을 인상하거나, 프로그램을 삭감해야 할 것이다. 그렇지 않으면 연간 적자의 증가를 지켜보아야 한다. … 사회보장제도와 건강보험은 2040년까지 징수된 소득세의 약 60%를 소비하게 될 것이다.[3]

모든 사회는 또한 문화적 가치와 도덕적 행동 기준을 다음 세대로 이어나갈 어린이를 필요로 한다. 사회가 자녀 출산을 중단한다면 그 사회는 미래에 살아갈 사람들에게 그 특정 사회의 유산과 고유한 가치를 전달하지 못한다.

그런데 지구상에 이미 너무 많은 사람들이 살고 있는 것일까? 적어도 확실한 것은 하나님께 영광을 돌리는 사람들은 그리 많지 않다는 것이다. 하나님께서는 그분께 영광을 돌리게 될 기독교인의 자녀들이 더 많아지길 기대하신다. 그리고 최근 통계 연구에서 알 수 있듯이 일반적으로도 지구에 사람이 너무 많은 것은 아니다.

---

3   David C. John, "Social Security's Inevitable Future," Heritage Foundation Web Memo #696 (March 21, 2005). www.heritage.org/Research/SocialSecurity/wm696.cfm.

B. 자녀교육에 대한 우선 책임은 정부가 아닌 부모가 가져야 한다

성경은 자녀 양육의 책임을 사회 전체나 정부에 두지 않고 부모에게 둔다. 그리고 이는 놀라울 정도로 여러 차례 반복된 가르침이다. 예를 들어 모세는 이스라엘 부모들에게 자녀를 부지런히 가르쳐야 한다고 명령했으며, 이 본문의 표현은 자녀교육의 책임이 공동체가 아닌 부모와 가족에 있음을 가정한다.

이스라엘아 들으라 우리 하나님 여호와는 오직 유일한 여호와이시니 너는 마음을 다하고 뜻을 다하고 힘을 다하여 네 하나님 여호와를 사랑하라 오늘 내가 네게 명하는 이 말씀을 너는 마음에 새기고 네 자녀에게 부지런히 가르치며 집에 앉았을 때에든지 길을 갈 때에든지 누워 있을 때에든지 일어날 때에든지 이 말씀을 강론할 것이며 (신 6:4~7)

잠언 말씀 또한 아버지와 어머니가 자녀를 교육해야 함을 반복적으로 가르친다.

내 아들아 네 아비의 훈계를 들으며 네 어미의 법을 떠나지 말라 (잠 1:8)

아들들아 아비의 훈계를 들으며 명철을 얻기에 주의하라 (4:1)

내 아들아 네 아비의 명령을 지키며 네 어미의 법을 떠나지 말고 (6:20)

지혜로운 아들은 아비를 기쁘게 하거니와 미련한 아들은 어미의 근심이 니라 (10:1)

지혜로운 아들은 아비의 훈계를 들으나 거만한 자는 꾸지람을 즐겨 듣 지 아니하느니라 (13:1)

지혜로운 아들은 아비를 즐겁게 하여도 미련한 자는 어미를 업신여기느 니라 (15:20)

너를 낳은 아비에게 청종하고 네 늙은 어미를 경히 여기지 말지니라 (23:22)

르무엘 왕이 말씀한 바 곧 그의 어머니가 그를 훈계한 잠언이라 (31:1)

신약성경에도 보면 자녀교육은 부모에게 주어진 책임이다.

자녀들아 주 안에서 너희 부모에게 순종하라 이것이 옳으니라 네 아버 지와 어머니를 공경하라 이것은 약속이 있는 첫 계명이니 이로써 네가

잘되고 땅에서 장수하리라 또 아비들아 너희 자녀를 노엽게 하지 말고

오직 주의 교훈과 훈계로 양육하라 (엡 6:1~4)

자녀들아 모든 일에 부모에게 순종하라 이는 주 안에서 기쁘게 하는 것

이니라 아비들아 너희 자녀를 노엽게 하지 말지니 낙심할까 함이라 (골

3:20~21)

이 구절들을 통해 알 수 있는 놀라운 점은 부모가 아닌 정부가

어린아이들을 양육하거나 어린아이들에게 무엇을 가르쳐야 하는지

결정해야 한다는 암시가 전혀 없다는 것이다. 성경에 따르면 자녀

를 가르치고 훈련할 책임은 전적으로 부모에게 있다. 이는 기독교

인이 간주해야 할 가족과 자녀에 관한 정부 정책에 중요한 영향을

미친다.

첫째, 이러한 일관된 성경의 가르침은 정부가 아닌 부모가 자기

자녀를 교육할 최선의 방법을 결정할 수 있는 자유를 가져야 함을

의미한다. 이는 어린 나이일 때 부모로부터 자녀를 빼앗아 많은 경

우 특히 기독교인 부모의 신념에 어긋나는 선전 내용을 세뇌시키

려는 공산주의 국가 정책과 정반대이다. 이는 오늘날 독일 정부의

정책과도 정반대이다. 독일에서는 부모가 공립학교 커리큘럼의 부

도덕하고 반기독교적인 가치관에 반대하는 경우에도 자녀를 부모

로부터 강제로 빼앗아 공립학교에 보내야 한다.

실제로 2006년 9월 유럽인권재판소는 독일에서 홈스쿨링을 불법화했으며, 홈스쿨링 가정은 국가가 자녀를 데려가고 부모를 투옥하겠다는 위협을 받았다. 인권재판소는 종교적인 이유로 가정에서 자녀를 직접 교육하는 것을 금지한 독일 정부가 부모의 권리를 침해한 것이 아니라고 판결했다.[4]

독일 홈스쿨 가정의 권리를 지키기 위한 법적 투쟁을 지원한 자유수호연맹의 벤자민 불(Benjamin Bull) 변호사는 이렇게 말한다. "유럽인권재판소의 결정 이후 홈스쿨 가족에 대한 고소·고발이 끊임없이 계속되고 있다. 이는 국제법이 미국의 법리 절차에 개입하여 권위를 갖게 되는 것이 얼마나 위험한 일인지 미국인들에게 경종을 울려야 한다."[5]

2008년 6월 홈스쿨링 부모 여르겐(Juergen)과 로즈마리 두덱(Rosemarie Dudek)은 자신의 자녀를 홈스쿨한 혐의로 3개월 징역형을 선고받았다. 독일연방공화국의 법무 고문 볼프강 드라우츠(Wolfgang Drautz)는 정부에게 "종교적 기반을 둔 어떤 평행 사회의 부상에 대응하는 데에는 정당한 이해관계가 있다"고 말했다.[6]

---

4 *Konrad v. Germany*, European Court of Human Rights (Sept. 18, 2006). www.telladf.org/UserDocs/KonradDecision.pdf.

5 "ADF: Homeschooling Outlawed in Germany: Americans Should Be on Guard," *ADFPress Release* (Sept. 27, 2006). www.telladf.org/news/pressrelease.aspx?cid=3864.

6 Bob Unruh, "Parents Sent to Jail for Homeschooling," *WorldNetDaily.com* (June 18, 2008).

2009년 5월, 자유수호연맹 변호사들은 자신들의 기독교 신앙과 상충되는 가치관을 가르친 4일간의 "성교육" 과정에 자녀를 참여시키지 않고 대신 집에서 자녀들의 성교육을 직접 실시한 두 부모가 기소되자 유럽인권재판소에 항소했다. 이 부부는 결국 부모의 마땅한 권리를 행사했다는 이유로 벌금을 물었다.[7]

이러한 위협은 이제 미국 해안까지 도달했다. 2009년 7월, 뉴햄프셔에서 홈스쿨링을 하는 어느 10세 여학생은 법원으로부터 공립학교에 다니라는 명령을 받았다. 판사는 그 이유로, 소녀가 "어머니의 완고한 신앙을 반영하고 있으며" 소녀에게 "여러 신념 체계를 비판적으로 평가하기 시작해야 하는 때에 다양한 관점을 배워 자신에게 필요한 가장 적합한 신념 체계를 선택할 수 있도록 하기 위해서는 공립학교의 환경이 가장 유익할 것 같다"는 것이었다.[8] 이 판결은 소녀를 평가한 가사전문조사관이 그녀가 "호감이 있고, 사교적이며, 동료들과 충분히 상호 작용하고, 학문적으로 유망하며, 공립학교의 학사 요구 사항을 [홈스쿨에서] 훨씬 더 잘 충족하고 있다"고 증언했음에도 불구하고 일어난 일이다.[9]

---

www.worldnetdaily.com/index.php?pageId=67413.

7 "ADF attorneys file second appeal involving German 'sex education' program," *ADF Press Release* (May 19, 2009). www.telladf.org/news/pressrelease.aspx?cid=4954.

8 In the Matter of Kurowski and Kurowski, court order issued by Judge Lucinda V. Sandler, Family Division of the Judicial Court for Belknap County, Laconia, New Hampshire (July 14, 2009). www.telladf.org/UserDocs/KurowskiOrder.pdf.

9 Ibid.

그러나 성경이 자녀교육의 책임이 정부가 아니라 부모에게 있다고 가르치고 있다면, 기독교인들은 정부가 지원하는 공립학교를 어떻게 여기고 어느 정도까지 지지할 수 있을까? 공립학교는 어디까지나 부모의 자녀교육 의무를 '돕는' 역할을 가지고 있다고 여기고 대해야 한다. 부모들은 공립학교 체계가 부모를 '대신'하여 자녀교육의 주요 책임을 떠맡고 있다고 여겨서는 안 된다. 공립학교가 부모의 자녀교육을 단지 '돕는' 역할을 한다고 이해한다면, 학교는 자녀에 대한 부모의 신념과 바람을 무시하는 "교육 전문가"들에 의해 운영되는 것이 아니라, 부모의 기대와 우려사항에 제대로 응답해야 할 것이다.

C. 학교 바우처제도는 모든 교육구가 채택해야 한다

오늘날 미국 공교육 체계에서 가장 유익한 변화는 각 가정의 자녀교육비용을 지불하기 위해 지방 정부가 '학교 바우처'를 제공하는 제도이다. 학부모는 이 바우처를 사용하여 자녀를 위해 스스로 선택한 공립 또는 사립학교(교회 산하 학교 포함)의 비용을 지불할 수 있다.

이 정책에는 여러 가지 이점이 있다.

(1) 자녀교육에 있어서 필수적인 부모의 영향력을 크게 회복할 것이며, 이는 자녀교육에 대한 일차적 책임이 부모에게 있다는 성경적 가르침과 일치한다.

(2) 교육 전반에 건전한 경쟁 구도가 확립될 것이며, 그 결과 아이들에게 최상의 교육훈련을 제공하는 학교는 점점 더 많은 학생을 확보하게 되고, 성과가 저조한 학교는 개선되거나 폐교되어야 할 것이다. 이는 현재 정부가 교육비 세출을 독점하고 있는 구도, 즉 해마다 평균적으로 더 많은 돈이 소요됨에도 불구하고 좋은 결과는 점점 줄어드는 현재 제도보다 훨씬 우수한 결과를 가져올 것이다. 예를 들어, 2001년 연구에서 워싱턴 DC는 학생 1인당 지출이 세 번째로 높았지만 성취도는 꼴찌였으며, 델라웨어는 지출이 8번째로 높았지만 학업평가 결과에서는 하위 3위에 머물렀다.[10]

『교육신화(*Education Myths*)』의 저자 제이 그린(Jay Greene)은 이렇게 말한다. "돈이 해결할 수 있는 문제였다면 문제는 이미 해결되었을 것이다. … 지난 30년 동안 인플레이션을 감안하고도 학생당 지출을 두 배로 늘렸지만 학교 상황은 개선되지 않았다."[11]

---

10 Kirk A. Johnson, "Why More Money Will Not Solve America's Education Crisis," *Heritage Foundation Backgrounder #1448* (June 11, 2001). www.heritage.org/Research/Education/BG1448.cfm.

11 Jay Greene: quoted in John Stossel, "Stupid in America," *ABC News* 20/20 (Jan. 13, 2006). http://abcnews.go.com/2020/print?id=2383857.

이 막대한 세출의 결과는 무엇일까? 2006년 교육 성취도 연구에 따르면 미국은 과학 분야에서 30개국 중 21위, 수학 분야에서는 30개국 중 25위를 차지했다[12]. 최근 오클라호마 공립학교 학생들을 대상으로 실시한 조사에서는 4명 중 1명만이 미국의 초대 대통령 조지 워싱턴이 누군지 알아볼 수 있었다.[13]

한편, 뉴욕시의 차터 스쿨(Charter School, 자율형 특별 인가 공립학교) 학생과 일반 공립학교 학생의 차이를 조사한 2009년 9월 보고서에 따르면 3학년까지 차터 스쿨 평균 학생이 공립학교의 또래 학생에 비해 영어 시험에서 5.3점 앞섰고, 수학에서는 5.8점 앞섰다.[14]

(3) 이를 통해 부모는 자녀를 자신의 도덕적 행동 가치를 반영하는 학교에 보낼 수 있다.

(4) 아이들은 더 나은 교육을 받을 것이다. 전국교육협회(NEA)의 반대를 무릅쓰고 학교 바우처 프로그램을 시작한 밀워키 시에서

---

12 The Programme for International Student Assessment (PISA). www.pisa.oecd.org/dataoecd/15/13/39725224.pdf. 또한 international~education.suite101.com/article.cfm/us_students_left_behind. 참고

13 "75 Percent of Oklahoma High School Students Can't Name the First President of the U.S," News9.com (Sept. 16, 2009). www.news9.com/global/story.asp?s=11141949.

14 Caroline M. Hoxby, Sonali Murarka, and Jenny Kang, "How New York City's Charter Schools Affect Achievement, August 2009 Report." Second report in series (Cambridge, MA: New York City Charter Schools Evaluation Project, September 2009). www.nber.org/~schools/charterschoolseval/how_NYC_charter_schools_affect_achievement_sept2009.pdf.

하버드 대학의 캐롤라인 혹스비(Caroline Hoxby)가 바우처 프로그램의 교육 성취도 개선 효과를 조사했다. 혹스비는 66% 이상의 학생이 바우처로 학비를 지불할 수 있는 학교와 그렇지 않은 학교를 비교했는데, 단 1년 만에 더 많은 바우처 지불 학생이 있는 학교가 다른 밀워키 공립학교보다 더 큰 교육 성취를 이루었다는 것을 발견했다. 바우처 자격을 갖춘 학생들이 더 많은 학교는 수학에서 3%, 언어에서 3%, 과학에서 5%, 사회에서 3% 포인트씩 상승했다.[15]

프리드먼 교육선택재단(Friedman Foundation for Educational Choice)의 연구원 그렉 포스터(Greg Forster)에 따르면, 밀워키, 플로리다, 오하이오, 텍사스, 메인, 버몬트에서 실시된 모든 실증적 연구가 공립학교 교육 성취도에 대한 바우처 프로그램의 긍정적인 영향력을 증명한 것으로 나타났다.[16]

그럼에도 불구하고 전국교육협회(NEA, 미국에서 가장 큰 교사 연합)가 소규모의 국지적인 실험조차도 그토록 격렬하게 반대하는 이유는 간단하다. 바우처제도를 통해 자율적으로 운영되는 학교들이 공립학교와 동등한 기준으로 세금 경쟁을 하게 된다면, 전자가 훨씬 더

---

15 Caroline M. Hoxby, "Rising Tide," Education Next, Winter 2001: cited in Greg Forster, Ph.D., "A Win-Win Solution: The Empirical Evidence on How Vouchers Affect Public Schools," *School Choice Issues In Depth* (Jan. 2009), 16. www.friedmanfoundation.org/downloadFile.do?id=357

16 Forster, "A Win-Win Solution," 16~21.

나은 교육을 제공하게 될 것을 그들이 너무 잘 알고 있는 것이다.[17]

학교 바우처 사용에 반대하는 이유 중 흔한 것은 부모가 이를 통해 자녀를 교회 등이 운영하는 학교에 보내고 이로써 정부가 특정 종교를 지원하게 된다는 것이다.

그러나 이러한 반대는 설득력이 없다.

(a) 교회 운영 학교를 지원하는 것은 정부가 아니라 자녀의 부모이다. 왜냐하면 학부모가 자녀를 보낼 학교를 선택하는 것이기 때문이다. 이 원칙은 여러 법원 판결에서 확인되었다. 2002년 미국 대법원은 젤만 대 시몬스-해리스(Zelman v. Simmons-Harris) 사건에서 오하이오 주 클리블랜드가 성적이 매우 저조한 학교 아이들을 위해 제한적인 학교 바우처제도를 시행하는 것은 미국 헌법에 따라 허용된다고 결정했다. 클리블랜드의 바우처제도는 실패한 학교에 다닐 수밖에 없는 자녀를 둔 학부모에게만 제공되었다. 이들 27개 도심 학교 중 3개 학교만이 최소한의 학업 기준을 충족했다. 학부모는 연간 2,250달러의 바우처를 받아 자녀를 종교 산하 학교를 포함하여 다른 원하는 학교에 보낼 수 있었다.

법원은 해당 제도가 미국 수정헌법 제1조의 '종교 설립' 조항을 위반하지 않는다고 판결했다. 이 바우처제도는 그 합헌성 여부를

---

17   Ibid.

심사받기 위해 5개의 테스트를 통과했다. '개인 선택 테스트(Private Choice Test)'라고 불리는 이 테스트는 해당 제도가 다음 기준을 충족하는지 심사했다.

1. 프로그램은 타당한 세속적 목적을 가지고 있어야 한다.
2. 지원은 학교가 아닌 부모에게 제공되어야 한다.
3. 광범위한 수혜 계층에게 지원이 적용되어야 한다.
4. 프로그램은 종교에 대해서는 중립적이어야 한다.
5. 적절한 '비종교' 선택권이 보장되어야 한다.

대법원은 윌리엄 렌퀴스트(William Rehnquist) 대법원장이 작성한 5 대 4 구성의 다수 판결문에서 해당 프로그램이 이러한 기준을 모두 충족한다고 결정했다.[18] 다른 바우처제도도 이러한 동일한 기준을 충족하는 한, 학교 바우처에 대해 "종교 설립 및 종교의 자유"(수정 헌법 1조)를 빌미로 한 반대는 사실상 무효화되었다.

비유하자면, 정부로부터 내가 세금 환급을 받고 그 돈을 교회에 기부하기로 결정했다면, 그것은 정부가 교회를 지원하는 것이 아니다. 그것은 나의 돈이고 나는 나의 돈을 나의 교회를 지원하는 데 사용한 것이다. 마찬가지로, 정부가 자녀교육에만 제한적으로

18 *Zelman v. Simmons-Harris*, 536 U.S. 639 (2002).

사용해야 하는 바우처를 학부모에게 제공하는 경우, 학부모는 학업 품질에 대한 특정 요구 사항을 충족하는 한 모든 유형의 학교에서 교육서비스를 구매할 수 있는 완전한 자유를 누려야 한다.

(b) 때로 사람들은 학교 바우처제도를 반대하면서 그 반대는 종교의 자유를 보장하는 수정헌법 제1조에 근거한다고 생각한다. 그러나 이러한 반대는 수정헌법 제1조를 오해한 것이다. 수정헌법 제1조는 정부가 특정 교회나 종교를 국가의 공식 교회, 즉 국교로 설립하는 것을 금지하기 위한 것이었다. 교회가 행하는 모든 일에 대한 모든 정부 지원을 막으려는 의도는 결코 없었다. 또한 바우처는 특정 종교 기반의 학교나 종교 지향적 학교에서만 사용하도록 제한되지 않고 부모가 선택하는 모든 학교에서 사용할 수 있다.

(c) 공교육과 관련된 정부의 목표는 다음 세대를 위해 교육받은 시민을 양성하는 것이다. 그것이 바우처제도를 통해 이루어지고 있다면 정부의 목표는 달성된 것이다. 아이들이 종교적 가치를 가르치는 학교에서 교육을 받지 못하게 하는 것이 정부의 목표가 되어서는 안 된다.

학교 바우처제도를 채택하는 데 있어 가장 큰 장애물은 전국교육협회의 막대한 정치적 영향력과 이 연합체에 대한 민주당의 지지이다. 2007년에 유타 주에서는 학교 바우처제도가 확립되었지만 전국교육협회는 320만 달러를 지출하는 대규모 정치 캠페인을 벌였고, 주 국민투표를 통해 프로그램을 무산시켰다.[19] 미국의 단 한 주라도 바우처제도를 온전히 채택하고 그 결과를 몇 년에 걸쳐 주민들이 볼 수 있다면, 전국의 부모들은 비슷한 프로그램을 요구할 것이다.

전국 차원의 학교 바우처에 대한 민주당의 반대가 잘 드러난 한 가지 놀라운 사례는 2009년 워싱턴 DC에서 일어났다. 미국의 수도이기도 한 이 도시는 2008년 선거에서 오바마 대통령에게 92.9%의 지지율을 던졌으며[20] 역사적으로 민주당의 거점이었다. 또한 빈곤율은 23%로 유난히 높다.[21] 그러나 워싱턴 DC는 낙후된 학교를 개선하기 위한 필사적인 노력의 일환으로 매우 성공적인 바우처 프로그램을 구축했다. 그러나 미국 의회는 이 도시에 대한 전권을 갖고 있으며, 하원과 상원 모두에서 민주당이 다수를 차지한 2009년 1월에 이 바우처 프로그램에 대한 자금 지원을 중단했다. 옴니버스 세출법(Omnibus Appropriations Act)에서 바우처 프로그램을 폐지

---

19 "Utah Voters Defeat Measure to Create U.S. First Statewide School Voucher Program," *Associated Press* (Nov. 7, 2007). www.foxnews.com/story/0,2933,308936,00.html.

20 See www.usatoday.com/news/politics/election2008/dc.htm.

21 District of Columbia: Poverty Rate by Race/Ethnicity, states (2006–2007), US (2007), StateHealthFacts.org. www.statehealthfacts.org/profileind.jsp?ind=14&cat=1&rgn=10.

하기 위한 상원 투표는 58대 39였다.[22] 단 2명의 민주당 의원만이 자금 지원을 유지하기로 투표한 반면, 36명의 공화당 의원과 1명의 무소속 의원은 바우처 프로그램을 유지하는 방향으로 투표했다.[23]

정치 지도자들은 이러한 삭감에 격렬하게 항의했지만 의회는 눈을 감았다. (많은 민주당 의원들과 오바마 대통령은 자신의 자녀를 워싱턴 공립학교 대신 사립학교에 보내기로 결정했지만, 같은 지역의 가난한 학부모들에게는 이러한 선택을 허용하지 않았다.)

바우처제도가 아니더라도, 다른 프로그램을 통해 교육에 대한 학부모의 선택을 크게 확대할 수 있다. 예를 들어, 일부 주에서는 공립 또는 사립학교에 대한 수업료 지불에 대해 세금 공제 체계를 구축했는데, 이는 바우처와 유사한 효과가 있다.

애비게일(Abigail)과 스티븐 썬스트롬(Stephan Thernstrom)은 미국의 교육 현황, 특히 교육 성취도의 인종 간 격차를 연구하는 데 평생을 바친 학자들이다. 그들은 미국 학교가 아이들, 특히 흑인과 히스패닉 아이들을 교육하는 데 있어 명백하고도 비극적인 실패를 경험하고 있다고 보고한다.

---

22 Elizabeth Hillgrove, "Senate Kills GOP's D.C. Vouchers Bid," *Washington Times* (March 11, 2009). www.washingtontimes.com/news/2009/mar/11/senate-kills-gops-dc-vouchersbid/.

23 두 명의 민주당 상원의원은 웨스트버지니아의 로버트 버드(Robert Byrd)와 버지니아의 마크 워너 (Mark Warner)였다. 무소속 의원은 코네티컷의 조셉 리버만(Joseph Lieberman)이었다. Federally-Funded Private and Religious School Vouchers. http://action.aclu.org/site/VoteCenter?page=voteInfo&voteId=9110.

다음 세대를 이룰 흑인 아이들은 필수적인 기술과 지식을 습득하지 못한 채 학교를 떠돌고 있다. 히스패닉 어린이들도 별로 나아지지 않고 있으며, 두 그룹 모두 교육환경 개선에 있어 위로가 될 만한 추이는 없다.

학생들이 실제로 얼마나 배우고 있는지 어떻게 알 수 있을까? 가장 좋은 증거는 전국 학업성취도평가(NAEP, National Assessment of Educational Progress)에서 찾을 수 있다. … NAEP 결과는 평균적인 아프리카계 미국인 또는 라틴계 미국인 학생과 전형적인 백인 또는 아시아계 미국인 학생의 기본 학업 능력 사이에 무서운 격차를 일관되게 보여준다. 12학년이 되면 흑인 학생은 백인이나 아시아 학생보다 평균 4년 뒤처진다. 히스패닉 학생들도 흑인 학생들보다 조금 잘하는 편이지만 대체로 마찬가지다. …

당신이 두 명의 취업 지원자를 두고 고민하고 있는 고용주라고 상상해 보라. 한 명은 고등학교 졸업자이고 다른 한 명은 중학교를 자퇴한 사람이다. 이 두 후보자 중 하나를 선택하는 것이 어렵다고 생각하는 사람은 거의 없다. 전형적인 흑인 고등학교 졸업자를 채용하는 고용주(또는 평균적인 흑인 학생을 입학시키는 대학)는 사실상 8학년(중학교 2학년)까지만 졸업한 젊은이를 선택하는 것이나 마찬가지다. 그는 고등학교 졸업장을 가지고 있을지 모르지만 그에 준하는 능력은 없다. … 고등학교 교육을 거의 마친 흑인 학생은 읽기와 미국 역사 성적에서 모두 8학년 백인 학생보다 약간 더 나빴고, 수학과 지리 성적은 훨씬 더 나빴다… 히스패닉 학생은 흑인 학생보다 조금 더 나은 성적을 나타낸다.[24]

썬스트롬(Thernstrom)은 이러한 학업 능력 수준 차이를 나타내는 충격적인 그래프를 보여준다.[25]

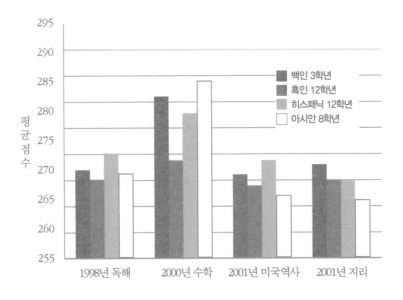

표 8.1

24　Abigail Thernstrom and Stephan Thernstrom, No Excuses: Closing the Racial Gap in Learning (New York: Simon & Schuster, 2003), 11~15.
25　Ibid., 13.

이는 엄청난 국가적 비극이다. 이러한 학업능력 부족은 우리 사회의 경제적 "하위계층"을 영속시킨다. 왜냐하면 교육은 평생의 소득 수준을 결정하는 주요 요인이 되기 때문이다. 이 비극의 책임은 전적으로 실패한 공교육 체계와 정부 지원 학교에 대한 독점권을 이용해 학부모의 자녀 학교 선택을 방해하는 전국교육협회(NEA)에 있다.

썬스트롬은 이미 실패한 학교에 더 많은 돈을 투자한다고 문제가 해결되지는 않을 것이라고 지적한다. 왜냐하면 교사 노조가 공립학교를 너무 철저히 장악하고 있어서 성과가 없는 교사는 해고될 수 없고 탁월한 교사는 그 학교에 남을만한 충분한 인센티브가 주어지지 않기 때문이다. 썬스트롬은 이렇게 썼다.

> 대도시 교육감과 교장들은 모두 구속복을 입고 활동한다. … 교사 노조의 막강한 힘은 거의 모든 실질적인 변화를 가로막는다. … [저소득 지역에서 우수한 성적을 거두는 데 성공한 혁명적 학교들이] 모두 공교육 체계 밖에 있다는 것은 우연이 아니다.[26]

어려운 지역사회에서도 학생들이 성공하는 훌륭한 공립학교가 있다. 그러나 그 학교 중 전통적인 공립학교는 없다. 성공한 학교는 모두 차터

---

26 Ibid., 7.

스쿨이다. … 이러한 차터 스쿨의 교장은 … 예산, 체벌 정책, 직원 채용 등에 대한 실질적인 권한을 갖고 있다. … 어떤 학군도 최고의 차터 스쿨에서 찾은 결과와 비교할만한 성과를 달성할 수 없었다. 공교육 구조의 근본적인 개혁 없이는 어느 누구도 성공할 수 없을 것이라고 확신한다.[27]

노조의 임무는 교사의 이익을 보호하는 것이다. 학교의 임무는 학생들을 교육하는 것이다. 많은 선의의 개혁가들은 이 두 목표의 차이를 이해하지 못한다. … 노조에 좋은 것이 반드시 아이들에게도 좋은 것은 아니다. … 공석이 생기면 그냥 가장 나이가 많은 지원자가 그 자리를 맡게 된다. … 교사의 실제 역량은 중요하지 않다. … 그러나 원치 않는 교사를 해고하는 일은 아주 돈이 많이 드는 악몽이다. … 학생을 가르치거나 수업을 통제하지도 못하며, 누구도 용납할 수 없는 방식으로 행동하는 종신 교사들은 그들이 원하는 한, 아주 드문 예외를 제외하고, 계속 공교육 체계에 남아 있을 수 있다.[28]

썬스트롬은 이런 고질적인 문제의 해결책으로, 학부모에게 자녀 학교 선택권을 제공하는 것이 중요함을 강조한다. 이는 꼭 필요한

---

27 Ibid., 248~49
28 Ibid., 259~61.

경쟁의 요소를 도입하여 학교의 개선으로 이어진다. 썬스트롬은 결론적으로 다음과 같이 썼다.

> 학교 바우처제도는 기본적인 형평성의 문제이다. "중산층"은 확실히 정의하기 어려운 용어이지만 여기에 좋은 정의가 하나 있다. 중산층 부모는 자녀가 사는 곳을 선택함으로써 자녀가 갈 학교를 선택할 수 있는 사람들이다. 선택은 계급에 따른 특권이 되어서는 안 된다. … 인종 격차는 우리 시대의 미국에서 가장 중요한 민권 문제이다. 미국인들이 평등에 관심이 있다면, 그들은 현재의 공교육 개혁 운동이 중점으로 삼는 표준화, 시험, 교육 실패에 대한 책임 부과, 공립학교 선택 제한보다 확실히 더 많은 것[즉, 학부모의 선택 확대]을 요구해야 한다.[29]

실패한 것이나 다름없는 현재의 "개혁"을 넘어 설, 썬스트롬이 말하는 진정한 해결책은 무엇일까? 수치스러운 인종 간 교육성과 격차에 대해 미국에서 그 누구보다 잘 알고 있는 이 두 전문가는 저소득층 부모, 아니 모든 부모가 진정한 자녀교육에 대한 선택을 할 수 있도록 공교육 체계를 바꿔야 한다고 말한다. 그들의 최종 결론은 다음과 같다.

---

29 Ibid., 273~74.

국가의 교육 체계는 근본적으로 바뀌어야 하며, 진정한 교육 선택권 제공이 그 시작이 되어야 한다.[30]

우리가 미국의 인종 간 화해와 이 나라의 모든 어린이, 그리고 이 나라의 미래를 진정으로 위한다면, 이 나라의 교육 체계를 근본적이고 총체적으로 개혁해야 한다고 생각한다.

D. 자녀 훈육과 체벌

앞서 인용된 여러 성경 구절들은 자녀를 교육하는 일차적인 책임이 부모에게 있다는 것을 강력히 뒷받침한다. 다음의 다른 구절들은 "훈육"이 그 교육과정의 일부가 된다는 것을 분명히 나타낸다.

아비들아 너희 자녀를 노엽게 하지 말고 오직 주의 교훈과 훈계로 양육하라 (엡 6:4)

또 우리 육신의 아버지가 우리를 징계하여도 공경하였거든 하물며 모든 영의 아버지께 더욱 복종하며 살려 하지 않겠느냐 … 무릇 징계가 당시에는 즐거워 보이지 않고 슬퍼 보이나 후에 그로 말미암아 연단 받은 자

---

30 Ibid., 274.

들은 의와 평강의 열매를 맺느니라 (히 12:9, 11)

일부 유럽 국가와 기타 지역에서는 이제 부모가 자녀 훈육의 일환으로 때리는 것("체벌")을 법으로 금지하고 있다. 호주, 스웨덴, 핀란드, 노르웨이, 오스트리아, 키프로스, 덴마크, 라트비아, 크로아티아, 불가리아, 독일, 이스라엘, 아이슬란드, 루마니아, 우크라이나, 헝가리 등이 모두 체벌을 불법화했다.[31] (충격적이게도 스웨덴에서는 그러한 법에도 불구하고 1세에서 6세 사이의 어린이에 대한 성인의 폭행이 1984년에서 1994년 사이에 4배 증가했다.)[32] 미국 일부 지역(매사추세츠[33] 및 캘리포니아[34])에서도 유사한 법률이 고려되었지만 채택되지는 않았다.

'체벌 반대 운동'을 이끌고 있는 조던 리악(Jordan Riak)은 "때리기 금지 구역"을 제안하기도 했다.[35] 그는 1997년에 다음과 같이 썼다.

모든 어린이가 어떤 구실로든 어떤 상황에서든 신체적 구타를 당해야

---

31 World Corporal Punishment Research, www.corpun.com/rules.htm.

32 "Kriminalistatistk vid SCB," 115 81 Stockholm, vol. 5 (1995): cited in John S. Lyons and Robert E. Lazelere, "Where Is Evidence That Non-Abusive Punishment Increases Aggression?" Presented at the XXVI International Congress of Psychology (Aug. 18, 1996). http://faculty.biola.edu/paulp/sweden.html.

33 "Should Spanking Your Child Be Illegal?" *ABCNews.com* (Nov. 28, 2007). http://abcnews.go.com/GMA/story?id=3924024.

34 Nancy Vogel, "A Spanking Ban: Are We Going to Get It?" *Los Angeles Times* (Jan. 20, 2007). http://articles.latimes.com/2007/jan/20/local/me-spanking20.

35 Jordan Riak: quoted in Edward Wong, "No-Spanking Zone Sought in Oakland," *Los Angeles Times* (Jan. 24, 1999), A10.

하는지, 그리고 그러한 체벌이 아이에게 과연 유익한 것인지의 여부는 이미 오래 전부터 더 이상 진지한 논쟁거리가 아니어야 했다. 보호자가 고의적으로 아이에게 트라우마를 주는 것은 그 아이에게 파괴적이다. … 우리 중 일부는 어린이를 노예 취급하며 그 소유주가 폭력적인 수단으로 자신의 "재산"을 통제할 권리와 의무가 있다거나, 그 권리를 교사와 같은 다른 사람에게 양도할 수도 있다는 시대착오적인 사고를 고수하고 있다. 이 사고를 뒷받침하기 위해 그들은 종종 솔로몬 왕의 잠언을 그 권위로 인용하곤 한다. … 그 근본주의자들이 구약의 권위를 좋아하는 이유는, 그들의 아동학대에 대한 자기변명의 필요성 때문이라고 생각한다.[36]

그러나 성경은 어린아이를 효과적으로 징계하기 위해서는 종종 일종의 육체적 고통을 가하는 것이 필요하며, 이는 어린이의 신체에 실제적인 손상을 입히기 위한 것이 아니라 심각하게 잘못되었거나 위험한 아이의 행동과 성격을 바로잡기 위한 것임을 분명히 하고 있다. 성경에서는 아이를 때리기 위해 "매"(종종 나무 막대기류)를 사용하는 것이 부모의 책임이자 아이에 대한 부모의 사랑(아이의 올바른 행동을 강력히 바라는 사랑)의 표시로 간주된다. 해당 구절은 다음과

---

36 Jordan Riak, "Spanking and Hitting Are Perilous," *The Brown University Child and Adolescent Behavior Letter*, 13:9 (Sept. 1997), 1.

같다.

매[히브리어 shebet, 막대기]를 아끼는 자는 그의 자식을 미워함이라 자
식을 사랑하는 자는 근실히 징계하느니라 (잠 13:24)

아이의 마음에는 미련한 것이 얽혔으나 징계하는 채찍이 이를 멀리 쫓
아내리라 (잠 22:15)

이 구절은 (지혜롭고 과하지 않은 방식으로) 체벌을 가하는 것이 모든
어린이의 마음속에 있는 악한 행동의 경향을 극복하는 데 도움이
된다는 것을 설명한다.

아이를 훈계하지 아니하려고 하지 말라 채찍으로 그를 때릴지라도 그가
죽지 아니하리라 네가 그를 채찍으로 때리면 그의 영혼을 스올에서 구
원하리라 (잠 23:13~14)

채찍과 꾸지람이 지혜를 주거늘 임의로 행하게 버려둔 자식은 어미를
욕되게 하느니라 (잠 29:15)

또 다른 관련 구절에서는 이 땅에서 부모의 징계를 하나님 자신

의 징계와 비교하면서, 그러한 징계가 자녀의 삶에 미치는 유익을
말한다.

> 내 아들아 여호와의 징계를 경히 여기지 말라 그 꾸지람을 싫어하지 말
> 라 대저 여호와께서 그 사랑하시는 자를 징계하시기를 마치 아비가 그
> 기뻐하는 아들을 징계함 같이 하시느니라 (잠 3:11~12; 히 12:6 참고)

> 네가 네 아들에게 희망이 있은즉 그를 징계하되 죽일 마음은 두지 말지
> 니라 (잠 19:18)

> 네 자식을 징계하라 그리하면 그가 너를 평안하게 하겠고 또 네 마음에
> 기쁨을 주리라 (잠 29:17)

미국에서 이미 제정된 법률들은 아동에 대한 신체적 학대를 방
지하고 그러한 행위가 발생할 경우 적절한 처벌을 내리기에 충분
하다. 그러나 그러한 법을 더 확장하여 어린아이를 때리는 것과 같
은 신체적 징계의 사용을 불가능하게 해서는 안 된다. 성경에 근거
한 가르침은 아이들에 대한 체벌이 지혜롭고 자제력 있게 행해질
때 그것이 자녀 양육에 해가 되는 것이 아니라 오히려 몹시 유익
하다고 말한다. 그러나 성경은 또한 부모들이 자녀들에게 좌절과

절망을 안겨줄 정도로 무리한 질책을 해서는 안 된다고 경고한다. "아비들아 너희 자녀를 노엽게 하지 말지니 낙심할까 함이라"(골 3:21).

뉴스 매체는 종종 체벌이 어린아이에게 좋지 않다거나 심리적으로 해롭다는 것을 "증명"한다고 주장하는 새로운 학술 연구를 다양하게 소개한다. 그러나 대부분의 이러한 연구는 일시적인 통증만 유발할 뿐 신체적 손상이 없이 지혜롭게 때리는 것과 아이에게 심각한 멍이나 기타 신체적 손상을 가져오는 더 폭력적인 구타를 구별하는 경우가 거의 없다. 그 연구들은 또한 부모가 차분히 절제하여 아이를 체벌하는 것과 술에 취해서나 병적으로 학대하는 부당한 분노 등, 실제 학대를 구별하지 않는다. 따라서 그러한 연구는 왜곡된 결과를 제공한다.

뉴햄프셔 대학의 머레이 스트라우스(Murray Straus) 박사는 체벌의 폐지를 요구하는 가장 노골적인 인사 중 하나이다. 그는 자신의 주장을 내세우기 위해 종종 편향되고 왜곡된 연구 결과를 발표했다. 스트라우스는 수년에 걸쳐 아이에 대한 체벌과 아이의 IQ 저하[37] 및 반사회적 행동을 연결시키려고 노력해 왔다.[38]

---

37 "Want Smarter Kids? Don't Spank Them," *Reuters* (Aug. 3, 1999), and "Children who are spanked have lower IQs, new research finds," www.physorg.com/pdf173077612.pdf.

38 Murray A. Straus, Ph.D.; David B. Sugarman, Ph.D.; Jean Giles-Sims, Ph.D., Archives of *Pediatric and Adolescent Medicine* 151 (Aug. 1997), 761~67.

스트라우스의 연구 중 하나에 대한 반박으로, 체벌을 거의 옹호하지 않는 타임(TIME)지조차도 상당히 문제가 있는 그의 방법론에 대해 다음과 같이 썼다.

[연구의 문제는] 연구에 참여한 사람들과 관련이 있다. 스트라우스와 그의 동료들은 미국 노동 통계국이 1979년부터 6세에서 9세 사이의 자녀를 둔 어머니 807명을 대상으로 실시한 전화 인터뷰에서 정보를 수집했다. 통계국은 어머니들에게 '지난주에 자녀를 몇 번이나 때렸는지', 그리고 '그것은 아이들의 어떤 행동 때문이었는지', 가령 거짓말이나 학교에서 어떤 과한 행동을 했는지에 대한 질문을 했다. 그리고 통계국은 2년 후에 같은 어머니들을 대상으로 여론 조사를 시행했다. 예상했듯이, 체벌을 당한 아이들은 점점 반사회적으로 되어갔다.

그러나 결과를 조금 더 자세히 살펴보면 약간 문제가 있어 보인다. 우선, 앨라배마 주 몽고메리 소아과 의사인 덴 트럼불(Den Trumbull) 박사는 이 어머니들의 연령층이 14세부터 21세까지였다고 말한다. 이는 미국의 평균 어머니의 모습에 거의 해당하지 않는다. 더욱이 체벌을 가한 어머니들은 평균적으로 일주일에 두 번 체벌했다. 트럼불은 이러한 요인들과 일부 아이는 9살이나 되었다는 사실 등을 종합해서 고려해볼 때, 이들 가정이 "대부분의 심리학자와 소아과 의사들이 대략 말하는 역

기능 가정의 표시"를 나타내고 있다고 말한다.

트럼불은 또한 연구를 6세에서 9세로 제한한 것도 결과를 왜곡했다는 점을 지적했다. 그 나이쯤 되면 아이들은 자신의 행동이 가져올 결과를 이해할 수 있다. 그런 아이들에게 빈번한 신체적 처벌은 굴욕감과 정신적 트라우마를 남길 가능성이 크며 나중에 더 나쁜 행동으로 이어질 수 있다.

문제는 때리기는 줄어들지만 아동 학대는 증가한다는 것이다. 많은 선의의 전문가들이 그들 연구의 근거로 엉뚱하게도 매 맞는 소년을 사용하고 있는 것으로 보이며, 스트라우스의 연구도 그러한 경향을 드러낸다.[39]

1993년에 미국 소아과 의사 단체는 모든 체벌 관련 논문에 대한 리뷰를 미국소아과학회(American Academy of Pediatrics)에 제출했다. 그 결과, 체벌이 아동에게 부정적인 영향을 미친다고 주장한 132개 연구 중 단 24개만이 실제 경험적 데이터를 가지고 있는 것으로 나타났다. 다른 논문은 모두 사설이나 논평, 또는 의견이나 리뷰에 불과했다. 그리고 24개의 유효한 연구 중 23개는 연구 결과를 왜곡하

---

39 Michael D. Lemonick, "Spare the Rod? Maybe," *Time* (Aug. 25, 1997).

는 모호한 표현과 광범위한 정의를 가지고 있었다. 그들은 신체적 처벌을 가벼운 때리기부터 머리빗이나 전기 코드 등으로 아이를 구타하는 것, 심지어 아이에게 끓는 물을 붓는 것까지를 포함하여 정의하고 있다는 것을 발견했다. 그들은 이 연구들이 "실제 답하려는 문제, 즉 때로 부모의 체벌이 아이의 학습 능력 발달에 도움이 되는가, 아니면 해를 끼치는가?"에 대해 아무런 답을 도출하지 못했다고 결론지었다.[40]

기독교인들은 성경이 부모에게 하라고 하는 것을 정확히 하지 말라고 말하는 모든 "전문가 연구"를 의심해야 한다.

체벌을 반대하는 사람들은 언제나 실제 학대나 성경적 표준을 부당하게 왜곡한 극단적인 예를 들이밀 것이다. 기독교인들은 분명 아동에 대한 실제 학대를 옹호해서는 안 되며, 오히려 반대해야 한다. 그러나 무언가(가령 아이를 때리는 것)의 '오용'과 '남용'이 그 행동 '자체'의 잘못을 증명하는 것은 아니다. 선한 것은 언제나 남용되거나 잘못 사용될 수 있다.

패트릭헨리 대학교의 학장이자 콩코디아신학대학교(Concordia Theological Seminary) 크라나크 연구소(Cranach Institute)의 전 전무이사인 진 에드워드 베이스(Gene Edward Veith)는 「월드(World)」라는 잡지에서,

---

40 Dr. David Larson, "Is Mild Spanking Abusive or Helpful for Young Children?" *Physicians Research Forum Research Summary* (1993).

아이를 때리지 않는 것이 사실상 아동 학대의 한 형태라고 썼다.

미국시민자유연맹(American Civil Liberties Union, ACLU)뿐만[41] 아니라 많은 교육자와 아동 심리학자, 심지어 부모들까지도 정신 건강을 위한 "자기표현" 이론을 지지한다. 이 모델에 따르면 인간은 기본적으로 선하며, 그들은 단지 내면에 있는 감정을 "표현"하기만 하면 된다. 이러한 표현을 방해하는 "사회 규칙", "억압적인 권위자", "판단적인 신념 체계" 등의 모든 장애물은 억압을 통해 정신적 불행과 뒤틀린 행동을 유발한다. 이 세계관에 따르면 어린아이의 감정을 통제하거나 처벌 또는 억압하려는 모든 시도는 잔인한 일로 해석된다. 따라서 아이를 훈계하는 것은 거의 불가능해진다. … [좋은 행동에 대한 보상만 강조하는] "정적 강화"나 신체적 고통을 피하는 "타임아웃" 훈육법, 죄책감 강조 등의 모든 아동 훈계 시도를 통해 결국 아이들은 권위를 무시해도 된다는 것을 배우고 있다. 어른들이 아이들의 행동을 무력으로라도 실제로 통제하지 않는다는 걸 습득하기 때문이다. 표면적으로는 그것이 아무리 상냥해 보일지 몰라도, 아이들에게 꼭 필요한 훈육 없이 그들을 자라도록 놔두는 것은 아동 학대이며, 이것은 사실 현대 문화가 가진 아동에 대한 혐오를 표현하는 것이다.[42]

---

41 역주: 미국의 대표적인 좌익 성향의 인권 단체이다.

42 Gene Edward Veith, "Hating Our Children," *World* (June 12, 1999). www.worldmag.com/articles/2936.

많은 비기독교인들이 체벌에 반대하는 것에 우리가 의아해 할 필요는 없다. 그들은 대부분 어린아이들은 물론 어른들의 마음에도 악한 경향이 있다는 사실을 받아들이지 않는다. 그러나 그러한 생각은 모든 사람이 "어려서부터" 악한 경향이 있다고 믿는 기독교 세계관(4장 참고)에 반한다. (물론 일반은총에 의해 모든 사람에게는 선을 행하려는 반대 경향도 있다. 따라서 기독교 세계관을 따르지 않는 사람들은 아이들이 자신의 잘못된 행동에 대해 징계를 받아야 한다고 생각하지 않을 수 있다. 더욱이 많은 비기독교인들은 악을 저지하기 위해 그보다 우월한 물리적 힘이 때로는 필요하다는 사실을 믿지 않으려고 한다. 하지만 기독교적 관점은 사람의 마음속에 있는 어떤 악은 너무 비합리적이어서 이성으로는 저지할 수 없고, 오직 힘으로만 가능하다는 사실을 이해한다[4장 D.2 참고]). 따라서 기독교 세계관을 어린아이의 훈육에 적용하면, 우리는 아이들을 때로는 때려야 할 필요가 있다는 것과 이러한 체벌이 오랜 시간의 이성적 호소와 변론으로는 달성할 수 없는 방식으로 아이들의 자기중심적이고 비합리적인 잘못을 금방 고칠 수 있는 방법이라는 것, 그리고 그것이 결국 아이 내면에 의로운 성품을 세우는 데 유익하다는 것을 알 수 있다.

아동 체벌에 반대하는 또 다른 더 깊은 이유는 아동에 대한 '부모의 권위' 자체에 대한 반대일 수 있다. 이는 모든 권위에 대한 부정에서 비롯된다. 또는 옳고 그름에 대해 아이보다 부모가 더 잘 알지 못한다는 생각일 수도 있다. 이는 결국 아무도 다른 사람을 위해 옳고 그름을 판단할 수 없다는 관념에서 비롯된다. 이러한 생각들은 사실상 가정을 위한 하나님의 계획과 아이들의 악함을 저지하려는 하나님의 의도를 무너뜨리려는 깊은 영적인 (악한) 영향력에 의해 조장되고 강화되는 것일 수 있음을 우리는 분별해야 한다.

9장. 경제

국가의 경제 체계와 관련하여 정부의 역할은 무엇이어야 할까?

이것은 매우 큰 질문이며 많은 구체적인 경제 이슈를 포함한다.

이 장은 다음과 같은 하위 주제를 다룬다.

사유 재산

경제개발

화폐 공급

자유시장과 규제

부자와 가난한 자

정부와 기업

세금

사회보장제도

공중보건

불황에 대한 해결책

A. 사유 재산

성경의 가르침에 따르면, 정부는 국민의 사유 재산 소유권을 공식화하고 보호해야 한다.

성경은 재산이 정부나 '사회 전체'의 소유가 아니라 '개인'의 소유라는 점을 재차 가정하고 강조하고 있다.

대표적으로 우리는 이것이 십계명에 함축되어 있는 것을 알 수 있다. 왜냐하면, 여덟째 계명인 "도둑질하지 말라"(출 20:15)는 것은 사람이 다른 사람이 아닌 자기 자신, 즉 '나 개인'에게 속한 재산을 소유할 것을 가정하고 있기 때문이다. 내가 이웃의 소나 당나귀를 훔치지 말아야 하는 이유는 그것이 내 이웃의 것이고, 나나 그 외 다른 사람의 것이 아니기 때문이다.

제10계명은 도적질뿐 아니라 내 이웃의 것을 도적질하려는 '마음'도 금하면서 이 점을 더욱 명백하게 한다.

네 이웃의 집을 탐내지 말라. 네 이웃의 아내나 그의 남종이나 그의 여종이나 그의 소나 그의 당나귀나 무릇 네 이웃의 소유를 탐내지 말지니라 (출 20:17)

내가 내 이웃의 집이나 다른 어떤 것을 탐내지 말아야 할 이유는 그것이 곧 내 이웃의 것이요, 나에게 속한 것이 아니며, 공동체나 나라에도 속한 것이 아니기 때문이다.

성경의 가장 근본적인 도덕률에 나오는 재산에 대한 이러한 사적 소유의 가정은 칼 마르크스가 주창한 공산주의 체제와 정면으로 반대되는 것이다. 마르크스는 다음과 같이 말했다.

> 공산주의자의 이론은 '사유 재산 폐지'라는 한 문장으로 요약될 수 있다.[1]

공산주의가 믿기 어려울 정도로 비인간적인 이유 중 하나는 사유 재산을 폐지한다는 것이 정부가 모든 경제 활동을 통제하게 된다는 것이기 때문이다. 정부가 모든 경제 활동을 통제한다는 것은, 정부는 내가 무엇을 살 수 있는지, 어디에 살지, 어떤 직업(그에 따라 교육받을 수 있는 직업 및 다녀야 할 학교)을 가질지, 얼마를 보수로 받을지 등을 통제한다는 것이다. 그것은 본질적으로 모든 생명을 통제하고 인간의 자유를 파괴하는 것이다. 공산주의는 사람을 노예로 만들고 인간이 가진 선택의 자유를 파괴한다. 온 나라가 하나의 거대한 감옥이 된다. 이런 이유로 나는 공산주의가 인간이 발명한 경제 체제 중 가장 비인간적인 경제 체제라고 생각한다.

---

1 Karl Marx, *Communist Manifesto* (New York: International Publishers, 1948), 23.

성경의 다른 구절들도 재산이 "사회"나 정부에 속하지 않고 개인에게 속해야 한다는 생각을 뒷받침한다. (물론 정부 사무실, 군사 기지, 고속도로와 같이 공용의 목적에 필요한 특정 정부 재산은 제외한다.) 성경에는 도둑질에 대한 처벌과 다른 사람의 동물 및 농경지의 피해에 대해 적절히 배상해야 할 것 등을 정한 많은 법이 포함되어 있다(가령 출 21:28~36; 22:1~15; 신 22:1~4; 23:24~25 참고). 또 다른 계명은 사유지의 경계가 보장되어야 할 것도 이야기한다. "네 하나님 여호와께서 네게 주어 차지하게 하시는 땅 곧 네 소유가 된 기업의 땅에서 조상이 정한 네 이웃의 경계표를 옮기지 말지니라"(신 19:14). '경계표'를 옮긴다는 것은 땅의 경계를 옮기는 것, 즉 이웃에게 속한 땅을 훔치는 것을 의미했다(잠 22:28; 23:10과 비교).

사유 재산의 소유권에 대한 또 다른 보증은 재산이 다른 사람에게 팔렸다고 해도 희년에는 원래 소유했던 가족에게 돌아가야 한다는 점이다.

> 이 해는 너희에게 희년이니 너희는 각각 자기의 소유지로 돌아가며 각각 자기의 가족에게로 돌아갈지며 (레 25:10)

따라서 땅은 영구히 팔아넘길 수 없었다. "토지를 영구히 팔지 말 것은 토지는 다 내 것임이니라 너희는 거류민이요 동거하는 자로서 나와 함께 있느니라"(레 25:23).

이 마지막 구절은 성경에서 사유 재산을 결코 절대적인 권리로 간주하지 않는다는 사실을 강조한다. 왜냐하면 사람이 가진 모든 것은 궁극적으로 하나님이 그들에게 주신 것이며, 사람은 하나님이 그들에게 맡기신 것을 관리하는 "청지기"이기 때문이다.

> 땅과 거기에 충만한 것과 세계와 그 가운데에 사는 자들은 다 여호와의 것이로다 (시 24:1; 시 50:10~12; 학 2:8 참고)

그러나 하나님 자신의 전반적인 주권 아래서, 재산은 정부나 "사회" 또는 국가 전체의 것이 아니라 어디까지나 개인의 것이라는 사실은 여전히 남아 있다.

사무엘은 왕이 이스라엘 백성에게 내릴 재앙에 대해 경고하면서, 막대한 정부 권력을 가진 군주가 결국 자신을 위해 백성으로부터 자녀들을 "데려가고" 소유를 "가져가며" 또 가장 좋은 것을 "끌어갈" 것이라는 사실을 강조했다.

> 사무엘이 왕을 요구하는 백성에게 여호와의 모든 말씀을 말하여 이르되 너희를 다스릴 왕의 제도는 이러하니라 그가 너희 아들들을 데려다가 그의 병거와 말을 어거하게 하리니 그들이 그 병거 앞에서 달릴 것이며

그가 또 너희의 아들들을 천부장과 오십부장을 삼을 것이며 자기 밭을 갈게 하고 자기 추수를 하게 할 것이며 자기 무기와 병거의 장비도 만들게 할 것이며 그가 또 너희의 딸들을 데려다가 향료 만드는 자와 요리하는 자와 떡 굽는 자로 삼을 것이며 그가 또 너희의 밭과 포도원과 감람원에서 제일 좋은 것을 가져다가 자기의 신하들에게 줄 것이며 그가 또 너희의 곡식과 포도원 소산의 십일조를 거두어 자기의 관리와 신하에게 줄 것이며 그가 또 너희의 노비와 가장 아름다운 소년과 나귀들을 끌어다가 자기 일을 시킬 것이며 너희의 양 떼의 십분의 일을 거두어 가리니 너희가 그의 종이 될 것이라 그 날에 너희는 너희가 택한 왕으로 말미암아 부르짖되 그 날에 여호와께서 너희에게 응답하지 아니하시리라 하니 (삼상 8:10~18)

이 예언은 사악한 왕 아합과 그보다 더 사악한 왕비 이세벨이 이스르엘 사람 나봇의 포도원을 훔치는 이야기에서 비극적으로 성취되었다(왕상 21:1~29 참고). 인간 정부의 일반적인 경향은 하나님께서 개인이 소유하며 통제할 것으로 계획하신 사유 재산을 점점 더 많이 국가의 이름으로 통제하려는 것이다.

하나님께서 인간 사이에 사유 재산 소유권을 세우신 주된 이유 중 하나는 우리 인간이 "하나님의 형상대로" 창조되었기 때문이다 (창 1:27 참고). 하나님께서는 인간을 당신의 대리자로 이 땅에 두셨으며, 우리가 그분을 닮아 여러 면에서 그분의 성품을 본받기를 원하신다. "그러므로 사랑을 받는 자녀같이 너희는 하나님을 본받는 자가 되고"(엡 5:1). 우리가 각자의 사적 재산을 소유할 때, 하나님께서는 우리에게 하나님의 속성을 본받을 수 있는 더 많은 기회를 주시고, 그분의 탁월성(그분의 "영광")을 이 땅에 반영하도록 하시는 것이다.[2]

가령 하나님께서 온 우주를 다스리시는 것처럼 하나님께서는 우리에게도 그러한 기회를 주신다. 우리는 토지의 작은 일부분, 자동차, 의복, 책 등에 대한 주권을 갖고, 이러한 소유물을 관리하면서 우리는 하나님의 지혜와 창의성, 다른 사람에 대한 사랑, 공의와 공평함, 자비, 지식 등 기타 여러 특성을 본받을 기회를 얻게 된다. 재산에 대한 소유권은 또한 우리 마음속에 있는 것이 무엇인지 시험해 볼 많은 기회를 제공하고, 하나님께서 우리에게 주신 것에 대해 감사할 기회도 제공한다(골 3:15; 딤전 6:17 참고).

불행하게도 개인이 사유 재산을 소유하는 것을 불가능하게 만드는 것은 공산주의뿐만이 아니다. 다른 많은 "자본주의" 국가에도 사유 재산의 소유권에 대해 충분히 효과적인 자유시장 체제가 없다. 왜냐하면 거의 모든 재산이 소수의 부유한 집단에 의해 통제되

---

2 이에 대해서는 내가 쓴 『하나님을 영화롭게 하는 비즈니스(*Business for the Glory of God: The Bible's Teaching on the Moral Goodness of Business*)』를 참고하라.

고 있고, 그들은 일반 사람들의 재산 소유권을 막는 정부의 법률을 제정할 만큼 막강한 영향력을 갖고 있기 때문이다. 따라서 대부분의 사람들은 법적으로 재산을 소유할 수 없게 되고 결과적으로 빈곤의 늪에 빠지게 된다.

페루의 경제학자 에르난도 데 소토(Hernando de Soto)는 실험적으로 일부 대학원생을 연구팀으로 삼아 페루에 중소기업 등록을 시도했다. 그들은 수도 리마 외곽에 작은 의류 작업장(직원 한 명 포함)을 열려고 했다. 그들은 하루에 6시간씩을 할애해 이 등록 절차를 따라갔는데, 그 기간은 289일이 걸렸다! 또 그 비용은 미화 1,231달러에 달했고, 이는 월 최저 임금의 31배(페루 보통 사람의 약 3년 치 급여)에 해당한다. 데 소토는 또한 정부로부터 집을 짓기 위한 허가를 받으려고 할 때 무슨 일이 일어났는지 설명했다.

> 국유지에 집을 짓기 위한 법적 허가를 얻으려면 총 52개 정부 기관에서 207개의 행정 단계를 거쳐야 하고, 이는 약 6년 11개월이 걸렸다. 해당 토지에 대한 법적 소유권까지 얻으려면 728단계를 거쳐야 했다.[3]

데 소토와 그의 팀은 이집트, 필리핀, 아이티 등 다른 국가에서

---

3 Hernando de Soto, *The Mystery of Capital: Why Capitalism Triumphs in the West and Fails Everywhere Else* (New York: Basic Books, 2000), 19~20.

도 부동산 및 중소기업 소유권에 대한 비슷한 걸림돌을 기록했다. 그들은 많은 제3세계 국가에서 대다수 인구가 재산이나 사업의 법적 소유권을 보장받는 것이 사실상 불가능하다는 결론을 내렸다. 시민들은 공산주의 사회에 살고 있는 것과 마찬가지로 모든 면에서 빈곤에 갇혀 있는 것이다.

사람들이 이렇게 재산이나 사업을 소유할 수 없다면, 그들은 결코 사업을 세우거나 조금도 부유해질 수가 없다. 추가 소득원으로 임대 부동산을 취득하거나, 창업을 할 목적으로 주택에 대한 추가 저당권도 받을 수 없다. 그리고 그들은 사업을 구축하는 데 투자할 아주 적은 양의 신용도 얻는 것이 거의 불가능하다는 것을 알게 될 것이다(영구적인 법적 주소가 없기 때문이다).

이것이 바로 데 소토가 국가의 경제 발전을 위한 가장 중요한 요소 중 하나로 사유 재산의 소유권을 꼽은 이유이다. 그는 나라가 발전하기 위해서는 이 사적 소유권이 쉽게 문서화되고 공개적으로 알려져야 한다고 설득력 있게 주장했다.

재산의 사적 소유 문제는 오늘날 미국에도 실질적으로 적용된다. 왜냐하면 재산의 사적 소유에 대한 위협이 정부 최고위급에서부터 점점 더 강하게 다가오고 있기 때문이다. 2009년 초(오바마 행정부 출범 후 몇 개월), 연방 정부는 시티그룹과 뱅크오브아메리카(Bank of America)를 포함한 일부 미국 최대 은행의 거의 지배적인 지분을 획득하기 위한 전례 없는 조치를 취했다.[4] 이로 인해 크라이슬러는 피아트(Fiat)에게 대규모 지분을 매입당하고, 회사의 지배 지분은 미국 최대 자동차 노동조합인 전미자동차노조(United Auto Workers)가 보유하는 계약을 체결했다.[5] 이로써 자동차노조는 사실상 제너럴모터스(GM)의 지배 지분도 획득했다. 그래서 오바마 대통령이 제너럴모터스의 사장인 릭 왜고너(Rick Wagoner)가 사임해야 한다고 발표했을 때 그 즉시 왜고너 사장은 물러날 수밖에 없었다.[6] 이는 미국에서 전례가 없는 일이었고 이전에는 불가능하다고 여겨졌던 일이었다. 미국 대통령이 미국 최대 기업 중 하나의 사장을 사실상 "해고"할 수 있다는 것이다. 이제 사유 재산에 대한 정부의 통제는 이정도로 확대되었다.

또한, 2010년 초 민주당 의원 다수는 미국 국내총생산(GDP)의 약 17.6%를 차지하는 국가 의료체계에 대한 상당한 통제권을 연방 정부에 부여하는 법안을 통과시켰다.[7] 이 법안은 미국 경제의 상당

---

4 Mike Allen and Craig Gordon, "Treas. and the Citi: Deal Announced," *Politico.com* (Feb. 27, 2009), www.politico.com/news/stories/0209/19401.html; and Binyamin Appelbaum and David Cho, "White House Banking on Nationalization," Washington Post (Feb. 24, 2009), www.cbsnews.com/stories/2009/02/24/politics/washingtonpost/main4823573.shtml? source= RSSattr=Politics_4823573.

5 "UAW, Chrysler, and Fiat Reach Concession Deal," *ABCNews.com* (August 26, 2009). http://abcnews.go.com/Business/wireStory?id=7435524.

6 Dan Strumpf, "GM CEO Wagoner Forced Out," *Associated Press* (March 30, 2009). www.myfoxdc.com/dpp/news/dpg_GM_Rick_Wagoner_Out_fc_200903302343214.

7 A. Siska et al., "Health Spending Projections Through 2018: Recession Effects Add Uncertainty to the Outlook," Health Affairs 28, no. 2 (March/April 2009), w346–w357: cited in "Health Care Costs: Costs," *National Coalition on Health Care* (July 2009), www.nchc.org/

부분을 연방 정부가 인수하고 사실상 주주나 개인이 아닌 정부 소유로 만드는 조치였다.

또 다른 예로 미국 대법원은 2005년에 정부가 개인 사유지를 또 다른 개인에게 양도하기 위해 토지수용권을 남용할 수 있다고 결정하기도 했다(켈로 대 뉴런던시 사건에 관한 5장 C.2 참고).[8]

재산의 사적 소유에 대한 위협의 또 다른 원인은 사람들이 자신의 재산을 자유롭게 사용하는 것에 대한 정부 규제가 점점 커지고 있다는 것이다. 산불이 발생하기 쉬운 캘리포니아 지역의 어느 주택 소유자는 과도한 환경 규정 때문에 집 주변 나무를 자르는 것이 금지되어 있다. 이 때문에 화재로 인해 집이 파괴될 수가 있음에도 말이다.

실제로 캘리포니아 주 산타크루즈(샌프란시스코에서 남쪽으로 약 90마일 떨어진 곳) 근처의 한 주택 소유자는 너무 많은 환경 규제 때문에 주거의 안전을 위해 필요한 조치를 취하는 비용이 너무 많이 들었다. 자신 소유의 6에이커 부지에서 화재가 발생하기 쉬운 유칼립투스 나무를 제거하려고 했던 한 여성은 조경 작업 전 자신의 부지를 조사해야 할 카운티 관리자에게 무려 1,300~1,500달러를 지불해야 한다는 사실을 알게 되었다. 조사 후에도 나무를 제거할 수 있

---

documents/Fact%20Sheets/Fact%20Sheet%20-%20Cost%208-10-09.pdf.

8 *Kelo et al. v. City of New London et al.*, 545 U.S. 469 (2005).

을지조차 불확실했다.

그녀의 이웃은 "이런 계획을 관할 정부로부터 승인받으려면 매번 이렇게 비참한 일을 겪게 된다. 법을 준수하려는 시민은 모두 끊임없이 수표를 정부에 가져다 바쳐야 한다"라고 말한다.

비용부담 때문에 집주인은 나무 제거를 중단하기로 결정했는데, 결국 그녀의 2,800평방피트 규모의 집은 불에 타버리고 말았다. 그녀가 제거하려고 했던 나무들은 모두 그녀의 사유지에 속한 것이었지만, 비현실적인 규제 때문에 하나도 벨 수 없었던 것이다!

카운티 정부는 해당 집주인의 곤경에 공감했지만, 그들은 주와 연방의 환경법을 집행해야 한다고 말할 뿐이었다. 카운티의 관련 책임자인 탐 번스(Tom Burns)는 "환경 보호와 주민들이 자신의 집을 안전하게 보호하도록 허용하는 것 사이에 균형이 이루어져야 한다"고 말했다.[9]

2007년 칼럼니스트 미셸 멀킨(Michelle Malkin)은 정부가 환경 소송의 위협으로 인해 필요한 산불 예방 조치를 취하지 못하게 된 연유를 설명했다.

정부 회계국(GAO)은 지난 2년 동안 산림 간벌 및 화재 예방을 위한 미

---

[9] Kurtis Alexander, "Environmental Regulations Blamed for Compromising Fire Safety of Homeowners," *Santa Cruz Sentinel* (June 30, 2008). www.santacruzsentinel.com/fire/ci_9744744.

국 산림청(USFS)의 762개 제안을 조사했다. 연구에 따르면 이들 제안의 절반 정도는 독립 기관의 소송 대상이 되지 않았다. 그러나 소송이 가능했던 제안 중 59%가 이의제기를 받았는데, 시에라 클럽, 야생로키연맹, 산림보존협회 등 대부분 벌목 반대 단체가 발목을 잡은 것이었다. 정부 회계국에 따르면 산림청 제안에 대해 84개 이익단체가 400건 이상의 소송을 제기했다. 소송으로 인해 900,000에이커의 산림을 처리하려는 산불 예방 노력이 지연되었고, 연방 정부는 이를 처리하는 데 수백만 달러의 비용을 지출했다.[10]

국가정책분석(National Policy Analysis)에 글을 쓴 데이나 조엘 가투소(Dana Joel Gattuso)는 다음과 같이 동의한다.

국가 환경 정책법(NEPA)에 따른 규정과 함께 항소 및 소송의 위협은 산불 예방을 위한 산림관리 프로젝트를 수행하기 전에 지나치게 광범위한 환경 영향 분석을 수행해야 한다. 이는 결국 화재 예방에 소요되는 시간, 노력 및 비용을 빼앗는다. 예를 들어, NEPA는 산림청이 제안한 각 산림관리 계획에 대해 6~9가지 대안을 제출하도록 요구하는데, 각 대안의 비용은 약 200만 달러이다. 항소 및 소송비용과 함께 이러한 준비

---

10 Michelle Malkin, "Wildfires and Environmental Obstructionism," *MichelleMalkin.com* (Oct. 23, 2007). http://michellemalkin.com/2007/10/23/wildfires-and-environmental-obstructionism/.

비용은 일반적으로 화재 예방을 위해 할당된 기관 예산의 30~45%를 소비한다.[11]

매우 파괴적인 산불이 한 번 지나간 이후, 산림 감시원 케이트 클라인(Kate Klein)은 다음과 같이 말했다. "지난 수년 동안 우리는 이 화재의 발생을 막을 수 있었고, 불타버린 마을을 구할 수 있었다."[12]

또 다른 상황에서는 개발자들이 주거용 또는 상업용 건물을 짓기 위해 토지를 취득한 후 비합리적으로 강압적인 환경 규제에 직면하고 소송을 당하기도 한다. 이러한 걸림돌은 수년 동안 토지 개발을 방해하고 건축 비용을 크게 증가시킨다. 그곳이 모두 사유지임에도 불구하고 말이다!

UCLA대학교 로스쿨 학장인 마이클 쉴(Michael H. Schill)은 다음과 같이 썼다.

개발자 및 공공 기관이 환경 영향 분석을 수행하도록 요구하는 정부 규정은 두 가지 이유로 더 높은 비용을 발생시키고 주택 공급 감소로 이어

---

11 Dana Joel Gattuso, "Signs of New Growth in Forest Debate?" *National Policy Analysis* (Oct. 2003), www.national-center.org/NPA491.html. Gattuso cites Molly Villamana, "Forests," *Environment and Energy Daily* (July 25, 2003), and David Rogers, "Timber Rivals Rally in Name of Wildfires," *Wall Street Journal* (Aug. 11, 2003).

12 Kate Klein: quoted in Paul Trachtman, "Fire Fight," *Smithsonian* (Aug. 2003), 46.

진다. 첫째, 검사 자체에 비용이 들고, 그에 따른 환경 영향 평가서 발급에도 많은 비용이 소모된다. 둘째, 검사 결과에 이의를 제기하는 환경운동가의 소송 가능성은 훨씬 더 큰 문제가 될 수 있다. 소송 방어 비용을 부담하는 것 외에도 개발자는 사업 지연에 대한 합의 비용을 토지 개발 예산에 고려해야 한다. 어떤 경우에는 이러한 불확실성으로 인해 사실상 건설업체가 프로젝트를 포기하고 결과적으로 전체 주택 공급이 감소하여 주택 가격을 상승시킨다.[13]

태평양 북서부에서는 벌목 및 점박이 올빼미와 같은 특별 종에 관한 환경 규제 때문에 벌목 산업 전체가 붕괴되었으며, 이러한 규정으로 인해 땅의 소유자는 나무를 베거나 '자신의' 땅에서 목재를 가져오는 것조차 금지되었다! 1992년에 국립 공공정책연구센터(National Center for Public Policy Research)는 다음과 같이 보고했다.

태평양 북서부 점박이 올빼미를 보호하기 위한 조치로 인해 목재산업계에서 약 50,000~100,000개의 일자리가 사라질 것이다. 1990년에 북서부 점박이 올빼미는 사실상 개체가 매우 많은 캘리포니아 점박이 올빼미와 구별할 수 없음에도 불구하고 멸종위기종법에 따라 "위기종"으

---

13 Michael H. Schill, "Regulations and Housing Development: What We Know," *Cityscape: A Journal of Policy Development and Research* 8:1 (2005), 10. www.huduser.org/periodicals/cityscpe/vol8num1/ch1.pdf.

로 등재되었다. 이 일이 일어난 1990년 이래 약 8,000명의 근로자를 고용하고 있는 100개의 목재 공장이 태평양 북서부 지역에서 문을 닫아야 했다.[14]

워싱턴 주의 목재, 벌목, 도로 및 트럭 운송 회사인 A.L.R.T. 회사의 부사장인 딕 해머(Dick Hammer)는 "우리는 사업의 지속성을 위해 나무를 자르는 만큼 더 많은 나무를 심기 때문에 나무를 자르는 것에 큰 거리낌이 없다"고 말한다.[15] 그러나 벌목 회사가 벌목한 나무만큼 더 심는다는 사실에도 불구하고 비합리적인 환경 규제로 인해 이들 회사 중 상당수가 폐업해야 했다.

물론 파괴적인 유해 산업으로부터 환경을 보호하기 위해 일부 규정이 필요하다는 데 동의한다. (예를 들어, 무제한적인 개발 오염으로 주민 건강이 손상되는 것을 경험하려면 제3세계의 대도시로 여행을 가보면 된다.) 그러나 내가 반대하는 규제는 인류의 이익을 위한 것이 아니라 천연자원의 현명한 사용마저 막는 것이다. 사유 재산권의 중요성을 무시하고 모든 재산을 궁극적으로 국가의 소유라고 보는 이러한 태도는, 개인이 자신의 이익을 위해 자신의 재산을 사용할 권리와 자

---

14 "It's Not Easy Being Green: Excessive Environmental Regulations Hurt Working Class Americans," *Talking Points on the Economy: Follies of Regulation* #2, National Center for Public Policy Research (Feb. 26, 1992). www.nationalcenter.org/TPRegulations.html.

15 Dick Hammer: Quoted in Richard Quest, "Environment Meets Politics Amid Firs," *CNN. com* (Aug. 13, 2004). http://edition.cnn.com/2004/ALLPOLITICS/08/13/quest.trees/.

유를 잃게 만드는 막대한 비용의 과도한 환경 규제로 이어진다.

클린턴 대통령이 미국 서부의 수백만 에이커에 달하는 사유 재산을 보호구역으로 묶어 사지도, 팔지도, 개발하지도 못하게 만드는 행정명령을 내린 것도 또 다른 사유 재산권 침해이다. 행정명령 13061호에 따라 당시 클린턴 대통령은 사유지를 통과하는지 여부에 관계없이 14개 강(향후 매년 10개 강을 추가로 지정할 수 있는 권한 부여)을 연방 소유로 지정했다.[16] 동일한 일은 이미 오바마 대통령 밑에서도 일어나기 시작했다. 수백만 에이커의 추가 토지가 의회에 의해 개인으로부터 압수되고 사실상 개인사용이 영구히 금지되고 있다.[17]

이러한 모든 사실은 바로 오늘날 연방 정부가 행하는 일이 사무엘이 경고했던 왕의 행동과 거의 같다는 것을 잘 보여준다. "그가 … 데려다가 … 가져다가 … 거두어 가리니 …"(삼상 8:10~18; 위에 인용).

정부가 이러한 방식으로 민간 기업과 사유 재산을 인수할 때마다 더 많은 개인의 자유가 상실된다. 해당 회사에서 일하거나 그 땅에 사는 사람들은 점점 더 정부의 하인이 되어 정부의 지시와 통

---

16 Executive Order 13061. http://clinton6.nara.gov/1997/09/1997 - 09 - 11-executive-order - 13061-on-american-heritage-rivers.html.

17 "Congress votes to expand wilderness in 9 states," *Associated Press* (March 26, 2009). www.usatoday.com/news/washington/legislative/house/2009 - 03 - 25-wilderness_ N.htm?csp=34.

제를 받게 된다. 더 이상 자기 회사나 자기 재산에 대해 각 개인이 최선이라고 생각하는 대로 행동할 자유는 박탈된다.

예를 들어 미국의 의료체계에 이런 일이 발생하면 의사, 간호사, 약국, 병원, 의료연구실, 의료진 및 의료 공급 회사 등은 사실상 연방 정부 소속으로 그 하인이 될 것이며 개인의 자유가 엄청나게 상실되는 것이다.

한 나라의 사유 재산 소유권을 보전하기 위한 싸움의 본질은, 우리가 인간의 자유, 즉 하나님이 우리에게 맡기신 일의 청지기로서 하나님께 순종하느냐 불순종하느냐를 자유롭게 선택할 수 있는 자유를 보전하는 것이다. 정부가 국민의 재산을 점점 더 많이 가져갈수록, 그러한 자유는 점점 더 없어진다.

B. 경제개발

정부는 국가의 건전한 경제 발전을 촉진해야 한다. 국가의 경제 성장과 발전으로 이어질 여러 조건을 장려하는 것이 정부의 책임일까? 정부는 국민의 생활 수준과 1인당 연간소득을 높이기 위해 노력해야 할까? 아니면 그런 일은 단지 잘못된 "물질주의"를 조장하는 것일까?

나는 정부가 국가의 경제 성장을 촉진해야 한다고 믿는다. 왜냐하면 정부의 주요 책임 중 하나가 바로 그 나라의 시민을 위해 "선을 베풂"(롬 13:4 참고)거나, 미국 헌법에 따라 "일반 복지를 장려"하는 "하나님의 사역자"로서 행동하는 것이기 때문이다(3장 A, D의 논의 참고).

때로 사람들은 "기독교인들이 경제 성장을 장려해서는 안 된다. 그것은 물질주의적인 사고방식이고 물질주의는 악하기 때문이다"라고 말한다. 그러나 나는 동의하지 않는다. 나는 경제 성장 '자체가' 도덕적으로 악하다거나 단지 잘못된 "물질주의"의 결과라고 믿지 않는다. 또한 경제 성장이 도덕적으로 "중립"적인 것이라고도 믿지 않는다. 오히려 나는 경제 성장이 그 자체로 도덕적으로 선하며 하나님께서 인간을 이 땅에 살게 하신 목적의 일부라고 믿는다. 따라서 정부가 나라의 경제 성장을 장려하고 가능한 한 촉진하는 것은 옳은 일이다.

인간을 향한 하나님의 원래 목적 중 하나는 땅을 생산적으로 만드는 것이었다. 그리고 하나님은 그들에게 복을 주셨다.

하나님이 그들에게 복을 주시며 하나님이 그들에게 이르시되 생육하고 번성하여 땅에 충만하라, 땅을 정복하라, 바다의 물고기와 하늘의 새와 땅에 움직이는 모든 생물을 다스리라 하시니라 (창 1:28)

"정복"으로 번역된 단어는 히브리어 카바쉬(kābash)로, "제압하다, 지배하다, 노예화하거나 속박하다"를 의미한다. 이 용어는 이스라엘이 가나안 땅을 "정복"하여 그 땅이 이스라엘 백성의 필요를 공급하도록 하는 데 사용되었으며(민 32:22, 29; 수 18:1 참고), 다윗이 제패한 나라들을 "정복"할 때도 사용되었다. 그들은 다윗에게 조공을 가져다 바쳤다(삼하 8:11 참고). 아담과 하와에게 주신 하나님의 원래 명령에 담긴 이 표현은 그들이 땅의 자원을 파악하고 발굴하여 사용하고 즐길 것을 하나님께서 원하셨음을 암시한다. 그들은 하나님의 형상을 지닌 자들로서 하나님께 감사하는 마음으로 이 일을 해야 했다.

이는 땅에서 더 좋은 상품을 더 많이 개발하고 생산하는 것이 단지 죄나 탐욕, 또는 잘못된 "물질주의"의 결과가 아니라, 인간이 처음부터 행하도록 하나님께서 계획하신 일임을 의미한다. 그것은 하나님이 창조하신 우리 인간 기능의 필수적인 부분인 것이다.

성경의 나머지는, 땅의 생산성이 증가하는 축복의 이야기이거나, 아니면 죄를 짓는 사람들에 대해 땅에 저주를 내려 그들의 생산성을 떨어뜨리고, 그들의 일을 고통스럽고 힘들게 하고, 그들에게 기근을 보내는 것이다. "땅은 너로 말미암아 저주를 받고 너는 네 평생에 수고하여야 그 소산을 먹으리라 땅이 네게 가시덤불과 엉겅퀴를 낼 것이라 네가 먹을 것은 밭의 채소인즉 네가 흙으로 돌아갈 때까지 얼굴에 땀을 흘려야 먹을 것을 먹으리니 네가 그것에서 취함을 입었음이라"(창 3:17~19; 4장의 논의와 신 28:15~68에 약속된 저주 참고).

반면에 하나님께서는 자기를 신뢰하고 순종하는 자에게 물질의 풍성함을 축복으로 주시겠다고 자주 약속하셨다.

네 하나님 여호와께서 너를 아름다운 땅에 이르게 하시나니 그 곳은 골짜기든지 산지든지 시내와 분천과 샘이 흐르고 밀과 보리의 소산지요 포도와 무화과와 석류와 감람나무와 꿀의 소산지라 네가 먹을 것에 모자람이 없고 네게 아무 부족함이 없는 땅이며 그 땅의 돌은 철이요 산에서는 동을 캘 것이라 네가 먹어서 배부르고 네 하나님 여호와께서 옥토를 네게 주셨음으로 말미암아 그를 찬송하리라 (신 8:7~10; 또한 11:10~17; 28:1~14 참고)

선지서의 일부분에서도 땅에 물질적인 축복이 더해져 훨씬 더 큰 생산성을 발휘할 미래를 예언하고 있다(사 35:1~2; 욜 3:18 참고). 더 큰 생산성은 하나님으로부터 더 큰 축복을 받는 것을 의미한다.

물질적 생산성이 그 자체로 선하다는 또 다른 근거는 '가난한 사람들을 도우라'는 신약의 교훈에서 찾을 수 있다. 이는 가난이 바람직한 것이 아니라 극복하기 위해 노력해야 하는 것임을 내포한다

(갈 2:10; 요일 3:17 참고).

예수님 자신도 목수로서의 직업을 가졌고(막 6:3 참고), 바울도 천막을 만드는 일을 했다(행 18:3; 살후 3:7~8 참고). 땅의 재물은 그 자체가 탐욕스럽거나 물질주의적인 것이 아니라, 오히려 하나님께서 보시기에 의롭고 기뻐하시는 것이다.

신약성경 또한 땅이 새로워지고, 하나님께서 땅을 저주하시기 전 에덴동산에서 가졌던 놀라운 생산성과 풍성한 열매를 다시 얻게 될 때를 고대하고 있다. 바울은 "그 바라는 것은 피조물도 썩어짐의 종 노릇 한 데서 해방되어 하나님의 자녀들의 영광의 자유에 이르는 것이니라"(롬 8:21)라고 썼다. 또한 요한계시록에는 장차 다가올 시대를 우리가 상상할 수 있는 것 이상의 물질적으로 풍요로운 시대로 묘사하는 내용이 있다(계 21:10~26 참고).

요약하자면, 창세기부터 요한계시록까지 인간을 향한 하나님의 목적 중 하나는 우리가 땅에서 유용한 것들, 즉 우리가 충분히 누리면서 하나님께 감사할 수 있는 것들을 생산하는 것이었다. 따라서 물질적인 것 자체는 소위 "영적이지" 못해서 악하거나 해로운 것이 아니라, 하나님께서 주신 선물이다. 우리는 깨끗한 양심을 가지고 하나님께서 우리에게 주신 것들에 대해 감사하는 마음으로, 그것들을 사용할 수 있고 또 사용해야 한다. "하나님께서 지으신 모든 것이 선하매 감사함으로 받으면 버릴 것이 없나니"(딤전 4:4;

6:17과 비교).

물론 물질적 재화의 생산과 소유에 수반되는 유혹(교만, 시기, 이기심, 이웃에 대한 사랑의 부족, 과한 소유로 인한 게으름 등)도 있다. 가장 큰 유혹은 그 물질을 주시는 하나님보다 물질 자체에 마음을 두는 것이다. "한 사람이 두 주인을 섬기지 못할 것이니"(마 6:24). 그러나 죄에 대한 이러한 유혹으로 인해 물질적 재화 자체가 악하다고 생각하게 해서는 안 된다. 더구나 국가에게 있어서 지속적으로 재화와 서비스의 생산을 늘리는 것은 악이 아니라 선이다. 이것이 바로 하나님께서 인간에게 의도하신 일이기 때문이다. 이것이 또한 많은 나라의 빈곤에 대한 유일한 장기적 해결책이다.

따라서 우리가 정원을 가꾸거나, 요리, 목공, 자동차 수리, 기타 여러 공예 및 취미 활동 등을 위해 땅에서 자원을 취하여 개발하고 많은 제품을 생산하려는 강한 내적 욕구를 가진 것은 놀라운 일이 아니다. 하나님께서 우리를 그렇게 창조하셨기 때문이다.

나라의 부가 늘어나면 사람들은 자녀를 양육하고, 국내외에 복음을 전하고, 어려운 사람을 돌보며, 교회를 세우고, 또는 '모이는 일'(히 10:25)과 같은 하나님의 다른 많은 명령도 이행하기가 더 쉬워진다. 성경은 "하나님이 세상에서 가난한 자를 택하사 믿음에 부요하게 하시고"(약 2:5)라고 말하지만, 결코 사람들에게 가난해지기를 추구하거나 다른 사람들을 가난하게 만들라고 권하지 않는다. 오히려 그 반대이다. 우리는 가난한 사람들을 돕고 돌보아야 하며(갈 2:10; 요일 3:17 참고) 그들이 가난에서 빠져나오도록 도와야 한다.

따라서 여러 가지 이유로, 정부가 국가의 경제적 생산력을 높이려고 노력하는 것은 도덕적으로 옳다. 그것은 사람들이 하나님께서 우리를 이 땅에 두신 목적 중 하나를 성취하도록 돕는다. 그것은 사람들이 성경의 다른 많은 명령에 더 효과적으로 순종할 수 있게 해준다. 그것은 사람들이 하나님께서 그들의 마음에 넣어주신 생산에 대한 갈망을 성취할 수 있게 해준다. 그것은 사람들이 일하고 자립할 수 있게 하여 신약의 명령에 순종할 수 있게 해준다(살후 3:6~12 참고). 그것은 많은 사람들이 스스로 빈곤을 극복할 수 있게 해준다. 결과적으로 하나님께 감사할 수 있는 많은 제목들을 제공한다.

C. 화폐 공급

정부는 국가를 위한 효과적인 통화 공급을 확립하고 유지해야 한다.

성경은 결코 돈 자체가 악하다고 말하지 않으며, 오히려 "돈을 '사랑함'이 일만 악의 뿌리"(딤전 6:10)라고 말한다.

사실 돈은 그 자체로 선하다. 왜냐하면 돈을 통해 사람들은 필요한 상품을 사고, 모두가 동의하는 표준 화폐(미국 달러, 영국 파운드, 유로 등)의 가치를 기반으로 각자 생산한 상품을 판매할 수 있도록 하기 때문이다. 돈이 없다면 우리는 달걀이나 사과 한 봉지 등을 교환하면서 서로 물물교환을 해야 할 것이고, 대부분의 현대 사업 거래는 사실상 불가능할 것이다. (새 차 한 대를 사려면 달걀 몇 개를 준비해야 하겠는가?)

또한 지금은 필요한 모든 것을 스스로 생산할 수 있는 사람이 거의 없기 때문에(원시 사회의 영세 농민만이 그렇게 한다), 필요한 것을 사고 팔아 다른 사람이 생산하는 것을 누리기 위해서는 결국 돈이 필요하다. 이는 우리가 다른 사람들과 상호 작용을 하도록 사실상 강제하여 서로 간의 우호와 신뢰 수준을 높이고, 서로 어울리기 위한 정직성과 진실성을 보여줄 수 있다는 점에서 놀라운 성숙의 과정이다.

따라서 돈은 가치를 재는 척도임과 동시에, 우리가 가치 있는 다른 것을 구입하기 전까지 돈은 그 자체로 가치를 지니고 있다.[18]

그러면 사람들이 물건을 사고파는 데 필요한 돈을 누가 제공할 수 있을까? 가장 좋은 해결책은 각 국가의 정부가 모든 사람이 알 수 있고 받아들이는 전국 표준의 가치를 갖는 통화(예: 미국의 달러, 멕

---

18 돈의 도덕적 선함에 대해서는 Wayne Grudem, *Business for the Glory of God*, 47~50.을 참고하라.

시코의 페소, 영국의 파운드)를 발행하는 것이다.

그러나 이 시스템이 작동하려면 통화 가치가 시간이 지나도 안정적으로 유지되어야 한다. 극단적인 예를 들어보자. 어느 페인트공이 200달러를 받고 우리 집 방 내부를 페인트칠하기로 했다고 가정해보자. 일주일 후 페인트공이 와서 방에 페인트를 칠했고, 나는 그에게 200달러를 지불한다. 200달러의 가치가 계속 동일하게 유지된다면 아무런 문제가 없다. 하지만 일부 불안정한 국가에서는 인플레이션이 돈의 가치를 급히 변동시키기도 한다. 게임 도중에 게임의 규칙을 변경하는 셈이다.

예를 들어, 내가 페인트공에게 내 방을 페인트칠하는 대가로 200달러를 주기로 합의할 당시, 빵 한 덩어리의 비용은 4달러, 페인트공이 트럭을 운전하는 데 드는 휘발유 1갤런은 2달러라고 가정해보자. 그의 월세는 800달러다. 이 모든 것을 가정하고 그는 200달러에 내 방을 페인트칠하는 데 동의한 것이다. 그러나 페인트공이 그런 합의를 체결한 이후에 무제한적인 인플레이션이 시작되어 빵 한 덩어리의 가격이 40달러, 또다시 400달러까지 올랐다고 가정해보라! 갑자기 휘발유 1갤런의 비용이 200달러가 되고 그의 집세는 한 달에 80,000달러가 되는 것이다!

이러한 끔찍한 초인플레이션의 몇 가지 실례는 다음과 같다:

헝가리 – 1946년 7월, 일일 인플레이션율 207%. 가격은 15시간 만에 두 배로 뛴다.

짐바브웨 – 2008년 11월, 일일 인플레이션율 98%. 가격은 24.7시간 만에 두 배로 뛴다.

유고슬라비아 – 1994년 1월, 일일 인플레이션율 64.6%. 가격은 1.4일 만에 두 배로 뛴다.

독일 – 1923년 10월, 일일 인플레이션율 20.9%. 가격은 3.7일 만에 두 배로 뛴다.

그리스 – 1944년 10월, 일일 인플레이션율 17.9%. 가격은 4.3일 만에 두 배로 뛴다.

중국 – 1949년 5월, 일일 인플레이션율 11%. 가격은 6.7일 만에 두 배로 뛴다.[19]

이와 같은 인플레이션이 발생하면 나는 페인트공에게 합의한 200달러를 지불할 수는 있겠지만 그는 빵 50덩이를 사는 대신 빵 한 덩어리도 사지 못할 것이다! 정부는 게임 도중 규칙이 바뀌는 것을 허용했고, 갑자기 모든 사람들은 자신이 땀 흘려 일한 돈의 가치를 잃게 되었다. 누구도 더 이상 계약을 하려 하지 않을 것이

19 Steve H. Hanke and Alex K. F. Kwok, "On the Measurement of Zimbabwe's Hyperinflation." *Cato Journal* 29:2 (Spring/Summer 2009). www.cato.org/pubs/journal/cj29n2/cj29n2 - 8.pdf.

다. 왜냐하면 아무도 1주, 2주 또는 한 달 후에 1달러의 가치가 얼마로 바뀔지 알 수 없기 때문이다. 경제 체제 전체가 붕괴될 것이고, 사람들은 귀금속, 보석 또는 기타 유사한 물건을 활용한 물물교환으로 돌아갈 것이다. 이러한 인플레이션은 경제와 국가를 완전히 파괴하는 것이다.

인플레이션이 연간 10~15%씩 발생하면 사람들은 그 영향을 위의 상황처럼 즉시 알아차리지 못할 수도 있다. 하지만 그 파괴적인 영향은 여전하다. 국민들은 매년 그들의 돈과 계약 가치의 15%를 강탈당하고 있는 것이다! 따라서 좋은 정부는 시간이 지나도 상대적으로 안정적인 통화를 유지해야 한다.[20] 이는 '공정성'의 문제로 이해될 수 있다. (즉, 지금 무언가를 사고팔기로 합의한 사람들이 미래에도 그 거래의 가치만큼 공정하게 대우받을 것인가?) 이는 경제 체제 전체의 '진실성'의 문제로도 볼 수 있다. (즉, 사람들은 현재 계약의 "1달러"가 미래에도 "1달러"의 가치를 가질 것이라고 합리적으로 기대했던 진실을 실제로 반영할 것이라고 믿을 수 있을까?)

다른 말로 하면, 통화의 가치는 상업 거래를 평가하는 '표준'으로, 판매자가 거래에서 사용하는 "도량형(weight and measure)"과 같은

---

20 내가 "상대적으로 안정적"이라고 말하는 이유는 많은 경제학자들이 적당한 인플레이션율 (가령 연간 2~3%정도)은 생산성이 매년 그만큼 증가하는 건강하고 성장하는 경제의 특징 이라고 말하기 때문이다. 그러나 여기서 내가 우려하는 것은 그 금액을 훨씬 초과하는 인플레이션이다.

것이다. 그러나 통화 가치가 지속적으로 변동한다면 사람들은 사고파는 재화와 서비스를 평가할 수 있는 신뢰할만한 표준이 없다. 그러므로 잠언의 다음 구절은 참으로 적절하다.

한결같지 않은 저울추(weight)와 한결같지 않은 되(measure)는 다 여호와 께서 미워하시느니라 (잠 20:10)

결론적으로, 정부는 국가를 위한 효과적인 통화 공급을 확립하고 유지해야 하며, 이는 통화 가치가 시간이 지나도 상대적으로 안정적인 것을 의미한다.

그렇다면 과도한 인플레이션, 즉 한 국가의 화폐 공급이 과도하게 증가하는 현상의 원인은 무엇일까? (미국에서 이는 경제에 유통되는 달러가 증가함을 의미한다.) 이를 이해하기 위해서 보드게임 모노폴리(Monopoly)를 하고 있다고 상상해 보자. 대부분의 부동산이 매각되었고 여러 플레이어가 부동산 '애틀란틱 애비뉴(Atlantic Avenue)'에 입찰하여 해당 부동산을 소유한 플레이어에게 판매를 유도하고 있다. 탐은 자신이 가지고 있는 현금을 세어본 후 1,200달러를 제안하고, 딕은 1,250달러를 제안하고, 해리는 지금 1,100달러를, "Go"를 통과한 후에는 200달러를 더 제안한다. 그런데 갑자기 어떤 외부 권위(가령 부모)가 나타나 각 플레이어가 가진 돈의 양을 두 배로 늘려준다고 상상해 보라! 한꺼번에 입찰가가 올라간다. 탐은 2,400달러를 제안하고 딕은 2,500달러를 제안하고 해리는 2,200달러에 추가로 다음 두 번 "Go"를 통과할 때마다 200달러를 지불하겠다고 제안할 수 있다! 그들 "국가"의 통화 공급량은 두 배로 늘어났고 '애틀랜틱 애비뉴'는 여전히 시장에 있었기 때문에 제안된 가격이 갑자기 두 배로 올랐다.

인플레이션은 화폐 공급이 과도하게 증가할 때 발생한다. 이러한 원칙은 노벨상 수상 경제학자 밀턴 프리드먼(Milton Friedman)의 유명한 격언을 낳았다. "인플레이션은 언제 어디서나 화폐적 현상이다."[21]

이러한 이유로 2009년 오바마 행정부 출범 이후 첫 몇 달 동안 연방준비제도이사회의 통화 정책은 상당히 문제가 있다. 그들은 패니 메이(Fannie Mae)나 프레디 맥(Freddie Mac)과 같은 회사로부터 7,500억 달러 규모의 모기지 담보 증권을 포함해 총 1조 2천억 달러의 자산을 구매하여 금융 업계에 준비금을 쏟아붓기로 결정했다.[22] 은행은 그 후 엄청난 양의 추가 자금을 준비금으로 확보했다. 이러한 은행의 준비금은 좁게 정의된 '통화 공급'은 아직 아니

---

21 Milton Friedman. *Money Mischief: Episodes in Monetary History* (Boston: Houghton-Mifflin/ Mariner Books), 104.

22 Neil Irwin, "Fed to Pump $1.2 Trillion into Markets," *Washington Post* (March 19, 2009). www.washingtonpost.com/wp-dyn/content/article/2009/03/18/AR2009031802283. html?hpid=topnews.

지만,[23] "통화 기반"의 일부로 간주되어 향후 은행 대출을 통해 경제에 투입되는 신규 화폐로 전환될 수 있다. 2010년 1월 기준 통화 공급 수준은 8조 5천억 달러였다.[24] 따라서 이와 같은 은행 준비금의 급격한 증가는 경제가 회복되기 시작하고 은행이 대출을 풀 때 통화 공급량을 14% 이상으로 늘릴 것이다.[25] 이것이 바로 연준 의장 벤 버냉키(Ben Bernanke)가 당시 의회에 출석해서 다음과 같은 "출구 전략"을 설명해야 했던 이유이다.

그러나 적절한 시기가 되면 경기 확장이 성숙해짐에 따라 연준은 인플레이션 압력의 증가를 막기 위해 통화 조건을 긴축하기 시작해야 할 것이다. … 현재 미국 경제는 매우 완화적인 통화 정책의 지원을 계속해서 요구하고 있지만, 어느 시점이 되면 연준은 단기 이자율을 인상하고 은행 지급 준비금을 줄여 금융 조건을 조여야 할 것이다.[26]

그러나 과연 연준은 경제 성장에 불이 붙기 시작하면 브레이크

---

23 The Federal Reserve defines the money supply as "M2,"which includes currency, bank deposits, and money market mutual funds. See footnote 2 in www.federalreserve.gov/releases/h6/current/h6.htm.

24 Federal Reserve H6 release, www.federalreserve.gov/releases/h6/current/h6.htm.

25 통화 승수(money multiplier)가 작용하면 통화 공급량의 증가는 사실 14% 이상일 것이다. 이는 은행이 이 달러가 모두 동시에 지급되지는 않는다는 사실을 알고 동일한 달러를 두 번 이상 빌려주는 것이다.

26 Testimony of Chairman Ben S. Bernanke before the Committee on Financial Services, US House of Representatives, Washington, DC (Feb. 10, 2010). www.federalreserve.gov/news-events/testimony/bernanke20100210a.htm.

를 걸 수 있을까? 2009년의 기록적인 정부 지출과 2010년 이후로도 예상되는 과도한 정부 지출을 고려하면 시스템에 더 많은 달러를 쏟아부어 자금을 조달하려는 유혹이 생길 것이다. 이는 인플레이션 확대로 이어져 또 모든 사람이 가진 달러와 계약의 가치를 강탈한다. 통제할 수 없는 정부 지출은 이러한 행동을 조장한다.

케이토연구소(Cato Institute)의 선임연구원이자 세계경제성장연구소(Institute for Global Economic Growth) 회장인 리차드 란(Richard Rahn)은 다음과 같이 썼다.

특별히 우려스러운 것은 어느 정당도 부채 폭탄을 해소할 진지한 계획을 제시하지 않는다는 것이다. 민주당은 지붕이 없다는 듯 빚만 계속 쌓고 있고, 공화당은 지금까지 부채 증가를 되돌리기보다 줄이는 방안만 내놓고 있다. 향후 1~3년 내에 부채 폭탄이 터지면 기록적인 높은 이자율 및 인플레이션과 함께 수많은 "권리"가 붕괴될 것으로 예상된다. 그것은 중성자 폭탄(neutron bomb)과 같을 것이며, 건물은 그대로 남겠지만 사람들은 그렇지 않을 것이다.[27]

정부의 무책임한 지출은 사실상 도둑질이나 마찬가지이기 때문

---

27 Richard W. Rahn, "The Growing Debt Bomb," *Cato Institute* (Sept. 22, 2009). www.cato.org/pub_display.php?pub_id=10563.

에 도덕적으로 잘못된 것이다. 그것은 다음 세대 우리 자녀와 손자들로부터 돈을 강탈하는 것이다. 정부에 대한 성경적 관점에서는 누가 이 문제를 만들었든 간에 오늘날 정치인들이 이 문제에 대해 책임을 져야 한다고 요구한다. "악인은 꾸고도 갚지 아니하느니라"(시 37:21). 유권자들은 국가도, 모든 가계가 그렇듯이 자신의 수입에 맞게 생활할 것을 요구해야 한다.[28]

D. 자유시장과 규제

모든 현대 사회는 상업 거래에서 사기와 불의를 방지하기 위해 어느 정도 정부 규제가 필요하다는 점에 동의한다. 가령 정부는 사람들이 서로 간의 거래상 약속을 존중하도록 계약을 의무화할 필요가 있다. 정부는 의약품, 식품, 자전거, 자동차 등 주요 제품의 판매에 대한 보건 및 안전 기준을 부과할 필요도 있다. 또한 정부는 일반음식점에 대한 보건 및 위생 규정을 시행하는 것이 필요하다. 무게와 치수에 대한 일부 정부 규정도 필요하다. 그래서 미터기에 1갤런이 기록될 때 실제로 1갤런의 휘발유가 내 차에 들어가

---

28 역주: 2010년 이후 미국의 부채는 꾸준히 급상승하여, 당시 14조 달러 수준에서 2023년 31조 4000 억 달러(약 4경원)까지 도달했다. 이는 미국 GDP대비 122.8%에 해당하는 규모다. 2011년 신용평가 회사 스탠다드앤푸어(S&P)는 미국의 신용등급을 AAA에서 AA+로 한 단계 강등시켰다.

고, 1갤런의 우유통에 실제로 1갤런의 우유가 담겨 있어야 한다. 이러한 규정들은 개인이 물품을 구매하면서 모든 사항을 스스로 확인하려고 시도하는 것이 (불가능하지는 않더라도) 매우 비실용적이기 때문에 필요하다. 따라서 나는 성경에 나오는 하나님의 도덕적 원칙에 대한 순종보다는 인간 선택의 자유를 '선'의 최종 기준으로 삼고, 정부가 단지 사람들의 자유를 보장하는 것을 넘어 사람들을 위해 "선"을 행해야 한다는 점(롬 13:4)을 적절히 인식하지 못하는 "자유지상주의적(libertarian)" 입장에 동의하지 않는다.

비슷한 이유로 현대 사회 대부분의 사람들은 거의 모든 사람들이 사용하는 특정한 재화와 서비스, 가령 도로, 교통 규제, 국방, 경찰과 소방서, 그리고 우편서비스 정도를 정부가 제공하는 것이 필요하다는 것에 동의한다.

그러나 그 이상의 정부 규제에 대해서는 의견 차이가 크다. 일부 사람들은 경제의 나머지 부분에 대해 "자유시장"적 접근 방식을 선호하는 반면, 다른 일부 사람들은 "사회주의" 체제, 즉 경제학자들이 "생산 수단"이라고 부르는 대부분의 기업과 공장을 정부가 소유하고 통제하는 체제가 더 바람직하다고 여긴다. 또 다른 사람들은 "공산주의", 즉 정부가 생산 수단뿐만 아니라 모든 재산을 소유하고 통제해 주택이나 아파트 건물, 농장도 사적 소유가 아니라 정부 소유인 체제를 선호하기도 한다.

2009년에 이 같은 질문이 여러 분야에서 제기되었다. 연방 정부가 미국의 은행 체계를 소유하고 그 모든 세부 사항을 통제해야 할까? 연방 정부가 국가의 의료체계 전체를 직접 운영해야 할까? 2009년 4월과 5월부터 그렇게 된 것처럼 자동차 제조업체인 제너럴모터스(General Motors)와 크라이슬러(Chrysler)를 정부가 통제해야 할까? 2009년 5월 중순 오바마 행정부가 제안한 것처럼 은행 및 금융 서비스 산업에 종사하는 모든 사람의 임금 수준을 정부가 설정해야 할까?[29]

다음 여러 요인이 거의 모든 문제를 해결하는 데 있어 정부 소유나 통제보다 자유시장이 언제나 더 나은 방법이라는 결론을 뒷받침한다.

⑴ 정부의 역할에 관한 성경의 가르침은 사회주의나 공산주의가 아니라 자유시장을 지지한다. 그 이유는 정부 역할에 관한 성경의 가르침 중 그 어디에도 정부가 당시 고대의 농장이나 상인 및 소규모 상점 등, 사적 상업의 소유권이나 통제권을 가져갈 권한을 부여하지 않기 때문이다. 정부의 역할은 악을 처벌하고 선을 행하는 사람들에게 보상하여 사회 질서를 보존하는 것이지, 나라의 재산이나 기업을 소유하고 통제하는 것이 아니다.

---

29 "U.S. Eyes Bank Pay Overhaul," *Wall Street Journal* (May 13, 2009), 81.

⑵ 성경은 예를 들어 밭과 포도원(현대의 공장이나 회사와 유사하다)을 포함하여 백성에게 정당하게 속한 것을 "착취"하기 위해 자신의 권력을 사용하는 통치자에 대해 반복해서 경고하고 있다.

⑶ 사유 재산에 대한 성경의 가르침은 재산이 정부에 속한 것이 아니라 마땅히 개인에게 속했다는 점을 말한다(기업도 재산의 한 형태이다).

⑷ 인간 자유의 가치에 대한 성경의 강조도 사회주의나 공산주의가 아닌 자유시장 체제를 주장한다. 자유시장에서는 개인이 어디서 일하고, 무엇을 구매하고, 사업을 운영하고, 돈을 어떻게 쓰는지 선택할 수 있다. 그러나 정부가 경제를 통제하는 체제에서는 사람들이 스스로 결정을 내릴 자유를 허용하기보다는 정부가 사람들을 위해 그러한 결정을 내린다.

⑸ 역사는 자유시장이 정부가 통제하는 경제보다 월등히 더 나은 결과를 가져온다는 것을 거듭 입증한다.

나는 자유시장을 다음과 같이 이해한다.

사회에서 '생산되는' 상품과 서비스, 즉 '공급'이, 사회가 '원하는' 상품과 서비스, 즉 '수요'와 정확히 일치되도록 각 때에 맞게 쉼 없이 조정되는 하나님이 인간 사회에 주신 놀라운 과정이다. 이 과정에서 사회는, 정부의 통제가 아닌, 사회에 속한 모든 개인의 전적으로 자유로운 선택을 통해 각 순간에 각 상품과 서비스에 대한 특정 가치를 할당한다. (이 과정에는 절도, 사기, 계약 위반과 같은 불법 행위를 방지하기 위한 정부 규제가 일정 부분 필요하다.)

자유시장의 더 나은 결과는 여러 가지 방식으로 나타난다.

(a) 자유시장은 상품 생산과 서비스 제공에 있어서 정부 통제보다 낫다. 자유시장이 생산하는 경제적 "상품"은 더 낮은 가격에 더 나은 품질을 가지며, 정부의 어떤 기관이 우리가 원해야 한다고 말하는 상품이 아니라 실제로 우리가 원하는 상품이다. 이는 최근 역사에서 수많은 사례를 통해 확인할 수 있다.

1985~86년에 나는 영국에서 연구와 저술 활동으로 1년을 보냈고, 그 기간이 끝날 무렵 우리 가족은 유럽의 여러 나라를 여행했다. 나와 아내는 아이들(12살, 9살, 6살)이 자유시장 경제와 국가가 경제를 통제하는 공산주의의 차이를 알기를 원했기 때문에 서베를린에서 동베를린으로 건너갔다. 서베를린은 사회가 번영했고, 활력

이 넘쳤으며, 밝고 현대적이었다. 어디를 가든 경제적 번영의 증거가 가득 차 있었다. 그러나 베를린 장벽(당시 아직 그대로 있었다)을 넘자마자 우리는 갈색과 회색의 건물, 텅 빈 거리, 동독 사람들의 필요를 거의 충족하지 못하는 무색한 상점만 있는 암울한 세계로 들어섰다. 마치 도시에서 생명력이 빠져나간 듯 보였다. 사람들은 가난의 덫에 걸려 있었다. 그래서 동독 정부는 사람들이 동베를린을 떠나는 것을 막기 위해 베를린 장벽을 건설해야 했던 것이다.

두 베를린의 차이점은 무엇이었나? 유일한 차이점은 경제 체제였다. 도시의 양쪽은 동일한 인종과 문화 및 언어 배경을 가진 독일인들로 가득 차 있었다. 그러나 한쪽 절반은 2차 세계대전 이후 공산주의의 지배를 받았고, 나머지 절반은 자유시장을 누렸다.

우리는 1년 후 핀란드 헬싱키에서 러시아 레닌그라드(현 상트페테르부르크)로 가는 버스를 탔을 때 같은 대조를 목격했다. 두 도시를 이동하는 데는 (국경에서 소모한 시간을 제외하고) 4시간밖에 걸리지 않았는데, 헬싱키의 시장은 자유시장 경제에서 생산되는 싱싱한 과일과 채소, 고기로 가득 차 있었던 반면, 레닌그라드에서 돌아본 상점에는 아무도 원하지 않았지만 대량 생산된 똑같은 스타일의 칙칙한 갈색 겨울 코트가 줄지어 있는 것을 보았다. 우리는 여성들이 상하지 않은 우유를 찾으려고 우유병을 하나씩 들어보는 모습을 지켜보았다. 우리는 거의 비어 있는 가게 선반에 다른 브랜드와의 아무런 경쟁도 없고, 더 나은 제품이나 사람들이 실제로 사고 싶어 하는 제품을 생산하려는 인센티브도 없이 정부 산하 협동조합에서 생산한 야채 통조림 몇 캔을 보았다. 사람들의 얼굴에는 삶의 희망이나 기쁨이 빠져 있는 것 같았다. 헬싱키와 레닌그라드는 기후도 같고 둘 다 발트해의 항로에 접근할 수 있는 조건을 갖고 있었지만, 한 도시는 부유했고 다른 도시는 가난했다. 그 이유는 간단했다. 한 도시에서는 정부의 통제가 경제적 생산성을 파괴했기 때문이다.

(b) 자유시장은 사람들이 (정부에 의해 직업을 배정받는 대신) 자신이 선택한 직업에서 일할 수 있고, 사람들이 원하는 직업을 위해서 더 나은 훈련을 받을 수 있는 등, 각자가 자신의 미래에 더 나은 성과를 낼 수 있도록 독려한다. 더 나은 상품과 서비스에 대해 그만한 보상이 약속되기 때문이다. 이는 훨씬 더 큰 직업 만족도를 제공한다.

(c) 자유시장은 고용주가 업무에 가장 적합하다고 생각하는 직원을 자유롭게 고용할 수 있고, 직원이 업무와 회사에 타당한 가치를 제공하지 못하는 경우 자유롭게 고용하지 않을(혹은 해고할) 수 있다. 이를 통해 개별 기업은 물론 나라 전체의 경제적 생산성이 향상된다.

(d) 자유시장은 사람들이 실제로 원하는 상품과 서비스를 생산함으로써 소비자 만족이라는 큰 이점을 제공한다.

(e) 자유시장은 미래 어느 시점에든 수백만 명의 경제적 욕구를 비교적 정확하게 예측하고 그러한 욕구를 충족하기 위해 효과적인 계획을 세울 수 있는 충분한 정보를 가지고 있다. 이것은 아무리 큰 규모의 정부 기관이라도 할 수 없는 일이다. 자유시장은 아무도 감독하지 않아도 스스로 이를 수행한다. 왜냐하면 그 결정은 "땅에 발을 둔" 수천 명의 사람들의 현실감과 각 사람이 수년 동안 시행착오를 통해 얻으며 축적된 본능적이고 경험적인 지혜에 따라 이루어지기 때문이다. 매일 각 식료품점은 얼마나 많은 계란과 우유를 구입할 것인가? 상점이 너무 많이 구매하면 제품이 상하게 되고 돈을 낭비하게 된다. 너무 적게 구매하면 잠재 매출을 잃고 빈 진열대 공간에 대한 투자를 낭비하게 되며, 고객은 원하는 것이 없는 매장에 다시 돌아오지 않는다. 그러나 정부 계획 위원회의 지시가 없이도 이 모든 것이 어떻게든 작동한다! 자유시장 경제에서 성공한 구멍가게는 가장 적절한 재고를 사들여 적재하는 방법을 알고 있다.

해마다 밤낮으로 수십 대의 배달 트럭이 오가며 각 편의점과 레스토랑, 주유소 및 백화점에 그날 그 동네 소비자의 수요를 충족할

만큼의 각 제품을 공급한다. 자유시장 사회의 모든 도시에서는 매일 수만 번씩 이런 일이 일어난다. 어떻게 이런 일이 가능한 걸까? 어느 누구도 공급업체와 상점 주인에게 얼마만큼 주문하거나 배송해야 하는지 지시하지 않는다. 지역 편의점 한 곳에서 일어나는 이 과정을 공중에서 관찰할 수 있다면 거의 기적처럼 보일 것이다. 어떤 사람이나 정부 기관 또는 계획 위원회가 이 모든 활동을 지시하지 않지만 모든 것이 완수된다!

자유시장 체제의 놀라운 작동에 대한 또 다른 예는 연필처럼 단순한 제조 상품에서도 찾을 수 있다. 이 연필 하나를 생산하기 위해서는 벌목 회사, 고무 공장, 페인트 회사, 흑연 공장, 트럭 운송 회사 등에서 수천 가지 독립된 결정을 내려야 한다. 그러나 이 연필은 어떤 중앙의 계획 기관이나 생산을 명령하는 정부 통제가 없이 이루어졌다. 그럼에도 나는 미국의 어느 식료품점에 가서 한쪽 끝에 고무지우개가 달린 노란색 연필을 살 수 있으며, 이 수많은 복잡한 과정에 대해 아무런 염려를 하지 않아도 된다. 자유시장은 나의 필요를 '예상'하고 그 필요(및 수천 가지 다른 필요)를 모두 중앙의 지시 없이 제공하는 데 성공했다. 이 놀라운 일이 일어날 수 있었던 이유는 이 연필을 생산하고 공급 및 판매하는 각 단계의 개인들이 단지 각자 자신의 이익에 부합하기 위해 다음 단계의 수요를 거의 정확히 추정하고 제품을 생산하거나 서비스를 제공하여, 결과적으로 세계 각 지역 인구의 경제적 수요를 충족한 것이다. 그리고 이를 가장 잘 수행하는 개인들은 경제적으로 가장 잘 생존하고 번영하는 기업에 속한다. 그들은 단지 자신의 이익을 추구한 것이지만, 자유시장에서는 그 이익이 다른 사람의 이익을 가장 잘 제공함으로써 달성되는 것이다.

(6) 현재 논란에 대한 적용

위에서 지적한 내용을 종합하면, 성경의 여러 원칙과 역사 속 현실의 뛰어난 결과는 오늘날 논란이 되는 많은 정책 분야에 대해서도 정부 통제보다 자유시장이 훨씬 더 나은 해결책이라는 것을 나타낸다. 정부가 통제하는 자동차 산업은 소수의 사람들이 사고 싶어 하는 자동차를 점점 더 많이 생산할 것이지만 더 많은 소비자가 정말로 원하는 다른 자동차를 생산하지 못할 것이다. (이는 정부가 명령하는 소형의 주행거리가 많은 자동차 또는 품질이 좋지 않은 자동차를 구입하는 사람들에게 현금 "리베이트"나 세금 혜택을 제공하면서 분명해진다. 사실상 정부는 사람들에게 원래대로라면 사지 않을 자동차를 구입하도록 만들기 위해 많은 돈을 지불하는 것이다.) 소비자 수요에 민감하지 못한 공기업의 이러한 정책은 사람들로 하여금 더 많은 비용을 지불하더라도 실제로 원하는 좋은 품질의 외제차를 구매하도록 유도할 것이고, 그러면 정부는 외제차에 대해 막대한 관세를 부과하여 소비자 선택을 거부할 것이다. 결국 정부는 사람들에게 더 많은 돈을 쓰게 하거나 원하지 않는 자동차를 사도록 강요하는 것이다.

마찬가지로, 정부가 통제하는 의료체계는 사람들이 원하는 의료서비스를 충분히 제공하지 못하고, 특정 (전문성이 없는) 정부 기관에 의해 어떤 환자가 어떤 치료를 받을 자격이 있는지 결정하는 의료 '배급'의 형태로 이어지며, 또한 (캐나다나 영국의 국가 운영 의료체계에서 볼 수 있듯이) 필요한 치료를 상당 시간 오래 기다려야 하는 상황을 만들 것이다.

자유시장에 대한 정부의 왜곡은 또한 시장의 가격이 더 이상 소비자 수요나 생산자 공급에 대한 좋은 지표가 아니라는 것을 의미한다. 따라서 공급과 수요가 일치하지 않고, 시장은 원래처럼 자연스럽게 알아서 굴러가지 못한다. 결국 어떤 제품은 너무 많이 생산되어 낭비되고, 또 다른 제품은 너무 적게 생산되어 배급을 해야 하는 상황이 필연적으로 발생한다. 폐기물과 배급 모두 매우 큰 비용을 발생시킨다. 정부가 초래한 폐기물에 대해서는 또 국민이 그 비용을 지불해야 하기 때문에 국민에게 더 많은 세금을 요구하고 그만큼의 자유를 빼앗는 셈이 된다. 배급도 국민에게 더 많은 시간과 개인적 자유의 손실을 요구한다. 왜냐하면 사람들은 자신이 원하거나 필요한 것을 구매하기 위해 줄을 서서 순서를 기다려야 하기 때문이다.

E. 부자와 가난한 자

1. 정부와 부자

오늘날 우리는 언론이나 사람들과의 대화에서 부자들이 어떤 식으로든 부당하게 부를 얻었으므로 정부가 그들에게서 부의 일부를 빼앗는 것이 옳다고 가정하는 논평을 자주 듣는다. 가령 이런 식이다. "이제 250,000달러 이상을 버는 나 같은 사람들이 우리의 공정한 몫을 지불해야 할 때입니다."[30] 이는 2008년 대선 기간 내내 버락 오바마가 한 표현이다. 그는 (아무런 논리도 없이) 단지 부유한 사람들이 현재 지불하고 있는 것보다 더 많은 세금을 내는 것이 "공정하다"고 가정한 것이다. 또는 부자들이 "그 정도는 감당할 수 있어", "그 정도는 그들에게 아무 해가 안 되는 껌값이야"라고 말할 수도 있다.

하지만 성경에는 이러한 사고가 전혀 반영되어 있지 않으며, 단순히 부유하다는 이유만으로 정부가 부유한 사람들로부터 돈을 빼앗을 권리가 있을 것이라는 조금의 암시도 없다.

성경은 오히려 부자와 가난한 자 모두를 공평하고 공정하게 대해야 할 것을 강조한다. 누구든 잘못을 했다면 처벌을 받아야 하지

---

30 William McGurn, "For Obama, Taxes Are about Fairness," *Wall Street Journal* (Aug. 19, 2008). http://online.wsj.com/article/SB121910117767951201.html?mod=todays_columnists.

만, 잘못을 하지 않았다면 처벌을 받아서는 안 된다.

성경은 어떤 곳에서 가난한 자를 부당하게 대하지 말라고 경고한다. "너는 가난한 자의 송사라고 정의를 굽게 하지 말며"(출 23:6). 그러나 다른 곳에서는 가난한 사람들을 편애하는 것에 대해서도 경고한다. "가난한 자의 송사라고 해서 편벽되이 두둔하지 말지니라"(출 23:3).

문제는 부자냐 가난한 자냐가 아니라, 선을 행했느냐 악을 행했느냐 하는 것이다.

> 의인을 벌하는 것과 귀인을 정직하다고 때리는 것은 선하지 못하니라
>
> (잠 17:26)

이는 "악행하는 자를 징벌하고 선행하는 자를 포상하기 위하여"(벧전 2:14) 존재하는 정부의 역할에 대한 성경의 가르침과 일치한다.

물론 세상에는 악을 행하는 부유한 사람들이 있다. 악을 행하는 중산층도 있고, 악을 행하는 가난한 사람들도 있다. 부나 빈곤 그 자체만으로는 각 사람의 행동의 도덕성을 분별할 수 없다.

법을 어긴 사람들은 부자든 가난하든, 그 중간이든, 정부에 의해 마땅히 처벌되어야 한다. 그러나 모든 부자를 "악한" 또는 "아마도 악한" 사람으로 고정관념화하거나 그들이 어떤 식으로든 다른 사람

들을 착취하여 부당한 방법으로 돈을 벌었다고 단순히 가정하는 것은 불공평한 것이다. 그리고 그것은 성경의 가르침에도 어긋난다.

모든 "부자"를 뭉뚱그려 의심의 눈초리로 바라보기보다는, 어떤 부유한 사람을 생각해보고 그가 정말 돈을 얻기 위해 악한 일을 했다고 생각되는지 따져보는 것이 도움이 될 수 있다. (독자들은 자신의 교회나 지역사회에서 실제 부유한 누군가를 떠올려보라.) 이 글을 쓰면서 나도 교계에서 알고 있는 "부자" 서너 명을 생각하고 있다. 그러나 그들 모두가 대부분의 시간을 다른 사람들을 위해 선한 일을 하는 데 쓰고 있는 것처럼 보인다. 그들은 의식적으로나 고의적으로 나쁜 일을 할 것이라고 상상되지 않는 높은 인품을 지닌 사람들이다.

2009년 3월, 포브스(Forbes) 매거진은 전 세계 억만장자 793명의 목록을 발표했는데, 상위 20위 부자에 대해서는 사진과 함께 추가 정보를 실었다. 이 사람들은 진정 악한 사람들인가? 다음은 그들 중 일부다. 숫자는 순위를 나타낸다.

(1) 빌 게이츠(Bill Gates), 마이크로소프트

(2) 워런 버펫(Warren Buffet), 버크셔해서웨이 (GEICO 보험과 같은 많은 보험사 소유)

(4) 래리 엘리슨(Larry Ellison), 오라클 (비즈니스 데이터베이스 관리 프로그램 제작)

(5) 잉그바르 캄프라드(Ingvar Kamprad), 이케아 (할인 가구점)

(6) 칼 알브레히트(Karl Albrecht), 알디 슈퍼마켓 (할인 식품점)

(9) 테오 알브레히트(Theo Albrecht), 트레이더조스 (식료품점 체인)

(11) 짐 월튼(Jim Walton), 월마트 (대형 마트)

(12) 롭슨 월튼(S. Robson Walton), 월마트

(13) 앨리스 월튼(Alice Walton), 월마트

(14) 크리스티 월튼(Christy Walton), 월마트[31]

이 목록을 보면서 나는 이 많은 사람들이 부자가 되도록 나도 도왔다는 것을 깨달았다! 나는 마이크로소프트사에서 개발한 여러 가지 컴퓨터 프로그램을 구입했다. 나는 수년 동안 가이코(GEICO)에서 자동차 보험을 들었다. 나와 아내는 종종 트레이더조스에서 장을 본다. 우리는 종종 월마트에서도 물품을 구매한다.

나는 이들이 다른 사람들을 "착취"하거나 어떤 식으로든 법을 위반함으로써 부자가 되었다고 생각해야 할까? 그렇지 않다. 나는 오히려 이들이 많은 사람들이 원하는 제품과 서비스를 좋은 가격과 믿을 수 있는 품질로 제공함으로써 부자가 되었다고 생각한다. 그들은 자유시장에서 경쟁했고, 소비자들은 그들의 제품을 점점 더

---

31 "The World's Billionaires," *Forbes* (March 11, 2009). www.forbes.com/2009/03/11/worlds-richest-people-billionaires-2009-billionaires_land.html.

원하게 되었기 때문에 그들은 부자가 되었다.

그렇다면 2008년 순자산 580억 달러를 보유한 빌 게이츠에 대해 나는 어떻게 생각할까? 나는 전 세계의 소비자들이 마이크로소프트 제품의 가치가 게이츠가 그것을 생산한 비용보다 580억 달러 이상이라고 판단하기 때문에 게이츠가 그 정도의 부를 갖게 되었다고 본다. 소비자들은 빌 게이츠가 자사의 소프트웨어를 통해 세상에 580억 달러의 가치를 더했다고 그들의 돈으로 "투표"한 셈이다.

순자산이 706억 달러에 달하는 월튼 가문의 네 명에 대해서는 어떻게 생각할까? 나는 이들이 일궈낸 7,200개 월마트 매장을 이용하는 2억 명의 고객이 월튼 가족이 그 상품들을 구입하여 판매하는 데 드는 비용보다 700억 달러 이상의 가치를 그들에게 제공했다고 자유롭게 "투표"했다고 생각한다. 누구의 강요도 없이 자유시장 체제에서 월튼 가문은 700억 달러가 넘는 금액의 "부가가치"를 세상에 창출했으며 이는 월마트가 제공하는 110만 개의 일자리는 제외한 것이다.[32] 월마트는 또한 그곳에서 판매하는 모든 제품을 만드는 다른 수많은 회사의 수백만 명의 직원들을 지원하고 있기도 하다. 월튼 가문은 양질의 상품을 찾아 다른 사람들보다 낮은 가격에 판매함으로써 "악"을 저지른 것일까? 내가 보기에는 오히려 그

---

32 Lorrie Grant, "Retail Giant Wal-Mart Faces Challenges on Many Fronts," *USA Today* (Nov. 10, 2003). www.usatoday.com/money/industries/retail/2003-11-10-walmart_x.htm.

들이 사회를 위해 선한 일을 한 것 같다. 월마트에서 쇼핑하는 모든 사람들도 사실상 그렇게 여기고 자신들의 "달러로 투표"하고 있는 것이다. (일부는 월마트가 다른 재래시장이나 소규모 매장을 폐업시키는 것을 우려하지만, 그런 이유로 월마트를 반대하는 사람들은 사실상 모든 사람이 더 적은 돈으로 더 좋은 물건을 살 수 있게 되어 더 많은 돈을 가질 때 발생하는 사회 전체의 이익을 고려하지 않은 것이다. 가격 인하 압력으로 인해 모든 소비자는 이익을 얻는다. 사람들이 만약 보다 맞춤형의 개인적인 서비스를 제공하는 더 작고 값비싼 상점에서 쇼핑하기를 원한다면 그들은 그럴 자유가 있다. 나도 때로는 그렇게 한다! 그러나 모든 사람에게 돈을 그렇게 써야 한다고 강요해서는 안 된다.)

우리는 부자에 대해 어떻게 생각해야 하며, 그것이 정부의 역할에 대한 우리의 생각에 어떤 영향을 미쳐야 할까? 내가 내린 결론은 오늘날 대부분의 부자들이 공정하고 정직하게 돈을 벌었으며, 그들이 일종의 범죄 행위를 통해 돈을 얻었다는 사실이 입증되지 않는 한 정부는 그들에게서 돈을 빼앗을 아무런 권리가 없다는 것이다. 우리는 "부자"가 악하다고 곧바로 가정해서는 안 된다.

"그들에게는 해를 끼치지 않을 정도로 작은 돈이기 때문에" 부자에게서 돈을 빼앗아도 된다고 말하는 것은 어떨까? 성경의 가르침은 분명하다. "도적질하지 말라"(출 20:15). 가난한 사람에게서 도둑질하는 것은 옳지 않고, 부자에게서 도둑질하는 것 또한 옳지 않다. 빌 게이츠의 집에 방문했다가 게스트룸에 몇 달러짜리 지폐가

놓여 있는 것을 보았다면, 단지 그가 580억 달러를 가진 부자이기 때문에 그곳에 놓인 1달러 정도는 훔치는 것이 정말 괜찮은 것일까? 하나님께서 보시기에 그것은 여전히 잘못된 것이다. 내가 "그 정도는 빌 게이츠한테 아무것도 아니야" 또는 "그에게 아무런 피해도 가지 않아"라고 생각하는 것은 아무런 의미가 없다. 단지 중요한 것은 그 1달러가 내 것이 아니라 그의 것이라는 것이다. 그것은 그의 재산이다. 그 재산을 내가 가져가는 것은 도덕적으로 잘못된 일이다. 왜냐하면 하나님께서 분명히 "도둑질하지 말라"라고 말씀하셨기 때문이다.

2. 정부와 경제적 평등

그렇다면 정부는 "부자에게서 빼앗아 가난한 사람들에게 주는 것"을 나름의 규칙으로 삼아도 괜찮을까? 정부는 사람들이 소유한 소득이나 소유의 양을 균등하게 분배하려고 노력해야 할까, 아니면 최소한 어떤 평등을 향한 조치라도 취해야 할까?

이 질문에 직접적으로 대답하기 전에 먼저 분명히 하고 싶은 것은, 어떤 긴급한 도움이 필요한 경우에는 정부의 복지 사업이 어느 정도 필요하다고 생각된다는 것이다. (가령 사람들이 배고픈 채로 옷이나 대피소도 없는 것을 막기 위한 최소한의 "안전망"은 필요하다.)

또한 모든 사람이 스스로 생계를 꾸릴 수 있도록 충분한 기술과 교육을 제공하기 위해 정부가 충분한 자금을 투입하는 것도 적절하다고 본다. 따라서 기본적인 생활필수품(음식, 의복, 주거지, 일부 교육)에 대한 것이라면, 나는 정부가 "다른 모든 사람에게서 똑같이" 비용을 걷어서 가난한 사람들에게 주는 것이 옳은 일이라고 생각한다. 이러한 지원은 일반 조세수입을 통해 가능하다.

이러한 생각은 사회의 전반적인 복지를 증진하려는 정부의 목적, 즉 미국 헌법 서문에 명시된 "일반 복지를 증진"하려는 목표에 근거한다. 여기에는 모든 시민이 미국 사회에서 적절하게 생활할 수 있도록 하는 것이 포함된다. 이것은 '빈부격차를 줄이는 것이 더 정의롭다'는 막연한 본능에 근거한 것이 아니다.

그러나 정부에 대한 이러한 기본 역할과 요구 사항과는 별개로, 단지 정부가 부자에게서 빼앗아 가난한 사람들에게 나누어주어야 한다고 여기는 원칙이나 입장은 성경 어디에서도 찾을 수 없다. 나는 정부가 사회의 빈부격차를 균등화하려고 시도할 책임이나 권리도 없다고 생각한다. 정부가 그것을 시도하면 오히려 경제와 사회에 심각한 피해를 입히게 된다.

정부가 개인의 부, 즉 사적 소유를 몰수하지 않는 자유 사회에서는 사람들이 버는 돈의 액수가 매우 다양하다. 이는 사람마다 능력이 다르고 관심 분야가 다르며, 경제적 야망의 수준도 각기 천차만별이기 때문이다. 아주 소수의 사람들만이 숙련된 외과 의사가 되거나 높은 연봉을 받는 전문 운동선수가 될 수 있다. 또는 베스트셀러 소설을 쓸 수 있고, 모두를 감탄하게 하는 새로운 컴퓨터 소프트웨어를 발명할 수 있다. 그리고 소규모 사업을 시작하여 높은 수익을 올릴 수 있다. 따라서 사람들이 어떤 정부의 개입에서 자유로워지면, 일부는 매우 부유해질 것이고, 다른 일부는 편안한 수준의 소득을 갖게 될 것이며, 또 다른 일부는 상대적으로 가난한 상태로 남게 될 것이다. 경제 체계가 상대적으로 자유롭고 사람들이 각자가 하는 다양한 일에 대해 공정한 급여를 받는다면, 이런 결과는 (누군가가 다른 누군가의 것을 뺏거나 착취해서가 아니라) 당연히 일어나는 수순일 뿐이다.

가령 어떤 사회적 실험을 통해 한 도시의 모든 사람에게 일괄적으로 10만 달러의 현금을 준다고 생각해보자. 불과 몇 주 후에 확인해보면 어떤 사람은 그것을 모두 썼을 것이고, 어떤 사람은 그것의 대부분을 저축했을 것이고, 어떤 사람은 그것을 다른 활동에 투자했을 것이다. 일부는 다른 사람보다 더 많은 수입이 생겼을 것이다. 몇 달 후에는 보다 심각한 불평등도 나타날 것이다. 사람들이 자유로워지는 한 이런 결과는 불가피하다.

이런 실험이 계속된다고 가정한다면, 정부는 어떻게 모든 사람들이 동일한 소유를 갖도록 강제할 수 있을까? 정부는 결국 가장 검소하고 가장 생산적인 사람들로부터 돈을 빼앗고, 가장 덜 생산적이거나 단순히 돈을 낭비한 사람들에게 그 돈을 주는 방식으로 정기적으로 돈을 재분배해야 할 것이다. 다른 방법은 없다. 즉, 정부가 좋은 습관(근면 성실, 생산성, 절약)을 처벌하고, 나쁜 습관(낭비, 비생산적 활동, 게으름)을 보상하지 않으면 소유의 평등이 유지될 수 없다는 것이다. 이 가상의 도시에서 이러한 "부의 재분배"가 오래 지속될수록, 생산적인 사람들은 (노동의 결실을 누릴 수 없어서) 결국 생산을 포기하게 되고 그 사회는 빈곤과 절망으로 빠져들 것이다.

정부가 (소유 총액이 아닌) 소득 수준의 차이를 균등화하려고 시도할 때 그 정도는 덜 할 수 있다. 하지만 이것도 위의 도시와 같은 원리로 작동하는 것이다. 정부는 그 힘을 사용하여 인구의 소득 평등을 강요할 수 있지만, 이러한 조치가 발생하는 곳마다 인간 자유에 대한 심각한 제한이 이루어지며, 그 결과 대부분의 국가가 빈곤의 "평등"에 갇히게 된다.

정부가 사회의 경제적 평등을 강요하려는 시도의 또 다른 결과는, 사람들이 '경제적' 소유에 있어서는 평등하게 될지 모르지만 '정치적' 권력이나 정부 할당의 '특권' 측면에선 필연적으로 불평등하게 될 것이라는 점이다. 이것은 역사적으로 구소련과 같은 공산주의 국가에서 볼 수 있었다. 그곳에서는 고위 정치 관료들이 모두 리무진과 고급 주택, 그리고 다른 누구에게도 제공되지 않는 발트해 휴양지에서 휴가를 누릴 수 있었다. 그들은 또한 자신들만이 접근할 수 있는 사적 경로를 통해 원하는 서양 상품을 구입할 수도 있다. 경제적 불평등이 제거된다면, 그것은 단지 높은 정치적 권력에서 나오는 특권과 막대한 혜택의 불평등으로 대체될 뿐이다.

결론적으로 말하면, 사람들 사이의 소득이나 소유물을 평등하게 만드는 것이 정부의 역할이 되어서는 안 된다는 것이다.

3. 정부와 가난

성경의 여러 구절에서는 사람들에게 가난한 사람들을 도우라고 명령한다. 예를 들면 다음과 같다.

그러나 이제는 내가 성도를 섬기는 일로 예루살렘에 가노니 이는 마게도냐와 아가야 사람들이 예루살렘 성도 중 가난한 자들을 위하여 기쁘게 얼마를 연보하였음이라 (롬 15:25~26; 또한 고후 8~9 참고)

다만 우리에게 가난한 자들을 기억하도록 부탁하였으니 이것은 나도 본래부터 힘써 행하여 왔노라 (갈 2:10)

누가 이 세상의 재물을 가지고 형제의 궁핍함을 보고도 도와 줄 마음을 닫으면 하나님의 사랑이 어찌 그 속에 거하겠느냐 (요일 3:17)

따라서 기독교인이 가난한 사람들을 돕기 위해 할 수 있는 다양한 일을 하는 것은 마땅하고 옳은 일이다. 그러나 이 구절들은 모두 '정부가' 개별 시민의 빈곤을 해결해야 한다고 전혀 말하지 않는다. 나는 이 사실을 깨닫는 사람이 거의 없다는 사실에 놀랐다! 나는 모든 납세자로부터 거두는 일반 세입을 사용하여 사람들에게 매우 기초적인 필요 사항을 제공하는 것 외에, 정부가 가난한 사람들을 돕도록 부자에게 명령하거나 "부자에게서 빼앗아 가난한 사람들에게 주도록" 강요할 권리가 있다고 말하는 성경 구절을 찾을 수 없었다.

우리는 또한 정부 지원금이 빈곤 문제를 결코 해결할 수 없다는 것을 기억해야 한다. 이러한 지원금은 매달, 그리고 해마다 반복되고 있지만 받는 사람은 여전히 가난하다. 빈곤에 대한 유일한 장기적 해결책은 사람들이 경제적으로 생산적인 일자리를 얻고 이를 유지할 수 있는 충분한 기술과 규율을 가지는 것이다.

정부는 사람들에게 경제적으로 생산적인 일자리를 제공할 수 없다(경찰, 소방, 군대, 고속도로 유지 관리, 공교육 체계의 교사 등 일부 정부 일자리 제외). 경제적으로 생산적인 일자리(실제로 사회에 새로운 가치를 창출하는 일자리)의 대부분은 민간 부문, 즉 비즈니스 세계에서 발견된다. 빵집에서 일하는 사람은 매일 새로운 빵을 굽고 사회에 그만큼의 새로운 부를 창출한다. 자동차 공장에서 일하는 사람은 새로운 자동차를 만들어 사회에 경제적 부를 더한다. 서비스업에서는 배관공이 물이 새는 수도꼭지를 수리함으로써 제대로 작동하는 수도꼭지 하나의 가치를 사회에 더해준다. 조경사는 나무와 관목을 다듬어 아름다운 나무와 관목의 미적 가치를 사회에 더한다. 이러한 방식으로 모든 성공적인 기업은 사람들에게 경제적으로 생산적인 일자리를 제공하고, 그에 따른 보수를 받으며 사회에 가치를 기여한다. 가난한 사람은 그러한 일자리를 통해 생산하는 부가가치에 적절한 급여를 받고, 그렇게 빈곤에서 벗어나기 시작한다.

가난을 극복하기 위해서는 결국 이런 일이 일어나야 한다. 왜냐하면 하나님께서는 사람들이 경제적으로 생산적이기를 의도하셨기 때문이다. 하나님은 세상에 죄나 악이 존재하기 전부터, 아담을 에덴동산에 두어 "그것을 경작하며 지키게"(창 2:15) 하셨다. 이는 생산적인 일을 하는 것이 하나님께서 창조하신 우리 인간의 본질적인 기능임을 알려준다. 그래서 바울은 데살로니가 교회에 "또 너희에게 명한 것 같이 조용히 자기 일을 하고 너희 손으로 일하기를 힘쓰라 이는 외인에 대하여 단정히 행하고 또한 아무 궁핍함이 없게 하려 함이라"(살전 4:11~12)라고 명령한 것이다. 그는 또 "누구든지 일하기 싫어하거든 먹지도 말게 하라"(살후 3:10)라고 말했다. 하나님께서는 실제로 생존을 위해 음식이 필요하도록 우리를 설계하셨다. 부분적으로나마 이것이 정기적인 노동에 대한 인센티브를 제공하기 때문이다. "고되게 일하는 자는 식욕으로 말미암아 애쓰나니 이는 그의 입이 자기를 독촉함이니라"(잠 16:26).

따라서 가난한 사람들을 돕고 빈곤 문제를 극복하려는 사람들의 주요 목표는 가난한 사람들에 대한 정부 지원을 늘리고 연장하는 것이 되어서는 안 된다. 그들의 목표는 대신, 사적 소유의 기업이 성장하고 번영할 수 있는 인센티브와 적절한 조건을 제공하여, 빈곤에 대한 유일한 장기적 해결책이자 가난한 사람들이 자립에서 오는 존엄성과 자존심을 얻을 수 있는 유일한 방법이 되는 일자리를 제공하는 것이어야 한다.

따라서 정부는 기업의 발전과 수익성을 방해하는 것이 아니라 오히려 장려하는 것이 중요하다. 이러한 장려에는 자원의 배분을 안내할 가격 체계를 갖춘 자유시장과 안정적인 통화 체계를 제공하는 것, 그리고 범죄를 효과적으로 처벌하고 계약을 집행하며, 특허법과 저작권 등의 문서화를 통해 사적 재산 소유권을 보호하는 정부 역할이 포함된다. 또한 부자와 가난한 자, 권력자와 약자에게 어느 한쪽으로도 편파적이지 않은 공정한 사법 체계도 포함된다. 또한 상대적으로 낮은 수준의 과세와 효과적인 교육 체계, 그리고 신뢰할 수 있는 은행 체계도 필요하다. 정부가 이러한 조건들을 제공하면 기업은 성장하고 번영할 것이며, 결과적으로 사람들이 영구적으로 빈곤에서 벗어날 수 있는 많은 일자리를 창출할 수 있다.

F. 정부와 기업

　바로 위에서 설명한 것처럼 기업은 정부의 처벌 대상이 아니라 장려 대상이 되어야 한다. 이는 민간 기업이 사회의 부와 생산적인 일자리를 만들어내는 주요 창출자이기 때문이다. 기업은 해마다 계속해서 상품을 생산하고, 해마다 계속해서 일자리를 제공하며 많은 사람에게 임금을 지불한다.

　기업은 더 낮은 가격에 더 나은 제품을 생산하기 위해 서로 경쟁해야 하기 때문에, 경쟁적인 자유시장은 가격을 낮게 유지하면서 생산성과 제품 품질을 향상시키는 기업에게 지속적인 보상을 제공한다. 자유시장 경제에서는 경제적으로 유익한 활동이 장려되고 보상되는 것이다.

　불행하게도 현대 사회의 너무 많은 기독교인들은 경제적 '경쟁' 자체를 의심의 눈초리로 바라본다. 그들은 그것이 어떻게든 "영적" 이지 못한 것이거나 "비기독교적"이라고 생각한다. 나는 그런 시각에 전혀 동의할 수 없다. 경쟁은 단지 자신의 업무에서 탁월한 사람들의 노력을 장려하는 원리이다. 경쟁을 싫어한다고 말하는 사람들조차도 동일한 제품을 구매하기 위해 더 저렴한 곳에서 쇼핑한다. 그들도 농산물 시장에서는 더 건강한 딸기와 토마토를 구매함으로써 경쟁을 장려하고 있다. 그들은 그들의 구매 패턴을 통해 더 높은 품질의 제품을 생산하는 더 효율적이고 효과적인 농부를 장려하는 것이다. 최고의 컴퓨터, 세탁기, 자전거를 찾고자 컨슈머리포트(Consumer Reports)를 뒤져 읽는 사람들은 사실상 기업들의 경쟁을 부추기는 것이다. 왜냐하면 그들은 높은 품질의 제품을 보다 저렴한 가격으로 사기 위해 시장을 돌아다니는 것이기 때문이다. 따라서 경쟁을 싫어한다고 말하는 사람들도 그들의 쇼핑 습관을 통해 경쟁을 지속적으로 부추긴다! 기독교인이 돈을 잘 관리하려면 건전한 경제적 경쟁을 더 지원하는 방식으로 행동해야 한다.

하지만 지속적으로 상품과 가격을 개선하는 자유시장의 경쟁은 정부가 하는 경쟁과는 거리가 멀다. 정부가 무엇을 하든 그 정부는 당시 국가의 권력을 잡은 유일한 정부이므로 세금 징수 능력과 사람들에게 상품 구매를 요구하는 능력 모두에서 독점권을 갖고 있다. (예를 들어 미국 우체국은 1급 우편서비스에 있어서 정부 독점권을 갖고 있다.)

정부는 고객을 두고 경쟁할 필요가 없기 때문에 일반적으로 정부는 경제에서 부를 창출하는 능력이 부족하다. 사실상 정부가 생산하는 상품과 서비스를 민간 기업이 더 잘 생산할 수 없다고 생각하기는 어렵다.[33]

---

33 물론 사법 제도, 법 집행, 경찰서, 국방, 도로 및 고속도로와 같이 사회 전체에 필요한 일부 서비스 와 제품이 정부에 의해 가장 잘 제공된다. 하지만 이것들은 일반 소비재가 아니다.

G. 세금

1. 정부는 세금을 징수할 권리가 있나?

예수님 시대에도 세금은 논란의 여지가 있었다. 예수님의 반대자 중 몇몇이 와서 예수께 "가이사에게 세금을 바치는 것이 옳으니이까 옳지 아니하니이까"라고 묻는다(마 22:17). 예수님은 데나리온(일반 동전) 하나를 가져다가 그 위에 가이사의 형상이 있음을 보이시고, "그런즉 가이사의 것은 가이사에게, 하나님의 것은 하나님께 바치라"(마 22:21)고 말씀하셨다. 이로써 예수님은 정부에 세금을 납부하는 것이 정당하다고 승인하셨다(19절 참고).

바울은 또한 로마에 있는 기독교인들에게 공권력은 "하나님의 사역자"라고 말한 다음, '여러분이 세금을 내는 것이 이를 위함이다. 관료들은 하나님의 일꾼이 되어 바로 이 일을 담당한다'라고 말했다.

> 너희가 조세를 바치는 것도 이로 말미암음이라 그들이 하나님의 일꾼이 되어 바로 이 일에 항상 힘쓰느니라 모든 자에게 줄 것을 주되 조세를 받을 자에게 조세를 바치고 관세를 받을 자에게 관세를 바치고 두려워할 자를 두려워하며 존경할 자를 존경하라 (롬 13:6~7)

따라서 시민은 정부에 세금을 내는 것이 옳고, 정부는 (가난한 사람들에게 기본적인 필요를 제공하는 것을 포함한) 그 마땅한 책임을 수행하기 위해 세금을 징수하는 것이 옳다.

그러나 위에서 설명한 것처럼, 정부가 단순히 "부자"의 소득을 "가난한" 사람에게 재분배하기 위해 징세를 사용해야 한다는 개념은 성경이 전혀 뒷받침하지 않는다. 지금까지 살펴본 시민 정부의 목적과 사유 재산 및 경제적 생산성에 관한 성경의 가르침은 그러한 생각을 뒷받침하지 않는다. 이러한 소득 재분배(극빈층에 대한 기본적인 지원과는 다름)는 악을 처벌하고 선에 대한 보상을 제공하는 것이 아니며, 공정하게 정의를 집행하는 것도 아니다. 오히려 성경이 지지하지 않는 추가적인 사회적 의제를 수행하는 것이다.

2. 세율은 높아야 할까, 낮아야 할까?

세금은 경제 성장을 돕거나 방해할 수 있는 강력한 도구이다. 이는 또한 개인의 삶에 막대한 영향을 미치며, 세율은 국가 내에서 개인의 자유를 크게 방해하거나 크게 도울 수 있다.

이는 두 가지 극단의 가능성을 고려해보면 알 수 있다. 세율이 0%라면 정부는 그 기능을 수행할 자금이 없고, 그 책임을 다할 수도 없다. 반면 세율이 100%라면 정부가 모든 경제생활을 통제하므로 시민 누구도 투자하거나 건설하거나 창조할 자유가 없고, 심지어 다른 사람에게 줄 자유도 없다. 따라서 적절한 해결책은 그 사이 어딘가에 있다.

그러나 세금이 높아질수록 인간의 자유가 그만큼 더 박탈된다는 것은 자명하다. 내가 내야 할 세금이 100달러 증가하면 당장 새 신발이나 옷을 구입하거나 아내와 함께 영화를 보거나 레스토랑에 가고, 교회의 사역에 일부 기부하고, 연구를 위해 책을 구입하고, 다른 자료로 보낼 수 있는 비용 등이 딱 100달러 줄어든다. 이 외에도 나는 100달러로 아이들에게 선물을 사 주거나 다른 수천 가지 일을 할 수 있다. 정부가 추가로 100달러의 세금을 징수하면 그 100달러로 무엇을 할지 결정할 자유가 나로부터 박탈되는 것이다.

따라서 세금이 증가할 때마다 정부는 나에게서 그만큼의 자유, 즉 모든 사람의 작은 일부분을 빼앗아가는 것이다.

이제 정부가 나에게 100달러를 세금으로 부과하는 대신 어떤 혜택을 돌려준다고 가정해보자. 가령 정부는 대중교통 체계에 보조금을 지급하여 나는 기차를 더 저렴하게 탈 수 있을 것이다. 혹은 빈곤선 아래에 있는 사람들에게 추가 복지 수당을 지급하여 우리 사회가 가난한 사람을 돕고 있다는 사실을 알게 되는 혜택을 누릴 수도 있다. 아니면 정부가 그 돈으로 미주리 주 어딘가에 새로운 고속도로나 새로운 다리를 건설할 수도 있다. 그러면 나는 (미주리 주로 여행을 간다면) 그 새 다리를 건널 수 있다는 혜택을 얻게 된다.

그러나 이 모든 경우에도 나는 그 100달러로 무엇을 할지에 대한 선택권을 빼앗겼고, 그 선택은 정부에 의해 나에게 주어졌다. 어찌 되었든 나는 그 만큼의 자유를 잃은 것이다.

게다가 전 세계의 모든 정부는 낭비와 비효율로 악명이 높다. 정부가 100달러의 세금 인상을 하면서 100달러의 혜택을 제공하겠다고 약속하더라도, 나는 그 100달러의 상당 부분(어쩌면 그 절반인 50달러 정도!)이 누구와도 아무런 경쟁할 필요가 없는 공무원에게 지급될 것임을 알고 있다. 따라서 나는 스스로를 위해 100달러를 자유롭게 쓰면서 그것이 어떻게 사용되었는지 주의 깊게 관찰할 수 있었다면 받았을 동일한 가치를 결코 정부로부터 돌려받지 못할 것이다.

3. 낮은 세금의 이점

여러 경제 연구에 따르면 정부가 세율을 낮추었을 때 실제로 더 많은 세금을 거두는 것으로 나타났다! 어떻게 이럴 수 있을까? 낮은 세율은 다음과 같은 경제적 이익을 가져오기 때문이다.

⑴ 세율을 낮추면 기업의 투자와 성장이 촉진된다.

⑵ 이는 더 많은 일자리와 더 낮은 물가를 제공하며, 둘 다 경제에 유익하고 경제의 전반적인 성장을 촉진한다.

⑶ 경제가 성장함에 따라 기업과 개인은 더 높은 소득을 얻는다.

(4) 이러한 높은 소득은 비록 낮은 세율로 과세되지만 훨씬 더 많은 소
득에 대해 사람들이 세금을 납부하기 때문에 더 많은 세금이 정부
곳간으로 유입된다.

예를 들어, 2009년에 스미스 씨가 80,000달러를 벌어 세금으로
25%를 냈다면 그는 20,000달러를 세금으로 납부한 것이다. 그러
나 세율이 20%로 떨어지면 기업이 투자하고 성장할 수 있는 인센
티브가 제공되고, 사람들은 기존보다 더 많은 돈을 보존할 수 있다
는 것을 알고 조금 더 열심히 일할 수 있다. 그렇다면 아마도 2010
년에 스미스 씨의 수입은 110,000달러가 될 것이다. 그리고 새로운
세율 20%, 즉 22,000달러의 세금을 납부하게 된다. 정부는 세율을
낮추고, 경제에 도움을 주며, 세금으로 더 많은 돈을 징수했다! (그
리고 스미스 씨에게는 60,000달러 대신 88,000달러가 남았다.) 모두가 더 나아진
것이다.

여기에 더해 낮은 세금 때문에 더 많은 돈으로 원하는 것을 할
수 있는 개인의 자유가 증가했다. 이는 사회에 큰 이익이 된다.

물론, 세율이 아무리 낮아지더라도 정부에 납부하는 세금 총액
이 인상될 수 있는 정도에는 더 한계가 있다. 특정 지점을 넘어서
면 세금을 낮추는 것이 징수되는 소득의 감소 부분을 보충할 만큼
충분한 경제 성장을 촉진할 수 없게 된다. (세율이 0%라면 정부는 0달러

를 모을 것이다.) 이것이 어떻게 작동하는지를 보여주는 그래프는 로널드 레이건 대통령에게 이 개념을 처음 설명하고 설득했던 경제학자 아서 래퍼(Arthur Laffer)의 이름을 딴 '래퍼 곡선(Laffer Curve)'이라고 불린다. 그는 세율 인하를 통해 경제를 도와 실제로 세금을 더 많이 징수할 수 있다고 레이건 대통령을 설득했다. 이 아이디어는 논란의 여지가 없었다. 왜냐하면 100% 세율에서는 누구도 일하기를 원하지 않을 것이고(그들의 급여는 모두 빼앗기기 때문이다) 정부는 결국 0달러를 징수할 것이기 때문이다. 결국 세율 1%에서 100% 사이의 어느 지점은 정부가 징수할 수 있는 세금을 극대화할 수 있는 최적의 세율이다.

논쟁은 최대점이 있는 바로 그 지점에서 발생한다. 래퍼 곡선(Laffer Curve)의 예를 살펴보겠다. ("세입"은 정부가 세금으로 징수하는 총금액을 의미하고, "세율"은 국민 소득 중 세금으로 정부에 납부해야 하는 비율을 의미한다.)[34]

---

34 이 그래프는 Daniel J. Mitchell, "The Correct Way to Measure the Revenue Impact of Changes in Tax Rates," *Heritage Foundation* (May 3, 2002)에서 가져왔다. www.heritage.org/Research/Taxes/BG1544.cfm (accessed Feb. 12, 2010). Reprinted by permission of The Heritage Foundation.

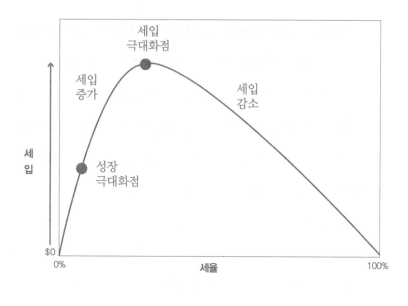

그림 9.1

'세입극대화점'이 정부에게는 최선일 수 있지만, 국가 전체에는
최선이 아닐 수도 있다는 점도 기억해야 한다. 낮은 세율은 더 많
은 경제 성장으로 이어질 수 있다(이 그래프에서 "성장 극대화 지점"으로 표
시됨).

낮은 세율로 인해 경제가 성장하고 이에 따라 정부의 세수가 늘
어나는 현상은 실제로 최근 미국 역사에서 여러 번 발생했다. 1981
년 레이건의 감세 정책 때 그런 일이 일어났다. 감세 이전 해인
1980년 연방 세입은 9,560억 달러(1996년 달러로 측정)였다. 1985년에
는 세율이 훨씬 낮아졌음에도 불구하고 연방 정부는 1조 달러 이상

의 세금을 거뒀다. 1988년 레이건 임기 말 정부 수입은 1조 1천억 달러에 달했다.[35]

이후에도 2001년과 2003년 부시 대통령의 세금 감면으로 다시 이런 일이 일어났고, 당시 이는 경제에 엄청난 활력을 불어넣었다. 저자 스티븐 무어(Stephen Moore)는 월스트리트저널에 당시 다음과 같이 썼다.

이번 회계연도 첫 8개월 동안 연방 세수가 1,870억 달러 급증했다. 이는 2004년 대비 세금 수입이 15.4% 증가했음을 나타낸다. 개인 및 기업 소득세는 세금 감면 이후 2년 동안 30% 증가하여 간헐천을 뿜어내는 것처럼 폭발적으로 증가했다. 또 다시, 세율 인하는 더 높은 경제 성장과 더 많은 일자리, 더 많은 기업 이익, 그리고 결과적으로 더 많은 세금 수입이라는 선순환의 연쇄 반응을 만들어냈다.[36]

따라서 기독교인들이 각 주나 국가에서 세율을 높이는 것이 나을지 아니면 낮추는 것이 더 좋을지 고민할 때, 그들이 스스로 진짜 물어야 할 질문은 그들이 (a) 개인의 자유를 늘려 (b) 정부의 필요

---

35 Andrew Olivastro, "Tax Cuts Increase Federal Revenues," *Heritage Foundation Web Memo #182* (Dec. 31, 2002). www.heritage.org/Research/Taxes/wm182.cfm?renderforprint=1.

36 Stephen Moore, "Real Tax Cuts Have Curves," *Wall Street Journal* (June 19, 2005). www.opinionjournal.com/extra/?id=110006842.

를 위해 더 많은 돈을 모으고 (c) 경제에도 도움이 되기를 원하는지, 아니면 "부자들"로부터 마냥 더 많은 돈을 받아내는 것이 위 (a), (b), (c)보다 더 중요한지이다.

정치 지도자들이 그러한 선택에 관해 질문을 받을 때 그들의 대답은 그들의 근본적인 경제 관념을 드러내기도 한다. 예를 들어, 2008년 토론회에서 오바마 대통령 후보는 이와 같은 질문을 받았을 때, 그는 세금을 인상하는 것이 결국 정부가 세금을 덜 징수하게 되는 것을 의미하더라도 여전히 자신이 생각하는 "공정성"을 위해 세금을 인상할 것이라는 확언을 했다! 2008년 4월 17일 대선 토론회에서 ABC 뉴스의 찰스 깁슨(Charles Gibson)은 자본이득세율이 28%에서 20%, 또 다시 15%로 떨어졌을 때 "그로 인한 세입이 증가"했지만 "1980년에는 세금이 28%로 인상되자 세입은 감소했다"고 지적하면서, 오바마 후보에게 "특히 이 나라에서 1억 명의 사람들이 주식을 소유하고 있고 영향을 받을 것이라는 사실을 고려한다면 왜 세금을 인상해야 하는가?"라고 물었다. 오바마는 이렇게 답했다. "찰리, 나는 그럼에도 공정성을 위해 자본이득세 인상을 고려할 것입니다."[37]

이러한 신념은 오늘날 민주당 내 다수의 사고방식을 반영한다.

---

37 Charles Gibson and President Obama: quoted in Gerald Prante, "Obama and Gibson Capital Gains Tax Exchange," *The Tax Foundation* (April 17, 2008). www.taxfoundation.org/blog/show/23137.html.

일반적으로 스스로를 민주당원이라고 생각하지 않는 많은 사람들도 이러한 막연한 생각을 갖고 있다. 부자에 대한 시기심이나 적개심이 많은 사람들의 마음속에 매우 깊이 뿌리박혀서, 경제의 성장과 개인의 자유 확대, 그리고 세금으로 더 많은 정부 자원을 거두는 것을 의미하더라도 부자들이 돈을 더 많이 갖는 것은 결코 용납하지 못하는 것이다. 그들에게 가장 중요한 것은 부당하게 돈을 벌었다고 막연히 생각하는 '부자'로부터 가능한 대로 더 많은 돈을 빼앗는 것이다.

4. 기업에 대한 세금

오늘날 사람들이 가진 또 다른 오해는 기업에 높은 세금을 부과하는 것이 부자들로부터 돈을 빼앗는 방법일 뿐, 일반 사람들에게는 전혀 영향을 미치지 않을 것이라는 가정이다. 그러나 이것은 잘못된 가정이다. 사실 기업에 부과되는 높은 세금은 가격 상승의 형태로 소비자에게 전가될 뿐이다. 실제로 세금이 오르면 사회 전체가 기업이 생산하는 상품의 높아진 가격으로 이 세금을 지불한다. 예를 들어, 법인세율이 5% 인상되면 애리조나의 모든 식료품점은 수입의 5%를 더 정부에 지불해야 한다. 그때 상점은 뭐라고 할까? 단지 "글쎄요, 우리 비용이 수입의 5%만큼 올랐어요. 하지만 그럼에도 우리는 모든 가격을 동일하게 유지하겠습니다!"라고 말할까? 물론 그렇게 하지 않을 것이다. 비용이 오르면 가격도 같이 올라가야 한다. 그렇지 않으면 식료품 업자는 돈을 잃기 시작하고 결국 폐업하게 된다. 그들은 식료품 가격을 인상하고 사회 전체가 이 "보이지 않는" 세금을 결국 지불한다.

기업에 대한 높은 세금이 일반 사람들에게는 영향을 미치지 않는다는 이러한 잘못된 생각은 미국의 법인세율을 무려 39.3%(기업에 대한 연방 및 주 세금을 합산한 평균 세금)까지 인상하게 만든 실수의 원인이다.[38] 미국의 법인세율은 세계에서 두 번째로 높으며(일본만 약간 더 높음) 일부 주(캘리포니아, 아이오와, 뉴저지, 펜실베니아)는 총 법인세율이 세계에서 가장 높다.[39] 월스트리트저널은 다음과 같이 말한다. "지난 18개월 동안 이스라엘, 독일, 터키에 이르기까지 30개 선진국 중 9개 국가가 법인세율을 인하했다. 많은 국가들이 미국으로부터 자본과 일자리를 유치하기 위해 세율을 삭감하고 있는데, 비극적이게도 우리의 정치인들은 계속해서 그들의 유치를 쉽게 만들고 있다는 것이다."[40] 실제로 유럽 국가 평균은 미국보다 10퍼센트 포인트 낮은 법인세율을 적용하고 있다.[41]

---

38 Scott A. Hodge, "U.S. Leads the World in High Corporate Taxes," *The Tax Foundation Fiscal Facts* (March 18, 2008). www.taxfoundation.org/publications/show/22917.html.

39 "America the Uncompetitive," *Wall Street Journal* (Aug. 15, 2008), 814. http://online.wsj.com/article/SB121875570585042551.html?mod=opinion_main_review_and_o utlooks.

40 Ibid.

41 Ibid.

그럼에도 불구하고 민주당 정치인들은 대기업을 악마화하는 캠페인을 계속하고 있다. 예를 들어, 노스다코타 주 상원의원 바이런 더간(Byron Durgan)은 2005년 대기업의 28%가 소득세를 내지 않았다는 새로운 보고서를 발표했다. 월스트리트저널에 따르면 더간은 "이제 대기업이 공정한 몫을 납부해야 할 때이다"라고 소리쳤다.[42] 그러나 추가 조사를 통해 월스트리트저널은 더간 의원이 편리하게도 정보를 생략한 사실을 발견했다. 바로 세금을 내지 않은 대기업 중 대다수(85%)가 그 해에 수익을 내지 못했다는 것이다.[43] 그들이 소득세를 내지 않은 것은 당연한 결과였던 것이다!

세계 시장에서의 경쟁력을 회복하고, 기업투자를 장려하며, 진정으로 경제를 활성화하고, 미국에서 생산되는 상품의 가격을 낮추기 위해서는 법인세율을 20%가 넘지 않도록 낮추어야 한다. 이는 훨씬 더 많은 외국인 투자를 미국으로 유치할 뿐만 아니라 우리 기업이 해외보다 미국에 더 많이 투자하도록 장려할 것이다. 정부는 낮은 법인세율로 인해 "잃어버린" 세금을 어디서 보충할 수 있을까? 경제 성장으로 인해 기업에서 일하는 사람들이 더 많은 소득을 얻음에 따라 정부는 더 많은 소득세를 걷고 이전보다 훨씬 더 많은 세수를 곧 얻게 될 것이다.

---

42 Ibid.
43 Ibid.

5. 자본이득세

자본이득세[44]는 일정 기간 보유하는 자산의 가치 증가에 대해 납부하는 세금이다. 아파트 건물을 800,000달러에 사서 2년 후 900,000달러에 팔면 100,000달러의 자본 이익이 생기고 그 금액에 대해 세금을 내는 것이다. 미국에서 가장 중요한 자본이득세율은 장기 자본 이득에 적용되며, 이는 1년 이상 보유하는 자산에 적용된다. 2003년 부시 대통령의 감세로 자본이득세는 15%로 인하되었다.[45] (많은 공화당원들은 자본이득세를 완전히 폐지하기를 원했다.) 그러나 이 인하는 2010년에 만료될 예정이며 그 이후에는 세율이 다시 20%로 되돌아간다.[46] 세금 인상의 결과는 무엇일까? 헤리티지 재단은 다음과 같은 냉정한 예측을 내놓았다.

· 자본 이득과 배당세율을 높이면 자본금이 2012년까지 120억 달러 (2000년 달러 기준)만큼 감소할 것이다.

· 잠재적 고용은 2011년에 270,000명, 2012년에는 413,000명 감소할 것이다.

· 개인 소득도 감소할 것이다. 2012년 4인 가족 기준으로 1,675달러

---

44 역주: 한국에서는 대표적으로 양도소득세가 있다.

45 Moore, "Real Tax Cuts Have Real Curves."

46 William W. Beach, Rea S. Hederman Jr., and Guinevere Nell, "Economic Effects of Increasing the Tax Rates on Capital Gains and Dividends," *Heritage Foundation Web Memo #1891* (April 15, 2008). www.heritage.org/Research/Taxes/wm1891.cfm.

(2000년 기준) 감소했다.

· 경제 활동에 대한 가장 광범위한 척도인 인플레이션 이후 GDP는 2011년부터 2018년까지 예측 기간 동안 꾸준히 감소할 것이다.

· 2011년 GDP는 세금 감면이 영구적으로 이루어졌을 경우보다 440억 달러 감소할 것이다. 이 수치는 2012년에 500억 달러로 증가할 것이다.

· 인플레이션 손실을 감안한 연간 GDP는 7년 동안 기준선보다 평균 370억 달러 낮을 것이다.[47]

이는 투자로 구입한 것(예를 들어 임대 부동산 또는 아파트 건물)의 증가된 가치에 대한 세금이라는 점을 기억하는 것이 중요하다. 소유자가 이미 해당 투자로 인해 매년 창출되는 소득에 대해 세금을 납부하고 있다면, 해당 부동산의 가치 상승에 대해서도 또 세금을 납부해야 할까?

경제에 대한 투자를 장려하려면 자본이득세를 완전히 폐지해야 한다는 강력한 주장이 나온다. 어쨌든 이 비율을 매우 낮추는 것은 국가에 큰 경제적 이익이 된다. 왜냐하면 그렇게 했을 때 더 많은 투자를 장려하여 경제 성장에 도움이 되기 때문이다. (이는 "벌을 가하면 적게 얻고, 보상을 하면 많이 얻는다"는 상식에 기초하고 있다.)

---

47 Ibid.

6. 소득세율

미국의 세법에 따르면 개인이 지불하는 소득세율은 해당 개인이 역년에 벌어들인 소득 금액에 따라 증가한다. 이러한 세율을 이해하려면 2009년 미국에서 독신자의 소득세율과 부부가 공동으로 세금 신고서를 제출하는 소득세율을 참고하면 된다.

한계세율	독신자	부부 공동
10%	$0 - $8,350	$0 - $16,600
15%	$8,351 - $33,950	$16,701 - $67,900
25%	$33,951 - $82,250	$67,901 - $137,050
28%	$82,251 - $171,950	$137,051 - $208,850
33%	$171,951 - $372,950	$208,851 - $372,950
33%	$372,951 +	$372,951 +

표 9.2

"한계 세율"은 개인의 세율 구간 내에서 벌어들인 소득에 대한 세율을 의미한다. 예를 들어 부부의 소득이 46,700달러인 경우 16,700달러에 대해서는 10%의 세금을 납부하고 나머지 30,000달러의 소득에 대해서는 15%의 세금을 납부하게 된다. (전체 46,700달러에 대한 15%가 아니다.) 이때 한계 세율은 15%이다. 한계 세율은 사람들의 경제적 행동에 가장 큰 영향을 미치는 세율이다(사람들은 이 세율을 기준으로 일을 더 했을 때 실제 세후 수입이 얼마인지를 계산하기 때문이다).

그러나 납부할 세금을 계산하는 데는 다른 요인이 고려된다. 예를 들어, 2009년에는 1인당 3,650달러, 부부당 7,300달러의 개인 공제가 있었다. 또한 납세자들은 2009년 부부 공동 신고의 경우 11,340달러의 소득에서 표준 공제를 받을 수 있었다. 이는 소득세가 부과되지 않는 총소득 18,640달러이다. 따라서 부부가 28,640달러를 벌면 처음 18,640달러에 대해서는 소득세를 내지 않고 나머지 10,000달러에 대해 10%를 납부하게 된다(즉, 1,000달러를 세금으로 납부하게 된다).

독신 납세자에게는 5,700달러의 기본공제와 3,650달러의 개인 공제가 있다. 이는 독신자에 대한 소득에서 9,350달러가 면제된다는 의미이다. 경제학자들은 그 이상의 소득 증가에 대해 세율도 증가하는 소득세 체계를 설명하기 위해 "누진"이라는 말을 사용한다. 미국 조세 제도는 개인의 소득이 증가함에 따라 소득세율이 더 높아지는 이 "누진세"를 적용한다.

문제는 이러한 세율 체계가 과연 공정한가 하는 것이다.

구약에서 이스라엘 모든 백성은 십일조를 바쳐야 했는데, 이는 소득의 10%를 매년 여호와께 드리는 것이다.

너는 마땅히 매 년 토지 소산의 십일조를 드릴 것이며 네 하나님 여호와 앞 곧 여호와께서 그의 이름을 두시려고 택하신 곳에서 네 곡식과 포도주와 기름의 십일조를 먹으며 또 네 소와 양의 처음 난 것을 먹고 네 하나님 여호와 경외하기를 항상 배울 것이니라 (신명기 14:22~23)

그리고 그 땅의 십분의 일 곧 그 땅의 곡식이나 나무의 열매는 그 십분의 일은 여호와의 것이니 여호와의 성물이라 … 모든 소나 양의 십일조는 목자의 지팡이 아래로 통과하는 것의 열 번째의 것마다 여호와의 성물이 되리라 (레 27:30~32)

십일조는 정확히 말 그대로 10%였다. 이 방식은 모든 사람이 소득 수준에 상관없이 동일한 비율을 지불했기 때문에 "일률 과세"인 셈이다. 부자들이라고 내야 할 금액은 늘어나지 않았고, 가난한 사람들이라고 내야 할 금액이 줄어들지 않았다.

그러한 체제에서도 부자는 절대적인 기준으로 가난한 사람보다 훨씬 더 많은 돈을 지불하게 된다. 현대 미국 상황으로 따지면, 1년 농작물 가치가 30,000달러인 농부는 십일조로 3,000달러를 지불하고, 농작물 가치가 300,000달러인 농부는 십일조로 30,000달러를 지불한다. 가난 한 사람보다 열 배 부자는 그 가난한 사람보다 꼭 열 배나 더 지불하는 것이다.

이스라엘 자손에게는 또한 인구 조사에 계수되는 각 사람에게 부과하는 세금이 있었는데, 그 세금은 인구 조사에 포함된 모든 사람이 반 세겔을 내는 것이었다.

무릇 계수 중에 드는 자마다 성소의 세겔로 반 세겔을 낼지니 한 세겔은 이십 게라라 그 반 세겔을 여호와께 드릴지며 계수 중에 드는 모든 자 곧 스무 살 이상 된 자가 여호와께 드리되 너희의 생명을 대속하기 위하여 여호와께 드릴 때에 부자라고 반 세겔에서 더 내지 말고 가난한 자라고 덜 내지 말지며 (출 30:13~15)

이 경우 각 개인은 정확히 같은 금액을 지불해야 했는데, 경제학자들은 이를 "인두세"라고 부르기도 한다. 왜냐하면 한 국가의 각 개인("각 사람의 머리")에게서 정확히 같은 금액이 징수되기 때문이다.

세금과 십일조에 관한 이 성경의 기록에서 나는 어떤 "누진적" 세율에 대한 정당성을 찾을 수 없다. 많은 사회와 국가가 누진세율을 채택했지만 이에 대한 정당성은 적어도 성경에 나오는 세금과 십일조의 명시적인 가르침이 아닌 다른 곳에서 나와야 한다.

7. 하지만 부자가 더 높은 비율을 지불하는 것이 "공정"하지 않나?

이는 세금과 관련하여 무엇이 과연 "공정한" 것인지에 대한 질문으로 돌아간다. 무엇이 공정한지는 어떤 기준으로 결정하는가? 사람들은 하나의 비율 또는 다른 비율이 "공정"하다는 주관적인 느낌이나 감정적 선호를 가질 수 있지만 이러한 선호는 공정성에 대한 객관적인 기준이라기보다는 주관적인 자기 이익에 의해 크게 영향을 받는 경우가 많다. 편의상 어림수를 사용하여 납세자 A와 납세자 B의 경우를 상상해 보라.

납세자 A는 과세 소득이 50,000달러이다.
납세자 B는 과세 소득이 500,000달러이다.

세율을 20%로 가정하면 다음과 같은 세금을 납부한다.

납세자 A는 50,000달러의 20%, 즉 10,000달러를,
납세자 B는 500,000달러의 20%, 즉 100,000달러를 납부한다.

이것이 과연 공정한지 납세자 A에게 물어본다면, 그는 아마도 진정으로 "공정한" 것은 자신이 0달러를 지불하고, 부유한 납세자 B가 100,000달러가 아니라 110,000달러를 지불하는 것이라고 말할 것이다!

그러나 납세자 B에게 물어보면 어떨까? 그는 20%의 "일률세"

를 적용하더라도 자신이 정당한 몫보다 훨씬 더 많은 금액을 납부하고 있다고 말할 수 있다. 그는 "납세자 A는 10,000달러만 지불하는데 왜 나는 그와 동일한 정부의 혜택을 받으면서 그보다 열 배인 100,000달러를 지불해야 하나?"라고 말할 수 있다. "우리는 모두 동일한 소방 및 경찰 보호를 받고, 동일한 고속도로를 사용하며, 둘 다 나라의 같은 국방 혜택을 받고, 정부가 시행하는 오염 통제 기준에 따라 유지되는 동일한 공기를 흡입한다. 우리는 정부로부터 정확히 동일한 혜택을 받고 있는데 이러한 혜택에 대해 나는 납세자 A의 열 배를 지불해야 한다! 같은 혜택에 대해 한 사람이 다른 사람보다 열 배나 더 많은 돈을 지불하는 것이 어떻게 공평할 수 있나?"

그러면 세 번째 납세자 C는 납세자 B가 더 많이 지불하더라도 여전히 생활할 수 있는 돈이 납세자 A보다 더 많이 남아 있기 때문에 심지어 110,000달러보다 그 이상을 지불해야 한다고 생각할 수 있다. 두 사람 모두 소득의 20%를 납부한다면 납세자 A는 세금으로 10,000달러를 납부한 후 남은 생활비가 40,000달러이지만, 납세자 B는 세금으로 100,000달러를 납부한 후에도 여전히 400,000달러의 생활비가 남기 때문이다.

그러나 이 주장에는 수상한 가정이 있다. 어떤 이유에서인지 납세자 B는 세금을 내고 남은 생활비로 400,000달러를 가질 자격이 없다고 가정하는 것이다. 아예 그는 생활비로 300,000달러만 가질 자격이 있다고 왜 말할 수 없나? 더 나아가 그는 30만 달러로 살아갈 자격조차 없다고 말할 수도 있다. 그는 납세자 A와 동일한 소득을 가진 20명의 납세자의 세금을 대신 더 납부해야 한다고 말할 수 있다. "그는 200,000달러만 가지고 먹고 살 수 있도록 세금으로 100,000달러를 더 납부해야 한다!" 등, 사실 이런 식의 끝이 없는 주장이 이어질 수 있다.

납세자 A의 입장이나 납세자 C의 입장에 있는 사람들은 납세자 B가 얼마를 가지고 살아갈 자격이 있는지를 결정할 수 있는 일종의 우월한 도덕적 판단력을 자신이 가지고 있다고 가정하기가 매우 쉬운 것이다.

하지만 그렇다면 질문을 던져야 한다. 누군가가 무엇을 받을 자격이 있는지는 어떻게 결정할까? 우리는 모든 사람이 결국에는 같은 금액의 돈을 받을 자격이 있다고 정말로 믿고 있을까? 물론, 그렇게 하면 전국의 모든 사람을 동일한 소득 수준에 놓고 노동, 우수성, 생산성에 대한 인센티브를 파괴하는 최악의 공산주의적 전체주의가 될 것이다.

각 사람이 무엇을 받을 자격이 있느냐는 질문에 대한 훨씬 더 나은 해결책이 있다. 바로 각 사람이 매년 합법적으로 벌어들인 만큼의 권리를 누릴 자격이 있다고 정하는 것이다. 성경도 "일꾼이 그

삯을 받는 것이 마땅하니라"(눅 10:7)라고 말한다. 하나님께서 주시는 하늘의 상급을 계산할 때에도 바울은 "심는 이와 물 주는 이는 한가지이나 각각 자기가 일한 대로 자기의 상을 받으리라"(고전 3:8)라고 말한다. "장사"를 위해 한 므나를 받은 열 종에 대한 예수님의 비유(눅 19:13)에서도, "주인이여 당신의 한 므나로 열 므나를 남겼나이다"라고 말한 종은 주인에게 칭찬을 받았고 큰 상을 받았다.

> 주인이 이르되 잘하였다 착한 종이여 네가 지극히 작은 것에 충성하였으니 열 고을 권세를 차지하라 하고 (눅 19:17)

이 비유에서 주인(예수님을 의미)은 하인들에게 그들이 받은 것으로 무엇을 했는지에 따라 상을 주었다. 그렇다면 그들이 "받아 마땅한" 것은 비록 종마다 큰 차이가 있었지만 그들이 '벌어들인' 것이었다(마 25:14~30에 나오는 달란트의 비유도 참고하라).

그렇다면 "각 사람은 무엇을 받을 자격이 있는가?"라는 질문에 대한 답이 여기 있다. 바로 "각 사람은 자신이 합법적이고 공정하게 벌어들인 만큼을 받을 자격이 있다"는 것이다.

그렇다면 1인당 세금은 얼마나 내야 할까? 다시 말하지만, 성경에 나오는 10% 십일조 원칙은 각 사람이 자신이 버는 것의 일정 비율, 즉 15%, 18%, 20% 또는 사회가 결정하는 대로 지불하는 "균일세" 개념을 어느 정도 뒷받침한다. 이것이 정부의 기능을 지원하는 데 가장 적합한 과세법이다.

"공정한" 또는 적절한 과세율은 각 개인이 세금을 납부하고 남는 금액에 따라 달라지지 않는다는 점에 유의하는 것이 매우 중요하다. 납세자 B가 세금을 납부하고 남은 금액은 정부의 관심사가 아니어야 한다. 왜냐하면 그 돈은 정부나 사회에 속한 돈이 아니라 전적으로 납세자 B의 것이기 때문이다.

이 아이디어는 앞서 논의한 사유 재산에 대한 성경적 가르침에 기초를 두고 있다. 하나님께서 "도적질하지 말라"(출 20:15)고 명하신 이유는 사람의 재산이 그 사람의 것이지 정부나 사회의 것이 아니고 그 사람의 이웃의 것도 아니기 때문이었다. 따라서 납세자 B가 과세 소득이 500,000달러이고 100,000달러를 지불한다면 나머지 400,000달러는 납세자 B의 것이다. 그것은 납세자 B가 그것을 공정하고 합법적으로 벌었기 때문에 그가 받을 자격이 있는 것이며, 따라서 그것은 오로지 그의 것이다.

이제 누군가는 "사회의 어느 누구도 50만 달러만큼 벌어서는 안 된다"고 주장할 수도 있다. "그만큼의 돈은 어느 한 사람에게 너무 많은 것이다"라고 말이다.

그러나 납세자 B가 500,000달러를 벌어들인 이유는, 앞서 논의했듯이, 사회 전체가 돈을 어떻게 쓸지에 대한 개인적인 결정을 통해 납세자 B에게 얼마를 줄지 그들의 달러로 "투표"했기 때문이다. 그가 만약 월마트의 지배인이라면, 월마트에서 자유롭게 쇼핑하기로 결정하는 사람들은 500,000달러에 그를 고용하는 결정을 내린 것이다. 만약 그가 프로 운동선수라면, TV에서 스포츠를 시청하는 사람들은 그에게 500,000달러만큼 그의 경기를 시청하기 위해 해당 채널에 자유롭게 '투표'한 것이다. 만약 그가 할리우드 영화배우라면 그의 영화를 보는 사람들은 그가 그 만큼의 보수를 받는 것을 자유롭게 선택하는 것이다. 급여는 특정 기술과 능력, 또는 매력에 대한 다양한 시장 수요에 따라 결정되기 때문이다. 마음에 들지 않으면 그 사회의 TV시청 습관과 소비 습관을 바꾸면 되는 것이다. 그 사회는 스스로 지불하기로 결정한 만큼의 것을 얻는다.

8. 소득을 얻는 모든 사람이 일정 세금을 내는 것은 사회에 유익하다. 하지만 소득을 얻는 대부분의 사람이 세금을 거의 또는 전혀 내지 않는 것은 사회에 파괴적이다.

사회에서 소득을 얻는 모든 사람이 최소한 어느 정도의 세금을 낸다면, 정부가 돈을 지출함에 있어 사회의 가장 많은 구성원에 대해 책무를 가진다는 것을 의미한다. 정부가 불필요하게 세금을 올리거나 납세자의 돈을 낭비한다면, 사회에서 돈을 버는 모든 사람이 '정부가 내 돈을 낭비하고 있다'라고 생각할 것이고, 그들은 다음 선거에서 투표로 정부에 책임을 물을 것이기 때문이다.

물론 아주 적은 소득을 버는 사람들의 경우 아주 적은 금액의 세금만 납부하도록 해야 한다는 점에는 동의한다. 새로운 아기가 태어난 가정에 어린 양의 희생을 요구한 고대 이스라엘의 율법(레 12:6 참고)에도, 큰 희생을 감당할 수 없는 가난한 자들을 위한 규정이 있었다.

> 그 여인이 어린 양을 바치기에 힘이 미치지 못하면 산비둘기 두 마리나
>
> 집비둘기 새끼 두 마리를 가져다가 하나는 번제물로, 하나는 속죄제물
>
> 로 삼을 것이요 … (레 12:8)

그러나 소득이 매우 적은 사람들이라도 어느 정도의 세금을 (아주 적더라도) 납부해야 하는 이유는 그들이 정부로부터 받는 혜택에 대해 비용을 지불할 책임감을 심어주고, 정부 또한 사회의 가장 가난한 사람들에게도 책임감 있게 세금을 사용할 수 있도록 책무를 더하기 위함이다.

그러나 2009년 미국 정부는 세법을 끊임없이 수정한 끝에 미국 성인 시민의 거의 절반(47%)에 해당하는 사람들이 연방 소득세를 전혀 내지 않는 상황에 놓이게 되었다. 무려 7,100만 명에 달한다![48]

---

48 Jeanne Sahadi, "47% Will Pay No Federal Income Tax," *CNN.com* (Sept. 30, 1999). http://

이는 사람들이 꽤 많은 돈을 벌면서도 은퇴 연금 계좌, 교육 계좌, 주택 담보 대출 이자, 자녀 및 부양가족 돌봄, 자선 기부, 노인 및 장애인 돌봄, 건강 저축 계좌 등 기타 여러 항목에 대해 공제를 청구할 수 있기 때문이다.

그러나 이는 한편으로 미국 유권자의 거의 절반이 정부가 세율을 두 배로 올리든 세 배로 올리든 별로 신경 쓰지 않아도 된다는 것을 의미한다. 왜냐하면 세율은 그들의 지갑에 실제적인 영향을 미치지 않기 때문이다. 오바마 대통령과 같은 정치인이 새로운 정부 지출로 수조 달러를 계약해도 인구의 절반에게는 그것이 전혀 신경 쓰이지 않는다. 왜냐하면 그들의 돈은 그 정부 지출에 한 푼도 들어가지 않을 것이라고 생각하기 때문이다. 이러한 방식으로 정부는 대다수 인구의 무관심 속에서 유권자에 대한 책무에서 벗어나 아무런 거리낌 없이 세금을 부과하고 돈을 지출하며 나라의 재정을 파탄으로 이끌 수 있다. 막대한 지출 증가로 인해 누적된 미국의 국가 부채는 재정 건전성과 나라의 미래에 엄청난 타격을 준다. 2009년 6월 1일까지 오바마 대통령이 청구하고 의회에서 승인한 지출 예산으로 인해, 그해 1월 20일 오바마의 취임 당시보다 향후 10년간의 국가 부채가 4조 달러 이상 증가했다.[49] 이는 현

money.cnn.com/2009/09/30/pf/taxes/who_pays_taxes/index.htm?postversion=2009093012.

49 Rahn, "The Growing Debt Bomb."

재 미국에 살고 있는 307,000,000명(모든 남성, 여성 및 아동) 모두가 결국 세금으로 각자 38,943달러씩 지불해야 함을 의미한다.[50] 다르게 말하면, 오바마 대통령의 막대한 지출 예산 증가로 인해 현재 미국에서 소득세를 납부하고 있는 모든 사람이 각각 110,023달러의 세금을 추가로 납부해야 한다는 것이다.[51]

그럼에도 불구하고 현재 소득세를 전혀 납부하지 않는 절반 가까이의 인구는 "그래서 뭐? 나한테는 아무런 피해가 없어"라는 태도로 일관했다. 그리고 오바마 대통령을 압도적으로 지지했던 주류 언론은 이러한 무책임한 정책의 파국적 결말을 알면서도 비판에 소극적이었다.

9. 오늘날 미국에서 대부분의 세금을 누가 납부하는가?

현재 미국의 세금 부담 편향을 살펴보는 또 다른 방법은 오늘날 세금의 대부분을 누가 내는지 묻는 것이다. 실제로 2006년 임금근로자의 상위 50%가 전체 세금의 97%를 납부했다. 소득을 얻는 나머지 하위 절반은 불과 3% 미만을 납부했다. 임금 소득자 중 상위 1%는 2006년 전체 소득세입의 40%를 납부했다(그들은 실제로 소득의 22%만 벌었다).[52] 정부는 법인세와 상속세 등, 기타 항목에서도 돈을

---

50 See www.usdebtclock.org/index.html.
51 Ibid.
52 "Their Fair Share," *Wall Street Journal* (July 21, 2008), A12.

징수하지만, 2009년 대통령실의 경제 보고서에 따르면 소득세는 2008년 연방 수입의 70.6%를 차지했다(사회보장 및 건강보험 제외). 인구의 단 1%가 연방 정부 지출의 28%를 감당하고 있는 것이다.

이는 지난 15년 동안 상당히 급격한 변화가 있었음을 나타낸다. 1990년에는 미국에서 가장 부유한 1%가 정부 소득세입의 40%가 아닌 25%를 납부했다. 2000년에 그들은 이 세입의 37%를 납부했고,[53] 2006년에는 소득세입의 40%를 납부했다. 이것이 과연 공정한가? 재산은 정부나 사회의 것이 아니라 그 돈을 버는 개인의 사적 소유라는 원칙과 모든 사회구성원이 세금을 부담하는 것이 보다 건강하다는 원칙에 비추어 볼 때, 이러한 불균형은 전혀 공정하지 않아 보인다. 이것은 매우 급진적이고 우려스런 변화이다.

그러나 이제 거의 세금을 내지 않는 사람들이 미국 유권자의 거의 대다수가 되었기 때문에, 이러한 상황은 계속 악화되어 인구의 점점 더 낮은 비율의 소수가 전체 세금의 점점 더 큰 몫을 부담하게 되었다. 나는 성경에서 이처럼 불공정한 조세정책에 대한 정당성을 찾을 수 없다.

---

53 "Fact Sheet: Who Pays the Most Individual Income Taxes?" *U.S. Department of Treasury Fact Sheet* (April 1, 2004). www.ustreas.gov/press/releases/js1287.htm.

10. 부자에 대한 세금을 낮추면 경제 전반과 국민, 그리고 정부 등 모두가 혜택을 본다

부자에 대한 미국의 세율을 낮추는 것이 어떻게 경제 전반에 혜택이 될지 직관적으로는 이해하기 어려울 수 있다. 그것이 어떻게 경제 전반은 물론 국민 모두에게 유익을 줄 수 있을까? 그리고 그것은 정부에 어떤 도움을 줄까?

경제학은 여기서 어떤 일이 일어나는지 이해하는 데 큰 통찰력을 제공한다. 이는 경제학자가 아닌 사람도 아주 쉽게 이해할 수 있는 방식으로 설명될 수 있다.

예를 들어, 과세 소득이 250,000달러인 납세자 D를 생각해보자. 그는 미국 납세자의 상위 2%에 속한다.[54] 이해를 돕기 위해 어림수로 단순화하여, 그가 현재 세율에서 총 62,500달러(또는 과세 대상 소득의 25%)의 세금을 납부한다고 가정해보자. 세금을 제하고 나면 그에게는 187,500달러가 남는다.

이제 세율을 소득의 25%에서 20%로 낮추면 경제에 어떤 영향을 미칠까? 그의 세금은 250,000달러의 20%, 즉 50,000달러로 줄어들고, 그에게는 세후 (187,500달러가 아닌) 200,000달러가 남게 된다. 정부가 세금으로 빼앗지 않는 추가 12,500달러로 그는 무엇을 할까?

---

54 See www.factcheck.org/askfactcheck/what_percentage_of_the_us_population_makes.html.

⑴ 우선 그가 그 '추가'된 돈으로 무엇을 하든, 그것은 자신뿐 아니라 다른 사람들에게도 금방 도움이 되기 시작한다. 그는 그 돈으로 무엇을 할지는 세 가지 선택밖에 없다. 그는 그것을 ⒜ 절약하거나 ⒝ 소비하거나 ⒞ 기부할 수 있다.

⒜ 만약 그가 12,500달러를 저축하면, 그는 그것을 은행에 넣어 이자를 받을 것이고, 또 은행은 집을 사거나 사업을 시작하려는 다른 사람에게 12,500달러의 대부분을 비교적 빨리 대출해 줄 수 있을 것이다. 따라서 부유한 납세자 D가 은행에 예치한 12,500달러는 다른 사람들에게도 좋은 일이 된다. 그러나 그는 그것을 은행에 넣는 대신, 투자할 곳을 찾을 가능성이 높다. 은행에 저축하여 받는 이자보다 더 많은 수익을 원하기 때문이다. 실제로 납세자 D와 같은 부유한 사람들은 자신이 감당할 수 있는 위험 범위 내에서 가능한 높은 수익률을 추구한다. 결국 납세자 D와 같은 부유한 사람들은 이를 새로운 사업이나 사업 확장에 투자할 것이고, 두 가지 경우 모두 경제에 새로운 일자리와 새로운 생산성을 창출할 것이다. 납세자 D는 또한 그것으로 주식을 살 수도 있는데, 이는 자신이 아닌 다른 사람의 회사에 투자하여 그 회사의 확장과 일자리 창출을 돕는 것이다. 중요한 점은 납세자 D가 "절약"하는 금액은 대부분의 경우 주방의 쿠키 항아리에 가만히 보관되지 않고 경제적

이익을 가져오는 방식으로 사용된다는 것이다.

(b) 납세자 D가 이 12,500달러 중 일부를 지출한다면 민간 부문에서 경제적 이익을 가져올 것이다. 그가 식당에 가서 식사를 하면 웨이터, 요리사, 음식 공급자, 음식을 가져온 트럭 운전사, 음식을 생산한 농부에게 혜택이 간다. 새 차를 구입하는 데 사용하면 자동차 딜러, 판매원, 세차하는 사람, 주유소 직원, 자동차 생산자 및 자동차 자재 공급업체 등에게 이익이 된다.

저축이나 투자 및 소비에서 나오는 이러한 모든 결과는 12,500달러를 정부 기관에 넘겨주어 그 중 상당 부분을 낭비하고, 워싱턴 DC의 동굴 같은 건물에서 공무원들이 끝없는 서류를 만들어 세 통씩 제출하도록 하기 위해 급여를 지급하는 것보다 훨씬 더 경제에 도움이 된다. (정부 공무원이 사회에 아무런 가치도 기여하지 않는다고 말하는 것은 아니다. 많은 정부 기능은 필요하고 유익하다. 그러나 정부는 자유시장에서처럼 경쟁을 통한 책임을 그만큼 지지 않기 때문에 결코 돈을 기업만큼 생산적으로 또는 효율적으로 사용할 수 없다.)

(c) 납세자 D의 세 번째 선택은 12,500달러를 기부하는 것이다. 생필품이 필요한 사람에게 기부하는 것은 사회에 도움이 되고 경제에도 도움이 된다. 왜냐하면 이들이 식료품점이나 옷가게, 신발

가게 등에서 돈을 소비할 것이기 때문이다. 어디에 돈을 주든지, 그것이 정부가 아니라 민간 자선단체에 기부하는 것이라면 결국 민간 부문에 그 돈이 투입되고 더 많은 경제적 이익을 가져올 것이다. 이 세 결과 모두 정부에 돈을 주는 것보다 경제에 더 많은 이익을 가져다준다.

(2) 납세자 D의 세율을 낮추면 더 많은 혜택이 있다. 더 낮은 세율 덕분에 그는 이제 그만큼의 더 큰 인센티브를 갖고 일할 것이고 다음 연도에는 더 큰 생산력을 발휘할 것이다. 왜냐하면 그는 자신이 힘들게 번 돈을 낮아진 세율만큼 더 많이 유지할 수 있다는 것을 알기 때문이다. 세금을 낮추면 더 열심히 그리고 생산적으로 일할 유인이 증가하며, 특히 경제적으로 가장 생산적인 사회구성원, 즉 소득이 가장 높은 사람들에게 이러한 유인이 증가하면 그들의 탁월한 경쟁력에서 비롯되는 생산성 향상이라는 추가적인 혜택도 얻게 된다.

(3) 경제에 끼치는 이익은 더 있다. 납세자 D가 더 많이 투자하고(투자할 돈이 더 많기 때문에) 더 열심히 일하면(일할 동기가 더 높기 때문에) 그 다음 연도에는 더 많은 돈을 벌게 될 것이다. 실제로 미국의 영구 세율(사람들이 내년과 다음 해에도 세금 인하에 따른 계획을 세울 수 있도록)이

인하되었을 때 미국의 개인 소득은 놀라울 정도로 증가했다.

예를 들어, 2년 후 납세자 D의 과세 소득이 250,000달러에서 320,000달러로 증가했다고 가정해보자. 이제 이 20% 세율로 그는 64,000달러의 세금을 납부한다. 이는 더 높은 25% 세율로 납부했던 것보다 4,000달러 더 많은 금액이다! 정부는 납세자 D로부터 갑자기 이전보다 더 많은 돈을 징수하게 되었다. 하지만 그는 64,000달러를 세금으로 지불한 후에도 여전히 256,000달러가 남아 있기 때문에 더 나은 삶을 누린다. 그런데 더 많은 돈을 벌기로 결정한 사람은 납세자 D뿐만이 아니다. 낮아진 세율로 인해 사회의 전체 인구가 소득의 더 높은 비율을 유지할 수 있게 되었기 때문에 그들도 모두 더 많이 투자하고 더 많이 일할 것이다. 전체 경제가 성장하는 것이다. 동시에 낮은 세율을 통해 정부가 징수하는 세수도 결과적으로 더 늘어나고 있다!

납세자 D를 통해 상상해 본 결과는 세율이 인하된 부유한 사람들에게만 나타나는 것이 아니다. 저소득층 납세자에게도 어느 정도 동일한 결과가 발생한다. 단, 저소득층은 저축이나 투자를 하기보다 지출을 우선적으로 하는 경향이 있기 때문에 경제 성장에 미치는 영향은 비교적 제한적이다. 경제 성장에 가장 큰 영향을 미치는 것은 저축과 투자이기 때문이다.

이 이야기는 단지 희망적인 사고가 아니다. 1981년 레이건의 감세 정책과 2001년과 2003년 부시 감세 정책을 통해 실제로 일어난 일이다.

케이토연구소의 윌리엄 니스카넨(William Niskanen)과 스티븐 무어(Stephen Moore)에 따르면 레이건 감세는 이러한 결과를 가져왔다.

1. 레이건 임기 중 실질 경제성장률은 포드-카터 시절 평균 2.8% 및 아버지 부시와 클린턴 시절 평균 2.1% 대비 3.2%였다.
2. 레이건 행정부 시절 실제 중위 가계 소득은 4,000달[55]러 증가했다. 반면 레이건 이전에는 이러한 변화가 없었고 레이건 이후에는 약 1,500달러의 손실이 있었다.
3. 이자율, 인플레이션, 실업률은 레이건 재임 기간에 대통령 임기 직전이나 직후보다 더 빠르게 하락했다. [56]

또한 니스카넨과 무어는 지미 카터 재임 동안 가계 소득이 9% 감소했지만 로널드 레이건 재임 기간에 11% 증가했다고 보고했다.

아들 부시 대통령의 감세 정책에 대해서는 국립정책분석센터(National Center for Policy Analysis)가 다음과 같이 보고한다.

---

55 William A. Niskanen and Stephen Moore, "Supply-Side Economics and the Truth about the Reagan Economic Record," *CATO Policy Analysis* www.cato.org/pub_dis-play.php?pub_id=1120&full=1.
56 Ibid.

1. 부시 행정부의 감세로 인해 2003년 3분기 국민총생산(GNP)은 7.2%
   성장했다. 연간 실질 GDP 성장률은 2001년 0.3%에서 2002년 2.5%
   로 증가했다.
2. 2003년과 2004년 경제 성장 수준은 예상보다 3000억 달러 더 높은
   성장률, 즉 가구당 약 2,500달러를 가져왔다.
3. 2003년 8월 이후 9개월 동안 140만 개의 일자리가 추가되었다.[57]

마지막으로 한 분석에 따르면, 감세로 인해 정부는 예상했던
270억 달러의 손실이 아니라, 오히려 실제로 260억 달러의 추가 수
익을 얻었다. 경제 및 투자 조사 회사인 트렌드매크로리틱스(Trend
Macrolytics)의 최고 투자 책임자인 도널드 러스킨(Donald Luskin)은 어
떻게 이러한 일이 발생했는지 설명한다.

2003년 자본 이득에 대한 세금 감면은 그 자체로 온전히 비용을 지불했
다. 사실 그 예상 손실을 메꾼 것보다 훨씬 더 이상으로 수익을 얻었다.
이 사건을 이해하려면 세금 감면 정책이 펼쳐지기 전인 2003년 1월로
돌아가야 한다. 2003년에 발표된 의회예산처(CBO)의 '예산 및 경제 전
망'은 자본이득세입을 2004년에 600억 달러, 2005년에 650억 달러로 2

---

57 "Are the Bush Tax Cuts Working?"http://taxesandgrowth.ncpa.org/news/are-the-bush-
   tax-cuts-working.

년간 총 1,250억 달러에 달할 것으로 추정했다.

1년 뒤인 2004년 1월, 자본이득세 감면이 제정된 시점에 의회예산처가 발표한 해당 연도 예산 및 경제 전망은 자본이득세입 추정치를 2004년에 460억 달러, 2005년에 520억 달러로 낮게 추정해 2년간 총 980억 달러가 될 것이라고 보고했다. 감세 정책 이전 원래 총액 1,250억 달러와 새로운 총액 980억 달러와 비교하면, 의회예산처는 감세로 인해 정부가 270억 달러의 세입을 잃을 것으로 예상한 것이다.

그런데 이것은 추정치이다. 실제로 상황이 어떻게 펼쳐졌는지 살펴보자. 이번에 의회예산처가 발표한 '예산 및 경제 전망'은, 실제 자본이득세입이 2004년에 710억 달러, 2005년에는 800억 달러로 2년 동안 총 1,510억 달러였음을 기록하고 있다. 그렇다면, 이 실제 세입에서 당초 추정된 세입 1,250억 달러를 빼면 정부에 260억 달러라는 놀라운 추가 수익이 나온다. 그렇다. 감세로 인해 정부는 예상되었던 270억 달러의 세수 손실을 입는 대신 실제로는 260억 달러의 추가 수익을 얻은 것이다.[58]

---

58 See Donald Luskin, "The 2003 Tax Cut on Capital Gains Entirely Paid for Itself, I'm Not Just Saying It—CBO Is," *National Review Online* (Jan. 27, 2006), www.nationalreview.com/nrof_luskin/luskin200601270946.asp; and "Are the Bush Tax Cuts Working?" *National Center for Policy Analysis*, http://taxesandgrowth.ncpa.org/news/are−the−bush−tax−cuts−working: citing Congressional Budget Office, "The Budget and Economic Outlook: Fiscal

(4) 세금을 낮추었을 때 생기는 또 다른 커다란 이점은 바로 납세자가 자신의 재산을 더 많이 유지할 수 있게 되면서 개인의 자유가 증가한다는 것이다. 감세로 인해 추가로 유지한 자금은 정부가 아닌 납세자 개인이 어떻게 쓸지 결정하기 때문이다. 가령 감세로 인해 자신의 돈이 120달러 더 많아진 저소득 납세자라도, 이제 그 120달러를 식료품점에서 더 건강한 음식을 사거나 컴퓨터용 새 프로그램을 구입하거나, 가족을 데리고 야구장에 데려갈지 등의 여부를 결정할 자유가 생긴다. 혹은 그 돈으로 게임을 하거나 선교사들을 후원하거나, 수천 가지 다른 일을 할 수 있다. 정부는 더 이상 그 돈을 가져가지 않고 그 돈을 어떻게 써야 할지 결정해주지 않기 때문에, 그 돈을 어떻게 쓸지에 관한 결정은 그 돈의 주인인 그에게 전적으로 달려 있다. 감세로 인해 훨씬 더 많은 돈을 유지하게 되는 납세자에게 말이다.

요약하자면, 한 국가의 영구 세율을 낮추는 것의 이점, 특히 사회의 부유한 구성원에 대한 세율을 낮추는 것의 이점은 다음과 같다.

(1) 이는 각 납세자가 자신의 돈을 더 많이 보유할 수 있음을 의미한다.
그 돈은 자신에게 유익할 뿐만 아니라 돈은 곧바로 경제에 투입되기

Years 2007 to 2016," *Congressional Budget Office* (Jan. 2006). Table 4-4, p. 92. www.cbo.gov/ftpdocs/70xx/doc7027/01-26-BudgetOutlook.pdf.

때문에 다른 사람들에게도 도움이 되고 경제가 성장한다.

(2) 사람들이 더 열심히 일하고 생산적으로 활동하도록 더 많은 인센티브를 제공한다. 이는 또한 더 많은 경제 성장을 의미한다.

(3) 정부는 세금으로 더 많은 돈을 징수하게 된다.

(4) 국민 개개인의 자유가 크게 증가한다.

우리가 2001~2003년 부시 대통령의 감세로 인해 국가에 가져온 엄청난 혜택을 이해하고 나면, 이러한 세금 감면을 계속 연장하는 법안에 의회에서 만장일치로 통과시키기를 바랄 것이다. 그러나 오바마 대통령과 민주당은 감세 연장에 완강히 반대한다. 그들이 내세우는 유일한 명분은 감세가 "부자들"에게 너무 많은 이익을 가져다준다는 것이다.

하지만 진실은 감세가 부유한 납세자를 포함한 모든 납세자에게 혜택을 가져다준다는 것이다. 이러한 감세 조치가 연장되지 않으면 미국의 세율은 2003년 이전 수준으로 되돌아갈 것인데, 헤리티지 재단(Heritage Foundation)은 2010년에 세금 감면이 만료되면 다음과 같은 일을 예상한다.

· 세율은 각 세금 등급에서 실질적으로 인상되며, 일부는 450bp[= 4.5%] 증가한다.

- 저소득 납세자에게 적용되는 10% 세율범위가 사라지고 15% 세율로 세금을 납부해야 한다.

- 기혼 납세자에게는 '결혼 벌금'[59]이 다시 부과된다.

- 자녀가 있는 납세자는 자녀 세금 공제의 50%를 잃게 된다.

- 배당금에 대한 세금은 2009년 1월 1일부터 인상된다.

- 자본 이득에 대한 세금도 2009년 1월 1일부터 인상된다.

- 연방 '사망세'는 2011년에 다시 살아날 것이다.[60]

이 결과는 세금이 감소되었을 때 위에서 본 결과와 반대가 될 것이다. 이러한 세금 인상은 (정부가 사람들의 소득에서 더 많이 뺏어감으로써) 경제에 해를 끼치고, 사람들이 일하고 생산성을 높일 수 있는 인센티브를 없애고, 경제를 위축시켜 결국 정부가 세금으로 더 적은 돈을 거두게 된다. 또한 세금 인상은 사람들이 자신의 돈으로 무엇을 할지 결정할 자유를 빼앗아 개인의 자유를 감소시킨다.

따라서 질문은 간단한다. 우리가 원하는 것은 무엇인가? (a) 경제를 돕고, 가난한 사람부터 부유한 사람까지 모든 소득 수준의 사람들을 돕고, 사회를 돕고, 정부 세수를 늘리고, 자유를 늘리고 싶은

---

59 역주: 부부합산 신고 시 가중되는 세금 부담
60 William W. Beach and Rea S. Hederman Jr., "Make The Bush Tax Cuts Permanent," *Heritage Foundation Web Memo #956* (Jan. 5, 2006). www.heritage.org/Research/Taxes/wm956.cfm.

가, 아니면 (b) 부자로부터 더 높은 비율의 돈을 정부가 가져가도록 하고, 경제에 해를 끼치고, 가난한 사람부터 부자까지 사회의 모든 사람에게 해를 끼치고, 사회에 해를 끼치고, 정부가 받는 세수도 줄이고, 자유도 감소시키고 싶은가? 놀랍게도 민주당은 만장일치로 (b)를 선택하고 있다.

성경의 가르침은 이에 대해 어떤 지침을 제공하고 있을까? 이전 섹션에서 지적했듯이, 성경은 (a) 재산이 사회나 정부가 아닌 개인의 소유이며, (b) 정부는 스스로를 위해 과도한 금액을 가져가서는 안 되며, (c) 정부는 사회에 경제적 이익과 경제 성장을 가져오는 것을 추구해야 하고, (d) 정부가 개인의 자유를 보호해야 한다고 가르친다. 이 모든 점은 현재보다 낮은 세율, 특히 사회에서 더 높은 소득 계층에 대한 낮은 세율을 지지한다.

11. 그러면 부자는 더 부자가 되고 가난한 사람은 더 가난해지는 것은 아닐까?

부자에 대한 세금 인상을 지지하는 사람들이 흔히 하는 주장 중 하나는 "부자는 점점 더 부자가 되고 가난한 사람은 점점 더 가난해진다(부익부 빈익빈)"는 것이다. 따라서 그들은 사회를 더욱 "정의롭게" 만들기 위해 부자에게 더 많은 세금을 부과해야 한다고 주장한다(그들에게 "정의"란 "부의 평등"을 의미한다).

이 주장에는 여러 실수가 있다. 첫째, 사실과 다르다. 미국이나 어느 선진국에서도 가난한 사람들은 "더 가난해지지" 않는다.

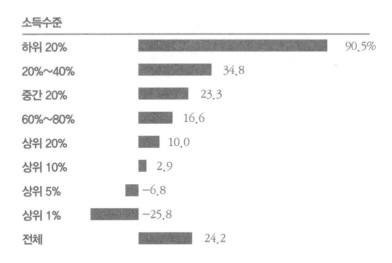

소득수준

하위 20%	90.5%
20%~40%	34.8
중간 20%	23.3
60%~80%	16.6
상위 20%	10.0
상위 10%	2.9
상위 5%	−6.8
상위 1%	−25.8
전체	24.2

표 9.3 미국 소득이동성: 1996년부터 2005년까지 중위소득의 백분율 변화
(2005년 달러 기준) 출처: 미국 재무부, 2007

미국 재무부가 발표한 통계에서 가져온 이 표는 1996년부터 2005년까지 경제 성장의 가장 큰 비율이 1996년 소득 규모의 가장 밑에 있었던 저소득층에게서 발생했음을 보여준다. 실제로 1996년에 가장 빈곤한 소득 집단에 있던 세금 신고자 중 거의 58%가 10년 후에 더 높은 소득 범주로 이동했다. 거의 25%는 중산층 또는 중상위 소득층으로 이동했다. 보고서에 따르면 해당 기간 중 중위 소득이 감소한 유일한 그룹은 1996년 납세자 중 상위 1%에 속한 사람들이었다. 왜냐하면 그들 중 상당수는 처음 몇 년 동안만 매우 높

은 소득을 유지하다가 갑자기 소득이 감소하기 때문이다.[61] 미국 경제가 성장함에 따라 확실히 부자들이 더 부유해지고 있다. (빌 게이츠는 2008년에 580억 달러의 자산 가치가 있었다.[62] 그러나 1960년대 후반 세계에서 가장 부유한 사람은 벙커 헌트였으며 그의 순자산은 80억 달러에서 160억 달러 사이로 추정된다.[63]) 그러나 가난한 사람들도 확실히 더 부유해지고 있다. 경제가 성장하면 모든 소득 수준의 사람들이 일반적으로 혜택을 받는다.

경제가 10% 성장할 때 사회에 속한 모든 사람이 10% 이익을 얻는다고 가정하면, 부자의 총이익 액수가 더 크다는 것은 수학적인 사실이다. 가령 빌 게이츠가 자신의 순자산을 600억 달러에서 660억 달러로 10% 증가시킨다면 그는 60억 달러 더 부유해진다. 그러나 순자산이 40,000달러인 가난한 사람이 순자산을 10% 증가하여 44,000달러로 증가하면 그는 단지 4,000달러만 더 부유해진다. 빌 게이츠는 더 빠른 속도로 부를 얻었고, 이제 그는 가난한 사람보다 5,999,996,000달러 더 "앞서" 있다. 경제가 성장함에 따라 모두가 혜택을 받는다면 이는 불가피한 일이다.

---

61   "Movin' On Up," *Wall Street Journal* (Nov. 13, 2007). www.opinionjournal.com/editorial/feature.html?id=110010855.

62   See www.forbes.com/lists/2008/10/billionaires08_William-Gates-III_BH69.html.

63   Doug J. Swanson, "Once World's Richest Man, Bunker Hunt Has 'No Regrets,' 29 Years After Silver Collapse," *Dallas Morning News* (March 22, 2009). www.dallasnews.com/shared-content/dws/dn/latestnews/stories/032209dnprobunkerhunt.3d93ff8.html.

큰 금액으로 10% 이익을 얻는 것이 적은 금액으로 10% 이익을 얻는 것보다 더 크다는 것은 간단한 수학의 이치이다. 그것은 영원히 사실일 것이다. 그러므로 경제가 계속 성장하는 한, 부자는 계속해서 더 부자가 되고, 가난한 사람은 보다 느린 속도로 더 부자가 될 것이다. 중요한 것은 모두가 더 부유해진다는 것이다.

이를 방지할 수 있는 유일한 방법은 정부가 빌 게이츠의 추가 수익 중 5,999,996,000달러를 압류하여 그도 가난한 사람과 똑같이 4,000달러를 얻도록 하는 것이다. 그러나 그런 일이 발생한다면 빌 게이츠는 더 이상 일을 안 하기로 결정하고(정부가 자기 수입의 99% 이상을 가져가는데 왜 일을 하는가?) 따라서 생산량을 줄이며 경제는 악화될 것이다. 부자는 또 그의 소득을 더 많이 유지할 수 있도록 허용하는 정부가 있는 나라로 이주할 것을 결정할 수도 있다. (실제로 많은 나라에서는 세율이 크게 인상될 때 고도의 기술을 가진 부유한 많은 사람들이 다른 나라로 이주한다.)

즉, 정부는 조세권을 광범위하게 사용하여 모든 사람이 (공산주의 국가에서와 같이) 평등하게 빈곤 속에서 살도록 강요할 수 있지만, 모든 사람에게 부의 평등을 제공하거나, 건강하고 성장하는 경제 속에서 소득의 평등을 강요하는 것은 불가능하다.

우리가 "부자는 더 부유해지고 가난한 자는 더 가난해진다"라고 생각해서는 안 되는 또 다른 이유가 있다. 한 해 가난했던 많은 사람들은 실제로 다음 해에 더 부유해진다. 미국 인구를 소득에 따라 다섯 그룹으로 나누고 각 그룹(5분위수, quintile)에 1975년부터 1991년까지(16년 기간) 무슨 일이 일어났는지 연구하면, 가장 낮은 소득 그룹에 있는 사람들의 98%가 더 높은 그룹으로 이동했다는 것을 발견할 수 있다! 다음으로 낮은 소득 그룹에서는 78%가 고소득 그룹으로 이동했고, 세 번째 그룹의 58%는 그 다음 높은 소득 그룹으로 이동했다. 반면, 상위 소득 그룹의 31%는 하위 그룹으로 이동했으며, 두 번째 상위 그룹의 경우 24%가 하위 그룹으로 이동했다. 다음 표는 이러한 소득 이동을 보여준다.[64]

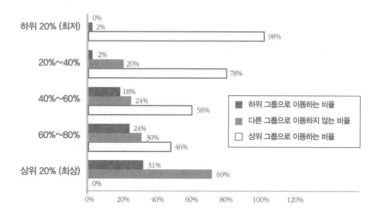

표 9.4 소득이동성 1975–91

64 "Income mobility 1975–91," in Stephen Moore and Julian Simon, *It's Getting Better All the Time: Greatest Trends of the Last 100 Years* (Washington, DC: Cato Institute, 2000), 79.

이러한 패턴은 그보다 더 최근 연구에서도 나타났다. 1996~ 2005년 소득 이동성에 관한 연구에 따르면, 최저 소득 계층의 세전 중위 소득은 1996~2005년 동안 77.2% 증가한 것으로 나타났다. 이는 이전 기간의 67.8%와 비교된다.[65] 재무부는 1996년 최하위 5분위에서 시작한 납세자의 약 절반이 2005년까지 더 높은 세율 계층으로 이동했다는 사실을 발견했다. 이 연구는 또한 1996년에 최고 높은 소득을 가진 사람들(1%의 상위 1/100에 해당)이 2005년에는 25%만이 이 그룹에 남아 있었고, 이 기간 동안 이들의 중위 실질 소득도 감소했다는 것을 보여주었다.[66]

즉, 다양한 측정을 통해 미국에서는 시간이 지남에 따라 상당한 소득 이동이 있음을 알 수 있다.

그러한 소득 이동의 한 예는 가난한 의대생이 졸업 후 1년 만에 갑자기 "저소득" 상태에서 "중/고소득" 상태로, 또 곧이어 "고소득" 상태로 금방 이동하는 경우이다. 일반적으로 가난한 대학생이 진로를 개척하기 시작하면서 비슷한 일이 일어난다. 이러한 일은 이제 막 언어를 배우고 곧 성공할 사업 기회를 찾고 있는 가난한 이민자 가족들에게도 일어난다.[67] "저소득"에서 "고소득"으로의 이러

65 "Income Mobility in the United States: New Evidence from Income Tax Data," *National Tax Journal LXII:2* (June 2009), 315.

66 "Income Mobility in the United States: 1996 – 2005," *US Department of the Treasury* (Nov. 13, 2007), 2.

67 For numerous examples see Thomas J. Stanley, Ph.D., and William D. Danko, Ph.D., *The*

한 변화는 또한 "저소득" 기업가들에게도 일어난다. 사업을 시작하는 동안 월급도 없이 2~3년 동안은 이전에 저축한 자금으로 생활한다. 이들은 국민 소득 분포 차트에서 "가난한 사람"으로 표시되지만(소득이 0달러), 사업이 잘 되면 빠르게 중산층 또는 중상위 소득자 대열에 합류하게 된다. 따라서 사람들이 "가난한 사람"과 "부자"에 대해 이야기할 때, 우리는 시간이 지남에 따라 그 범주에 전혀 다른 사람들이 있을 수 있다는 것을 유념해야 한다.

마지막으로, 이전 섹션에서 내가 주장한 것처럼, 부자에게 세금을 덜 부과하는 것은 경제에 도움이 되고 모든 사람에게 도움이 되지만, 반대로 부자에게 더 많은 세금을 부과하면 경제에 해를 끼치고 모든 사람에게도 해를 끼칠 것이다.

12. 사망세(상속세)

현재 미국에는 특정 금액을 초과하는 개인의 재산 가치에 대해 매우 높은 상속세(종종 "사망세"라고 불림)가 부과된다. 이는 개인이 사망한 후 유산으로 납부해야 하는 세금이다. 사람이 사망했을 때 그 사람의 재산에 세금을 부과해야 할까?

현재 특정 "면제 금액"을 초과하는 유산 가치는 고인의 상속인에게 상속되기 전에 상당히 높은 세율로 과세된다. 실제 세율은 계속

Millionaire Next Door (New York: Pocket Books, 1998).

바뀌었지만 다음은 2001년부터 2011년까지의 상속세율 표이다.

	면제한도	최고세율
2001	$675,000	55%
2002	$1.0 million	50%
2003	$ 1.0 million	49%
2004	$ 1.5 million	48%
2005	$ 1.5 million	47%
2006	$ 2.0 million	46%
2007	$ 2.0 million	45%
2008	$ 2.0 million	45%
2009	$ 3.5 million	45%
2010	Repealed	0%
2011	$ 1.0 million	55%

표 9.5

이 표에서 볼 수 있듯이 부시 행정부 시절인 2001년과 2003년의 감세로 인해 과세가격에서 제외되는 상속의 금액은 2003년부터 정기적으로 증가하고 있으며, 그 금액에 대한 세율은 감소했다. 그러나 의회가 다른 법안을 통과시키지 않는 한, 2011년에 상속세는 2001년 이후보다 더 높은 세율로 돌아갈 것이다.[68]

예를 들어, 납세자 E가 2011년에 사망했을 때 600,000달러 상당

---

68 역주: 2010년 말 의회는 2011년 상속세 면제 한도를 500만 달러, 최고세율을 35%로 정하는 법안을 통과시켰다.

의 주택과 그가 지은 100만 달러 가치의 철물점, 그리고 그가 저축한 400,000달러를 남겼다면 그의 유산은 200만 달러이다. 여기서 면제 한도인 백만 달러는 제외되지만, 나머지 백만 달러에 대해 정부는 55%, 즉 세금으로 550,000달러를 떼어가게 된다.

납세자 E에게 4명의 자녀가 있고, 그들에게 4등분하여 유산을 남기고 싶다고 가정해보자. 만약 상속세가 없다면 그는 200만 달러를 넷으로 나누어 자녀들에게 각각 50만 달러를 남길 것이다. 그러나 2011년 상속세와 함께 적용될 세율로 인해 그의 자녀들은 먼저 유산에서 550,000달러의 세금을 납부해야 한다. 그러나 저축되어 있는 400,000달러의 현금으로는 이 세금을 납부할 수 없으므로 세금을 납부할 만큼 충분한 현금을 모으려면 집이나 철물점을 즉시 매각해야 할 것이다. 많은 경우 대부분 가족이 운영해 온 사업이나 가족 농장을 매각해야 한다.

질문은 이것이다. 납세자 E가 자녀에게 유산을 주기 전에 그의 재산에서 정부가 550,000달러를 가져가는 것이 과연 옳은가?

첫 번째로 물어야 할 질문은 이 200만 달러가 누구의 돈이냐는 것이다. 그것은 납세자 E의 재산이므로 (합법적인 소득으로 가정했을 때) 그가 원하는 것을 자유롭게 할 수 있어야 할까, 아니면 그 돈은 사회나 정부에 속한 것일까? 앞서 지적한 바와 같이, 성경의 원칙은 사유 재산이 사회나 정부의 소유가 아니라 개인의 소유임을 분명히 하고 있다. 그러므로 200만 달러는 납세자 E의 것이다. 정부는 왜 그가 정직하게 벌어들인 돈을 빼앗을 권리가 있을까?

또한 납세자 E는 노동과 저축을 통해 이 자산을 획득했을 때 이미 그 수입에 대한 소득세를 성실히 납부했다. 그런데 왜 같은 돈에 대해 또 다시 세금을 납부해야 할까?

경제학자들은 상속세가 기업가 정신, 즉 자신이 소유한 사업에 투자하려는 의욕을 크게 저해한다고 주장해 왔다. 평생 사업을 열심히 일구었는데 소유주가 사망할 때 정부가 자신의 사업 가치 1달러마다 55센트를 가져갈 것이 정해져 있다면, 소유주는 왜 사업을 구축하기 위해 그렇게 열심히 노력해야 할까? 어차피 사업의 절반 이상은 그의 가족이나 기부하길 원하는 단체가 아닌 정부에 바쳐야 한다면 말이다.

결과적으로는 이러한 불공정으로 인해 누가 혜택을 받을까? 월스트리트저널에 보고된 듀케인(Duquesne) 대학의 경제학자 앤토니 데이비스(Antony Davies)와 파벨 야코벨(Pavel Yakovel)의 연구에 따르면, 종종 상속세 때문에 매각해야 하는 이러한 중소기업들은 대기업이 매입한다.

상속세는 자본이 풍부한 대기업이 소규모 기업의 소유주가 사망 시 그것을 집어삼키도록 장려함으로써 "대기업보다는 중소기업에 불균형적으로 악영향을 미친다." 연구 결과는 상속세가 "중소기업이 상속인에게 상속되는 것을 방지하여 부의 집중을 오히려 촉진"하는 것임을 보여준다.[69]

조세재단(Tax Foundation)의 경제학자 패트릭 플리노(Patrick Fleenor)와 J. D. 포스터(Foster)는 상속세의 의욕 저하 효과에 대해 다음과 같이 말한다.

상속세는 개인의 일생에 걸쳐 축적된 부에 대한 세금이므로 그 개인의 경제적 의사 결정에 거의 또는 전혀 영향을 미치지 않는 것으로 종종 가정된다. 이것은 그럴듯하지만 기만적인 생각이다. 일하고 저축하겠다는 개인의 결정은 평생 진행되는 미래 지향적 과정의 일부이다. 현재 시행되고 있는 높은 실질 상속세율로 인해 사람들은 실제로 생산 노력을 줄이고 목표 유산의 크기를 줄이게 된다.[70]

플리노와 포스터는 상속세(10,000달러 미만의 부동산에 대한 최소 세율 17%와 300만 달러를 초과하는 부동산에 대한 최고 세율 55%)가 적용되었을 때 기업가에게 얼마나 부정적인 영향을 미치고 결과적으로 경제 성장

---

69 "The Tax That Won't Die," *Wall Street Journal* (Dec. 11, 2009), A20.

70 Patrick Fleenor and J. D. Foster, "An Analysis of the Disincentive Effects of the Estate Tax on Entreprenurship," Tax Foundation Background Paper #9, *Tax Foundation, Washington, DC* (June 1, 1994), 17. www.taxfoundation.org/files/bp9.pdf.

에 어떤 부정적인 영향을 미치는지 나타내는 여러 시뮬레이션을
실행했다. 그들은 다음과 같이 썼다.

이 모델을 사용하여 수행된 다양한 시뮬레이션은 상속세가 소득세율을
두 배로 늘리는 것과 거의 동일한 수준으로 기업 인센티브에 영향을 미
치는 것으로 나타났다. 즉, 현행 상속세와 동일한 의욕 저해 효과를 나타
내려면 소득세율이 현재 수준의 거의 두 배, 즉 약 70%가 되어야 한다.

또한, 상속세의 누진성을 고려하면, 재산 규모가 클수록 소득세율의 인
상폭이 커진다. 상속세가 연방 수입의 약 1%만을 증가시킨다는 사실을
고려하면, 세금의 경제 위축 효과가 상속세와 관련된 정부 수입에 비해
훨씬 크다는 것이 분명하다.[71]

플리노와 포스터는 다음과 같이 결론짓는다.

대다수의 기업은 많은 양의 사업 자산을 축적해야 하기 때문에 높은 유
효 상속세율은 기업가 정신에 특히 해로운 영향을 미친다. 상속세는 미
국에서 가장 생산적인 시민에게 부과하는 매우 큰 짐이다.[72]

---

71   Ibid., 2.
72   Ibid., 17.

13. 공정세(fair tax)

미국에서는 엄청나게 복잡한 조세 제도를 단순화하기 위한 여러 가지 제안이 있었다. 그러한 제안 중 하나가 바로 소매 판매에 대한 국가 판매세(또는 "소비세")인 "공정세"이다. 현재 제안 중 하나는 이러한 "공정세"를 제정하는 동시에 개인소득세, 법인소득세, 자본이득세, 사회보장세 및 건강보험 세금, 기타 급여세, 증여세 및 상속세를 폐지하는 것이다. 처음 이 목록을 접하면, 거의 모든 세금을 폐지하겠다는 이러한 제안이 상당히 매력이 있다는 것을 인정해야 한다.

하지만 정말 좋은 생각일까? 제안된 바와 같이 그러한 전국 단위 판매세는 몇 가지 심각한 반대에 직면해 있다. 먼저 공정세는 '23% 세금'이라고 홍보되기도 하지만, 정의상 현행 판매세와는 다르다. 공정세 제안에서 '23%'는 세금을 포함한 납부 금액 전체를 기준으로 계산되기 때문이다. 예를 들어, 누군가 77달러에 물건을 구입했다면, 여기에 "공정세"가 '추가'되어 23달러를 더한 총지출 100달러가 되는 것이다. 그러나 77달러 품목에 23달러를 추가하면 일반적으로 계산하는 판매세 방식에 따르면 사실상 '30% 세금'이다 (23/77 = .299). 그래서 가장 먼저 물어봐야 할 질문은 사람들이 정말로 30%의 국가 판매세를 원하는지 여부이고, 따라서 첫 번째 반대는 (1) 판매세의 엄청난 규모이다.

또 다른 반대 의견은 ⑵ 새로운 종류의 세금을 추가하는 데 따른 세금 확대 경향이다. 즉, 권력에 대한 끝없는 정부의 욕구 때문에 일단 국가 판매세가 생기면 의회는 30% 판매세 외에 또 다른 세금 항목도 다시 부과하는 것이 쉬워진다는 것이다. 국가 소득세가 다시 1%, 또 2% 등 점점 높아질 것이다. 그리고 아마도 법인세도 다시 들어올 것이다. 곧 이 새로운 종류의 세금은 많은 세금 중 하나가 될 것이다.

물론, 그러한 소득세 재부과를 방지하는 한 가지 방법은 정부가 수정헌법 제16조, 즉 "소득에 대한 세금을 징수"할 수 있는 권한을 부여하는 헌법을 폐지하는 것이다. 하지만 이러한 개헌안이 통과되기는 매우 어렵다. 그러한 제안은 현실이 아닌 희망적 사고에 근거한 주장이다.

또 다른 반대 의견은 ⑶ 현재 세금을 내지 않는 많은 가난한 사람들도 구매하는 모든 것에 세금이 부과되기 때문에 현재 조세 제도보다 가난한 사람들에게 훨씬 더 큰 세금 부담을 안겨줄 것이라는 점이다. (사회의 가장 가난한 계층에 세금 환급이 보장된다고 하더라도, "환급선" 바로 위에 있어서 환급 혜택을 못 받는 가난한 사람들에게는 더 많은 부담을 줄 것이다.)

또 다른 반대는 ⑷ 현재 조세 체계에서 기부에 대해 공제되는 세금 혜택의 상실을 자선 단체가 지지하지 않을 것이라는 점이다. (소득세가 없다면 당연히 자선 기부금에 대한 소득세 공제도 없을 것이다.) 또 다른 반대 의견은 (5) 거대한 "암시장"이 생겨나 경제의 많은 부분을 삼킬 것이라는 점이다. 기록을 남기지 않는 현금 거래는 30%의 판매세를 피할 수 있다. 이는 세금 회피를 위해 추적이 거의 불가능한 거래를 유도하는 큰 유인책이다! 따라서 (6) 그러한 세금으로 창출되는 세입은 예상보다 훨씬 적을 수 있으며, (7) 현금 거래를 통한 탈세의 증가는 법 준수 측면에서 사회를 타락시키는 악영향을 미칠 수 있다.

"공정세"를 지지하는 사람들은 이러한 반대 의견들에 대해서도 나름의 대답이 있다. 나는 공정세라는 개념이 표면적으로는 상당한 매력을 갖고 있다는 것을 부정하지 않는다. 하지만 여전히 위와 같은 반대 의견 중 일부는 매우 설득력이 있어 보인다. 따라서 나는 이 "공정세" 제안을 지지하지 않는다. 너무 비현실적인 발상이다.

그러나 여기서 나의 이러한 판단은 성경의 어떤 명확한 원칙보다는 일련의 실질적인 현실성에 더 크게 기초하고 있음을 인정한다. (위의 섹션 6과 7에서 "균일세"를 지지하는 몇 가지 성경적 원칙을 주목하라. 이 "균일세"는 "공정세" 제안보다 훨씬 더 납득 가능한 제안이다.)

14. 상속에 대한 성경의 가르침

고대 이스라엘에서는 상속을 통해 자녀에게 재산을 주는 것이 일반적인 관행이었다.

선인은 그 산업을 자자 손손에게 끼쳐도 (잠 13:22)

집과 재물은 조상에게서 상속하거니와 슬기로운 아내는 여호와께로서 말미암느니라 (잠 19:14)

흥미로운 점은 여호와께서 상속에 관해 모세에게 구체적인 지시도 하셨다는 것이다.

너는 이스라엘 자손에게 말하여 이르기를 사람이 죽고 아들이 없으면 그의 기업을 그의 딸에게 돌릴 것이요 딸도 없으면 그의 기업을 그의 형제에게 줄 것이요 형제도 없으면 그의 기업을 그의 아버지의 형제에게 줄 것이요 그의 아버지의 형제도 없으면 그의 기업을 가장 가까운 친족에게 주어 받게 할지니라 하고 나 여호와가 너 모세에게 명령한 대로 이스라엘 자손에게 판결의 규례가 되게 할지니라 (민 27:8~11)

어떠한 경우에도 정부가 "상속세"라는 명목으로 가져가는 사유 재산의 일부는 없다는 점을 주목할 필요가 있다. 재산은 고인의 후손에게 물려주는 것이며, 후손이 없다면 가까운 친족에게 물려준다.

사실상 선지자 에스겔은 통치자가 사람들의 "상속"을 빼앗아서 그 상속자들에게 물려줄 수 없게 되는 것을 금하는 하나님의 말씀을 선포했다.

군주는 백성의 기업을 빼앗아 그 산업에서 쫓아내지 못할지니 군주가

자기 아들에게 기업으로 줄 것은 자기 산업으로만 할 것임이라 백성이

각각 그 산업을 떠나 흩어지지 않게 할 것이니라 (겔 46:18)

상속세에 찬성하는 한 가지 주장은 그것이 "과도한" 분량의 부가 소수 가문에 축적되는 것을 방지한다는 것이다. 그러나 "과도하다"는 것을 누가 결정하는가? 부유한 사람들이 단지 부유하다는 이유만으로 자신들의 돈을 오용하거나 사회적으로 해롭고 파괴적인 방식으로 사용할 가능성이 더 높다고 가정해야 할까? 불법적인 방법으로 돈을 사용하는 것은 정부로부터 처벌을 받는다. 하지만 불법적인 방법으로 사용하는 것이 아니라면 왜 그 사적 소유 재산을 빼앗아야 할까?

이 주장의 다른 측면은 상속세가 단지 점점 더 많은 권한을 정부에 넘겨준다는 것이다. 더 강력하고 점점 더 부유해지는 정부는 부

유한 가문보다 나라와 사회에 더 해롭다는 많은 논증이 있다. 부유한 개인과 가문 중 다수는 종종 현명한 투자와 사업을 하거나 막대한 자선 기부를 통해 나라에 많은 선한 일을 한다. (일반적으로 정부 기관은 그렇게 못한다.)

따라서 상속세에 대한 질문은 궁극적으로 국가의 재산을 소유하는 주체가 개인인가, 아니면 정부인가 하는 문제로 귀결된다. 성경은 분명히 개인의 사적 재산 소유권을 지지한다.

나의 결론은 상속세를 영구적으로 폐지해야 한다는 것이다.

H. 사회보장제도

1. 사회보장 개요

미국에서 "사회보장"이라는 표현은 공식적으로 '노인, 유족 및 장애 보험 프로그램(Old Age, Survivors, Disability Insurance, OASDI)'이라고 불리는 연방 프로그램 전체를 지칭하는 일반적인 용어로 사용된다. 사회보장을 지원하기 위한 세금은 연방보험기여법(Federal Insurance Contribution Act)에 따라 징수되므로 'FICA 세금'이라고도 한다. 현재 모든 직장인은 소득의 6.2%를 사회보장세로, 1.45%를 메디케어(연방 건강보험) 세금으로 납부하여 총소득의 7.65%를 정부에 납부하고 있다. 고용주도 동일한 금액을 지불해야 하며 총기여금은 FICA 세금으로 징수된 직원 소득의 15.3%에 해당한다. 자영업자는 전체 15.3%를 본인이 부담한다. 연간 102,000달러 이상의 소득에 대해서는 FICA 세금이 징수되지 않는다.

최초의 사회보장법은 1935년 8월 14일 프랭클린 D. 루즈벨트 대통령에 의해 서명되었다. 그 이전에 미국에는 지속적인 소득 없이 은퇴한 사람들, 또는 장애로 인해 일할 능력이 없는 사람들과 실직한 사람들을 돌볼 수 있는 정부 규정이 없었다. 사회보장제도는 사람들이 직장생활을 하는 동안 사회보장기금에 돈을 내고 퇴직한 후 사망할 때까지 매달 연금을 받는 것이다.

이 제도는 처음에는 소득의 아주 낮은 비율(2% 정도)만 징수했다. 절반은 직원으로부터, 나머지 절반은 고용주로부터 징수되었으며 초창기에는 매우 잘 작동했다. 그 수치는 현재 소득의 12.4%로 늘어났다.[73] 이러한 증가는 의회가 점점 더 많은 돈을 지출하면서 이루어졌다. 처음에는 많은 사람들이 이 기금에 돈을 지불하는 반면 은퇴하는 사람이 거의 없었기 때문에 이것이 가능했다(1930년에는 인구의 약 6%만이 65세 이상이었다).[74] 그래서 1930년대 후반부터 1940년대

---

[73] "Legislative History: Social Security Act of 1935," *United States Social Security Administration*, www.ssa.gov/history/35act.html; and "The 2008 Annual Report of the Board of Trustees of the Federal Old-Age and Survivors Insurance and Disability Insurance Trust Funds" (March 28, 2008). www.ssa.gov/OACT/TR/TR08/tr08.pdf.

[74] See "65+ in the United States," *United States Census Bureau* (Dec. 2005), 9. www.census.gov/prod/2006pubs/p23-209.pdf.

와 1950년대까지는 이 기금에 자금이 과잉 유입되었고, 의회는 계속해서 혜택을 늘렸다. 이는 또한 대중의 환심을 사고 표를 얻는 경향이 있었다.

그러나 결국 65세에 이른 수백만 명의 사람들이 은퇴하기 시작했고, 그 이후로 사망까지 20년, 심지어 30년 이상 계속해서 연금을 받았다. 미국 인구조사국의 예측에 따르면, 첫 번째 베이비붐 세대가 65세가 된 2010년부터 2030년까지 노년층 인구가 크게 증가할 것으로 예상된다. 2030년 노년층 인구는 2000년 3,500만 명보다 두 배로 늘어난 7,200만 명으로 증가할 것으로 예상된다.[75] 이 근로자-수혜자 비율은 2030년까지 1명당 2.2명으로 계속 하락할 것으로 예상된다.[76] 1945년 이 비율은 41.9명당 1명이었다.[77] 또한 1965년에는 메디케어(Medicare)와 메디케이드(Medicaid)라는 건강보험이 신설되면서 의료 혜택이 추가되었다. 이제 사회보장과 메디케어는 미국 연방 예산에서 가장 큰 지출을 차지한다.[78] 2010 회계연도에 사회보장 지급금은 연방 예산의 18.6%를 차지했고, 메디케어/메디케이드는 추가로 19.6%를 차지하여 정부 지출의 총 38.2%

---

75 Ibid., 1.

76 Ibid., 97: citing www.ssa.gov/OACT/TR/TR03/IV_Lrest.html.

77 "The 2008 Annual Report of the Board of Trustees of the Federal Old-Age and Survivors Insurance and Disability Insurance Trust Funds," op. cit. See also the 2009 report, 2. www.ssa.gov/OACT/TR/2009/tr09.pdf.

78 "Mid-Session Review Budget of the U.S. Government: Fiscal Year 2008," *Office of Management and Budget*, 4. www.whitehouse.gov/omb/budget/fy2008/pdf/08msr.pdf.

를 차지하게 되었다. 이는 미국 국내총생산(GDP)의 10%에 해당하는 엄청난 규모의 지출이다.[79] 연방 예산의 다른 큰 부분은 국방인데, 이는 예산의 19%를 차지한다.[80] 2050년까지 사회보장, 메디케어, 메디케이드에 대한 지출은 GDP의 16%(정부 지출의 16%가 아니라 미국 전체의 연간 경제적 가치 생산의 16%!)가 될 것으로 예상된다. 이는 다른 모든 정부 프로그램에 대한 지출의 두 배 이상이다.[81] 그 모든 지출은 은퇴하여 여전히 재정을 소비하지만, 딱히 경제적으로 생산성 있는 기여를 하지 않는 사람들에게 지불하기 위한 것이다.

2. 파산 우려

사회보장에 관한 가장 큰 우려는 그 자금이 급속도로 고갈되고 있다는 점이다.

현재 예측에 따르면 2016년에는 사회보장신탁기금이 거두는 것보다 더 많은 금액을 지불하게 된다. 이 시점이 되면 연방 정부는 법에 따라 사회보장기금에서 받은 대출금을 이자와 함께 갚아야 한다. 사회보장신탁기금은 사회보장제도에 3조 5천억 달러, 즉 미국의 모든 남성, 여성, 어린이에게 10,400달러의 빚을 지게 된다.[82]

---

79 Ibid., 6.
80 Ibid., 4.
81 Ibid., 6.
82 "The 2008 Annual Report of the Board of Trustees of the Federal Old-Age and Survivors Insurance and Disability Insurance Trust Funds," op. cit.

2041년에는 모든 신탁 기금이 고갈될 것으로 예상된다. 사회보장국은 2041년에 예상되는 적자를 충당하기 위해 기여금이 28% 증가해야 할 것으로 추산한다.[83] 사람들이 더 오래 살면서 많은 혜택을 받고 있기 때문에 2080년까지 사회보장은 연방 예산을 압도적으로 차지하고, 계속해서 지불하기 위해 GDP의 20%를 필요로 할 것이다.[84] 이 문제를 해결하기 위해 많은 보수 정치인들은 사회보장제도가 점진적으로 "민영화"되어야 한다고 주장해 왔다. 이는 직장인들이 사회보장 기여금을 정부 금고에 내는 대신 사적 소유의 민간 투자 기금에 투입할 수 있도록 결정할 수 있음을 의미한다. 민간 투자가 정부보다 훨씬 더 높은 수익률을 낼 수 있다는 주장이다.

실제로 다른 나라에서 사회보장제도는 성공적으로 민영화되었다. 칠레가 대표적인 예이다. 1981년 칠레 정부는 사회보장 개인 소유 프로그램을 도입했다. 수수료와 세금을 포함한 기여율은 14.4%이다. 각 참여자는 자신의 기부금이 입금되는 개인 계좌를 가지며, 사람들은 자금을 투자하기 위해 정부가 승인한 5개의 투자 자금 중 선택할 수 있다. 1981년부터 2002년까지 계좌의 평균 수익률은 인플레이션율보다 10.7% 높았으며, 운영은 자체 자금으로 충당되고 적자도 발생하지 않았다.[85] 어떤 종류의 민간 투자라도 정

---

83 Ibid.

84 "Mid-Session Review Budget of the U.S. Government: Fiscal Year 2008," op.cit., 6.

85 See Barbara Kritzer, "Social Security Privatization in Latin America," *United States Social*

부보다는 더 나은 수익률을 제공할 것이라고 기대하는 것은 어려운 일이 아니다. 실제로 2010년 기준 50세의 경우, 추산에 따르면 그가 평생 사회보장에 지불한 금액에 대해 0.24%의 수익률을 돌려받을 것으로 나타났다.[86] 만약 그 사람이 그 돈을 개인 퇴직 계좌에 투자할 수 있었다면, 그는 은퇴 후 사회보장기금에서 받는 것보다 한 달에 6,000달러를 더 많이 받을 수 있을 것이다. (즉, 개인 퇴직 투자는 그가 은퇴한 후 남은 생애 동안 매월 2,300달러 대신 매월 약 8,400달러를 받는다는 것이다!)

3. 사회보장에 관한 결론

현재의 사회보장제도에 관해 우리가 도출할 수 있는 결론은 적어도 여섯 가지로 정리된다.

(1) 사회보장 문제의 근본 원인은 대부분 건강하고 잠재적으로 생산적인 사람들에게 돈을 지불해 자금을 낭비하고 있다는 것이다. 사실상 '일하지 않는 대가로 급여를 주는' 셈이다. 이는 그 자체

Security Administration 63:2 (Dec. 2000). www.socialsecurity.gov/policy/docs/ssb/v63n2/v63n2p17.pdf.; and "The Chilean Pension System: Fourth Edition," Superintendencia de Administradoras de Fondos de Pensiones (Superintendent of the Chile Pension Fund Administration), (May 2003). www.safp.cl/573/articles-3523_chapter6.pdf.

86 Rate of return can be calculated at http://site.heritage.org/research/features/socialsecurity/SSCalcWelcome.asp.

로 경제의 생산성과 활력을 고갈시킨다. 여전히 건강하고 생산적인 사람이 65세에 은퇴해야 한다거나 더 이상 경제 체계에서 생산적인 일을 해서는 안 된다는 내용은 성경 어디에도 없다. 사실 성경은 사람이 할 수 있는 한 일을 해야 한다고 말한다.

> 너희가 온 마게도냐 모든 형제에 대하여 과연 이것을 행하도다 형제들아 권하노니 더욱 그렇게 행하고 또 너희에게 명한 것 같이 조용히 자기 일을 하고 너희 손으로 일하기를 힘쓰라 이는 외인에 대하여 단정히 행하고 또한 아무 궁핍함이 없게 하려 함이라 (살전 4:10~12)

> 형제들아 우리 주 예수 그리스도의 이름으로 너희를 명하노니 게으르게 행하고 우리에게서 받은 전통대로 행하지 아니하는 모든 형제에게서 떠나라 어떻게 우리를 본받아야 할지를 너희가 스스로 아나니 우리가 너희 가운데서 무질서하게 행하지 아니하며 누구에게서든지 음식을 값없이 먹지 않고 오직 수고하고 애써 주야로 일함은 너희 아무에게도 폐를 끼치지 아니하려 함이니 우리에게 권리가 없는 것이 아니요 오직 스스로 너희에게 본을 보여 우리를 본받게 하려 함이니라 우리가 너희와 함께 있을 때에도 너희에게 명하기를 누구든지 일하기 싫어하거든 먹지도 말게 하라 하였더니 우리가 들은즉 너희 가운데 게으르게 행하여 도무지 일하지 아니하고 일을 만들기만 하는 자들이 있다 하니 이런 자들에

게 우리가 명하고 주 예수 그리스도 안에서 권하기를 조용히 일하여 자
기 양식을 먹으라 하노라 (살후 3:6~12)

1935년 창설된 사회보장제도의 본래 취지에는 아무런 문제가 없
다. 고령이나 장애 또는 비자발적 실업으로 인해 더 이상 일할 수
없는 사람들을 위해 지원 제도를 마련하는 것은 적절하였다. 그러
나 어느 사회에서든, 아직 건강하고, 숙련되고, 경험이 풍부하여
충분히 생산적인 일을 할 수 있고, 65세 이후로도 수년 동안 경제
에 이익을 가져올 수 있는 사람들을 은퇴시키고, 그들에게 복지 및
의료 혜택을 제공하기 위해 매년 수십억 달러를 지불하는 것은 완
전히 어리석은 일이다. 따라서 현재의 사회보장제도는 경제적으
로 타당하지 않고 신학적으로도 정당화될 수 없는 잘못된 발상으
로 인해 부담을 떠안고 있다. 그럼에도 그 혜택을 받는 유권자 층
이 너무 커서 이 발상에 의문을 제기하는 사람은 공직에 재선될 가
능성이 낮다. 그래서 정부가 이 제도를 유지할 수 있는 것이다.

⑵ 사회보장제도의 핵심 원리도 사실 기만적이다. 원래 이 제도
는 사람들이 일을 할 수 없게 되었을 때 퇴직 자금을 기금에 저축
하는 것이었지만, 이내 현재 근로자가 '자신의' 미래 퇴직이 아닌
현재 '다른' 퇴직자를 지원하는 '선불제'로 전환되었다.

이것은 내 가족에게도 일어났다. 왜냐하면 나는 수년 동안 수천 달러의 사회보장세를 내었고 아버지는 사회보장 수당을 받으셨기 때문이다. 그런데 퇴직금 저축과 투자 덕분에 아버지의 연소득은 나보다 더 높았다! 나는 경제적으로 생산적인 일을 하면서 경제에 도움을 주는 동시에 소득도 더 낮은 내가 왜 나보다 소득이 높은 아버지에게 수천 달러를 지불해야 하는지 이해하지 못했다. 이것은 무엇을 의미할까? 사회보장제도는 확실히 나 자신의 미래를 위한 저축이 아니었다. 게다가 내가 이 제도로부터 어떤 이익을 얻기 전에 이 제도는 파산할 것으로 예상된다.

(3) 따라서 사회보장제도는 열심히 일하는 사람들로부터 일하지 않는 사람들에게 막대한 돈을 이전하는 제도인데, 수급자 중 많은 경우는 심지어 이 돈을 필요로 하지 않는다. 어마어마한 낭비인 것이다.

(4) 노령, 장애, 비자발적 실업 등으로 인해 더 이상 일할 수 없는 사람들에게 정부가 어느 정도 지원을 보장하는 것은 확실히 옳다. 하지만 지금의 사회보장제도는 그러한 본래 취지를 잃어버렸다. 그리고 '반(semi)은퇴'를 원하는 사람들에게는 제한적인 혜택을 제공한 다음 점진적으로 완전 은퇴를 함에 따라 전체 수당을 지급하는

것도 합리적일 것이다.

(5) 사회보장제도를 점진적으로 민영화하면 다음과 같은 많은 이점이 있다.

  (a) 제도의 재정적 지급 능력을 회복시켜 연방 정부의 파산을 초래하지 않을 것이다.
  (b) 이는 정부가 아닌 각 개인에게 퇴직 자금에 대한 통제권을 부여하여 개인의 자유와 책임을 증가시킬 것이다.
  (c) 이는 미국 국민에 대한 정부의 권력을 감소시킬 것이며, 결과적으로 이는 개인의 자유를 증가시킬 것이다.

(6) 그렇다면 정치인들은 왜 제도를 바꾸지 않는가?

변화에 대한 반대는 주로 의회에서 어떠한 개혁도 저지할 만큼 충분한 권력을 보유하고 있는 민주당원들로부터 나온다. 그리고 자신이 속한 지역구 유권자들을 돌아서게 해 재선에서 패할 것을 두려워하는 일부 공화당 의원들의 지지를 받아왔다.

그러나 우리는 여기서 이들 정치인들의 보다 깊은, 어떤 숨은 동기가 있을 가능성을 배제할 수 없다. 현재의 사회보장제를 지지하고 민영화를 거부하는 민주당원들은 과연 국민들의 은퇴 후 미래

소득을 보호하는 것만을 주요 동기로 삼고 있을까? (그것이 현실적으로 불가능한 것임을 여러 지표가 알려주고 있는데도?) 아니면 그들은 이 사회보장제도를 통해 가난한 사람들을 위하기보다 점점 더 많은 사람들의 돈과 그들의 삶에 대한 정부 권력 및 통제를 유지하는 수단으로 보고 있는 것은 아닐까? 보통 정부 권력의 확대를 주장하는 사람들은 그러한 일차적 목표를 가지고 있다. 정치인들이 계속해서 이러한 복지 혜택을 유지하거나 늘리자고 주장하는 한, 그들은 노령층 유권자들을 상당 부분 확보하고 그만큼 정치권력을 유지할 수 있다는 보장이 생긴다. 그러나 그들은 국가에 진정으로 가장 좋은 것이 무엇인지, 우리 정부의 재정 건전성을 회복하기 위해 정말로 필요한 것이 무엇인지에는 관심이 없다.

I. 공중보건

최근 미국에서 여러 차례 시끄럽게 논의되었던 공중보건 문제는 국민의 의료서비스를 연방 정부가 제공하고 관리해야 하는지, 아니면 개인 및 민간 기업이 제공해야 하는지 여부이다.

2009년 말 오바마 대통령과 민주당 의원들이 의회에서 제시한 의료서비스 제안은 궁극적으로 연방 정부가 미국의 모든 의료서비스를 통제해야 한다는 철학에 기초한 것이었다. 이러한 제안으로 인해 2010년 3월 23일 오바마 대통령은 '환자보호 및 부담적정보험법(Patient Protection and Affordable Care Act, 소위 오바마케어)'에 서명했다.

이 계획에 대한 한 가지 반대는 정부가 어떠한 경제적 재화도 민간보다 효율적으로 제공할 수 없다는 것이다. 정부는 자유시장이 주는 경쟁적 인센티브를 가지고 있지 않기 때문이다. 이에 따라 다른 반대 의견들도 자연스럽게 이어진다. 의료서비스에 대한 연방정부의 통제는 필연적으로 비용의 급격한 증가, 서비스 품질의 저하, 선택의 자유 감소, 특정 의료서비스의 접근성 감소 등을 의미한다.

민주당의 계획을 비판하는 대부분의 사람들은 다른 나라의 경험이 한 가지 사실을 분명히 보여준다고 말한다. (나도 동의한다.) 즉, 정부가 의료서비스를 통제한다면 결국 누가 치료를 받고 누가 치료를 받지 않는지 결정하는 일종의 배급제가 필요하다는 것이다. 또한 진료 거부 사례가 광범위하게 퍼진다. (정부는 요청하는 모든 사람에게 진료를 무한정 제공할 수 없기 때문이다). 2009년 미국의 의료 수준은 전 세계 최고 수준이었지만(많은 부유한 외국인들이 전문 의료서비스를 받기 위해 미국으로 오는 이유이다), 비평가들은 오바마케어로 인해 미국 의료서비스의 질이 급격히 저하될 것이라고 우려한다.

정책혁신연구소(Institute for Policy Innovation)의 권리 및 예산 정책 책임자인 피터 페라라(Peter Ferrara)는 다음과 같이 썼다.

오바마케어의 여러 요소가 결합되면 정부의 의료서비스 배분으로 이어질 것이다. … 첫 번째 요인은 오바마케어에 따라 의사와 병원에 대한 상환액이 낮아지는 것이다. 우리는 의사와 병원이 제공하는 진료 및 서비스에 대해 시장 요율보다 20~30% 낮은 가격을 지불하는 메디케어를 통해 이미 이러한 사실을 확인하고 있다. 의사들은 메디케어 프로그램에서 탈퇴하거나 더 많은 환자 수용을 거부하고 있다.[87] 의사와 병원에 메디케어보다 30~40% 더 적은 비용을 지불하는 메디케이드 하에서는 상황이 더욱 심각하다. 2008년에는 33% 이상의 의사가 메디케이드 환자에 대한 진료를 중단했고 12%는 메디케어 환자에 대한 진료를 중단했다.[88] 이는 이들 제도의 주 수요자인 빈곤층과 노인의 의료서비스 접근을 제한한다. 그들은 진료가 가능한 의사와 매우 급하고 짧은 진료를 서둘러 받거나 아예 응급 치료가 필요할 때까지 기다려야 한다. 메디케이드 환자에게 제공되는 낮은 의료서비스 품질은 결국 환자의 건강에 영향을 미치는데, 가령 민간 보험을 가진 환자에 비해 메디케이드 환자들이 심장 질환 및 암으로 더 빈번히 더 일찍 사망하기도 한다.[89]

---

87 Peter Ferrara, "The Obama Health Plan: Rationing, Higher Taxes, and Lower Quality Care, *The Heartland Institute, no. 123* (Aug. 2009), 8 - 9: www.heartland.org/custom/semod_policybot/pdf/25813.pdf: citing The Physicians Foundation, "The Physicians' Perspective: Medical Practice in 2008," *Survey Key Findings* (Nov. 18, 2008), www.physiciansfoundations.org/news/news_show.htm?doc_id=728872.

88 Ibid.

89 Ferrara, op.cit., 9: citing Jeet Guram and John S. O'Shea, MD, "How Washington Pushes Americans into Low-Quality Health Care," *Heritage Foundation Backgrounder #2664* (April 24, 2009). www.heritage.org/Research/Healthcare/bg2264.cfm.

페라라는 계속해서 다음과 같이 말한다.

이러한 과소 지급은 의료 산업에 대한 투자에 심각한 영향을 미친다. 투자자들은 최신, 최첨단 장비 및 기술을 구매하는 데 자금을 조달하지 않을 것이다. 왜냐하면 정부가 그러한 기술이 제공하는 서비스에 대해 충분한 보상을 제공하지 않기 때문이다. 투자자들은 신규 또는 병원 시설 확장에 자금을 조달하지 않을 것이며 심지어 기존 시설의 유지 관리에도 충분한 자금을 조달하지 않을 것이다. 이것이 바로 사회주의화된 의료서비스를 제공하는 많은 나라에서 진료와 수술 및 기타 의료서비스를 받기 위해 긴 대기 줄이 생겨나는 방식이다. 이것이 바로 그들 국가의 병원과 기타 의료 시설이 종종 낡고 악화되는 이유이다.[90]

공화당은 이와는 대조적인 몇 가지 대안을 제시했다. 그들은 건강보험을 원하는데 얻지 못하는 사람들에게 의료 혜택을 제공해야 할 필요성을 인식했지만, 이들 숫자는 전체 인구의 극히 일부에 불과하다는 사실을 지적했다. 2009년에는 실제 재정적 이유로 건강보험에 가입할 수 없는 사람이 1,880만 명으로 추산되었는데, 이는 미국 전체 인구의 약 6.1%에 해당한다.[91] 그렇다면 해법은 이 6%가

90 Ibid.
91 Ibid., 28.

건강보험에 가입할 수 있도록 하는 것이어야 한다. 그런데 왜 정부는 나머지 94%의 건강보험을 책임지려고 하는 것일까? 이것은 (실제 목표가 사람들의 삶에 대한 정부 통제를 강화하는 것이 아니라면) 사실 말이 되지 않는다. 일부는 다음과 같이 개혁하는 것이 합리적이라고 생각된다.

(1) 사람들이 스스로 건강보험을 구매하는 데 사용할 수 있는 세금 공제(공화당 제안 중 하나)는 미국의 민간 의료체계를 보존하고 의료서비스 제공의 자유와 개인의 선택도 보존할 것이다. 이는 꼭 필요한 사람들에게 건강보험을 보장하고 자유시장과 의료서비스의 품질, 그리고 선택의 자유를 보호할 것이다. 사람들은 자신이 가장 현명하다고 생각하는 방식으로 자신의 건강관리에 자신의 돈을 사용하고 투자할 것이다.

(2) 현재 대기업 종사자들에게 일반적으로 제공되는 유리한 보험료를 얻기 위해 개인들도 자발적인 모임을 만들 수 있어야 한다.

(3) 의회는 일부 주가 고위험군에 있는 다른 모든 사람을 동일한 비율로 보험을 적용하도록 보험사에게 강요하여 비용을 증가시키는 것을 금지하는 법안을 통과시켜야 한다. (불행하게도 이러한 고비용을

초래하는 일부 주의 관행은 이제 오바마케어에 따라 연방법이 되었다.) 또한 의회는 국민들이 어느 주에 있는 어느 보험사에서든 건강보험을 들 수 있도록 허용하여 각 주에서 부과하는 엄청나게 비싼 보험 비용을 무효화해야 한다. 뉴욕과 같은 주는 모든 보험사에 광범위한 요구사항을 가지고 있는 "캐딜락" 플랜을 제공할 것을 의무화하여 비용을 터무니없이 높이고 있다.

(4) 의회는 의료 과실에 대한 소송에서 주어질 수 있는 보상을 제한함으로써 의료서비스 분야에 막대한 비용을 절약할 수 있는 의료과실 개혁(불법행위법 개혁)안을 통과시켜야 한다. 이러한 개혁은 또한 경솔하고 낭비적인 소송을 억제하고 의료체계 자체가 막히는 것을 방지할 수 있도록 과실 소송에 대한 사전 조건을 검토하는 전문가 위원회를 설치해야 한다. 의회예산처(Congressional Budget Office)의 추정에 따르면 그러한 불법행위법 개혁을 통해 국가는 의료에 지출하는 350억 달러 중 매년 54억 달러를 절약할 수 있다고 한다.[92]

---

92 2009년 10월 9일 오린 해치(Orrin Hatch) 상원의원에게 보낸 서한에서 따르면 의회예산처(Congressional Budget Office)는 비경제적 피해에 대한 상한선을 250,000달러로 설정하면 10년 동안 540억 달러(또는 연간 54억 달러)를 절약할 수 있다고 하였다. 징벌적 손해배상 한도를 50만 달러로 제한하고, 소송제기 공소시효를 단축했다. www.cbo.gov/ftpdocs/106xx/doc10641/10 - 09-Tort_Reform.pdf.

⑸ 실제로 건강보험을 감당할 수 없는 사람들을 효과적으로 돌볼 수 있는 규정이 마련되어야 한다. 가장 도움이 될 해결책은 고위험군 환자들을 모아 각 입법부가 결정하는 대로 개별 주의 기금으로 의료서비스를 보장하는 것이다. 또한 정말 가난한 사람들이 기초적인 건강보험제도를 제공받을 수 있도록 하는 기금도 마련할 수 있을 것이다.

불행하게도 이러한 개혁 중 어떤 것도 민주당이 단독으로 통과시킨 2010년 의료서비스 개혁안에 포함되지 않았다.

J. 불황에 대한 최선의 해결책

2009년 1월 오바마 대통령이 취임했을 당시 미국은 심각한 경제 위기에 직면해 있었다. 많은 은행과 금융회사들이 상환 능력이 없는 사람들에게 가계대출을 대량으로 허용하여 파산을 초래했다. 부동산 시장의 침체는 많은 주택 소유자가 주택의 경제적 가치보다 더 많은 빚을 지고 있다는 것을 의미했으며, 그들은 모기지 상환을 계속할 수 없다는 것을 알게 되었다. 제너럴모터스(GM), 크라이슬러(Chrysler) 등 대형 제조회사들도 파산 위기에 처해 있었다. 실업률은 2009년 1월에 7.6%였고,[93] 9월에는 9.8%로 상승했으며,[94] 결국에는 10%를 넘었다. 이처럼 광범위한 경기 침체는 점점 더 많은 부문으로 계속 확산되어 회복 불가능한 장기적인 불황이 되지 않도록 어느 정도의 대응이 필요하다.

이런 불황에서 마땅한 해결책은 무엇일까? 두 가지 견해가 있다. 한 가지 견해는 정부가 경제를 "부양"하기 위해 훨씬 더 많은 돈을 지출해야 한다는 것이다. 이 전략은 경기 침체를 극복하기 위해 많은 새로운 정부 지출을 옹호한 영국 경제학자 존 메이너드 케인스(1883~1946)의 이름을 따서 '케인스주의' 견해라고 불린다. 다른 전략은 "자유시장" 관점이라고 불린다. 왜냐하면 사람들이 자신의 돈을 더 많이 보유할 수 있도록 세금을 삭감하고 자유시장이 자생적으로 경기 침체를 극복할 수 있도록 허용하는 것을 강조하기 때문이다. (이 견해는 경제학자 밀턴 프리드먼[1912~2006]과 그의 시카고 대학 동료들이 널리 알려 유명해진 것이다.)

나는 (하권에서) 2008~2009년 상황을 좀 더 자세히 검토하겠지만, 여기에 설명하는 원칙은 보다 광범위하게 적용 가능한 내용이다.

오바마 대통령이 선호한 선택은 막대한 정부 지출 프로그램을 시작하는 것이었다. 그가 선호하고 민주당이 장악한 의회가 통과

---

93 US Bureau of Labor Statistics. http://data.bls.gov/PDQ/servlet/SurveyOutputServlet?series_id=LNS14000000&data_tool=XGtable.

94 US Bureau of Labor Statistics. www.bls.gov/eag/eag.us.htm.

시킨 지출 프로그램은 세계 역사상 어떤 정부가 지출한 것보다도 훨씬 컸다.

스탠포드 대학교 경제학 교수이자 후버 연구소 선임연구원인 마이클 J. 보스킨(Michael J. Boskin)에 따르면, 오바마 행정부 첫해에 미국 정부의 현재와 미래의 부채 예상액은 미국 역대 모든 대통령을 합친 것보다 더 많이 증가했다.[95] 오바마 취임식 날 국가 부채는 10,626,877,048,913달러였다. 1년 남짓 후인 2010년 2월 11일에 국가 부채는 12,349,324,464,284달러로 증가하여 1,722,447,415,371달러(또는 1.7조 달러) 증가했다.[96] 워싱턴포스트의 칼럼니스트 로버트 새뮤얼슨(Robert Samuelson)은 리얼클리어폴리틱스닷컴(RealClearPolitics.com)에 다음과 같이 썼다.

2010년부터 2019년까지 오바마는 총 7조 1천억 달러의 적자를 낼 것으로 예상한다. 이는 2009년 적자 1조 8천억 달러에 더해지는 것이다. 2019년까지 국내총생산(GDP) 대비 공개 연방 부채 비율은 2008년 41%에서 70%에 도달할 것이다. 이는 1950년(80%) 이후 가장 높은 수치이다. 의회예산처는 보다 비관적인 경제 전망으로 이 추정치를 더 높여, 2010~19년 적자를 총 9조 3천억 달러로, 2019년 GDP 대비 부채 비율

---

95 Michael J. Boskin, "Obama's Radicalism Is Killing the Dow," *Wall Street Journal* (March 6, 2009). http://online.wsj.com/article/SB123629969453946717.html.

96 See www.theobamadebt.com/.

을 82%가 될 것으로 예상했다.

물론 이 예상도 과소평가 되었을 수 있다. 다양한 추정에 따르면 오바마 케어의 비용은 10년에 걸쳐 1조 2천억 달러에 달할 수 있다고 한다. 오바마는 이에 대한 예산을 6,350억 달러만 책정했다. 게다가 뚜렷한 국방비 감소에도 불구하고 엄청난 적자가 발생한다. 2008년부터 2019년까지 전체 연방 지출 예산은 75% 증가하지만, 국방 지출은 17%만 증가한다. 그러나 외국의 위협이 줄어들지 않는 한 군사비 지출과 적자는 모두 증가할 수 있다.[97]

2010년 1월 28일, 의회는 부채 한도를 14조 3000억 달러로 높이기로 투표했다. 이는 미국인 1인당 약 45,000달러에 해당한다.[98]

이 모든 돈은 어디서 나올까? 누구도 명쾌한 답을 내놓지 않지만, 정부가 돈을 끌어들일 수 있는 선택지는 분명 많지 않다. 그 돈이 만약 전 세계 투자자들에게 재무부 발행 채권을 팔아 미국 정부가 빌린 것이라면, 그 돈은 엄청나게 불어난 세금으로 상환되어야

97　Robert Samuelson, "Obama's Dangerous Debt," *Real-ClearPolitics.com* (May 18, 2009). www.realclearpolitics.com/articles/2009/05/18/obamas_dangerous_debt_96539.html.

98　"Senate Lifts Debt Ceiling by $1.9 Trillion," *Associated Press* (Jan. 28, 2010). www.foxnews.com/politics/2010/01/28/senate-lifts-federal-debt-ceiling-trillion/. (역주: 2023년 기준 미국의 부채는 31조 4000억 달러에 도달했다. 이는 미국 GDP 대비 122.8%에 해당하는 규모이다.)

하고 이는 미래 세대에까지 확대될 것이다.

미국의 채권자들이 이러한 적자 급증 상황에 대해 우려하기 시작하면 어떻게 될까? 그들은 더 높은 이자율을 요구하여 부채 문제를 더욱 악화시킬 수 있다. 시라큐스 대학교 교수이자 조세 정책 센터의 전 이사인 렌 버먼(Len Burman)은 다음과 같이 말한다. "세금은 스칸디나비아 사람들조차 반란을 일으킬 정도의 수준으로 올라갈 것이다. 그리고 정부는 가장 기초적인 공공서비스 외에는 아무것도 제공할 수 없을 것이다. 우리는 더 이상 강대국이 (또는 심지어 이류 국가조차) 아닐 것이며 사회안전망은 증발할 것이다."[99] 버먼은 심지어 오바마 대통령의 적자 폭발 이전인 2005년에 쓴 글에서 다음과 같이 경고했다.

나는 의회예산처의 미래 전망을 샅샅이 살펴보고 있다. 거기서 내가 보는 것은 오즈의 사악한 마녀보다 더 무섭다. 만약 연방 지출이 지난 40년간의 역사적 패턴을 그대로 따른다면 2050년까지 정부는 부채에 대한 이자를 제외하고 국내총생산(GDP)의 거의 3분의 1을 지출하게 될 것이다. (정부 지출은 주로 베이비붐 세대가 은퇴하고 의료비용이 계속 증가하여 정부의 메디케어 및 메디케이드 프로그램 비용을 통해 폭발적으로 증가할 것이

---

99 Len Burman, "Catastrophic Budget Failure," *Washington Times* (July 14, 2009). www.washingtontimes.com/news/2009/jul/14/catastrophic-budget-failure.

다.) 이에 비해 2004년에 연방 정부는 GDP의 약 16%를 세금으로 조달 했다. 이는 필요한 금액의 절반이다.

의회예산처가 천진난만하게 명명한 "시나리오 1"에 따라 예산의 균형을 맞추려면, 모든 세금이 두 배로 늘어나야 한다. 평균 소득세 청구비용은 현재 소득 수준에서 거의 7,000달러까지 증가할 것이다. 그리고 그것은 단지 시작일 뿐이다.

현재보다 두 배 많은 사회보장세와 메디케어 세금을 내고, 맥주, 휘발 유, 와인에 대한 소비세도 두 배 더해진다고 상상해 보라.

그리고 이러한 세금에도 불구하고 조금의 재산을 보존한 상태로 사망할 경우 그 유산은 엄청난 규모의 상속세를 만나게 될 수 있다.

소득세만으로 정부의 모든 추가 지출을 충당하려면 현재 세율에서 3배 이상 늘려야 한다. 그것은 최고 세율을 100% 이상으로 높이기 때문에 불가능한 일이다.

결국 정부가 지출을 그만큼 늘리려면 현재 공제 기준을 줄여야 한다. (연금, 모기지 이자, 주세 또는 자선단체에 대한 공제는 물론 자녀에 대한 공제도 없어진다.) 그렇더라도 세율은 최소 70% 인상되어야 한다. 최고 소득 세율은 59%(현재 35%)로 오른다. 연간 소득이 75,000달러인 4인 가족은 추가 세금으로 16,000달러 이상을 지불하게 된다.[100]

그러나 돈을 빌리는 대신 2009년에 발생한 이 막대한 부채에 자금을 조달할 수 있는 다른 방법이 있었다. 연방 정부는 (연준을 통해) 단지 더 많은 돈을 인쇄해 수십억 달러를 경제에 쏟아붓기만 하면 된다. 그리고 실제로 오바마 행정부와 연준은 이것을 결정했다.[101] 실제 작동원리는 더 복잡하고 연준과 재무부가 거쳐야 할 특별한 제정 절차가 다르긴 하지만, 그 순 효과는 마치 미국 조폐국이 추가로 수십억 달러를 찍어내기 시작한 것과 같을 수 있다.

정부가 청구비용을 지불하기 위해 수십억 달러의 추가 돈을 인쇄하는 것이 무슨 문제가 있을까? 문제는 바로 그 새로운 달러가 국가의 경제적 부의 증가를 전혀 반영하지 않는다는 것이다. 이는 사람들이 사용할 수 있는 실제 상품이나 서비스를 나타내지 않는다. 제빵사가 빵 한 덩어리를 굽거나 자동차 공장이 자동차를 생산한다면, 그 나라에는 부가 추가된다. 빵 한 덩어리나 자동차 한 대

---

100 Leonard E. Burman, "If You Think Taxes are a Pain Now …," Tax Policy Center, *Urban-Brookings Institute* (April 15, 2005). www.taxpolicycenter.org/publications/url. cfm?ID=900801.

101 Irwin, "Fed to Pump $1.2 Trillion into Markets."

가 더 늘어나는 것이다. 교사가 수업을 가르치거나 인기 가수가 콘서트를 열면 국가에 부(학교에서 받는 교육이나 즐기는 오락의 부가가치)도 더해진다. 그러나 더 많은 달러를 인쇄해 은행에 넣는 것은 어떠한 방식으로도 경제에 실제적인 가치를 더하지 않는다. 그럼 달러의 투입은 무슨 영향력을 미치는가?

통화 공급이 급속히 확대되면 향후 상당한 인플레이션의 가능성이 높아진다. 이는 시장에 더 많은 돈이 생기지만 상품과 서비스의 양은 동일하기 때문에 그 돈은 그렇지 않은 경우보다 가격을 더 올리는 데 사용된다.

오바마의 경기부양 계획 자체는 대부분 경제를 진정으로 "부양" 하기 위한 것이 아니라 단순히 민주당이 선호하는 종류의 사회 변화를 촉진하기 위해 지정된 것이다. 예를 들어, 새로운 교량을 건설하면 일시적으로 건설 노동자들에게 일자리를 제공할 수 있지만, 교량이 건설된 후에는 더 이상 노동자를 고용하지 않는다. 따라서 그것은 새로운 민간사업을 시작하는 것만큼 경제적으로 유익하지 않다. 그러나 새로 시작된 사업은 계속해서 사람들을 고용하고 국가에 경제적 이익을 계속 창출한다.

그렇다면 2009년 경제 위기를 극복할 다른 해결책이 있었을까? 많은 공화당원들이 선호하는 대안은 정부가 큰 폭의 세금 감면을 제정했어야 한다는 것이었다.

예를 들어, 정부가 "부양 프로그램"에 8,000억 달러를 지출하여 국가 부채를 늘리는 대신, 정부가 단순히 8,000억 달러의 세금을 삭감했다면 그것이 훨씬 더 많은 돈을 경제활동을 하는 개인들에게 돌려줬을 것이다. 그 개인들은 그 돈으로 무엇을 했을까? 경제적 수준의 가장 낮은 곳에 있는 사람들은 아마도 그 대부분을 즉시 지출했을 것이다. 그러나 그로 인해 얻을 수 있는 이점은 (정부가 아닌) 각 개인들이 돈을 어디에 쓸지 결정한다는 것이며, 따라서 개인의 자유가 증진되고 자유시장 경제에서 오는 경쟁적 이점이 증가할 것이다. 경제적 수준의 상위에 있는 사람들은 아마도 사업을 확장하거나 새로운 사업을 시작하는 데 더 많은 돈을 투자했을 것이다. 앞서 설명한 대로, 한계 세율의 영구적인 인하는 기업가 정신, 즉 사업을 구축하기 위해 돈을 투자하고 위험을 감수하는 행위에 큰 인센티브를 제공한다. 그러면 이들 기업은 더 많은 일자리를 통해 더 많은 사람을 고용하게 될 것이고, 경제는 매우 빠르게 불황에서 벗어나기 시작할 것이다. 오바마의 "부양 계획"처럼 실업률을 약 10%까지 높이는 대신, 이는 많은 새로운 일자리를 빠르게 제공하고 사람들은 다시 일하게 될 것이다.

즉, 정부가 어떤 식으로든 빚을 져야 한다면, 정부 지출을 늘리는 것보다 세금을 줄여 빚을 지는 것이 훨씬 낫다는 것이다. 왜냐하면 자유시장 경제에서 개인이 돈을 보유하고 있는 것은, 그 많은 돈을 낭비하고 사람들의 삶을 더욱 통제하는 데 사용할 정부의 손에 주어진 경우보다, 경제 성장의 측면이나 개인의 자유 증진 측면에서 모두 언제나 더 낫기 때문이다.